Pietro Alighieri,

Comentum super poema Comedie Dantis

A CRITICAL EDITION OF THE
THIRD AND FINAL DRAFT OF
PIETRO'S ALIGHIERI'S *COMMENTARY*
ON DANTE'S *THE DIVINE COMEDY*

Medieval and Renaissance Texts and Studies

Volume 247

Mediterranean Studies Monographs and Texts

Volume 2

Guy Mermier, General Editor

Pietro Alighieri,

Comentum super poema Comedie Dantis

A CRITICAL EDITION OF THE
THIRD AND FINAL DRAFT OF
PIETRO'S ALIGHIERI'S *COMMENTARY*
ON DANTE'S *THE DIVINE COMEDY*

edited by

Massimiliano Chiamenti

Arizona Center for Medieval and Renaissance Studies
Tempe, Arizona
2002

Dust jacket image: Excerpt and margin drawings, c. 88v (*Purg.* 10, 121–29), from Monte Cassino, Abbey Library MS 512 (589).

© Copyright 2002
Arizona Board of Regents for Arizona State University

Library of Congress Cataloging-in-Publication Data
Alighieri, Pietro, d. 1364.
 [Commentarium]
  Pietro Alighieri, Comentum super poema Comedie Dantis : a critical edition of the third and final draft of Pietro Alighieri's Commentary on Dante's The divine comedy / edited by Massimiliano Chiamenti.
  p. cm. — (Medieval and Renaissance texts and studies / v. 247)
 Includes bibliographical references.
 ISBN 0-86698-289-2 (alk. paper)
  1. Dante Alighieri, 1265–1321 — Criticism and interpretation. 2. Dante Alighieri, 1265–1321 — Symbolism. I. Chiamenti, Massimiliano. I. Title. III. Medieval & Renaissance Texts & Studies (Series) ; v. 247
 PQ4437 .A6 2002
 821'.1—dc21   2002038233

This book is made to last.
It is set in Bembo,
smythe-sewn and printed on acid-free paper
to library specifications.

Printed in the United States of America

Custume fu as anciëns,
ceo testimoine Presciëns,
es livres que jadis faiseient
assez oscurement diseient
pur cels ki a venir esteient
e ki aprendre les deveient,
que peüssent *gloser la letre*
e de lur sen le surplus metre.

— Marie de France

Contents

Acknowledgements	viii
List of Abbreviations and Bibliography	
1. List of Abbreviations	ix
2. Latin Texts Quoted by Pietro Alighieri	xii
3. Studies	xxvi
Introduction	
I. Pietro Alighieri	1
II. The Transmission of the Text	
A. Manuscript Transmission	5
B. Printed Transmission	25
III. The Third and Final Draft of the *Comentum*	
A. Avatars of the Text	27
B. Tables of Errors	44
IV. The Text of the *Commedia* read by Pietro Alighieri	63
V. Pietro Alighieri's Library	69
VI. Editorial Policy and Organization of the Edition	
A. Text	77
B. Critical Apparatus	78
Text of the *Comentum Petri Alagherii super poema Comedie Dantis*	81

Acknowledgements

My grateful acknowledgments go first of all to Christopher Kleinhenz, who encouraged me to publish this work in a moment when I had completely lost hope. I want to thank Leslie S. B. MacCoull for her generous and very expert advice on many points. I am delighted to express my deep gratitude to Dorothea Barrett, who corrected and refined my broken English, and to Karen Lemiski for her suggestions and meticulous editing of the complete work.

This book is dedicated to all the people who contribute to the progress of science and knowledge in order to make the world a better place.

List of Abbreviations and Bibliography

1. List of Abbreviations

AAASLV	= *Atti e memorie dell'Accademia di Agricoltura, Scienze e Lettere di Verona*
AAC	= *Atti e memorie dell'Accademia Toscana "La Colombaria"*
AALM	= *Atti dell'Accademia Nazionale dei Lincei. Memorie*
AALR	= *Atti dell'Accademia Nazionale dei Lincei. Rendiconti. Classe di scienze morali, storiche e filologiche*
Aev	= *Aevum*
Al	= *Alighieri. Rivista di cose dantesche.* Succeeded by *GD* = *Giornale Dantesco*
Ali	= *L'Alighieri. Rassegna bibliografica dantesca*
ALMI	= *Archivum Latinitatis Medii Aevi*
API	= *Archivio Paleografico Italiano*
AR	= *Archivum Romanicum*
ARIV	= *Atti del Reale Istituto Veneto di Scienze, Lettere e Arti*
ASI	= *Archivio Storico Italiano*
ASNSP	= *Annali della Scuola Normale Superiore di Pisa*
Aug	= *Augustinianum*
AV	= *Archivio Veneto*
BBA	= *Bologna, Biblioteca dell'Archiginnasio*
Bibl	= *La Bibliofilia*
BISI	= *Bullettino dell'Istituto Storico Italiano*
BSDI	= *Bullettino della Società Dantesca Italiana*
CC	= Corpus Christianorum. Turnhout, 1954–
CCCM	= Corpus Christianorum Continuatio Medievalis
CCM	= *Cahiers de Civilisation Médiévale*
CCSG	= Corpus Christianorum Series Graeca
CCSL	= Corpus Christianorum Series Latina

List of Abbreviations and Bibliography

CETEDOC	=	*CETEDOC Library of Christian Latin Texts*. Turnhout, 1996 (two CD-ROM set)
CL	=	*Critica Letteraria*
CM	=	*Classica et Mediaevalia*
CMAPL	=	*Carmina Medii Aevi Posterioris Latina*
CN	=	*Cultura Neolatina*
Conv	=	*Convivium*
CS	=	*Cultura e Scuola*
CSEL	=	*Corpus Scriptorum Ecclesiasticorum Latinorum*. Vienna, 1866-
DBI	=	*Dizionario Biografico degli Italiani*
DCV	=	*Dante e la cultura veneta. Atti del Convegno di Studi (Venezia, Padova, Verona, 30 marzo–5 aprile 1966)*, ed. V. Branca and G. Padoan, Florence, 1966
DDJ	=	*Deutsches Dante-Jahrbuch*
DS	=	*Dante Studies*
ED	=	*Enciclopedia Dantesca*, ed. U. Bosco, 6 vols., Rome, 1970–1978
FC	=	*Filologia e Critica*
FI	=	*Forum Italicum*
FL	=	*Filologia e Letteratura*
GCS	=	Griechische Christliche Schriftsteller
GD	=	*Giornale Dantesco*
GIF	=	*Giornale Italiano di Filologia*
GSLI	=	*Giornale Storico della Letteratura Italiana*
ID	=	*L'Italia Dialettale*
IMBI	=	*Inventari dei Manoscritti delle Biblioteche d'Italia*
IMU	=	*Italia Medievale e Umanistica*
IS	=	*Italian Studies*
LA	=	*Letteratura e Arte*
LC	=	*Letture Classensi*
LCL	=	Loeb Classical Library
LD	=	*Letture Dantesche*
LDI	=	*Lectura Dantis Internazionale*
LDM	=	*Lectura Dantis Mystica*
LDN	=	*Lectura Dantis Neapolitana*
LDR	=	*Lectura Dantis Romana*
LDS	=	*Lectura Dantis Scaligera*
LI	=	*Lettere Italiane*

List of Abbreviations and Bibliography

LN	=	*Lingua Nostra*
LRL	=	*Lexicon der Romanistischen Linguistik*
MeR	=	*Medioevo e Rinascimento*
MGH	=	Monumenta Germaniae Historica
MH	=	*Medievalia et Humanistica*
MR	=	*Medioevo Romanzo*
MV	=	*Medioevo Veneto*
NGD	=	*Nuovo Giornale Dantesco*
NLD	=	Nuove Letture Dantesche, Florence, 1966–1976
NSM	=	*Nuovi Studi Medievali*
OCT	=	Oxford Classical Texts
PG	=	*Patrologiae cursus completus* . . . *Series Graeca et Orientalis*, ed. J. P. Migne, Paris, 1857–1876
PhQ	=	*Philological Quarterly*
PL	=	*Patrologiae cursus completus* . . . *Series Latina*, ed. J. P. Migne, Paris, 1841–1864 and *Supplementa*, Paris, 1958–1970
QM	=	*Quaderni Medievali*
QP	=	*Quaderni Petrarcheschi*
RBA	=	*Rivista delle Biblioteche e degli Archivi*
RBLI	=	*Rassegna Bibliografica della Letteratura Italiana*
RCD	=	*Rivista di cose dantesche*
RCLI	=	*Rassegna Critica della Letteratura Italiana*
RDS	=	*Annual Report of the Dante Society*
RF	=	*Romantische Forschungen*
Rohlfs	=	G. Rohlfs, *Grammatica storica della lingua italiana e dei suoi dialetti*, 3 vols., Turin, 1966–1969
RIS	=	*Rerum Italicarum Scriptores*
RLI	=	*Rivista di Letteratura Italiana*
SB	=	*Studi sul Boccaccio*
SC	=	*Strumenti Critici*
SChr	=	Sources Chrétiennes
Script	=	*Scriptorium*
SD	=	*Studi Danteschi*
SFI	=	*Studi di Filologia Italiana*
SI	=	*Studi Italiani*
SLI	=	*Studi Linguistici Italiani*
SM	=	*Studi Medievali*

List of Abbreviations and Bibliography

SMV = *Studi Mediolatini e Volgari*
SP = *Studi Petrarcheschi*
Spec = *Speculum*
SPCT = *Studi e Problemi di Critica Testuale*
ST = *Studi e Testi*
ThM = *Thesaurus Mundi*
Trad = *Traditio*
VR = *Vox Romanica*
Viat = *Viator*
VV = *Vita Veronese*
ZRPh = *Zeitschrift für Romanische Philologie*

2. Latin Texts Quoted by Pietro Alighieri

Abaelardus, Petrus
    Commentaria super Epistula Pauli ad Romanos, ed. E. M. Buytaert, CCCM 11. Turnhout, 1969.

Aegidius Columna Romanus
    De Regimine Principum, in *Opera Omnia*. Roma, 1556 (repr. Frankfurt am Main, 1968).

Alanus ab Insulis (PL 210)
    Anticlaudianus, ed. F. Bossuat. Paris, 1955.
    De Planctu Nature, ed. F. Bossuat. Paris, 1955.

Albertinus Muxatus
    De gestis Henrici VII Caesaris Historia Augusta. RIS vol. 10: 9–568.

Albertus Magnus
    De Animalibus libri XXVI nach der Cölner Urschrift, ed. H. Stadler. Münster, 1916–1921.
    Liber de Causis proprietatum Elementorum, in *Opera Omnia*, ed. A. Borgnet, vol. 9: 585–653. Paris, 1899.
    Liber de Natura et Origine Animae, in *Opera Omnia*, vol. 13, ed. B. Geyer. Münster, 1955.
    Metaphysica, in *Opera Omnia*, vol. 45, ed. B. Geyer. Münster, 1960–1964.
    Meteora, in *Opera Omnia*, vol. 34, ed. A. Borgnet. Paris, 1895.
    Physica, in *Opera Omnia*, vol. 4, ed. P. Hossfeld. Münster, 1987–1993.
    Super libros I–IV Sententiarum, in *Opera Omnia*, vols. 25–30, ed. A. Borgnet. Paris, 1890–1899.

List of Abbreviations and Bibliography

Alcherus Claraevallensis (Pseudo-Augustinus)
  De Spiritu et Anima. PL 40. 779–832.
Alfraganus (Al-Farghani)
  Liber de Aggregatione Stellarum. Florence, Bibl. Laur. MS Pl. XXIX 9.
Alpetragius
  De Motibus Coelorum, ed. F. J. Carmody. Berkeley-Los Angeles, 1952.
Ambrosius Mediolanensis
  Apologia prophetae David. PL 14.
  Commentaria in XIII Epistolas Beati Pauli. PL 17.
  De Cain et Abel libri duo. PL 14.
  De Fide ad Gratianum libri quinque. PL 16.
  De Joseph Patriarcha liber unus. PL 14.
  De Officiis ministrorum libri tres. PL 16.
  De Spiritu Sancto libri tres. PL 16.
  Expositio Evangelii secundum Lucam libris X comprehensa. PL 15.
  Hexaemeron libri sex. PL 14.
  Hymni S. Ambrosio attribuiti. PL 17.
  Sermones sancto Ambrosio hactenus ascripti. PL 17.
Andreas Capellanus
  De Amore, ed. G. Ruffini. Milan, 1980.
Anselmus
  Cur Deus Homo, ed. F. S. Schmitt, in *Opera Omnia*, vol. 2: 39–133. Rome, 1940.
  De Libertate Arbitrii, ed. F. S. Schmitt, in *Opera Omnia*, vol. 1: 205–6. Rome, 1938.
Anselmus Laudunensis
  Enarrationes in Apocalypsin. PL 162.
  Enarrationes in Cantica. PL 162.
  Enarrationes in Matthaeum. PL 162.
Aristoteles Latinus
  Analytica posteriora, ed. L. Minio-Paluello and B. G. Dod. Bruges-Paris, 1968.
  Analytica priora, ed. L. Minio-Paluello. Bruges-Paris, 1962.
  De Generatione Animalium, ed. N. J. Drossaart Lulofs. Bruges-Paris, 1966.
  De Sensu et Sensato: cf. Thomas Aquinas, *Sententia libri de Sensu et Sensato*.
  De sophisticis Elenchis, ed. B. G. Dod. Leiden-Bruxelles, 1975.
  Ethica Nicomachea, ed. R. A. Gauthier. Leiden-Bruxelles, 1972–1974.
  Historia Animalium, in *Aristotelis Opera*, vol. 3, ed. I. Bekker. Berlin, 1831.
  Metaphysica, ed. G. Vuillemin-Diem. Leiden, 1970–1976.

List of Abbreviations and Bibliography

Meteora: cf. Thomas Aquinas, *In Aristotelis libros Meteorologicorum*.
Physica. Translatio Vetus, ed. F. Bossier and J. Brams, *Translatio Vaticana*, ed. C. Mansion. Leiden-New York, 1990.
Politica, ed. P. Michaud-Quantin. Bruges-Paris, 1961.

Augustinus, Aurelius
Confessionum libri XIII, ed. L. Verheijen, CCSL 27. Turnhout, 1990.
Contra Faustum Manichaeum. PL 42.
Contra Litteras Petiliani Donatistae. PL 43.
De Baptismo contra Donatistas. PL 43.
De Bono coniugali, ed. I. Zycha, CSEL 41. Vienna, 1900.
De Bono Viduitatis, ed. I. Zycha, CSEL 41. Vienna, 1900.
De catechizandis rudibus. PL 40; ed. I. B. Bauer, CCSL 46: 115–78. Turnhout, 1969.
De Civitate Dei, ed. B. Dombart and A. Kalb, CCSL 47–48. Turnhout, 1955.
De Coniugiis adulterinis. PL 40.
De Correptione et gratia. PL 44.
De Cura pro mortuis gerenda. PL 40.
De diversis questionibus ad Simplicianum. PL 40.
De diversis questionibus LXXXIII. PL 40.
De Divinatione daemonum. PL 40.
De Doctrina Christiana, ed. I. Martin, CCSL 32. Turnhout, 1962.
De Dono perseverantiae. PL 45.
De ecclesiasticis dogmatibus liber Gennadio tributus. PL 42.
De Fide ad Petrum sive De regula verae Fidei liber unus. PL 40.
De Genesi ad Litteram, ed. I. Zycha, CSEL 28. Vienna, 1894.
De Gratia et libero arbitrio. PL 44.
De haeresibus ad Quodvultdeum. PL 42.
De Moribus Ecclesiae Catholicae et de moribus Manichaeorum. PL 32.
De Natura et gratia. PL 44.
De Nuptiis et concupiscentia ad Valerium comitem. PL 44.
De Peccatorum meritis et remissione, et de baptismo parvulorum ad Marcellinum. PL 44.
De Sacra Scriptura Speculum. PL 34.
De Sermone Domini in Monte, ed. A. Mutzenbecher, CCSL 35. Turnhout, 1967.
De Spiritu et anima. PL 40.
De Substantia dilectionis. PL 40.

List of Abbreviations and Bibliography

De Trinitate, ed. W. J. Mountain and F. Glorie, CCSL 50–50A. Turnhout, 1968.

Enarrationes in Psalmos, ed. E. Dekkers and I. Fraipont, CCSL 38–39–40. Turnhout, 1990.

Enchiridion ad Laurentium de Fide et Spe et Caritate, ed. E. Evans, CCSL 46: 21–114. Turnhout, 1969.

Epistolae. PL 33.

Retractationum libri II. PL 32.

Sententiae ex Augustino delibatae. PL 45.

Sermones omnes classibus quatuor nunc primum comprehensi. PL 39.

Tractatus in Evangelium Iohannis, ed. R. Willems, CCSL 36. Turnhout, 1954.

Augustinus de Dacia

Rotulus Pugillarius, ed. A. Walzn, CCCM 16: 135–94. Turnhout, 1955.

Averroes

Aristotelis Metaphysicorum libri cum Averrois Cordubensis Commentariis. Venetiis, 1562.

Corpus Commentariorum Averrois in Aristotelem. Cambridge, MA, 1953– .

Bacon, Roger

Moralis Philosophia, ed. E. Massa. Padua, 1953.

Bartholomaeus Anglicus

De genuinis rerum coelestium, terrestrium et infernarum proprietatibus. Frankfurt am Main, 1601 (repr. New York-Frankfurt, 1964). Books 3–4, ed. R. J. Long. Toronto, 1979.

Beda Venerabilis

Expositiones allegoricae in Samuelem prophetam libri quatuor. PL 91; ed. D. Hurst, CCSL 119. Turnhout, 1962.

Homiliae genuinae. PL 94; ed. D. Hurst, CCSL 122. Turnhout, 1955.

Libri quattuor in principium . . . sive Hexaemeron, ed. C. W. Jones, CCSL 118a. Turnhout, 1967.

Super Acta Apostolorum expositio. PL 92; ed. M. L. W. Laistner, CCSL 121. Turnhout, 1983.

Benedictus Abbas

Benedicti Abbatis Casinensis Regula, ed. A. de Vogüé and J. Neufville, SChr 181–186. Paris, 1972.

Benzo

Chronicon. Bibl. Ambr., Milan, MS B 24 inf.

Bernardus Abbas Claraevallensis

Opera [contains: *Sermones super Cantica Canticorum, Tractatus et Opuscula, Ser-*

List of Abbreviations and Bibliography

mones in Laudibus Virginis Matris, Sermones in Adventu Domini, Sermones in Assumptione beatae Mariae, Sententiae, Epistulae], ed. J. Leclercq and H. Rochais, 8 vols. Rome, 1966.

[Ps.-] Bernardus Silvester

Commentum quod dicitur Bernardi Silvestris super sex libros Eneidos Virgilii, ed. J. W. Jones and E. F. Jones. Lincoln-London, 1977.

Biblia Latina

Biblia latina cum glossa ordinaria, 4 vols., ed. K. Froelich and M. T. Gibson. Turnhout, 1992.

Biblia Sacra iuxta Vulgatam Versionem, ed. R. Weber. Stuttgart, 1969.

Boethius, Manlius Anicius Severinus

De syllogismo hypothetico libri duo. PL 64.

De Trinitate. PL 64; ed. C. Moreschini. Munich-Leipzig, 2000.

In librum Aristotelis De interpretatione. PL 64.

Liber de persona et duabus naturis. PL 64.

Philosophie Consolatio, ed. L. Bieler, CCSL 94. Turnhout, 1957.

Bonaventura a Balneorea

Legenda maior sancti Francisci, ed. E. Menestò and S. Brufani, 777–961. Assisi, 1995.

Opera Omnia [contains, among others: *Commentarii in IV libros Sententiarum Petri Lombardi, Breviloquium, Collectiones in Hexaemeron, Commentarius in Ecclesiasten, Commentarius in Evangelium S. Lucae, Soliloquium, Sermones de sanctis angelis, Sermo in Assumptione Beatae Mariae Virginis*], 9 vols. Monastery Ad Claras Aquas, 1885–1901.

Cassiodorus, Marcus Aurelius

Variae, ed. T. Mommsen. Berlin, 1894.

Chrysostomus, Iohannes

In Epistolam ad Hebraeos argumentum et homeliae. PG 63. 237–456.

Cicero, Marcus Tullius

Academica Priora, ed. R. Klotz. Leipzig, 1858.

Cato Maior, ed. K. Simbeck. Leipzig, 1980.

De Divinatione, ed. R. Giomini. Leipzig, 1980.

De finibus bonorum et malorum, ed. R. Klotz. Leipzig, 1858.

De inventione, ed. E. Ströbel. Leipzig, 1965.

De Officiis, ed. C. Atzert. Leipzig, 1971.

Laelius, ed. K. Simbeck. Leipzig, 1980.

Paradoxa, ed. R. Klotz. Leipzig, 1858.

List of Abbreviations and Bibliography

Tusculanae disputationes, ed. R. Klotz. Leipzig, 1858.

Claudianus, Claudius
Panegyricus dictus Honorio Augusto quartum consuli, in *Carmina*, ed. J. B. Hall, 110–27. Leipzig, 1985.

Corpus Iuris Civilis
Corpus glossatorum Iuris Civilis. Venice, 1487–1489 (repr. Turin, 1968–1969).
Corpus Iuris Civilis: [with the Accursio Gloss] *Digestum Vetus Pandectarum Iuris, Infortiatum Pandectarum Iuris, Digestum Novum Pandectarum Iuris, Codicis Iustiniani ex Repetita Praelectiones, Volumen locupletius*, 5 vols. Lyon, 1566.

Cyprianus
De oratione Dominica. PL 4.

Dares Phrygius
De excidio Troiae Historia, ed. F. Meister. Leipzig, 1873.

Decretales Leges
Clementis Quinti Constitutiones quas vulgo Clementinas vocant. Lyon, 1559.
Decretales Gregori IX Pontificis fidelius et ornatius quam antea restitutae. Lyon, 1559.
Decretales Pseudo-Isidorianae et capitula Angilramni, ed. P. Hinsch. Leipzig, 1963 (repr.).
Die Summa Magistri Rolandi nachmals Papstes Alexander III. Nebst einem Anhange Incerti Auctoris quaestiones. Innsbruck, 1874.
Sextus liber Decretalium cum epitomis divisionibus et Glossa Ordinaria. Lyon, 1559.

Decretum Gratiani
Decretum Divi Gratiani totius propemodum Iuris Canonici compendium Summorumque Pontificum Decreta atque Praeiudicia; una cum variis scribentium glossis. Lyon, 1560.
Decretum Divi Gratiani, Universi Iuris Canonici Pontificias Constitutiones, et canonica brevi compendio complectens. Lugduni, 1559.
Decretum Gratiani sive Concordia Discordantium Canonum, in *Corpus Iuris Canonici*, ed. J. Richter and E. Friedberg. Leipzig, 1879–1881.

Dictys Cretensis
Ephemeridos belli Troiani libri a Lucio Septimo ex graeco in latinum sermonem translati, ed. W. Eisenhut. Leipzig, 1973.

Donatus
Ars Donati quam Paulus Diaconus exposuit nunc primum ex cod. Vaticano-Palatino 1746. Montecassino, 1899.

Eusebius Pamphilus
Chronicorum liber secundus S. Hieronimo interprete et ampliatore. PG 19. 512–595.

List of Abbreviations and Bibliography

Vita Constantini, in *Eusebius' Werke,* ed. J. A. Heikel, 35: 3–148. GCS. Leipzig, 1902.

Eutropius
Breviarium ab Urbe Condita, ed. F. Ruehl. Leipzig, 1887.

Evangelium Nicodemi
Evangelium Nicodemi, in *Evangelia Apocrypha,* ed. C. Tischendorf, 389–432. Leipzig, 1876.

Federicus Secundus
De Arte Venandi cum Avibus, ed. C. A. Willemsen. Leipzig, 1942.

Festus
De Verborum Significato, in *Glossaria Latina,* ed. W. M. Lindsay, 4: 92–467. Paris, 1930.

Fulgentius, Fabius Planciades
Expositio Virgilianae continentiae, ed. F. Rosa. Milan-Trento, 1997.
Mythologiarum libri tres, in *Opera,* ed. R. Helm. Leipzig, 1898; rev. J. Préaux. Leipzig, 1970.

Galterius Anglicus
Liber Esopi, in *Recueil général des isopets,* ed. J. Bastin, 2: 7–66. Paris, 1929–1930.

Galterius Burlaeus
Liber de vita et moribus philosophorum, ed. H. Knust. Tübingen, 1886.

Galterius de Castellione
Alexandreis, ed. M. L. Colker. Padua, 1978.

Gaufridus de Vino Salvo (Geoffroi de Vinsauf)
Poetria Nova, in *Les arts Poétiques du XIIe et du XIIIe siècle. Recherches et documents sur la technique littéraire du Moyen Age,* ed. E. Faral. Paris, 1958.

Gregorius Magnus
Dialogorum libri IV. PL 77; ed. A. de Vogüé, tr. P. Antin, SChr 251, 260, 265. Paris, 1978–1980.
Epistolarum libri quattuordecim. PL 77; ed. D. Norberg, CCSL 140–140A. Turnhout, 1982.
Homiliarum in Evangelia libri duo. PL 76. 1075–312; ed. R. Étaix, CCSL 141. Turnhout, 1999.
Homiliae in Hiezechielem, ed. M. Adriaen, CCSL 142. Turnhout, 1971.
Moralia in Job, ed. M. Adriaen, CCSL 143–143B. Turnhout, 1979–1985.
Regulae Pastoralis liber. PL 77.

Guglielmo da Pastrengo
De viris illustribus et de originibus, ed. G. Bottari. Padua, 1991.

List of Abbreviations and Bibliography

Hieronymus, Eusebius
  Adversus Iovinianum. PL 23.
  Commentarii in Epistolam ad Titum. PL 26. 555–600.
  Commentarii in Esaiam. PL 24. 17–678; ed. M. Adriaen, CCSL 73–73A. Turnhout, 1963.
  Commentarii in Evangelium Matthaei. PL 26. 15–218; ed. D. Hurst and M. Adriaen, CCSL 77. Turnhout, 1969.
  Commentarii in Ezechielem prophetam. PL 25; ed. F. Glorie, CCSL 75. Turnhout, 1964.
  Contra Iohannem Hierosolymitanum ad Pammachium. PL 23; ed. J.-L. Feiertag, CCSL 79A. Turnhout, 1999.
  Epistulae. PL 22.
Honorius Augustodunensis
  De Imagine mundi. PL 172. 119–186.
  De Philosophia mundi. PL 172. 41–102.
  De Scriptoribus ecclesiasticis. PL 172. 197–254.
  De Solis affectibus. PL 172. 102–118.
  Summa totius de omnimoda historia. PL 172. 187–196.
Horatius Flaccus, Quintus
  Opera [contains: *Carminum libri IV, Carmen Saeculare, Epodon liber, Sermonum libri II, Epistolarum libri II, Ars Poetica*], ed. E. C. Wickham. Oxford, 1901.
  Pseudacronis scholia in Horatium vetustiora, ed. O. Keller. Leipzig, 1902.
Hugo de Sancto Victore
  Allegoriae in Novum Testamentum. PL 175. 571–816.
  De Meditatione, ed. R. Baron, SChr 155: 9–16. Paris, 1969.
  De Modo orandi. PL 176. 977–1052.
  De quinque Septenis, ed. R. Baron, SChr 155: 30–70. Paris, 1969.
  De Sacramentis Christianae Fidei. PL 176. 173–880.
  De Scripturis et Scriptorum Sacris. PL 175. 9–570.
  De septem Donis Spiritus Sancti, ed. R. Baron, SChr 155: 38–70. Paris, 1969.
  De Substantia Dilectionis, ed. R. Baron, SChr 155: 25–28. Paris, 1969.
  De Verbo Dei, ed. R. Baron, SChr 155: 17–24. Paris, 1969.
  Expositio in Regulam Beati Augustini. PL 176. 881–976.
  Quaestiones in Epistolas Pauli, in epistolam ad Romanos. PL 175. 431–514.
  Quid vere diligendum sit, ed. R. Baron, SChr 155: 29–30. Paris, 1969.
  Sententie de Divinitate, ed. A. M. Piazzoni. CETEDOC. 1982.
  Summa Sententiarum. PL 176. 41–172.

List of Abbreviations and Bibliography

Hugutio Pisanus
  Derivationes. MSS: Florence, Bibl. Ricc. MS 836; Florence, Bibl. Laur. MS Pl. XXVII sin. 5; Florence, Bibl. Naz. MS II.I.2.
Iacobus a Voragine
  Legenda Aurea vulgo Historia Lombardica dicta, ed. Th. Graesse. Osnabrück, 1890.
Innocentius III
  De contemptu mundi sive de miseria conditionis humanae libri III. PL 217. 701–746.
  Prima Collectio Decretalium ex tribus primis Regestarum eius libris composita a Rainerio diacono et monacho Pomposinano. PL 216. 1173–1272.
Innocentius IV
  Commentaria. Apparatus in V libros Decretalium. Frankfurt, 1570 (repr. Frankfurt, 1968).
Ioachim de Flore
  Expositio in Apocalypsim. Venice, 1527 (repr. Frankfurt am Main, 1964).
Iohannes Columna
  De viris illustribus. Bibl. Vat. MS Barb. lat. 2351.
Iohannes de Garlandia
  Parisiana Poetria, ed. T. Lawler. New Haven-London, 1974.
Iohannes de Genua
  Catholicon. Florence, Bibl. Laur. MS XXVII sin. 2.
Iohannes de Sacro Bosco
  Sphaera mundi. Florence, Bibl. Naz. MS M.7.4; ed. L. Thorndike. Chicago, 1949.
Iohannes Mansionarius
  Historie imperiales. Bibl. Vat. MS Chig. J vii 259.
Iohannes Sarisberiensis
  Epistularium Iohannis Sarisberiensis: Epistulae Iohannis et aliorum contemporaneorum, ed. W. J. Millor, H. E. Butler, and C. N. L. Brooke. Oxford, 1955–1979.
  Policraticus, ed. K. S. B. Keats-Rohan, CCCM 118. Turnhout, 1993.
Institutiones Iuris Civilis
  Institutiones Iuris Civilis. Venice, 1581.
Isidorus Hispalensis
  De Natura Rerum, ed. J. Fontaine. Bordeaux, 1960.
  Differentiarum, sive de proprietate sermonum. PL 83. 9–98.
  Etymologiarum sive Originum libri XX, ed. W. M. Lindsay. Oxford, 1911.
  Sententiarum libri III. PL 83. 538–738.
  Synonyma. PL 83. 826–867.

LIST OF ABBREVIATIONS AND BIBLIOGRAPHY

Iuvenalis, Decimus Iunius
   Saturae, ed. W. V. Clausen. Oxford, 1992.
Lactantius
   De Ira Dei, ed. C. Ingremeau, SChr 289. Paris, 1982.
   Divinae Institutiones, ed. S. Brandt, CSEL 19. Vienna, 1890.
Leo Magnus
   Sermones. PL 54.
Liber Pontificalis
   Liber Pontificalis, ed. L. Duchesne, 3 vols. Paris, 1955–1957.
Livius, Titus
   Ab urbe condita libri, ed. W. Weissenborn. Leipzig, 1877–1885.
Lucanus, Marcus Annaeus
   De Bello Civili (Pharsalia), ed. D. R. Shackleton Bailey. Leipzig, 1988.
Macrobius, Aurelius Theodosius
   Commentarii in "Somnium Scipionis", ed. I. Willis. Leipzig, 1970.
   Saturnalia, ed. I. Willis. Leipzig, 1970.
Marbod
   De Lapidibus, ed. J. Riddle. Wiesbaden, 1977.
Martianus Capella
   De nuptiis philologiae et Mercurii, ed. J. Willis. Leipzig, 1983.
Martinus Bracarensis
   De Ira. PL 72. 41–50; ed. Barlow, 145–58.
   De Superbia. PL 72. 35–38; ed. Barlow, 69–73.
   Exhortatio Humilitatis. PL 72. 39–42; ed. Barlow, 74–79.
   Formula Vitae Honestae (Ps. Seneca). PL 72. 21–28; ed. Barlow, 204–50.
   Liber de Quatuor Virtutibus. PL 72. 29–32; see also *Opera Omnia*, ed. Barlow, 285–86. New Haven, 1950.
   Pro repellenda iactantia. PL 72. 31–36; ed. Barlow, 65–69.
   Sententiae Patrum Aegyptiorum. PL 74. 9–244; ed. Barlow, 30–51.
Martinus Polonus
   Martini Oppaviensis Chronicon, ed. G. H. Pertz. Hanover, 1872.
Matthaeus Vindocinensis (Mathieu de Vendôme)
   Ars Versificatoria, ed. F. Munari. Rome, 1988.
   In Tobiam Paraphrasis Metrica. PL 205. 933–980.
Ockham, William of
   Summa Logicae, ed. P. Böhner. New York, 1951.

List of Abbreviations and Bibliography

Orosius, Paulus
> *Libri septem Historiarum adversus Paganos*, ed. A. Lippold. Milan, 1976.

Ovidius Naso, Publius
> *Amores, Medicamina faciei femineae, Ars amatoria, Remedia amoris*, ed. E. J. Kenney. Oxford, 1986.
> *Fasti*, ed. E. H. Alton, D. E. W. Wormell, and E. Courtney. Leipzig, 1985.
> *Heroides*, ed. G. P. Goold. Cambridge, MA, 1985.
> *Metamorphoses*, ed. W. S. Anderson. Leipzig, 1993.
> *Tristium libri V, Ibis, Ex Ponto libri IV, Halieutica, Fragmenta*, ed. S. G. Owen. Oxford, 1985.

Papias
> *De Significatione Verborum*. Venice, 1496 (repr. Turin, 1966).

Paulus Diaconus
> *Historia Romana*, in *Eutropii Breviarium ab Urbe condita cum Pauli additamentis et versionibus graecis*, ed. H. Droysen. Berlin, 1879.

Peraldus, Guillelmus (Pseudo-Thomas Aquinas)
> *Summa Virtutum ac Vitiorum*. Lyon, 1571.

Persius Flaccus, Aulus
> *Saturae*, ed. W. V. Clausen. Oxford, 1992.

Petrus Comestor
> *Historia Scholastica*. PL 198. 1053–1722.

Petrus Damianus
> *Carmina sacra et preces*. PL 145. 554–665.
> *Epistolae*, in *Die Briefe des Petrus Damiani*, ed. K. Reindel. Munich, 1983–1993.

Petrus Lombardus
> *Commentaria in Epistolas D. Pauli*. PL 191. 1271–1696.
> *Commentaria in Psalmos*. PL 191. 61–1296.
> *Sententiae in IV libris distinctae*. Grottaferrata (Rome), 1971–1981.

Plato
> *Timaeus a Calcidio translatus*, ed. J. H. Waszink. London-Leiden, 1962.

Plinius Secundus, Caius
> *Naturalis Historia*, ed. L. Ian and C. Mayhoff, 5 vols. Stuttgart, 1985–1986.

Propertius, Sextus
> *Carmina*, ed. E. A. Barber. Oxford, 1990.

Ptolemaeus, Claudius
> *Omnia quae extant opera praeter Geographiam* [contains: *Almagesti seu Magnae com-*

LIST OF ABBREVIATIONS AND BIBLIOGRAPHY

positionis Mathematicae opus; Centum sententiae, quod centiloquium dicunt; De iudiciis astrologicis aut, ut vulgo vocant, Quadripartitae constructionis]. Basel, 1551.

Ptolemaeus (Pseudo-)
Liber Centum Verborum (Centiloquium) cum expositione Haly. Venice, 1484.

Quodvultdeus
De Symbolo sermones III, ed. R. Braun, CCSL 60: 303–363. Turnhout, 1976.

Rabanus Maurus
Commentarii in Genesim. PL 107. 439–670.
De magicis artibus. PL 110. 1095–1110.

Richardus de Sancto Victore
De Gratia Contemplationis seu Benjamin maior. PL 196. 64–192.
Expositio in Cantica Canticorum. PL 196. 405–524.
Liber Excerptionum. ed. J. Châtillon. Paris, 1958.

Sallustius Crispus, Caius
De Coniuratione Catilinae, De Bello Iugurthino, Historiarum fragmenta selecta, Appendix Sallustiana, ed. L. D. Reynolds. Oxford, 1991.

Seneca, Lucius Annaeus
Ad Lucilium Epistulae morales, ed. L. D. Reynolds, 2 vols. Oxford, 1965.
De Beneficiis, ed. C. Hosius. Leipzig, 1914.
De formula honestae vitae liber. Leipzig, 1902.
Dialogorum libri XII, ed. L. D. Reynolds. Oxford, 1977.
Naturalium Quaestionum libri VIII, ed. A. Gercke. Leipzig, 1905.
Tragoediae, ed. O. Zwierlein. Oxford, 1986.

Servius
In Vergilii Aeneida, ed. G. Thilo and H. Hagen. Leipzig-Berlin, 1881–1902.

Statius, Papinius
Silvae, ed. E. Courtney. Oxford, 1990.
Thebais et Achilleis, ed. H. W. Garrod. Oxford, 1954.

Thomas Aquinas
S. Thomae Aquinatis Opera Omnia, ut sunt in indice Thomistico additis 61 scriptis ex alii Medii Aevi Auctoribus, ed. R. Busa, 7 vols. Stuttgart, 1980.
  vol. 1: *In quattuor libros Sententiarum*.
  vol. 2: *Summa contra Gentiles* (1–151), *Autographi deleta* (152–83), *Summa Theologiae (prima pars, prima secundae, secunda secundae, tertia pars)* (184–928).
  vol. 3: *Quaestio disputata de veritate* (1–185), *Quaestio disputata de potentia*

List of Abbreviations and Bibliography

(186–268), *Quaestio disputata de malo* (269–351), *Quaestio disputata de spiritualibus creaturis* (352–67), *Quaestio disputata de anima* (368–95), *Quaestio disputata de unione verbi* (396–400), *Quaestio disputata de virtutibus* (401–37), *Quaestiones quodlibetales I–XI* (438–500), *Contra errores Graecorum* (501–8), *De rationibus fidei* (509–12), *De forma absolutionis* (513–14), *De substantiis separatis* (515–24), *Super Decretalem* (525–27), *Contra impugnantes* (528–57), *De perfectionis spiritualis vitae* (558–67), *Contra doctrina retrahentium* (568–76), *De unitate intellectus* (557–82), *De ente et essentia* (583–86), *De principiis naturae* (587), *De motu cordis* (588), *De mixtione elementorum* (589), *De occultis operibus naturae* (590), *De aeternitate mundi* (591), *De sortibus* (592–93), *De judiciis astrorum* (594), *De regimine Judaeorum* (594), *De regimine principum* (595–600), *Compendium Theologiae* (601–33), *De articulis fidei* (634–36), *De emptione et venditione* (637), *Responsio ad lectorem Venetum de articulis 30* (637), *Responsio ad lectorem Venetum de articulis 36* (638–39), *Responsio ad lectorem Vercellensem de articulis 42* (640–41), *Responsio ad lectorem Vercellensem de articulis 108* (642–45), *Responsio ad lectorem Bisuntinum* (646), *Responsio ad Bernardum* (647), *Principium biblicum* (647), *Breve principium* (648).

vol. 4: *Commentaria in Aristotelem et alios: In libros De Caelo et Mundo* (1–48), *In libros De Generatione et Corruptione* (49–58), *In libros Physicorum* (59–142), *Sententia libri Ethicorum* (143–233), *Tabula libri Ethicorum* (234–37), *Sententia libri Politicorum* (248–72), *In libros Posteriorum Analyticorum* (273–310), *In libros Meteorologicorum* (311–26), *In libros Perihermeneias* (327–40), *In libros De Anima II et III* (341–70), *In libros De Sensu et Sensato* (371–85), *In libros De Memoria et Reminiscentia* (386–89), *In libros Metaphysicorum* (390–506), *In librum De Causis* (507–19), *In librum Boethii De Trinitate* (520–38), *In Boethii De Hebdomadibus* (539–41), *In Dionysii De Divinis Nominibus* (542–86).

vol. 5: *Expositio super Job ad litteram* (1–49), *Expositio super Isaiam ad litteram* (50–95), *In Hieremiam* (96–121), *In Threnos Hieremiae* (122–27), *Catena Aurea in Matthaeum* (128–245), *Catena Aurea in Marcum* (246–80), *Catena Aurea in Lucam* (281–366), *Catena Aurea in Joannem* (367–440), *Super I ad Corinthios* (496–514).

vol. 6: *Quodlibetum XII* (1–4), *In Aristotelis de Anima l. I* (5–24), *In Symbolum Apostolorum* (15–21), *In Orationem dominicam* (22–24), *In salutationem angelicam* (25), *De duobus praeceptis charitatis* (26–32), *Sermones* (33–47), *In Psalmos* (48–129), *Super Evangelium Matthaei* (130–226), *Super*

List of Abbreviations and Bibliography

Evangelium Johannis (227–359), *Reportationes ineditae leoninae* (360–74), *Super I ad Corinthios* (375–97), *Super II ad Corinthios* (398–424), *Super ad Galatas* (425–44), *Super ad Ephesios* (445–64), *Super ad Philippenses* (465–71), *Super ad Colossenses* (472–79), *Super ad Thessalonicenses I* (480–84), *Super ad Thessalonicenses II* (485–88), *Super ad Timotheum I* (489–500), *Super ad Timotheum II* (501–7), *Super ad Titum* (508–12), *Super ad Philemonem* (513), *Super ad Hebraeos* (514–55), *De secreto* (556), *De natura verbi intellectus* (556), *De instantibus* (557), *De natura materiae et dimensionibus interminatis* (559–62), *De principio individuationis* (563), *De natura accidentis* (564), *De natura generis* (565–71), *De quatuor oppositis* (572–74), *De fallaciis* (575–78), *De propositionibus modalibus* (579), *Epistola de modo studendi* (580), *Officium de festo corporis Christi* (580), *Sermones* (581), *Piae preces* (584), *De concordantiis suiipsius* (585–87), *Utrum in creaturis sit ordo agendi* (588), *Quaestio de immortalitate animae* (588–89), *Utrum aliqui de libro vitae deleri possint* (590–97).

Thomas de Cellano
   Vita prima sancti Francisci, ed. E. Menestò and S. Brufani, 443–639. Assisi, 1995.

Tibullus
   Carminum libri III, ed. J. P. Postgate. Oxford, 1915.

Valerius Maximus
   Factorum et dictorum memorabilium libri, ed. F. Serra. Pisa, 1986; ed. J. Briscoe, 2 vols. Stuttgart-Leipzig, 1998.

Venantius Fortunatus
   Opera Poetica, ed. F. Leo. Leipzig, 1881.

Vergilius Maro, Publius
   Opera [contains: *Bucolica*, *Georgica*, and *Aeneis*], ed. R. A. B. Mynors. Oxford, 1969.

Vincentius Bellovacensis
   Biblioteca mundi seu Speculi maioris: Speculum doctrinale, Speculum historiale. Douai, 1624 (repr. Graz, 1964).

[Ps.-] Vincentius Bellovacensis
   Speculum Morale, ed. H. Liechtenstein. Venice, 1493.

Walafridus Strabo
   Glossa Ordinaria. PL 113–114.

List of Abbreviations and Bibliography

3. Studies

This bibliography includes all books and articles referred to in the Introduction and a selection of the main works and editions consulted but not specifically mentioned.

Alessio, G. C. (ed.). *Bene Florentini Candelabrum.* Padua, 1983.

[Anonymous]. "Un manoscritto del commento di Pietro Alighieri." *Bibl* 10 (1908–1909): 155–56.

Arnaldi, G. "Verona." In *ED* 5: 973–77.

Auvray, L. "Les manuscrits de Dante des bibliothèques de France." *Bibliothèque des écoles françaises d'Athenes et de Rome* 56 (1892): 85–90.

Avalle, G. (ed.). *Le antiche Chiose anonime all'Inferno di Dante secondo il testo Marciano.* Città di Castello, 1900.

Avena, A. *Nuovi documenti per la vita di Pietro di Dante Alighieri.* Verona, 1905.

———. *Guglielmo da Pastrengo e gli inizi dell'umanesimo a Verona.* Verona, 1907.

———. "I libri del notaio veronese Bartolomeo Squarceti da Cavajon (1420)." *Bibl* 13 (1911–1912): 241–52, 324–35.

Avesani, R. "Il preumanesimo veronese." In *Storia della cultura veneta,* 2: 111–41. Vicenza, 1976.

———. "Verona nel quattrocento. La civiltà delle lettere." In *Verona e il suo territorio,* 4.2: 108–10. Verona, 1984.

Baldelli, I. "Citazioni in glosse cassinesi." *SD* 37 (1960): 275–77.

Bandini, A. M. (ed.). *Catalogus codicum italicorum bibliothecae Mediceae Laurentianae, Gaddianae et Sanctae Crucis sub auspiciis Petri Leopoldi.* 5 vols. Florence, 1778.

Barbi, M. "Di un commento al Poema mal attribuito a Iacopo Alighieri." *BSDI* n.s. 11 (1904): 194–229.

———. "Pubblicazioni insigni del centenario dantesco." *SD* 5 (1922): 136.

———. "Per gli antichi commenti alla 'Divina Commedia'." *SD* 10 (1925): 150–51.

———. "Ancora sul testo della 'Divina Commedia'." *SD* 18 (1934): 28–29.

———. "La tomba di Pietro Alighieri a Treviso." *SD* 20 (1937): 128.

———. "Il codice di Francoforte e la critica del testo della 'Commedia'." *SD* 23 (1938): 180–81.

Barchiesi, M. *Un tema classico e medievale. Gnatone e Taide.* Padua, 1963.

Bertoni, G. "Su Pietro di Dante." *SM* n.s. 4 (1931): 371.

Biadego, G. *Dante e l'umanesimo veronese.* Venice, 1905.

Biagi, G., and E. Rostagno (eds.). *Catalogo della mostra dantesca alla Medicea Laurenziana nell'anno mcmxxi in Firenze.* Milan, 1923.

List of Abbreviations and Bibliography

Bianconi, S. "Ricerche sui dialetti d'Orvieto e di Viterbo nel medioevo." *SLI* 3 (1962): 3–175.

Billanovich, G. "Epitafio, libri e amici di Alberico da Rosciate." *IMU* 30 (1960): 251–61.

Bowden, J. P. *An Analysis of Pietro Alighieri's Commentary on the 'Divine Comedy.'* New York, 1951.

Briquet, C. M. *Les filigranes. Dictionnaire historique des marques du papier dès leurs apparition vers 1282 jusq'en 1600.* 4 vols. Amsterdam, 1907.

Buonocore, M. *Bibliografia dei fondi manoscritti della Biblioteca Vaticana (1968–1980).* Vatican City, 1986.

Caricato, L. "Il 'Commentarium' all'Inferno di Pietro Alighieri. Indagine sulle fonti." *IMU* 26 (1983): 125–50.

Carrara, M. "Gli scrittori latini dell'età scaligera." In *Verona e il suo territorio*, 2: 3–81. Verona, 1969.

Casamassima, E. "L'autografo Riccardiano della seconda lettera del Petrarca a Urbano V (Senile IX 1)." *QP* 3 (1985–1986): 3–175.

Castellani, A. *La prosa italiana delle origini.* Florence, 1982.

———. "Capitoli d'un'introduzione alla grammatica storica italiana. I. Latino volgare e latino classico." *SLI* 10 (1984): 1–28.

Ceresa, M. *Bibliografia dei fondi manoscritti della Biblioteca Vaticana (1981–1985).* Vatican City, 1991.

Ceruti, A. *Inventario dei manoscritti della Biblioteca Ambrosiana.* 5 vols. Milan, 1973–1979.

Chiamenti, M. *Un trecentesco florilegio iconico della "Commedia".* http://www.nuovorinascimento.org (online since 1997).

———. "Censimento della tradizione pergamenacea, cartacea e digitale della prima redazione del 'Comentum' di Pietro Alighieri." In *Scritti offerti a Francesco Mazzoni dagli allievi fiorentini*, 39–46. Florence, 1998.

———. "Due schedulae ferine: Dante, *Rime* CIII 71 e *Inf.* XVI 45." *LN* 59 (1998): 7–10.

———. "La terza e ultima redazione del 'Comentum' di Pietro Alighieri: tradizione del testo e criteri editoriali." In *"Per correr miglior acque...". Bilanci e prospettive degli studi danteschi alle soglie del nuovo millennio. Atti del Convegno di Verona–Ravenna 25–29 Ottobre 1999*, vol. 2: 835–846. Rome, 2001.

Cioffari, V. (ed.). Guido da Pisa. *Expositiones et glose super Comediam Dantis or Commentary on Dante's Inferno.* Albany-New York, 1974.

———. *Anonymous Latin Commentary on Dante's Commedia.* Spoleto, 1989.

List of Abbreviations and Bibliography

Ciotti, A. "Alcune citazioni di Alano di Lilla nei commenti trecenteschi della 'Commedia'." *LA* 3.2 (1962): 35–42.

———. "Isidoro di Siviglia e i commentatori trecenteschi della 'Commedia'." *LA* 5.2 (1964): 36–44.

Cipolla, C. "Il documento maffeiano di Pietro di Dante Alighieri (1337)." *AV* 15 (1878): 372–74.

———. "Un contributo alla storia della controversia intorno all'autenticità del Commento di Pietro Alighieri alla 'Divina Commedia'." In *Nozze Cian-Sappa Flandinet*, 73–91. Bergamo, 1894.

———. "Gli studi danteschi." *AAASLV* 4 (1921): 1–15.

Contini, G. *Breviario di ecdotica*. Milan-Naples, 1986.

Crocioni, G. (ed.). *Le 'Rime' di Pietro Alighieri precedute da cenni biografici*. Città di Castello, 1903.

Curi, E. *Il culto e gli studi danteschi a Verona*. Florence, 1964.

D'Alfonso, R. "La 'visio beatifica' nel prologo al 'Paradiso' nelle tre redazioni del 'Comentarium' di Pietro di Dante." *LI* 46 (1994): 425–32.

De Batines, C. *Bibliografia Dantesca*. 2 vols. Prato, 1845–1846.

———. *Indice generale della Bibliografia dantesca*. Bologna, 1883.

———. *Giunte e correzioni inedite alla 'Bibliografia Dantesca', pubblicate di sul manoscritto originale della R. Biblioteca Nazionale Centrale di Firenze*, ed. G. Biagi, 225–29. Florence, 1888.

De Medici, G. "Le fonti dell'"Ottimo Commento' alla 'Divina Commedia'." *IMU* 26 (1983): 71–123.

De Ricci, S., and W. J. Wilson. *Census of Mediaeval and Renaissance Manuscripts in the United States and Canada*. 2 vols. New York, 1935–1937 (also: C. U. Faye and W. Bond, *Supplement*. New York, 1962).

De Robertis, D. "Un codice di Rime dantesche ora ricostituito." *SD* 36 (1959): 196–205.

Della Vedova, R., and M. T. Silvotti. "Sul perché di tre redazioni del 'Commentarium' di Pietro Alighieri" and "Il proemio della Commedia nelle due redazioni inedite di Pietro Alighieri." In *Dante con nuovi strumenti critici*, 237–89. Florence, 1971. (repr. with the title "Inferno I nelle tre redazioni del 'Commentarium' di Pietro Alighieri. Psicoanalisi e strutturalismo di fronte a Dante. Dalla letteratura profetica medievale agli odierni strumenti critici." In *Atti dei mesi danteschi 1969–1971*, 1: 43–95. Florence, 1972.

———. *Il "Commentarium" di Pietro Alighieri nelle redazioni ashburnhamiana e ottoboniana*, with a prefatory note by E. Guidubaldi. Florence, 1978.

List of Abbreviations and Bibliography

Dicearcheo Eustachio (Giuseppe di Costanzo). *Di un antico testo a penna della Divina Commedia di Dante con alcune annotazioni su le varianti lezioni e sulle postille del medesimo. Lettera di Eustazio Dicearcheo ad Angelio Sidicino.* Rome, 1801.

Dionisi, G. "Censura del Comento di Pietro creduto figlio di Dante Alighieri." In *Serie di Aneddoti* 2. Verona, 1786.

———. "Del vero o preteso Comento di Pietro figlio di Dante." In *Serie di Aneddoti* 4. Verona, 1788.

———. *Preparazione istorica e critica alla nuova edizione di Dante Alighieri.* Verona, 1806.

Donadello, A. *Il libro di messer Tristano ("Tristano Veneto").* Venice, 1994.

Ewald, F. *Die Schreibweise in der autographischen Handschrift des 'Canzoniere' Petrarcas (cod. vat. lat. 3195). Beihefte ZRPh* (1907).

Fallani, G. "Pietro Alighieri e il suo commento al 'Paradiso'." *LDS*, 10–31. Florence, 1965.

———. "Dante e S. Agostino nel pensiero di Pietro Alighieri." *Aug* 8 (1968): 58–68.

Fanti, M., and L. Sighinolfi (eds.). *Biblioteca Comunale dell'Archiginnasio di Bologna.* IMBI. Florence, 1982.

Fava, D. *Guida-Catalogo alla mostra dantesca del 1921.* Modena, 1923.

Federici, P. *Bibliotheca Casinensium Mss.* Monte Cassino, 1759–1768.

Filelfo, I. *Vita Dantis Aligherii a I. Mario Philelpho scripta, nunc primum ex codice Laurentiano in lucem edita Florentiae in Typographia Margheriana.* Florence, 1828.

Folena, G. "La tradizione delle opere di Dante Alighieri." In *Atti del congresso internazionale di studi danteschi (20–27 aprile 1965)*, 1–78. Florence, 1965.

Foscolo, U. *Discorso sul testo della Divina Commedia.* Florence, 1842.

Fraja Frangipane, O. *Indices imperfecti.* Monte Cassino, 1776.

Frasso, G. Review of Della Vedova and Silvotti (eds.), *'Commentarium' di Pietro Alighieri. Aev* 54 (1980): 381–83.

Gargan, L. *Cultura e arte nel Veneto al tempo del Petrarca.* Padua, 1978.

Giannantonio, P. "I commentatori meridionali della 'Divina Commedia'." In *Atti del Congresso Nazionale di Studi Danteschi. Dante e l'Italia Meridionale*, 395–401. Florence, 1966.

Ginori Conti, P. *Vita ed opere di Pietro di Dante Alighieri.* Florence, 1939.

Giuliari, A. "Memoria bibliografica Dantesca Veronese." In *Albo Dantesco Veronese*, 343. Milan, 1865.

Gorni, G. (ed.). *Dante Alighieri, Vita Nova.* Turin, 1996.

List of Abbreviations and Bibliography

Greg, W. W. "The Rationale of Copy-Text." *Studies in Bibliography* 3 (1950–1951): 19–36 (repr. in idem, *Collected Papers*, 374–91. Oxford, 1966).

Hardie, C. Review of Della Vedova and Silvotti (eds.), *'Commentarium' di Pietro Alighieri*. *DDJ* 57 (1982): 178–89.

Hollander, R. " 'Ad ira parea mosso': God's Voice in the Garden (*Inferno* XXIV, 69)." *DS* 101 (1983): 27–49.

Kristeller, P. O. *Latin Manuscript Books before 1600*. New York, 1948.

———. *Latin Manuscript Books before 1600. A List of the Printed Catalogues and Unpublished Inventories of Extant Collections*. New York, 1960.

———. *Iter Italicum*. 2 vols. London-Leiden, 1963.

Livi, G. "Piero di Dante e il Petrarca allo studio di Bologna." *RBA* 18 (1907): 6–12.

———. "Ancora su Piero di Dante e il Petrarca allo studio di Bologna." *RBA* 19 (1908): 153–61.

———. *Dante e Bologna, Nuovi studi e documenti*. Bologna, 1921.

Lo Parco, F. "Il Petrarca e Piero di Dante." *GD* 16 (1908): 196–209.

Mac Lennan, L. J. "The Fall of Lucifer and the Creation of Adam in the Early Dante Commentators." *RF* 99.2–3 (1987): 139–51.

Maiden, M., and M. Parry. *The Dialects of Italy*. London-New York, 1997.

Mandarini, E. *I codici manoscritti della biblioteca oratoriana di Napoli*. Naples, 1897.

Mantovani, G. Review of Caricato, "Il 'Commentarium': fonti." *Script* 42 (1988): 24.

Marchesini, U. "Un codice sconosciuto del commento di Pietro di Dante alla 'Divina Commedia'." *BSDI* o.s. 12 (1892): 12–16.

Marchi, G. P. "La cultura." In *Gli Scaligeri 1287–1387*, ed. G. M. Varanini, 483–563. Verona, 1988.

Mazzatinti, G. *Inventario dei manoscritti Italiani delle Biblioteche di Francia*. 3 vols. Rome, 1886–1888.

———, and A. Sorbelli. *Inventari dei Manoscritti delle Biblioteche d'Italia*. Forlì-Florence, 1891– .

Mazzoni, F. "La 'Questio de Aqua et Terra'." *SD* 34 (1957): 163–204.

———. "Il punto sulla 'Questio de Aqua et Terra'." *SD* 39 (1962): 48–53.

———. "Pietro Alighieri interprete di Dante." *SD* 40 (1963): 280–360.

———. "Alighieri, Pietro." In *ED* 1: 147–49.

———. "Bosone de' Raffaelli da Gubbio." In *ED* 1: 688.

———. "Chiose Cassinesi." In *ED* 1: 973.

Mengaldo, P. V. (ed.). Dante Alighieri, *De Vulgari Eloquentia*. Padua, 1968.

List of Abbreviations and Bibliography

Messori, G. "Il 'Commentarium' di Pietro Alighieri." In *LDM*, 169–87. Florence, 1969.

Minio-Paluello, L. " 'Antomata', Purg. X, 128, e i testi latini della 'Biologia' di Aristotele." In *Luoghi cruciali in Dante. Ultimi saggi, con un inedito su Boezio*, 5–24. Florence, 1993.

Misciattelli, P. "Una giornata veronese di Piero di Dante." *Pan* 3 (1934): 321–36.

Morpurgo, S. *I manoscritti della Reale Biblioteca Riccardiana*. Rome, 1893–1900.

———. *I codici Panciatichiani della Reale Biblioteca Nazionale Centrale di Firenze*. Florence, 1887.

Morreale, M. "Apuntes bibliográficos para el estudio del tema 'Dante en Espagna hasta el S. XVII'." *Annali del corso di Lingue e Letterature straniere della Università di Bari* 8 (1967): 3–44.

Mostra di codici romanzi delle biblioteche fiorentine (VII congresso internazionale di studi romanzi 3–8 Aprile 1956). Florence, 1957.

Mostra di codici ed edizioni danteschi (20 aprile–31 ottobre 1965). Florence, 1965.

Mostra di codici danteschi. Biblioteca Medicea Laurenziana. Florence, 1966.

Nannucci, V. (ed.). *Petri Allegherii super Dantis ipsius genitoris Comoediam Commentarium nunc primum in lucem editum consilio et sumtibus G. J. bar Vernon*. (Preface by P. M. G. Ponta, "Sul Commento di Pietro di Dante. Osservazioni," i–xxiii; introduction by V. Nannucci, "Di Pietro di Dante e del suo Commento," 9–19.) Florence, 1845–1846.

Nardi, B. "La caduta di Lucifero e l'autenticità della 'Questio de Aqua et Terra'." In *LDR*, 66–110. Turin, 1959.

Nencioni, G. "Note dantesche. Due archi parallelli e concolori (*Par.* XII 11)." *SD* 40 (1963): 42–50.

———. "Struttura, parola (e poesia) nella 'Commedia'." *SD* 62 (1990): 1–37.

Padoan, G. "Cause, struttura e significato del 'De Situ et Figura Aque et Terre'." In *DCV*, 347–66.

Palma di Cesnola, A. *Catalogo di manoscritti italiani esistenti nel Museo Britannico di Londra*. Turin, 1890.

Pellegrini, G. B. "La posizione del veronese antico." In *DCV*, 95–107.

———, and A. Stussi. "Dialetti Veneti nel Medioevo." In *Storia della cultura veneta*, 1: 424–52. Vicenza, 1976.

Petrocchi, G. (ed.). Dante Alighieri, *La Commedia secondo l'antica vulgata*, rev. ed. 4 vols. Florence, 1994.

Piattoli, R. *Codice diplomatico dantesco*. Florence, 1940.

LIST OF ABBREVIATIONS AND BIBLIOGRAPHY

———. "Note di storia degli Alighieri e aggiunte al Codice diplomatico dantesco." *SD* 44 (1967): 252–54, 259–68.

Poiron, D., D'A. Berthelot, P. F. Dembowski, S. Lefèvre, K. D. Uitti, and P. Walter (eds.). Chrétien de Troyes. *Oeuvres Complètes*. Paris, 1994.

Ponta, M. G. "Risposta di Marco Giovanni Ponta all'Appendice al giornale la 'Rivista' n. 5, 29 sett. 1845 intorno al commento di Pietro Alighieri alla 'Divina Commedia'." *Giornale Arcadico* 108 (1846): 208–339.

Prompt, P. Y. "I codici parigini della 'Commedia'." *Ali* 3 (1891–1892): 301–24.

Rajna, P. Dante Alighieri, *Il trattato De Vulgari Eloquentia*. Florence, 1896.

Raynaud, P. *Inventaire des manuscrits italiens de la Bibliothèque Nationale qui ne figurent pas dans le catalogue de Marsand*. Paris, 1882.

Rezzi, M. L. *Lettera a Giovanni Rosini sopra i manoscritti barberiniani contenenti commenti alla 'Divina Commedia' di Dante Alighieri*. Rome, 1826.

Ricci, C. "Di alcuni codici sconosciuti del comento di Pietro Alighieri alla 'Divina Commedia'." *BSDI* o.s. 5/6 (1891): 46–52.

Rigo, P. "Commenti danteschi." In *Dizionario critico della letteratura italiana*, 2: 11–12. Turin, 1986.

Rocca, L. "Del Commento di Pietro di Dante alla 'Divina Commedia' contenuto nel codice Ashburnham 841." *GSLI* 7 (1886): 336–85.

———. *Di alcuni commenti della Divina Commedia composti nei primi vent'anni dopo la morte di Dante*. Florence, 1891.

Roddewig, M. *Dante Alighieri. Die Göttliche Komödie. Vergleichende Bestandsaufnahme der Commedia-Handschriften*. Stuttgart, 1984.

———. "Per la tradizione manoscritta dei commenti danteschi: Benvenuto da Imola e Giovanni da Serravalle." In *Benvenuto da Imola lettore degli antichi e dei moderni, Atti del Convegno Internazionale, Imola, 26 e 27 maggio 1989*, ed. P. Palmieri and C. Paolazzi, 79–109. Ravenna, 1991.

Rossi, L. C. "Presenze di Petrarca in commenti danteschi fra Tre e Quattrocento." *Aev* 70 (1996): 443 n.

Rossi, V. (ed.). Francesco Petrarca, *Le Familiari*. Florence, 1933.

Sabbadini, R. *Le scoperte dei codici latini e greci ne' secoli XIV e XV. Nuove ricerche col riassunto filologico dei due volumi*, rev. E. Garin, 2: 97–105. Florence, 1967.

Salvo Cozzo, G. *I codici capponiani*. Rome, 1897.

Sancassini, G. *Dante e Verona: Catalogo della mostra in Castelvecchio*. Verona, 1965.

———. "La casa di Pietro di Dante in Verona." In *AAASLV* 6/23 (1971–1972): 341–59.

Sandkühler, B. *Die frühen Dantekommentare und ihr Verhältnis zur mittelalterlichen Kommentartradition*. Munich, 1967.

List of Abbreviations and Bibliography

———. "Die Kommentare zur Commedia bis zur Mitte des 15. Jahrhunderts." In *Die italienische Literatur im Zeitalter Dantes und am Übergang vom Mittelalter zur Renaissance*, ed. A. Buck, 2 vols., 1: 166–208. Heidelberg, 1987.

Santoro, C. *I Codici Medioevali della Biblioteca Trivulziana*. Milan, 1965.

Scarcella, F. "A Verona uno dei primissimi codici danteschi era d'un notaio che fece testamento nel 1339." *L'Arena* (3 December 1966): 7.

———. "Due sentenze di Pietro di Dante Alighieri." *VV* (1967): 82–84.

Schiff, M. *La Bibliothèque du Marquis de Santillane*. Paris, 1905.

Scolari, A. "La fortuna di Dante a Verona nel sec. XIV." In *DCV*, 479–91.

Sorbelli, A. *Indice dei codici e manoscritti danteschi nella Biblioteca Comunale dell'Archiginnasio*. Bologna, 1921.

Spagnolo, A. *Catalogo descrittivo dei Manoscritti Capitolari*. 6 vols. Verona, Biblioteca Capitolare, 1905 (manuscript).

———. "Pietro Alighieri." *AAASLV*. Verona, 1905–1906.

Stussi, A. "Particolarità grafiche e particolarità fonetiche di un testamento in dialetto Veneziano antico." *ID* 28 n.s. 5 (1965): 144–60.

———. "Il dialetto veneziano al tempo di Dante." In *DCV*, 109–15.

———. "Die einzelnen romanischen Sprachen und Sprachgebiete vom Mittelalter bis zur Renaissance, 129. Venezien. Veneto." *LRL* 2 (1988): 124–34.

Tamassia, N. "Dante e il 'Magister Gratianus'." *ARIV* 82.2 (1923): 413–22.

Tenneroni, A. "I codici Laurenziani della Divina Commedia." *RBA* 1 (1888): 133–42.

[Tosti, L. (ed.)] *Il codice Cassinese della Divina Commedia per la prima volta letteralmente messo a stampa per cura dei monaci benedettini della Badia di Montecassino*. (Introductions by L. Tosti, "Storia del Codice Cassinese," iii–xviii; A. Caravita, "Paleografia del Codice Cassinese," xix–xl; D. C. Quandel, "Edizione del Codice Cassinese," xli–lv; appendixes by L. Taddeo, "Di un codice catanese del monastero di S. Niccolò all'Arena," 566–83, and E. Mandarini, "Del codice filippino. Cenni bibliografici," 585–92.) Monte Cassino, 1865.

Turrini, G. "La Biblioteca Capitolare di Verona." *IMU* 5 (1962): 401–23.

Vattasso, M. *Del Petrarca e di alcuni suoi amici*. Rome, 1904.

Vazzana, S. "Il Commentarium di Pietro di Dante e il contrapasso." *LA* 9/10 (1968): 82–92.

Weiss, R. "La cultura preumanista veronese e vicentina del tempo di Dante." In *DCV*, 263–72.

Introduction

I. PIETRO ALIGHIERI

Pietro Alighieri, the son of Dante, was a leading scholar and eminent judge of the Scaligeri court. Legend has it that, around 1355, his career in textual exegesis reached its peak on the occasion of a public performance in Piazza delle Erbe, the marketplace and Forum of Verona. Moggio de' Moggi, a renowned humanist, writes that Pietro gave a lecture on his father's *Commedia* to a large audience; he also read a poem of his own composition (now lost) in which, as a kind of summary for the untutored, he explained the moral structure and the main episodes of Dante's masterpiece.[1]

The reverent son of a daunting father, Pietro took as his great task for most of his life — with the constant encouragement of his closest friends — that of explaining in full scholarly detail the philosophical and moral concepts of the most obscure passages of the *Commedia*. He achieved this by writing a massive and painstaking Latin commentary on the *Commedia*, aimed at a learned audience. He carefully updated, revised, and expanded his work, so that three different versions of it, all written by Pietro at different stages, are known to us.[2]

---

[1] The story is recounted in a Latin epistle by Moggio de' Moggi, who attended the reading with his friend, the grammarian Rinaldo Cavalchini. M. Vattasso, *Del Petrarca e di alcuni suoi amici* (Rome, 1904), 100–2, was the first to draw scholarly attention to this interesting and revealing document.

[2] The epitaph on Pietro's tombstone reads as follows: "[. . .] Nam pius et justus juvenis fuit atque vetustus / Ac in iure quoque simul inde peritus utroque / Extitit expertus multorum, et scripta repertus / Ut librum Patris punctis aperiret in atris [. . .]" [Pious and just was he, in youth as in later life, and expert in both ecclesiastical and civil law. He showed himself well acquainted with many disciplines, and put writings together in order to open up the obscure points of his father's book]. The tombstone is now in the church of S. Francesco in Treviso, but was originally in the cloister of the monastery of the Eremitani in Santa Margherita where Pietro was buried in 1364.

Introduction

There is little known for certain about the lives as parents of Dante Alighieri and his wife Gemma Donati. They probably had four children: Pietro, Jacopo (author of a vernacular *Commentary* on the *Inferno*), Giovanni, and Antonia (perhaps the daughter who was put by her father in the Convent of Santo Stefano degli Ulivi in Ravenna and became the nun Beatrice). It is not mere coincidence that Pietro, Jacopo, and Giovanni are the Italian names of the three Apostles chosen by Jesus to witness his transfiguration and who — in cantos 24, 25, and 26 of the *Paradiso* — test Dante on Faith, Hope, and Charity respectively.

We know that Pietro was born in Florence around 1300 and had to join his father in exile in Verona when he came of age in 1315. In that year, the sentence of banishment passed on Dante was renewed and extended to include his sons. It is very likely that Pietro was still with his father when the latter moved to Ravenna in 1318. There, in 1319, young Pietro received two ecclesiastical benefices from Guido Novello da Polenta (Dante's patron) enabling him to pursue his legal studies in Ravenna and launch his career in that prestigious field.

After the death of his father in 1321 (when Pietro inherited all the poet's debts) and the political fall of Guido Novello in 1322, Pietro must have returned to Verona, where he lived most of the time thereafter, although it is likely that he spent time in Florence visiting his mother, and was in Bologna for some time between 1322 and 1332. Documentary evidence shows that he eventually benefited from an amnesty and was allowed to enter the law courts of Florence and study law at Bologna. During his time in Bologna he met the poet Francesco Petrarca, who addressed a Latin epistle to him.

Pietro's name appears on several records in Verona from 1332 onwards. Thanks to the protection of the Scaligeri family and to his great learning and political integrity, Pietro Alighieri climbed the ranks of society, rose to eminence in the legal profession, and bought several estates. One of these estates is still inhabited by one of his descendants today, Count Alvise Serego Alighieri; it has an active vineyard and olive grove for the production of oil and wine.

Pietro worked on his commentary in Verona for more than a quarter of a century, from 1337 to the end of his life in 1364. Apparently in 1364 some urgent business took him to Treviso, where he owned property. There he suddenly fell ill, dictated a will, died, and was buried. According to Boccaccio's famous anecdote, one night Pietro had a vision of his dead father, in which Dante showed him the place — in the wall of their house in Ravenna — where he had hidden the ten final cantos of the *Commedia* which until that point had been missing. This story says a lot about the role that Pietro played all his life as a privileged chosen one of his own father, as does the honorary name "Dante" conferred upon him by the people of Verona. It was an honor and a burden that became the meaning (and obsession) of his life.[3]

In this edition the reader will find for the first time the complete text of the most important third and final version of Pietro Alighieri's so-called *Commentarium*, a crucial text for the understanding of Dante, which has been unavailable in its complete form for more than six centuries. The copy-text is the manuscript that I will call V (Vatican Library, MS Ottobonianus Latinus 2867), occasionally emended in accordance with excerpts from some marginal glosses on the *Commedia* of manuscript C (Monte Cassino, Abbey Library MS 512).

I say "so-called" *Commentarium* because the name, though always associated with this text since the publication of its first draft in 1845, is not the title given to this work by its author. If we keep to Pietro's own prose, he calls his *Commentary* a *Comentum* and also, to show modesty, *Comentulum* or "little commentary" (e.g., *Inf.* 30 § 24: "prout scripsi supra in prohemio huius mei comenti presentis" [as I have written above in the proem of this *comentum* of mine]). Moreover, the headings in manuscripts generally call this *Commentary* "comentum," "glose," "expositio," "rescriptum," or some other name, but never *Commentarium*, and this is

---

[3] For Pietro Alighieri's biography and works (*Commentary* and *Poems*), as well as for the long dispute over his commentary's authorship and *Fortleben*, see also G. Dionisi, "Censura del Comento di Pietro creduto figlio di Dante Alighieri," *Serie di Aneddoti* 2 (Verona, 1786); idem, "Del vero o preteso Comento di Pietro figlio di Dante," *Serie di Aneddoti* 4 (Verona, 1788); idem, *Preparazione istorica e critica alla nuova edizione di Dante Alighieri* (Verona, 1806); C. De Batines, *Bibliografia Dantesca*, 2 vols. (Prato, 1845–1846): 1: 633–36; M. G. Ponta, "Risposta di Marco Giovanni Ponta all'Appendice al giornale la 'Rivista' n. 5, 29 sett. 1845 intorno al commento di Pietro Alighieri alla 'Divina Commedia'," in *Giornale Arcadico* 108 (1846): 208–339, here 209–333; L. Rocca, *Di alcuni commenti della Divina Commedia composti nei primi vent'anni dopo la morte di Dante* (Florence, 1891), 372–99; C. Cipolla, "Un contributo alla storia della controversia intorno all'autenticità del Commento di Pietro Alighieri alla 'Divina Commedia'," in *Nozze Cian-Sappa Flandinet* (Bergamo, 1894), 73–91; P. Ginori Conti, *Vita ed opere di Pietro di Dante Alighieri* (Florence, 1939); R. Piattoli, *Codice diplomatico dantesco* (Florence, 1940), 153–57; J. P. Bowden, *An Analysis of Pietro Alighieri's Commentary on the 'Divine Comedy'* (New York, 1951), 9–23; F. Mazzoni, "Pietro Alighieri interprete di Dante," *SD* 40 (1963): 280–360; E. Curi, *Il culto e gli studi danteschi a Verona* (Florence, 1964), 5–10; A. Scolari, "La fortuna di Dante a Verona nel sec. XIV," in *DCV* (1966), 479–61; F. Scarcella, "Due sentenze di Pietro di Dante Alighieri," in *VV* (1967): 82–84; R. Piattoli, "Note di storia degli Alighieri e aggiunte al Codice diplomatico dantesco," *SD* 44 (1967): 252–54, 259–68; F. Mazzoni, "Alighieri, Pietro," in *ED* (1970) 1: 147–49; R. Avesani, "Verona nel quattrocento. La civiltà delle lettere," in *Verona e il suo territorio* (Verona, 1984), 4.2: 108–10.

Introduction

the reason why the title of this edition reads *Comentum super poema Comedie Dantis*, as in the heading and the first lines of text in MS V.

Because the three versions of the *Comentum*, notwithstanding their similarities, represent three different and successive states of a single work by one man, I have here followed the precept of Gianfranco Contini: "Non è lecito mescolare redazioni distinte [...]. Quando la recensione della tradizione manoscritta mette in luce solo opposizioni di varianti adiafore, sono da riconoscere più redazioni [...] che devono formare oggetto di altrettante edizioni" [It is not acceptable to combine different drafts [...]. When the extant manuscript tradition reveals oppositions of equipollent variant readings exclusively, we have to infer the existence of more than one draft [...] and consequently make as many editions as there are drafts].[4]

In this edition, two different apparatus accompany the text of the *Comentum*: the first consists of references to the texts quoted by Pietro within his exposition; the second shows the variant manuscript readings and editorial emendations.

---

[4] G. Contini, *Breviario di ecdotica* (Milan–Naples, 1986), 7–8.

II. THE TRANSMISSION OF THE TEXT

A. Manuscript Transmission

Twenty-seven different manuscripts survive of Pietro Alighieri's *Comentum* on the *Commedia*, including versions translated into the vernacular and partial versions.[5] These twenty-seven extant manuscripts can be divided into three groups, each belonging to one of the three versions of the *Comentum*. This is the typical *mouvance* of medieval texts, especially prose commentaries, which are written without strict formal constraints. This lack of formal constraints allows modification, rewriting, re-arrangement, and the addition of new material.

There are twenty-three extant manuscripts of the first draft (hereafter referred to as α). This draft was written between 1339 and 1341 (the commentary on *Purg.* 20 is dated 1340, and that on *Par.* 26 is dated 1341). It enjoyed a wide circulation (and was even translated into Castilian).[6] The only printed edition to reproduce the text contained in the α draft is that edited by Vincenzio Nannucci in 1845

---

[5] In the 1595 Accademia della Crusca edition of the *Commedia* (p. 418), we read of two manuscripts, which at that time were owned by Luigi Alamanni and Alessandro Giraldi. Unfortunately, I have not been able to trace them, or to identify them among the surviving manuscripts. Also missing are another MS mentioned by P. Federici, *Bibliotheca Casinensium Mss* (Monte Cassino, 1759–1768), 1: 294, and a tiny fragment (from the binding of a Lucan codex and containing comments on *Inf.* 27–34 and *Purg.* 23–25) that used to belong to the vicar Luigi Breventani, but is no longer among the items of the Fondo Breventani of the Biblioteca Arcivescovile of Bologna.

[6] The large group of manuscripts belonging to the α draft is rather compact and homogeneous; it presents distinctive features that clearly separate the first version of the text from later versions. For this reason there is no doubt about whether a given Pietro Alighieri MS falls into this first class of codices or not. The incipits of α draft MSS seem to hint at a further subdivision into three subgroups α1, α2, and α3: "Inquit in Ecclesiastico Salomon: Sapientia abscondita et thesaurus invisus que utilitas in utrisque ..." (read nn. 2, 4, 5, 7, 11, 15, 16, 17, 18, 19, and 20): α1 group; "Inquit Ihesus filius Sirac in Ecclesiastico, capitulo xii°: Sapientia abscondita et thesaurus invisus que utilitas in utrisque ..." (read nn. 3, 6, 10, 13, and 23): α2 group; "Secondo che dice il sauio ecclesiastico la sapie(n)ca nascosa e 'l tesoro no(n) ueduto sono di poca utilita ..." (reads n° 9) and "Segund(o) q(ue) dige el sabio eclesiastes la sabiduria escondida (et) el tesoro no(n) uisto son de poca utilidat ..." (reads n° 14): α3 group (vernacular translations). Not easily collocable because of their lacunae nn. 1, 8, 12, 21, and 22.

INTRODUCTION

(hereafter referred to as Na).[7] The complete list of manuscripts containing the α draft is as follows:[8]

1. Bologna, Biblioteca Comunale dell'Archiginnasio, MS A 322
2. Bologna, Biblioteca Universitaria, MS 1638
3. Vatican City, Biblioteca Apostolica Vaticana, MS Vat. lat. 4782
4. Vatican City, Biblioteca Apostolica Vaticana, MS Barb. lat. 4007
5. Vatican City, Biblioteca Apostolica Vaticana, MS Barb. lat. 4098
6. Vatican City, Biblioteca Apostolica Vaticana, MS Capponi 176
7. Florence, Biblioteca Mediceo Laurenziana, MS Pluteus XL 38
8. Florence, Biblioteca Mediceo Laurenziana, MS Pluteus XC sup. 118
9. Florence, Biblioteca Mediceo Laurenziana, MS Ashburnhamianus app. dant. 2
10. Florence, Biblioteca Nazionale Centrale Panciatichiano, MS 4
11. Florence, Biblioteca Riccardiana, MS 1075
12. Florence, Biblioteca Riccardiana, MS 1076
13. London, British Library, MS Additional 9833
14. Madrid, Biblioteca Nacional, MS 10207
15. Milan, Biblioteca Ambrosiana, MS C. 310 inf.
16. Milan, Biblioteca Trivulziana, MS N. A. 6 a 34
17. Modena, Biblioteca Estense e Universitaria, MS α. G. 6. 22
18. Naples, Biblioteca Oratoriana dei Girolamini, MS CF 2.1
19. New York, Pierpont Morgan Library, MS M 529
20. Padua, Biblioteca del Seminario Vescovile, MS CLXIV
21. Paris, Bibliothèque Nationale, Fonds italien, MS 541
22. Paris, Bibliothèque Nationale, Fonds italien, MS 1015
23. Verona, Biblioteca Capitolare, MS DCLV

The second draft of the *Comentum* (hereafter referred to as β) is preserved in only two manuscripts (B and L). It is a total reworking and vast expansion of α,

---

[7] V. Nannucci, ed., *Petri Allegherii super Dantis ipsius genitoris Comoediam Commentarium nunc primum in lucem editum consilio et sumtibus G. J. bar Vernon* (Preface by P. M. G. Ponta, "Sul Commento di Pietro di Dante. Osservazioni," i–xxiii; Introduction by V. Nannucci, "Di Pietro di Dante e del suo Commento," 9–19) (Florence, 1845–1846).

[8] For a detailed description of these manuscripts see M. Chiamenti, "Censimento della tradizione pergamenacea, cartacea e digitale della prima redazione del 'Comentum' di Pietro Alighieri," in *Scritti offerti a Francesco Mazzoni dagli allievi fiorentini* (Florence, 1998), 39–46.

and the number of passages quoted and adapted from authoritative texts is twice that of α. It can be dated around 1344–1349 on the basis of internal references.[9] The extant manuscripts are as follows:

B 24. Vatican City, Biblioteca Apostolica Vaticana, MS Barberinianus latinus 4029 (XLV 123, 1542).

> Paper, beginning of the fifteenth century, 300 x 240 mm., cc. viii + 184, from central Italy. Contains: (cc. ir–iiv) papal epistles; (cc. iiir–viiir) index; (cc. 1r–184v) β text of the *Comentum* without title or author's name, with some alterations at the beginning of the proem and lacking the last lines of the text in order to efface its authorship.
> Incipit: "Quamvis librum comedie dantis alegerij de flor(enti)a mei precessoris non modicum in suo tegumento clausum (et) obscur(um) hacten(us) non(n)ulli te(m)ptaveri(n)t total(ite)r aperire . . ."
> Explicit: ". . . amor uoluens solem (et) stellas alias ip(s)e deus benedictus et gloriosus in secula seculor(um) am(en)." On c. viiiv, in a seventeenth-century hand: "[. . .] stimo questo presente comento esser di Pietro figlio di Dante, poiche dice *Dantis Alegerij mei pr(a)ecessoris*, ed anche, *quodam zelo et caritativo motu accensus*, dice haversi indotto a com(m)entarlo [. . .]" Throughout the text of the *Comentum* some words here and there are omitted, leaving blank spaces. Presumably this is because of difficulties in transcribing the antigraph.
> Language: the traits that locate the scribe of this MS in central Italy are as follows: 1) Tuscan anaphonesis (the raising of high mid vowels to [i] and [i] in certain consonantal environments) is not present: "ponta," etc.; 2) meta-

---

[9] I disagree with the dating 1350–1355 provided (without any argument to support his thesis) by F. Mazzoni, "Alighiero, Pietro" (147). My own earlier dating of 1344–1349 relies on the following evidence: 1) in β, *Par.* 9, there is no mention yet (as there is in the final draft) of Louis d'Anjou's 1348 descent into Puglia; 2) in *Par.* 16 Pietro says that the 1343 administrative and political division of Florence into four "quartieri" happened "a modico tempore citra" [a little time ago]: given that he has already commented on 82 cantos by then, his work must have started immediately after the division; 3) in β Pietro abandons the hypothesis he proposed in α concerning the interpretation of the acronym DVX of *Purg.* 33 as referring to a great event — connected to an astral conjunction that was expected in 1355 — which did not actually take place.

Introduction

phony by -[i] is present: "capilli," "desiderusi," etc.; 3) gemination of [s]: "cossi," etc.; 4) palatalized form (BASSUS >) "bascio."

[Ref.: M. L. Rezzi, *Lettera a Giovanni Rosini sopra i manoscritti barberiniani contenenti commenti alla 'Divina Commedia' di Dante Alighieri* (Rome, 1826), 28–29; C. De Batines, *Giunte e correzioni inedite alla 'Bibliografia Dantesca', pubblicate di sul manoscritto originale della R. Biblioteca Nazionale Centrale di Firenze*, ed. G. Biagi (Florence, 1888), 213; L. Rocca, *Di alcuni commenti della Divina Commedia composti nei primi vent'anni dopo la morte di Dante* (Florence, 1891), 348; J. P. Bowden, *An Analysis of Pietro Alighieri's Commentary on the 'Divine Comedy'* (New York, 1951), 25].

L 25. Florence, Biblioteca Mediceo Laurenziana, MS Ashburnhamianus 841 (cat. min. 772).

Paper, in folio, end of fourteenth century, by a scribe from southern Italy working in Verona, 286 x 195 mm. (originally larger, then trimmed; this is apparent because parts of some marginal glosses have been cut away), written space varies from 175 x 115 mm. to 210 x 150 mm., cc. iii, 349, ii'. The cc. i and ii', guard sheets, are integral with the original binding, while cc. ii–iii (singleton) and i' were attached around the sixteenth–seventeenth century and show two vertical lines on their left-hand margin. On c. IIIr: "costui pare che scrivesse intorno al 1360 e che ciò si raccolga dal comento del 6° Canto dell'Inferno ove dice," in a fourteenth-century hand, presumably the same that writes on cc. 1–17 the list of authoritative works quoted within the text, and the same responsible for the foliation in Arabic numbers in the upper left margin of cc. 1–347 (number 332 is repeatead erroneously on two successive cc., while number 348 on c. 348 [349] is in modern pencil).

Quiring: 35 quires; the thirty-fifth quire is missing the last folio, replaced by the attached c. I' (cc. 1–10, 11–20, 21–30, . . . , 321–330, 331–339[340], 340[341]–348[349]). Watermark: Briquet [C. M. Briquet, *Les filigranes*], n° 3110 ("cercle surmonté par une croix ou par des dessins divers"), n° 3117 ("cercle traversé par un trait se terminant en croix à chacune de ses extremités"), n° 3218 ("deux cercles placés l'un au-dessus de l'autre et traversés par un trait étoilé"), all localizable chiefly in northern Italy; n° 3230 ("deux cercles à coté l'un de l'autre") in particular, is from the Verona area.

Transmission of the Text

All the ruling is in pencil. Catchwords regularly placed at the bottom of each quire's last page, encircled with a wavy line or contained in four wavy lines that radiate out like the points of a star (catchword on c. 320 is omitted). Reinforcing paper strips integral with the original binding are decisive in localizing of the MS: these small flaps are strips of papers originally used in notarial documents, whose references (in chancery hand) to identifiable names and places lead unmistakably to Verona: "s(er) Anth(oniu)s q(uondam) s(er) B(ar)tho[lome]i d(e) S(ancto) martino bo[n]albe(rg)o" (c. 61r), "a d(o)m(in)o de la scala" (c. 166r), "i(n) d(ic)ta c(ontra)ta muronovi de V(ero)na" (c. 345r[346r]), and, even more explicitly, "Juliani d(e) sesso iudic(is) c(on)s(ili)i co(mun)is V(erone)" (c. 335r[336r]), who held his post from 1348 to 1356.

The MS contains the following:

Intitulatio: "Sopra La Cantica di Dante et ampliata et dichiarata dal suo figliolo" (top left-hand margin of c. 1r, in a sixteenth-century hand).
Heading: "Prologo primo supra a la p(ri)ma cantica de la Comed[ia] de dante alleghieri de fiorencza" (c. 1r).
cc. 1r–346r: β text of the Comentum by Pietro Alighieri, without title or author's name "[...] Cantica di Dante [...] dichiarata dal suo figliolo"; however, the latter is incidentally mentioned in the incipit of the text: *Quamuis librum Comedie Dantis Alegerij de Florencia Petri mei genitoris*. Each canto's commentary is preceded by marginal rubrics in the vernacular, in the same hand as the text, summarizing the content of the canto.
Incipit: "[Q]uamuis librum Comedie Dantis Alegerij de flore(n)cia petri mei ge(n)itoris no(n) modicu(m) i(n) suo tegum(en)to clausum (et) obscuru(m) hactenus nulli te(m)ptaveri(n)t totalit(er) calamo ap(er)ire ..." (c. 1r).
Explicit: "... Nec no(n) illo respectu q(uo) lex mota e(st) ad dicendum qui i(n)subtilit(er) factu(m) emendat laudabilio(r) e(st) eo q(ui) prim(us) i(n)uenit" (c. 346r[347r]).
cc. 346v–347r: Oratio devota gloriose Virginis matris marie. Incipit: "O q(uam) sum(m)e iocundat(ur)."
Colophon: "finito libro deo gracias amen. / Qui finisci la tercza (et) ultima cantica dela comedia de dante allichiere da firencze chiamata paradiso deo gracias. Amen ... Amen ... Amen." (c. 347r[348r]).
Note of possession: "Dominici Mellinij Guidonis filii et hodie / ‹a me Andrea de Andreinis emptus› [erased but still readable]" (c. 1r bottom). (Domenico

Introduction

di Guido Mellini was also the owner of a MS now belonging to the Società Dantesca Italiana, MS 3.)

Lacunae on cc. 151–162, 166, 170, 201, 202, 231, 236, and 237 because of deterioration of the folios' margins. The writing is set out as a single column containing on average 23 lines, but with oscillation from a minimum of 19, as in c. 210r, and a maximum of 35, as in 335r. Script: Italian Gothic in a single hand, uniform and neat, becomes sloppy from c. 321 onwards, where the lines of writing go over the margins, are more closely and unevenly spaced, and contain many corrections. Red and blue paragraph marks alternate regularly up to c. 220v, then are more sporadic and only in red ink. No initials except those in various colors on cc. 62v, 174r, 181v, 185r, 189r, 193r, 201r, and 229v. Lively drawings depicting characters and landscapes from the poem and maniculae on cc. 35r, 35v, 36r, 39r, 41r, 44r, 64r, 68r, 103v, 104r, 105v, 106r, 107r, 110r, 111r, 111v, 112v, 113r, 126r, 152r, 173r, 211r, 293r.

Language: the scribe can be located in southern Italy, below the Rome–Ancona borderline, as transparently manifest in the vernacular rubrics: Unstressed vowels: 1) -[i] > -[e] together with its hypercorrect reaction: "li sodomite," "le parte," "queste veritade" (pl.), "famose homini," "bolognese," (pl.) "Danti," etc. (cf. Rohlfs §§ 142 and 144); 2) closing of pretonic vowels and relative hypercorrection: "fiurentino," "Fiurentine" (pl.), "vinire,", "Bulogna," "gerone" ('girone'), "Semone," etc. (cf. Rohlfs § 131). Stressed vowels: 1) Tuscan anaphonesis not present: "lengua," etc.; 2) metaphony by -[i] present: "prestature" (pl.), "quilli Spirite de li quale," "fiuri," "piccaturi," "Ginovisi," etc. (cf. Rohlfs §§ 61, 79); 3) southern metaphony by -[u] is present: "fiurintino," "quillo," etc. (cf. Rohlfs § 61). Consonants: another southern trait is the non-voicing of the intervocal consonants: "macho" ('mago'), "spata," etc. (cf. Rohlfs §§ 198, 204). Morphology: unmistakably from southern Italy the def. art. *lu* (e.g., "lu ricitare"), cf. Rohlfs § 418.

Modern late nineteenth-century binding (half-leather, half-millboard) replaces the original, with "commento a dante," "841" and "772" imprinted in gold on the back. The back of an old binding (c. fifteenth–sixteenth century) is glued with c. ir: on it "commento / sopra la / commedia di / dante" and "Per Pietro Figlio di / Dante." The c. iir bears a little round yellow label with the modern call number of the MS "841," a stamp of the "Biblioteca Mediceo Laurenziana," and instructions for the binder: in pencil "841," "legare," "27c" and "Ashb. 841," in pen "Laur. Ashb. 841."

Transmission of the Text

[Ref.: L. Rocca, "Del Commento di Pietro di Dante alla 'Divina Commedia' contenuto nel codice Ashburnham 841," *GSLI* 7 (1886): 336–85; Rocca, *Alcuni commenti*, 399–425; P. Ginori Conti, *Vita ed opere di Pietro di Dante Alighieri* (Florence, 1939), 132–35; Bowden, *Pietro Alighieri's Commentary*, 25–26; M. Barchiesi, *Un tema classico e medievale. Gnatone e Taide* (Padua, 1963), tavv. I–III; F. Mazzoni, "Pietro Alighieri interprete di Dante," *SD* 40 (1963): 280–360; F. Mazzoni, "Alighieri, Pietro," in *ED* (1970): 1: 147–49; L. Caricato, "Il 'Commentarium' all'Inferno di Pietro Alighieri. Indagine sulle fonti," *IMU* 26 (1983): 125–29]

Rocca mistakenly defined B as a *codex descriptus* copied from L (which is the older of the two); but, in fact, B is a collateral of L.[10] Both manuscripts descend from a common β text archetype (ω2): the text they transmit is basically the same. Despite the superior textual quality of manuscript L, B can nevertheless be useful in emending the lacunae present in L.[11]

---

[10] Rocca, "Commento di Pietro di Dante," 336–85.

[11] Here is a significant sample of the relationship between L and B. Commenting upon *Inf.* 1 both manuscripts reveal serious independent errors (here in italics). This renders it impossible for B to be derived from L (table 1). Moreover, B does not have the lacunae found in L (in particular, cc. 151–162, comm. on *Purg.* 13–15). The existence of a common archetype ω2 is demonstrated by table 2. Table 3 shows how the scribe of manuscript B surreptitiously tried to efface the authorship of the text.

Table 1

L	B
[cc. 4v–23r]	[cc. 8v–12v]
si *adoleret* liceret	si adolere liceret
in stato voluptuoso esse ut in silva quadam	in stato voluptuoso esse ut in *insula* quadam
sic ait Augustinus . . . *remotum* a tali statu	sic ait Augustinus . . . remotus a tali statu
ut dicitur hic in textu	*in* dicitur hic in textu
ad secundam partem veniamus	ad *tertiam* [dopo la prima] partem veniamus
eius *dicto* affectio	eius *dicta* affectio
Epicarmus poeta	*Epitaneus* poeta
occurrere *initium* superbie	*vitium* superbie occurrere
cum hominibus pacem habes	cum hominibus *pace* habes
perfecti animi . . . robusti	perfecti animi . . . *robustus*
demonstrabit *conclusivo* statum	demonstrabit conclusive statum
Beatrici idest intellectuali *scientia* theologie	Beatrici idest intellectuali scientie theologie
Camilla . . . que regina *Mulscorum* erant	Camilla . . . que regina Vulscorum erat
pro isto veltro debente *figurare* istam lupam	pro isto veltro debente fugare istam lupam

Introduction

Table 2

L	B	V
		(third draft, see below)
[c. 9r]	[c. 11r]	[c. 9v]
Item ad hoc Macrobius Super Sompnio Scipionis ait "Arbitramur [*lacuna*]." "Nam si duo faciunt hominem," ut ait Boecius, scilicet esse racionale animal et mortale . . .	Iterum ad hoc Macrobius Super Sompnio Scipionis ait "Nos arbitramur [*lacuna*]." "Nam si duo faciunt hominem," ut ait Boecius, scilicet esse racionale animal et mortale . . .	Et Macrobius super somnio Scipionis ait ad hoc: "Nos arbitramur animam cum corpore extingui nec ulterius esse post hominem." Et subdit: "Homo enim moritur cum anima corpus relinquit solutum lege nature." "Nam si duo faciunt hominem," ut ait Boetius, scilicet esse rationale animal et mortale . . .

Table 3

L	B
[c. 1r]	[c. 1r]
Quamvis librum Comedie Dantis Alagherii de Florentia *Petri mei genitoris*, non modicum in suo tegumento clausum et obscurum, hactenus nulli temptaverint totaliter calamo aperire, certe licet in partem nondum in totum, ut arbitror, egerunt. Nitar et ego post eos ad presens, non tam fiducia scientie, quam quodam zelo *et caritate filiali* accensus, si potero aliaquali parte idem poema ulterius reserare, me Seneca excusante dicendo ad Lucillum: "Numquam nimis. . . ."	Quamvis librum Comedie Dantis Alegerii de Florentia *mei precessoris*, non modicum in suo tegumento clausum et obscurum, hactenus nonnulli temptaverint totaliter aperire, certe licet in partem nondum in totum, ut arbitror, egerunt. Nitar et ego post eos ad presens, non tam fiducia scientie, quam quodam zelo *et caritativo motu* accensus, si potero aliqua parte idem poema ulterius reserare; me Seneca excusante dicendo ad Lucillum: "Numquam nimis. . . ."

L	B
[c. 346r]	[c. 184v]
. . . amor volvens et movens solem et stellas alias, scilicet ipse Deus benedictus et gloriosus in secula seculorum amen. Postremo si Magister Sententiarum in suo Proemio ita imploravit dicendo: "In hoc autem tractatu, non solum pium lectorem, sed liberum correctorem desidero," necnon et Augustinus scribendo ad Fortunatum, volens ostendere ut sicut scripta aliorum in eo quod expediret corrigebat, ita ab aliis corrigi volebat, dicens: "Talis sum in scriptis aliorum,	. . . amor volvens et movens solem et stellas alias ipse Deus benedictus et gloriosus in secula seculorum amen.

Transmission of the Text

The third version of the text (hereafter referred to as γ) represents the longest, richest, and most definitive version of the *Comentum*. This is why the goal of the present work is an edition of the γ text. This final draft of the commentary can be dated between 1353 and 1364.[12]

Version γ is much closer to β than β is to α; indeed, most parts of the γ text can be seen as a more refined and complete draft of β, while β is a total reconception of the original text α. My own frequent consultation and checking of the Florentine manuscript L, and the careful collation of it with the γ text, has proved immensely useful in the reconstruction of the γ text itself.

---

quales volo esse intellectores meorum"; quanto longe magis *ego Petrus prefatus simplex et purus iurista* hoc idem debeo in isto meo rudi opere ab aliis implorare, qui, dissuadente michi ingenii parvitate et materie difficultate, cum "Materias grandes ingenia parva non sufferant," ut ait Ieronimus, ausus sum super hoc tanto poemate Comedie calamum ponere expositivum. Igitur, cum nescire fas est omnia, ut ait Oratius in Odis, precor etc. quoscumque legentes hunc meum presens commentulum, ut eius defectus suppleatis, errore corrigatis, omissa addatis et superflua resecetis, nec non illo respectu quo lex mota est ad dicendum: "Qui in subtiliter factum emendat, laudabilior est eo qui primo invenit."

[12] The accepted dating (1355–1358) was provided by Mazzoni ("Pietro Alighieri," 280–360, and "Alighieri, Pietro," 1: 147) without any evidence, and it has been taken for granted by most scholars. I argue that the end-date was in fact 1364, the year in which Pietro died. The reference of *Par.* 9 § 5, "... *Loysius, rex presens Ungarie*, frater dicti regis Andree, *invasit Apuliam, et habita ea post multam stragem*, ibidem fecit occidi domnum Karolum ducem Durachii, nepotem dicti regis Roberti", pushes the *terminus post quem* with a certain margin well after 1352, the year in which that bloody war came to an end. At the same time, the presentation of *Loysius* as *rex presens Ungarie* marks a *terminus ante quem* 1370, since Louis also became king of Poland in that year. Another reference, in *Purg.* 20 § 17, is to the body of Saint Thomas Aquinas still buried near the Abbey of Fossa Nuova (it was moved to Toulouse in 1368). The dating, therefore, cannot be earlier than 1355–1364. Moreover, given the historical references provided above, Nardi's hypothesis ["La caduta di Lucifero," 66–67] — according to which the γ text was not written by Pietro at all but rather by some early fifteenth-century counterfeiter (!) — becomes completely untenable.

Introduction

The third and final draft survives in two manuscripts, whose codicological features are quite distinct. The present edition is based upon an integration of these two manuscripts:

V 26. Vatican City, Biblioteca Apostolica Vaticana, MS Ottobonianus latinus 2867.

> Paper, in folio, without watermarks, first quarter of fifteenth century, by a scribe from the Venetian-Trevigian area, 268 x 188 mm. (written space c. 193 x 97 mm.), cc. i, 316, i' (the guard sheets are integral with the binding), foliation in pen in the same hand as the text in Arabic numbers on the upper right-hand margin (the "3" of c. 316 is crossed out). Completely blank (but already ruled for the writing) cc. 287–289 (because of this the final part of the commentary on *Par.* 25 and first part of the commentary on *Par.* 26 are missing) and cc. 315–316. Quiring: 31 quires of five bifolia each (cc. 1–10, 11–20, ... 301–310) and one final quire of three bifolia only (cc. 311-316); catchwords are placed vertically at the end of each quire. Horizontal regular ruling with pencil; text is laid out in a single column with 33 lines on a full page. Font: c. 1.5 mm. in height, with upper strokes of c. 2–3 mm. and lower strokes about 2–2.5 mm., spacing of 6 mm. The codex is intact (except a few cc., tainted by damp stains, that have been restored with reinforcing paper strips). On the margins of c. 1r, first page of text: two or three words in seventeenth-century hand, of which only the first one "Philippi..." is readable with the aid of an ultraviolet lamp; "2867 ottobo." (call number of the MS) in eighteenth-century hand; "2867. Ottob." in modern hand. The round stamp of the Biblioteca Apostolica Vaticana (40 mm. of diam.) fills in the space left blank by the missing decorated initial of c. 1r, thus spoiling the beauty of the monumental first page of the text.

The MS contains:

> cc. 1r–314v, Petrus de Alegheriis, text γ of the *Comentum*, arranged as follows:
> cc. 1r–4v: general Proem
> cc. 4v–92v: commentary on *Inferno*
> cc. 93r–95r: Proem to *Purgatorio*
> cc. 95r–206v: commentary on *Purgatorio*
> cc. 207r–208r: Proem to *Paradiso*

TRANSMISSION OF THE TEXT

cc. 207r–314v: commentary on *Paradiso*.

Intitulatio: "COMENTVM SAPIENTIS VIRI DOMINI PETRI DE / ALEGHERIIS DE FLORENTIA IVRISPERITI SVPER / LIBRO COMOEDIARVM DANTIS ALEGHERII DE FLO/RENTIA IPSIVS DOMINI PETRI GENITORIS GRA/TISSIMI ET PRIMO SVPER COMOEDIA PRIMA. / INFERNI. / PROEMIVM" (c. 1r). INFERNI and PROEMIVM are in larger font and spaced broadly, letter by letter, occupying two whole lines (c. 1r).

Incipit: "[Q]UAMVIS POEMA COMOEDIAE / DANTIS ALAGHERII DE FLORENTIA, MEI PETRI GRATIS/SIMI GENITORIS, DVDVM / NON NVLLI CALAMO TEMP/TAVERINT APERIRE ..." (c. 1r).

Explicit: "... ut sic adipiscar illud laudis premiu(m) q(uod) co(n)fert lex q(ue)da(m) ita dicendo. Q(ui) / insuttilit(er) factu(m) eme(n)dat laudabillior e(st) eo q(ui) p(ri)m(us) / inuenit." (c. 314v).

Colophon: "Laus [stamp of the Biblioteca Apostolica Vaticana] deo sum(m)o. / Sup(er) comoedia tertia paradisi com(en)tu(m) d(omini) petri alegherij explicit." (c. 314v).

Note of ownership: "Com(m)entum super tribus comedijs Dantis alegherij / florentini poetae. Mei Karoli Reguardati Nursini / Militis: viii° Nonas Maias. 1467°" (c. 314v).

The scribe of this MS is a professional who employs three different handwriting styles: 1) text (dark ink): Northern Italian notary hand with many abbreviations throughout and without diphthongs *ae* and *oe* (cc. 1r–314v); 2) *intitulatio* and first ten lines of text (red ink): humanist Latin capital letters of larger size without abbreviations and with diphthongs *æ* and *œ* rendered with cedillaed *a* and *o* (c. 1r); 3) headings of Cantos and colophon (red ink): humanist italics (*littera italica*). The owner's note of c. 314v is in another hand, probably that of the owner himself, Carlo Reguardati from Norcia, also responsible for the marginal *notabilia* of cc. 70v, 71r–v, 122r, 123r–v, and 125r and the underlinings of a few words on cc. 250r–251r. All initial letters are missing, but the minute guide letters meant for the decorator are legible. The arrangement of the MS is that of a typical early fifteenth-century Northern Italian humanist codex, meant for a scholarly reader, but not an aristocrat, since the MS, elegant but not ostentatious, bears neither dedicatory epistles nor coat of arms.

Language: the scribe is from the Venetian-Trevigian area, as certain dialect traits indicate, particularly evident in the short vernacular quotations from the text of the *Commedia*: Tonic vowels: 1) non-anaphonetic forms:

Introduction

"gionto," etc.; 2) diphthongization of open syllable middle vowels is prevented by the closing influence of -*i* on the *o* sound (northeastern Italian metaphony): "boj," etc. (cf. Rohlfs §§ 93, 115); 3) northeastern -*i* induced Italian metaphony also accounts for the passage of closed *o* to *u*: "amenduj" and "duj" (cf. Rohlfs § 74); 4) the "to," "so," and "soi" forms of possessive pronouns and adjectives are characteristic of the Veneto region (cf. Rohlfs § 428); 5) vernacular interference shifts short *u* sound of Latin to *o*: "mondus," "rotondis," etc. (with the relative hypercorrection of *o* as *u*: "muntem," "apostuli," "Lumbardia," "fraudulenta," etc.). Atonic vowels: 1) palatalization of pretonic *a* to *e*: "epuliam," "secrestiam," "merchionis" (this latter due to the presence of *r* followed by a consonant); 2) lowering (also in Latin text, as an interference from the vernacular) of pretonic short *i* to *e*: "trepudium," "encheridion," "umbelicum," "Catelinam" (and vice versa, as an overcompensation: "in dicimo," "Arminio," "Cicilio"); 3) velarization of *e* to *o*: "adoloscencia," "Osoa," "Orebus" (whereas MS C — see below — reads "adolescentia," "Osea," "Erebus," etc.). All these phenomena are common in northeastern Italy (cf. A. Donadello, *Il libro di messer Tristano* [Venice, 1994], 46–47). Consonants: 1) Latin FL- and PL- are kept even in the vernacular quotations from the *Commedia*: "flume," "plaghe," etc., a peculiar Venetian dialect trait (cf. Rohlfs §§ 183 and 186; G. Pellegrini and A. Stussi, "Dialetti Veneti nel Medioevo," in *Storia della Cultura Veneta* [Vicenza, 1976], 1: 445) stigmatized by Dante himself in his *De Vulgari Eloquentia* I xiv 6: "Nor can the Venetians be considered worthy of the honour due to the vernacular for which we are searching; and if any of them, transfixed by error, be tempted to take pride in his speech, let him remember if he ever said: 'Per le *plaghe* di Dio tu no verras'" (Botterill translation); 2) CR- > gr- (sounding): "Grisostomus," etc.; 3) extreme palatalization of Latin velar consonants K/G to dental affricate [ts]/[dz] or dental fricative [s]/[z] (while Tuscan has pre-palatal affricate sounds): "zertum est," "Zotti," "Zenevram," "Pulzi," "canzelarij," "lanzee," "voçe," etc., a trait found all over northern Italy (cf. Rohlfs §§ 152 and 218); 4) -CL- > *c* (voiceless pre-palatal affricate): "specio," another trait of the Veneto region (cf. Rohlfs § 248); 5) voicing of intervocalic stopped and fricative consonants: "alguna," "scrova" (cf. the *Cappella degli Scrovegni* of Padua) etc., again characteristic of northern Italy (cf. Rohlfs §§ 197, 219); 6) reduction of double consonants and overcompensatory gemination of single consonants, involving both vernacular: "cita" ('città'), "rippa," "sette" ('sete') etc. and Latin: "sico," "molius," "suma theologie,"

Transmission of the Text

"finallis," "valem" ('vallem'), "inocentia," "eravit," "pasum," "refferre," "tottale," also a northern trait (cf. Rohlfs § 229); 7) palatalization of the dental fricative: "consciderandum," "conscilium," etc., hence the hypercorrection "silicet," perhaps a northern trait (cf. Rohlfs §§ 165, 211), or a mere spelling devoid of phonetic value (cf. P. V. Mengaldo [ed.], *Dante Alighieri, De Vulgari Eloquentia* [Padua, 1968], civ); 8) grapheme *gl* for palatal *l* (from -LJ-): "migla," "figla," "miglor"; 9) reduction of -LJ- to *i*: e.g., FILIOLU(M) > "fiol," umpteenth northern trait (cf. Rohlfs § 280); 10) passage of intervocalic consonantal -J- to voiced dental fricative "mazore," rendered by the grapheme *z*; 11) Vernacular embeddings take a Latinate spelling: "recepto," "nocte," "lector," "doctore," "dampno," "nimphe," "honeste," "antiquo"; 12) metathesis of *r*: "Cirsostomus" (cf. Rohlfs § 322); 13) graphemes *c* and *g* preceding a palatal vowel add a diacritic *i* when indicating the palatal value of the consonant: "aciertarsi," "suggiello," etc.; 14) voiced dental fricative is rendered with the grapheme *x*: "Ambroxius," "occaxionem," etc. 15) -n > -m (labialization) occurs both in the Latin text: "caym," "cherubim," "satam," "forsam," etc., and in the vernacular quotations of the text of the *Commedia*: "gram," "pam" (and vice versa the hypercorrection "huon"), a trait found in the Veneto and Romagna regions (cf. Rohlfs § 305 and Pellegrini and Stussi, "Dialetti veneti," 448).

Morphology: 1) (Latin text) oscillating endings -*um*/-*ium* of nouns of the third declension; 2) (*Commedia* text): def. art. *el*, also before a consonantal group (where Tuscans would employ 'lo'), e.g., "al spirto" (= 'a+il/el+spirto'), a linguistic feature specific to the regions of the Veneto and Emilia (cf. Rohlfs § 417); 3) (*Commedia* text): -*e#* > -*i#*: "drizasti" (5th pers.), "subiaceti" (5th pers.), "o voi chi" (rel. pron.), another unmistakably Veneto trait (cf. Rohlfs §§ 143 and 486); 4) neuter accusative taking by analogy the final -*m* of masculine accusative, e.g., "decretum originalem."

Punctuation: *punctus firmus* is used to mark the beginnings and ends of quotations and to separate periods; the diagonal (*virgula*) is used more often than the *punctus firmus* to mark minor pauses and to divide closely written words.

The binding (284 x 176 mm.) is modern (nineteenth century), half-leather and half-millboard, in good condition, brown, with "OTT. 2867" and the papal emblem of Pius IX (pontificate 1846–1878) imprinted in gold on the back cover; a small pink label with the call number of the MS on the back cover; ".COMM.DANT.," in brown ink, written on the lower cutting edge of the MS.

Introduction

Origin and history of the MS: surely compiled in the Veneto region around 1400–1425, perhaps in Treviso (as linguistic elements seem to suggest) where Pietro died and is buried; then in 1467 the MS became part of the private collection of Carlo Reguardati from Norcia as declared by the note of ownership of c. 314v; later (but the date is uncertain) it became the property of the Florentine library of Baron Philip De Stosch, which explains the partially erased note "Philippi [. . .]" on c. 1; the codex was then donated by the Baron himself (around 1680) to Cardinal Pietro Vito Ottoboni (who was to become Pope Alexander VIII in 1689); eventually the Biblioteca Apostolica Vaticana annexed the collection of books and manuscripts that had belonged to Alexander VIII (d. 1691). In this "fondo ottoboniano" our MS is number 2867, and it is one of the four manuscript items of Dantean interest which had been the property of Baron de Stosch (Ott. Lat. 2863, 2865, 2866, and 2867): all these MSS carry the ex libris of Baron Stosch on their cc. 1r, except for our Ott. 2867, because it was rebound in the nineteenth century.

[Ref.: Galletti, *Inventarium codicum ottobonianorum latinorum*, vol. 2, c. 419r. (Bibl. Vat., sala Cons. 387); Coster, *Index alphabeticus codicum manuscriptorum bibliothecae ottobonianae*, c. 16 v. (Bibl. Vat., sala Cons. 88); L. Mehus, *Ambrosii Traversari Vita et Epistulae* (Florence, 1759), 151; C. De Batines, *Bibliografia Dantesca*. 2 vols. (Prato, 1845–1846), 1: 640; C. De Batines, *Giunte e correzioni inedite alla 'Bibliografia Dantesca', pubblicate di sul manoscritto originale della R. Biblioteca Nazionale Centrale di Firenze*, ed. G. Biagi (Florence, 1888), 229; Rocca, *Alcuni commenti*, 348 and n.; Bowden, *Pietro Alighieri's Commentary*, 25–26; F. Mazzoni, "La 'Questio de Aqua et Terra'," *SD* 34 (1957): 193–99; Barchiesi, *Gnatone e Taide*, 5–61; Mazzoni, "Pietro Alighieri," 280–360; Mazzoni, "Alighieri, Pietro," 1: 147–49].

C 27. Monte Cassino, Abbey Library, MS 512 (589).

Paper of medium-low quality, of the kind known as "bambagina," very common in central Italy during the fourteenth and fifteenth centuries (the MS still retains a loose strip of paper — 185 x 82 mm. — with "Cartiera del Monastero in S. Elia" in an eighteenth-century hand), in folio, c. 1365, from the Arezzo area, 290 x 210 mm. (trimmed, as revealed by numerous marginal glosses partially excised), written space c. 205 x 185 mm., cc. iii, 206, ii', old foliation (in pencil) in Arabic numbers on the upper right-hand margin and new foliation (stamped, with some erroneous repetition of numbers) in arabic numerals on the lower right-hand margin; on the upper right-hand margin running headlines with the name of the Canticle and the number of the Canto.

Quiring: singleton (cc. I–II), singleton[-1] (c. III), 4 quires of six bifolia each (cc. 1–12, 13–24, 25–36, 37–48), 2 quires of five bifolia each (cc. 49–58, 59–68), 3 quires of six bifolia each (cc. 69–80, 81–92, 93–104), 3 quires of five bifolia each (cc. 105–114, 115–124, 125–134), 6 quires of six bifolia each (cc. 135–146, 147–158, 159–170, 171–182, 183–194, 195–206); the guard sheets (cc. i–ii and i'–ii') are modern and integral with the new rebinding.

Watermark: Briquet [see Briquet, *Les Filigranes*] n° 484 ("ancre dans un cercle avec une étoile surmontant l'ancre"), n° 751 ("hache"), n° 3292 ("cerf entier"), n° 6685 ("fleurs en forme de tulipe; quatre fleurs opposées à deux à deux") and n° 7643 ("huchet"), common watermarks throughout Italy from the fourteenth century onwards; n° 484, undoubtedly from Venice, is present only on c. iii, a half singleton which was not part of the original quiring of the codex. Ruling in pencil. Catchwords regularly set out on the last page of each quire, surrounded by four wavy strokes radiating outwards like the points of a star (the catchword for c. 134 is omitted).

The MS contains:

c. IIIr: (in nineteenth-century hand) "questo commentario ha dovuto essere compilato prima dell'anno 1368. mentre nella pag. [blank space] del cap. 20 del purgatorio, parlando del veleno dato a S. Tommaso, evvi questa nota nel margine: item fecit venerari S. Thomasium de aquino in Habatia Fossaenovae, ubi hodie eius corpus iacet. questo corpo dalla detta badia per evitare i continui furti che si faceano, fu per ordine di Urbano V traslato in Tolosa nel d(etto) anno, da dove non è stato più rimosso, dunque bisogna conchiudere che sia stato formato da un'autore che visse prima dell'anno 1368 mentre il corpo stava in Fossanova."

c. IIIv: blank.

cc. 1r–200v: Dante Alighieri, *Commedia* [hereafter Ct] accompanied by dense Latin interlinear and marginal glosses untitled and unsigned. These glosses fall into 4 different categories:

    1. cc. 1r–200v: Synchronous glosses [hereafter Cg] derived from γ text of the *Comentum* by Pietro Alighieri.

    2. cc. 1r–17r: Later glosses concerning *Inf.* 1–9 [hereafter Cg1].

Introduction

    3. cc. 1r, 2r, 2v, 4v, 6v, 7v, 10r, 10v, 12v, 14v, 15r, 16v, 68v: Later glosses concerning *Inf.* 1–9 and 34 [hereafter Cg2].
    4. cc. 22r, 121r, 122r, 125r, 125v, 126r, 127r, 130r, 134v, 137r, 143r, 145v: Later glosses concerning *Inf.* 11: 93, *Purg.* 27: 3, 88, 105; 29: 12, 27, 56, 81; 30: 1; 31: 96; 33: 119; *Par.* 2: 1; 5: 9, 10; 6: 40, 59, 60 [hereafter Cg3].

- c. 201r–202v: Capitolo in terza rima by "Jacobi filii Dantis" (the attribution in a nineteenth-century hand): O *Voi che siete dal uerace lume* [herafter Ct1], accompanied up to its 35th terzina by synchronous glosses [hereafter Cg'].
- c. 203r–204v: Capitolo in terza rima by "D. Busonis de Eugubio" (the attribution in the same nineteenth-century hand): [P]*ero che sia piu fructo et piu dilecto* [hereafter Ct2].
- c. 205: blank.
- c. 206v "Sonetto del Petrarca" (the attribution is in a fourteenth-century hand): *Cesari poi ch'el traditor de egipto* [hereafter Ct3].

Ct, Ct1, Ct2, Cg and Cg' can be ascribed to the same hand (hand 1) that can be dated around 1365. Ct script: font: Italian Gothic (*textualis*), 1.5–2.0 mm. high (with upper strokes 1 mm. high and lower strokes 1.5 mm. high) except for initials of each tercet 3 mm. in height, no abbreviations (the use of hook-shaped *r* after convex letters and the overlapping of convex letters surely dates this hand before 1400); punctuation: *punctus firmus*, diagonal (*virgula*), and question mark. Cg and Cg' script: font: notary handwriting of smaller font with abundant use of abbreviations; punctuation: *punctus firmus* and *virgula*; Cg and Cg' glosses are accurately arranged on the page. To this same hand can be ascribed the customary *maniculae* that accompany the texts and the fanciful *notabilia* (dragon heads, staring human faces, bird beaks, etc.) that point to the most memorable moral sentences of the *Commedia* (on cc. 13v, 40r, 61r, 66v, 73r, 82v, 87v, 90r, 91v, 99v, 110v, 111v, 113v, 127r, 128v, 129v, 146v, 160r, 160v, 163r, 165v, 172r, 177r, and 195r); moreover, to hand 1 are ascribable six drawings, meant as illustrations and clarifications of Ct, as follows:

    1. c. 75v (ref. to Ct, *Purg.* 4: 40–42: "Losummo era alto che uincea lauista / e la costa superba piu asai / che da mecço quadrante a centro lista"): quadrant (diam. 52 mm.) with two radii at an angle of 45°; "centrum" is written in the center of the circle, "quadra(n)s" on each half of the two diameters, "linea" on each radius and "medi(us)quadra(n)s" at the intersections of the two radii with the circumference.

Transmission of the Text

2. c. 113r (ref. to Ct, *Purg.* 23: 32–33: "chi nel viso de gliuomini legie homo / bene auria quiui conosciuto lemme"): a face with an uncial M running along the eyebrows (5 mm. high); an uncial M (4 mm. high).
3. c. 162r (ref. to Ct, *Par.* 14: 97–102: "Come distinta daminori a maggi / lumi biancheggia tra poli del mondo / galasia si che fa dubbiar ben saggi / si costellati facean nel profondo / Marte quei rai il venerabel segno / che fan giunture di quadranti in tondo"): small quadrant (diam. 16 mm.).
4. c. 166v (ref. to Ct, *Par.* 16: 127: "Ciascun che delabella insegna porta / [...] / oggi colui che lafascia colfresgio"): two shields of the same size (24 mm. high), with vertical stripes in black and red ink; the shield on the right bears a horizontal band, rather washed out, with the inscription "arma illor(um) de labella."
5. c. 170r (ref. to Ct, *Par.* 19: 100): uncial M (4 mm. high); eagle head and neck, with the beak surmounting an uncial M (7 mm. high).
6. c. 197r (ref. to Ct, *Par.* 32): the mystical rose, depicted as nine concentric circles intersected by a vertical diameter, in the middle of which is inscribed "divinitas"; in the smaller circle "Maria" faces "Johan(n)es," then, moving from within to without, "Eva," "Rachele," "Beatrix," "Sarra," "Rebecca," "Judith," "Ruth," "Jnfantes ebreor(um)" on the opposite side of "Jnfantes (Christi)anor(um)," and lastly "om(n)es qui fueru(n)t saluati an(te) eve(n)tu(m) (Christi)" facing "om(n)es qui su(n)t saluati post eventu(m) (Christi)."

Cg1 glosses (end of fourteenth century) are short and the writing, in notary hand (hand 2), is very irregular and cramped; this same hand 2 annotates "co(m)p(aratio)" at the margin of memorable similes of the Ct on cc. 1r, 1v, 2r, 4r, 4v, 5r, 6r, 9v, 10r, 11r, 13r, 15r, and 18r. Cg2 glosses (end of fourteenth century–early fifteenth century), also in notary hand, look much rougher than Cg and Cg1, and the ink is lighter and thicker; this same hand 3 is responsible for the annotation on c. 35v "Jeronimus de Verallis" as well as for the numbering of Cantos in Roman numbers and for the gross integration of initial letters of Cantos, all missing. Cg3 glosses (fifteenth century), in humanist hand (hand 4), are just a few scattered annotations on grammar and variant readings. While Cg1 glosses derive from Pietro's *Comentum*, Cg2 and Cg3 glosses collect materials drawn from other commentators. Ct3 is written in a fifteenth-century business hand (hand 5). Hand 6, which wrote the note on c. iiir and the attributions on cc. 201r and 203r, is nineteenth-century.

Introduction

The codex was conceived very rationally as a useful unit aimed at containing at the same time Ct, Ct1, Ct2, Ct3 and, in the ample margins provided, Cg and Cg' (never completed). Ruling: 4 vertical lines delimit three columns (sometimes an extra vertical line delimits an intercolumn 8–10 mm. wide): the central column (80 mm. wide) is meant for Ct, the left and right columns for Cg; left column is 30 mm. wide on rectos and 60 mm. on versos, and right column is the reverse. Ct text is always arranged with 39 lines on each page, that is to say, 13 tercets, while lateral columns can contain up to 65 lines of Cg. Identical paragraph signs in red ink at the beginning of each tercet of Ct (only *Inf.* 1–7) and in each section of Cg glosses (cc. 1r–15r, 93r, 125r, and 135r). Cg glosses can be inserted exactly in Ct by means of reference signs provided by the scribe: generally two horizontal strokes, sometimes with a dot underneath.

Language (Ct): Tonic vowels: 1) non-anaphonetic forms: "longo," etc.; 2) diphthongization of open syllable open middle vowels: "mestier," "muove," etc.; 3) no presence of northern (-I#) or southern (-U#) metaphony: these three specific features localize the scribe of Ct and Cg (hand 1) north of the southern Roma–Ancona isogloss and south of the northern La Spezia–Rimini isogloss; moreover, the noteworthy form "magiure" ('maggiore') speaks in favor of southeast Tuscany and northern Umbria (this form can be found easily in the religious praise poems, or Laude, written in that area). Atonic vowels: quite intact, hence Tuscan, particularly remarkable forms are: 1) "sira" ('sarà') and "sirano" ('saranno') occur elsewhere in thirteenth and fourteenth-century texts from southeast Tuscany and northern Umbria (cf. Rohlfs § 587); 2) pretonic Latin E does not develop as *i*: "de nostra," "dericta," etc.; 3) pretonic *ar* does not develop as *er*: "lodarebbe," "misurarebbe," etc.; 4) posttonic *er* progresses to *ar*: "vissar," "essar," etc. These last four traits, together with ones mentioned above, allow the localization of MS C in an area between Arezzo and Gubbio (cf. A. Castellani, *La prosa italiana delle origini* [Florence, 1982], 22–26); the Latin text of Cg shows traces of vernacular interferences: posttonic *e* replaced by *i*, e.g., "in hoc stigio luto," and pretonic short *u* replaced by *o*, e.g., "robicundus." Consonants: in general accord with Tuscan practice, with intact opposition of Latin single and geminate intervocalic consonants and no trace of northern consonantal shifts; noteworthy: 1) voicing of -CL-, e.g., "ghiesa" (from ECCLESIA), can be found in southeast Tuscany and northern Umbria (cf. Rohlfs § 179); 2) exclusively Tuscan grapheme *sg* for the palatal fricative: "casgione" (cf. Rohlfs § 289), "rasgione" (cf.

Transmission of the Text

Rohlfs § 286) etc.; 3) the Latin text of Cg shows central-west Italy vernacular interferences: "Giove" ('Iove'), "ghaciati" ('glaciati') etc. (cf. Rohlfs §§ 152 and 184). Morphology: a. Cg: 1. oscillating endings *-um/-ium* of nouns of the third declension.

The MS shows serious water stains on the first cc., which have been restored. Modern binding in brown leather with "512" impressed in gold on the back. History of the MS: written in the area around Arezzo ca. 1365; was later catalogued by Federici as n° 589 of the MSS kept in the Abbey Library of Monte Cassino.

[Ref.: P. Federici, *Bibliotheca Casinensium Mss* (Monte Cassino, 1759–1768), III: 342; O. Fraja Frangipane, *Indices imperfecti* (Monte Cassino, 1776), 128; De Batines, *Bibliografia Dantesca*, 2: 221–23; L. Tosti, "Storia del Codice Cassinese," in *Il codice Cassinese della Divina Commedia per la prima volta letteralmente messo a stampa per cura dei monaci benedettini della Badia di Montecassino* (Monte Cassino, 1865), vii–xiii; A. Caravita, "Paleografia del Codice Cassinese," *idem*, xix–xl; Rocca, *Alcuni commenti*, 401; M. Barbi, "Pubblicazioni insigni del centenario dantesco," *SD* 5 (1922): 136; M. Barbi, "Per gli antichi commenti alla 'Divina Commedia'," *SD* 10 (1925): 151; M. Barbi, "Ancora sul testo della 'Divina Commedia'," *SD* 18 (1934): 29; M. Barbi, "Il codice di Francoforte e la critica del testo della 'Commedia'," *SD* 23 (1938): 181; M. Inguanez (ed.), *Codicum Casinensium manuscriptorum catalogus, cura et studio Monachorum S. Benedicti, archicoenobii Montis Casini* (Monte Cassino, 1940–1941), 3: 162–63; Bowden, *Pietro Alighieri's Commentary*, 25–26; Mazzoni, "Pietro Alighieri," 280–360; G. Folena, "La tradizione delle opere di Dante Alighieri," in *Atti del congresso internazionale di studi danteschi (20–27 aprile 1965)* (Florence, 1965), 60–62; P. Giannantonio, "I commentatori meridionali della 'Divina Commedia'," in *Atti del Congresso Nazionale di Studi Danteschi. Dante e l'Italia Meridionale* (Florence, 1966), 395–401; F. Mazzoni, "Chiose Cassinesi," in *ED* (1970): 1: 973; M. Roddewig, *Dante Alighieri, Die Göttliche Komödie. Vergleichende Bestandsaufnahme der Commedia-Handschriften* (Stuttgart, 1984), 206–7 (n° 491), 390 and 397; M. Chiamenti, "Un trecentesco florilegio iconico della 'Commedia'," http://www.nuovorinascimento.org (on line since 1997)]

Michele Barbi perceived intuitively, but did not actually demonstrate, that Cg (the synchronous glosses), as well as V, pertain to the same γ draft of the *Co-*

Introduction

mentum.[13] Macrovariant readings, however, show major differences between the C and V texts. The Cg text, arranged as marginal glosses, is, considered as a whole, shorter than the V text. Moreover, while the V text looks complete, well-structured, and organic, the Cg text is fragmented and scattered around the margins. Most of the scholarly Latin quotations are omitted from the Cg text (as one might expect), and its syntax and lexicon are easier and more elementary than those of V. In fact, Cg appears to be a summary of V, a sort of *abregé* digest meant for a broader readership. As I will demonstrate at length in the next chapter, Cg is collateral to V, and both come from a common antigraph. Cg cannot possibly be descended from V because Cg is the older text and does not share the number of errors and lacunae of V. Neither can it be argued that V is descended from Cg: sixty percent of the material present in V is not present in Cg, and Cg contains unacceptable readings not shared by V.

The common source of the γ draft (proved by common errors and *lectiones singulares* of Cg and V not shared by L) must have been a codex copied from the original written by Pietro himself. Thus it represents the missing link between the original manuscript, hand-written by Pietro Alighieri in Verona, and the extant texts V and Cg. This intermediary must have been responsible for the common corrupt readings of Cg and V and must itself have been much more similar to V than to Cg. It was probably a volume containing the longer version of the text, arranged organically as a treatise, with a long general proem and shorter proems for each Canticle. Its style was most likely characterized by long convoluted periods and technical terms and was thus comparable to that of earlier versions. L and V both share these characteristics, and so it is possible to guess what this γ archetype (hereafter referred to as urV), must have been like.

For these reasons, V has been chosen as the copy-text for this edition. However, the contribution of Cg has been vital for the *établissement de texte*. V is full of misreadings of its antigraph urV; V is linguistically distorted because the scribe is from Treviso and his Latin is contaminated with Lombard vernacular; and V contains lacunae that can be filled only by reference to other Pietro *Textüberlieferung* manuscripts: Cg's role as a control has been crucial in resolving problems in these three areas. Even though Cg is partial and debased (simplified for a broader readership), it is older than V, closer to the original spelling, and more frequently correct. Forms and variants of C are often preferable to those of V, as will be shown

---

[13] See M. Barbi, "Centenario dantesco," 136, "Antichi commenti," 150–51, "Ancora sul testo," 29, and "Codice di Francoforte," 181.

in the next chapter. Therefore, they are preferred in this edition over the V readings, as will be evident in the apparatus. Cg follows the urV text closely and passively, as we see in misplaced sentences copied out mechanically from the urV antigraph, and in nouns with endings that are correct in the grammatical context of the urV original but incorrect in their new Cg context. This is why some scholars had erroneously concluded that the antigraph of Cg is V; a conclusion which, given the evidence cited above, is untenable.[14]

B. Printed Transmission

* Na = *Petri Allegherii / super Dantis ipsius genitoris Comoedia / Commentarium / nunc primum in lucem editum / consilio et sumtibus G. J. Bar. Vernon / curante Vincentio Nannucci / Florentiae / Apud Guilielmum Piatti / mdcccxxxxv* [a few volumes mdcccxxxxvi], pp. 19 (dedicatory note by Lord Vernon. *Ad un illustre camaldolese* [Pope Gregory XVI], V. Nannucci. *Di Pietro di Dante e del suo Comento*) + pp. xxxi (P. M. G. Ponta. *Sul Commento di Pietro di Dante. Osservazioni.* follows *Canzone morale di Messer Piero [di] Dante contro a' Pastori*, and 2 facsimile pictures of MSS, drawn by S. Audin) + pp. 741 (text) + pp. clv (*Varianti del codice Vaticano, segnato n° 4782, Correzione de' passi degli antichi scrittori citati nel Comento e che si leggono nei Codici o guasti o travisati, Indice degli autori citati nel Comento, Errata*).

First and only edition of the α draft of the commentary. Based on MS Ricc. 1075 (n° 11 of the list), sporadically collated with other MSS of this first draft: they are nn° 6, 7, 8, 16 (at that time owned by the Rosselli Del Turco collection), and 20 of the list. The appendix registers the variants of MS n° 3. Nannucci's work is excellent; nevertheless, the edition could be improved by a systematic collation of all first draft manuscripts and a more thorough search of hypotexts and sources.

* *Il Codice Cassinese / della / Divina Commedia / per la prima volta letteralmente messo a stampa / per cura dei monaci benedettini / della / Badia di Monte Cassino / Tipografia di Monte Cassino / 1865*, pp. lvi (portrait of Dante, 5 pictures of facsimiles of MSS from Monte Cassino and of C watermarks; L. Tosti. *Storia del Codice Cassinese*: iii–xviii; A. Caravita. *Paleografia del Codice Cassinese*: xix–xl;

---

[14] F. Mazzoni, "Chiose cassinesi," 1: 973 argues that the content of Cg is indirectly drawn from V, which cannot be, given the dating of the two manuscripts.

Introduction

D. C. Quandel. *Edizione del Codice Cassinese*: xli–lvi) + pp. 3–558 (diplomatic transcription of MS C) + *Appendice* (L. Taddeo. *Di un codice catanese del monastero di S. Niccolò all'Arena*: 566–83; E. Mandarini. *Del codice filippino. Cenni bibliografici*: 585–92).

Diplomatic transcription of the entire MS C: generally trustworthy, but with a few omissions.

* Istituto / Dantesco - Europeo / (I.D.E.) / Cagliari - Milano / *Il "Commentarium" di Pietro Alighieri / nelle redazioni Ashburnhamiana e Ottoboniana* / Trascrizione a cura di Roberto Della Vedova e Maria Teresa Silvotti / Nota introduttiva di / Egidio Guidubaldi / Firenze / Leo S. Olschki editore / mcmlxxviii, pp. xxvi, 453.

This unfortunate synoptic edition of the three drafts of Pietro's commentary on *Inferno* is rich in nothing but errors and omissions: manuscripts are neither described nor dated; no study of the transmission of the text is provided; sources are not identified; no apparatus. Manuscripts B and C are completely ignored; and the transcriptions of L and V are remarkably faulty and confusing (it is not even clear which manuscript is contained in which column). For these reasons, scholars have ignored this edition (see the reviews by G. Frasso of Della Vedova and Silvotti [eds.], *'Commentarium' di Pietro Alighieri*, *Aev* 54 [1980]: 381–83 and C. Hardie, Della Vedova and Silvotti [eds.], *'Commentarium' di Pietro Alighieri*, *DDJ* 57 [1982]: 178–89).

* Transcription of short passages from C, L, and V have been provided by: L. Rocca, "Commento di Pietro di Dante," 336–85, and "Alcuni commenti," 429; F. Mazzoni, "La 'Questio de Aqua et Terra'," 163–204, and "Pietro Alighieri," 286–357; Barchiesi, *Gnatone e Taide*, 191–93; R. Della Vedova and M. T. Silvotti, "Il proemio della Commedia nelle due redazioni inedite di Pietro Alighieri," in *Dante con nuovi strumenti critici* (Florence, 1971), 245–89; M. Chiamenti, "Due schedulae ferine: Dante, *Rime* CIII 71 e *Inf.* XVI 45," *LN* 59 (1998): 10.

III. THE THIRD AND FINAL DRAFT OF THE *COMENTUM*

> Lay, chansos, te·y via.
> Pero no·t daria
> tornad', e revella
> qu'om no t'escantella,
> *que'l compas mentria.*
>
> — Giraut Riquier

A. Avatars of the Text

To give further illustration of the α > β > γ progression and the C–V relationship, this chapter will provide some significant text samples that demonstrate, in strictly philological terms, the development of the *Comentum*.[15]

---

[15] L. Rocca's admirable essay, "Commento di Pietro di Dante," 336–85, pioneered textual studies on the early commentators of the *Commedia*. This systematization of Pietro's three drafts is still useful today. In a later work, "Alcuni commenti," 343–425, he reversed the order of the second and the third drafts, but very detailed and convincing studies by P. Ginori Conti, *Vita ed opere di Pietro di Dante*, M. Barchiesi, *Gnatone e Taide*, and F. Mazzoni, "Pietro Alighieri," 280–360, restored Rocca's original thesis and brought new evidence to support it. Doubts about the authenticity and authorship of Pietro Alighieri's *Comentum* were raised by G. Dionisi (*Censura del Comento*, *Vero o preteso Comento*, and *Nuova edizione*): he argued that some of the unconvincing interpretations of the *Comedy* in the *Comentum* could not possibly be the work of Dante's son. This rather idiosyncratic thesis is nothing more than a curious pre-philological anecdote and cannot be taken seriously in light of the inscription on Pietro Alighieri's tombstone and the ten fourteenth-century manuscripts that attribute the *Comentum* to him. Given the strength of evidence for Pietro's authorship, the burden of proof lies with those who wish to demonstrate that the *Comentum* is not his. Moreover, the language and style of the text, its transmission, and the many juridical references all point to one author alone: the Veronese judge Pietro Alighieri, son of Dante. Dionisi's thesis has been universally rejected except for a couple of paragraphs in C. Hardie (review of Della Vedova and Silvotti, 178–79) and L. C. Rossi, ("Presenze di Petrarca in commenti danteschi fra Tre e Quattrocento," *Aev* 70/3 [1996]: 443 n.). Both Hardie and Rossi express doubts without bringing any evidence to support them, but their doubts are about the authorship of the second and third drafts only (Dionisi did not know about the later drafts). Unfortunately, we do not have Pietro's autograph, and it may be that some scribe took the liberty of altering the text in the process of its transmission. However, such alterations are generally easy to detect: they are usually conspicuous, like spots or patches in a fabric, being heterogeneous to the original text and ideologically,

Introduction

At this point, I would like to focus closely on one specific example from the text: this is a synoptic table of the way the commentary on *Purg.* 24: 1–15 expands and develops. In the first column is the text of the first draft (α) as edited by Nannucci; in the second and third columns, the β text appears in its L and B forms respectively (the third column contains only B's variations from L); in the fourth and fifth columns, the γ text appears in its V and C forms, respectively. It can be immediately noted that these lines, in which Dante — talking to Forese Donati — inquires after the posthumous destiny of Forese's sister Piccarda, are not commented upon at all in α, but they receive detailed commentary in β, which is then corrected and enriched in γ. The textual closeness of V and C is impressive.

> Né 'l dir l'andar, né l'andar lui più lento
> facea, ma ragionando andavam forte,
> sì come nave pinta da buon vento;
>   e l'ombre, che parean cose rimorte,
> per le fosse de li occhi ammirazione
> traean di me, di mio vivere accorte.
>   E io, continuando al mio sermone,
> dissi: "[. . .]
>   Ma dimmi, se tu sai, dov'è Piccarda;
> dimmi s'io veggio da notar persona
> tra questa gente che sì mi riguarda."
>   "La mia sorella, che tra bella e buona
> non so qual fosse più, triunfa lieta
> ne l'alto Olimpo già di sua corona."

[Neither did our talking slow our going, nor our going the talking, but conversing we walked rapidly, as a ship pushed by a good wind. And the

---

stylistically or linguistically different from it. I have never had the impression that such "spots" were present in this third and final draft, which is homogeneous in its spirit to the previous versions. Furthermore, Mazzoni (see above) argues that the mention of the *Questio de Aqua et Terra* in manuscript V (c. 92v) is another confirmation of Pietro's authorship, since he witnessed his father's reading of this scientific Latin pamphlet in the Chapel of Saint Elena by the Duomo in Verona on Sunday, 20 January 1320. Finally, the fact that the materials contained in C come from the antigraph of V proves that V (an early fifteenth-century manuscript) reflects an earlier stage of the textual transmission.

The Third and Final Draft

shades, that looked like twice dead things, through the hollows of their eyes drew amazement out of me, having realized that I was alive. And I, continuing my words, said: "[...] But tell me, if you know, where is Piccarda; tell me if I see a noteworthy person here among these people staring at me." "My sister, beautiful and good (which of these more I do not know), triumphs on high Olympus rejoicing in her crown"; my translation]

α (Na)	β (L)	β (B var.)	γ (V)	γ (C)
[p. 464] Auctor, continuando se ad superiora, dicit quod per se satis ad literam patet.	[cc. 190v–191r] Auctor adhuc se continuando tangit primo de piccarda sorore dicti forisij magna pulcritudine et conseruatione uirginitatis a deo dotata et hoc est quod tangit hic auctor de corona eius virginitatis que in alio seculo aureola uocabitur nam adeo fuit virgo mente et corpore quod nupta et ducta ad nuptijs extracta de monasterio in uita illico infirmata est et mortua intacta a sponso et uiro suo et	[c. 97r] [Actor] [conuersacione] [actor] [aureolo] [uocabatur] [ducta] [nupta]	[c. 164v] In hoc xxiiij° capitulo auctor ⟨in⟩ se continuando ad proxime supradicta inducit adhuc dictam umbram foresij ad dicendum sibi de picarda eius sorore quomodo non habuit suo tempore in pulcritudine et bonitate parem et quomodo ut virgo proba Nunc in alto olimpo triumphat letha cum corona que dicitur aureola debita virginibus in celo Nam quanquam nubserit in hoc mundo	[c. 115r] Continuat se auc[tor] ad proxime dicta¶ Piccarda soror dicti foresis¶ Idest que non habuit parem in bonitate et pulcritudine.¶ Que dicitur aureola debita uirginibus in celo nam ipsa uirgo mortua est quanquam nupserit in hoc

29

INTRODUCTION

sic seruauit propositum uirginitatis iuxta illud per contra[r]ium ysaie .liiij°. capitulo virgo ⟨i⟩ Israel cecidit non est qui suscitet eam ut ieronimus inquid audacter dicam cum omnia possit deus suscitare uirginem non potest post ruinam valet quidem liberare de penis sed non valet coronare corrupata corona aureola predicta et hoc uult tangere hic auctor dum dicit de corona eius piccarde de qua piccarda etiam scribitur infra in paradiso capitulo iij°	[lvj°] [dei] [corruptam] [scribitur eciam]	Et ducta fuerit tamen mortua est intacta Nam dum per uim extracta fuisset de monasterio ut scribit iste auctor infra in paradiso in capitulo iij° a domino curso de donatis de florentia eius fratre Et nupta fuisset et tradita domino roselino de la tosa jmplorata et obtenta gratia ab eo Ne illo primo sero concuberet secum. Illa nocte superueniente febre infirmata miraculose est ad mortem. et in breui mortua est virgo unde merito talem coronam meruit de qua Jeronimus ita in epistula ad eustachium inquit audacter dicam. Cum omnia possit deus sus-	mundo et ducta fuerit ad virum tamen mortua est intacta nam dum per vim esset extracta de monasterio ut dicit auctor infra in paradiso capitulo iii° a domino Curso dedonatis de florentia eius fratre et nupta fuisset tradita domino Roselino delatosa implorata et obtenta gratia ab eo suo uiro ut ne illo primo sero non concuberet secum illa nocte superueniente febre infirmata miraculose est ad mortem et in breui mortua est uirgo¶

30

The Third and Final Draft

> citare virginem non potest post ruinam valet quidem liberare de penis sed non valet coronare corruptam idest non congruit eius potencie ut aureola coronet corruptas cum esset contra justiciam ut exponit glosator decreti.

While the first draft α declares these five opening tercets of the Canto to be self-evident, both β and γ feel the need of explaining the value of the "corona" [crown] or "aureola" [halo] in which Piccarda, according to *Purg.* 24: 15, will rejoice in heaven. Moreover, both β and γ recount the story of Piccarda's saintly life: Piccarda was a nun abducted by her brother Corso from the monastery of Santa Chiara in Florence and forced into marriage with Rossellino de la Tosa. But only γ provides us with the names of Piccarda's torturers, together with the legendary anecdote of Piccarda begging her husband to postpone for a night the consummation of the marriage. Furthermore, only γ inserts the adverb "miraculose" [marvelously] in reference to Piccarda's sudden illness that brought her to death, and thus saved her from rape and opened the gates of Paradise to her. This shows that Pietro is collecting more and more materials and information while working on the successive stages of the *Comentum*. One can observe also that the vague mention of the idea that not even God can restore a former virgin to her previous status, as presented in β, is more accurately referred to a letter addressed by Saint Jerome to Eustochium in the γ draft (in V only, because quotations are almost always left out by C's scribe).

Now let us turn to an example that shows not only how the commentary expands (*crescit eundo*) but also how the interpretation is progressively refined. This is the case of the problematic interpretation of the adjective "concolori" [of the same color] of *Par.* 12: 10–12:

Introduction

Come si volgon per tenera nube
due archi paralelli e concolori,
quando Iunone a sua ancella iube,

[Just as through a thin cloud two parallel rainbows of the same color curve, when Juno commands her maid [Iris] . . .; my translation]

This adjective, a calque on the Latin "concolor," is always misinterpreted by fourteenth-century commentators (Lana, Ottimo, et al.); because of the novelty and rarity of the term, they banalize it either as "con colori," i.e., "with colors," or as "con Coluri," as in the astronomic "colures," two circles passing through the equinox and solstice points, and cutting each other at right angles at the poles. Pietro's α draft still sticks to these two common and erroneous explanations, but the β draft makes it clear that "concolores" means "eiusdem col(l)oris" [of the same color], and the corrected interpretation is repeated also in the γ draft: "unius coloris" [of one color] V, "similis coloris" [of similar color] C.[16] Here are the five columns representing the successive stages of the text; even at first glance it is evident that the commentary transforms itself here by deepening and refining its atmospherical and mythological glosses:

α (Na)	β (L)	β (B var.)	γ (V)	γ (C)
[p. 632–33]	[cc. 270v–271r]	[c. 134r]	[c. 255r]	[c. 156r]
Dicendo quomodo unus arcus dictae Iridis nascitur ex altero inferiori ex reflexione **cum coloribus etc. Vel dic, quod loquitur etiam**	Pararellus enim dicitur portio nubis a latere solis existens vel ad septemtrionem vel ad meridiem prope solem in quo color solis ap-	[omnis]	inde comparatiue tangit quod ait philosophus ita dicens in sua methaura. dicamus de iride et pararelis Jris que poetice dicitur nuptia et	Ait phylosophus in sua metaura/ dicamus de yride et pararellis/ yris que poet[ic]e dicitur numptia et ancilla Junonis idest ele-

---

[16] On this see the insightful study on the language of Dante by G. Nencioni, "Note dantesche. Due archi paralleli e concolori (*Par.* XII 11)," *SD* 40 (1963): 42–50, whose only drawback is his ignorance of Pietro's second and third drafts. This led him to the conclusion that no early commentator was able to understand Dante's coinages of this kind.

The Third and Final Draft

de duobus circulis Coluri.

paret albus et clarus ut est color ipsius solis Et ideo auctor dicit eos **concolores hoc est ambos esse eiusdem colloris** et fiunt dum yris idest arcus aeris nobis apparet dummodo materiam nubis tenuis asistat secus si grossa et ex hoc philosofus in iii° sue methaure ait in capitulo de yride Dicamus de yride et de parellis qui fiunt eadem causa qua et yris scilicet ex refractione uisus ad solem et fiunt a latere non desuper nec in oppositum yridis nec de nocte sed semper contra solem fiunt.

[dicit actor eos]

[albos]

[coloris]

[assistat]

[metaure]

[reflexione]

ancilla Junonis idest elementi aeris nunquam fit circulus neque maior semicirculo et fit ex refractione aeris uisus ad solem. Et in die tantum licet Jris lune in nocte fiat. Jtem fit duplex et non ultra pararelli uero sunt duo arcus qui apparent in aere tempore quo Jris predicta fit Si nubes est tenera idest non grossa/Et dicuntur pararelli quia pariter distant. Et sunt portiones dicte nubis tenere a latere solis existentis Et prope eum ad semptemtrionem vel ad meridiem Jn quibus reflexio solis apparet alba. Et fiunt illa de causa qua Jris scilicet ex refractione uisus

menti aeris nunquam fit circulus nec maior semicirculo et fit ex refractione uisus ad solem et in die tantum licet yris lune fiat in nocte item fit duplex et non ultra pararelli uero sunt duo arcus qui apparent in aere tempore quo dicta yris fit. si nubes est tenera idest non grossa et dicuntur pararelli quia pariter distant et sunt portiones dicte tenere nubis a latere solis existentis et prope eum ad semptemtrionem vel meridiem in quibus reflexio solis apparet alba et fiunt illa de causa qua yris scilicet ex refractione uisus ad solem et fiunt in die et non in nocte¶

33

Introduction

> fractione uisus ad solem Et fiunt in die tamen non in nocte Et sic ut dicit hic textus sunt **concolores idest unius coloris** et causatur exterior ab interiore ut irides . . .
>
> Concolori idest similis coloris¶

Although Pietro's analysis generally proceeds by expanding and deepening its approach, we should not assume that there is always a movement from darkness to light, from ignorance to understanding. In fact, despite the fact that the third and final draft of the *Comentum* is longer than and superior in quality to the earlier versions, there is, nevertheless, one interesting case in which Pietro, more and more steeped in his judicial and scholarly concerns, is not able to understand one of the greatest poetic categories invented by Dante: I am alluding to the "dolce stil nuovo" [sweet new style], in *Purg.* 24: 55–57. Here is the text of the crucial tercet, in which the poet Bonagiunta Orbicciani responds to Dante's famous affirmation about Love dictating from within:

> "O frate, issa vegg' io," diss' elli, "il nodo
> che 'l Notaro e Guittone e me ritenne
> di qua dal dolce stil novo ch'i' odo. ..."

["O brother, now I see," he said, "the knot that kept the Notary [the Sicilian poet Giacomo da Lentini] and Guittone and me on this side of the sweet new style that I hear ..."; my translation]

The last three words of line 57, "ch'i' odo" [that I hear], are usually written in fourteenth-century manuscripts without spacing between them or apostrophes. The last part of the line usually looks like this in manuscripts: "dolce stil nouo chiodo." Pietro Alighieri mistook "chiodo" (= 'che io odo') for the singular form of the masculine noun "chiodo" (meaning "nail"!). This mistake led him to a bla-

The Third and Final Draft

tantly erroneous reading in the third draft, and a very contrived explanation of the line: instead of 'sweet new style that I hear', Pietro interprets the line as 'sweet style [that is] the new nail.' According to our misguided commentator, "nouo chiodo" is an epithet, an apposition to the syntagm "dolce stil," and the adjective "nouo" refers not to "stil" but to "chiodo." Pietro was probably using a manuscript of the *Commedia* that already reported a distorted reading of the line. Manuscript C, for example, reads:

> O frate/issa ueggio dissellj ilnodo
> chel notaro e Guitone e me ritenne
> di qua dal dolce stile/ el nuouo chiodo

The scribe of C not only wrote "chiodo," which is absolutely normal, but also introduced a slash (*virgula*) and a definite article ("el") between "stile" and "nuouo", thus segmenting the line into two parts: "dolce stile/" and "el nuouo chiodo." In his critical edition of the *Commedia*, G. Petrocchi [*La Commedia secondo l'antica vulgata*, 3: 412] notes that of the twenty-seven pre-1355 manuscripts containing this text, eight have the article "il" or "el" between "stile" and "nuovo." This shows that at least eight scribes had misread the line in the same way.

Here is the evolution of the gloss on *Purg.* 24: 55–57:

α (Na)	β (L)	β (B var.)	γ (V)	γ (C)
[p. 465]	[c. 191rv]	[c. 97r]	[c. 165r › §§14–22]	[c. 114v]
Dicendo postea auctor, quomodo dici debet in rima, scilicet quod secundum motum animae lingua dictet, ut fecit ipse, non ut antiqui praedicti fecerunt, scilicet, dictus Bonaggiunta,	. . . nominando fratrem guictonem de aricio et iacobum notarium de tollentino eius socios inuentores in rima predicta materna qui dixerunt sua uerba rimata non cum causativa inten-	[Guidonem de arecio] [qui non] [inuencione]	subsequenter auctor ut ostendat quomodo quilibet scribens poetice latine uel uulgariter debet primo mouere non simpliciter a se ipso sed ab illa punctali instigatione interius nos ad talia in-	hic auc[tor] uolens ostendere quomodo quilibet uolens scribere poetice latine uel materne debet primo mouere non simpliciter a se ipso sed ab illa spirituali instigatione nos ad talia inci-

35

Introduction

Notarius Jacobus de Alentino, et frater Guittonis de Aretio. Ad haec facit quod dicit lex civilis: oportet prius animas, deinde linguas eruditas.

tione et motu amoris sed potius a casu et fortuna in quo curialiter eos reprendit auctor hic et se laudat in eo quod amorem sequtus est scribendo secundum quod ipse amor in eo dictabat et ideo non mirum si melius scripsit iuxta illud ovidij [...] et onodius [...] etiam oracius [...]

[actor]

[ouidius]

citante. Quam Jeronimus [...] Stacius [...] gualfredus [...] Auctor uero hic pro amore quodam eius interiori eam accipit secundum cuius suggestionem dicit hic quomodo eius ingenium extra scribendo significat et promit modo quia dictus bonizonta et frater Guitonus de aricio. Et Jacobus notarius de tollentino antiqui ditatores in rima uulgari non ita scripserunt sed magis a casu et suo motu Et improuise Contra doctrinam poeticam traditam per oracium dicentem [...] Et per dictum gualfredum dicentem/ Si quis habet fundare domum [...] Ac etiam per

tante quam ieron[im]us [...] Statius [...] Gualfredus [...] auc[tor] uero hic pro amore quodam eius interioritas accipit secundum cuius subiectionem dicit hic quomodo eius ingenium extra scribendo significat et promit modo quia iste bonagiunta/ frater Guitonus de Aritio et Iacopus notarius de tolentino antiqui dictatores in lingua materna non ita scripserunt sed magis a casu et suo motu et improuise contra poeticam doctrinam traditam per gualfredum ut si quis habet fundare domum [...] et per alios multos poetas hoc reprendentes et

The Third and Final Draft

| | onodium in quadam eius epistula [. . .] Et per sidonium [. . .] Ideo detrahit eis hic auctor ut dicit textus dicendo nouum stilum dictis bonazonta hic dulcem et **nouum clauum** Jn hoc alludens uendentibus cartas Et quaternos cum lineis habentibus certos clauos in se secundum maiorem et minorem conseruationem et formam librorum seu uoluminum veterorum et nouorum | ideo auctor detrahit eis hic ut dicit tex[tus] dicendo nouum stilum auctoris aliorum modernorum taliter scribentium dulce et **nouum clauum**. in hoc alludens uendentibus cartam bononie et quaternos cum lineis habentibus certos clauos in se secundum maiorem et minorem commensurationem et formam librorum seu uoluminum ueterum uel nouorum¶ |

We can observe many things here, beginning with the fact that, even though each draft overlaps with the next, the three versions look more like siblings arranged in ascending order of age (youngest, middle, eldest) than like a set of triplets. The tortuous explanation in which the "novus clavus" [new nail] is referred to a practice of stationers (indicating the prices of their products by placing nails upon them) is found only in draft γ (both V and C). The variant reading of this passage is an excellent example of C's superior textual quality: V reads "Jn hoc alludens uendentibus cartas Et quaternos" [alluding in this to those who sell papers and notepads]; whereas C reads "in hoc alludens uendentibus cartam bononie et

Introduction

quaternos" [alluding in this to those who sell paper and notepads in Bologna]. Thus V omits the interesting reference to the oldest university site in Europe, where Pietro had been a student. I believe that the Bologna reference was in urV, from which the scribe of C copied it, while the scribe of V — intentionally or unintentionally — skipped it.

Another substantial difference between C and V is to be seen in C's omission of nearly all the scholarly citations reported by V (quotations from Horace, Geoffrey de Vinsauf, Sidonius Apollinaris, Ennodius, and others). The scribe of C reports only a shorter version of the first citation (from Geoffrey de Vinsauf), then adds "et per alios multos poetas" [and by many other poets]. This again shows that the scribe of C copies correctly from something before V (urV), from which he conserves the references to locations (e.g., Bologna) later omitted by V. At the same time, he selects and summarizes the material — especially the quotations — thus giving greater visibility to Pietro's words and ideas, which, in V, are interspersed among those of "alios multos poetas."

The "chiodo" problem is the exception that confirms the rule: in general the γ draft provides more fruitful insights into Dante's poetry than α and β. Not only is the final draft more ample and accurate, but also it is, at times, the only one to mention Dante's other works, thus introducing comparisons that enrich the comprehension of the *Commedia*. A charming example of this is in the commentary on *Purg.* 31, regarding the word "pargoletta" [young maiden] in line 59. In order to explain Beatrice's allusion to the "pargoletta" — in her view one of the causes of Dante's misbehavior after her death — Pietro (*Purg.* 31 § 18–20) very appropriately mentions *Io mi son pargoletta bella e nova* [I am a beautiful and fresh young maiden], one of Dante's ballads (*Rime* 87). This illuminating reference is present in both V and C but is absent from α and β.

Further confirmation of the order of production (α > β > γ) is provided by Pietro's corrections to the text and the citations contained therein. For example, the quotation from Ovid's *Metamorphoses* 1: 414–15, which begins "Inde genus durum [. . .]" (*Inf.* 15 § 15 of this edition, V c. 53r) is absent from α; in β it is erroneously attributed to Virgil; but in γ the correct attribution is given. The example is typical and, as the proverb says, "ab uno disce omnia" [learn all things from one example]. Thus the γ draft stands out clearly as the final revision of the work on which Pietro spent most of his life.

One really feels the judge's touch when reading Pietro's commentary on *Inf.* 33 § 25. In these lines from *Inferno*, Dante the Pilgrim sees the soul of a traitor who is still alive (Branca Doria, punished in Ptolomea for having invited his stepfather to a banquet and then murdering him). In his commentary, Pietro quotes

The Third and Final Draft

a passage from *Pandects* IV iii (absent in α and β but present in γ), then goes on to make an interesting parallel between himself as a judge of criminals and his father as a judge of sinners (§ 28–29):

> ... nam plerumque homo hoc toto excessu perpetrato quasi destinat animam suam in profundum Inferni, ut se posuit in profundum peccatorum, tradendo vitam suam corporalem in totum dyabolo ut rem suam conducendam; [29] nam si quis peteret a tanto peccatore "ubi est anima tua?" responderet, ut multos magnos peccatores ad hoc respondere iam audivi: "iam est in Inferno" ...

> [... certainly he who commits such a crime almost dooms his soul to deepest hell, just as he places himself among the worst sinners, by completely entrusting his bodily life to the devil and allowing him to govern his affairs; [29] then if someone asks such a sinner "where is your soul?", he answers, as I have already heard many great sinners respond, "it is already in Hell" ...]

I would like to focus now on the C–V relationship. As I have shown above, the material present in V (descending from urV) is often compressed and filtered in C. Often C incorporates the quotation into the text and omits the references: this is the case of *Inf.* 19 § 3: V reads, c. 61v.: "Nam licet simonia diffiniatur in Iure quod sit studiosa cupiditas vel voluntas emendi vel vendendi aliquid spirituale vel sibi annexum ..." [Although simony is defined in the law code as an eager greed of buying and selling something spiritual or connected to it ...], while C has, simply, c. 37r.: "Nam licet symonia diffiniatur quod sit studiosa cupiditas vel voluntas emendi vel vendendi aliquod spirituale vel sibi annexum ...", and the reference to the law code, from which the definition of simony is derived, is omitted. The same pattern is also found in *Inf.* 23 § 6–7, where the text from the Gospel of John is adapted and incorporated: while V, c. 68r., reads "Unde Gregorius ait super illis verbis Iohannis: 'Erunt radii solis et sternent sibi aurum quasi lutum'" [Then Gregory remarks on those words by John: "There will be rays of sun and they show gold as mud to them"] C, c. 45v., has only "... et cum deteguntur quod videbatur aurum in lutum convertitur ..." [... and when they uncover what looked like gold it will turn to mud].

Quotations (here in italics) are often just passed over by C:

Introduction

V	C
[c. 24v–*Inf.* 5 § 21–22] hiis expeditis ueniamus ad secundam partem huius capituli in qua incipit auctor tractare de septem principalibus peccatis incontinencie et de animabus propter illa dampnatis in Inferno et primo de peccato luxurie carnalis hic dicere incohat fingendo in isto circulo secundo Inferni puniri in tali uento tempestuoso illorum animas qui in hoc mundo rationem ut dicitur hic in textu submiserunt libidinoso appetitui *unde Augustinus Luxuria tota nostra ratio absorbetur et ad corinthios super ui° capitulo dicit Glosa de talibus qui fornicantur et corpore suo peccant In hoc peccato inquit est anima sub corpore; nam in fornicationis opere sicut totus homo absorbetur a carne ut iam dici non possit ipse animus suus esse sed simul totus homo dici possit caro* que submissio rationis fit in quolibet coitu preterquam in coitu uxorio secundum canones ...	[c. 9r] Hic incipit secunda pars huius capituli in qua incipit auctor tractare de septem peccatis principalibus incontinentie et de animabus propter illa dampnatis in inferno. Et primo de peccato luxurie carnalis hic dicere incohat fingendo in isto circulo secundo inferni puniri in tali uento tempestuoso animas illorum qui in hoc mundo rationem submiserunt libidinoso appetitui que submissio rationis fit in quolibet coitu preterquam in coitu uxoris ...

We should not infer from this that quotations were not present in the subarchetype urV, and that they are spuriously inserted by V, because, although C omits the scholarly quotations and usually summarizes, it is often possible to glance through it and reconstruct the original with its *auctoritates*. This will be clear with an example. Commenting on *Purg.* 25 (§ 42–63), Pietro records a long list of texts that define what the soul is. This material, that in the table below I have put in italics, is diligently reported by V, while C abbreviates and says "... multi multas diffinitiones dederunt et hoc non insisto ..." [many (philosophers) gave many (different) definitions and I will not insist on this]. If this long list, which survives in V, had not been present in urV, it would have been unnecessary for C to include such a statement. Moreover, it should be noted that the beginning of the sentence ("Ad primum dico quod ..." [First of all I say that ...]) introducing the list (in bold in the table below), is the same in both C and V, and that the last definition (underlined in the table below), taken from Isidore of Seville, is present, verbatim, in C also. Here is the passage:

The Third and Final Draft

V

[cc. 170r–171r]

hiis dictis ueniamus ad terciam partem quam ut lenius ualeam et explicite exponere et ut perspicaciter intelligatur per hunc modum procedam primo querendo quid sit anima intellectiua et rationalis de qua hic nunc tractatur. Secundo unde in nos ueniat. Tercio quando in nobis infunditur. Quarto quomodo se habet cum uegetatiua anima et sensitiua/ Quinto ubi in nobis localiter residet. Sexto quomodo se habet separata a corpore. **Ad primum dico quod** *dicta anima secundum platonem Est essencia quedam se mouens/ Zeno dixit eam esse numerum se mouentem Aristoteles dixit eam // entelechiam quod idem est quod forma. Jterum in 2° de anima dicit quod est primus actus corporis phisici organici potencia uitam habentis pictagoras dixit eam armoniam possidous dixit eam ydeam Asclepiades dixit eam quinque sensuum exercicium sibi consonum Ypocrates dixit eam spiritum tenuem per corpus omne dispersum Cui Uirgilius concordans de ipsa anima. par leuibus uentis uolucrique similima somno/ Eraclitus dixit eam lucem quendam/ Et scintilla stellarum essencie democritus dixit eam spiritum insertum athomis Aenasimenes dixit eam aerem. Empedocles sanguinem Parmenides dixit eam/ Ex terra Et igne substantiam/ Zenofantes ex terra et aqua. Beotes ex aere et igne. Epicurus speciem ex igne et aere et spiritu mistam frater albertus dicit animam prout est spiritus esse Substantiam incorpoream et intellectuale eorum illuminacionum que sunt a primo ultima reuellaione perceptiua. Remigius dicit animam esse prout est rector corporis substantiam incorpoream regentem corpus. Augustinus in suo libro de spiritu et anima dicit quod anima*

C

[c. 117v]

Hiis dictis veniamus ad tertiam partem quam ut levius valeam explicite exponere et ut perspicatius intelligatur per hunc modum procedam primo querendo quid sit anima intellectiva et rationalis de qua hic dicitur. Secundo unde in nos veniat. Tertio quando in nobis infunditur. Quarto quomodo se habet cum vegetativa anima et sensitiva. Quinto ubi in nobis localiter residet. Sexto que sunt eius virtutes et potentie. Septimo quomodo se habet separata a corpore. **Ad primum dico quod multi multas diffinitiones dederunt et hoc non insisto** que anima secundum ysiderum dum vivificat corpus dicitur/ dum vult dicitur animus/ dum scit dicitur mens/ dum recolit dicitur memoria/ dum recte iudicat dicitur ratio/ dum spirat dicitur spiritus/ dum sentit dicitur sensus

Introduction

> est substantia quedam rationis particeps corporis regendi causa acomodata non ex materia corporali nec spirituali ut ipse idem Augustinus ait super genesi capitulo uii° et Thomas in prima parte q. lxii dicit quod Anima est principium uite in hiis que apud nos uiuunt non corpus sed corporis actus, sicut calor, qui est principium calefactionis non est corpus sed quidam corporis actus ac subsistens et incorruptibile et absque materia <u>que anima secundum ysidorum dum uiuificat corpus dicitur anima/ dum uult animus/ dum scit mens. dum recolit memoria/ dum recte iudicat ratio/ dum spirat spiritus/ dum sentit, sensus</u>

Evidently C was meant as a briefer, abridged, perhaps more "portable" edition of the *Comentum*, and it should be remembered that, although incomplete, its intermittent text is superior in quality to that of V. To use a metaphor, if the surviving C and V manuscripts are maps to lead us to the treasure of Dante's poetry, C is a perfect map of some areas only, leaving the rest uncharted, while V is a rough and sketchy map of the entire territory.

As noted above, C's syntax is lighter, its periods are shorter, its lexicon more colloquial, and the influx of words and structures borrowed from the vernacular more prominent. A few examples: 1) *Inf.* 5 § 3: plectentibus penam V] patientibus penam C: the meaning is unvaryingly that of "to those suffering punishment," but the verb *patior* employed by C is more common (*lectio facilior*) than the verb *plecto* employed by V; 2) *Inf.* 12 § 34: privignum V] figliastrum C: means in both cases "stepson," but "figliastrum" is clearly modeled on Italian "figliastro" and is not found in classical Latin; 3) *Inf.* 12 § 39: detulerunt V] portaverunt C, here too C's version is modeled on the Italian verb *portare*, absent in classical Latin; 4) and 5) the shift from the present auxiliary to the past auxiliary resembles the structure of the Italian passive voice: *Par.* 15 § 42: secutus est V] secutus fuit C and *Par.* 19 § 36 mortuus est V] mortuus fuit C.

This popularizing impulse in C is also apparent in the lively drawings illustrating the more memorable moral sentences of the *Commedia*,[17] and in the juxtapo-

---

[17] See Chiamenti, "Florilegio iconico."

The Third and Final Draft

sition of the two long explicatory poems (*capitoli*) by Jacopo Alighieri and Bosone da Gubbio. C's implied reader is one in need of help with a basic understanding of Dante's text; this explains the simplified form of the commentary, with its clear divisions of parts, and its bizarre drawings meant to provide a form of amusement and visual accompaniment to the text. Moreover, C contains annotations on local customs and noble families not present in V. Here is a table of these historical annotations (in bold):

V	C
[c. 48v–*Inf.* 13 § 25] ... ultimo tangit auctor de isto florentino qui fecit de sua domo sibi gibbetum ...	[c. 26v] ... Jste fuit quidam florentinus [*suprscr.* meser **loto de lalj**] qui se suspendit in domo propria et dicit quod fecit giubbettum ...
[c. 54v–*Inf.* 15 § 32] ... dominus Andreas olim episcopus florentinus qui ob hoc crimen translatus fuit in episcopatum vicentinum per seruum seruorum dei idest per papam Et hoc est quod tangit de arno fluuio currente per ciuitatem uincencie ...	[c. 30v] ... Jste fuit dominus Andreas de **moççis de florentia** olim episcopus florentinus qui ob hoc crimine translatus fuit in episcopatum uicentinum/et hoc est quod dicit de arno in bachiglione idest de florentino episcopato in uicentino ...
[c. 54v–*Inf.* 15 § 33] ... que umbra recomendato auctori dicto suo libro uocato ut jam dixi thesauro affugit uelocius currendo quam currat ille qui uincit **brauium uerone** ut dicit hic textus in fine	[c. 30v] ... **hodie est rubeus uiridens et currunt mulieres**
[c. 55r–*Inf.* 16 § 13] ... tres umbras horum trium probissimorum florentinorum scilicet domini thegiai et domini iacobi rusticucij et domini Guidonis guerre de casentino ...	[c. 31r] ... scilicet domini theghiai **de aldobrandis** domini jacobi rusticucci et **comitis** Guidonis guerre de casentino ...
[c. 59r–*Inf.* 17 § 27] ... Jtem animam domini ranerij de scruuignis de padua. Quorum signum est quedam scroua azurra in albo collore picta ...	[c. 30v] ... arma domini ranerij de scruuegnis de padua quorum signum est **scrofa açurra in auro/ sed auctor dicit quod erat in albo quod non est uerum** ...

Introduction

[c. 66r–*Inf.* 20 § 44]
... antequm matia idest stulticia comitum de Casalodi ciuium dicte terre mantue fore decepta per dominum pinamontem de bonacosis de dicta terra nam tractauit cum eis expellere omnes magnates dicte terre et ibi simul cum eis donarj. Quo facto dictus dominus pinamonte expulit dictos comites et solus habuit dominium dicte terre ...

[c. 40r]
... Comites de casalodi ciues mantuani tractauerunt cum domino **pinamonte de bonacosis de mantua auo domini passarini** expellere omnes magnates dicte terre/ et ibi simul cum eis donari. Quo facto dictus dominus pinamonte eos expulsit et solus postea fuit dominus Mantue ...

[c. 248r–*Par.* 10 § 45]
... Jtem umbram magistrj petrj lumbardi compositoris librj sentenciarum. quem librum obtulit ecclesie ...

[c. 154r]
... Iste fuit petrus magister sententiarum **qui fuit de ciuitate parme**/ qui librum sententiarum ab eo compositum optulit ecclesie ...

By contrast, V's implied reader, closer perhaps to Pietro's, is a scholar who shuns contemporary life and society, relying on books more than on empirical observation. Significantly, the most far-fetched quotations recorded by V are accompanied in the manuscript by critical marks (*oraia* and *maniculae*) by a fifteenth-century hand, undoubtedly that of a humanist reader who was studying the *Comentum* first and foremost for its references to classical texts.

B. Tables of Errors

In order to exhibit a complete taxonomy of the relations between manuscripts, and also to demonstrate the existence of a third draft sub-archetype urV and the collaterality of C and V, illustrative tables are here provided.

Table 1

Lacunae and corrupt readings of V emendable with C; omissions of abbreviations are not listed. This proves that C does not derive from V. (Erroneous V readings are here in italics):

V	C
Inf. proem § 46	
de primo circulo inferni seu li*bri*	de primo circulo inferni seu limbi

The Third and Final Draft

Inf. 2 § 42
fenestram non [. . .] homine cooperante

fenestram non sine homine operante tamen sine homine cooperante

Inf. 4 § 25
cum du*b*ia et supersticione

cum dulia et superstitione

Inf. 4 § 26
du*b*ia dicitur cultus

dulia dicitur cultus

Inf. 8 § 3
amor inuidi de malo proximi ne illi sibi pa‐ *a*ficetur

amor inuidi de malo proximi ne illi sibi pa‐ rificetur

Inf. 9 § 27
hos terrores mundanos proce*ntentibus* a regi‐ bus

hos terrores mundanos procedentes a regibus

Inf. 11 § 6
quem acatium hereticum volendo dictus papa restituere [. . .] et licet non potuerit

quem acatium hereticum volendo dictus papa restituere precibus dicti fotini dicebat natu‐ ram humanam tantum in christo et predictus anastasius ductus in eundem errorem conatus fuit dictum acatium restituere et licet non potuerit

Inf. 11 § 7
iniuria dicitur quicquid fit *in* iure

iniuria dicitur quicquid fit non iure

Inf. 12 § 3
quod nedum alios scolares sed etiam mag*r*os

quod nedum alios scolares sed etiam magis‐ tros

Inf. 13 § 11
virgilius in *vii°*

virgilius in iii°

Inf. 14 § 8
in *Xpo* thebaidos

in x° thebaidos

Introduction

Inf. 14 § 33
scilicet *bambiboicum* in oriente

scilicet babilonicum in oriente

Inf. 14 § 34
ad ciuitatem dam*nantem*

ad ciuitatem damiate

Inf. 15 § 3
b*iri*gie in flandria

brugie in flandria

Inf. 15 § 13
et breuiter *iuxta* dicta fesulana terra dictus consul destruxit eam

et breuiter uicta dicta fesulana terra dictus consul destruxit eam

Inf. 18 § 15
iason . . . nauiga*s*

iason . . . nauigans

Inf. 18 § 31
strictam idest saturam

stuccam idest saturam

Inf. 19 § 7
tangit de intrudentibus se per vim ecclesias et eas rapient*es*

tangit de intrudentibus se per vim ecclesias et eas rapientibus

Inf. 22 § 8
de dicto baraterio *pri*uarensi

de dicto baraterio nauarensi

Inf. 23 § 5
sub talibus ponderibus aura*nt*

sub talibus ponderibus auratis

Inf. 24 § 25
sic res sibi apta ad furandum vel non

si res sit apta ad furandum vel non

Inf. 25 § 7
item tangit de sabello et nassidio comil*acio*nibus catonis

item tangit de sabello et nassidio comilitonibus catonis

Inf. 26 § 35
schia que uicina est ciuitati *c*rete

schia que uicina est ciuitati gaete

The Third and Final Draft

Inf. 28 § 4
unionem habent et habere debent et unitatem [. . .]

unionem habent et habere debent et unitatem scindunt

Inf. 28 § 14
per achitophalem cons*ciliarium* dicti absalonis

per achitophalem consiliarem dicti absalonis

Inf. 30 § 5
transformans se iuno predicta *etiam* vetulam nutricem suam nomine b*eroc*ini

transformans se iuno predicta in vetulam nutricem suam nomine boroeim

Inf. 31 § 31
prodicione comitis ga*len*onis

prodictione comitis ganellonis

Inf. 32 § 5
et enim prodimentum seu prodicio illa species fraudis humane que non solum ru*pit* . . .

est enim prodimentum seu proditio illa species fraudis humane que non solum rumpit . . .

Inf. 33 § 30
domini *l*uche de abbatibus

domini bucche de abbatibus

Purg. 2 § 14
apparet stella m*ent*is

apparet stella martis

Purg. 3 § 21
nos gens humana sumus idest *etiam* debeamus contenti huic coniunctioni causali quia

nos gens humana sumus idest esse debeamus contenti huic coniunctioni causali quia

Purg. 6 § 45
romani antiquitus habuerunt *x* tabulas legum

romani antiquitus habuerunt duodecim tabulas legum

Purg. 8 § 69
item dicta umbra [. . .] auctorem

item dicta umbra rogat auctorem

Purg. 9 § 5
fingunt dictum *laumedontem* ex ea habuisse filium nomine menonem

fingunt dictum tyton ex ea habuisse filium nomine menonem

Introduction

Purg. 9 § 17
tereus olim rex *racie*   tereus olim rex tracie

Purg. 9 § 72
psalmista dicens   propheta dicens

Purg. 12 § 23
venus existens uxor vulcani iacuit cum ma*tre*   venus existens uxor vulcani iacuit cum marte

Purg. 12 § 24
senacherib regis *asinorum*   senacherib regis assyriorum

Purg. 12 § 27
ipsa cum aliis *ovibus* dicte terre betulie egressa   ipsa cum aliis civibus dicte terre bettulie egressa

Purg. 13 § 3
unaqu*a*que res melius apprehenditur   unaqueque res melius apprehenditur

Purg. 15 § 6
in aliqu*em* corpus lucidum   in aliquod corpus lucidum

Purg. 15 § 7
quod scribitur mathei *vi*° capitulo   quod scribitur mathei v° capitulo

Purg. 16 § 25
habent . . . homines lum*ine* racionis   habent . . . homines lumen rationis

Purg. 17 § 16
item et c*a*rere alie creature   item et cetere alie creature

Purg. 17 § 22
cu*m* i*t*a dicatur appetitus vindicte   cur ira dicatur appetitus vindicte

Purg. 18 § 5
et in *tercio* ethicorum   et in iv° ethicorum

The Third and Final Draft

Purg. 18 § 10
illi qui verifi*cat*   illi qui verificant

Purg. 18 § 15
forma non da*nt* esse   forma non dat esse

Purg. 18 § 16
se*x*ta idest circumclusa a materia   septa idest circumclusa a materia

Purg. 18 § 18
obiectum aliquod mov*es* habitus nostros   obiectum aliquod movens habitus nostros

Purg. 18 § 21
millelle homines   mille homines

Purg. 18 § 47
federico i° barbe*rose* de sueuia qui cepit   federico i° barbarossa de sueuia qui cepit
regnare anno domini m*lx*°   regnare anno domini mcxl°

Purg. 20 § 4
est enim virtus frugalitatis qua homo [. . .] se-   est enim virtus frugalitatis qua homo vivit secundum naturam spernendo delicata   cundum naturam spernendo delicata

Purg. 20 § 11
virtutis fr*agi*litatis   virtutis frugalitatis

Purg. 20 § 20
quomodo rex filippus bellus de dicta domo   quomodo rex phylippus bellus de dicta domo
francie capi fecit in civitate alanie papam   francie capi fecit in civitate alanie papam
[. . .] favisse comiti flandrie   bonifatium viii° per dominum guillelmum de
                                                       nugareto et colonnenses putando dictum pa-
                                                       pam favisse comiti flandrie

Purg. 20 § 21
infe*r*num nobis ut cessemus a tali vicio   in frenum nobis ut cessemus a tali vitio

Purg. 20 § 22
pigmaleonis . . . regis *t*irie   pigmaleonis . . . regis syrie

Introduction

Purg. 20 § 24
myde olim regis *tracie*

myde olim regis frigie

Purg. 20 § 27
ducem siri*ce*

ducem syrie

Purg. 21 § 17
in capitulo ultimo

in capitulo penultimo

Purg. 21 § 19
quasi includantur *fore* tres disposiciones

quasi includantur forte tres dispositiones

Purg. 21 § 48
in re*uel*acione pene

in releuatione pene

Purg. 22 § 11
multi prodigi resurgent in die iudicii cum cr*ur*ibus incisis

multi prodigi resurgent in die iuditii cum crinibus incisis

Purg. 22 § 55
antiquis mulieribus romani*e*

antiquis mulieribus romanis

Purg. 23 §§ 11–12
qui erisiton consumptis omnibus opibus propter famem [. . .] perdidit ierusalem

qui erisiton consumptis omnibus opibus propter famem ultimo vendidit filiam propriam gens iudaica propter famem perdidit yerusalem

Purg. 23 § 12
tir*i* uespasiani

tyti uespasiani

Purg. 24 § 3
ducta fuerit

ducta fuerit ad uirum

Purg. 24 § 37
et quo dicit secundario

ex quo dicit secundario

The Third and Final Draft

Purg. 24 § 38
ut iusticia diuina puniat e*t*as

ut iustitia diuina puniat eas

Purg. 25 §§ 2–3
... et qualitate nostre anime coniuncte et separate et hec pars durat usque ibi [...] ma come danimal ...

... et qualitate nostre anime coniuncte et separate et hec durat usque ibi sangue perfecto etc. ibi secunda in qua dicit de corporali nostra formatione et hec pars durat usque ibi ma come danimal ...

Purg. 26 § 8
de insula le*n*ini

de ynsula lemni

Purg. 28 § 11
fuit enim in iuuenctute sua *virgo* quasi adeo quod cum henrico imperatore iiii° bellum habuit

fuit enim in iuuenctute sua virago quasi adeo quod cum henrico imperatore iiii° bellum habuit

Purg. 28 § 14
semper est uer*um* et sic ibi perpetuo sunt flores

semper est uer et sic ibi perpetuo sunt flores

Purg. 28 § 26
in operibus manuum tuarum *m*ultabo

in operibus manuum tuarum exultabo

Purg. 29 § 30
in quorum st*e*lis albis

in quorum stolis albis

Purg. 31 § 13
nunquam natura uel ars idest pictura sibi presentavit quicquam placibi*lis* suis membris dispersis in terra

nunquam natura uel ars idest pictura sibi presentavit quicquam placibilius suis membris dispersis in terra

Purg. 32 § 60
super *r*emo dicti tallis currus

super temo dicti talis currus

Par. 1 § 12
a duobus fratribus olim sic nominat*a*

a duobus fratribus olim sic nominatis

Introduction

Par. 1 § 22
dictum appolinem pro dicto intellectu et dictum *l*acum pro dicta arte

dictum appollinem pro dicto intellectu et dictum baccum pro dicta arte

Par. 2 § 9
in aliam m*u*sam natum . . . quam mat*er* et filium translatauit

in aliam ursam natum . . . quam matrem et filium iuppiter translatauit

Par. 2 § 47
sapiencie x*vii*° capitulo

sapientie xiiii° capitulo

Par. 4 § 18
quo somnio reuelato re*uela*uit dictum regem ab ira

quo somnio reuelato releuauit dictum regem ab ira

Par. 4 § 22
per gradus maior et min*o*r et in m*i*n*o*ribus nouem celorum

per gradus maior et minus et in motoribus nouem celorum

Par. 4 § 31
et aliorum ce*r*tum uirorum

et aliorum ceterorum uirorum

Par. 5 § 37
propter defectum caus*a* uoti

propter defectum cause uoti

Par. 6 § 25 and 26
inde amulio qui fratrem suum m*uni*torem de regno expulit

inde amulio qui fratrem suum numitorem de regno expulit

et restituto dicto m*uni*tore in regno albano

et restituto dicto numitore in regno albano

Par. 6 § 31
mortis duobus . . . tercius *a*ccidit solus

mortis duobus . . . tertius occidit solus

Par. 6 § 79
in imperio dicti octauian*us*

in imperio dicti octauiani

52

The Third and Final Draft

Par. 7 § 48
natura humana reuertitur nisi

natura humana nunquam reuertitur nisi

Par. 7 § 56
sed christus homo sufficiens *propheta* fuit hostia

sed christus homo sufficiens perfecta fuit hostia

Par. 8 § 12
et quia iste planeta [. . .] habet infundere *rinfundit* hunc amorem

et quia iste planeta [. . .] habet infundere hunc dictum amorem

qui tali amore *matrimonii aliter* copulantur

qui tali amore matrimonialiter copulantur

Par. 8 § 33
causam ext*im*ationis dicte ethene

causam extuationis dicte ethene

tali sulfure *s*umat

tali sulfure fumat

Par. 8 § 46
pars *cuidam* multitudinis

pars cuiusdam multitudinis

Par. 8 § 52
esau i*n*sipidus fuit

esau ispidus fuit

Par. 8 § 54
ex uir*i*li patre natus

ex uili patre natus

Par. 8 § 58
qui modus loquendi et describendi dicitur ca*nz*elarium

qui modus loquendi et describendi dicitur corollarium

Par. 9 § 15
et cum ei*u*s

et cum eis

Par. 9 § 24
inter discordantia*m* littora

inter discordantia litora

Introduction

Par. 10 § 31
alie celo ce*per*antur

alie celo comparantur

Par. 11 § 18
sancte marie de pr*ouun*cola

sancte marie de portiuncola

Par. 12 § 15
cuius signum s*i*cuti est ad quarteria

cuius signum scuti est ad quarteria

Par. 12 § 21
magister *tandem* in fisica

magister tadeus in physica

in ciuitate p*lac*entie

in ciuitate pallentie

Par. 13 § 3
item *unus* illis aliis stellis

item septem illis aliis stellis

Par. 13 § 41
postula quod uis ut *deum* tibi

postula quod uis ut dem tibi

Par. 14 § 3
iuxta illud mathei *xiiii°* capitulo

iuxta illud mathei xiii° capitulo

Par. 14 § 7
dicit se fecisse holocaustum *duo* cum locu-
cione illa q*ui* est unica omnibus

dicit se fecisse holocaustum deo cum locutione illa que est unica omnibus

Par. 14 § 16
ita ad*iuu*atur ibi talis exalacio

ita adunatur ibi talis exalatio

Par. 14 § 24
quia libero*s* a miseria huius uite

quia liberor a miseria huius uite

Par. 15 § 3
sicut omnium malorum radix est cupiditas ita
omnium bonorum [. . .]

sicut omnium malorum radix est cupiditas ita
omnium bonorum charitas

The Third and Final Draft

Par. 15 § 13
non . . . ne auctor illa *re*prehenderet sed

non . . . ne auctor illa comprehenderet sed

Par. 15 § 15
nostra uoluntas . . . se habea*nt*

nostra uoluntas . . . se habeat

Par. 15 § 19
ieremias *xii°* capitulo

yeremias xxii° capitulo

Par. 15 § 22
rebus pomposis et *mi*

rebus pomposis et mirandis

Par. 15 § 39
ex *cola* uenirent liberi eius

ex scola uenirent liberi eius

Par. 19 § 21
ut *cederent* quod credituros esse

ut crederent quod credituros esse

cur aput eos deus mirabilia quibus profutura non erant fecerat *et aput eos quibus profutura non erant fecerat* et aput eos quibus profutura erant non fecerit

cur apud eos deus mirabilia quibus profutura non erant fecerat et apud eos quibus profutura erant non fecerit

Par. 20 § 36
sine codicibus *y*auunt

sine codicibus uiuunt

Par. 21 § 10
stella *noces* . . . accenderet

stella nocens . . . accenderet

Par. 21 § 25
quia ita deus uoluit et quia hoc s*ci*t

quia ita deus uoluit et quia hoc sit

Par. 22 § 6
est quidam mons altissimus [. . .] uocatus casinus minor eo

est quidam mons altissimus uocatus mons caluus cum quo unitur quidam alius mons uocatus cassinus minor eo

Introduction

Par. 23 § 8
de natura f*lu*minis

de natura fulminis

Par. 23 § 15
percutite uirga s*a*licem

percutite uirga silicem

Par. 25 § 3
johannes hos tres apostolos predilexit

christus hos tres apostolos predilexit

Par. 25 § 29–32 and *Par.* 26 § 1–30
[the V text interrupts at the bottom of c. 286v; cc. 287r–289v, ruled, are left completely blank. This macroscopic lacuna causes the loss of the last part of the commentary on *Par.* 25 and almost all the commentary on *Par.* 26. Probably V's scribe had a problem in copying that section from his source and decided to do it later, but was not able to fulfil his task. The sloppiness of the handwriting of the last folios of V can account for this lack of the necessary time to complete the transcription accurately. I have filled this serious lacuna with the text of C collated with L. Luckily, the parallelism between V and C is perfect. The last three words of V, c. 286v ("excellentia sensibilium corrumpit"), are the beginning of a quotation from Aristotle brought to bear upon *Par.* 25: 118–120. In C we find exactly the same quotation in the same place and also its conclusion ("excellentia sensibilium corrumpit sensum"). In the V text, at the beginning of c. 290r, we find the final part of a quotation from Papias that is not present in C but is present in L in the same position].

[see text of the edition: *Par.* 25 § 29–32 and *Par.* 26 § 1–30]

Par. 27 § 9
non *parentes* gregi

non parcentes gregi

The Third and Final Draft

Par. 27 § 25
et enim

est enim

Par. 27 § 26
quomodo temp*o* originatur in dicto celo

quomodo tempus originatur in dicto celo

Par. 29 § 39
usum exterioris officii habent

usum exterioris offitii nunquam habent

Par. 30 § 8
tam comicus quam tragedi*us*

tam comicus quam tragedus

Par. 30 § 18
prudenciam in forma *uirgis*

prudentiam in forma uirginis

Par. 30 § 19
ad modum cristastali

ad modum cristalli

Par. 31 § 9
sed solum *qui* uirtutem contemplatiuam

sed solum per uirtutem contemplatiuam

Par. 31 § 10
se dedit . . . ut nullo sensu corporali utere*mur*

se dedit . . . ut nullo sensu corporali uteretur

Par. 32 § 3
dicta domina nostra in primo gradu [. . .] sub pedibus eius

dicta domina nostra in primo gradu et dicta eva sub pedibus eius

Par. 33 § 56
umbratus tallis prime nauis ammirari fecit

umbra cuius talis prime nauis ammirari fecit

Par. 33 § 70
unde in *ecclesiastico*

unde in ecclesiaste

Introduction

Table 2

Lacunae, significant errors, and mechanical transcriptions of C (for example, when nouns and adjectives that, in C, form the subject of the sentence, have been copied with their source's original accusative or genitive endings):

C	V
Inf. 32 § 35 comes ugolinus *proditoris* dicte sue ciuitatis	item umbram comitis ugolini gherardeschi de pisis olim proditoris dicte sue ciuitatis
Inf. 33 § 36 archiepiscopus pisanus *proditoris* dicti comitis	item umbram [...] archiepiscopi pisani proditoris dicti comitis
Purg. 24 § 45 nisi *deus* et alii comites	nisi theseus et alii sodales
Purg. 25 § 41 uirtutem principii actiui quod erat in *femina*	uirtutem principi actiui quod erat in semine
Purg. 26 § 6 iste fuit dominus guido de guiniçellis de bononia olim *summi inuentoris* in lingua uulgari	inde fingit se ibi reperire umbram domini guidonis guinicelli de bononia olim summi inuentoris in rima uulgari
Purg. 27 § 30 per *prouidentiam* precaueat sibi ab insidiis	per prudentiam precaueat sibi ab insidiis
Purg. 29 § 69 item *jacobum petrum iohannem* et *iudam* ...	iterum subdit ibidem idem ieronimus dicens jacobum petrum iohannem et iudam ...
Par. 2 § 28 fructus specifici *prauorum* formalium	fructus specifici principiorum formalium
Par. 3 § 16 federicum secundum *et tertium imperatores de suauia*	federicum secundum qui tercius et ultimus imperator fuit de domo sueuie

The Third and Final Draft

Par. 6 § 41
albam fluuium

alliam fluuium

Par. 7 § 3
in *4°* sententiarum

in iii° sententiarum

Par. 8 § 37
Rodolfo] *imperatore socero* ipsius karuli martelli

de redulfo imperatore socero ipsius karuli martelli

Par. 9 § 28
demofonte filio tesei ducis athenarum

que delusa a demofonte filio tesei ducis athenarum

Par. 10 § 29
sicut [. . .] positum est in medio animalis

sicut cor positum est in medio animalis

Par. 10 § 32
non dederit se [. . .] aliarum scientiarum

non dederit se vanitati aliarum scientiarum

Par. 12 § 30
Anselmo] de anglia olim *canturiensis episcopi*

umbre istorum scilicet . . . anselmi de anglia olim caturiensis episcopi

Par. XIII § 9
in eius *actiuo cantu* peana dicitur

in eius accusatiuo casu peana dicitur

Par. 14 § 3
nos semper et post resurrectionem *habebunt* talem fulgorem circa *se* et maiorem cum *erunt* cum carne

ipsi beati semper et post resurrectionem habebunt tallem fulgorem circha se et maiorem cum erunt cum carne

Par. 15 § 15
cum modo et actu *prouidi* eam

cum modo et actu promendi eam

Introduction

Par. 19 § 21
quod dominus ait Johannis 6° capitulo [...] omnium operum dei homo rationem reperire non potest

quod dominus ait johannis vj° capitulo scilicet nemo potest uenire ad me nisi fuerit ei datum a patre meo facit etiam in proposito quod ita scribitur Ecclesiastes viij° capitulo omnium operum dei homo rationem reperire non potest

Par. 20 § 31
sub illa figura *siue doce*

sub illa figura que dicitur sinedoce

Par. 22 § 8
fidelium insana multitudo

infidelium insana multitudo

Par. 25 § 11
antequam [...] ipsius auctoris idest eius uiuere corporale

antequam militare ipsius auctoris idest eius uiuere corporale

Par. 29 § 18
referendum est ad materiam dictorum *angelorum* et ad formam eorum angelicorum motorum

referendum est ad materiam dictorum celorum et ad formam eorum angelicorum motorum

Par. 33 § 56
cum antequam [...] uiderat in mari aliquem nauigantem

cum antequam nunquam uiderat in mari aliquem nauigantem

Table 3

Erroneous readings common to C and V descending from the third and final draft's archetype urV:

Restored Original Reading	C	V

Inf. 14 § 10
[hic strato sub igne]

hic *straneo* sub igne

hic *strao* sub igne

The Third and Final Draft

Inf. 28 § 14
[ut scribitur in secundo regum capitulo xv°]

ut scribitur in secundo regum capitulo *xvi°*

ut scribitur in secundo regum capitulo *xxx°*

Inf. 28 § 19
[ob illud quod scribam infra in paradiso capitulo xvi°]

ob illud quod scripsi infra in paradiso capitulo xvi°

ob illud quod scripsi infra in paradiso capitulo xvi°

Purg. IV § 4
[Plato tenuit in nobis esse tres animas [. . .] et intellectiuam seu cognoscitiuam in cerebro] (this reading is present in L)

plato tenuit in nobis esse tres animas [. . .] et intellectiuam seu *cognoscibilem* in cerebro

plato tenuit in nobis esse tres animas [. . .] et intelectiuam seu *cognoscibillem* in cerebro

Par. 2 § 32
[quasi ut quodlibet corpus carnale diuersificatur per maciem et pinguedinem]

quasi ut quodlibet corpus carnale diuersificatur per *matrem* et pinguedinem

quasi ut quodlibet corpus carnale diuersificatur per *materiem* et pinguedinem

Par. 6 § 48
[dimicando cum Veientibus]

dimicando cum *auenientibus*

dimicando *a uenientibus*

Par. 8 § 30
[inter que confinia est apulia calabria et abrucium] (this correct reading is present in L)

inter que confinia est apulia calabria*m* et abrucium

inter que confinia est apulia calabria*m* et abrucium

Par. 13 § 39
[si contingat peccatum in forma artis materie tantum imputandum est] (this correct reading is present in L and corresponds perfectly to the text of Dante's *Monarchia* II ii 3 that Pietro is here quoting)

si contingat peccatum in forma [. . .] materie imputandum est

si contingat peccatum in forma [. . .] materie imputandum est

INTRODUCTION

Par. 16 § 26
[et sic ubi aui eorum olim in cerca armatorum uoluebant se ad simifontem]

[et sic ubi aui eorum olim in *cerna* armatorum uoluebant se ad semifontem]

[et sic ubi aui eorum olim in *cerna* armatorum uoluebant se ad simifontem]

Par. 17 § 22
[salamon prouerbiorum viij°] (this correct reading is present in L)

salamon prouerbiorum *21*

salamon prouerbiorum *xxj°*

Par. 19 § 7
[iudicat aliquid esse commune] (this correct reading is present in L)

indicat aliquid esse commune

indicat aliquid esse commune

Par. 19 § 21
[apud non credentes] (this correct reading is present in L)

apud *uos* credentes

apud *nos* credentes

Par. 22 § 8
[ubi uetustissimum fanum fuit in quo ex antiquorum more gentilium a stulto rusticorum populo Apollo colebatur]

ibi uetustissimum *faunum* fuit in quo ex antiquorum more gentilium a stulto rusticorum populo [. . .] colebatur

ubi uetustissimum *faunum* fuit in quo ex antiquorum more gentilium a stulto rusticorum populo apolo collebatur

These tables definitively demonstrate the superior quality of C over V, the independent descent of C and V from the archetype urV, the importance of the collations with L, and, most importantly, the need for an accurate, eclectic integration of elements from both V and C, in order to reconstruct the missing original text of the third and final draft. Let us here recapitulate: V is the more complete of the two, but C, though partial and summarized, is the more trustworthy and superior in its orthography. Together C and V are a loving couple, a partnership in which each compensates for the other's deficiencies. The text of this edition is — I hope — the consummation of that happy marriage.

IV. THE TEXT OF THE *COMMEDIA* READ BY PIETRO ALIGHIERI

Because Pietro was the eldest and most learned of Dante's sons, one might have supposed he received his text of the *Commedia* directly from his father. However, this was apparently not the case. Pietro was only twenty when his father died, and he did not begin work on his commentary until at least sixteen years later (1337–1338). No autograph by Dante survives, and even the oldest extant manuscript of the *Commedia* is not entirely trustworthy.[18] As early as 1330, the scribe Forese Donati, parish priest of Santo Stefano in Botena (not to be confused with Dante's relative immortalized in *Purg.* 23 and 24), declared that he had to choose among variant readings in the manuscripts to provide an "emended" text of the sacred poem. This shows how quickly and widely Dante's text was circulating and — as an inevitable consequence — deteriorating.

It is clear that Pietro was not able to consult the original manuscript of the poem. At times, he admits that he has chosen what seemed to him the best reading, and so we must conclude that he was examining different codices, with confusing and contradictory readings: he has to rely on his own intelligence and judgment to perform this delicate task of textual reconstruction. The most important aspect of Pietro's reception of Dante's text is that he never takes it for granted. On the contrary, he explains why he thinks that one reading is superior to another or why a particular reading, though shared by the majority of manuscript witnesses, must be wrong. In this respect, Pietro can be seen as the first Dantean philologist, trying to regain the lost original, trying to recover order from encroaching chaos, all the while carefully explaining his choices. Here are the most significant cases:

Commenting on *Inf.* 1: 26–27: "... lo passo / che non lasciò già mai persona viva" [the pass that never left a person alive] Pietro writes (§ 67–69): "*Quem passum, dicit auctor, nunquam dimisisse animam vivam*, subaudi separata a corpore defuncto in dicto statu vitioso; *alia lictera videtur dicere quod nunquam dimisit personam vivam*, subaudi moraliter loquendo. Sed cum ipse auctor et cotidie multi alii exierint et exeant talem vitam pravam in hoc mundo viventes, nonne hic auctor contradicere videretur sibi? ..."; the text of the *Commedia* he was using must have read "... lo passo / che non lasciò già mai *anima* viva," because he translates in his

---

[18] Milan, Biblioteca Trivulziana, MS 1080 (written by Francesco da Barberino in 1337, sixteen years after Dante's death).

Introduction

transparent Latin "... nunquam dimisisse *animam* vivam." But at the same time he testifies that "... *alia lictera videtur dicere* quod nunquam dimisit *personam* vivam" [another codex reading seems to say, etc.]. Evidently, he had seen these two readings in different manuscripts (or was consulting a manuscript with variant readings recorded on the margins), and his choice of "anima" is based on quotations from St. Ambrose and Seneca, which are, to tell the truth, not very pertinent; however, this does not invalidate his principle of attempting to give reasons why "anima" should, in his view, be preferred to "persona" (the correct reading is still controversial). His brother Jacopo also reads "anima" (Florence, Biblioteca Laurenziana, MS XL 10 and Ravenna, MS of the Dante library of the church of San Francesco). Except for Jacopo and Pietro, all manuscripts datable before 1355 read "persona."

Line 67 of *Inf.* 1, "Rispuosemi: 'Non omo, omo già fui / ...'" [He answered: [I am] not a man, a man I was]. Here Virgil responds to the Pilgrim's invocation, in which he asks if Virgil is a shade or a living man. C renders it like this: "rispuosemi o non omo homo gia fui", inserting the vocative particle "o." This corrupt reading completely erodes the meaning, because "o non omo" would refer to the Pilgrim (now deprived of his humanity by being immersed in sin) and not to Virgil. Pietro (§ 94–98) seems uncertain whether to choose the first version ("Non homo, homo iam fui") or the second ("... vel possunt talia verba Virgilii *referri ad ipsum auctorem*, tunc sine ratione ruentem iterum ad vitia"). The C reading is shared by only a small minority of the oldest manuscripts of the *Commedia*, but Pietro had to come to terms with these textual uncertainties.

Another example comes from Pietro's commentary on *Inf.* 16: 100–102, "rimbomba là sovra San Benedetto / de l'Alpe per cadere ad una scesa / ove dovea per mille esser recetto" [[the river Acquacheta] roars over San Benedetto in the Apennines because of its falling down a descent where it should be received by a thousand [small steps]]. Pietro contests the reading "per mille" as follows: "... dicendo idem auctor quomodo cadimentum quod facit dicta aqua Montonis fluvii predicti in Alpe, prope monasterium Sancti Benedicti, debebat a natura, sicut est per unam, *per mille* alias rupes fore receptum, idest receptaculum ibi inventum et habitum ..." (§ 24). He then adds,

> ... *hoc dictum videtur michi insapidum, quare, ut subtilius hic intelligatur ad veram licteram et non ad corruptam*, premictendum est quod, secundum quod scribit Orosius hec pars Ytalie, in qua continentur iste prouincie [...] diuiditur per quinque regiones: nam tota illa medietas Lombardie que est a sinistro latere Padi usque ad montes dicitur Venetia [...] alia uero que est a dex-

tero latere dicti Padi hoc modo diuiditur: nam tota illa pars et regio que est a dictis montibus usque ad ciuitatem Macentie dicitur Liguria, abinde usque ad ciuitatem Rauenne dicitur Emilia, abinde usque ad Ariminum dicitur Flaminea. Modo ut tangat auctor quomodo secundum eius partitionem dicta Emilia terminetur iuxta muros Rauenne debet esse receptum, idest debet numerari et computari, inter flumina labentia predictam regionem Emilie et non per aliam, licet Orosius predictum aliter eam terminet, unde lictera debet sic stare: *ribomba, cioè 'sona' il dicto fiume, là soura San Benedetto, et fac hic punctum cum uirgula, et refferendo se adhuc ad dictum flumen, non ad eius descensum, ut sonat alia lictera corrupta, sequitur in textu, vel sequi debet: lo quale, cioè 'el qual fiume, dee per Emilia esser recepto,'* inter alia sua flumina subaudi, ratione dicte eius talis notabilis et singularis confinationis et terminationis fluminum dicte Emilie, unde Ysidorus in hac diuisione etiam in suo libro *Ethimologiarum* ait: "Ab Emilia incipit Flaminea, que inter Appeninas Alpes et mare Adriaticum posita est" ... (§ 24–30).

Note here that Pietro knows that most manuscripts read "per mille" [by a thousand], but he considers that reading "insapidum" [insipid]; thus he looks for the "vera lictera" [true reading] and rejects the corrupt one. He thinks that the text should read "per Emilia" [by the Emilia region]. This, however, is unacceptable: here Dante is describing the effect of a cascade of water roaring down a slope, a slope that should be divided into a thousand small steps so that the water could flow smoothly and silently. Even so, Pietro argues his point most ingeniously: he observes that this point over San Benedetto is exactly where Tuscany ends and Emilia begins, citing Isidore and Orosius in support of his contention. Then he goes on to suggest how the the text should be punctuated to make his reading clearer. The C manuscript reads "lo qual dee *per emilia* esser recepto", but all the other old manuscripts read "per mille."[19] However, the argument against Pietro's reading can be made for one simple reason: "per Emilia" has too many syllables to fit the line.

Another of Pietro's erroneous readings was, surprisingly, accepted by Barbi in his 1921 editon of the *Commedia*, and later wisely rejected by Hollander.[20] The

---

[19] See Mazzoni, "Pietro Alighieri," 347, where the reading "per emilia" is taken into serious consideration.

[20] See Barbi, "Ancora sul testo," 28–29; Mazzoni, "Pietro Alighieri," 347; and R. Hollander, "'Ad ira parea mosso': God's Voice in the Garden (Inferno XXIV, 69)," *DS* 101 (1983): 27–49.

INTRODUCTION

point under scrutiny is *Inf.* 24: 69: "ma chi parlava ad ire parea mosso" [the one who talked seemed to move in his going]. This is the text edited by Petrocchi, who follows Barbi. All old manuscripts unanimously read "ad ira" [to anger], and "ad ira parea mosso" [he seemed moved to anger] is the reading of all manuscripts and editions before the Barbi edition of 1921. Barbi was misled by Pietro Alighieri, who in his turn had been misled by a corrupt variant reading "ad ire" [to the act of going]. The reasons why this reading is unacceptable are several. First, "mosso ad ire" is redundant because what is moved obviously moves. Then, with "ad ire" we have a very infelicitous repetition of "ire", just two lines below. Furthermore, this mysterious character who is taken by anger is, as Hollander points out, the centaur Cacus who, "pien di rabbia" [full of anger], bursts dramatically onto the scene in *Inf.* 25: 17, and the voice heard in *Inf.* 24: 69 is his own. What is of interest is not so much the accuracy of Pietro's choice as his care in choosing between variants long before philology was invented: "Quod hoc ultimum tangit auctor hic in hoc presenti capitulo, dum fingit se propinquare huic vii^e bulgie, dum dicit se audisse quandam vocem exire de ea ad verba formanda inconveniens, tamen qui eam fecerat videbatur motus *non dicas ad iram, ut multi textus dicunt falso, sed dicas ad ire, idest ad iter*, seu ad serpendum ut serpens sibilando ..." (§ 40). Not surprisingly, C shares the same reading "ad ire" with the gloss "idest ad iter." This is another peculiar trait that links C and V tightly: and the blame should be put on Barbi, who accepted the "ad ire" for the simple reason that Pietro was Dante's son.[21]

---

[21] Other examples of variant readings of the *Commedia* contained in the *Comentum*: *Purg.* 28: 141: "forse in Parnaso esto loco *sognaro*": Pietro knows also the variant "segnaro" (present in C accompanied by the note "aliter sognaro"): "... antiqui poete intellexerunt forte de hoc Paradiso et pro Parnaso monte *signaverunt*, alibi *sompniaverunt*" (§ 42); *Par.* 13: 59: "quasi *specchiato* ..." (C reads "specchiato" and "aliter gonfiato"), but Pietro knows only texts with "specchiate" and "conflate" (feminine plural forms as if they were referred to the "nove sussistenze", v. 59, and not to "il suo raggiare", v. 58): "Inde auctor, ut tangat quomodo hec omnia sapientia divina increata agit in Trinitate deifica ... dicit in persona predicte umbre quod illa viva lux vera que illuminat omnem viventem in hunc mundum ... que sic meat ... quod non disunit se ab eo nec ab amore ... in substantiam et naturam unicam divina sua bonitate eius radiare ... idealiter in ipsa mente divina formas quasi '*speculatas*'; alia lictera dicit '*conflatas*' *in novas subsistentias, que videtur verior, attentis verbis Platonis in Timeo* docentis circa creationem universi: Preterea ut perfectum animal esset, scilicet mundus ex integris corporibus perfectisque conflatum etc ..." (§§ 27–28); *Par.* 21: 15: "mesto"/"misto": without doubt "misto" is the original reading, but Pietro alone has "mestus" in α, L, and B, and then is uncertain in V, § 3: "... dicendo inde auctor quo-

The Text of the *Commedia*

But not all variant readings of the *Comedy* encountered in Pietro's *Comentum* are to be dismissed. An example of a very interesting and probably superior rare variant (*lectio difficilior*) is *Inf.* 16: 28, a line generally read as: "E 'Se miseria d'esto loco sollo / ...'" [And "If the squalor of this sandy place ..."]. Pietro's paraphrases of this line "... cridando 'Hei' ..." [shouting "hei," § 14] reveals that he must have read line 28 (in Italian) more or less as "'Eh(i), se miseria ...'," with the conjunction "e" replaced by the interjection "hei", thus charging with emotion the sorrowful surprise of Jacopo Rusticucci.[22] All the oldest manuscripts read "e", but the excellent manuscript LauSC (Florence, Bibl. Laur. MS 26 sin. 1 S. Croce), copied by Filippo Villani at the end of the fourteenth century, records "eh" (*recentiores non deteriores*). It seems to me more likely that the emphatic interjection at the beginning of the speech has been normalized by the scribes with the more common conjunction "e", rather than vice versa. This sorrowful "Eh" inserted in the sinner's speech seems to me characteristically Dantean, and can be compared to *Purg.* 16: 64–66: "Alto sospir, che duolo strinse in 'uhi!', / mise fuor prima; e poi cominciò: 'Frate / ...'" [the high sigh, that sorrow compresses in a "hui!", he emitted first, then he began: "Brother ..."], a passage which is above any suspicion of altered textual transmission and can support the "Hei" variant vs. "e" of *Inf.* 16: 28.[23]

---

modo tunc dictus planeta radiabat sub signo Leonis deorsum hic *mestus* (*alibi mistus*) de suo valore, idest de sua virtute infusiva" (C reads "mestus" and "alibi mistus").

[22] For Pietro Alighieri's convincing insights on *Inf.* 16 see Chiamenti, "Due schedulae ferine," 8–10.

[23] C and V share some distinctive readings of the *Commedia* (the initials of *Commedia* mss. here used are those employed by Petrocchi in his 1967 edition of the *Commedia*): in the list that follows the *Commedia* the standard reading is followed by the variant reading found in C and V: *Inf.* 3: 31: *orror*] *error* C V Mart Triv Ash Ham Pa Urb Mad Rb; *Inf.* 20: 78: *Governo*] *Governo* C V Ash Cha Co Eg Fi Ga La Lau Laur Lo Mad Mart Parm Po Pr Ricc Triv Tz Vat; *Inf.* 33 1: *sollevò*] *su levò* C V Mart Lo Ricc; *Purg.* 14: 6: *acco'lo* (verb "accept it")] *a colo* (adv. loc. meaning "perfectly"); *Purg.* 27: 3: *alta Libra*] *altra Libra* V C Ash Co Fi Ham La Lau Lo Mad Mart Mo Parm Po Rb Ricc Sa Triv Tz Urb; *Par.* 30: 24 [see also Petrocchi, *La Commedia secondo l'antica vulgata*, 4: 495, *soprato* (verb. "surpassed")] *se Plauto* C V, hence the explanation: "... fingit nunc in tali passu et puncto Beatricem, in qua dicta theologia figuratur, se ita vidisse pulcerrimam, *quod si esset Plautus*, olim poeta grecus magnus, *tam comicus quam tragedus*, non posset referre poetando eius presentem pulcritudinem talem, *ut dicit hic textus*. ..." Distinctive reading of V only: *Inf.* VII 103 [see Petrocchi, *La Commedia secondo l'antica vulgata*, 2: 121]: *buia*] *bigia* (Lat. "bigidam") V; *Inf.* 21: 112: *più oltre cinqu'ore*] *cinque ore più oltre* V; *Purg.* I 22: *a man destra*] *da lato* V, *Purg.* 4 1: *dilettanza*] *dilettanze* V Co Ham and in Eg Po; *Purg.* 15 1: *quando*] *quanto* V Mad; *Purg.*

Introduction

To add to the complication, the readings in Pietro's *Comentum* are not always consistent with his quotations from the *Commedia*, a very frequent phenomenon in the transmission of the annotated text. This is because the text of the *Commedia* analyzed and incorporated in the commentary becomes one with the commentary itself, and it is not possible to alter it without altering the general interpretation of the passage. But the quotations from the text of the *Commedia*, especially at the beginning of paragraphs, are often involuntarily corrupted by scribes, through the influence of their own approximative memories. An example of this is *Purg.* 1: 7 "Ma qui la morta poesì resurga" [but here may dead poetry rise up], explained by Pietro as follows: "auctor ... invocat Musas ut hic ... mortuam poesiam, idest abiectam hodie ab hominibus, faciant resurgere" (§ 10), but the quotation of the line in his *Comentum* reads "morte" [death] and not "morta" [dead], which is obviously unacceptable.

16: 79: *maggior forza*] *miglior forza* V Urb; *Purg.* 24: 1: *lento*] *lenti* V; *Purg.* 26: 1: *l'orlo*] *loro* V Eg; *Par.* 2: 128: *del martello*] *nel martello* V Co La Rb Triv Mad; *Par.* 22 100: *al* § 2 V: *dolce*] *bella* V; *Par.* 30 9: *di vista in vista*] *di luce in luce* V.

V. PIETRO ALIGHIERI'S LIBRARY

Another indication of the succession of stages of the editorial process is the genres of texts quoted by Pietro as authoritative sources in his *Comentum*. Like any scholar of the fourteenth century, Pietro followed the idea that any argument by a commentator has to be supported by a long list of references to authoritative texts, or classics, meant to give strength and prestige to one's idea and also to place any statement within the ordered system of tradition and scholastic practice. Avesani has rightly pointed out that Verona, as well as Padua, developed in the early fourteenth century a remarkable interest in humanist studies, especially concerned with Latin literature of the Republican and Augustan ages.[24]

In the proem to *Inferno* of draft α Pietro's first reference to an authoritative text is to Ecclesiastes, a book of the Old Testament that any scholar or priest could have quoted by heart; but in drafts β and γ that quotation is replaced by a quotation from Seneca's *Epistulae ad Lucilium*, a text that was undergoing a significant revival in northern Italy at that time; the reference stands here as a sort of blatant humanistic manifesto of erudite stoicism.

Similarly, some quotations taken from Aristotle (the philosopher par excellence) in the proem to *Paradiso* of drafts α and β are replaced by quotations from the poet Ovid in draft γ. This third and final draft is the most prodigal in terms of quotations from Latin poets.[25]

Pietro in his final draft also quoted a modern Latin poet, Albertino Mussato (1261–1329) from Padua,[26] as well as classical heroes of the emerging humanist movement such as Persius and Cicero (see *Purg.* XXXII § 16 and *Par.* I § 16). He is very up-to-date and well-informed, and in his *Comentum* there is no shortage of thirteenth- and fourteenth-century Latin authors; Pietro quotes easily from Andreas Cappellanus's *De Amore* and the philosopher Ockham's *Summa Logicae*.[27]

---

[24] See R. Avesani, "Il preumanesimo veronese," in *Storia della cultura veneta* (Vicenza, 1976), 2: 111–41 and "Verona nel quattrocento. La civiltà delle lettere," in *Verona e il suo territorio* (Verona, 1984), 4.2: 108–10.

[25] See the important study by M. Barchiesi, *Gnatone e Taide*.

[26] See *Inf.* 7 § 35 and Mazzoni, "Pietro Alighieri," 345–46.

[27] The very long quotation from Albert of Saxony (*Par.* 10 § 62 and ff.) appears to be spurious; here it has been expunged. The reasons for this drastic decision are as follows: 1) the quotation goes on for six pages of the manuscript (V, cc. 249r–251v), which is unprecedented in Pietro's practice; 2) while Pietro usually comments on the Canto in orderly fashion, this quotation, placed at the end of the commentary to that Canto, refers to vv.

Introduction

References to the scholastic philosophers, the Fathers of the Church, biblical exegesis, and prose texts in general diminish from draft α to β, and again from β to γ. Generally, there is a shift from medieval theological citations to classical literary ones. This can be read as a giant step toward "detheologizing" Dante and showing him as a poet among poets, especially among those Latin "poetae regulati" [regular poets] that he so intensely admires in his *De Vulgari Eloquentia*. These mentions of poets from the Golden Age are made in a spirit that Dante himself would have appreciated, because they seek to identify him not as a scientist, theologian, and philosopher who happened to express his ideas in poetry, but rather, as the poet of science, theology, and philosophy, and the poet of poetry itself.

A careful check of these citations against critical editions and extant manuscripts was essential in reconstructing the text of the third draft. These *auctoritates* not only are crucial to the understanding of Pietro's scholarly interests, but also form a substantial part of the text itself. The quotations often appear one after another and constitute the core of Pietro's explanation. Now that these sources have been meticulously verified, many passages are now clearer and more intelligible, because the readings offered by other sources have often thrown light upon the authenticity of variant readings in V and C.[28]

Although Dante can be seen as the synthesis and culmination of European medieval vernacular poetry, his highbrow son Pietro never quotes a single vernacular text in his Latin commentary. The only works he finds worthy of mention

---

67–69 of the Canto, where Dante writes about the lunar halo; 3) the works by Albert of Saxony (1316–1390) became widespread in Italy only at the end of the fourteenth century; 4) the expression "quidam phylosophus quem *credo fuisse* Albertum de Saxonia in sua Methaura" [some philosopher, who I believe was Albert of Saxony in his Methaura] is too vague for Pietro, who would never have settled for something so inexact; 5) the past tense "fuisse" seems at odds with the contemporaneity of Albert and Pietro Alighieri; 6) the handwriting is a little different. For these reasons, I believe that this quotation was inserted at a later time, probably at the beginning of the fifteenth century.

[28] On the subject of authoritative sources quoted by Pietro and their detection see V. Nannucci, "Pietro di Dante," xxxvii–cxxxii; L. Rocca, "Alcuni commenti," 357–71; R. Sabbadini, *Le scoperte dei codici latini e greci ne' secoli XIV e XV. Nuove ricerche col riassunto filologico dei due volumi*, rev. E. Garin (Florence, 1967), 2: 97–105; P. Ginori Conti, *Vita ed opere di Pietro Alighieri*, 121–38; Bowden, *Pietro Alighieri's Commentary*, 49–99; A. Ciotti, "Alcune citazioni di Alano di Lilla nei commenti trecenteschi della 'Commedia'," *LA* 3/2 (1962): 39–42; Barchiesi, *Gnatone e Taide*, 27–61; A. Ciotti, "Isidoro di Siviglia e i commentatori trecenteschi della 'Commedia'," *LA* 5/2 (1964): 39–42; L. Caricato, "Il 'Commentarium' all'Inferno di Pietro Alighieri. Indagine sulle fonti," *IMU* 26 (1983): 125–50.

are those written in Latin, the language of scholars, jurists, and clergymen. This is at odds with Pietro's own (very mediocre) efforts at vernacular poetry and with the eminence Dante gives to Italian and Provençal poets — such as Guido Guinizzelli, Bertran de Born, Sordello, Folco of Marseilles, Arnaut Daniel, and others — in the *Commedia*. All these poets are dismissed in the *Comentum* with a passing sentence or a superficial remark. By contrast, pages and pages are dedicated to Virgil, Statius, Thomas Aquinas, and so on. Pietro and his contemporary northern Italian scholarly colleagues seem to have despised French, Provençal, and Italian poetry. Pietro tries desperately to establish his father's stature as a classic by comparing him to lofty Latin texts alone, thus ignoring the revolutionary impact of Dante's blend of the popular and the erudite.

After the vernacular boom of the thirteenth century, by Pietro's time Latin was recapturing ground at the expense of Italian; this Latin was more and more artificial, backward-looking, and stale, but it was the language promoted by intellectuals in northern Italy at the turn of the century, such as Francesco Petrarca and the Veronese Guglielmo da Pastrengo, both of whom were Pietro's friends. Dante himself during the years of his exile seems to resent (or foster?) that shift of mentality: poet and writer only in Florentine until 1304 (*Rime, Vita Nuova,* and *Convivio*), then poet in Florentine (*Commedia*) and writer and theoretician in Latin (*De Vulgari Eloquentia, Monarchia, Epistolae, Questio*), and lastly poet in Latin (*Eclogae* and the Latinate *Paradiso* commented upon in Latin in the *Epistle to Cangrande*).

As a judge, Pietro was expert in both civil and ecclesiastical law, and consequently his relation with Latin was that of everyday familiarity. The catalogue of quotations from the classics that he put together over the years can be compared to the record of a long legal case: if authoritative classical poets are Dante's models, then his poetry is also authoritative. Pietro is not looking for sources or intertextual references: above all he is looking for analogies and elements in common with the great masterpieces, so that he can prove that the *Commedia* is a classic.

Making full use of the Biblioteca Capitolare in Verona and its incredible collection of manuscripts,[29] Pietro tries to underline the moral and philosophical

---

[29] The *Codex Catulli* was discovered in the Capitolare, which still contains collections and anthologies of Latin poets that may well have consulted by Pietro (*Flores moralium auctoritatum* dated 1329: MS CLXVIII etc.). Many eminent scholars frequented the library in Pietro's time: Giovanni de Matociis il Mansionario (his *Historiae Imperiales* is the library's manuscript number CCIV), Benzo d'Alessandria, Guglielmo da Pastrengo, and Francesco Petrarca. Guglielmo found Cicero's *Epistulae ad Atticum* and *Epistulae ad Quintum fratrem* in the library for his friend Petrarca. Pietro's house was in the San Tomìo district, very near

Introduction

dignity of his father, too often attacked by the Church for his *Monarchia* and trivialized by popular anecdotes (as recounted by Giovanni Boccaccio and Franco Sacchetti). Pietro Alighieri was the first in the history of Dante studies to attempt such a documented recognition of Dante's doctrine, in a word, his classicism. The third and final draft, in particular, is a very precious treasure of this "library" of texts known to Pietro and — here is the point — to his father.[30]

In the text of his *Comentum*, Pietro interweaves an average of fifty quotations per Canto, for a total of around five thousand quotations from more than one hundred authors. However, this impressive bibliography pales a bit when we remember that Pietro was a judge: most of these quotations are not drawn from their original texts, but derive indirectly from classical texts through the intermediation of a very limited number of juridical texts.[31] In Pietro's time the basis of law was expressed in three such works: the *Decretum Gratiani*,[32] the *Decretales*,[33]

---

the library. He later moved to a house near the church of Santa Anastasia at the corner of the present-day via Pietro Martire. Next door, in via della Pigna, a marble plaque commemorates Guglielmo da Pastrengo's house, in which Petrarca was often a guest. Unfortunately, the archive of the Scaligeri family was lost in a fire at the end of the fourteenth century. There the original manuscript of Dante's *Paradiso* must have been preserved: the poet Giovanni Quirini makes explicit mention of it in a sonnet addressed to Cangrande della Scala, in which Quirini asks permission to consult this manuscript.

[30] On Pietro Alighieri's relation to Verona, its cultural milieu, and its magnificent Biblioteca (adjacent to which is the place where Dante read his *Questio*), see also E. Curi, *Studi danteschi a Verona*, 5–10; A. Scolari, "La fortuna di Dante a Verona nel sec. XIV," in *DCV* (1966): 479–91; R. Weiss, "La cultura preumanista veronese e vicentina del tempo di Dante," in *DCV* (1966): 263–72; Sabbadini, *Scoperte dei codici*, 97–105; M. Carrara, "Gli scrittori latini dell'età scaligera," in *Verona e il suo territorio* (Verona, 1969), 2: 3–11; G. Arnaldi, "Verona," in *ED* (1976): V: 973–77; R. Avesani, "Preumanesimo veronese," 111–41 and "Verona nel Quattrocento," 108–10; G. Frasso, review of Della Vedova and Silvotti, 381–83; L. Caricato, "Il 'Commentarium' Indagine sulle fonti," 125–50; G. P. Marchi, "La cultura," in *Gli Scaligeri 1287–1387*, ed. G. M. Varanini (Verona, 1988), 483–563.

[31] See Sabbadini, *Scoperte dei codici* and Caricato, "Il 'Commentarium' Indagine sulle fonti."

[32] The *Decretum Gratiani* is the basis of ecclesiastical law or *ius canonicum*. The code was put together between 1139 and 1151 by the great Bolognese jurist Francesco Graziano. It was then accompanied by the *Glossa Ordinaria* elaborated by Giovanni Teutonico and Bartolomeo da Brescia, and later summarized in *Summae* by Peucapalea, Rolando Bandinelli (later Pope Alexander III), and Uguccione da Pisa. La Biblioteca Capitolare of Verona has thirteenth-century manuscripts that contain these texts (MSS CLXXXIV and CXC). The *Decretum* is divided into three parts: the first is subdivided into 101 *Distinctiones* (abbreviated

and the *Ius Civile*.³⁴ These books were filled with references to other texts (including poetry), and it is usually possible to find within them not only single quotations recycled by Pietro, but long series of quotations that he simply copies from those books.

From these *Decreta*, Pietro draws on passages from historians such as Sallust, Livy, Flavius, Frontinus, Orosius, Vegetius, and references to Fathers of the Church such as Augustine (cf. for example *Inf*. 2 § 36, 4 § 22, *Purg*. 24 § 92), Ambrose (for example *Inf*. IV § 22), and Gregory the Great. Even the Bible, the sacred *verbum Dei*, is often quoted according to the version of the text provided by

---

as D), each of them further divided into *canones* (abbreviated as c); the second part is divided into 36 *Causae* (abbreviated as C) further divided into *questiones* (abbreviated as q) which are in their turn subdivided into *canones* (except for Causa 33, questio iii, longer than the other ones, entitled *De poenitentia* and divided in 7 *distinctiones* — abbreviated d — in their turn subdivided into *canones*); the third part is divided into five *Distinctiones*, in their turn divided in *canones*.

³³ The five books of the *Decretales* commissioned by Pope Gregory IX complemented the *Decretum Gratiani*, and that is why they were also referred to as *Liber Extra*. The *Decretales* were accompanied by the *Glossa Ordinaria* by Bernardo da Parma. In this *Glossa Ordinaria* were merged the *Apparatus in quinque libros Decretalium* by Sinibaldo de' Fieschi, the *Apparatus* by Goffredo da Trani (later Pope Innocent IV), the *Aurea Summa* of Enrico da Susa (referred to as the "Ostiense" also in Dante, *Par*. 12: 83), and the *Novella in Decretales Gregorii IX* by Giovanni d'Andrea Mugellano. Pope Boniface VIII commissioned Giovanni d'Andrea to write a sixth book to be added to the canon and accompanied it with a *Speculum Iudiciale* by Guglielmo Durante with additions by Giovanni d'Andrea. A seventh book was commissioned by Clement V, and it too was annotated by Giovanni d'Andrea. The *Decretales* can be read in thirteenth-century manuscripts owned by the Biblioteca Capitolare of Verona (MSS CLXXVIII, CLXXIX, CLXXXII, and CLXXXV).

³⁴ The *Ius Civile* is the basis of the civil law. It is divided into the *Digestum* (abbreviated P) which in its turn is subdivided into *Vetus*, *Infortiatum*, and *Novum*; *Pandectae* or *Codex Iustiniani* (abbreviated as C), *Authenticum* or *Volumen* (in its turn subdivided into *Institutiones* — abbreviated I —, *Libri repetitae prelectionis*, and *Novellae*; and accompanied by *Libri Feudorum*). The *Ius Civile* or *Corpus Iuris Civilis* was always accompanied by the *Glossa Ordinaria* by Accursio (abbreviated ff) and often also by Azzone's *Glossa*, Cino da Pistoia's *Lectura in Codicem* (1312–1314), Bartolo di Sassoferrato's *Lectura in Codicem* (1314–1357), or Alberico da Rosciate's commentary. Alberico was also the author of a *Dictionarium Iuris*, and had translated from Latin the Dante commentary written by the Bolognese Jacopo della Lana. Sometimes also other commentaries (by Riccardo Malombra, Iacopo da Belviso, Iacopo Butrigario, Oldrado da Ponte, Raniero di Arsendi da Forlì, and others) to the *Ius Civile* were transcribed in the same codex. Thirteenth-century manuscripts of the Biblioteca Capitolare containing the *Ius Civile* and its attachments are MSS CLXXII–CLXXVI.

Introduction

the *Decretum Gratiani* (for example, *Purg.* 24 § 25 does not correspond to Daniel 4: 13, as it should, but rather to *Decretum Gratiani* II, *De Poenitentia* d. i c. 60).

To this group of juridical reference texts and "encyclopedias" must be added other items: not the least of which are the commentary on the *Somnium Scipionis* and the *Saturnalia* by Macrobius (including all quotations there included from Homer, Plato's *Timaeus*, and Cicero), and the works by Petrus Comestor (called 'Magister Ystoriarum'), where many patristic texts originally in Greek are quoted and translated into Latin. Very important for Pietro are also Thomas Aquinas's *Summa Theologiae* and the works of the philosopher Albertus Magnus (source of the majority of the indirect quotations from Socrates, Plato, Aristotle, Hermes Trismegistus, and other Greek philosophers). Collectors of philosophical texts are also Vincent of Beauvais's *Specula* and Peter Lombard's *Sententiae* (the 'Magister Sententiarum'), Hugh of St. Victor's *Sententiae* (at *Par.* 33 § 75 Pietro declares explicitly that he is quoting Augustine via Hugh), and Dante's *Monarchia*.

To give just one example: in *Par.* 29 § 36, a quotation allegedly from Saint Jerome is drawn, as a matter of fact, from Hugh of St. Victor's collection of quotations from the Fathers. Hugh shares with Pietro the reading "... sex milia ..." [six thousand], while the original text read "... sed milia ..." [but thousands]. Furthermore, the whole succession of Origen and Augustine quotations in the paragraphs that follow are taken from Hugh's *Summa Sententiarum* II i, and the complex handling of angelology in *Par.* 28 is also from him. In *Inf.* 9 § 43, the quotation from Isaiah 1: 22 is copied from *Decr. Grat.* I D. LXXXVIII c. xiii. We can be sure of this for two reasons: Pietro transcribes the word "caupones" [innkeepers], which appears in *Decretum Gratiani* but not in the Bible itself; and, immediately after this passage, Pietro incorporates a quotation from Cassiodorus that is cited at the same place in the *Decretum Gratiani*. When Pietro wants to declare the intermediary text, he adopts the formula "ut ait X, recitatus in Y" [as X says, quoted by Y]: e.g., *Purg.* 25 § 74: "... ut Augustinus in libro *Questionum* recitatus in quodam *Decreto* ait ...", *Purg.* 33 § 9: "... ut ait etiam Yeronimus, in quodam *Decreto* recitatus ..."). Other possible expressions are: "ut ait Y, allegando X", or else "in Y, ex verbis X" (e.g., *Inf.* 1 § 40: "In quodam Decreto ex verbis Augustini dicitur", and so also for *Inf.* 2 § 36 and *Inf.* 4 § 22).

Pietro reads Virgil's *Aeneid* with commentaries by Servius and Fulgentius Planciades; he reads Seneca with Trevet's commentary; and he attributes works by Martin of Braga to Seneca, a common occurrence.[35] Horace and his *Odes* are

---

[35] Pietro shares with his contemporaries some misconceptions about Latin literature: he

74

quoted,[36] as are Lucan, Statius, Ovid,[37] Juvenal, and Claudian. Boethius and Alain de Lille (*Anticlaudianus*) are quoted more than once, as are etymologists such as Isidore of Seville (*Etymologiae*), Hugutio Pisanus (*Derivationes Magnae*), Johannes a Genua (*Catholicon*), and Papias (*De Significatione Verborum*). The grammarians Mathieu de Vendôme and Geoffrey de Vinsauf are quoted, and, lastly, there is a catalogue of scientific texts from Ptolemy's *Centiloquium* and *Almagest* to the works of Solinus, Albumasar, Alcabicius, Alfraganus, Al-Gazali, and Johannes a Sacrobosco (*Tractatus de Sphera*). Some texts are irretrievable, as is the case for the historian Elinandus, quoted apropos of the famous tale of the emperor Trajan and the poor widow of *Purg.* 10 § 16 and *Par.* 20 § 9.

A peculiar trait of γ is a greater reticence on the intermediary texts; i.e., while in the former drafts the references to the links between the source and the *Comentum* are explicitly mentioned, in V they are omitted. This can perhaps be explained as an attempt by Pietro to simulate a direct knowledge of the original texts, as a humanist *modus operandi* aiming at a direct recovery of the ancient classical texts, thus getting rid of encyclopedic reference books and *florilegia* (e.g.: *Par.* 16 § 10: "... et in quodam Decreto ex verbiis Ambrosii dicitur ..." β > "unde Ambrosius ..." V; *Par.* 18 § 22: "... ait Origenes in quodam Decreto ..." β > "... ait Origenes ..." V ..., and the examples could go on).

As was customary at that time, texts are consulted together with their *Glossae*;[38] Pietro is often more interested in the *Glossae* than in the texts themselves, because he sees these glosses as explanations and syntheses of the commented texts.

---

attributes the *Rhetorica ad Herennium* to Cicero, and the *De Vetula* to Ovid; he thinks the two Senecas (senior and junior) were the same, and attributes texts belonging to Guillaume de Saint-Thierry to Saint Bernard. Some of his mistakes, however, are entirely original, such as attributing the *De Viris Illustribus* to Pliny, or shifting lines from Virgil to Ovid, as well as passages from Livy and Valerius Maximus to Seneca.

[36] Terence is quoted via the commentary by the Pseudo-Acron to Horace.

[37] Dante's reference to Ovid, *Metamorphoses* 7: 759–60 of *Purg.* 33: 49–50: "ma tosto fier li fatti le Naiade / che solveranno questo enigma forte" [but soon the Naiads will be the facts that will solve this obstinate enigma] follows a manuscript of the *Metamorphoses* with the reading "Naiades." Ovid's original reading was "Laiades," that is 'son of Laius', i.e., Oedipus, who solved the riddle of the Theban Sphinx. Pietro not only has the same corrupt reading "Naiades," but the whole line is distorted: "ma tosto fier le fate le Nayade" [but soon the Naiads will be the fairies] reads C, and "facte cito erunt ille Naiades" [soon the Naiads will be made] reads V.

[38] The Bible was accompanied by the *Glossae* by Walafrid Strabo, Alfred and Raul from Naon, Gilbertus Universalis, and Peter Lombard.

Introduction

This is exactly what he himself wants to accomplish with the *Commedia*, thus raising Dante to the status of the great Latin writers whose texts always appear with commentaries.

It is not easy to track down these sources, mainly because Pietro often adapts quotations to his purpose, summarizes, and manipulates. Sometimes the references are sketchy, taking for granted the learned medieval reader's knowledge of these authoritative texts. Unfortunately, editions of classical texts generally lack a detailed report of variant readings: they usually allude only to the oldest manuscripts, making it even harder to identify the exact manuscript family from which Pietro is quoting. In view of this, these embedded quotations have been kept intact, except in cases of evident scribal errors.

VI. EDITORIAL POLICY AND ORGANIZATION OF THE EDITION

A. Text

The base text of the edition is manuscript V, since it is the most complete manuscript bearing the text of the third and final draft of Pietro Alighieri's *Comentum super poema Comedie Dantis*.[39] Portions of the commentary on Cantos 25 and 26 of the *Paradiso* are from manuscript C collated with L, because they are missing in manuscript V (see above). I have also introduced into the critical text variant readings from other manuscripts bearing the text of the *Comentum* whenever I thought they were preferable to those of V (which has a lot of erroneous readings); these editorial interventions are always explicitly recorded in the apparatus.

The Latin spelling of the text is that of manuscript C, older than V and exempt from northern and eastern dialectal traits; still, C's idiosyncratic form 'Ysiderus' has been emended according to the correct form 'Ysidorus', as found in

---

[39] The use of the "etc." at the end of periods in manuscript V is preserved in the edition. The use of such abbreviations in commentaries and in juridical texts is a common practice, and they should not be regarded as scribal omissions or summarizing. Other traits typical of this kind of legal writing are the frequent use of the verb *importare* with the meaning of "to mean" (see for example *Purg.* 33 § 14 and *Par.* 7 § 2) and formulas such as "de facto," "titulo et re," etc. Syntax is also loose, and long periods are often packed with relative, noun, and gerund clauses; the sentences are connected by means of repetitions of *quod ... quod ...* [that ... that ...] which introduce also consecutive clauses (see for example *Par.* 4 § 6). Participial prolexis is another common feature, as well as ablatives absolute, endless repetitions of *vel ... vel ... vel ...* [or ... or ... or ...] and paratactic *et*. The architecture of the period is not always well defined, and the medieval commentator regarded his work, "eine dienende Gattung" (B. Sandkühler, *Die frühen Dantekommentare und ihr Verhältnis zur mittelalterlichen Kommentartradition* [Munich, 1967], 24), only as functional to the understanding of the commented text, as a structure open to perennial reworking, rather than a perfected form-oriented composition in itself. The fact that the commentary is *by* Pietro does not mean that he is the author of each syllable of the text, as would be the case in a lyric poem. Pietro's interpretation of *Inf.* 6: 73 "giusti son due" as "two are the laws (ecclesiastical and civil)," which is evidently incorrect, reflects his juridical outlook ("giusti son due" means "only two men are just," and refers to the biblical motif — Genesis 18, etc. — of the existence in corrupt cities of a very small number of righteous men).

Introduction

V.[40] Quotations from the *Commedia* are given in bold type and quotations from Latin authoritative texts in italics. Abbreviations have been expanded according to the usual usage of the time, and the letters *i, j, u, v* have been resolved according to modern usage. Capitalization, punctuation, and paragraphing are editorial.

B. Critical Apparatus

Two sections of notes accompany the text of the commentary on each Canto. The first section records the source texts of Pietro's quotations. The second section lists the rejected readings of the base manuscript and all textual and grammatical variants. In general, purely orthographic and dialectal variants are not noted, but a few noteworthy spelling variants have been included. The *Commedia*'s orthographic and dialectal variants are carefully noted. Abbreviations employed in the second section of the apparatus are:

V	MS Vaticanus Ottobonianus 2867
C	MS Cassinensis 512
L	MS Laurentianus Ashburnhamianus 841
B	MS Vaticanus Barberinianus 4029
T	Text of the *Commedia*
ST	Source text of the quotation

---

[40] Although Pietro worked mainly in Verona, he could not be responsible for the massive presence of dialectal traits in the Latin and even in the text of the *Commedia* shown by manuscript V. Pietro Alighieri was a scholar, and he had learned his Latin while still in Florence. C's accurate spelling, which is the standard Latin spelling of fourteenth-century erudite Tuscan writers, is identical to that of Giovanni Boccaccio (see, for example, manuscript Laurenziano Pl. XXIX 8) and Francesco Petrarca. The autograph of Petrarca's *Senile* IX 1 in particular, written in Venice (!) in 1368, does not show the slightest trace of Veneto dialect interfering with the Latin. See Chiamenti, "La terza e ultima redazione," 835–46.

Pietro Alighieri,

Comentum super poema Comedie Dantis

INFERNI PROHEMIUM

[1] Quamvis poema *Comedie* Dantis Alagherii de Florentia, mei Petri gratissimi genitoris, dudum nonnulli calamo temptaverint aperire ita in suo integumento clausum et absconsum, licet in parte, nondum tamen in totum, iudicio meo, illud utique peregerunt. [2] Nitar et ego nunc post eos, non tam fiducia alicuius scientie mee, quam quodam zelo filiali accensus, in alia qualiquali particula illud, si potero, per modum comenti, ulterius etiam reserare, suadente hoc Seneca *Ad Lucilium* ita scribente: *Nunquam nimis dicitur quod satis non dicitur*. [3] Veniet inde tandem sic forsan et alius qui, hiis nostris adminicularibus scriptis ipsum librum portabit in humero, ut dicitur *Iob*, capitulo xxxi°, ubi *Glosa*, exponens hoc, ait: *Portare librum in humero est Scripture aperitionem perficere*. [4] Adsit igitur nunc michi ad talem aperitionem incohandam clavis illius qui, ut scriptum est *Apocalipsis*, capitulo iii°: *Signatum librum aperit et nemo claudit, claudit et nemo aperit*, scilicet Christus Dominus noster, ac gratia eius matris Virginis gloriose. [5] Intendens Macrobius scribendo exponere *Somnium Scipionis*, antequam illud incohet, premisso prohemio, ita inquit: *De hoc ergo prius pauca dicenda sunt, ut liquido mens operis de quo loquimur innotescat*, [6] quem sequi volendo, hoc etiam meo premisso prohemio, antequam ad

---

Rubr.: Comentum Petri Alagherii super poema Comedie Dantis] Comentum sapientis viri domini Petri de Alegheriis de Florentia iurisperiti super libro Comoediarum Dantis Alegherii de Florentia ipsius domini Petri genitoris gratissimi et primo super Comoedia prima Inferni V.

3. adminicularibus] amiculatib(us) V.

---

2. SEN., *Ep. Lucil.* XXVII 9.
3. *Iob* XXXI 35–36 et *Gl.* rel.
4. *Apoc.* III 7.
5. MACR., *Comm. in Somn. Scip.* I i 3.
6. ARIST., *Phys.* I i 184a 12–13.

expositionem premissi poematis veniam, de eius mente, idest de summa eius causa aliqualiter tangam ad clariorem eius scientiam et cognitionem, cum dicat Phylosophus in principio *Physicorum*: *Tunc enim opinamur cognoscere unumquodque cum causas cognoscimus primas*, [7] et in ii° ait: *Considerandum est de causis, que et quot sunt numero, quoniam sciendi gratia hoc negotium est. Scire autem ante non opinamur unumquodque, quam accipiamus propter quid unumquodque: hoc autem est accipere summam primam omnium.* [8] Ceterum, cum per eundem Phylosophum in dicto ii° libro *Physicorum* etiam dicatur: *Finis causa est potissima aliarum causarum, a finali causa dicti operis incohabo, comprehendente alias in se.* [9] Nam, secundum exigentiam finis, causa finalis movet efficientem, efficiens movet materiam, et in materia electa intendit acquirere formam competentem, et sic finis in intentione operantis prior est hiis que fiunt ad finem, tanquam quedam causa motiva ad illa. [10] Erit itaque finalis causa huius *Comedie* finis ad quem ipse Dantes scribit, qui est ut ostendat ab effectu quid homines in hoc mundo oportet operari, et a quibus abstinere, in quo quidem humanum bonum consistit, ut ait Phylosophus in primo *Ethycorum*, positis et inductis supplitiis, que vitiosi in hoc mundo et in alio rationabiliter patiuntur, et premiis que virtuosi etiam hic et ibi consequi dignoscuntur, per que homines in hoc mundo virtuosi in suo statu felici magis confirmentur et pravi a vitioso suo esse etiam magis removeantur, [11] iuxta Oratium dicentem in suis *Sermonibus*: *Oderunt peccare boni virtutis amore. / Tu nichil admittes in te formidine pene.* [12] Causa efficiens est ipse Dantes auctor prenominatus, materialis vero causa erit ut ad premissa poetice describenda auctor deveniat cum allegorico quodam figmento, sub analogia et typo Inferni, Purgatorii et Paradisi, de triplici vita humana natura disserendo, [13] de qua tali triplici vita in primo *Ethycorum* ita ait Phylosophus: *Tres enim sunt vite maxime excellentes: voluptuosa* scilicet, et de hac ut de Inferno quodam

---

10. virtuosi] vi{ci > rtu}osi V.

13. politica] politicana V.

---

7. ARIST., *Phys.* II iii 194b 16.
8. ARIST., *Phys.* II iii 195a 24–25.
10. Cf. ARIST., *Eth.* I i 94b 4–7.
10–12. Cf. DANTE, *Ep.* XIII 33–34.
11. HOR., *Epist.* I xvi 52–53.
13. ARIST., *Eth.* I iii 95b 18–19.

INFERNI PROHEMIUM

tractabit, item *civilis* sive politica et activa, et de hac ut de Purgatorio scribet, item et *contemplativa*, et de hac ut de Paradiso tractabit sub allegorico sensu. [14] Causa formalis est duplex, videlicet forma tractatus et forma tractandi: forma tractatus est ipsa unio partium voluminis dicte *Comedie*, forma vero tractandi est ipse modus scribendi quem tenere intendit ipse auctor, qui quidem est multiplex: nam interdum scribet aliqua que solum ut lictera profert intelligenda erunt, sine aliquo mistico intellectu, ut moris est scribentium vel fabulose vel ystorice. [15] Differt enim *fabula*, que dicitur *a 'fando', et ut ficta res loquendo*, ab *ystoria*, que dicitur *narratio rei geste, per quam ea que in preterito gesta sunt dignoscuntur*, ut ait Ysidorus in fine primi libri *Ethymologiarum*, [16] unde Augustinus, *De Civitate Dei*, libro xvi°, capitulo ii°, circa hoc sic ait: *Non sane omnia que gesta narrantur etiam significare aliqua putanda sunt, sed propter illa que aliqua significant etiam ea que nichil significant attexuntur. Solo enim vomere terra proscinditur, sed hoc ut fieri possit, cetera alia aratri membra sunt necessaria.* [17] Item scribet aliqua idem auctor in hoc eius poemate sub figuris et coloribus diversimodis ad decorem quendam huius eius operis, ut sint seria picta iocis, sic etiam ut moris est aliorum poetarum; [18] unde Ysidorus ait in libro *Ethymologiarum: Poetarum est ut ea, que vere gesta sunt, in alias species, obliquis figurationibus cum decore aliquo diversas transducere*, cum figmentis seu fictionibus more poetico intersectis. [19] Diffinitur enim *fictio* sic: *Fictio est in re certa contraria veritas pro veritate assumptio*, et ex hoc dicitur *poeta a poio, pois*, quod idem est quod *fingo, fingis* secundum Papiam. [20] Quod totum docet Oratius in sua *Poetria* facere poetantes, dum ibi dicit: *Ficta voluptatis causa sint proxima veris, / nec quodcumque velit poscat sibi fabula credi; / Omne tulit punctum qui miscuit utile dulci, / lectorem delectando pariterque monendo*; nam *Prodesse volunt aut delectare poete*. [21] Item scribet ipse auctor aliqua ac multa sub allegorico intellectu; dicitur enim *allegoria* quasi *alieni-*

    16. etiam ea que nichil significant attexuntur] ST etiam (*there follows half a blank line*) attexuntur V.

---

14. Cf. DANTE, *Ep*. XIII 80–87.
15. ISID., *Etym*. I xl 1, xli 1.
16. AUG., *Civ. Dei* XVI 2.
18. ISID., *Etym*. VIII vii 10.
19. PAPIAS, *Sign. Verb.* s.v. 'poeta'.
20. HOR., *Ars Poet*. 338–39, 343–44, 333.
21. ISID., *Etym*. I xxxvii 22.

loquium, ut cum lictera unum sonat et aliud intelligi debet, [22] ut ecce dum sic Apostolus dicit *Ad Galatas*, capitulo iii°: *Scriptum est enim quomodo Habraam duos filios habuit, unum de ancilla et unum de libera, sed qui de ancilla secundum carnem natus est, qui autem de libera per repromissionem, que sunt ita per allegoriam dicta. Hec enim sunt duo Testamenta, Vetus scilicet et Novum.* [23] Que 'allegoria', ut genus, comprehendit ut species 'anagogiam', de qua spiritualis sensus resultat, et 'tropologiam', de qua moralis intellectus emanat, ut solet dici: *Lictera gesta docet, quid credas allegoria, / moralis quid agas, quid speres anagogia*, [24] et ex hoc motus est frater Bonaventura de Bagnoreto ad dicendum in suo *Breviloquio* sic: *Habet ipsa Sacra Scriptura profunditatem que consistit in multiplicitate misticarum intelligentiarum. Nam, preter licteralem sensum, habet in diversis locis exponi tripliciter, scilicet allegorice, anagogice et tropologice.* [25] Item et Gregorius in primo *Moralium* circa idem ait: *Quedam ystorica expositione transcurrimus, et per allegoriam quedam typica investigatione perscrutamur. Quedam per sola allegorice moralitatis instrumenta discurrimus, nonnulla autem per cuncta simul sollicitius exquirentes, tripliciter indagamus. Aliquando vero exponere aperta verba ystorie negligimus, ne ad obscura veniamus, aliquando autem eadem intelligi iuxta licteram nequeunt, quia, superficiatenus accepta, nequaquam legentibus instructionem, sed errorem gignunt*, quod totum servabo amodo inferius in presenti comento meo, prout in processu ostendam. [26] Hiis peroratis, veniamus ad titulum libri huius *Comedie* qui talis debet esse in hac sua prima rubrica: **Incipit Comedia Dantis Alagherii**, et eius primus liber in quo de descensu Inferni pertractat, [27] circa quam primo queritur cur auctor hoc suum predictum poema nominatum *Comediam*, ad quod sciendum prenotandum est quod antiquitus, ut dicit Ysidorus, inter alios cantus poeticos erat quidam qui dicebatur 'comedia', scilicet quando aliquis poeta cantabat, idest sua carmina proferebat, circa gesta privatarum personarum et humilium, modesto stilo, ut Plautus, Accius et Terrentius et alii comici poete fecerunt, sicut 'tragedia' est alius cantus poeticus, quando aliquid scilicet alto stilo describitur, tangens tristia gesta regum ut plurimum. [28] Quandoque tamen dicta comedia etiam supremo stilo modulatur, unde Oratius in sua *Poetria* ait: *Interdum tamen et vocem Comedia tollit.*

---

22. *Gal.* IV 22–24. 23. Cf. Walther, n° 13899.
24. BONAV., *Brevil.* prol. 4.
25. GREG., *Moral. Introductory Epistle* 3.
26–32. Cf. DANTE, *Ep.* XIII 28–32.
27. ISID., *Etym.* VIII vii 6–7.
28. HOR., *Ars Poet.* 93–94.

INFERNI PROHEMIUM

/ *Iratusque Cremes tumido delitigat ore,* [29] ubi *Glosa* sic ait super dicto verbo *Comedia* tollit: *Ut facit Terrentius in sua Comedia dicens: "O celum, o terra, o maria Neptuni"; "proh summe Iupiter"* etc. [30] Et ex hoc idem Oratius subdit in laudem talis stili comici sic: *Successit vetus his comedia non sine multa / laude* etc., item prenotandum est quod, [31] prout scribit Ugutio: *'Comedia' a tristibus incipit sed in letis desinit, tragedia vero e contra, unde in salutatione solemus mictere et optare tragicum principium et comicum finem, idest bonum et letum principium et bonum et letum finem.* [32] Ad propositum ergo volens noster auctor et intendens scribere humili stilo, scilicet vulgari seu materno, poetice facta privatarum ut plurimum personarum, ac etiam in parte stilo alto et elato scribendo de rebus celestibus, ut facit in *Paradiso*, ultimo suo libro, et incipiendo a tristibus, idest ab infernalibus, et finiendo in letis, idest in celestibus, ut facit, quo respectu etiam credo ipsum finire quemlibet librum dicte eius *Comedie* in ultimo verbo in stellis, ut facit, ut in letis et splendidis rebus, merito hoc eius poema *Comediam* nominavit. [33] Secundario veniamus ad aliam partem dicte rubrice, in qua de descensu Inferni mistice auctor se tractaturum dicit, circa quam occurrit de duobus querere: primo ubi sit ipse essentialis Infernus, secundo quomodo ad illum se descendisse dicit, et quia huius auctoris intentio fuit mistice de Inferno tractare, scilicet de essentiali et allegorico. [34] De existentia utriusque ipsorum disceptemus; et licet gentiles, maxime platonici phylosophi et poete, dixerunt dictum Infernum essentialem esse sub lunari spera, veritas est ipsum esse in abisso terre cum suis demonibus et spiritibus dampnatis, [35] quod manifestatur per *Scripturam Sacram*, ecce *Mathei* xiiii° capitulo, ubi Dominus, respondendo Iudeis ait: *Non dabitur vobis signum nisi signum Ione prophete, qui, sicut fuit in ventre ceti tribus diebus et tribus noctibus, sic erit filius hominis in corde terre tribus diebus et tribus noctibus, idest in limbo Inferni;* [36] item per Augustinum dicentem in libro *Retractationum* corrigendo quod dixerat *Super Genesi*, capitulo xii°, scilicet quod

32. nominavit] noiauit V.

35. noctibus idest in limbo] noctib(us) ‹sic erit fili(us) ho(min)is› i(dest) in limbo V.

---

29. Pseudacron., Gl. ad *Ars Poet.* 93.
30. HOR., *Ars* 281-82.
31. HUG. PIS., *Deriv.* s.v. 'oda'.
35. *Matt.* XVI 4, XII 40.
36. AUG., *Retract.* II xxiv 2.

pene Inferni secundum ymaginariam visionem erant et quod locus Inferni non erat corporeus sed ymaginarius: *De inferis magis michi videor docere debuisse quod sub terris sunt quam rationem reddere cur sub terris esse creduntur et locantur, quasi non ita sint*; [37] item et per Virgilium dicentem in vi°: *Tum Tartarus ipse / bis patet in preceps tantum tenditque sub umbras / quantus ad ethereum celi suspectus Olimpi*. [38] Alius vero Infernus in isto mundo allegorice est ipse status malorum, videlicet crucians eos, si bene consideratur, ut quoddam esse infernale. [39] Ad Infernum primum predictum essentialem descenditur tribus modis: veraciter, scilicet dum anima mala a corpore migrans descendit ad eum in eternum debite punienda; item ficte et fantastice, et hoc modo hic noster auctor dicendus est ad eum descendisse, item negromantice, quando scilicet quis per colloquia et sacrificia superstitiosa et prophana ad responsa dictorum demonum descendit, ut de Enea Virgilius scribit in vi° predicto sui *Eneidos*. [40] Secundum unum intellectum, ad allegoricum predictum Infernum descenditur duobus modis: uno modo virtuose, alio vitiose. Virtuose quando quis ad cognitionem terrenorum ut ad Infernum quendam contemplative descendit, ut, cognita natura temporalium et eorum mutabilitate et miseriis, spernet ea et creatori deserviat, et ex hoc moti sunt nostri poete ad dicendum ad talem cognitionem, ut ad Infernum quendam descendisse Herculem, Orpheum et Eneam predictum, secundum alium intellectum, ac Theseum et Perithoum et alios quosdam, et inde remeasse ut virtuosos et non attractos fuisse a delectationibus mundanis, ac etiam hunc nostrum auctorem, auxiliante Virgilio, supersequenti capitulo. [41] Item et vitiose ad hunc descenditur Infernum, quando scilicet aliqui descendunt ad dictam cognitionem inefficaciter tamen ut instabiles in proposito bono, et ab eius statu attrahentium, et remanet in eo ut in Inferno quodam, ut de Eurydice, uxore dicti Orphei, et de Castore legitur, de quibus misticis duobus Infernis tacite et expresse voluit tangere *Psalmista* dicendo: *Veniat mors super illos et descendant in Infernum viventes*; dicit ibi *Glosa*: *Idest, in voraginem cupiditatis mundane*, [42] et alibi ait: *Quoniam misericordia tua magna est Domine, et eruisti animam meam de Inferno inferiori*, [43] et Salamon in *Proverbiis*: *Semita vite super eruditum ut declinet*

---

37. VERG., *Aen.* VI 577–79.
39. Cf. VERG., *Aen.* VI.
41. *Ps.* LIV 16 et *Gl.* rel.
42. *Ps.* LXXXV 13.
43. *Prov.* XV 24.

INFERNI PROHEMIUM

de Inferno novissimo. [44] Ultimo dividamus hunc primum librum per suas partes principales, et ut forte alludat verbis illis Virgilii dicentis in vi°: *Facta obstant tristique palus inamabilis unda / alligat et novies Stix interfusa cohercet*, [45] auctor dividit eum in novem partes, velut etiam illo respectu ut, sicut beatitudo celestis per novem celos et novem regiones et ordines angelorum, ita calamitas Inferni per novem regiones et ordines malorum angelorum partita sit, ut contrariorum eadem sit disciplina. [46] Nam in prima, premissis prohemialibus, dicit de primo circulo Inferni, seu Limbi, et durat hec prima pars usque ad v^m capitulum; ibi incipit secunda, in qua dicit de supplitio luxuriosorum et hec durat usque ad capitulum vi^m; ibi incipit tertia, in qua dicit de pena gulosorum, et durat usque ad vii^m capitulum; ibi quarta in qua dicit de pena avarorum et prodigorum, et hec durat usque in finem vii^i capituli ibi: **Noi ricidemmo il cerchio a l'altra riva**; [47] ibi incipit quinta pars in qua dicit de Stigia palude, in qua fingit puniri animas iracondorum, accidiosorum, invidorum et superborum, et hec durat usque in finem viiii^i capituli, ibi: **Dentro n'intrammo senza alcuna guerra**; [48] ibi incipit sexta, in qua dicit de pena hereticorum, et hec durat usque ad xii^m capitulum; ibi septima, in qua dicit de pena violentorum punitorum in tribus circulis ibi diversimode, et hec durat usque xvii^m capitulum; ibi viii^a, in qua incipit dicere de pena fraudulentorum punitorum in decem bulgiis, et hec durat usque ad xxxi^m capitulum; ibi nona et ultima pars, in qua dicit de pena proditorum, et hec durat usque in finem. Hiis ita premissis, veniamus ad textum.

44. interfusa] {uirt > interf}u⟨o⟩sa V.

46. Limbi] C libri V. pena avarorum] pena ⟨gulosor(um)⟩ auaror(um) V. ricidemmo] C ricidemo V.

47. intrammo] C intramo V. alcuna] C alguna V.

---

44. VERG., *Aen.* VI 438–39.
46. *Inf.* VII 100.
47. *Inf.* IX 106.

SUPER PRIMO CAPITULO INFERNI

[1] **Nel mezzo del camin di nostra vita** etc. [2] Hoc primum capitulum, subtiliter intuendo, respicit quasi ut exordium generale et totale premissum poema de quo dicturi sumus, et per consequens eius tres libros ut principales eius partes, ideoque ipsum in tres principales partes dividamus. [3] Nam in prima auctor materiam sibi parat et causam summit ad scribendum allegorice de voluptuosa humana vita ut de ficto Inferno quodam principaliter ac incidenter, et secundario de vero et essentiali loco infernali, [4] et hec prima pars durat a principio huius primi capituli dicti usque ibi: **Ma poi ch'io fui al piè d'un colle giunto**; [5] ibi secunda in qua ipse auctor etiam materiam sibi parat et causam summit eodem modo ad scribendum de beata vita humana corporali, ut de Paradiso quodam, et hec durat usque ibi: **Mentre ch'io ruvinava in basso loco**; [6] ibi tertia et ultima in qua simili modo materiam et causam sibi parat ad scribendum de vita illorum qui in hoc mundo, superveniente gratia Dei, a ratione de vitiosa vita ad virtuosam disponuntur ut de Purgatorio quodam, et hec durat usque ad finem; ad quarum premissam partem veniendo primam, cum qualiquali prefactione taliter inchoamus. [7] Cum quidem in hoc mundo nascimur, ponimur ab ipsa natura in puro esse cum anima ut tabula rasa in qua nichil est pictum, ut ait Phylosophus in iii° *De Anima*: *Ambulaturi per rectam viam quam ipsa natura nobis parat,* ut sic per eam ut peregrini

1. mezzo] mezo V meçço C.
6. vitiosa] ⟨g⟩uitiosa V.
7. quidem] q(ui)d{a > e}(m) V.

---

1. *Inf.* I 1.
4. *Inf.* I 13.
5. *Inf.* I 61.
7. ARIST., *Anim.* III x 433a 26–28.

Super primo capitulo Inferni

euntes de hoc mundo ut de hospitio quodam ad celum, ut ad nostram originalem patriam reddeamus. [8] De quo tali instinctu nature ait ita Tullius, *De Officiis*: *Sunt nobis virtutum innata initia, que si adolere liceret et pateremur, nos ad beatitudinem cum divino munere ipsa natura perduceret.* [9] Ad hoc Seneca etiam ait: *Virtus secundum naturam est, vitia vero inimica et infesta.* [10] De premissa tali peregrinatione ait Apostolus, ii° *Ad Corinthios* v° capitulo, dicens: *Dum sumus in corpore, peregrinamur ad Deum*, [11] et Psalmista: *Ne sileas, quoniam advena ego sum apud te et peregrinus*, et alibi: *Cantabiles michi erant iustificationes tue in loco peregrinationis*, [12] et idem Tullius in libro *De Immortalitate Anime* ait: *Homo de hac vita discedet tanquam de hospitio, non tanquam ex domo: commorandi enim natura, non inhabitandi nobis hic diversorium dedit.* [13] De dicta etiam origine nostra celesti ait Virgilius in vi° loquendo de animabus nostris sic: *Igneus est illis vigor et celestis origo.* [14] Et Macrobius, super *Somnio Scipionis*: *Anima dum corpore utitur hec est eius perfecta sapientia, ut unde orta sit recognoscat*, scilicet de celo, ex quo dicit quod in delfico templo Apollinis scriptum erat, ut quisque cognosceret se ipsum, idest suam originem. [15] Modo vult auctor fingere seu ponere se processisse in dicta recta via in prima parte eius vite, que dicitur pueritia seu impubescentia, durans usque ad xiiii^m annum completum in mare, in femina vero usque ad xii^m annum completum, ut mundatus a maculis vitiorum. [16] At cum intravit secundam partem eius vite, que 'adolescentia' dicitur, durantem usque ad xxv^m annum completum, in qua, ut plurimum, primo lascivi efficimur et vitiosi deviant ab ipsa recta via, ut fecit Augustinus dicens in suo libro *Confessionum*: *Defluxi ego a te et erravi Deus meus, nimis devius a stabilitate tua in adolescentia mea.* [17] Que primo, ut dixi, illa etas est que prona est in malum, ut dicitur *Genesis* viii° capitulo, ibi: *Omnis etas ab adolescentia prona est in malum*,

---

13. animabus] a(n)i(m)adi›b(us) V.

---

8. Cic., *Tusc.* III i 2.
10. *II Ep. Cor.* V 6.
11. *Ps.* XXXVIII 13 and *Ps.* CXVIII 54.
12. Cic., *Senect.* XXIII 84.
13. Verg., *Aen.* VI 730.
14. Macr., *Somn. Scip. comm.* I ix 1.
16. Aug., *Conf.* II x 18.
17. *Gen.* VIII 21.

[18] ad quod respiciens Salamon etiam ait, *Ecclesiastes* viiii°, dicens: *Nemo novit finem suum, sed sicut pisces capiuntur hamo, sic homines tempore malo*, idest in dicta adolescentia. [19] Et quod hec fuerit intentio auctoris ipse idem declarat dicendo infra in capitulo xv°, loquens cum ser Brunetto Latino, scilicet quomodo quedam vallis deviatio fuit eius antequam eius etas esset plena; nam plena dicitur in xxv° anno secundum leges, per quam deviationem subdit auctor hic quod reperiit se in quadam obscura silva in medio camini nostre vite. [20] Ad quorum duorum dictorum allegoriam declarandam, notandum est quod secundum equiparationem que fit de maiori mundo ad minorem, ut facit iste auctor infra in capitulo xiiii° et ibi scribam, etates hominis sunt quinque, scilicet impubescentia, seu pueritia, que vadit usque ad xiiii^m annum, ut supra dixi, [21] item adolescentia, procedens usque ad xxv^m annum; [22] tertia dicitur iuventus, et hec procedit usque ad l^m annum; [23] quarta dicitur senioritas, et hec a quinquaginta annis predictis vadit usque ad lxx^m annum; [24] ibi incipit quinta, scilicet senectus, que vadit usque ad finem longe vite (licet per aliquos alios scribatur quod sint sex dicte etates). [25] Et sic sequitur quod regulariter dimidium nostre vite sit in xxxv° anno, secundum predictam primam opinionem auctoris, in quo quidem dimidio nostri temporis homines descendentes arcum suorum annorum, ut dicit infra in *Purgatorio* in capitulo xiii° umbra domine Sapie de se loquendo, ut plurimum incipiunt de suo statu cogitare et retrahere se a vitiis et illa cognoscere. [26] Nam usque ad dictum dimidium vigor humanus ascendens et vagus de talibus non curat, et ideo merito rogabat Psalmista Deum dicens: *Ne revoces me in dimidio dierum meorum*, quasi dicat: cum tunc incipiam ad bonum intendere. [27] Et alibi: *Ego dixi: in dimidio dierum meorum vadam ad portas Inferi; quesivi residuum annorum meorum*; [28] et Apostolus, v° *Ad Ephesinos*, ad idem ait: *Videte, fratres, quomodo ambuletis: non quasi insipientes sed ut sapientes redimentes tempus quoniam dies mali sunt*. [29] Quo tali intellectu motus est ipse auctor ad fingendum se in dicto dimidio vite nostre statum voluptuosum huius mundi in quo erat adhuc qui usque tunc iussus erat sibi quedam amenitas, primo incepisse cognoscere fore obscuram silvam allegorice loquendo, et merito attento eo, quod ait Dominus, *Luce* capitulo viii°, dum exponit ibi quod

---

18. *Eccl.* IX 12.
26. *Ps.* CI 25.
27. *Is.* XXXVIII 10.
28. *Ep. Eph.* V 15–16.
29. *Luc.* VIII 14.

Super primo capitulo Inferni

per allegoricas parabolas dixerat de semine cadente inter spinas dicendo: *Hii sunt qui audiunt verbum Dei et a sollicitudinibus et divitiis et voluptatibus vite euntes suffocantur et non referunt fructum.* [30] Et *Osee* ii° capitulo ipse propheta ait, loquens homini existenti in hoc mundo in statu predicto voluptuoso: *Sepiam viam tuam spinis,* ubi dicit *Glosa*: 'Spinis', idest punctionibus dolorum huius mundi, [31] unde et Salamon, *Proverbiorum* xxxiii°, inquit: *Iter impiorum quasi sepes spinarum, via iustorum sine offendiculo est,* cum de natura silve sit spinas habere pugibiles. [32] Inde in eo quod dicit quod erat obscura dicta talis mistica silva, alludit auctor verbis Salamonis dicentis, *Proverbiorum* ii° capitulo, loquendo de vitiosis hominibus pro quorum vita accipitur hec silva: *Qui relinquunt iter rectum ambulant per vias tenebrosas,* [33] et Zacharie prophete in *Cantico* dicentis: *Illuminare hiis qui in tenebris et in umbra mortis sedent ad dirigendos pedes nostros in viam pacis,* [34] et Apostoli dicentis *Ad Ephesinos* iiii° capitulo: *Non ambuletis sicut gentes in vanitate sensus sui, tenebris obscuratum habentes intellectum, propter ignorantiam que est illis propter cecitatem cordis.* [35] Item in eo quod dicit quod erat aspera et fortis dicta voluptuosa vita, ut silva quedam tenax, alludit verbis illis Augustinus volendo dicere quomodo iam in tali statu fuerat ut in silva quadam intricata dicentis: *Suspirabam ligatus non ferro alieno, sed mea ferrea voluntate et de velle meo inimicus catenam michi fecerat.* [36] Et sic expertum se dicit quod ait Salamon, *Proverbiorum* capitulo v°, dicens ad idem propositum: *Iniquitates sue capiunt impium, et funibus peccatorum suorum quisque constringitur.* [37] Item dicit auctor hic quod dicta talis silva amara erat in tantum quod modico plus est mors: in hoc primo alludit verbis Boetii dicentis de tali statu: *Etiam homo carnalis unam amaritudinem habet ex dilectione rerum mundanarum quas vehementer appetit, aliam ex defectu quem invenit in usu earum.* [38] Secundario vult ostendere se nundum ita perfectum ipse auctor tunc fuisse, quod gustando mortis non esset sibi amarior quam

---

30. *Os.* II 6 et *Gl.* rel.
31. *Prov.* XV 19.
32. *Prov.* II 13.
33. *Luc.* I 79.
34. *Ep. Eph.* IV 17–19.
35. Aug., *Conf.* VIII v 10.
36. *Prov.* V 22.

dictus voluptuosus status quod quidem in perfecto homine minime esset. [39] De qua semiplena perfectione et plena, Apostolus ait *Ad Corinthios*, xiii° capitulo: *Cum venerit quod perfectum est, evacuabitur quod ex parte est*. [40] Nam in quodam *Decreto* ex verbis Augustini dicitur: *Ne quis arbitretur perfectum et spiritualem hominem pro ista temporali vita, morte cuius sua vel alterius cuius non occiditur anima, debere mentiri*, [41] vel dicit quod auctor hoc dixit illo respectu quo Macrobius sic, super *Sompnio Scipionis*, ait: *Non est precipitandus finis vite, cum adhuc proficiscendi esse possit accessio*. [42] Nam in archanis disputationibus de redditu anime fertur in hac vita delinquentes similes esse super equale solum cadentibus, quibus denuo sine difficultate presto sit resurgere; animas vero ex hac vita cum delictorum sordibus recedentes equandas hiis qui ex alto precipiti delapsi sunt, unde nunquam facultas sit resurgendi, [43] subdendo inde auctor quod ut tractet de bono quod in dicta tali silva reperit, procedet ad dicendum ulterius in premissis, ut reddat auditorem attentum. [44] Sed quod fuit illud bonum posset queri, et dico quod fuit subita mutatio eius animi ita de malo in bonum, mediante gratia Dei et recognitione pravi eius statu, de qua mutatione ut de magno bono etiam sic ait Seneca in vi^a *Epistula ad Lucilium*, incipiens: *Intelligo, Lucille, non emendari me tantum sed transfigurari, nec hoc promicto iam autem spero, nichil in me superesse quod mutandum sit. Quidni quod multa habeam que debebunt colligi, que extenuari, que attolli? Et hoc ipsum argumentum est in melius translati animi, quod vitia sua que adhuc ignorabat videt. Quibusdam egris gratulatio sit cum se ipsos esse egros sensere. Cuperem itaque tecum communicare tam subitam mutationem mei*. [45] Ad quam mutationem facit quod dicitur *Ysaie* v° capitulo: *Ve*, scilicet vobis, *qui dicitis malum bonum et bonum malum, ponentes tenebras lucem et lucem tenebras, et amarum dulce et dulce amarum*; [46] de quibus talibus fuerat auctor ipse usque tunc dicendo se ipse auctor nescire referre quomodo intravit dictam talem

---

39. xiii°] ST xii° V.

---

39. *I Ep. Cor.* XIII 10.
40. *Decr. Grat.* II C. xxvi q. 2 (= AUG., *Enarr. in Pss.* 5, PL 36.85).
41. MACR., *Somn. Scip. comm.* I xiii 7.
44. SEN., *Ep. Lucil.* I vi 1–2.
45. *Is.* V 20.
46. *Inf.* I 11.

Super primo capitulo Inferni

silvam, ita erat tunc plenus somno dum deviavit a dicta recta via ut dictum est. [47] In hoc accipit somnum auctor pro vaga cogitatione mundana allegorice, unde Seneca, *De Formula Honestatis*, inquit: *Cogitationes vagas, vel ut somno similes, non recipies*; [48] ad hoc etiam ait Psalmista in persona cuiuslibet dictorum adolescentium dicens: *Illumina, Domine, occulos meos ut nunquam obdormiam in morte*, idest in vita vitiosa. [49] Ad hoc potest redduci quod ait Boetius in iii° dicens: *Animus hominis, etsi caligante memoria, tamen bonum suum repetit, sed velut ebrius, domum quo tramite revertatur, ignorat*, [50] ad quod Salamon, *Proverbiorum* xx° capitulo, etiam ait dicens: *Considero vehecordem iuvenem, qui transit per plateas iuxta angulum, et prope viam illius domus graditur in obscuro*. [51] Et hoc quantum ad primam partem. [52] Veniamus modo ad secundam partem, in qua auctor fingit se devenisse ad collem quendam terminantem dictam silvestrem vallem illuminatum ita a sole, ut dicit textus. [53] Ad cuius allegoriam clarius habendam, premictendum est quod Phylosophus, diffiniendo quid sit virtus, dicit in sua *Ethyca* sic: *Virtus est habitus electivus in medietate consistens*, et alibi dicit quod est *Medietas duarum malitiarum*. [54] Item et Boetius dicit quod virtutes medium tenent si vel ultra vel intra quam oportet fiat a virtute disceditur. [55] Et Oratius: *Virtus est medium vitiorum utrinque*, redactum ut puncto medio qui est inter duo vitia contraria. [56] Ex quo, volentes scribere tropologice, idest moraliter, qualiter beatitudo virtutum in hoc mundo se habet ad vitia, dicunt quod se habet ut quoddam medium elevatum a vitiis, ut a vallibus et infimis rebus circumdantibus eam. [57] Ergo enim Virgilius, volens de ea beatitudine tali virtuali huius mundi sub dicto sensu scribere, fingit in vi° ipsam ut ramum aureum elevatum a nemorosis vallibus figurantibus dicta vitia, dicens ita

47. similes] ST similis V.
52. quendam] qua(n)da(m) V.
57. Ergo] Ego V.

---

47. Martin of Braga (= PL 72.24B).
48. *Ps.* XII 4.
49. Boeth., *Cons. Phil.* III pr. ii 1.
50. *Prov.* VII 7–8.
53. Arist., *Eth.* II vi 1106b 36–1107a 1.
55. Hor., *Ep.* I xviii 9.
57. Verg., *Aen.* VI 136–39.

in persona Sibille quid facere debeat Eneas volens ad illam venire: *Accipe que peragenda prius. Latet arbore opaco / aureus et foliis et lento vimine ramus, / Iunoni inferne dictus sacer; hunc tegit omnis / lucus et obscuris claudunt convallibus umbre.* [58] Item etiam volentes scribere anagogice, idest spiritualiter, de ea, dicunt talem beatitudinem virtutis ut eminentiam quandam fore ut montem, ut ecce Ambrosius, in suo libro *De Officiis*, ad hoc dicens: *Dico beatam vitam consistere in altitudine sapientie et virtutis sublimitate*; item *Glosa* super illud: *Ascendit in montem altiorem, dicit, ut altiora virtutem culmina doceret.* [59] Ad quod etiam Psalmista loquens ait: *Quis, Domine, requiescet in monte sancto tuo? Qui ingreditur sine macula et operatur iustitiam.* [60] Pro qua tali beatitudine virtuali et medio ultra quod virtuosus non potest procedere ascendendo, hic auctor hunc collem allegorice merito accipit solem vero ita illuminantem, eum sub eodem sensu auctor accipit pro vera luce virtutum ducente nos de tenebrositate mundana ad rectitudinem rationis, [61] unde Seneca vitam virtutum comparat luci, vitam vero mundanam fulgori dicens: *Magna existimas esse que relicturus es, retinet te fulgor huius vite, a qua transiturus es, tanquam in sordida et obscura casurum. Erras: ex hac vita ad illa ascenditur* etc. [62] Per quam lucem rationis scimus discernere et separare pretiosum a vili, ut dicitur *Yeremie* xxv° capitulo, quod exponens *Glosa* quedam, dicit: *Pretiosum a vili separat qui pretiositatem virtutum ostendit et temporalium utilitatem et animam ab amore temporalium seiungit et ad amorem virtutum inducit*; [63] *Et donec*, ut ait Augustinus, — *Habitanti in regione umbre, talis lux orta non fuit*, ut dicit Ysaias, — *Dorsum habebat ad lumen et ad ea que illuminant faciem*, ut ipse idem dicit in libro *Confessionum*, item et simili modo etiam auctori nostro contingit. [64] Inde sciendum est quod, secundum quod scribunt certi naturales, in corde humano sunt tres cellule seu ventriculi, et in eo qui est in medio spiritus generatur, in extremis spiritus et sanguis, sed in sinisto plus est de sanguine. [65] Ysidorus vero in *Etymologiis* dicit quod *In corde sunt due artarie, quarum sinistra*

---

61. luci] C luci(us) V.

62. xv°] ST xxv° V.

---

58. AMBR., *Off. min.* II v 19 et *Gl.* rel.
59. *Ps.* XXIII 3 and *Ps.* XIV 2.
61. SEN., *Ep. Lucil.* XXI 1–2.
62. *Hier.*, XV 19 et *Gl.* rel.
63. *Is.* IX 2 and AUG., *Conf.* IV xvi 30.
65. ISID., *Etym.* XI i 118.

Super primo capitulo Inferni

plus habet de sanguine, dextera plus de spiritu, et ex hoc in dextero brachio pulsum inspicimus, et sic de dicta artaria sinistra, ut de lacu cordis, tangit hic auctor. [66] Inde facit comparationem de se auctor, exeunte de tali vitioso esse ut de pelago pernicioso, ut patet in textu, ad quod ait Seneca in libro *De Beata Vita*, dicens: *Miseri homines si deseruntur a vita vitiosa, miseriores si obruuntur sicut deprehensi in mari Sirtico, qui modo in sicco relinquuntur, modo torrente unda fluctuantur*. [67] Quem passum, dicit auctor, nunquam dimisisse animam vivam, subaudi separata a corpore defuncto, in dicto statu vitioso; alia lictera videtur dicere quod nunquam dimisit personam vivam, subaudi moraliter loquendo. [68] Sed cum ipse auctor et cotidie multi alii exierint et exeant talem vitam pravam in hoc mundo viventes, nonne hic auctor contradicere videretur sibi? [69] Sed dicas quod auctor habuit respectum ad id quod ait Ambrosius, recitatus indoctior, dicens circa hoc: *Cum renuntiatur improbitati, statim virtus asciscitur: egressus enim malitie virtutis operatur ingressum, eodemque studio quo crimen excluditur innocentia copulatur*; sic ergo prius dicit ibi *Glosa*: *Desinit quis esse vitiosus quam incipiat esse virtuosus; bonus enim et malus simul quis esse non potest*. [70] Ideoque persona exiens dictum statum vitiosum debet et potest dici in ipso exitu quasi mortua, sed statim in progressu virtuoso reminiscens, unde Seneca: *Initium eundi ad virtutes arduum est, quia hoc primum imbecillis et egre mentis est formidare inexperta*, subdendo auctor quomodo, quietato aliquantulum eius corde fesso ante ascensum dicti collis, ut tangat quod dicitur: *Nemo repente fit summus*, cepit ascendere eius costam desertam. [71] In hoc alludit verbis Yeronimi dicentis: *Insuavem et asperam fecit nobis viam virtutis longa consuetudo peccandi*; [72] ad hoc Ysaie, li° capitulo, dicitur: *Ponam desertum eius delitias et solitudinem eius quasi ortum domini*. [73] Taliter dicit auctor quod eius pes firmus semper erat infimior: hic pre-

---

68. multi] mult⟨i⟩j V.

69. asciscitur] ST L B {(con) > a}siscit V.

72. li°] ST xv° V. solitudinem] ST sollicitudinem V.

---

66. Sen., *Dial.* VII xiv 2.
69. Ambr., *Cain et Ab.* II iv 16 et *Gl.* rel.
70. Sen., *Ep. Lucil.* V ix 9.
71. Hier., *Ep.* V cxlviii 10.
72. *Is.* LI 3.
73. *Ps.* XXV 12 et *Gl.* rel.

micte quod allegorice quandoque *Scriptura Sancta* pedem accipit pro affectione humana, ut ecce *Psalmista* dicens: *Pes meus stetit in directo*, ubi dicit *Glosa*: *Pes, idest affectio que cito labi solet, non recessit a rectitudine*, [74] et Augustinus ad hoc etiam ait: *Pes anime amor et affectio est, que, si recta est, dicitur caritas, si curva dicitur cupiditas*. [75] Modo vult auctor dicere quod pes, idest eius affectio, in qua adhuc magis firmabatur, erat plus ad infima bona terrena, quam ad superna virtutum dispositus, quod quidem demonstrat Gregorius in suo libro *Moralium*, dicens: *Cum mens concepta desideria sequitur, servire rebus convincitur, quarum amore superatur*, [76] et scribendo Leandro Episcopo ait: *Postquam sum celesti desiderio afflatus, seculari habitu contegi melius putavi; sed in consuetudo devinxerat ne exteriorem cultum mutarem; et dum cogeret me animus presenti mundo, quasi deservire ceperunt multa contra me ex eiusdem mundi cura succrescere, ut in eo iam non specie sed, quod gravius fuit, mente retineret*. [77] Ad hoc idem Seneca *Ad Lucilium* ait de simili casu sibi contingente: *Rectum iter quod sero cognovi et lapsus errando aliis monstro* etc. [78] Unde ad ea que sequuntur, notandum est quod ait Oratius in *Sermonibus* dicens: *Nam vitiis nemo sine nascitur, optimus ille est qui minimis urgetur* etc. [79] Sic igitur, volens auctor se nundum in totum virtuti deditum fore, demonstrare fingit in hoc tali dicto suo ascensu fore impeditum a tribus hiis vitiis: primo a vitio carnali luxurie occurente sibi in figura et forma lonze seu leonte, et merito considerata subita et impetuosa aggressione talis vitii ad modum animalis predicti. [80] Unde Epicarmus poeta ad hoc ait: *Domitor cupido leonta virtute presumptior*. [81] Et hoc est quod dicit auctor quod erat levis et presta, ut patet in textu. [82] Item, consideratis multiplicibus et diversis fallaciis et deceptionibus procedentibus a vitio luxurie predicto, fingit auctor dictam leontam cum pelle cohopertam maculosa, et ex hoc motus est Virgilius, dum describit Venerem et eius socias, ad dicendum in primo *Eneidos*: *Vidistis si hic errantem forte sororum* /

---

75. idest] et V.

79. merito] ‹subito› merito V.

---

74. Cf. Aug., *Enarr. Ps.* IX 15.
75. Greg., *Moral.* V xi 17.
76. Greg., *Moral.* Epist. I.
77. Sen., *Ep. Lucil.* VIII 3.
78. Hor., *Serm.* I iii 68–69.
80. Fulgent., *Mythologiae* III.1.
82. Verg., *Aen.* I 323–24.

Super primo capitulo Inferni

succintam pharetram et maculose tegmine lincis, idest lupe cervarie; [83] et Phylosophus, in vii° *Ethicorum*, dicens: *Concupiscentia autem, quam ad deam Venerem aiunt dolose enim et variam corrigeam*; [84] et Homerus: *Deceptioque furata est spisse sapientis,* [85] super quibus verbis Thomas comentator sic ait: *Per 'corrigiam variam' dicte Veneris intelligitur concupiscentia que mentes ligat. Et dicitur esse 'varia' quia tendit in aliquid quod apparet esse bonum in quantum delectabile, et tamen esse malum simpliciter,* [86] unde Homerus dicit quod deceptio Veneris spisse intellectum sapientis intrat latenter et sapientium corda ligat et iudicium rationis. [87] A vitio tamen predicto in tali forma dicit auctor inde quod vix evasit, et hoc virtute hore temporis, scilicet principii diei, in quo tale vitium magis sedatur, — [88] unde *Glosa* super illa verba Psalmiste *Mane adstabo tibi,* dicit: *Per ista verba denotatur mentis directio et munditia,* — ac dulcis qualitatis et partis anni, cum sol tunc oriebatur in signo Arietis, quod dicitur domus Martis contraria signo Libre, domui Veneris, et quando etiam amor divinus in principio creationis voluit cum sole coniunctas esse stellas Arietis, signi predicti, [89] ut habetur *Genesis* primo: *Ibi fiant luminaria in firmamento celi* etc. [90] Secundario fingit auctor in dicto ascensu se fore impeditum a vitio superbie, sive ire, ut sequele superbie, in forma leonis, iuxta figurationem Boetii in hoc dicentis, in quarto *Consolationis*: *Is ire intemperans fremit leonis animum gestare credatur.* [91] Tertio fingit auctor vehementius ibi se impeditum a vitio avaritie in forma lupe sibi occurrente, ut idem Boetius ibidem fingat hoc vitium ut insatiabile quid, in tantum, ut dicit textus, quod iterum ad statum infimum vitiosum mundanum recadebat ipse auctor, ut victus, [92] iuxta Platonem dicentem in *Moralibus*: *Sapientes viri maiorem cum vitiis quam cum inimicis pugnam gerunt,* [93] ac Senecam dicentem in *Epistulis*: *Cum hominibus pacem habe, cum vitiis bellum.* [94] Hiis ita dictis, veniamus ad tertiam et ultimam partem supradictam huius capituli, in qua auctor ad licteram fingit sibi taliter timenti de dicto colle in dictam vallem impetu dicte lupe, sub allegoria superius tacta, umbram Virgilii apparere, que respondendo ipsi auctori dixit: "Non homo, homo iam fui", subaudi interior. [95] Nam dicit Ysidorus

---

94. timenti] m(en)ti V.

83–86. Arist., *Eth.* VII vi 1149b (= Hom., *Il.* XIV 217).
88. *Ps.* V 5 et *Gl.* rel.
89. *Gen.* I 14.
90. Boeth., *Cons.* IV pr. iii 4.
95. Isid., *Etym.* XI i 4, 6 et *Gen.* II 7.

quod *Duplex est homo: exterior ut corpus, interior ut anima*, et hoc Virgilius hic ideo dixit, quia anima separata non potest dici 'homo', cum non habeat ea que humi sunt; *Nam ab 'humo' dicitur 'homo'*, scilicet corpus cum carne et ossibus, unde dicitur *Genesis: "Et creavit Deus hominem de limo terre"*, unde dicit Ysidorus quod *Abusive pronuntiatur homo totus ex utraque substantia, idest ex societate anime et corporis*. [96] Ad hoc etiam ait Christus discipulis, *Luce* capitulo ultimo: *Spiritus carnem et ossa non habet sicut me habere videtis*, [97] et Macrobius, *Super Somnio Scipionis*, ait ad hoc: *Nos arbitramur animam cum corpore extingui nec ulterius esse post hominem*, et subdit: *Homo enim moritur cum anima, corpus relinquit solutum lege nature*, [98] vel possunt talia verba Virgilii referri ad ipsum auctorem, tunc sic sine ratione ruentem iterum ad vitia. [99] Unde Bernardus ait super *Canticis*: *An non tibi videtur ipsis bestiis bestialior esse homo ratione vigens et ratione non utens?* [100] et Boetius: *Ut quem transformatum a vitiis videas hominem extimare non possis*, ut ait in iv°. [101] Nam et Gregorius scribens cuidam Sergio vitioso ait: *Si homo esses* etc., ubi *Glosator Decreti* inquit: *Et sic homo non potest dici qui caret ratione, et hoc moraliter loquendo*. [102] Inde inducit auctor Virgilium ad dicendum quomodo fuit Mantuanus, et quomodo natus est sub Iulio Cesare imperante, licet fuerit sibi tale tempus tardum cum non potuerit attingere tempus gratie Christi, et quomodo vixerat sub Augusto, et quomodo fuit poeta canens de iusto Enea filio Anchise; [103] et quod fuerit iustus ipse Eneas, audi in primo *Eneidos*, Ilioneum dicentem Didoni: *Rex erat Eneas nobis, quo iustior alter / nec pietate fuit nec bello maior et armis*, tangendo de Ylio, arce troiana, auctor, [104] ut ait ipse Virgilius, incipiens iii[m] librum sui *Eneidos* dicens: *Postquam rex Asie Priamique evertere gentem / inmeritam visum superis, ceciditque superbum / Ilium et omnis humo fumat Netupnia Troya*. [105] Inde inducit dictam umbram

102. Mantuanus] matuanus V.

---

96. *Luc.* XXIV 39.
97. Greg., *Reg. Epist.* VIII 9.
99. Bern., *Serm. Cant.* XXXV 8.
100. Boeth., *Cons.* IV pr. iii.
101. *Decr. Grat.* II C. XVI q. 2 et *Gl.* rel.
103. Verg., *Aen.* I 544–45.
104. Verg., *Aen.* III 1–3.
105. Iuv., *Sat.* XIV 139.

Super primo capitulo Inferni

Virgilii adhuc auctor ad dicendum de natura dicte lupe, idest dicti vitii avaritie, quomodo scilicet post cibum magis famescat, iuxta illud Iuvenalis: *Crescit amor nummi quantum ipsa pecunia crescit*, item quomodo non dimictit quenquam transire per eius viam, subaudi rectam, vel referas hoc ad viam ipsius avaritie. [106] Nam alia vitia in nobis senescunt, idest deficiunt nobis senescentibus, et sic nos amplius non infestant: *Sola vero avaritia iuvenescit*, ut ait Seneca, et sic semper magis hominem impedit donec ipsum occidit, subaudi spiritualiter, dicendo et quomodo occupat gentem et adhuc magis occupabit donec Veltrus etc. [107] Qui Veltrus erit salus, dicit textus hic, Italie humilis, idest infimatis, pro qua mortua fuit Camilla virgo, regina Ulscorum, ab Aronta troiano, et Turnus, rex Rutillorum, per Eneam, item Eurialus et Nisus, socii dicti Enee, occisi a gente dicti Turni. [108] Ad id quod subdit de secunda morte cridata, idest vocata, a damnatis in Inferno, hic auctor in persona Virgilii facit quod scribitur in *Compendio Theologie* sic: *Inter alias penas quas ibi habent dicti dampnati est quod querunt iterum mortem naturalem et non inveniunt*. [109] Item potest hoc referri ad misticam mortem illam, de qua Gregorius ita ait, dicens in suo *Dialogo*: *Duplex est mors hominis: prima dum beate vivere amictit*, [110] de qua Apostolus *Ad Ephesinos* capitulo ii°: *Et vos cum essetis mortui in peccatis et delictis vestris*, subaudi in hoc mundo vitiose vivendo, [111] *secunda dum essentialiter vivere in pena non desinit*, unde in capitulo xxi° *Apocalipsis* dicitur de ista ultima secunda morte: *Pars illorum erat in stagno ardenti, quod est secunda mors*, tangendo quare per rationem humanam, in personam Virgilii figuratam, non valemus intimare celestia, cum fuerit rebellis Deo in primis nostris parentibus, [112] tangendo inde quod ait Psalmista dicens: *Dominus in celo paravit sedem suam, et regnum suum omnibus dominabitur*. [113] Ultimo auctor, secutus documentum Senece dicentis: *Vis omnia vincere? Te subice rationi*, [114] subiecit se Virgilio represen-

107. infimatis] infimate V. Theologie] L B theologice V.

114. iiii°] ST iii° V.

---

110. *Ep. Eph.* II 1.
111. *Apoc.* XXI 8.
112. *Ps.* CII 19.
113. Sen., *Ep. Lucil.* XXXVII 4.
114. *Prov.* IV 11–12.

Comentum Petri Alagherii

tanti dictam rationem, ut statim modo dicam, et dicenti auctori et promictenti in fine quod ait Salamon, *Proverbiorum* iiii° capitulo, dicens: *Ducam te per semitas equitatis quas cum ingressus fueris non artabuntur gressus tui*. [115] Hiis ad licteram dictis, veniamus ad duo allegorica dicta in ista tertia parte, et primo tangamus sub quo typo auctor in hoc suo opere Virgilium accipiat, et dico quod sub typo rationis humane, et quod ita sit a remotis hoc modo ostendo: nam, ut patet in vi° *Eneidos*, ipse Virgilius, sub quadam allegorica moralitate, dicit Eneam volentem descendere ad videndum animam Anchise sui genitoris ad Elisium locum piarum, idest virtuosarum animarum, ductum esse per Sibillam ad dictum locum, ut ad quoddam Purgatorium per iter infernale; tamen, antequam ceperit eum sic ducere, voluit ipsum Eneam Misenum eius comitem mortuum sepelire dicta Sibilla, quo facto, iter incepit predictum. [116] Hoc quidam allegorice volentes moralizare, accipiunt dictum Eneam pro viro bono quolibet intendente ad virtuosa, nundum tamen optimo et perfecto, qui, ut videat genitorem suum, idest ut cognoscat suum creatorem, scilicet Deum, melius in hoc mundo, ad cognitionem descendit rerum temporalium ut ad Infernum quendam ductu Sibille, idest consilii divini et rationis. [117] Dicitur enim 'Sibilla' quasi interpetrative 'consilium divinum': nam qui ad dictam cognitionem descendere vult, non humanum sed divinum auxilium eum ducit, scilicet rationis predicte, dictum autem Misenum interpretative accipiunt pro errabunda visione, nam nisi errabunda visio prius deponatur, non valet quis ad vitam predictam beatam humanam et virtuosam ascendere. [118] Ad quod facit ille textus *Regum* iii°, capitulo xii°: *Ubi virtus non est perfecta,* subaudi derelicto consilio rationis, *sensibus acquiescitur*. [119] Igitur ad propositum auctor volens in tali moralitate sequi dictum Virgilium, tanquam illum poetam a quo accepit, ut dicit in hoc capitulo, pulcrum stilum honorantem eum, eodem modo inducit ipsum Virgilium sub typo rationis, ita mens de dicto colle iterum in dictam vallem, idest de proposito virtuoso, adhuc in infimum statum et amorem bonorum terrenorum tanquam nundum firmus in statu virtutum. [120] Nam inclinatio naturalis ad bonum virtutis, ut dicit Phylosophus, vii° *Ethicorum*, *Est quedam incohatio virtutis, non autem est virtus perfecta*; hec enim inclinatio, quanto est fortior, tanto potest esse periculosior, nisi recta ratio adiungatur, per quam fiat recta electio eorum que conveniunt ad debitum finem ad reducendum eum ad perfectum statum virtutum per iter Inferni, idest per demostrationes ad effectum perniciosas. [121] Quantam

---

115. Cf. VERG., *Aen.* VI 1–235.
120. Cf. ARIST., *Eth.* VII xv 1152b 5–7.

Super primo capitulo Inferni

ad corpus nostrum in hoc mundo, ut per Infernum quendam fictum, et quantum ad animam, ut per Infernum verum et essentialem, ut ita prius auctor ipse sepeliat, idest abiciat per hec eius errabundam visionem, quam ducatur ad dictum beatum mundanum statum ut ad Purgatorium quoddam, in quo meremur consequi mundanam felicitatem temporalem in hoc mundo et in alio ecternam. [122] Hanc enim moralitatem allegoricam premissam, Seneca sic etiam confirmat dicens in suo libro *De Beata Vita*: *Qui voluptatem sequitur, licet ab ea discedere vellet, perventurus est in turpia, nisi aliquis distinxerit sibi voluptates, ut sciat que ex eis intra naturale desiderium desistant*, ut facit nobis dicta ratio; [123] unde Phylosophus in preallegato suo libro dicit etiam ad hoc: *Deus movet voluntatem hominis sicut universalis motor ad obiectum voluntatis, quod est bonum, et sine hac motione homo non potest aliquid velle. Sed homo per rationem determinat se ad volendum hoc, vel illud quod est vere bonum*, — [124] nam dicitur 'ratio' quidam motus animi visum mentis acuens, et vera a falsis distinguens, [125] et Ysidorus dicit quod *Anima nostra dum superiora respicit dicitur intellectus, dum vero inferiora dicitur ratio*, — [126] quibus inferioribus rebus consideratis ab effectu per ipsam rationem et ostensis ut infernalibus liberemur ab eis et in virtutibus confirmemur; et hec est illa via per quam ipse auctor et quelibet alius semivirtuosus et vitiosus reducitur per dictum Virgilium, idest per dictam rationem, ad integritatem virtutum, ut ad beatam vitam humanam predictam nostram. [127] Circa que optime potest concludi per Senecam dicentem in lii[a] *Epistula*: *Quidam ad veritatem sine ullius adiutorio exeunt et faciunt sibi viam, quidam ad hoc indigent ope aliena non ituri si nemo precesserit, sed bene secuturi. Quidam compelli debent, qui non tantum duce sed adiutore et coactore indigent.* [128] Post hec veniamus ad dicendum quid auctor per istum predictum Veltrum vult sentire, quod quidem volentes clarius indagare, prenotandum et premictendum est quod, prout iste auctor scribit infra in *Purgatorio* in capitulo xvi°, dictum vitium avaritie cotidie magis invaluit inter nos christianos, exemplo quodam pravo et contagioso, prout dicitur in dicto capitulo, postquam pastores ecclesie statum et regimen romani imperii infirmaverunt, precipue tempore imperatoris Federici ii[i] citra, propter temporalia bona

---

128. regimen] regimine V.

---

122. Sen., *Dial.* VII xiii 4.
124. Isid., *Diff.* II xxiii 86.
125. Cf. Isid., *Etym.* XI i 5.
127. Sen., *Ep. Lucil.* LII 3–4.

habenda et occupanda, ut in dicto capitulo etiam tangitur. [129] Unde exclamando iste auctor contra dictos pastores infra in capitulo xviiii° huius *Inferni*, dicit quomodo eorum avaritia mundum contristat, submergendo bonos et elevando pravos. [130] Item infra in *Purgatorio*, xx° capitulo, ait etiam contra dictum presentem pravum statum: "O celum, in cuius revolutionem creditur conditiones huius inferioris mundi transmutari, quando veniet ille per quem ista predicta lupa, idest avaritia, discedat?" [131] Inde in capitulo finali dicti sui *Purgatorii*, dum invehit contra dictos tales pastores, pronuntiat astrologice quomodo dictum imperium non erit semper sine herede et successore, ymo de proximo veniet imperator et dux quidam, quasi ut nuntius Dei, qui dictos pastores spoliabit temporalibus bonis et mundum in pace et virtute reformabit, et suo bono exemplo homines a dicta avaritia removebit. [132] Idem videtur etiam astrologice pronuntiare Alanus in suo *Anticlaudiano* dicens: *Pestis Avaritie; sed telum partius instat / scuto, nec clipeo sua spicula firmiter herent, / sed virtus que dona pluit, que munera spargit, / nec sepelit nummos, nec opes incarcerat arca, / instat Avaritie, pugnat constanter et ensem / quem tenet illa rapit*, et subdit: *Iam scelerum superata cohors in regna silentum / arma refert et se victam miratur, et illud / quod patitur vix esse putat nec creditur illi / quid videt et Stigias fugit indignata sub umbras. / Pugna cadit, cedit iuveni victoria, surgit / virtus succumbit vitium natura triumphat. / Regnat amor, nusquam Discordia, Fedus ubique. / Nam regnum mundi legum moderatur habenis / ille beatus homo, quem non lascivia frangit, / in terris iam castra locat et regna meretur* etc. [133] Vel non idem forte prophetice tangit beatus Metodius, martir Christi, qui, in carcere existens, multa a Deo habuit in revelationem de principio mundi, que nec Moyses nec Iososus, ut dicit Yeronimus, scripserunt, ac etiam de fine mundi multa sunt sibi etiam revelata. [134] Nam secundum Magistrum Ystoriarum, inter alia ita prenuntiavit: *In novissimo sexto miliario seculi exibunt filii Ismael de heremo et erit adventus eorum sine mensura castigatio propter peccata gentium. Tunc surget Rex christianorum virtuosissimus qui cum auxilio regis Grecorum proeliabitur cum eis et interficiet eos gladio et donabitur orbi et omnes gentes ponet in pace.* [135] Et ecce forte Veltrus, de quo est hic sermo, et quia explicite iudicio astrologico, secundum priora dicta, non bene dici potest de eventu talis domini, ubi et quando

---

129. Animadverte parabolam] ST L B animate parabola V.

---

132. ALAN., *Anticl.* IX viii 10–13, 16–17, 27–35, 38.
133. Cf. HIERON., *Ep.* XXIV 2.

Super primo capitulo Inferni

fiet, et de qua gente tantus homo nascetur, sed potius implicite et per enigma debet scribi per sapientes. [136] Unde Salamon in *Proverbiis* in hoc ait: *Animadverte parabolam et interpretationem verba sapientum et enigmata eorum*. [137] Dicitur 'enigma' locutio obscura que ad diversa potest trahi, qua etiam dicit iste auctor se uti in dicto capitulo ultimo Purgatorii circa hoc idem eius presagium, ex quo etiam Virgilius in persona Sibille pronunciantis Enee contingenda sibi in futurum ait: *Talibus ex adito dictis Cumea Sibilla / horrendas canit ambages antroque remugit, / obscuris vera involvens* etc. [138] Auctor subdit hic que natio talis Veltri et talis beati domini erit inter feltrum et feltrum, quasi contingibiliter ponere velit quod tantus homo erit, idest esse poterit, de parva sicut de magna natione, facta relatione ad feltrum qui inter alias species pannorum humilior et vilior pretio est. Et hec puto quod fuerit mens auctoris in hoc passu, et si alia est et fuit, eam relinquo aliis magis curiosis me perspicacius demonstrandam.

---

136. *Prov.* I 6.
137. VERG., *Aen.* VI 98–100.

SUPER II° CAPITULO INFERNI

[1] **Lo giorno se n'andava e l'aere bruno**. [2] Hoc secundum capitulum est pars quasi primi proemialis proxime precedentis, ideoque divisione non indiget alia, quam ut continuative cum illo primo exponatur, in principio cuius auctor exordialiter, quod naturaliter contingere solet, reducit ad figmentum huius sui operis incohandum. [3] Nam naturaliter contingit quod principium noctis, decurso die, in quo omnia viventia corpora diversimode fatigantur, tollit ea a suis laboribus et ponit in requie dormiendo. [4] Ad quod Statius in primo sui *Thebaidos* ait: *Iam volucres pecudesque tacent, iam sompnus avaris / inserpit curis* etc., [5] et Lucanus etiam in v° de hoc tali principio temporis nocturni ait: *Solverat armorum fessas nox languida curas, / parva quies miseris, in quorum pectora somno / dat vires fortuna minor; iam castra silebant* etc. [6] Ipse tamen auctor dicit quod tunc solus versa vice parabat se ad ferendum vigilias angustiosas in quo quidem, sub quodam allegorico figmento, nichil aliud vult includere nisi quod, volendo incipere videre et indagare cum Virgilio, idest cum ratione, speculative illecebras huius mundi et voluptuosa opera hominum et tenebrositatem infernalem quendam ut noctem, quasi de die in noctem potuit dicere se ingredi. [7] Ad quod respiciens Ovidius in primo ait de tali transumptiva nocte: *Proh superi quantum mortalia pectora cece / noctis habent* etc., [8] et Virgilius in vi° in persona Deiphebi loquentis Enee talem fictum Infernum ingresso, ait: *An que te fortuna fatigat / ut tristis sine sole domos, loca turbida, adires?* [9] et ecce in eo quod ipsum Eneam dicit ibi tristem: 'pietas', idest 'passio', de qua tangit auctor hic passionans eum, et propter quam plorabat Demostenes phylosophus

---

1.   *Inf.* II 1.
4.   STAT., *Theb.* I 339–340.
5.   LUCAN., *Phars.* V 504–6.
7.   OV., *Met.* VI 472–73.
8.   VERG., *Aen.* VI 533–4.
9.   Cf. IUV., *Sat.* X 126–32.

Super ii° capitulo Inferni

dum exibat domum eundo per Athenas et videndo gesta hominum vitiosa, ut ait Iuvenalis. [10] Sic enim vult auctor allegorice circa premissa includere quod, dum incepit vigilare ad scribendum super dictis vitiositatibus mundanis, ut de Inferno et nocte quadam, aliis dormientibus, idest non instantibus circa talia reprehendenda, tunc ad hoc solus erat. [11] Et ut insufficientem se esse ad talia narranda ostendat, invocat et implorat auxilium a Musis, idest a scientiis respicientibus poesiam, item invocat altum ingenium ut extendat que per intellectum concepit. [12] Nam dicitur 'ingenium' vis animi insita naturaliter per se valens ac extensio intellectus ad incognitorum cognitionem. [13] Item invocat mentem suam auctor ipse ut memoret ea que scripsit, idest que concepit scribere tanquam *Lineam cordis que premictitur opus*, ut dicit Gualfredus. [14] Nam dicit Ysidorus quod *Mens dicitur illa pars anime que in ea eminet, et que meminit* et recolit et a qua procedit intelligentia, [15] vel forte sentit platonice hic auctor, dum dicit de mente que non errat, de illa prima mente hominis, *A qua*, ut ait Boetius, *Que scimus non discimus, sed reminiscimur*. [16] De qua Macrobius, super *Somnio Scipionis*, etiam sic ait: *Et summo Deo mens; ex mente anima est. Anima vero et condit et vita complet omnia que sequuntur*. [17] Post hec auctor, continuando se, ut supra dixi, ad contenta in primo precedenti capitulo, ut ostendat qualiter adventus et apparitio umbre Virgilii sibi ita menti, ut in dicto primo capitulo dicitur et apparet anagogice et tropologice, idest spiritualiter et moraliter, intelligi debeat, et quomodo ipse Virgilius sub typo rationis reparavit gressus eius ad doctrinam eorum et moralitatem qui nituntur effici virtuosi in totum, tamen propter prevalentiam suorum vitiorum adhuc nequeunt, ut nequibat Annibal, cuius virtutes vivendo ingentia coequabant vitia, Tito Livio testante, fingit se formidando dicere ipsi Virgilio, incipienti velle eum ducere pro eius salute et pro eius meliori, ut pollicitus est in dicto primo capitulo ad descensum Inferni, quod advertat si ipsius auctoris virtus sufficiens

---

14. eminet] ST iminet V.

15. fratres] fres V.

---

13. Cf. Andr. Capp., *De Amore* XII.
14. Isid., *Etym.* XI i 12.
15. Boeth., *Cons. Phil.* III metr. ix 15–16.
16. Cf. Macr., *Comm. Somn. Scip.* I xvi 4.
17. Cf. Liv., *Urb. Cond.* XXI iv.

est ad illud. [18] Nam quod non sit arguit auctor ita dicens: "Si tu, Virgilii, vis dicere quod Eneas, pater Silvii geniti ex Lavinia, descendit ad Infernum corruptibilis adhuc, idest adhuc vivens et mortalis, ductu Sibille, ut ipse idem Virgilius in vi° sui *Eneidos* scribit, cur non tu auctor id facere vales ductu mei Virgilii?" [19] Non bene a pari ratione concludit: nam, si adversator omnium malorum, idest Deus, in hoc gratiosus fuit dicto Enee, dignum fuit, attento alto effectu qui dependere debebat ab eo, in personis subaudi suorum descendentium, ut fuit fundatio Urbis Romane, facta per Romulum et Remum, fratres descendentes dicti Enee, unde Virgilius in vi°: *Romulus, Assarici quem sanguinis Ilia mater / educet*, et subdit: *En huius, nate, auspiciis illa inclita Roma / imperium terris, animos equabit Olimpo*, et in primo ait: *Romulus excipiet gentem et Mavortia condet / menia Romanosque suo de nomine dicet*, item et ut fuit imperium ipsius Rome ortum in persona Iulii Cesaris et Augusti, descendentium etiam ipsius Enee, unde idem Virgilius in dicto libro ait: *Augustus Cesar, divi genus, aurea condet / secula qui rursus Latio regnata per arva / Saturno quondam, super et Goramantes et Indos / proferet imperium* etc. [20] Et ex hoc dicit hic auctor quod electus fuit dictus Eneas in patrem dicte urbis et eius imperii in Empireo celo, hoc est quod divinitus ita dispositum fuit; nam et ipse Virgilius per totam Eneidem Eneam vocat 'patrem Romani populi'. [21] Et Titus Livius in prima parte sui voluminis, que a capta Troia summit exordium, idem testatur, [22] et ex hoc *Lex* vocat omnes imperatores romanos 'Eneidas', et quod divinitus hoc processerit, [23] late aperit iste auctor etiam in ii° libro sue *Monarchie*, in eo probando quomodo de Iure romanus populus dignitatem imperii sibi asciverit, allegando quod nec Ninus, Assiriorum rex, nec Vezoses, rex Egipti, nec Cirus rex Persarum, nec Serses Darii filius, nec Alexander Macedo, omnes aspirantes ad hoc imperium mundi, ad illud venire potuerunt, [24] sed solus populus Romanus subiciendo sibi totum orbem, quod non sine ope divina fuit, ut in quodam *Decreto* dicitur, quod divinitus Romanum Imperium predic-tum processit, ubi *Glosa* dicit: *Non ergo a Papa, sed a solo Deo prodiit. Nam a celesti maiestate gladii potestatem habet*, [25] subdens auctor quod dicta urbs et eius imperium stabilita fuerunt ut essent

---

19. VERG., *Aen.* VI 778–79; 781–82; I 276–77; VI 792–95.
21. Cf. LIV., *Urb. Cond.* I i–iii.
22. Cf. *Decr. Grat.* II C. XII q. 2 et *passim*.
23. Cf. DANTE, *Mon.* II viii.
24. *Decr. Grat.* I D. VI q. 2 et *Gl.* rel.

Super II° capitulo Inferni

in futurum locus sanctus Apostolice sedis Ecclesie militantis. [26] Quod quidem Psalmista totum prenuntiavit, incipiendo illum *Psalmum* canere qui incipit: *Fundamenta eius in montibus sanctis*, ubi *Glosa*, exponens hoc, dicit: *Ecclesiam predictam fundatam esse super montes, idest super Apostolos et predicatores, quorum fundamentum et solidatio est in Christo Yesu, quorum principium fuit beatus Petrus et Paulus, qui sub uno persecutore, eodem die et loco, ipsam romanam urbem suo glorioso sanguine martirii Christo Domino consecraverunt*. [27] Ad hoc quidam textus legalis dicit: *Maxima dona Dei sunt collata sacerdotium et imperium illud divinis ministrans hoc humanis presidens*, subaudi simul in dicta urbe, cum natus sit Dominus noster tempore Augusti primi imperatoris romani ut sacerdos secundum ordinem Melchisedec. [28] Ad quod Ambrosius etiam inquit: *In urbe romana que principatum et caput optinet nationum voluit Deus, ut ubi erat caput superstitionis ibi caput quiesceret sanctitatis, et ubi gentilium principes habitabant illic Ecclesie principes morarentur*. [29] Ultimo dicit auctor circa hoc quod dominus Eneas per talem descensum etiam intellexit a dicto suo patre multa que fuerunt causa sue victorie contra Turnum et Laurentos, obstaturos sibi ad requisitionem Italie et, per consequens, ad institutionem urbis Rome, debentis in futurum sedes esse Papalis. [30] Nam, inter alia, dictus Anchises primo premonuit eum ibi, sic dicendo, ut ait Virgilius in vi°: "... *Tu regere imperium populo, Romane memento, / hec tibi erunt artes, pacique imponere mores, parcere subiectis et debellare superbos*". / *Sic pater Anchises* etc., secundario ortatus est cum ultimo sibi loquens, dicente sic ibi Virgilio: *Que postquam Anchises natum per singula duxit / incenditque animum fame venientis amore, / ex imbella viro memorat que deinde gerenda, / Laurentesque docet populos urbemque Latini, / et quo quenque modo fugiatque feratque laborem*. [31] Eodenque modo auctor etiam contra se arguit de *Vase Electionis*, idest de Paulo, ita nominato a Domino nostro, ut habetur *Actuum Apostolorum* capitulo ix°, ex eo quod *Vas legis et sacrarum scripturarum futurum erat armarium*, ut dicit Yeronimus. [32] Nam si mortalis adhuc raptus est in celum, ut ipse idem Paulus scribit *Ad Corinthios* xii° dicens: *Scio hominem in Christo ante annos xiiii°, sive in corpore sive extra corpus nescio, Deus scit, raptum usque ad tertium celum; et scio huiusmodi hominem, sive in corpore sive extra corpus, Deus scit, raptum in Paradisum et audivit archana verba,*

---

26. *Ps.* LXXXVI 1 et *Gl.* rel.
27. *Corp. Iur. Civ., nov.* VI i pref.
30. Verg., *Aen.* VI 851–54, 888–92.
31. *Act. Apost.* IX 15 and Hieron., *Ep.* LIII 3.
32. *II Cor.* XII 2–4.

Comentum Petri Alagherii

que non licet homini loqui, totum fuit ad corroborationem nostre fidei et sic miraculose per que concludit auctor contra se, ultimo, ut in textu habetur; ad quam talem eius formidinem removendam, inducit Virgilium sibi dicere quomodo umbra Beatricis misit ipsum Virgilium ad eum auxiliandum de inductu Lucie, et cuiusdam alterius domine gentilis existentium in celo. [33] Circa que videamus de ipsius auctoris intentionem, ad cuius cognitionem ita premictendum est, videlicet quod duplex dicitur esse gratia in nobis hominibus a Deo collata: prima dicitur motiva et gratuita, a Deo veniens, et hec est illa gratia que dicitur bonum a Deo gratis datum, de qua Apostolus, ii° *Ad Corinthios* iii° capitulo ait: *Non quod sufficientes simus cogitare aliquid a nobis quasi ex nobis, sed sufficientia nostra a Deo est*, et eodem libro, capitulo viiii°, inquit: *Potens est Deus omnem gratiam facere habundare in nobis,* desiderantibus eam subaudi. [34] Unde Augustinus, in libro *De Correctione et Gratia*, inquit: *Desiderare auxilium gratie initium gratie est.* [35] De qua et Magister, in ii° *Sententiarum*, ait: *Voluntas hominis gratia preparatur ut fiat bona, non ut fiat voluntas, nam et ante gratiam voluntas erat sed non recta.* [36] Et pro hac prima gratia anagogice, idest spiritualiter loquendo, auctor accipit primam predictam dominam gentilem de qua hic dicitur, que, ut dicit, in celo durum iudicium frangit, 'durum' dico quantum ad nos homines, qui non valemus intueri intellectualiter quomodo adveniat nobis talis gratia, de cuius profunditate ita nobis occulta tangit iste auctor infra in *Paradiso*, in capitulo xx°, tangendo ibi de anima Traiani et de anima Ryphei. [36] Et Augustinus in quodam *Decreto*: *Nabucodonosor penitentiam meruit quia flagellatus penituit, et regnum quod perdiderat rursus accepit. Pharao autem ipsius flagellis durior est effectus, et periit: hic michi rationem reddat qui divinum auxilium nimium alto et sapienti corde diiudicat.* [37] Vel in hoc passu forte auctor se refert ad id quod legitur *Luce* xvi° capitulo, ubi dicitur quod magnum chaos est inter beatas animas et dampnatas, ut ille ad illas et econtra ire non possunt, quod chaos in dictum durum iudicium Dei dicta Gratia nunc fregit hic in Beatrice ita de celo in Infernum des-

37. chaos] cahos V.

---

33. *II Cor.* III 5; IX 8.
34. Aug., *Corr. Grat.* XXIV 2 (= PL XLIV 917).
35. Petr. Lomb., *Sent.* II xxvi 1 (PL CXCII 710).
36. *Decr. Grat.* I D. XIV q. 4.
37. Cf. *Luc.* XVI 26.

Super II° capitulo Inferni

cendendo secundum dictum figmentum auctoris. [38] Est et alia Gratia secundaria que non est tantum simpliciter donum Dei gratis datum, ut est prima Gratia, ut supra dixi, sed requirit factum hominis, in quem motus dicte prime gratie inspiratur, ut virtuose ex se sequatur dictum primum talem motum et donum bene operando, [39] ideoque vocatur hec secunda Gratia cohoperans, quod volens tangere Paulus, *Ad Corinthios* primo, capitulo xv°, dicit: *Gratia Dei sum id quod sum, et gratia eius in me vacua non fuit.* [40] Unde et ad hoc ait Augustinus: *Cohoperando Deus perficit quod operando incepit.* [41] Et alibi idem Augustinus ait loquendo unicuique homini: *Qui fecit te sine te non iustificabit te sine te,* [42] *Non iustificabit*, hoc est, dicit *Glosa*, *Quod Deus iustificat hominem sine homine cohoperante sed non sine homine operante*, — sicut sol illuminat domum, cum aliquis aperit fenestram, non sine homine operante, tamen sine homine cooperante, homo enim non cohoperatur soli illuminando domum; sic verus sol infundit virtutes nobis preparatis ad earum susceptionem, non tamen cooperamur illi in illa infusione. [43] Et pro ista secundaria accipit auctor hanc secundam dominam sub nomine Lucie, hic et infra in *Purgatorio* in capitulo viiii°, et Beatricem, tertiam dominam, accipit hic et infra per totum pro Sacra Theologia, pro qua solum, dicit hic textus, quod humana species, idest humana intelligentia, excedit omne contentum a celo lune et spera, usque ad supremum Empireum celum. [44] Ad hoc concordat Alanus, loquens de ipsa theologia, dicens: *O regina poli, celi dea, filia summi, / cui superum sedes, celi via, limes olimpi, / extramundanus orbis, regioque Tonantis / tota patent, soliumque Dei, fatumque quod ultra est.* [45] Item tropologice etiam, idest moraliter, potest auctor

---

42. fenestram non sine homine operante, tamen sine homine cooperante] C fenestram non homine cooperante V.

43. lune] C luna V.

44. extramundanus] ST extra mudanus V. fatumque] factu(m)q(ue) V.

45. theologica] C theologia(m) V.

---

39. I Cor. XV 10.
40. AUG., *De Gratia et Lib. Arb.* XVII (PL XLIV 901).
41–42. AUG., *Sem.* CLXIX et *Gl.* rel.
44. ALAN., *Anticl.* V 178, 183–85.
45. ARIST., *Metaph.* XI vii 1064b 1–5.

intelligi loqui de dictis tribus dominabus hic sub typo trium partium phylosophie illarum, de quibus Aristotiles in xi° *Metaphysice* sic ait: *Tria sunt genera speculativarum scientiarum, scilicet naturalis, mathematica et theologica,* unde dicit: *In rebus tria sunt nobis: creatio, natura, voluntas, in quibus est orta philosophia triplex.* [46] Et ex hoc transumptive Boetius finxit phylosophiam sibi apparuisse in triplici forma muliebri: Nam primo *videbatur ad communem sese hominum mensuram exhibere,* secundo *videbatur pulsare celum vertice,* tertio *penetrare ipsum celum,* ut in primo *Consolationis* habetur, cui, inter alia, [47] sic loquitur ipse Boetius: *Tu in exilii vestri has solitudines omnium magistra virtutum supero cardine delapsa venisti,* quod potest transumtive etiam reduci ad id quod dicit hic querendo Virgilius ab ipsa Beatrice, scilicet cur non timet in Limbum descendere ita ut facit. [48] Ad cuius responsionem facit quod ita dicitur in quodam *Decreto* sub eodem sensu: *Sicut stellas celi non extinguit nox, sic mentes inherentes Sacre Scripture non obscurat humana iniquitas.* [49] Et Seneca *Ad Lucilium*: *Nunquam ita contra virtutes coniurabitur, ut nomen phylosophie sacrum non maneat.* [50] Quibus breviter reassumptis, concludendo auctor vult dicere, sub dictis sensibus anagogie vel tropologie, quod dicte Gratie, sive dicte due partes phylosophie, moverunt Beatricem ad descendendum in Limbum, hoc est moverunt amorem et voluntatem auctoris ad studium theologie recipiendum in pectore suo obscurato vitiis ut in Limbo quodam, et inde movere Virgilium, idest rationem, ad ducendum eum per iter Inferni, idest per viam demonstrativam et conclusivam contra voluptates mundanas, et moraliter ad virtuosa sequendo, maxime per sententias ipsius Virgilii, ut poete naturalis et moralis ultra alios, [51] ad quod optime adaptatur quod ait Papias: *Poete dicti sunt loici, quia in naturis et in moribus rationem adiungunt.* [52] Ultimo auctor, ut remotus per ipsum Virgilium a dicta eius formi-

---

52. que misit eum] q(ui) ‹i›missit eum V.

---

46. Boeth., *Cons. Phil.* I pr. iii.
47. Boeth., *Cons. Phil.* I pr. i 3.
48. *Decr. Grat.* I D. XXXVIII q. 8.
49. Sen., *Ep. Lucil.* XIV 11.
51. Pap., *Sign. Verb.* s.v. 'poeta'.
52. *Ps.* LV 13.

Super ii° capitulo Inferni

dine et dispositus ad sequendum ipsum, congratulando ei et Beatrici, que misit eum, utitur illis verbis Psalmiste in effectum dicentis: *Quoniam eripuisti animam meam a morte, pedes meos a lapsu, ut placeam coram Deo in lumine viventium*, [53] et alibi idem Psalmista ait: *Tu vero homo unanimis, dux meus et notus meus*, subaudi tu Virgilius, *eris*.

---

53. *Ps.* LIV 14.

SUPER III° CAPITULO INFERNI

[1] **Per me si va ne la città dolente**. [2] Auctor in hoc tertio capitulo tria principaliter facit: nam primo exordium suum ponit ad introitum primum *Inferni* usque ibi: **Et io ch'avea d'error la testa cinta**; ibi incipit dicere de animabus captivorum, procedendo usque ibi: **E poi ch'a riguardar oltre mi dedi**; ibi incohat dicendum de primo flumine Inferni, procedendo usque ad finem huius capituli. [3] Ad primum auctor, cum Virgilio se fingit devenisse ad illam portam mistici Inferni, — de qua *Mathei* capitulo vii°, dicitur ibi: *Intrate per portam angustam, quia lata porta ducit ad perditionem*, [4] et per Virgilium in vi° dicentem: *Tres Anchisiades, / faciles descensus Averni: / noctes atque dies patet atri ianua Ditis*, [5] et per Statium dicentem: *Trenaree limen petit inremeabile porte*, — et vidisse super eam hoc epitaphium scriptum continens hec verba: per me itur in civitatem dolentem, — hoc est in collectionem hominum in hoc mundo vitiose viventium allegorice loquendo. [6] *Nam*, ait Augustinus in xiv° *De Civitate Dei*, loquens circa talia et in tali sensu, *in genere humano societates*, idest collectiones, *tanquam civitates fecerunt amores duo: terrenam amor sui, celestem amor Dei*, — [7] item in ecternum dolorem: hoc referri debet ad essentialem Infernum, — iuxta illud Evangelicum: *Ite male-*

    1.   città] cita V.

    5.   continens] c(on)tines V.

---

1. *Inf.* III 1.
2. *Inf.* III 31. *Inf.* III 70.
3. *Matth.* VII 13.
4. VERG., *Aen.* VI 126–27.
5. STAT., *Theb.* I 96.
6. AUG., *Civ. Dei* XIV 28.
7. *Matt.* XXV 41.

Super III° capitulo Inferni

dicti in ignem eternum, — [8] et Psalmista, etiam in hoc considerative dixit: *Dolores Inferi circumdederunt me,* — [9] item in perditam gentem: hoc ad utrumque Infernum potest referri, ad quod Psalmista: *Ne perdas cum impiis Deus animam meam et cum viris sanguinum vitam meam.* [10] Item continebatur in eo epitaphio etiam quomodo deitas, Pater, Filius et Spiritus Sanctus illam portam fecit ante creationem mortalium et corruptibilium rerum, sed cum ipsis ecternis rebus instituta est, exigente iustitia pene Luciferi et suorum complicum ruentium immediate in ipsum Infernum facto celo et terra. [11] Unde Augustinus, *Super Genesi* ait: *Non frustra putari potest ab initio temporis diabolum superbia cecidisse,* et sic bene sequitur quod durabit in ecternum dicta porta, ut dicitur hic in textu, [12] ad quod dicitur Ysaie v° capitulo: *Propterea dilatavit animam suam Infernus et aperuit os suum absque ullo termino.* [13] Ultimo dicit dictum epitaphium quod intrantes per eam portam dimicant omnes spem exeundi eam: hoc referas ad essentialem Infernum, ad quod respiciens, *Iob* capitulo x° ait: *Antequam vadam et non revertar ad terram tenebrosam et opertam caliginem mortis,* [14] inducendo inde auctor Virgilium ad dicendum sibi quomodo videbit ibi gentem que perdidit bonum intellectum, idest Deum, in quo consistit beatitudo, que dicitur bonum predictum intellectus, secundum Phylosophum in iii° *De Anima,* [15] et in vi° *Ethicorum* dicit quod *Bonum intellectus est verum seu veritas,* [16] que secundum Thomam dicitur *Adequatio intellectus ad rem,* et secundum hoc ultimum debet referri quod dicitur hic in textu ad gentem vitiosas in hoc mundo existentem, ut in Inferno quodam, tali lumine intellectus obscuratam, ut supra dictum est, faciens inde auctor operationem de revolutione pulverulenta illius venti, qui dicitur 'turbo' ad tumultum illius aeris infernalis sine tempore tincti nocturna nigredine. [17] Et dicit sine tempore ad differentiam aeris huius nostri mundi qui ad tempus tingitur obscuritate noctis et ad tempus clarescit diurnitate solis quasi includat quod semper ibi est nox et obscuritas sine tempore,

---

8. *Ps.* XVII 6.
9. *Ps.* XXV 9.
11. Aug., *Gen. Litt.* XI xvi 21.
12. *Is.* V 14.
13. *Iob* X 21.
14. Arist., *Anim.* III vi 430b 27–29.
15. Thom., *Eth. exp.* VI iii 1139b.
16. Thom., *Theol.* I xvi 1.
17. Cf. Verg., *Aen.* VI 253–316.

idest sine aliquo intervallo diurni temporis, et ex hoc scribit Virgilius in vi°; [18] quod Greci vocarevunt Avernum, quod interpretatur 'sine tempore', et hoc quantum ad primum. [19] Ad secundum veniamus premictendum iterum quod scripsi supra in prohemio huius comenti, quomodo scilicet iste auctor sub tipo Paradisi scribere indendit de statu viventium in hoc mundo virtuose continue, et sub typo Purgatorii de statu illorum qui, cognita per gratiam Dei vilitate humane voluptuose vite ab ea quasi se purgando deverterunt, et virtuose vite se dederunt, ac sub tipo Inferni de statu viventium in hoc mundo in totum actualiter vitiose. [20] Verum quia illi quos in hoc mundo captivos vocamus propter eorum ignaviam et pusillanimitatem et miseriam non possunt dici virtuosi nec, dimissis vitiis, virtutibus inherere; nam actualiter vitiosi merito non possunt fingi esse in celo nec in Purgatorio nec in Inferno; igitur auctor eos, ita separatos, ponit extra Infernum puniri et cruciari stimulis et acculeis vespium et muscarum, in quibus auctor allegorice demonstrare vult solum miserrimos motus et operationes eorum pusillanimes, [21] contra quos dicitur in *Ecclesiastico* capitulo vii°: *Noli esse pusillanimis in anima tua*; quos tales captivos auctor dicit etiam hic nunquam fuisse vivos, moraliter loquendo, [22] de quibus ad idem *Psalmista* inquit: *Deleantur de libro viventium, et cum iustis non scribantur*, [23] et etiam forte Seneca ad hoc respexit, in prima *Epistula ad Lucilium*, dum dicit: *Maxima pars vite labitur male agentibus, magna nichil agentibus, tota aliud agentibus*, pro quibus istis ultimis intellexit de huiusmodi hominibus captivis qui non possunt in hoc mundo vere dici non aliquid operari, ut negligentes, nec male actualiter operari sed in suis miseris operibus semper ut mortui vivere in hoc mundo. [24] Et ex hoc dicit hic auctor in persona Virgilii quod anime dictorum captivorum unite sunt cum illis angelis qui non fuerunt boni nec mali tenendo cum Deo vel cum Lucifero, quos Ugo de Sancto Victore dicit puniri etiam extra Infernum in loco et aere caliginoso, [25] inter quos auctor fingit

---

20. nam] C nu(n)c V.

---

21. *Eccli.* VII 9.
22. *Ps.* LXVIII 29.
23. SEN., *Ep. Lucil.* I 1.
24. Cf. HUG. VICT., *Summ. Sent.* II 4 (= PL CLXXVI 843).
25. EUTR., *Brev. Urb.* IX 28.

Super III° capitulo Inferni

se vidisse umbram illius qui quadam pusillanimitate ut vilis renuit papatum, scilicet is fuit papa Celestinus Quintus, ut quidam dicunt, sive imperium, si fuit Deuclitianus qui, illud existens, etiam imperator, ut scribit Eutropius, dimissit, et hec quantum ad secundum. [26] Venio ad tertium dictum huius auctoris fingentis ita se devenisse cum Virgilio ad hoc flumen Acherontis primum infernale ut Eneas cum Sibilla, de quo in tali passu ipse Virgilius in vi° sui *Eneidos*, quem auctor hic ad licteram sequitur, ita ait: *Hinc via Tartarei que fert Acherontis ad undas. / Portitor has horrendas aquas et flumina servat / terribili squalore Charon, cui plurima mente / canities inculta iacet, stant lumina flamme. / Ipse ratem compto subigit velisque ministrat / et ferruginea subvectat corpora cymba, / iam senior, sed cruda deo viridisque senectus. / Hunc omnis turba ad ripas effusa ruebat / quam multa in silvis autumpni frigore primo / lapsa cadunt folia* etc. [27] Quam comparationem facit etiam hic auctor, cui conformantur illa verba *Ecclesiastici* capitulo xiiii°: *Sicut folia in arbore alia generantur et alia cadunt, sic generatio carnis et sanguinis.* [28] Et subdit Virgilius: *Stabant orantes primi transmictere cursum / tendebantque manus ripe ulterioris amore. / Nauta sed tristis nunc hos nunc accipit illos,* et subdit: *Sic prior aggreditur dictis atque increpat ultro: / "quisquis es, armatus qui nostra ad flumina tendis, / fare age, quid nominas, iam istic et comprime gressum. / Umbrarum hic locus est, sompni noctisque sopori: / corpora viva nephas Stigia nactare carina". / Quem contra breviter fata est Anfrixia vates; / "nullo hic insidie"* ecc., et subdit ille admirans: *Ceruleam advertit puppim ripeque propinquat. / Inde alias animas, que per iuga longa sedebant, / deturbat laxatque ferox; simul accipit alveo / ingentem Eneam. Gemuit sub pondere cimba / subtilis et multam accepit rimosa paludem. / Tandem trans fluvium incolumes vatemque virumque / informi limo glaucaque exponit in ulva.* [29] Que carmina pro se declarant ad licteram carmina satis huius tertie et ultime partis presentis capituli; quare restat allegorizare solummodo ipsa, unde prenotandum est quod hoc primum infernale flumen Acheron interpretatur 'sine gaudio', de quo sic

---

25. Deuclitianus] d(e)uelicianus V d(e)uditian(us) C.

---

26. VIRG., *Aen.* VI 295, 298–300, 302–5, 309–10.
27. Cf. *Eccli.* XIV 28–9.
28. VERG., *Aen.* VI 313–15, 387–91, 398–99, 410–16.
29. MACR., *Comm. Somn. Scip.* I x 11.

ait Macrobius: *Acherontem quicquid fecisse dixisseve usque ad tristitiam humane varietatis more* etc. [30] Quidam vero dicunt Acheron interpretari 'sine gratia', quod in idem recidit, et allegorice hoc primum flumen infernale debet accipi hoc pro primo nostro inclinabili fluxu ad voluptates mondanas in adolescentia incipiente nos prius ducere ad Infernum, idest ad statum infimum vitiorum, immemores Dei, ad hoc Psalmista ait: *Convertantur peccatores in Infernum, omnes gentes que obliviscuntur Deum.* [31] De quibus talibus ita labentibus ad dictum statum voluptuosum per hoc tale figuratum flumen ut ad Infernum in hoc mondo tangit Seneca *Ad Lucilium* dicens: *Ceteri, eorum more que fluminibus natant, non eunt sed feruntur; ex quibus alia levior unda detinuit, ac molius vexit, alia vehementior rapuit, alia proxime ripe cursu languescente deposuit, ita dico precipiti voluptati voluntas ad dolorem vergit.* [32] Ad quam allegoriam facit quod ait Psalmista dicens: *Vox Domini super aquas multas*, super quibus verbis dicit *Glosa: Idest super illos qui in fluxu huius seculi sunt.* [33] Caron enim, nauta huius talis fluminis, interpretatur 'tempus': nam dicitur Caron 'quasi Cronum', quod 'tempus' interpretatur, quod quidem tempus nos vehit per discursus mundi huius ut nauta quidam et malorum animas tandem ad Infernum de hac vita transportat, [34] ut resultat ex premissis Virgilii et auctoris versibus, et ex illis Ovidii dicentis in xv°: *Ipsa quoque assiduo volvuntur tempora motu, / non secus ac flumen, neque enim consistere flumen, / nec levis aura potest, sed ut unda impellitur unda, / tempora sic fugiunt pariter pariterque sequuntur*, [35] et ex illis verbis Senece dicentis *Ad Lucilium: Corpora nostra labuntur more fluminis, nam quicquid vides currit cum tempore*, modo quia hominem in hoc mundo viventem corporaliter et virtuose non tempus sed potius gratia transducere habet ad cognitionem vilipendendarum rerum huius seculi ut ad quendam Infernum, ideo inducit auctor dictum Caronem sub dicto significatu conqueri de eius tali transitu ut persone viventis, subaudi virtuose, et quia ad hec talia speculative contemplanda venitur, fingit se de una ad aliam dicti fluminis dormiendo auctor fuisse ita translatum ibi per dictum Caronem.

---

30. *Ps.* IX 18.
31. Sen., *Ep. Lucil.* XXIII 8, 6.
32. *Ps.* XXVIII 3 et *Gl.* rel.
34. Ov., *Met.* XV 179–81, 183.
35. Sen., *Ep. Lucil.* LVIII 22.

SUPER IIII° CAPITULO INFERNI

[1] **Ruppemi l'alto sonno ne la testa**. [2] Auctor in hoc quarto capitulo, premisso eius prohemio per se satis patente, continuando se ad finem precedentis capituli, fingit se cum Virgilio descendisse in primum circulum Inferni, qui Limbum dicitur et vocatur, in quo distincta et separata loca dicuntur esse et fuisse, ut scribitur in *Compendio Theologie*: nam in superiori eius parte dicitur esse et fuisse Limbum Sanctorum Patrum, que pars Limbi sinus ille Habrae dictus est, [3] in quo anima Lazzari leprosi quiescebat quando umbra divitis Epulonis eam provocabat, ut scribitur *Luce* capitulo xvi°, — [4] *Ubi pena dampni et non sensus, et fuerunt ibi solum tenebre exteriores, non tenebre privationis gratie*. [5] De quo sic ait Beda: *Circumcisio temporis legis contra vulnus originalis peccati agebat sicut nunc Baptismus, hoc excepto, quod ianuam celi nundum intrare poterant ante Baptismum, sed in sinu Habrae post mortem beata requie consolabantur*. [6] Ad quem locum anima Christi, mortuo eius corpore in cruce, descendit, et animas dictorum Sanctorum Patrum liberavit, et quomodo audi Thomas de Aquino in tertia parte eius *Summe* dicentem: *Anima Christi virtualiter ad totum Infernum descendit, sed essentialiter ad hanc partem dicti Limbi, in qua iusti detinebantur, ut quos ipse per gratiam visitabat secundum deitatem, eos secundum animam visitaret et locum. Et eos liberavit qui per fidem et caritatem passioni ipsius Christi coniungebantur*. [7] Et Gregorius, in tertio *Moralium*, etiam inquit: *Christus, claustra Inferni penetrans, electorum animas inde eduxit*, scilicet, dicit hic auctor, umbram Ade et

---

6. coniungebantur] ST c(on)iu(n)gebat(ur) V.

---

1. *Inf.* IV 1.
2–4. Cf. THOM., *Comp. Theol.* 235.
3. Cf. *Luc.* XVI 19–31.
5. BED., *Homil.* I 11.
6. Cf. THOM., *Theol.* III lii 1–2.
7. GREG., *Moral.* XIII 43.

Comentum Petri Alagherii

Eve, et Abelis eorum filii, et Noe, et Moisis, item Habrae et David, item Israel et Iacob, ita a Deo vocati, dicente ei, [8] ut habetur *Genesis*, capitulo xxxv°: *Non vocaberis ultra Iacob, sed Israel erit nomen tuum*; item umbram Isaac eius patris, ac umbras Iude, Ruben, Gad, Aser, Neptalim, Manase, Simeon, Levi, Isachar, Zabulon, Iosep et Beniamin, duodecim filiorum dicti Iacob, ex quibus duodecim tribus descenderunt, et Rachelis, secunde uxoris dicti Iacob, propter quam tantum egit ipse Iacob, ut tangit hic auctor. [9] Legitur enim de hac ystoria in dicto libro *Genesis* capitulo xxviiii°, quod dictus Iacob missus fuit a dicto suo patre ad quendam eius cognatum, nomine Laban, in Mesopotamiam Syrie, ut acciperet in uxorem unam de eius filiabus duabus; quibus visis, predictus Iacob preelegit minorem, nomine Rachelem, et pulcriorem Lia, maiore filia dicti Laban, et sorore dicte Rachelis lippa occulis. Ad quod dictus Laban consentire noluit, nisi prius ipse Iacob serviret ei septem annis. [10] Quo servitio septenni impenso per dictum Iacob, petendo dictam Rachelem secum coniungi ut eius uxorem, dictus Laban, in sero, occulte, supposuit sibi in lecto Liam, eius filiam maiorem predictam, cum qua illa nocte Iacob iacuit. [11] In mane vero, hoc viso, Iacob, tanquam irato et conquerenti, Laban dixit quod non erat decens prius minorem sororem quam maiorem debere nubere. [12] Tamen adhuc iterum pepigit servire se ipse Iacob dicto Laban eius socero per alios septem annos ut duceret sibi ipsam Rachelem, et ita factum fuit, subdendo inde auctor quomodo ante tales animas Sanctorum Patrum nulli spiritus humani salvati fuerant, ut supra tetigi. [13] Item secundario auctor tangit de secunda parte dicti Limbi, in qua dicit puniri animas infantum non baptizatorum, non pena sensus sed dampni, unde Thomas predictus, in tertia parte, questione lii[a], inquit: *Dolores non sunt in Inferno Patrum, nec in Inferno puerorum*, [14] licet Augustinus, scribens ad Petrum Diaconum, dicat: *Firmissime tene parvulos, qui sive in utero matris, sive extra, sine Baptismo moriuntur, igne puniendos*, [15] sed hoc exponit *Glosa*

---

9.   noluit] voluit V.

12. duceret] duret V.

---

8. *Gen.* XXXV 10.
9–12. Cf. *Gen.* XXIX 1–29.
13. Thom., *Theol.* III lii 2.
14–15. *Decr. Grat.* II C. I q. i 54–55.

Super iiii° capitulo Inferni

Decreti: *Igne et mitissima pena, nam solum erunt in tenebris perpetuo ibi et Dei visione carebunt*, [16] et hoc ex eo, ut subdit Augustinus idem, *Quia, etsi peccatum proprie actionis nullum habent, originalis tamen peccati dampnacionem carnali conceptione et nativitate contraxerunt, et ita, quia non voluntate peccaverunt, actuali pena non puniuntur*. [17] Est enim ad hoc notandum quod, ut dicit *Glosa* etiam quodam *Decreto*, *Hoc originale peccatum in infusione anime extrahitur, quia tunc tres vires anime, scilicet concupiscibilitas, irascibilitas et rationabilitas debilitantur*. [18] Unde Innocentius quartus ad hoc ait: *In anima pueri nundum baptizati tria sunt: scilicet pronitas ad peccandum, que est ex corruptione carnis, secundario macula, que est quedam sordes anime quam contraxit in sua infusione ex mistione carnis; et propter hanc sordem indignam est Dei conspectui presentari; tertium est reatus sive debitum pene eterne*. [19] Et ex hoc Magister Sententiarum, diffiniendo dicit: *Originale peccatum est pronitas ad peccandum*. [20] Quidam alii dicunt quod dicitur quedam macula anime annexa, que per baptismum deletur, subaudi reatu, tamen remanet actu cum remaneat pronitas, ex qua surgunt actuales concupiscentie. [21] Has etiam animas infantum et puerorum infidelium finxit Virgilius in vi° Eneam invenisse flentes, idest suspirantes, ut dicit auctor hic de ipsis in primo circulo Inferni, dicens: *Continuo audite voces vagitus et ingens / infantumque anime flentes, in limine primo / quos dulcis vite exortes et ab ubere raptos / abstulit atra dies et funere mersit acerbo*, ponendo etiam auctor hic cum istis animabus puerorum esse animas marium et feminarum adultarum morientium sine Baptismo et actuali peccatu, ut sunt cathecumini habentes desiderium baptizandi, [22] de quibus Augustinus in duobus *Decretis* ita invenitur dixisse: *Non dubito catolicum cathecuminum, divina caritate flagrante, heretico baptizato preponere ut centurionem Simoni Mago baptizato heretico. Item cathecuminum, quamvis in bonis operibus defunctum, vitam habere non credimus, nisi martirii sacramentum compleat baptizatus*, [23] iuxta Iohannem in suo *Evangelio* iii° capitulo dicente: *Nisi quis renatus fuit ex aqua et Spiritu Sancto non intrabit regnum celorum*, dicit modo *Non steterit per eum quin baptizaretur aliter salvaretur*. [24] Et dicit Augustinus quod *Huiusmodi anime existentes ita in Limbo sine pena sensus, volunt potius sic esse quam non esse secus*; ergo de aliis dampnatis in pena sensuali

---

16. *Decr. Grat.* II D. XLI 4 et *Gl.* rel.
17–18. *Decr. Grat.* I D. XXV 3 et *Gl.* rel.
19. Petr. Lomb., *Sent.* II xxv 11.
21. Verg., *Aen.* VI 426–29.
22. *Decr. Grat.* II C. XX q. iii 4.
23. *Ioan.* III 5.
24. Cf. *Decr. Grat.* II C. XXI q. v 3.

Comentum Petri Alagherii

a contrario sensu videtur. [25] Tertio auctor fingit se devenire ad tertiam partem et locum dicti Limbi, in quo fingit esse animas illorum qui ante adventum Christi et eius Baptismum virtuosissimi in artibus et moribus fuerunt et scientiis, mortui tamen solum cum defectu non adorandi debite Deum cum latria sed cum dulia et superstitione. [26] Dicitur enim 'latria' debitus cultus Dei, cum ipsum adorando ut creatorem omnium; 'dulia' dicitur cultus exhibitus creature, puta Soli, Lune, Veneri et Marti; 'superstitio' est cultus ydolorum, ut dicit hic Virgilius, auctor de se et de aliis phylosophis magnis et poetis, quorum fama, quia in eternum fulget et lucebit, fingit auctor hic tales esse non in tenebris, ut alios de Limbo, sed in loco ignea luce luminoso, offensos tamen solum in tantum, ut dicitur hic in textu, quod sine spe vivunt in desiderio, scilicet Deum videndi. [27] Et merito putandum est animas talium egregiorum sapientum gentilium et paganorum in Inferno esse in tam mitissima pena et loco penali, gratia divina mota propter eorum ornatam famam, ad hoc eis indulgendum et etiam propter tot bona et mortalitates quas et que in hoc mundo in suis scriptis relinquerunt, [28] unde Macrobius: *Sapientibus conscientia ipsa factorum egregiorum amplissima virtutis est premium,* [29] cum scriptum sit in *Iure Canonico* ac teneant nostri theologi quod *Omnia bona facta in hoc mundo prosunt in alio de dampnato ad mitius tormentum,* [30] unde Gratianus in *Decretis de Penitentiis* ad hoc ait: *Potest etiam referri memoria bonorum ad mitiorem penam habendam, ut bona que inter multa mala fuerant non proficiant ad presentis vite vel future premium optinendum, sed ad tollerabiliter extremi iudicii supplicium subeundum.* [31] Et eadem premissa ratione potest argui et concludi de illustribus viris et mulieribus in hoc loco inferiori, hic nominatis propter eorum probitates, tam in virtutibus quam in armis habitam, in dicta mitissima pena fore. Et hoc quantum ad superficialem intellectum et sensum. [32] Verum, quia auctor etiam in hoc passu mistice circa aliqua procedit, allegorizemus illa, circa que premicto quod Phylosophus in xi°

25. virtuosissimi] virtuosissimu(m) V virtuosi C. dulia] C dubia V.

26. dulia] C dubia V.

---

28. Macr., *Comm. Somn. Scip.* I iv 2.
29. *Cod. Iur. Can.* III 1378.
30. *Decr. Gr.* II *De Pen.* D. IV 48.
32. Arist., *Metaph.* XI iii 1064b 1–4.

Super iiii° capitulo Inferni

Methaphysice superat seu elevat theologiam aliis scientiis speculativis, scilicet naturali et mathematice, ut celestem sapientiam, [33] unde Ambrosius, *Super Epistulas ad Colossenses* de ea ait: *Omnis ratio superne scientie in eo est qui caput est eius, ut qui hunc novit nichil ultra querat. Quia hic est perfecta virtus et sapientia. Et quicquid alibi queritur, hic perfecte invenitur.* [34] Et sic studiosi in tali sapientia theologica viventes in hoc mundo possunt censeri ut elevati in celo, ut tangit iste auctor in x° capitulo *Paradisi*; merito et per consequens studiosi aliarum scientiarum mundanarum debent censeri fore in infimitate quadam, ut Limbo quodam, pro qua sapientia mundanarum scientiarum, que 'sophia' appellatur. [35] Hoc castrum, de quo hic dicitur, auctor accipit allegorice, et eius septem portas et muros pro septem liberalibus artibus; de quo tali castro figurato pro dicta sapientia mundana, sensit etiam Salamon et de eius etiam septem portis, dum dixit, *Proverbiorum* viiii° capitulo: *Sapientia hedificavit sibi domum et excidit columpnas septem*, [36] et ut ostendat se auctor per summos poetas, non per infimos et mediocres vilipensos ab Oratio in sua *Poetria* dicente: *Tolle*, scilicet tu Piso, *memor, certis medium et tollerabile rebus / sed tamen in pretio est: mediocribus esse poetis / non homines, non dii, non consensere columpne*, esse ductum ad dictam sapientiam mundanam induci se dirigi ad dictum castrum illam figurans et introduci per eius septem portas figurantes dictas artes per Omerum grecum poetam de Smirnea civitate et quia multum cecinit de bellicis rebus, [37] ut ait Oratius dicens: *Res geste regumque ducumque et tristia bella / quo scribi possent numero, monstravit Omerus*, ideo auctor fingit eum hic eum cum spata in manu, item per ipsum Virgilium, item per Oratium Venusinum satirum, idest reprehensorem vitiorum — [38] nam dicit Ysidorus quod statim sunt poete qui vitia carpunt, ut fuit iste Oratius Flaccus, Persius et Iuvenalis — [39] item per Ovidium Sulmonensem et per Lucanum Cordubensem, et quia etiam per dictos quinque poetas ipse auctor vult ostendere se effectum summum poetam in cantu materno, ut illi fuerunt in cantu greco et latino, dicit hic quomodo fuit sextus in

---

35. viiii°] ST xxxiii° V.

---

33. *Decr. Grat.* I D. XXXVII 7.
35. *Prov.* IX 1.
36. Hor., *Ars Poet.* 368, 372–73.
37. Hor., *Ars Poet.* 73–74.
38. Isid., *Etym.* VIII vii 7.

consortio talium summorum vatum factus. [40] Item fingit dictos poetas secum ivisse loquendo verba que pulcrius est tacere quam recitare ne se exaltet in laudem, iuxta illud Salamonis: *Laudet te os alienum et non tuum.* [41] Fluvium vero ambientem hoc tale castrum allegorice auctor accipit pro desiderabili motu discendi qui, ex eo quod in eis solidus, idest completus, erat, fingit se cum dictis aliis poetis illum transisse ut terram duram. [42] Pratum inclusum a dicto castro accipit auctor pro virente et eterne fame statu phylosophorum talium et poetarum, alludendo verbis Virgilii fingentis Eneam in vi° hos tales vates invenire in huiusmodi figurata viriditate dicendo: *Conspicit, ecce, alios dextra levaque per erbam / vescentes letumque choro peana canentes / inter odoratum lauri nemus, unde superne / quique pii vates et Phebo digna locuti, / inventas aut qui vitam excoluere per artes, / quique sui memores alios fecere merendo.* [43] Et quia fama horum poetarum clarissimorum vix potest iungere in hoc mundo quin simul cum ea vigeat fama illorum illustrium virorum, de quibus istorice in suis poeticis carminibus fecerunt mentionem quod probat Lucanus in viiii°, dum alloquitur Cesarem ne invideat fame Hectoris, modulate et sublimate a dicto Omero, dicens: *Nam, si quid Latiis fas est promictere Musis / quantum Smirnei durabunt vatis honores, / venturi me teque legent* etc., fingit hic auctor etiam tales viros illustres simul cum eis esse in hac figurata tali viriditate. [44] De quorum famoso statu volens auctor nunc loqui, ut de alta re, fingit se de quadam respicere tales famosos ostensos et nominatos sibi per dictos poetas, alludendo verbis Virgilii, inducentis etiam umbram Anchise in simili loco ostendere Enee tales dicendo in vi°: *Dixerat Anchises natumque unaque Sibillam / conventus trahit in medios turbamque sonantem, / et tumulum capit unde omnes longo ordine possent / adversos legere et venientium discere vultus,* fingendo auctor primo sibi ostendi ibi Electram, filiam regis Atalantis et uxorem olim Iovis, regis Cretensis, creantis ex ea Dardanum, fundatorem Troiane urbis, [45] unde Virgilius in viii° ait: *Dardanus, Iliace primus pater auctor et urbis / Electra, ut Grai peribent, Atalantide cretus* cum multis sociis, idest cum multis eius descendentibus, inter quos nominat Hectorem

---

40. *Prov.* XXVII 2.
42. VERG., *Aen.* VI 656–58, 662–64.
43. LUCAN., *Phars.* IX 983–85.
44. VERG., *Aen.* VI 752–55.
45. VERG., *Aen.* VIII 134–35.

Super IIII° capitulo Inferni

et Eneam et Iulium Cesarem, [46] *Olim in arma furentem*, ut ait Lucanus; ideo dicit hic auctor eum armatum cum occulis grifagnis, idest minacibus et audacibus, ut habent accipitres grifagni. [47] Item fuerunt etiam ibi ostensa sibi Camilla, regina Vulscorum, et Pantasilea, regina Amazonidum, et rex latinus et Lavinia, eius filia et uxor secunda dicti Enee; item Brutus, qui expulit Tarquinum Septimum, regem romanum, et Lucretia, eius neptis, de quorum ystoria videatur quod dicam in capitulo vi° infra in *Paradiso*; item Iulia, filia Cesaris, et uxor prima Pompei; item Martia, uxor Catonis, et Cornelia, uxor secunda dicti Pompei; item Saladinus, remotus ab istis, ita ut dicit textus, et solus in parte: hoc dicit auctor ex eo quod nemo de Sarracenia natione famosus in virtute fuit nisi ipse, vel hoc dicit quia nemo poeta de sua famosa probitate tractavit, ut de aliis ibi existentibus. [48] Inde, elevatis altius occulis intellectualibus, vidit ibi auctor, sub premissa allegoria, Aristotilem filium Nicomaci de Straguritana, civitate Macedonie, maiorem mundi phylosophum, et vocat eum magistrum illorum qui sciunt, scilicet peripateticorum phylosophorum, investigatorum causas rerum, et sic debent dici 'scientes', cum *Scire sit res per causas cognoscere*, ut ait ipse Aristotiles in principio Physicorum; [49] item Socratem phylosophum de Athenis et Platonem phylosophum Atheniensem; item Democritum phylosophum ponentem mundum a casu et fortuna factum, non a Deo; item Diogenem stoycum phylosophum, idest patientem, [50] unde Seneca in libro *De Ira*: *Diogeni stoico, de ira cui maxime disserenti in eum adolescens spuit, tulit hoc ille leniter: "Non quidem", inquit, "irascor, sed dubito an irasci oporteat". Et cuidam Lentulo, idem sibi facienti, inquit: "Affirmabo, Lentule, falli eos qui te negant os habere"*. [51] Item Anaxagora, alium phylosophum, qui de omnibus rebus scripsit, ut ait Tullius in libro *De Natura Deorum*; [52] item Thalem phylosophum qui de creatione mundi scripsit, ut ait Ysidorus; [53] item Empedoclem, phylosophum Agri-

49. Athenis] Thebis V Athena C.

53. Empedocles] ST est pedocles V.

---

46. Lucan., *Phars.* II 439.
48. Arist., *Phys.* I i 184a 10–16.
50. Sen., *De Ira* III xxxviii 1–2.
51. Cf. Cic., *Nat. Deor.* I xxvi 11.
52. Cf. Isid., *Etym.* II xxiv 4.
53. Hor., *Ars Poet.* 465–66.

Comentum Petri Alagherii

gentinum, qui se precipitavit in Ethenam causa experiundi unde eius extuatio procedebat, de quo Oratius in Poetria inquit: *Dum cupit Empedocles, ardentem frigidus Ethnam / insiluit* etc. [54] Item Eraclidem, poeta de Ponto, qui scripsit Sompnium Matris Fallaridis; item Zenonem phylosophum; item Diascoridem phylosophum, qui librum *De Qualitatibus Rerum* composuit; item Orpheum poetam et musicum et inventorem armonie; item Tullium et Linum poetam et Senecam moralem; item Euclidem geometram et Ptholomeum astrologum summum Pheludensem; item Ypocratem, Avicennam et Galienum, phisicos summos; item Averoim Cordubensem, commentatorem totius phylosophie Aristotilis.

SUPER V° CAPITULO INFERNI

[1] **Così disciesi del cerchio primaio**. [2] In hoc v° capitulo auctor principaliter duo facit: primo exordium ponit usque ibi: **Ora incomincian le dolenti note**, ibi incipit tractare de animabus dampnatis propter peccatum carnis in libidine et hoc usque ad finem huius capituli durat. [3] Veniamus ergo ad premissam exordialem primam partem aperiendam hoc modo: auctor iste postquam dixit de primo circulo seu Limbo Inferni, in quo posuit puniri animas infantium puerorum et aliorum — de quibus dictum est in proximo precedenti capitulo — non in pena sensus sed dampni ex eo quod non actualiter et conscientialiter peccaverunt, veniens ad tractandum nunc hic de animabus dampnatorum illorum qui actualiter et conscientialiter peccaverunt, ut incontinentes et alii de quibus amodo dicet plectentibus penam dampni et sensus, fingit se in ingressu huius secundi circuli Inferni invenire Minoem ut iudicem infernalem ita ringhiantem et examinantem et iudicantem et mandantem animas dampnatas ad sua debita supplitia, ut dicit hic textus, sequendo hic ad licteram Virgilium fugientem et Eneam descendentem de dicto primo circulo Inferni in quo etiam ponit puniri animas infantum et aliorum non conscientialiter peccatorum; [4] ad secundum sequentem circulum infernalem invenire ibi se hunc Minoem ad hunc predictum actum exercendum dicentem in vi°: *Hos iuxta falso dampnati crimine mortis. / Nec non hee sine sorte date, sine iudice, sedes; / quesitor Minos urnam movet, ille silentem / consiliumque vocat, vitas et crimina discit*. [5] Quem Minoem Virgilius ibi et auctor hic, quantum ad allegoricum inte-

---

3.   infantium puerorum] C i(n)fa(n)tu(m) (et) pueror(um) V.

4.   sedes] L B ST sede V.

---

1.   *Inf.* V 1.
2.   *Inf.* V 25.
4.   VERG., *Aen.* VI 430–33.

gumentum, sub typo et figura humane conscientie ponit, et merito: nam nullum actuale peccatum committi potest conscientia non remordente, [6] unde Apostolus, *Ad Romanos* xv° capitulo inquit: *Omne quod non est ex fide,* idest omne quod contra conscientiam fit, *peccatum est,* nam deest fides ubi non est conscientia peccati, [7] et ex hoc fingit auctor primo dictum Minoem ringhiantem, idest dentibus frendentem et frementem, ad quod ait *Ysaia* ultimo capitulo dicens: *Vermis eorum non morietur,* ubi *Glosa* hoc exponens ait: *Vermis, idest remorsio conscientie,* [8] nam, ut ait Gregorius in primo *Moralium: Nunquam simul esse possunt culpa operis et irreprehensibilitas cordis,* inde in eo quod dicit quod dictus Minos examinat in tali introitu ut iudex notat auctor quomodo conscientiam in hoc mundo circa bonas et malas operas nos quasi inquirendo facit confiteri intellectualiter quod fuerit sequendum vel non, [9] unde Origenes: *Conscientia est spiritus correptor et pedagogus anime que separatur a malis et adheret bonis,* [10] et Seneca, *Ad Lucilium,* de ipsa etiam conscientia ait: *Sacer inter nos spiritus sedet bonorum malorumque observator et custos,* [11] et Damascenus: *Conscientia est iudex et lex nostri.* [12] Item in eo quod fingit dictum Minoem iudicari, tangit quod accusatio conscientie precesserit, quia fit contra nos in nobis ipsis dum peccavimus, [13] unde Augustinus, in hac scribens *Ad Secundinum Manicheum,* inquit: *Senti de Augustino quidquid libet; sola me in occulis Domini conscientia non accuset.* [14] Item quod precesserat testimonium ipsius conscientie, de quo Apostolus, *Ad Romanos* ii° capitulo ait: *Qui offendunt opus legis scriptum in cordibus suis testimonium reddente illis conscientia ipsorum.* [15] In tertio nos

6. xv°] ST xiiii V.

12. accusatio] C acusa V.

---

6. *Ep. Rom.* XIV 23.
7. *Is.* LXVI 24 et *Gl.* rel.
8. GREG., *Mor.* I *Ep. missoria* iii.
9. THOM., *Theol.* I lxxix 2.
10. SEN., *Ep. Lucil.* XLI 2.
11. THOM., *Theol.* I xcvii 2.
13. *Decr. Grat.* II C. XI q. iii 51.
14. *Ep. Rom.* II 15.
15. *Decr. Grat.* II C. XX q. v 19.

Super v° capitulo Inferni

iudicat condempnando, unde Ambrosius in quodam sermone sic ait: *Conscientia suum reum semper tacita sine contradictione convincit et iudicat.* [16] Ad hoc idem Iuvenalis ait: *Prima est hec ultio, quod se / iudice nemo nocens absolvitur, improba quamvis / gratia fallacis pretoris vicerit urna.* [17] Ultimo in eo quod dicit quod dictus Minos sub dicto significatu mandat animas secundum quod cingit se cum cauda, refert se auctor ad executionem iudicii consciencie predicti que fit in cauda, idest in finali parte nostre vite, in qua malos immemores Dei ducit ad Infernum ad debita supplitia, [18] unde Oratius in *Sermonibus* ait: *Regula peccatis que penas irrogat equas / adsit* etc., quasi conscientiam per tali regula tollat; [19] ad quod respexit David dicens ut peccator remorsus conscientialiter: *Convertere, Domine, et eripe animam meam; / salvum me fac propter misericordiam tuam / quomodo non est in morte qui memor sit tui / in Inferno autem quis confitebitur tibi,* [20] ad hoc facit quid ait etiam *Glosa* super illo verbo *Apocalipsis*: *Et habebant caudas similes scorpionibus* etc., scilicet quod referendum est ad hoc quod mors ecterna est finis carnalium voluptatum, vel ad hoc quod ad mortem culpe homines trahunt, vel refert se auctor hic dum dicit de cauda dicti Minois ad executionem in fine mundi fienda, de qua, ut scriptum in *Decretis* reperitur, nullus accusabit alium, [21] cum tunc, ut ait Apostolus: *Lingue cessabunt,* sed sola conscientia accusabit quemlibet. [22] Hiis expeditis, veniamus ad secundam partem huius capituli in qua incipit auctor tractare de septem principalibus peccatis incontinentie et de animabus propter illa dampnatis in Inferno, et primo de peccato luxurie carnalis, hic dicere incohat fingendo in isto circulo secundo Inferni puniri in tali vento tempestuoso illorum animas qui in hoc mundo rationem, ut dicitur hic in textu, submiserunt libidinoso appetitui, [23] unde Augustinus: *Luxuria tota nostra ratio absorbetur,* [24] et *Ad Corinthios* super vi° capitulo dicit *Glosa* de talibus qui fornicantur et corpore suo peccant: *In hoc peccato,* inquit, *est anima sub corpore*; nam in fornicationis opere sicut totus homo absorbetur a carne ut iam dici non possit ipse animus suus esse, sed simul totus homo dici possit caro, qua submissio rationis fit in quolibet coitu preterquam in coitu uxorio

---

16. Iuv., *Sat.* XIII 2–4.
18. Hor., *Serm.* I iii 118–19.
19. *Ps.* VI 5–6.
20. *Ap.* IX 10 et *Gl.* rel. Cf. *Decr. Grat.* II C. XV q. i 13.
21. *I Ep. Cor.* XIII 8.
23. *Decr. Grat.* II C. XIX q. iv 5.

secundum canones, [25] fingendo auctor se ibi invenire in dicta pena inter alia animas animam regine Semiramidis, uxor Nini olim regis Babylonie, que, mortuo dicto suo viro, ita accensa fuit in libidine quod cum Ninia suo filio iacere proposuisset, et statuit unicuique esset licitum quod sibi placeret in libidine et delectaret, ut dicit hic auctor, [26] ad quod Orosius sic ait: *Semiramis libidine ardens ut fas sibi esset cum quibuscumque fornicari fecit*, [27] ut ait Ovidius dicens: *Iuppiter esse pium statuit, quodcumque iuvaret, / et fas esse fecit fratre marita soror*, [28] item animam Didonis que se amore Enee interfecit secundum fictionem Virgilii ab ea recedentis, et cum ergo iam iacuerat et sic rupit fidem iuratam per eam castitatis super urnam cineris Sichei sui viri occisi a Pigmaleone, fratre ipsius Didonis, ad quod sic ait Virgilius in iiii° in persona dicte Didonis: *Non licuit talami experte sine crimine vita / degere more fere talis nec tangere causas; / non servata fides cineri promissa Sichei*. [29] Yeronimus vero scribens ad Iovinianum dicit dictam Didonem pudicam in viduitate mansisse et se occidisse propter Iarbam regem Musitanorum volentem ipsam in uxorem per vim; [30] item animam Cleopatre filie Lagi regis Egypti diu olim fornicantis cum Cesare; [31] item Elene, uxoris regis Menelai, quo dimisso fornicata est cum Paride filio Priami, ex quo dictus eius vir cum aliis Grecis decem annis et sex mensibus obsiderunt Troiam, et hoc est quod tangit hic auctor de tanto tempore malo revoluto per eam; [32] item umbram Achillis Pelei, qui in fine cum amore dimicavit, ut dicit in textu, vult auctor in hoc tangere quod legitur de ipso Achille, [33] scilicet quod, mortuo Hectore occiso per ipsum Achillem, Greci cum Troianis treguam fecerunt adeo firmam quod Troiani in castra Grecorum et Greci in Troiam ibant, modo accidit in tali tempore quod, dum Ecuba uxor Priami, et mater dicti Hectoris cum Polisena sua filia et cum aliis dominabus Troianis exisset extra Troiam ad exequias annuas faciendas dicti Hectoris, phylocaptus adeo dictus Achilles est de dicta Polisena, quod eam petiit in uxorem, quod dicta Ecuba sibi facere promisit si faceret quod exercitus Grecorum inde recederet, quod facere non valens dictus Achilles, cum sua gente de dictu exercitu recessit indignatus,

28. occisi] occiosi V.

---

26. Oros., *Hist. Pag.* I iv.
27. Ov., *Her.* IV 133–34.
28. Verg., *Aen.* IV 550–52.
29. Hier., *Adv. Iovinian.* I 43.

Super v° capitulo Inferni

nichilominus dicta Ecuba, memor mortis Hectoris, dicti filii sui, et in eius vindictam cum tractatu Paridis sui filii, ordinavit quod dictus Achilles una die veniret ad quoddam templum Apollinis positum iuxta Troiam ad complendum dictum coniugium, [34] qui Achilles venit ad dictum templum, et ingressus templum predictum insultatus fuit insidiose a dicto Paride et a multis aliis Troianis, qui Achilles cum eis preliando, non valens eis resistere, reduxit se ad statuam dicti Apollinis ubi sagipta mortuus est a Paride predicto, [35] unde Virgilius in vi°, in persona Enee alloquentis ipsum Apollinem, de hoc ait: *Phebe, graves Troie semper miserate labores, / Dardana qui Paridis derexti tela manusque / corpus in Eacidem* etc. [36] Item fingit auctor ibi se invenire umbram dicti Paridis et Tristani, ac domine Francisce, filie domini Guidonis de Polenta, domini olim civitatis Ravenne posite iuxta marinam et litora maris Adriatici, ubi Padus intra in illud mare cum suis sequacibus fluminis cum eo unitis, ut dicitur hic in textu, et uxor olim Iohannis Ciotti de Malatestis de Arimino, item umbram Pauli, fratris dicti Iohannis, que domina Francisca et dominus Paulus cognati, simul reperti in adulterio occisi sunt a dicto suo viro. [37] Modo ut auctor ostendat ad nostram moralitatem a quo nobis cavere debemus, ne capiamur ab isto amore concupiscibili et venereo, inducit umbram dicte domine Francisce ad dicendum quomodo dictus Paulus phylocaptus est de sua pulcra persona, motus a nobili corde cui cito talis amor insurgit propter cibaria pretiosa et otia, subaudi talium gracilium et petentium, quam cordi plebei, [38] unde inquit Yeronimus: *Difficile inter epulas servatur pudicitia,* [39] et illud sancti Bernardi: *Periclitatur castitas in delitiis licet utrumque pungit,* [40] unde idem Yeronimus: *In sicco et panis eadem libido dominatur,* [41] ad quod facit illud Ovidii: *Queritur Egistus quare sic factus adulter? / in promptu causa est: desidiosus erat,* [42] et illud: *Otia si tollis,*

---

35. derexti] ST diresti V L B.

41. adulter] ST ad ultra V. desidiosus] ST derosus V.

---

35. Verg., *Aen.* VI 56–58.
38. *Decr. Grat.* I D. XXXV 4.
39. Bern. Clar., *Ep.* CCXXIV 3.
40. *Decr. Grat.* II C. XXXII q. li 29.
41. Ov., *Rem. Am.* 161–62.
42. Ov., *Rem. Am.* 139.

periere cupidinis arcus, ex quo, ut dicit ipsa domina Francesca secuta naturam amoris predicti, coacta est ad amare dictum Paulum, [43] iuxta illud Augustini in libro *De Cathechizandis rudibus*: *Nichil provocat ad amandum quam prevenire amando*, [44] et Seneca in viiii° *Epistula ad Lucilium*: *Amatorium sine medicamento tibi monstrabo esse et sine herbis. vis amari? Ama.* [45] Item dicit dicta domina Francisca quomodo de visu ad colloquium devenerunt ipsa et dictus Paulus quod, ut ignis ardescit, ut *Ecclesiastici* viiii° habetur, unde ad oscula et factum iuxta illud visus et alloquium tactus post oscula factum, a quibus singulis gradatim inducitur augumentum venerei sceleris huius, ut ait Tullius in *Topicis*. [46] Ad que dicit etiam quod precipue inducti sunt propter lecturam cuiusdam libri de gestis illorum de tabula rotunda in parte illa ubi legitur quod Galeoctus amore Lancialocti fecit quod quedam dama de Maloaut, proca dicti Galeocti, conduxit reginam Genevram ad quoddam viridarium, ubi breviter secrete dictus Lancialoctus, eius procus, osculatus est eam, unde dicit dicta umbra dicte domine Francisce hic ultimo quod, sicut Galeotus predictus fuit mediator ibi ad tale osculum, ita ille liber et qui eum scripsit, idest composuit, fuit seu fuerunt causa ad eorum osculum a quibus talibus libris legendis ostendit etiam hic auctor debere homines se abstinere predicta de causa, [47] unde Ysidorus in libro *Sententiarum* ait: *Ideo prohibetur christianis legere figmenta poetarum* (et aliorum scriptorum et librorum similium), *quia per oblectamenta eorum nimium mentem excitant ad incentiva libidinum.* [48] Hiis ad licteram sic narratis, veniamus ad allegoriam que in contentis in hoc capitulo et super adduci potest, quam elicere de hiis facile poterit hoc premisso, videlicet quod demon peccato et vitio libidinis attributus, idest diabolicus motus ad libidinem, qui ebraice dicitur

---

43. Cathechizandis] Cantarizandis V Cathetizandis L B.

45. augumentum] argunctu(m) V. Topicis] tropicis V.

46. cuiusdam] cuidam V.

---

43. AUG., *De Catechiz. rudib.* IV 1.
44. SEN., *Ep. Lucil.* IX 6.
45. Cf. *Eccli.* IX 9.
47. ISID., *Sent.* III xiii 1.
48. *Iob* III 8; *Apoc.* IX 11.

Super v° capitulo Inferni

'abadon', et grece 'appollion', latine 'exterminans', et a *Iob* vocatus est 'Leviathan', et a poetis 'cupido', [49] qui describitur primo cecus per Virgilium dicentem: *Quam Venerem et ceci stimulos advertere amoris*, [50] et Oratius in *Sermonibus*, loquens de tali amore, ait: *Mobilia et ceca fluitantia sorte laborat*, [51] et hoc ex eo quod nos in hoc mundo cecat circa aspectum mulierum et e converso in non videndo quid faciamus et quid concupiscamus, unde *Genesis* iii° dum ibi dicitur: *Vidit mulier* etc., *Glosa* inquit: *Non licet intueri quod non licet concupisci*, [52] aliter ceci efficiamus ut effectus fuit Sicher, filius Emor, qui, cum vidisset dominam, adamavit eam et rapuit, ut dicitur *Genesis* xxxiiii° capitulo, [53] item et David, qui videndo Bersaben lavantem se exarsit in eam et tulit eam et Uriam eius virum occidi fecit; [54] item Amon, filius ipsius David, qui, videndo Thamar sororem suam pulcram corrupit eam ut in ii° *Regum* legitur, [55] idem fecit Ruben de uxore patris sui, ut *Genesis* capitulo penultimo dicitur, [56] ex quo motus est *Iob* ad dicendum xxiiii° capitulo: *Occulus adulteri observat caliginem*, [57] et in xxxi° etiam ad dicendum: *Pepigi fedus cum occulis meis*, quod exponens *Glosa* inquit: *Pepigit* etc., *ne prius incaute aspiceret quod postea invitus amaret*, [58] ad que etiam potest adduci quod scribit Ennodius ita dicens: *Amor magna aggreditur et inter dubia non distinguit.* [59] Et ecce breviter quod auctor sentit dum fingit hic, tractando de pena animarum talium amatorum, se ingredi locum omni luce privatum; secundo describitur dictus demon seu diabolicus motus alatus, [60] unde Virgilius in primo ait: *Parat amor dictis*

60. alas] ST abas V.

---

49. VERG., *Georg.* III 210.
50. HOR., *Serm.* II iii 269.
51. *Gen.* III 6 et *Gl.* rel.
52. *Gen.* XXXIV 1–2.
53. Cf. *II Reg.* XI 1–27.
54. Cf. *II Reg.* XIII 1–22.
55. Cf. *Gen.* XLIX 3.
56. *Iob* XXIV 15.
57. *Iob* XXXI 1 et *Gl.* rel.
60. VERG., *Aen.* I 689–90.

Comentum Petri Alagherii

care genitricis et alas / exivit etc., [61] et Ysidorus: *Cupido, fornicationis demon, cum alis pingitur ex eo quod nichil amantibus levius est,* [62] et ecce cum auctor fingit hic etiam animas talium in vento tempestuoso sic puniri, quasi volantes ut aves, comparative hic nominate, ut tangat statum talium in hoc mundo sub allegoria qui semper in motu et in circuitu est, ut patet ad sensum, [63] ad quod ait *Glosa* super illud verbum *Apocalipsis,* tangendo ibi Iohannes de melubus et de locustis: *Et vox alarum earum sicut vox curruum, quod dicit alarum pertinet ad velocitatem quam habet in discurrendo huiusdem amatores,* [64] at quod etiam Ovidius respiciens ait: *Artibus innumeris mens oppugnatur amantis / ut lapis equoris undique pulsus aquis,* [65] et Oratius in *Sermonibus* in amorem: *Hec sunt mala, bellum, / pax, rursum: hec si quis tempestant prope rituum,* [66] hoc etiam respectu allegorice Virgilius finxit in vi° Eneam invenisse in Inferno animas dictorum amatorum cruciari in simili impetuoso vento dicens hic quos *Durus amor crudeli tabe perdit / secreta celant calles,* et subdit inferius: *Ergo exercentur penis veterisque malorum, / supplitia expendunt, alie panduntur inanes / suspense ad ventos* etc. [67] Tertio describitur ut archiger et sagiptator, ut supra tetigi per Ovidium, ex eo quod perforat cor amantis variis cogitationibus, [68] ad quod respiciens Yeronimus ait: *Gladius ignitus est species mulieris, que ex omni parte sui sagiptas emicit,* [69] de quo *Proverbiorum* vii° dicitur: *Donec trasfigat sagipta iecur eius,* subdendo *Et multos vulneratos deiecit,* [70] et *Canticorum* v°: *Vulnerasti me soror sponsa in uno occulorum tuorum,* [71] et ex hoc Gualterius, diffinendo talem amorem, ait: *Amor est quedam passio innata procedens ex visione et immoderata cogitatione forme alterius sexus, ob quam aliquis supra omnia cupit alterius potiri amplexibus,* et ecce cur auctor etiam fingit hec dictas animas percuti a dicto vento, ut dicitur in textu. Et hec sint pro hoc capitulo.

    61. pingitur] ST C pigit(ur) V.

    66. finxit] fixit V.

---

61. Isid., *Etym.* VIII xi 80.
63. *Ap.* IX 9 et *Gl.* rel.
64. Ov., *Rem. Am.* 691–92.
65. Hor., *Serm.* II iii 267–68.
66. Verg., *Aen.* VI 442–43 e 739–41.
68. *Decr. Grat.* II C. II q. vi 11.
69. *Prov.* VII 23, 26.
70. *Cant.* IV 9.
71. Capp., *Amor.* I (*Quid sit amor*).

SUPER VI° CAPITULO INFERNI

[1] **Al tornar de la mente che si chiuse**. [2] Auctor in hoc sexto capitulo fingit se ingredi tertium circulum Inferni in quo dicit puniri animas illorum qui in vitio et peccato gule, consistente in crapula, que dicitur nimietas cibi, et in ebrietate, que dicitur nimietas potus, mortui sunt, ita sub ista pluvia aque tinte grandinis et nivis et in terra fetente ibi iacentes ita hic ut dicit textus. [3] Ultra quam penam fingit auctor etiam ibi dictas animas laniari et inglui ab isto Cerbero demone, et intonari ab eius triplici gutture personante, ut dicit hic textus, [4] quem etiam Virgilius fingit in simili loco Eneam vadantem per Infernum invenisse, dicens in vi°: *Cerberus hec ingens latratu regna trifaci / personat adverso recubans immanis in antro. / Cui vates, horrere videns iam colla colubris, / melle soporatam et medicatis frugibus offam / obicit. Ille fame rabida tria guttura pandens / corripit obiectam, atque immania terga resolvit / fusus humi totoque ingens extenditur antro. / Occupat Eneas aditum custode sepulto / evaditque celer ripam irrememeabilis unde*, quem totum ad licteram auctor hic sequitur superficialiter. [5] Restat nunc predicta allegorizare: primo videlicet pro quo Virgilius ibi et auctor hic hunc Cerberum accipit, secundo pro quo dicta eius tria guttura, tertio quid sentit predicta offa Virgilius ibi et pro dicta pulvere hic auctor ita quietante dictum Cerberum, quarto quid sentit hic auctor pro dicta pluvia, grandine et nive. [6] Ad primum dico quod — ut ait Ugo de Sancto Victore:

Rubr: Super sexto capitulo inferni. De gula V.

1. tornar] tonar V.

4. invenisse, dicens] dicens inuenisse *(with b and a letters written on the two words respectively, to indicate the inversion of their correct order)* V. latratu] ST L B latraui V. immania] ST L B i(m)menia V.

---

1. *Inf.* VI 1.
4. VERG., *Aen.* VI 417–25.

Comentum Petri Alagherii

Unicuique vitio quidam demon singularis superest ad homines in eo illaque agendum — pro quo demone ad hoc attributo huic vitio gule iste Cerberus ponitur hic et ibi, [7] quem Yeremias vocat Nabuzardam, quod interpretatur 'princeps coquorum', et quia tale vitium reddit hominem in ebrietate cum occulis rubeis ut plurimum, item in commensatione immundum et in manibus rapacem, et cum ventre magno, idest capace ad multa ingurgitanda. [8] Ad quam ingluviem respiciens Seneca inquit: *Quosdam ventri obedientes loco numeremus animalium, non hominum,* [9] et *Aggei* prophete, primo capitulo, dicitur: *Qui mercedem congregat misit eam in saccum pertusum.* [10] Unde Augustinus, exponendo se ipsum dicentem: *Ubicumque querit caro refectionem invenit defectionem,* ait: *Si accidat quod habeat qualia et quanta vult, non habet tantum ventrem quantum vellet. Et sic aut deficit anona aut saccus.* [11] Nam ideo commensatio dicitur castrimargia, quia in castris ventris omnia merguntur. [12] Ideo auctor hic eum Cerberum talem in occulis, in barba, in manibus, et in ventre describit, ut in textu dicitur. [13] Ad secundam dico quod eius tria guttura allegorice denotant tres motus diabolicos quibus hoc vitium gule diversimode homines afficit, de quibus distincte Gregorius, *Super* illud *Genesis* capitulo xxv°, ubi Esau dixit: *Iacob da michi de coctione hac rufa,* dicit quorum primum dicit esse quando aliquis nimis delicate gulizat, [14] ut legitur *Numeri* xi° capitulo, de filiis Israel, qui in heremo carnes desiderabant, [15] et *Ioelis* capitulo primo dicitur: *Ululate qui bibitis vino in dulcedine, quoniam periit ab ore vestro,* [16] et *Luce* xvi° capitulo de illo divite *Qui epulabatur splendide,* [17] non sequendo doctrinam Senece dicentis: *Palatum tuum famem excitet, non sapores,* [18] et Sancti Bernardi dicentis de condimentis: *Sufficit ut comestibiles fiant cibi, non concupiscibiles,* sed dicit etiam, quando quis in

---

6. illaque agendum] illaq(ue)a(n)du(m) V.

---

7. Cf. Greg., *Mor. in Job* XXX 18; *Hier.* XXXIX 9.
8. Sen., *Ep. Lucil.* LX 4.
9. *Aggaei* I 6.
13. *Gen.* XXV 30.
14. Cf. *Num.* XI 4.
15. *Ioel.* I 5.
16. *Luc.* XVI 19.
17. Cf. Sen., *Dial.* XII x 5.
18. Cf. PL 184.329c.

Super vi° capitulo Inferni

quantitate excedit gulosizando, [19] iuxta illud Lucani in iiii°: *O prodiga rerum / luxuries, nunquam parvo contenta paratu, / et quesitorum terra pelagoque ciborum / ambitiosa fames et laute gloria mense / discite quam parvo liceat producere vitam / et quantum natura petat*, [20] et illud *Ezechielis* prophete capitulo xvi°: *Hec fuit iniquitas Sodome superbia et saturitas panis*, [21] et Senece dicentis: *Fastidientis stomaci est plura degustare, que, si varia sunt et diversa, inquinant et non alunt*, [22] et, *Ecclesiastici* xxxvii°: *Noli avidus esse in omni epulatione, neque te effundas super omnem escam*, [23] ad quod facit quod legitur *Iudith*, capitulo xii° de Oloferno scilicet quod: *Bibit vinum multum quantum in una die in vita sua non biberat*; tertium dicit esse quando in continuo tali hoc vitio aliqui sunt, [24] contra quos tales dicit Ysidorus: *Tota die epulas ruminant, quasi ad explendam gulam divitias vespere preparant.* [25] Ad tertium principale dico quod dicta offa Virgilii et pulvis, de qua auctor hic dicit, denotat qualiter cum ratione debemus quietare hoc vitium gule aggrediens nos cum lentulis Danielis et locustis Baptiste, ut dicit iste auctor in *Purgatorio* in capitulo xxii°, [26] unde Yeronimus, in quodam *Decreto*, ait ad hoc: *Olerum et pomorum ac leguminum et facilior apparatus est et arte impendiisque coquorum non indiget, sine cura substentat humanum genus, moderate sumptus, quia nec avide devoratur, quod irritamenta gule non habet.* [27] Ad quartum dico quod dicta pluvia, grando et nix denotant diversas descendentes ex tali vitio in corpora gulosorum, facientes eos clamare et iacere ut canes, ut dicitur hic in textu, [28] de quibus *Psalmista* ait: *Famem patientur ut canes*, [29] et Yeronimus, supra dictis eius verbis, subdit: *Morbi ex saturitate*

---

22. xxxvii°] ST xxix° V.

25. aggrediens] C adgredies V.

---

19. Lucan., *Phars.* IV 373-79.
20. *Hiez.* XVI 49.
21. Sen., *Ep. Lucil.* II 4.
22. *Eccli.* XXXVII 32.
23. *Iudith* XII 20.
24. Cf. Isid., *Sent.* II xliv 12.
26. *Decr. Grat.* III D. V c. xxix.
28. *Ps.* LVIII 7.
29. Hieron., *Ep.* XLI 3.

Comentum Petri Alagherii

nimia concitantur, [30] unde Iohannes Os Aurum, etiam ad hoc ait: *Excessus ciborum cumputrescere facit corpus humanum et macerat egritudine diuturna, et resoluta quidem corpora et omni cera molliora circumferuntur;* quibus gulosis ad cumulum malorum podagre, tremor et immatura senectus accidit, et quodammodo iam sunt sepulti, [31] et *Osee* viiii°: *Memphis sepeliet eum,* dicitur 'memphis' nimietas cibi et potus. [32] Ad idem Tullius ait: *Si videris istos epulones velut optimos boves stertere et sudare, intelliges eos, qui maxime sequuntur voluptates, minime assequi, qui vitio gule laborant pro delectacione unius hore patiuntur molestiam diei, et quandoque mensis, quia in acutam vel aliam infirmitatem incidunt,* [33] Et Seneca: *Ebrietas hore unius ilarem insaniam longi temporis tedio prestat,* [34] et *Iob* capitulo viiii° dicitur: *Cum saturatus fuerit homo artabitur et omnis dolor irruet super eum.* [35] Ad cuius pluvie allegoriam facit etiam quod dicitur *Mathei* xii° ibi: *Cum immundus spiritus exierit ab homine ambulat per loca inaquosa querens et non invenit:* loca arida sunt homines temperate viventes in quibus diabolus non invenit requiem, sed in hiis qui gule vacant, [36] de quibus, eodem *Evangelio* in capitulo viii°, dicitur: *Si eicis nos hinc micte nos in gregem porcorum* etc., dicebant dicti demones Christo, ubi *Glosa* dicit: *Postquam quis porcus est, vitio gule, habitaculum est demonum.* [37] Post hec auctor procedendo fingit se ibi invenire umbram Ciacchi de Florentia, qui homo de curia fuit et gulosus, [38] a qua umbra auctor querit quattuor: primum enim ad quid venient cives civitatis partite, scilicet Florentie, que a principio sui constituta fuit partim de gente Fesulana et partim de gente Romana, ut dicit hic auctor infra in capitulo xv°; secundum est ut dicat sibi si aliquis est ibi iustus; tertium est ut dicat sibi causam sue discordie; quartum est ut dicat sibi ubi est umbra domini Farinate de Ubertis et domini Tegghiai Aldobrandi, domini Iacobi Rusticuccii et domini Arrighi de Arrigucciis et domi-

36. viii°] ST viiii° V.

---

30. *Decr. Grat.* III D. V c. xxviii.
31. *Os.* IX 6.
33. Sen., *Ep. Lucil.* LIX 15.
34. *Iob* IX 4.
35. *Matt.* XII 43.
36. *Matt.* VIII 31 et *Gl.* rel.

Super VI° capitulo Inferni

ni Musce de Lambertis de Florentia, probissimorum eius civium olim. [39] Ad primum respondet dicta umbra implicite, ut dicit hic textus, sed ut explicite pateat, premictendum est quod de mcclxxxxvii° seu viii° in civitate Pistorii, existentibus duabus partibus, scilicet Guelfa et Ghibelina, et existente ibi quadam domo, seu prosapia nobili quorundam virorum qui dicuntur Cancellerii, de quibus quidam ex uno latere vocabantur Ranerii et alii quidam ex altero latere vocabantur illi de Damiata, in dicta parte Guelfa, ambobus dictis lateribus existentis, [40] contingit quod una die quidam iuvenis quindecim annorum, nomine Amodorus, de dicto latere illorum de Damiata, ludendo ad tabulas cum quodam alio iuvene et milite de dictis Raneriis, nomine Dominodato, venit secum ad contentionem, in tantum quod dictus Amadorus dedit unam alapam dicto Dominodato; [41] quo scito, pater dicti Amadori misit dictum Amadorum, suum filium, ad dictum Dominumdatum ad se excusandum et ad subeundum vindictam quamlibet de tali alapa quam vellet sibi inferre dictus Dominusdatus. [42] Quo facto et dicto, breviter Focaccia, frater dicti Dominidati, in presentia dicti sui fratri, manum dexteram dicto Amadori amputavit; [43] quo scelere perpetrato, statim dicta domus divisa est, ita quod omnes Ghibelini de Pistorio tenuerunt cum dictis Raneriis, et dicta est tunc pars Blanca pars dictorum Raneriorum et etiam omnium Florentinorum et Bononensium aliorumque de Tuscia qui tenuerunt cum eis, et predicti de Damiata et alii Guelfi de Pistorio et de Florentia et de Bononia, qui tenuerunt cum eis dicti sunt de parte Nigra. [44] Et demum dicta pars Blanca primo in dicta civitate Pistorii vicit dictam partem Nigram, et eam inde expulit, et ibi dicta pars Blancorum et Florentie et Bononie cepit dominari, et dominata est per tres annos, quos auctor vocat hic tres soles. [45] Inde primo dicta pars Blancorum expulsa fuit de Florencia anno mccci° potencia Karuli Sine Terra de Francia, quin de inductu Bonifatii pape viii° id fecit sub simulatione, [46] et hoc tangit hic dicta umbra dum dicit de piaggia ad quam naves quiescunt et non videntur moveri sicut tunc dictus papa non videbatur facere et moveri ad quod occulte movebatur. [47] Inde obsessa fuit dicta civitas Pistorii a dicta parte Nigra sub capitaneatu regis Roberti et marchionis Moroelli Malaspine, et victa est dicta civitas et expulsa est dicta pars Blancorum inde et de aliis dictis terris, [48] et hoc est quod prenuntiat hic dicta umbra Ciacchi,

---

39. de quibus quidam ex uno latere vocabantur Ranerii] C d(e) q(ui)b(us) q(ui)da(m) ex uno late(re) vocabat(ur) ranerij ‹et alij quidam ex altero latere vocaba(n)t(ur) ranerij› V.

Comentum Petri Alagherii

dicendo quomodo post longam contentionem venient ad sanguinem, idest ad bellum civile, et pars silvestris, idest dicta pars Blanca ita vocata a dicta umbra propter predictum facinus expellet aliam primo in dicta terra Pistorii, ut supra dictum est, ac ut etiam prenuntiat umbra Vanni Fucci infra in capitulo xxiiii°, et quomodo inde cadet infra tres soles, idest infra tres annos. [49] Ad secundum dicit dicta umbra quod iusta duo sunt, in mundo subaudi, et quod ibi, scilicet Florentie, non intelliguntur etc.: circa hunc passum est notandum quod auctor vult hic tangere de illis tribus iuribus de quibus tetigit in illa sua cantilena que incipit: **Tre donne intorno al cor mi son venute**, accipiendo dictas tres dominas ut tres leges descendentes a dictis tribus iuribus, [50] scilicet a iure naturali quod, ut dicit Lex, *Cum ipso genere humano rerum natura, idest Deus, prodiit*, et quod id dicitur in principio *Decretorum: In lege et in Evangelio continetur, quo quisque iubetur alii facere quod sibi vult fieri, et prohibetur alii inferre quod sibi nolit fieri*, ut *Mathei* vii° habetur; [51] quod *Ius*, secundum Ysidorum, *dicitur 'fas', idest divina Lex*, et quod auctor vocat 'dricturam' in dicta sua cantilena; [52] *secundum Ius dicitur Ius gentium, quo solum genus humanum utitur, quod quidem precipit honeste vivere, alterum non ledere et ius suum unicuique tribuere; tertium dicitur Ius civile, scilicet quod quisque populus vel civitas sibi proprium divina humanaque causa constituit*. [53] Modo dicit dicta umbra quod, licet dictum Ius civile tertium vigeat Florentie, tamen premissa alia duo iura in effectu minime; [54] et quia dictus Ysidorus dicit quod *Ius dictum est quia iustum est*, ideo auctor vocat dicta duo Iura hic, scilicet primum et secundum, duo iusta. [55] Ad tertium dicit quomodo vitium superbie, invidie et avaritie est causa discordie dicte civitatis Florentie. [56] Ad quartum respondet ut per se patet in textu. [57] Ultimo inducit auctor Virgilium ad dicendum de adventu Domini iudicaturi mundum, de quo habetur *Mathei*, xxiii° capitulo, ibi: *Et videbunt Filium hominis venientem in nubibus celi cum virtute multa et maiestate, et mictet angelos suos cum tuba et voce magna*; tuncque

---

49. son] sun V.

57. Virgilium] ⟨ad⟩ virgiliu(m) V.

---

49. Dante, *Rime* CIV 1.
50. *Decr. Grat.* I D. c. i.
51. Cf. Isid., *Etym.* V ii 1.
52. *Decr. Grat.* I D. I c. vii–viii.
54. Cf. Isid., *Etym.* V iii 1.
57. *Matt.* XXIV 30–31.

omnis anima veniet ad sepulturam sui corporis et illud reassumet. [58] Quod prophetizans *Psalmista* ait: *Auferes spiritum eorum, et deficient, et in pulverem suum revertentur,* [59] et alibi: *Emicte spiritum tuum, et creabuntur, et renovabis faciem terre.* [60] Ad quod facit quod dicitur *Apocalipsis* xxi° ibi: *Et dedit mare mortuos suos qui in eo erant, et mors et Infernus dederunt mortuos qui in eis erant,* [61] arguendo inde Virgilius quod tormenta infernalia post dictam sententiam erunt maiora, ut ait Augustinus *Super Iohanne* dicens: *Cum fiet resurrectio etiam bonorum gaudia et malorum tormenta maiora erunt,* ea ratione, hic in textu assignata, scilicet quod res quelibet cum perfectior est, perfectius sentit bonum et malum. [62] At tunc, licet illa gens maledicta et dampnata ad veram perfectionem salutarem non vadat, tamen ibi plus quam hic expectat esse temporaliter, cum ibi ecternaliter erit, item etiam et realiter perfectior erit post dictam sententiam, cum ante ea a tempore mortis passionata fuerit solum cum anima, et tunc cum anima et corpore cruciabitur.

---

58. *Ps.* CIII 29.
59. *Ps.* CIII 30.
60. Cf. *Ap.* XX 13.
61. Cf. AUG., *In Ioh. Ev.* XLIX i 10.

SUPER VII° CAPITULO INFERNI

[1] **Pape Satan, pape Satan aleppe**. [2] Auctor in hoc capitulo vii° dicit se descendisse in quartum circulum Inferni, in quo fingit puniri animas avarorum et prodigorum simul in volvendo saxa, ut dicit textus, ac fingendo ibi se reperire Plutonem demonem, quem *Sacra Scriptura* vocat *Mamonem*, unde dicitur: *Nolite vobis facere thesaurum de Mamona iniquitatis*, [3] exclamantem, viso auctore vivo, ita ibi per Infernum ambulantem: "Pape Satan", idest 'o Satan'; Alep, idest 'principalis demon noster', sicut est principalis lictera Alep in alphabeto Hebreorum, quid est hoc videre: nam 'pape' interiectio dicitur admirantis, [4] tangendo incidenter quod legitur *Apocalipsis*, capitulo xxii° ibi: *Et factum est prelium magnum in celo: Michael et angeli eius preliabantur cum dracone, et draco pugnabat et angeli eius, et non valuerunt, nec locus eorum inventus est amplius in celo. Et proiectus est et angeli eius in profundum terre*, [5] tangendo inde comparative de natura illius brachii maris quod dicitur Fare Missine ubi, iuxta illa duo loca que dicuntur Silla, ita dicta a Silla filia Forci, conversa in canem a Circe propter Glaucum, et Caribdis, unde dicti maris franguntur et non alibi in toto alio mari congrediendo et percutiendo se, [6] unde Virgilius in iii° ait: *Hesperium Siculo latus abscidit, arvaque et urbes / litore deductas angusto interluit extu. / Dextrum Silla latus, levum implacata Caribdis / obsidet, atque imo baratri ter gurgite vasto / sorbet in abruptum fluctus rursusque sub auras / erigit alternos, et sidera verberat*

    Rubr. Super septimo capitulo inferni de auaritia V.

    6.   implacata] ST i(m)pacata V impicata L B. auras] ST arva V.

---

1. *Inf.* VII 1.
2. *Luc.* XVI 9.
4. *Ap.* XII 7–9.
6. VERG., *Aen.* III 418–23.

Super VII° capitulo Inferni

unda. [7] Allegoria vero quam auctor hic tangere vult, hec est: nam primo vult tangere quomodo avari et prodigi ita in hoc mundo equaliter delinquunt, et quod sic in alio etiam equali pena puniri merentur; nam ab eadem virtute et medio expendendo et non expendendo debite, scilicet a liberalitate equaliter discendunt, [8] unde Phylosophus in iiii° *Ethicorum* ait: *Liberalitas est virtus per quam quis expendit secundum substantiam et in que oportet.* [9] Et hoc denotat hic auctor dum fingit has animas a medio circulo ita vicissim dicti loci infernalis recedere diverso calle, volvendo hec saxa, ut dicit textus, in revolutione quorum saxorum denotat auctor laboriosam vitam quam maxime avari ducunt in hoc mundo, — [10] unde *Ecclesiastes* de talibus dicitur: *Cuncti dies sui laboribus et ruinis pleni sunt*, [11] et *Yeremie* xvi°: *Servietis diis alienis qui non dabunt vobis requiem die ac nocte*; [12] ad quod respiciens Oratius ait in *Sermonibus*: *Exiguum censum turpemque repulsam, / quanto divites animi capitisque labore. / Impiger extremos curris mercator ad Indos, / per mare pauperiem fugiens, per saxa, per ignes*, [13] sub qua allegorica pena saxorum puto Virgilium dicente etiam sic in vi°: *Saxum ingens volvunt alii, radiisque rotarum*, [14] et Ovidius in iiii°, tractans de pena Sisiphi, avarissimi hominis, ait etiam ad idem: *Aut petis aut urges rediturum, Sisiphe, saxum*, [15] et Seneca, in sua quadam tragedia, ad hoc etiam inquit: *Cervicem saxum grande Sisiphea sedet*, — [16] dicendo auctor quomodo ibi vidit infinitos clericos rasos in summitate capitis, in qua rasura denotatur depositio temporalium bonorum, quod male servatur per eos, dicendo quomodo dicti avari resurgent cum manibus clausis et prodigi cum apertis, ut denotent contrariam eorum qualitatem peccati. [17] Post hec incidenter auctor inducit Virgilium ad dicendum hic quid sit fortuna et quid sit eius officium, sic incipiens: sic Deus, cuius scientiam totum aliud scire transcendit et excedit, factis celis,

7. merentur] C m(er)et(ur) V.

16. denotent] denotet V.

---

8. Arist., *Eth.* IV ii 1120a 23-b
10. Cf. *Eccl.* II 23.
11. Cf. *Hier.* XVI 13.
12. Hor., *Ep.* I i 43–46.
13. Verg., *Aen.* VI 616.
14. Ov., *Met.* IV 460.
15. Sen., *Herc. Fur.* I 751.

attribuivit unicuique suos motores, idest suas angelicas intelligentias, ad regendum eos ad suos distinctos effectus, [18] unde Psalmista: *Verbo Dei celi firmati sunt, et Spiritus oris eius omnis virtus eorum*, [19] et Apostolus: *Omnes angeli administratorii Spiritus sunt*, loquendo, credo, de talibus motoribus, ita quod omnis pars alteri splendet, idest correspondet et conformatur: nam elementa et elementata subsunt planetis, planete octave spere, octava spera nono celo, nonum celum menti divine. [20] Quod tangens iste auctor in ii° capitulo *Paradisi* ait: **Lo moto e la virtù d'i sancti giri, / come dal fabro l'arte nel martello / da beati motor convien che spiri**, [21] ad quod ait Thomas in prima parte dicens: *Quantum ad rationem gubernationis pertinet, Deus immediate omnia gubernat; quantum vero pertinet ad executionem gubernationis, Deus gubernat aliqua mediantibus aliis*, [22] ita attribuivit et preposuit quandam aliam intelligentiam celestem et angelicam splendoribus mundanis, idest nostris operibus et honoribus, quam 'Fortunam' vocamus. [23] Cuius iura sunt talia, ut ait Boetius in ii°, ubi, loquens in persona Fortune, sibi ipsi ait: *Affluentia et splendore circumdedi te*, [24] et Phylosophus in libro *De Bona Fortuna* ad hoc idem inquit: *Absque enim bonis exterioribus, quorum fortuna domina est, non contigit esse felicem*, [25] et Boetius in fine primi, in persona Phylosophie ait: *Quoniam quibus gubernaculis mundus regatur oblitus es, has fortunarum vices extimas sine rectore fluitare*, [26] et Iuvenalis ad hoc etiam ait: *Nullum numen habes, si sit prudentia, sed te, / nos facimus, Fortuna, deam celoque locamus*; [27] ad quod Ysidorus in x° ait: *Fortuna a fortuitis nomen habet, et quasi dea quedam res humanas varie regens, ideo ceca dicitur, eo quod passim in quoslibet non inspectis meritis venit*; [28] Que fortuna videtur ita in ii° *Physicorum* a Phylosopho diffiniri dicente: *Fortuna est causa secundum accidens et hiis que secundum propositum eorum que propter hoc sunt, unde et circa idem et intellectus et formam est, propositum enim non sine intellectu est*; [29] unde Frater Albertus, scribens

---

18. Cf. *Ps*. XXXII 6.
19. *Ep. Hebr*. I 14.
20. *Par*. II 127–29.
21. THOM., *Theol*. I q. lii 3.
23. BOETH., *Cons. Phil*. II pr. ii 2.
24. Cf. ARIST., *Eth. Nic*. 1153b 17–18.
25. Cf. BOETH., *Cons. Phil*. I pr. vi 5.
26. IUV., *Sat*. X 365–66.
27. ISID., *Etym*. VIII ix 94.
28–30. Cf. ARIST., *Phys*. II iv 195b 30–32.

Super VII° capitulo Inferni

circa hoc ait: *Omnis fortuna est casus, sed non convertitur.* Est enim fortuna in agentibus secundum propositum, quibus est bene contingere, unde neque inanimatum neque infans et brutum aliquid facit ad fortunam, et est in hiis que fiunt non propter hoc, sed propter accidens, ut in fodiente recipere thesaurum. Casus vero est in non habentibus propositum et in brutis cadit, ut equus casu venit domum et salvatus est a lupis, qui non venit domum propter salutem sed propter cibum, [30] quod quidem totum plene tractata sunt secundo *Physicorum*, [31] et quod etiam circa hoc ait Thomas in prima questione cxvi[a] dicens: *Dicendum est quod in rebus inferioribus videntur quedam a fortuna vel a casu provenire. Nam contingit quandoque quod aliquid, ad inferiores causas relatum, est fortuitum vel casuale, et relatum ad aliquam superiorem causam, invenitur esse per se intentum. Sicut si duo servi alicuius domini micterentur ab eo ad eundem locum, uno de altero ignorante; concursus dictorum duorum servorum, si ad ipsos referatur, casuale est, quia accidit preter intentionem utriusque. Si vero referatur ad dominum, qui hoc preordinavit, non est casuale, sed per se intentum. Ideo ea que per accidens hic aguntur, sive in rebus humanis sive in rebus naturalibus, reducuntur ad aliquam causam preordinantem, que est ipsa divina providentia.* [32] Et secundario sunt dicti sui motores angelici, ad quod respiciens Augustinus in libro v° *De Civitate Dei* ait: *Nos enim eas causas que dicuntur fortuite, unde etiam fortuna nomen accepit, non esse nullas dicimus, sed latentes; easque tribuimus vel Dei vel quorumlibet spirituum voluntati.* Nam homo secundum corpus subest corporibus celestis, secundum vero intellectum subest angelis seu sustantiis separatis, secundum voluntatem subest soli Deo, qui, quamvis directe ad intentionem hominis solum operetur, tamen actio angeli per modum suasionis ad electionem hominis aliquid operatur, at actio corporum celestium per modum disponendi in quantum corporales impressiones corporum celestium aliquas electiones in nobis disponunt. Et sic, redducendo fortunam ad sua principia, est et dici debet natura, sed quantum ad numerum scire dicitur fortuna, idest ventura, preter propositum nostrum, non obstat quod de libero arbitrio possunt opponi. Nam liberum arbitrium non potest esse, nisi ubi voluntas nostra et intellectus potest eligere, at electio non potest fieri nisi in hiis rebus que sciuntur, ergo etc. [33] Unde Virgilius: *Nescia mens hominum fati sortisque future / et servare modum rebus sublate secundis,* [34] et Phylosophus in dicto secundo *Physicorum* ait ad hoc: *Sunt quidam quibus videtur esse causa fortuna in mani-*

---

31. Thom., *Theol.* I cxvi 1.
32. Aug., *Civ. Dei* V ix.
33. Verg., *Aen.* X 501–2.
34. Cf. Arist., *Phys.* II iv 195b 33–196a 5.

Comentum Petri Alagherii

festa; autem humano intellectu tanquam divinum quoddam ens; [35] ad quod etiam Muxatus, poeta quidam novus Paduanus, curiosus circa premissa, in persona Dei loquentis Fortune, ait: *Tu, Fortuna, cui non sine magno misterio toti mondo miranda commisimus, et stupenda, putasne parum tibi sic, si ex archanis nostris circa humanos actus secreta commisimus, que nulli scire fas fuerit, nisi cum evenerint? Qui sensus adversus te, quis intellectus, que ratio me volente prevalet, seu non prohibente, que feceris? Tuas causas habes quas homines latere nolimus.* [36] Subsequenter auctor, volens tangere de officio ipsius Fortune, subdit quod eius est commutare bona mundana de gente in gentem, non valentibus nec scientibus hominibus in hoc sibi resistere, dico illis hominibus qui sequuntur iudicium ipsius Fortune, ut subditur hic in textu; nam alii qui non sequuntur dictum eius iudicium, hoc est qui se non miscent de bonis et honoribus et dignitatibus fortuitis et ambitiosis huius mundi, ut sunt religiosi et phylosophi et alii in hoc mundo contentis rebus modestis bene resistunt sibi, nec de ea Fortuna curant. [37] Et ex hoc ait Oratius in *Odis*: *Mea / virtute me involvo probamque / pauperiem sine dote quero. / Non est meum, si mugiat Africis / malus procellis, ad miseras preces / decurrere et votis pacisci,* [38] et Boetius in iii°: *In nostra situm est manu quale fortunam habere volumus; nam si ventis vela committeres, non quo voluntas peteret, sed quo flatus impelleret promovereris,* ut ait idem Boetius in secundo, [39] et Seneca *Ad Lucilium* ad propositum inquit: *Quid prodest si Deus rector est? Quid prodest si casus imperat aut consilium meum Deus occupavit aut consilio meo nichil fortuna permictit? Quicquid est ex hiis philosophandum est; sive casus humanas sine ordine impellit, phylosophia nos tueri debet. Hec adhortabitur ut Deo libenter pareamus et fortune contumaciter resistamus,* [40] et in viiiª *Epistula* inquit: *Quisquis vestrum vitam tutam agere vult, quantum plurimum potest ista viscata beneficia fortune devitet, in quibus quoque miserrimi fallimur: nam bona fortune insidie sunt.* [41] Inde dicit auctor hic quomodo dicte commutationes ipsius fortune non habent treguas, nam semper fortuna inimicatur quibusdam vel amicatur faciens modo unum cadere et alium ascendere,

---

35. ratio] ST no(n) V.

---

35. ALBERT. MUSS., *De Lite inter Natur. et Fortun.*, Seville, ms. Colomb. 5.1.5 c. 51v.
37. HOR., *Carm.*, III xxix 54–59.
38. Cf. BOETH., *Cons. Phil.* II pr. i 3.
39. SEN., *Ep. Lucil.* XVI 4–5.
40. SEN. *Ep. Lucil.* VIII 3.

Super VII° capitulo Inferni

[42] unde Boetius in secundo, in persona ipsius Fortune: *Hunc continuum ludum ludimus rotam volubili orbe versamus, summa infimis et infima summis mutare gaudemus,* [43] et quod necessitas facit eam velocem dicit etiam hic auctor ita, [44] *cito concurrit alius qui debet elevari in locum alicuius elevati.* [45] Ad quos respiciens Claudianus ait: *Summa rote bene Cresus erat tenet infima Codrus / Iulius ascendit, descendit Magnus ad infra / Silla iacet surgit Marius sed cardine verso / Silla reddit premitur Marius sic cuncta vicissim* etc., [46] et Seneca in quadam eius tragedia: *Prohibet Cloto / stare fortunam, / res Deus nostram celeri citata / turbine versat,* [47] et Lucanus: *Sive nichil positum est, sed sors incerta vagatur, / fertque refertque vices et habent mortalia casum,* [48] et Oratius in *Odis*: *Fortuna sevo leta negotio transmutat incertos honores, / nunc michi, nunc alii benigna / Laude manentem; si celeres quatit / pennas, resigno quod dedit,* [49] nec non Gualfredus ad hoc etiam ait in *Poetria* sua: *Hoc unum prescire potes quod nulla potestas / esse morosa potest, quia res fortuna secundas / imperat esse breves* etc. [50] Item dicit auctor quomodo dicta fortuna cruciatur tantum ab illis iniquiis, et querimoniis subaudi, qui olim elevati fuerunt a dicta Fortuna, licet modo sint delapsi, [51] contra quos etiam ait Phylosophus in tertio *Ethicorum* dicens: *Emissivum autem et non honorantem propter ipsas divitias, sed gratia dationis. Propter quod accusant fortunam, quoniam maxime digni non ditantur,* [52] et Seneca, *De Consolatione Ad Matrem*: *Illis fortuna gravis est, quibus repentina est. Neminem adversa fortuna comminuit nisi quem secunda decepit,* [53] et Valerius in iii° *De Varietate Casuum* ait: *Gaius Cesar privatus Asiam petens, a maricitimis predonibus captus, quinquaginta talentis se redimit; parva igitur summa clarissimi mundi sidus rependi fortuna noluit. Quid est amplius ut de ea queramus si neque consortibus divinitatis sue parcit?* [54] Item et Phylosophia in persona Fortune ait Boetio exuli et depresso: *Hactenus fortunato! Habes gratiam velut usus alienis. Non*

---

42. BOETH., *Cons. Phil.* II pr. ii 9.
43. *Inf.* VII 89.
45. AL. AB INS., *Anticlaud.* VIII i 58–61.
46. SEN., *Thyest.* 617–18, 621–22.
47. LUCAN., *Phars.* II 12–13.
48. HOR., *Carm.* III xxix 1–54.
49. GFR. DE VINS., *Poetr. nov.* III 358–60.
52. SEN., *Dial.* XII v 3–4.
53. VAL. MAX., *Fact.* VI ix 15.
54. BOETH., *Cons. Phil.* II pr. ii 5.

Comentum Petri Alagherii

habes ius querele tanquam tua prorsus perdideris. [55] Et hoc de Fortuna; de Fato autem, et quomodo differt ab ista fortuna plene dicam infra in viiii° capitulo. [56] Post hec auctor fingit se devenisse ad extremam ripam huius quarti circuli Inferni et ibi se invenire hunc fontem bulientem et versantem secundum fluvium infernalem, cuius aquam dicit bigidam, idest 'luridam et decoloratam', manantem per plagas et rupes grigias, idest asperas et duras, ad facientem Stigeam paludem, in qua fingit puniri animas iracundorum in prima eius parte et sub eis in infimo luto animas accidiosorum, ut dicit textus. [57] Et procedendo dicit venisse se ad hanc turrim **Al da sezzo**, idest demum. [58] Et hec quantum ad licteram; quantum vero ad integumentum allegoricum auctor hoc sensit, scilicet quod dicto de tribus vitiis incontinentie quasi ut de tribus carnalibus, scilicet de luxuria, gula et avaritia cum prodigalitate coniuncta, et de pena ipsorum, ut superius apparet, volens nunc venire ad tractandum de aliis quattuor vitiis dicte incontinentie, ut quasi de quattuor diabolicis et spiritualibus, scilicet de accidia, ira, invidia et superbia comunicantibus sibi ad invicem in tristitia, ut patet in hominibus vitiatis in eis in hoc mundo, ponit dictum fontem pro nostro humano odio, a quo odio ut a fonte quodam dicta palus Stigea, idest dicta tristitia dependet; Styx enim tristitia interpretatur, [59] unde de hoc ait Phylosophus in vii° *Ethicorum*: *Circa delectationes et tristitias sunt incontinentes*; [60] ad hoc etiam facit quod ait Macrobius etiam dicens: *Styx est quicquid inter se humanos animos in gurgitem mergit odiorum*, [61] de quo fonte sub eodem sensu ait Virgilius: *Adiuro Stigii caput implacabile fontis*. [62] Inde in eo quod fingit dictas animas iracundorum sic se laniare auctor hic ad branum ad branum, idest ad

---

55. Fato] facto V.
56. grigias] girgias V.

---

57. *Inf.* VII 130.
58. Cf. Isid., *Etym.* XIV ix 6.
59. Arist., *Eth.* VII i 1145b 5–8.
60. Macr., *Comm. Somn. Scip.* I x 11.
61. Verg., *Aen.* XII 816.

Super VII° capitulo Inferni

frustum ad frustum, tangit vitam talium in hoc mondo iracunde viventium, [63] ad quod respiciens Salamon ait in *Proverbiis* xv° capitulo: *Vir iracundus provocat rixas*, more canis alios mordendo. [64] Inde in eo quod fingit animas accidiosorum predictorum sub iracundis in bellecta, idest in luto dicte paludis passionari, vult ostendere qualiter in occulta tristitia et putredine vita talium est in hoc mundo; [65] unde ex hoc dicitur *Yeremia* capitulo viii° de Moab accidioso quod, requiescens in fecibus suis, non est transfusus de vase in vas, et transmigrationem non abiit, [66] et *Ecclesiastici* xxii° dicitur: *In lapide luteo lapidatus est piger.*

    63. xv°] ST L B xviiii° V.

    64. dicte paludis] C dict{a > e} palud{e > i}s V.

---

63. *Prov.* XV 18.
64. *Inf.* VII 124.
65. *Hier.* XLVIII 11.
66. *Eccli.* XXII 1.

SUPER VIII° CAPITULO INFERNI

[1] **Io dico seguitando ch'asai prima**. [2] In hoc octavo capitulo auctor, se continuando ad proxime dicta quantum ad licteram dicit quomodo ad signum duarum flammarum huius prime turris et unius flamme huius alterius turris ab illa ita remote et existentis intra menia civitatis Ditis infrassumpte, Flegias demon ita venit cum sua navicula ad portandum ipsum cum Virgilio ad dictam turrim aliam et ad dictam civitatem Ditis, fingendo in hac secunda parte dicte paludis confinata ab hiis duabus turribus puniri animas superborum in superficie huius paludis et in fundo animas invidorum quasi ut correlativa peccata eorum sint; [3] nam invidia finem recipit a superbia, cum amor invidi de malo proximi ne ille sibi parificetur ortum habet a superbia, et sic posita superbia; secundario posita intelligitur invidia ut eius soboles et filia, et quia latens est etiam in nobis vitium invidie ut supra dixi de accidia, ideo auctor fingit hic invidos non apparere sicut superbos. [4] Inter quos superbos auctor hic se fingit currendo illam mortuam goram, que 'gora' dicitur in Tuscia quilibet canalis aque tractus seorsum de aliquo fluvicio, reperisse umbram domini Philippi Argenti de Adimaribus de Florentia superbissimi viri olim quem, ex eo quod auctor ita sprevit eum, ut dicit textus, [5] fingit se osculatum ita fuisse a Virgilio, hoc est a ratione congratulatum, que habet nos tales superbos facere vilipendere in hoc mundo tanquam porcos in brago, idest in ceno existentes et reputantes se in hac vita reges, idest elevatos super alios, et inde in alia vita ita

---

1. ch'asai] ch‹(e)›a sai V.

2. huius alterius turris] C uni(us) alteri(us) turris V.

3. parificetur] C pacificet(ur) V.

---

1. *Inf.* VIII 1.
5. *Inf.* VIII 49–50.

Super VIII° capitulo Inferni

esse submersos in hoc stigeo luto, ut dicit hic auctor, [6] ad quam talem allegoricam penam facit quod ait Psalmista de talibus superbis dicens: *Comminuam eos ut pulverem ante faciem venti et ut lutum platearum delebo eos*, [7] et Osee prophete capitulo x° dicens: *Transire fecit Samariam regem suum quasi spumam super faciem aque*, [8] et Iob etiam dicens: *Si ascenderit in celum superbia eius et nubes tetigerit quasi sterquilinum in terra perdetur*, [9] et Ysaia capitulo iii° dicens: *Elevate sunt filie Sion et ambulaverunt extento collo, unde decalvabit Dominus cervicem eorum*, [10] et procedendo fingit auctor se poni per dictum Flegias iuxta dictam civitatem Ditis, cuius turres vocat hic auctor misquitas; [11] 'misquite' sunt turres civitatum Saracenorum quedam loco campanilium nostrorum quadrate cum quattuor fenestris ad quas quinquies in die sacerdos eorum conclamat hec verba: "Nil aliud posse nisi Deus et Maomectus eius; venite ad orationem faciendam in relevationem peccatorum vestrorum". [13] Ultimo dicit auctor quomodo illi demones non admiserunt Virgilium et eum reiciunt, ut patet in textu, modo ad declarationem adhuc certorum que hic restant allegorice declarari premictendum est quod vitium superbie dividitur ut genus in duas species, scilicet in superbiam exteriorem et in superbiam interiorem; [14] exterior superbia est illius hominis qui in arrogantiam et presumptuositatem superbit, — ut ille Moab de quo in xvi° dicitur Ysaie ibi: *Audivimus superbiam Moab et sublimitatem et arrogantiam cordis illius*, — et hanc primam turrim auctor sub allegoria accipit pro ista superbia exteriori, dictas vero eius duas flammas accipit pro dictis eius duabus calidis eminentiis scilicet arrogantia et presumptuositate; [15] hanc vero secundam turrim inclusam a dicta civitate Ditis accipit pro

---

9. decalvabit] ST L B decoluabit V.

10. misquitas] L B misq(ui)as V.

11. relevationem] C revelacione(m) V.

14. xvi°] ST xlviii° V.

---

6. *Ps.* XVII 43.
7. *Os.* X 7.
8. *Iob.* XX 6–7.
9. *Is.* III 16–17.
14. *Is.* XVI 6.

dicta superbia interiori, et unicam eius flammam pro vanagloria emicante ab appetitu excellentie ab ea superbia interiore descendente, per quem appetitum quis aliis se preferre vult putando se habere sua bona a se seu a Deo pro meritis suis, [16] iuxta illud: *Ex se pro meritis falso plus omnibus inflat*, scilicet talis superbus; [17] et congrua est adaptatio et figuratio hec talis de turribus istis duabus ad species predictas superbie, cui dicat Thomas: *Superbia est turris Babel cuius culmen celum actingebat*, ut *Genesis* xi° capitulo dicitur, [18] et Gregorius: *Superbia natione celestis celestes appetit mentes*, cetera enim vitia cum sunt cum superbia se habent sicut domus iuxta turrim. [19] Hunc vero Flegias allegorice auctor accipit hic pro motu diabolico huius vitii superbie qui homines in hoc mundo trahit ad dictas species superbie ut ad turres quasdam elevatas et in morte ad Infernum. [20] Fuit enim iste Flegias olim rex Insulanorum in hoc mundo valde superbus ac sua arrogantia contemptor deorum, adeo quod comburi fecit templum Apollinis, eo quod dicebat dictum Apollinem concubuisse cum Corinide eius filia; [20] de quo Flegias existente in Inferno, Virgilius in vi° loquens ait: *Infelix Theseus Flegias miserrimus omnis / admonet et magna testatur voce per umbras: / "Discite iustitiam moniti et non tempnere divos"*, et ideo merito auctor accipit eum sub typo motus talis vitii superbie hic. [21] Post hoc auctor, expedito tractatu incontinentie comprehendentis sub se septem peccata predicta scilicet luxuriam, gulam, avaritiam, accidiam, iram, invidiam et superbiam, [22] volens procedendo venire ad tractandum de humana malitia et de violentia et fraude, que ex illa oriuntur ut dicit auctor infra in xi° capitulo, et de animabus dampnatis per hec tria vitia et de locis separatis earum a dictis incontinentibus, fingit animas tales intra hanc civitatem Ditis inclusas ut denotet qualiter homines in hoc mundo ultra dictam incontinentiam clauduntur tripliciter ad

17. xi°] ST xxi° V.

21. hoc] C hec V. invidiam et superbiam] C et sup(er)bia(m) inuidia(m) V.

22. earum] C eor(um) V.

---

17. Cf. *Gen.* XI 4.
18. Cf. PETER THE CHANTER, *Verbum Abbrev.* X (PL 205.44d).
20. VERG., *Aen.* VI 618–20.

Super VIII° capitulo Inferni

peccandum, [23] et ex hoc forsan Virgilius allegorice motus est ad describendum hanc civitatem Ditis tribus muris cintam, unde ait in vi° de ea: *Respicit Eneas: subito sub rupe sinistra / menia lata videt, triplici circumdata muro. / Porta adversa ingens, solidoque adamante columpne.* [24] Alia que hic in fine tanguntur exponam allegorice in sequenti capitulo.

---

23. Verg., *Aen.* VI 548–49, 552.

SUPER IX° CAPITULO INFERNI

[1] **Quel color che viltà de fuor mi pinse**. [2] Continuando se auctor in hoc principio huius noni capituli fingit Virgilium sibi sub ambiguis verbis dixisse quomodo oportebit eum vincere pugnam contra dictos demones, aliter talis ..., idest Beatrix subaudi, se obtulit ad tale eius iter, nec ultra expressit, quasi tacite voluisse dicere secundum intentionem auctoris quod ipsa Beatrix mendax esset. [3] Et utitur in hoc auctor illa figura que dicitur 'eclipsis', que sit cum deficit sermo in medio orationis, ut ecce Virgilius in persona Neptuni minantis ventis turbatibus Eneam in mari dicens: *Iam celum terramque meo sine numine, venti, / miscere et tantas audetis tollere moles? / quos ego ... sed motos prestat componere fluctus*; nam deficit ubi dicit: *Quos ego ...*, scilicet 'castigabo'. [4] Inde auctor inducit Virgilium ad dicendum sibi paventi de tali suo progresso quomodo missus iam fuit de Limbo usque ad centrum Inferni ab illa Erictone, magica vetula de Thessalia, de qua Lucanus in vi° dicit quomodo ad instantiam Sexti Pompei fecit reddire animam in quoddam cadaver de recenti mortuum ad referendum quid Pompeio, suo patri, contingere debebat de futuro suo bello cum Cesare. [5] Et hoc tangit auctor non quod vera fuerint, sed ad quandam talem magnam moralitatem, scilicet quod quando videmus

---

2. subaudi, se] subaudisse V. tale eius iter] talle(m) ei(us) inter V.

3. numine venti] ‹v› numine venti V. miscere] ST misere V.

4. Erictone] ST L B captione V. Thessalia] L B tesalica V.

5. magnam moralitatem] ma(teria)m mo(r)talitate(m) V. in] ‹ad› in V.

---

1. *Inf.* IX 1.
3. VERG., *Aen.* I 133–35.
4. Cf. LUCAN., *Phars.* VI 508–827.

Super IX° capitulo Inferni

aliquem timere procedere in aliquo opere bono incepto propter aliquam causam supervenientem, licet nobis dicere aliqua sub colorato mendacio facientia talem formidantem a suo timore removeri. [6] Nam dicta anima illius cadaveris, posito quod verum fuisset dictum Lucani, sicut fuit fictio, demon quidam erat, non anima illius, sicut non fuit anima Samuelis, sed demon quidam in illa phitonissa que ut anima Samuelis loquebatur, ut dicit in primo *Regum* capitulo xxviii°, [7] nec illa fuit anima illius pueri quem Simon Magus occidit, que postea loquebatur in eo, ut scribit Clemens papa in suo *Itinerario*, sed demon. [8] Unde Crisostomus *Super Matheum* scribit quod *Frequenter demones simulant se esse animas mortuorum*, ut confirment errorem Gentilium credentium talia, [9] et super quadam *Decretali* dicit *Glosa*: *Si aliquando spiritus malignus corpore mortui hominis subintrat non illud vivificat, nec unum cum illo efficitur, sed movet illud ad instar venti qui larvam subintrat et movet illam*. [10] De hoc Thomas in prima parte, questione lxxxviiiª, et Augustinus in libro *De Agenda Cura Pro Mortuis*, et in tertio *De Civitate Dei* pertractant. [11] Post hoc auctor, procedendo, fingit sibi apparuisse super hac turri dicte civitatis Ditis has tres Furias infernales, scilicet Alecto, Thesiphonem et Megeram, ita cruore tinctas et cintas et crinitas serpentibus, et clamantes et laniantes se, et vocantes Medusam ut faciant ipsum auctorem converti in saxum, ut dicit textus. [12] Quas easdem Furias Virgilius in vi° etiam fingit Eneam invenisse in Inferno, eodem loco, et cum hiisdem actibus dicens: *Gaudia, mortiferumque adverso in limine bellum, / ferreique Heumenidum talami et Discordia demens / vipereum crinem vittis innexa cruentis*, et subdit, loquendo de dicta porta et turri huius civitatis Ditis et de prelibatis Furiis: *Porta adversa ingens, solidoque adamante columpne, / vis ut nulla virum, non ipsa excidere ferro / celicole valeant; stat ferrea turris ad auras / Thesiphoneque sedens palla succincta cruenta / vestibulum exsompnis servat noctesque diesque. / Hinc exaudiri gemitus et seva sonare / verbera, tum stridor ferri tracteque catene*; [13] Et in vii° ait: *Luctificam Alecto dirarum a sede sororum / infernisque ciet tenebris, cui tristia bella / ireque insidieque*

---

6. *I Reg.* XXVIII 1–26.
7. Cf. CLEM., *Ep.* XXIV 1.
8. *Decr. Grat.* II C. XXIV q. iii c. 29.
10. Cf. THOM., *Theol.* I q. lxxxviii 6, cxiv 4; *Decr. Grat.* III *De Consecr.* III q. xxiv 3; AUG., *De cura pro mort.* XV, *Civ. Dei* XVIII 18.
12. VERG., *Aen.* VI 279–81, 552–58.
13. VERG., *Aen.* VII 324–26, 329.

et crimina noxia cordi, / tot seve facies, tot pullulat atra colubris. [14] Attribuuntur poetice Plutoni regi infernali ut eius ministre et filie eius et Noctis dicte Furie et, per consequens, Proserpine eius uxori, quod tangit hic auctor dum dicit de regina eterni planctus, et inducuntur ad discordiam et furores, inducendum hiis demonibus Ditis qui vocantur, *Exodi* capitulo xvii°, Amalechite, idest demones discordiarum, vocanturque dicte hec tres sorores interdum Furie; [15] ex eo quod furores in nobis commovent — unde Lucanus in viiii°: *Heumenidum crines solos movere furores* — vocantur interdum Heumenides, hoc est minime bone, interdum Erinne, quasi lites moventes. [16] Quantum ad allegoricum integumentum, auctor aliique poete nichil aliud in hoc volunt sentire nisi quod hec tres furie designent tria genera malorum inducentium homines in hoc mundo motu diabolico ad turbationem menti et intellectus, ut insanos et furentes; omne enim malum aut cogitatur tantum, aut cogitatur et in sermone prodit et in actum. [17] Unde prima dicitur Alecto, idest 'impausabilis', per quam intelligimus malam cogitationem que nunquam quiescit nullo eventu vel timore. [18] Secunda dicitur Thesiphone quasi 'vox sequens', et supposita mala enim cogitatio ad hoc tendit ut voce exprimat malum quod concepit. [19] Tertia dicitur Megera, quasi 'megalaris', idest 'operatio'; et sic primum est non pausando furiam concipere, secundum in vocem erumpere, tertium ad factum venire; [20] vel, secundum aliam opinionem, hoc modo magistraliter videntur distingui in hiis iiii°ʳ versibus sic incipientibus: *Tres agitant mentes furie ratione carentes; / tunc est Thesiphone cum res est pessima mente, / at cum mente seva dispumat in ore Megera / de perpetrata tunc est Alecto vocata*, quasi velit auctor in effectu tangere quod contemplando statum malorum in hoc mundo ut Infernum quendam, inter alia eius mala reperit ista tria accidentia alterantia ita homines, [21] ut ait etiam Ysidorus in hoc sic dicens: *Sicut tres sunt iste Furie, sic impliciter animos nostros pertubabant et cogunt nos delinquere adeo quod neque ad famam et ad pericula mortis respiciamus.* [22] Multitudo vero serpentum, quibus dicte furie

---

19. concipere] C co(n)cip(er)e V.

---

14. *Ex.* XVII *passim.*
15. LUCAN., *Phars.* IX 642.
17–19. Cf. FULGENT., *Mythol.* I 7
21. Cf. ISID., *Etym.* VIII xi 95.

Super IX° capitulo Inferni

circumdate sunt, designat multimodas pravas cogitationes et artes, quibus demonice homines inficiunt quasi veneno et furere faciunt et serpere ut serpentes eorum intima cordis ad mala cogitandum, loquendum et agendum, ut supra dictum est. [23] Quod volens tangere Virgilius, sub premissa etiam allegoria, in persona Iunonis alloquentis et rogantis dictam Alecto ut furorem inficeret Amatam, reginam et uxorem regis Latini, et etiam Turnum ita ait in vii°: *Tu potes unanimes armare in prelia fratres / atque odiis versare domos, tu verbera tectis / funeras inferre faces, tibi numina mille / mille nocendi artes; fecundum concute pectus*, et subdit: *Exim Gorgoneis Alecto infecta venenis / principio Latium et Laurentis tecta tirampni / celsa petit* etc. [24] Ad id quod tangit de Medusa est premictendum quod, secundum quod scribit Lucanus in viiii°, ystorice dicitur quod quidam Forcus, rex Yspanus, tres habuit filias: prima vocata fuit Medusa, secunda Stennio, tertia Euriale; quo mortuo, post eum ditissime remanserunt, et etiam maxime effecte sunt epulentissime post mortem dicti eorum patris, cultura terre ampliando dictum eorum regnum. [25] Presentim dicta Medusa ideo vocata est Gorgon ipsa et quelibet alia sua soror predicta; 'Ge' enim 'terra' dicitur grece, et 'gorge' cultura. [26] In quibus tribus sororibus poete postea fabulose finxerunt tres terrores huius mundi, quorum primus mentem debilitat, secundus mentem spargit, tertius caliginem visus inducit, et hec est dicta Medusa, cuius caput Perseus cum iuvamine Palladis amputavit, respiciente eam mediante clipeo cristallino quod sic allegorizatur. [27] Perseus pro virtute accipitur que, iuvante Pallade, idest sapientia, habet extinguere hos terrores mundanos procedentes a regibus et aliis potentibus, et maxime a tirampnis, qui sepe nedum mentem, sed etiam sensus, in lapidem, idest in sensualitatem, inducunt. [28] Unde Salamon, ad hoc respiciens in xx° *Proverbiorum*, ait: *Sicut rugitus leonis ita terror regis*,

---

23. armare] ST amare V.

24. Stennio] C se(n)nio V.

27. procedentes] C procententib(us) V.

---

23. VERG., *Aen.* VII 335–38, 341–43.
24. LUCAN., *Phars.* IX 619–99.
25. FULGENT., *Mythol.* I 21.
28. *Prov.* XX 2.

Comentum Petri Alagherii

[29] et ex hoc solet dici: *Est Gorgon cultrix terre tale esseque nomen; / ex tribus diis magis ore Medusa nitet, / conformes lapidi facit esse Medusa timore / dum ritulare coma queque rigere facit*, [30] faciens tamen auctor conqueri dictas Furias de eo ibi viso ab eis vivente, ut de Enea in simili casu, — unde Virgilius in persona dicti Enee petentis a Sibilla ita lamentabatur ipse, ibi viso ita vivo dicte Furie ait: *"Que scelerum facies? o virgo, effare; quibusve / urgentur penis? quis tantus plangor ad auras?" / Tum vates sic orsa loqui: "Dux inclite Teucrum, / nulli fas casto sceleratam insistere limen* etc. — [31] quare dicat nullus castus, idest nullus virtuosus, hanc clausam civitatem Ditis contendit intrare, dico intrare scilicet statum malicie et eius peccatorum in hoc mundo per viam investigativam, non autem vitiosam, quin demones predicti et dicte eorum Furie non doleant quodammodo ut doluerunt scilicet de Hercule et Theseo et Peritoo sub dicto sensu ingredientibus dictum locum, invito Cerbero ianitore ianue huius civitatis Ditis, [32] unde Virgilius in vi°, in persona Caronis contra Eneam vivum per Infernum euntem et petentem se per illum ultra flumen Acherontis transportari, ait: *Umbrarum hic locus est, sompni noctisque sopore: / corpora viva nefas Stigea vectare carina. / Nec vero Alciden me sum letatum eundem / accepisse lacu, nec Thesea Peritoumque, / diis quanquam geniti atque invicti viribus essent. / Tartareum ille* — scilicet Hercules — *manu custodem in vincla petivit / ipsius a solio regis traxitque trementem; / hii dominam Ditis thalamo deducere adorsi*. [33] Et hoc est quod tangit hic auctor de Theseo et infra in hoc capitulo de Cerbero depilato ab ipso Hercule, qui Cerberus ad instantiam Iunonis, noverce dicti Herculis, nolebat admitti predictum per eius portam. [34] Post hoc videamus quid auctor subsequenter vult sentire pro isto spiritu quem vocat numptium Dei, et quem ita fingit nunc venisse cum tanto impetu super aquam huius paludis Stigie sicut super terram aridam, removentem aerem grossam talis a vultu cum sinistra cum tanto labore, et cum sua virga aperiente hanc portam Ditis et improperantem demonibus qui illam ita serraverant contra ipsum auctorem et Virgilium, ut dicit textus. [35] Et dico quod eum accipit poetice pro Mercurio, quem poete vocant et fingunt filium

---

29. lapidi] lapid{u(m) > i} V.

31. clausam] clausan(us) V.

---

30. Verg., *Aen.* VI 560–63.
32. Verg., *Aen.* VI 390–97.

Super IX° capitulo Inferni

Iovis et Maie et numptium exequentem mandata ipsius Iovis, [36] ad quod figmentum Virgilius in iiii°, in persona dicti Iovis volentis ad instantiam regis Iarbe eius filii et proci Didonis regine Cartaginis Eneam retrahere a dicta Didone ad Ytaliam, ita alloquitur ipsum Mercurium dicens: *Tunc sic Mercurium alloquitur ac talia mandat: / "Vade age, nate, voca Zephiros et labere pennis / Dardaneumque ducem, Tiria Cartagine quod nunc / expectat factisque datas non perspicit urbes, / alloquere et celeres defer mea dicta per auras". / Dixerat. Ille patris magni parere parabat / imperio, et primum pedibus talaria nectit / aurea, que sublime alis sive equora supra / seu terram rapido pariter cum flamine portant. / Tum virgam capit: hac animas ille evocat Orco / pallentes, alia sub tristia Tartara mictit, / dat sompnos admictitque et lumina morte resignat. / Illa fretus agit ventos et turbida tranat / nubila. Iamque volans apicem et latera ardua cernit / hic primum paribus nitens alenius alis / constitit; hinc toto preceps se corpore ad undas / missit avi similis, que circa litora, circum / piscosos scopulos humilis volat equora iuxta, / aut aliter terras inter celumque volabat / materno veniens ab avo Cilenia proles / litus arenosus ac Libie ventosque seccabat.* [37] Et Statius etiam, describens quomodo Mercurius ipse, missus a Iove etiam ad Infernum ad umbram Lai olim regis Thebarum, et revertens inde, ait, incipiens secundum librum sui *Thebaidos* sic: *Interea gelidis Maia satus aliger umbris / iussa gerens magni remeat Iovis, undique pigre / ire vetant nubes et turbidus implicat aer, / nec Zephiri rapuere gradum, sed feda silentis / aura poli; Stix inde novem circonflua campis / hinc obiecta vias torrentum incendia claudunt / it tamen et medica firmat vestigia virga.* [38] Et ex hoc Augustinus, *De Civitate Dei*, ait Mercurium esse *Portitorem sermonis Dei*; [39] nam dicitur 'Mercurius' quasi 'medius sermo currens'. [40] Post hec videamus quid secundario auctor allegorice in hoc tangere velit, ad quod enucleandum ita premictamus, scilicet quod, habita per ipsum auctorem hucusque notitia per investigationem contemplativam de septem vitiis supradictis, descendentibus ab incontinentia, et de vitiatis in eis in hoc mundo et de dampnatis in alio et de eorum penis ut de particularibus et specialibus vitiis et peccatis, mediante Virgilio, idest mediante ratione, volens inde procedere ad investigandum de aliis vitiis et vitiatis in universali dependentibus a malitia et fraude humana tanquam inexpertus eorum, fingit hoc se nequisse facere solum

---

36. Verg., *Aen.* IV 222–26, 238–46, 252–55, 258.
37. Stat., *Theb.* II 1–6, 11.
38–39. Aug., *Civ. Dei* VII xiv 1.
39. Isid., *Etym.* VIII xi 45.

cum ipso Virgilio, idest cum ipsa ratione, scilicet ingredi dictam civitatem Ditis, quam pro statu malitiosorum et fraudulentorum in hoc mundo viventium accipit, ut dicit auctor infra in capitulo xi°, sed opus sibi fuisse adminiculo Mercurii, scilicet intimatione nature, et effectus talis planete per quam aperitur nobis dicta civitas, idest status malitie et fraudis mundane ut plurimum existentium inter negotiatores malivolos huius mundi impressionatos ad hoc a dicto tali planeta. [41] Ad que facit quod ait Crisostomus, *Super Matheo* dicentem: *Eiciens ducit vendentes et ementes de templo*, dicens ibi: *Significavit quia mercator nunquam potest Deo placere, quia sine mendacio et periurio mercator esse non potest*, [42] unde Psalmista ait: *Quia non cognovi licteraturam*, idest negotiationes, *introibo in potentias Domini*, [43] et *Ysaie* primo dicitur ad hoc: *Caupones tui miscent aquam vino*, [44] et Cassiodorus, *Super Psalmo* lxx° ait: *Negotiatores illi abominabiles extimantur, qui iustitiam Domini minime considerantes per immoderatum pecunie ambitum polluuntur, merces suas plus periuriis honerando quam pretiis*. [45] Item facit quod ait Fulgentius allegorizans circa hoc dicens: *Greci Mercurium inducunt preesse negotiis virgam ferentem serpentibus nexiam, predictumque talaribus calciamentis pennatis; Mercurium*, inquit, *dicimus grece quasi 'curam mercis'; omnis enim negotiator dici potest Mercurius; eius virgam serpentibus nexiam adiciunt*, quia vix aut nunquam vendendi emendique commercium fit absque remorsione conscientie et sine periuriis qui serpunt ut serpentes animos pravorum predictorum negotiatorum. *Item fingunt eum cum galerio copertum eo quod omne negotium copertum et absconsum;* [46] et super primo Ovidii, ubi dicitur quomodo Iupiter misit dictum Mercurium ad liberandum Io nimpham de manibus Argi, custodientis eam ad in-

---

44. iustitiam] iusticia V.

46. Iupiter] C jux(ta) V.

---

41. *Decr. Grat.* II C. XVI q. vii c. 13.
42. *Ps.* LXX 15–16.
43. Cf. *Is.* I 22 et Isid., *Etym.* X 59.
44. *Decr. Grat.* I D. LXXXVIII c. xiii.
45. Cf. Fulgent., *Mythol.* I 18.
46. Cf. Ov., *Met.* I 625–88, 713–23.

Super IX° capitulo Inferni

stantiam Iunonis habentis centum occulos, [47] dictus Fulgentius ait: *Argus pro hoc seculo accipitur; eius centum occuli pro multiplicibus eius illecebris quod seculum ita hominem quem allicit, tenet et custodit, ut Deum cognoscere non valeat nisi prudentia Mercurialis eum liberet, ut liberavit dictam Io occidendo dictum Argum in quo denotatur duplex impressio dicti planete.* [48] Nam, cum respicit se cum Iove vel cum aliqua bona constellatione et signo, tunc benivolus est et habet infundere activam virtutem in nobis circa licteraturam et alia famosa acquirenda, pro qua virtute tali accipitur dicta virga Mercurii, per quam aperitur nobis dicta porta Ditis, idest aperitur nobis cognitio malitiarum et fraudum, ut ab eis nobis precaveamus prudenti astutia Mercuriali quando vero est coniunctus dictus planeta cum malivolis stellis et signis, tunc ut malivolus imprimit que circa fraudes et malitias negotiantium dixi superius, et ex hoc promiscuus planeta dicitur. [49] Nam cum bonis stellis bonus et cum malis malus est, inducendo auctor dictum Mercurium in proprietate dictis demonibus cur volunt recalcitrare voluntati divine cui non potest finis esse detruncatus, ut est in aliis voluntatibus hominum qui sepe aliquid agunt ad unum finem et alius diversus finis eis evenit, item cur volunt cum fatis pugnare, volentia auctorem ita ire per Infernum, ut ipse auctor dixit supra in v° capitulo Minoi, in persona Virgilii dicentis ei ut non impediat fatale iter eius, et sic videtur auctor sentire fata esse et fatata penitus evenire, sed in hoc tangere vult quod antiqui poete et phylosophi scribunt. [50] Inquit enim Seneca in ii° libro: *Quo num naturalium fatum esse existimo necessitate omnium rerum et actionum quam nulla vis rumpat,* [51] et Lucanus in vi°: *At simul a prima descendit origine mundi / causarum series, atque omnia fata laborant / si quicquam mutare velis, unoque sub ictu / stat genus humanum* etc. [52] Gregorius vero, in *Omelia Epiphanie* dicit: *Absit a fidelium cordibus ut fatum aliquid esse*

    47. prudentia] C p(re)cede(n)tia V.

    48. promiscuus] C p(er)miscuus V.

    50. omnium] ‹h›omniu(m) V.

---

50. SEN., *Nat. Quest.* II xxxvi.
51. LUCAN., *Phars.* VI 611–14.
52. *Decr. Grat.* I D. L q. xxvi

dicatur; [53] Augustinus in quinto *De Civitate Dei* in hoc sic ait: *Fatum intelligimus a 'fando' dictum, ut ea fato fieri dicantur que ab aliquo determinante sunt ante prelocuta. Nam quod Deus unico verbo coeterno dixit in tempore sit quodam causarum ordine prosecutus. Nam sicut vox exterior verbum prodit, sicut causarum ordines in divinam relati prescientiam, fata sive voces et locutiones possunt dici, quia rationes in verbo divino existentes ipsam scientiam manifestavit*, [54] unde *Glosa* super quodam *Decreto* incipiente *Immutabilitatis nature Dei sua legitur mutasse promissa et temperasse sententiam*, [55] ut *Ione* capitulo iii° et *Mathei* xii° ait super verbo 'sententiam': *Idest 'comminationem'; nam que Dominus dicit comminando vel monendo bene interdum revocat, non que asserendo*, [56] unde ex hoc Macrobius dicit quod *Tripliciter contingit Deos loqui*, [57] et sic factum erit indeclinabilis ordo causarum ad divinam voluntatem relatus, unde et Boetius in iiii° ait: *Fatum est inherens rebus mobilibus dispositio per quam providentia divina suis queque nectit ordinibus*. [58] Thomas in prima cxvi[a] questione in hoc sic ait: *Divina providentia per causas medias suos effectus exequitur*, [59] que ordinatio dictorum effectuum potest considerari uno modo secundum quod est in ipso Deo, et tunc dictur Providentia, que immobilis est, non quidem absolute necessitatis, sed conditionate ut ait iste auctor infra in *Paradiso* in capitulo xvii° et ibi vide quod scribam. [60] Alio modo potest considerari dicta ordinatio in quantum est in mediis causis ab ipso Deo ordinatis ad aliquos effectus producendos, et tunc habet rationem fati, et sic voluntas vel potestas Dei 'fatum' vocari potest casualiter; essentialiter vero factum erit dispositio et ordo dictarum secundarum causarum, et sic errant illi qui omnia fortuita et casualia que in hiis inferioribus accidunt sive in rebus naturalibus, sive humanis, reducere volunt in superiorem causam, idest ad corpora celestia, [61] secundum quos fatum nichil aliud esset quam dispositio siderum in qua quis conceptus sit vel natus. [62] Nam, quamvis ex impressione dictorum corporum celestium fiant alique inclinationes in natura corporali, voluntas tamen vestra non ex necessitate sequitur has, et ideo nichil prohibet per volun-

---

61. fatum] factu(m) V.

---

53. *Decr. Grat.* II C. XL q. iv c. 4 et *Gl.* rel. (III 1185 col. 2).
54. Cf. *Concil. Toletan.* VIII 2 (PL 187.1143a).
55. Cf. *Iona* III 4; *Matt.* XII 4.
57. BOETH., *Cons. Phil.* IV pr. vi 3.
58. THOM., *Theol.* I xix 8.

Super ix° capitulo Inferni

tariam electionem impediri effectum corporum celestium. [63] Ysidorus in x° *Ethimologiarum* circa hoc ita inquit: *Fatum a fortuna separant, ut fortuna sit in hiis que fortuita sunt nulla causa palam; fatum vero appositum singulis et statutum.* [64] Ultimo fingit auctor se ingredi dictam civitatis Ditis, idest considerationem contemplativam status illorum qui in hoc mundo vivunt in malitia et fraude, verum quia in particulari heretici magis possunt dici excedere alios in hoc mundo in malitia. [65] Ideo fingit se eos invenire primo intra dictam civitatem, sive eorum animas ita sepultas in dictis archis circumdatis flammis, ut dicit textus, pro quibus allegorice auctor accipit malitiosas eorum credulitates et doctrinas claudentes eos in locis absconsis, ad eorum perfidiam peragendam. [66] Unde *Glosa* super illo versu *Psalmiste: In eo paravit vasa mortis et sagiptas suas ardentibus efficit*, ait: *Vasa mortis sunt heretici qui sepeliunt animas suas*, [67] ad quod ait Augustinus etiam sic *Supra Epistula Petri: Pelliciunt heretici animas instabiles variorum dogmatum erroneis sectis*, [68] unde heresiarche, de quibus tangit hic auctor, dicti sunt illi heretici qui primo falsas opiniones et sectas contra fidem catholicam inveniunt et invenerunt, ut fuit Epicurus phylosophus cum suis sequacibus, scilicet Metodoro et Marco et Polieno et aliis, qui Epicurus tenuit animam nostram simul cum corpore mori, [69] de quo idem Ysidorus sic ait: *Epicurus, amator vanitatis non sapientie, quem alii phylosophi porcum appellaverunt eo quod voluptatem corporis summum bonum dicebat et animam nostram nichil esse quam corpus, unde dixit: "Non ero postquam mortuus fuero".* [70] Item ut fuit Arrio, a quo Arriani heretici dicti sunt, item Sabelio, a quo Sabeliani, item Nestorius, a quo Nestoriani, et sic alii multi quos numerat idem Ysidorus in viii° *Ethimologiarum* faciendo auctor comparationem de istis archis ad archas existentes penes civitatem Aralatensem in Provincia, et penes Polam civitatem Istrie, vicinam illi brachio maris quod dicitur Quarnarium eo quod extendit se per quadraginta miliaria infra terram, et quod brachium dicitur unus de confinibus Ytalie, ut dicitur hic in textu.

---

63. Isid., *Etym.* VIII xi 94.
66. *Ps.* VII 14 et *Gl.* rel.
67. Thom., *Theol.* I q. xlvi 2.
69. Isid., *Etym.* VIII vi 15–17.
70. Isid., *Etym.* VIII v 42.

SUPER X° CAPITULO INFERNI

[1] **Ora sen va per un secreto calle**. [2] Continuato hoc decimo capitulo cum fine precedentis auctor fingit se invenire inter dictos hereticos mortuos in errore dicti Epicuri phylosophi discipuli Socratis, scilicet quod anima simul cum corpore moriatur, umbram domini Farinate de Ubertis de Florentia et umbram domini Cavalcantis de Cavalcantibus de dicta terra, patris Guidonis, viri acutissimi ingenii et comitis contemporanei huius auctoris qui, quamvis fuerit magnus rimator in materno stilo, nullatenus tamen delectabatur in poesia, sed potius in phylosophia, ut colligitur hic in textu in eo quod dicit sibi auctor quod dedignatus fuerat studere super Virgilio, [3] inducendo inde auctor umbram domini Farinate ad prenuntiandum sibi quomodo ante quinquaginta menses exulabit de dicta civitate Florentie per illa verba quod facies domine regentis ibi quinquaginta vicibus non erit reaccensa etc., idest facies lune in quantum pro Proserpina poetice summitur. [4] Unde Ovidius, de ipsa luna loquens, ait: *Ingemuit regina Erebi* etc., [5] et Virgilius: *Hii dominam Ditis talamo deducere adorsi*, et alibi: *Nec quicquam lucis Hecate prefecit Avernis*. [6] Vocatur enim luna interdum Hecate, interdum Proserpina, interdum Lucina, interdum Dyana, interdum Delia, interdum Phebes, secundum varios eius effectus, que ideo attribuitur Plutoni regi infernali coniunx, ut tetigi in proximo supradicto capitulo, per poetas allegorice quia, ut dicit Ovidius in quinto, medio tempore sui cursus ipsa luna lucet in hac parte superna, et alio medio tempore

---

2. viri] ui{t > r}i V.

6. interdum Proserpina] C Jnt(er)du(m) p(ro)s(er)pina Jnt(er)du(m) p(ro)s(er)pina V.

---

1. *Inf.* X 1.
4. Ov., *Met.* V 543.
5. VERG., *Aen.* VI 397, 118.
6. Cf. Ov., *Met.* V 341–572.

Super X° capitulo Inferni

in parte inferna, quod tangit dicendo ibi quomodo Iupiter statuit quod dicto medio tempore dicta Proserpina foret cum dicto Plutone suo viro in Inferno, et alio medio tempore hic cum Cerere eius matre. [7] Post hec sciendum est quod, expulsis dictis Ubertis cum sua parte Ghibellina de Florentia, et morantibus in civitate Senarum anno domini mcclviiii° Florentini cum Lucensibus cum valido exercitu, ingressi sunt comitatum Senarum et castramentati sunt apud Montem Apertum, iuxta quem currit quoddam flumen quod vocatur Arbia, et ibi breviter dictus exercitus Florentinorum positus est in conflictu per dictos Senenses mediante auxilio regis Manfredi, tunc regis Sicilie et Apulie, qui misit comitem Iordanum cum octingentis militibus ad id faciendum dictis Senensibus, hoc pacto interveniente quod, si dicta civitas Florentie caperetur per dictam partem Ghibellinorum, quod funditus destrueretur, ad quod omnes Ghibellini Florentini extrinseci consenserunt, excepto dicto domino Farinata dicente tunc se nolle mori quando non appellaretur civis civitatis Florentie. [8] Et hoc vult tangere umbra dicti domini Farinate dicens hic quomodo fuit solus etc., et auctor dum dicit quomodo aqua dicti fluminis Arbie ex dicto conflictu colorata fuit de sanguine Florentinorum in rubeum; nam occisi fuerunt ibi ultra quam sex milia Florentinorum. [9] Hiis expeditis, instamus circa questionem motam hic per auctorem dicte umbre domini Farinate ex eo quod videbat eam sibi suum exilium pronuntiare in futurum et dictam umbram dicti domini Cavalcantis ignorare quid in presenti esset de dicto suo filio, respondendo dicta umbra quod ipse anime separate et dampnate vident ibi ut vident senescentes, qui melius vident a longe quam prope, unde presciunt futura quodam lumine divino a longe spirante adhuc in eas, quasi dicat non sua natura, ut statim dicam, et presentia ignorat, nisi referentur eis ab aliis animabus supervenientibus ibi ut dicit textus hic, [10] ad quem primum articulum responsionis et solutionis facte per dictam umbram in premissa questione, dicit Thomas de Aquino in prima parte eius *Summe* questione lxxxviiii[a] ubi plene tractat de hac materia: *Cognitionem futurorum non habere angelos nec demones, nec animas separatas ex natura sua, nisi in suis causis, vel per revelationem divinam* — [11] cum *Futura scire solius Dei sit, qui in sua contemplatione etiam angelos illa prescire facit*, ut ait Augustinus in suo libro *Retractationum*, — [12] non tamen excluditur quin dicte anime separate et dampnate

---

10. Thom., *Theol.* I q. lxxxix 3.
11. *Decr. Grat.* II C. XXVI q. v c. 1.

talem cognitionem a demonibus habere etiam non possint de futuris. [13] Unde idem Augustinus in viiii° *De Civitate Dei* ait: *Demones non ecternas causas temporum in Dei contemplatione et sapientia contemplantur, sed ut maiori experientia futura presciunt et suas disponens quandoque prenuntiant, et hoc non gratia, sed natura sui, quod quidem recipiunt a bonis angelis et recipient usque ad Diem iudicii.* [14] Et hoc est quod ait idem Thomas in preallegato loco, scilicet quod *In demonibus maior cognitio viget quam in anima dampnata,* [15] unde in libro *De Natura Demonum* idem Augustinus dicit quod *Demones predicunt futura non quod ipsi sciant futura, sed quia habent probabiles coniecturas, primo illa ratione quia de subtili materia sunt creati aerea, item quia per antiquitatem multa sciunt, item quia consueverunt morbos in milite, et illud ipsi predicunt quod aliquis sit habiturus malum, item ex signis que procedunt ex animo hominis prevident quedam, item quia dicta prophetarum audierunt, ex quibus futura predicunt.* [16] Ad secundum articulum, scilicet dum dicta umbra dicit quod dicte anime separate et dampnate, licet ita presciant futura secundum quod supra dictum est, presentia tamen non, hoc est quod ignorant quicquid hic fit, secundum etiam auctoritatem sanctorum. [17] Dicit enim Augustinus in libro *De Cura Pro Mortuis Agenda* quod dicte anime mortuorum *Ibi sunt, vel que hic fiunt scire non possunt,* et alibi, eodem libro, dicit quod *Anime mortuorum rebus viventium non intersunt.* [18] Item Gregorius in viiii° *Moralium* ad idem etiam ait: *Mortui vitam in carne viventium post eos, qualiter disponitur, ignorant, quia vita spiritus longe est a vita carnis, et sicut corporea et incorporea diversa sunt genera, item sunt distincta cognitione,* [19] et *Ecclesiastes* viiii° capitulo dicitur: *Mortui nichil noverunt amplius nec habent ultra mercedem quam oblivioni tradita est memoria eorum.* [20] Et respondet Thomas ad id quod posset opponi de anima illius divitis, de qua dicitur Luce capitulo xvi°, quod ardens in Inferno dixit: Habeo

19. noverunt] ST mouerunt V.
20. Habeo] habine habeo V.

---

13. AUG., *Civ. Dei* IX xxii 1.
14. THOM., *Theol.* I q. lxxxix 3.
17. *Decr. Grat.* Pars II C. XIII q. ii c. 29.
18. GREG., *Mor.* XII xxi 26.
19. *Eccl.* IX 5.
20. *Luc.* XVI 28; THOM., *Theol.* I q. lxxix 7.

Super X° capitulo Inferni

quinque fratres, micte Lazerum ad eos, ait, testetur ne et ipsi veniant in hunc locum tormentorum, dicens quod *Anime mortuorum possunt habere curam de rebus viventium, etiam si ignorent eorum statum, sicut nos curam habemus de mortuis eis suffragia impendendo, quamvis eorum statum ignoremus*, [21] salvo, dicit dicta umbra, quod, licet dicte anime ignorent que hic aguntur, ut dictum est, tamen ea scire valent per relationem animarum hic ad eas descendentium, seu a spiritibus malis, [22] unde idem Thomas ibi subdit dicens: *Possunt etiam dicte tales anime facta viventium non per se ipsas cognoscere, sed vel per animas eorum qui hinc ad eas accedunt, vel per angelos, seu demones, vel etiam Spiritu Dei hoc eis revelante*, [23] ut ait etiam Augustinus in preallegato libro *De Cura Agenda Pro Mortuis*, ubi dicit: *Fatendum est nescire quidem mortuos quid hic agatur, sed dum hic agitur; postea audire ab eis qui hinc ad eos moriendo pergunt, non quidem omnia, sed que sinuntur etiam istis meminisse, et que illos quibus hec indicant oportet audire; possunt etiam ab angelis, qui rebus que hic aguntur, presto sunt, audire aliquid mortui, sed quod unumquodque illorum audire debere iudicat cui cuncta subiecta sunt.* [24] Per que dicta et auctoritates debent patere satis verba auctore hic posita, hoc tamen adhuc addito ad maiorem indaginem, scilicet quod in eo quod auctor in persona dicte umbre domini Farinate dicit quod quando predicta futura ita prescita a dictis animabus proximant se ad esse sive sunt vel existunt, cum de iure paria sint aliqua esse vel de proximo fieri debere, tota eorum talis scientia evanescit, infert hoc tali respectu. [25] Nam, ut iam dictum est, dicta talia futura presciuntur solum a dictis animabus ex quodam divino beneficio quod adhuc recipiunt ex quadam habitudine earum nature spiritualis et incorporee; modo cum dicta talia futura proximant se ad esse, vel eveniunt, non possunt amplius futura censeri et dici, cum sint statim ad modo presentia censeri, at presentia dicte anime scire non possunt tali divino predicto beneficio, sed alio singulari modo, ut iam supra dixi ergo etc. [26] Ad quod facit quod ait dictus Thomas in preallegata parte dicte eius *Summe* dicens: *Cognitio anime separate ad rerum species vel individua determinatur ad que ipsa habet aliquam determinatam habitudinem. Nam non*

23. sed dum] sed dicit V. mortui] mortu{u(m) > i} V.

---

22. Thom., *Theol.* I q. lxxix 8.
23. *Decr. Grat.* II C. XIII q. ii c. 29.
26. Thom., *Theol.* I q. lxxxix 4.

se habet equaliter ad omnia singularia sed ad quedam habet aliquam habitudinem quam non habet ad alia. [27] Vidimus igitur quomodo dicte tales anime se habeant ad cognitionem futurorum et presentium: nunc videamus quid de preteritis utrum recordentur, seu scientiam habeant eorum, [28] et dicit dictus Thomas quod *Sciunt ea de quibus habuerunt notitiam in corporibus existentes*; [29] aliter si non recordarentur eorum que gesserunt in vita *Periret in eis vermis conscientie qui non moritur*, idest semper durat, ut dicit *Ysaie* ultimo capitulo. [30] Item vidimus de scientia animarum dampnatarum quid de beatis existentibus in celo nunquid dicta futura presentia et preterita videant, [31] et dicit Thomas *Qui forant hanc questionem*, in preallegato loco eius *Summe*, [32] Gregorium tenere quod sit, dicentem: *Anime que intus omnipotentis Dei claritatem vident nullo modo credendum est quod sit foris aliquid quod ignorent*, [33] Augustinus vero in dicto suo libro *De Cura Pro Mortuis Agenda* expresse dicit quod *Nesciunt mortui etiam sancti quid agant vivi*, [34] et idem tenet *Glosa Ysaie* xvi°, super illo verbo: *Alieni nesciunt nos*, [35] sed opinio Gregorii ibi approbatur per ipsum Thomam allegantem Augustinum illud dixisse, dubitando quid de existentibus in Purgatorio, dicit quedam *Glosa* in *Decreto*, quod ignorant talia cum nundum fruantur visione Dei, tamen iste auctor contrarium tenet ut patet infra in Purgatorio per totum, cum talia habeant a bonis angelis dicte anime, quos dicit ibi perisse, [36] et quos Augustinus asserit scire omnia que apud vivos aguntur, [37] unde idem Gregorius: *Videntes Deum vident. ergo eadem ratione videntes angelos vident ea que angeli vident*. [38] Ultimo auctor inducit dictam umbram ad dicendum quomodo ibi secum umbra imperatoris Federici secundi de Svevia, olim dampnati de heresi per ecclesiam erat, ac umbra domini Octaviani de Ubaldinis, olim cardinalis, qui in vita sua pluries usus est hiis verbis: "Si anima est", dubitative loquendo, "iam eam amisi pro parte ghibellina".

---

28. THOM., *Theol.* I q. lxxxix 6.
29. Cf. *Is.* LXVI 24.
31. THOM., *Theol.* I q. lxxxix 2.
32. GREG., *Mor.* XII xxi 26.
33. *Decr. Grat.* II C. XIII q. ii c. 29.
34. *Is.* XVI 8 et *Gl.* rel.
35–37. Cf. THOM., *Theol.* I q. lxxxix 8.

SUPER XI° CAPITULO INFERNI

[1] **In su la extremità d'un'alta ripa**. [2] Hoc capitulum undecimum multum est notandum, quia divisio et subdivisio erit huius totius libri Inferni, in cuius principio auctor fingit se devenisse ad hanc ripam et faucem abissi includentem circulos in quibus animas violentorum et fraudantium dicit puniri, verum quia mala fama talium mortuorum in dictis peccatis non potest excitari, ut amodo hic auctor excitare intendit moraliter sine fetore quodam — [3] cum dicat Augustinus quod *Fama bona odor est* et, per consequens, mala fetor — dicit de tali suo fetore ut habetur hic in textu. [4] Sub quo sensu fingit Virgilius Eneam in simili loco Inferni idem invenisse etiam dicens: *Inde ubi venere ad fauces grave olentis Averni* etc., [5] tangendo ibi de Papa Anastasio secundo, natione romano et heretico: nam legitur quod comunicavit cum Fotino, diacono Thesalonicensi, qui familiaris fuit Acatii heresiarche, dampnati per Ecclesiam. [6] Quem Acatium hereticum, volendo dictus Papa restituere precibus dicti Fotini dicebat naturam humanam tantum in Christo, et predictus Anastasius, ductus in eundem errorem, conatus fuit dictum Acatium restituere, et licet non potuerit, dum ad secretum et necessarium locum ivisset, ibi omnia intestina emissit moriendo. [7] Post hec auctor, dicto de malitia hereticorum in specie superius, volens de eius nunc effectu pravo in genere enar-

1. ripa] rippa V ripa C.
5. cum Fotino] C fotino V.
6. precibus dicti Fotini ... Acatium restituere] C *om.* V.
7. non iure] C in iure V.

---

1. *Inf.* XI 1.
3. AUG. *In Ioh. Ev.* L 7.
4. VERG., *Aen.* VI 201.

rare, incipit ita distinguere et subdistinguere, dicendo quomodo finis, idest effectus malitie in genere est iniuria, que iniuria dicitur quicquid fit non iure. [8] Et hoc generaliter specialiter in iniuria debet accipi pro qualibet contumelia, ut auctor eam hic accipit, et quod ipsa iniuria contristat nos, aut violentia aut fraude. [9] Ideo in primo circulo de tribus quos fingit esse intra dictam ripam, auctor ponit puniri dictam violentiam, verum quia dicta violentia tripliciter commictitur, scilicet in Deum, in proximum et in se ipsum, ut dicitur hic in textu. [10] Ideo dictum primum circulum auctor subdividit in tres, de quibus, et de animabus talium violentorum passionatis in eis, dicitur et dicam infra in quinque capitulis proxime sequentibus, singulariter et divisim, et de earum diversis penis. [11] In secundo principali circulo predicto fingit hic auctor subsequenter puniri illam simplicem fraudem humanam que rumpit solum vinculum naturale quod debet homines tenere, ne alios decipiant; — [12] de quo tali vinculo ait quedam *Lex* dicens: *Cum natura inter nos cognationem quandam constituit, consequens est hominem insidiari nefas esse*, et alibi dicit quod *Beneficio affici hominem intersit hominis*, — [13] et animas talium dampnatas in ea per decem bulgias, scilicet lenonum, adulatorum, symoniacorum, divinatorum, barateriorum, ypocritarum, furium, pravorum consultorum, scismaticorum et falsariorum, [14] de quibus singulis incipit dicere auctor, et de dicta particolari fraude infra a xviii° capitulo usque ad xxx°; abinde usque ad finem huius libri *Inferni*, fingit puniri illam aliam speciem fraudis que non solum rumpit dictum vinculum naturale, sed etiam aliud adiunctum sibi quadam speciali confidentia que inter homines oritur, aut ratione coniunctionis eiusdem sanguinis, aut ratione eiusdem patrie, aut ratione commensationis, aut ratione servitii impensi vel recepti, in qua tali fraude sunt illi quos vocamus proditores, de quibus ibi dicitur et dicam. [15] Inde auctor querit a Virgilio cur illi de palude pingui, idest de palude Stigis, scilicet superbi, invidi, iracundi et accidiosi cruciati in ea, et ducti a vento, scilicet luxuriosi, et quos pluvia percutit, scilicet gulosi, et qui se cum asperis linguis incutiunt, ut sunt avari et prodigi, de quibus superius iam diximus, qui omnes peccatores sub vitio incontinentie comprehenduntur, non puniuntur intra hanc civitatem Ditis, sicut malitiosi cum suis sequacibus. [16] Ad quod re-

---

13. dampnatas] C dampnatos V.

---

12. *Corp. Iuris Civ., Digest.* I i 3.
16. Arist., *Eth.* VII i 1145a 15.

Super XI° capitulo Inferni

spondendo, Virgilius inducit verba Phylosophi dicentis in vii° *Ethicorum* in principio: *Circa mores fugiendorum tres sunt species: incontinentia, malitia et bestialitas*, [17] ubi sic ait Thomas comentator: *Quarum differentiam sic oportet accipere, cum enim supra dictum sit, quod bona actio non est sine ratione pratica vera et appetitu recto, unde si aliquod horum duorum pervertitur, convenit quod aliquid sit in moribus fugiendum. Igitur si perversitas sit ex parte appetitus, ratione pratica recta remanente, erit incontinentia, que scilicet est cum aliquis rectam extimationem habet de eo quod est faciendum vel evitandum, sed propter passionem appetitus trahitur in contrarium. Malitia vero est quoniam in tantum invalescit appetitus perversitas, ut rationi dominetur. Et ratio sequitur illud ad quod quis trahitur per appetitum, existimans illud bonum elective operando. Bestialitas autem erit quando temperantia humanarum affectionum corrumpitur in tantum ut excedat terminos humanitatis,* [18] *ut erat in illis silvestribus*, ut dicit ibi Phylosophus, *qui pregnantes rescindebant et pueros comedebant*, [19] et in illis Anocefalis de quibus Augustinus, *De Civitate Dei*, dicit, et in Lestrigonis et Ciclopibus, de quibus ait Iuvenalis in ultima *Satira*, et in Garamantibus, morantibus in montibus Getulie in Africa, quos dicit Plinius esse fere a consortio humanitatis remotos. [20] Et ideo merito malitiosi in profundiori loco Inferni et clauso debent puniri quam incontenentes, dicente Phylosopho in eodem vii° libro: *Omnino autem alterum genus incontinentie et malitie malitia quidam latet incontinentia non*, quare, attenta hac etiam ratione, vide cur auctor malitiosos fingat puniri clausos intra hanc civitatem Ditis et incontinentes extra eam. [21] Iterum querit auctor a Virgilio cur usura Deum offendat, et respondet quod, secundum quod per phylosophiam capere possimus, natura mundi a divino intellectu suum cursum summit, hoc est ab ipso Deo, ut a natura naturante; [22] dicta natura

---

17. sit] si⟨(n)⟩t V.

18. rescindebant] rescide{(n)tes > bat} V.

21. offendat] offenda(n)t V. quod per] C q(uo)d V.

22. secunda] C s(ecundu)m V.

17–18. Cf. THOM., *Eth. Exp.* VII i 3–5.
19. Cf. AUG., *Civ. Dei* XVI 8; IUV., *Sat.* XV 18; PLIN., *Nat. Hist.* V 38, 45.
20. ARIST., *Eth.* VII vii 1150b 35–36.

secunda naturata, quasi ut filia ab ipso genita et naturata, immediate dependet, unde Phylosophus in sua Metaphysica ait sic: *Deus est animal sempiternum et optimum, a quo celum et natura dependet,* [23] de qua prima natura Seneca, in libro *De Beneficiis* loquens, ait: *Non intelligas cum dicis 'naturam' te mutare nomen Deo? Quid enim est aliud natura, quam ipse Deus?* [24] Quam secundam naturam ars nostra, in quantum potest, sequitur, ut ait Phylosophus in secundo Physicorum, [25] quem auctor hic allegat, et sic quasi filia dicta ars potest censeri dicte nature secunde, et per consequens quasi neptis Dei, ut dicit hic in textus. [26] Unde qui offendit dictam naturam Deum immediate offendit, et qui offendit dictam artem offendit Deum mediante dicta natura offensa. [27] Igitur ad propositum quod fenerator offendat sic Deum, premissis duobus modis, manifestatur: offendit enim primo naturam in eo quod non est nature ut denarius pareat et generet alium denarium sine corruptione sui, cum ipsa natura, ut ait Phylosophus, velit quod corruptio unius sit generatio alterius. [28] Ex quo Phylosophus, in primo *Politicorum*, improbando ipsam naturam ait: *Usuraria pecunia non secundum naturam sed ad invicem est, rationabiliter odio habentur obolostatica, eo quod ab ipso numismate fit acquisitio, et non superest quod acquisivimus translationis enim gratia factum est. 'Taches' autem se facit amplius, unde et nomen istud accepit: similia enim parta generantibus ipsa sunt; 'taches' autem fit numisma ex numismate, quare et maxime preter naturam ista pecuniarum acquisitio est.* [29] Ad idem Crisostomus, *Super Matheum*, volens ostendere quomodo differt locatio agri vel domus ab usura, ait: *Quoniam pecunia non est disposita nisi ad emendum.* [30] Secundo offendit fenerator Deum in eo quod non exercet artem prout precepit Deum ipse primo homini dicendo: *In sudore vultus tui vesceris pane tuo,* ut habetur *Genesis* capitulo iii°, [31] quod tangitur hic in textu, que verba minime notant usurarii et meretrices, [32] unde idem Phylosophus in iiii° *Ethicorum* sic ait: *Illibe-*

---

32. Illiberales] ST L B in liberales V.

---

23. SEN., *Benef.* IV vii 1.
24. ARIST., *Phys.* II ii 194a 22–25.
27. ARIST., *Gener. Corr.* I iii 318b 2–3.
28. THOM., *Pol. Exp.* I 8.
29. *Decr. Grat.* II C. XV q. i c. 2.
30. *Gen.* III 19.
32. THOM., *Eth. Exp.* IV iii 5.

Super XI° capitulo Inferni

rales operationes et de meretricio pasci et omnes tales et usurarii, [33] et sic merito etiam *Sacra Scriptura* usuras improbat dicendo: *Pecuniam tuam non dederis fratri tuo ad usuram*, ut *Levitici* capitulo xxv° habetur, [34] et *Luce* vi°: *Date mutuum nichil inde sperantes*, [35] et Psalmista dicente: *Scrutetur fenerator omnem substantiam eius, et diripiant alieni labores eius. Non sit illi adiutor, nec sit qui misereatur pupillis eius; fiant nati eius in interitum, in generationem una deleatur nomen eius et persecutus est hominem inopem et mendicum et compunctum corde mortificare*, [36] et alibi: *Domine, quis intrabit in tabernaculum tuum qui pecuniam suam non dederit ad usuram et munera super innocentem non acceperit?* [37] Ultimo Virgilius sollicitat auctorem ad iter dicendo quod signum Piscium iam erat in orizonte, idest iam apparebat in Oriente, quod signum sequitur Aries, in quo sol tunc erat, et sic erat iuxta diem per duas horas, et plaustrum septemptrionis, resultans ex septem stellis, iacebat iam super illa parte septemptrionali unde spirat ille ventus qui dicitur Corus.

---

33. *Lev.* XXV 37.
34. *Luc.* VI 35.
35. *Ps.* CVIII 11–13, 17.
36. *Ps.* XIV 1, 5.

SUPER XII° CAPITULO INFERNI

[1] **Era lo loco ove a scender la riva**. [2] In principio huius xii° capituli auctor fingit se reperire umbram Mynotauri, olim bestialissimi hominis, super hanc ruinosam partem Inferni ut per hoc tacite denotet ibi animas bestialium hominum, de quibus tetigi supra in proxime precedenti capitulo, cruciari, comparando dictam ruinam illi ruine que est in diocesi Tridentina iuxta flumen Atticis, in contrata que dicitur Marco, ut dicit textus. [3] Post hec, ut pateant que hic de hoc Mynotauro et eius morte tanguntur, sciendum est quod Mynos, olim rex Cretensis insule, habens quendam filium nomine Androgeum, ingenio subtilissimum, misit ipsum ad Studium Atheniensem, ubi ita breviter in scientia profecit quod nedum alios scolares, sed etiam magistros, disputando superabat, unde invidia, precipitium letale, ibi passus est ab illis. [4] Quo scito, dictus Mynos obsedit ipsam civitatem Athenarum, qua obsidione manente, Pasiphes, uxor dicti Minois, nepharia luxuria mota, exarsit in quendam taurum, cum quo rem habuit breviter, inclusa in quadam vacca lignea coperta pelle cuiusdam vacce, et hoc industria Dedali, industriosissimi magistri — [5] de quo Ovidius in viii°, ubi de hac scribit, ait: *Dedalus ingenio faber celeberrimus arte / ponit opus* etc. — [6] ex quo coitu natus est iste Mynotaurus, in parte homo et in parte taurus — [7] de quo idem Ovidius: *Semibovemque virum semivirumque bovem* — [8] quod monstrum positum est demum in laberinto, loco

---

1. ove a scender] C oue asciender V.

3. magistros] C magros V.

4. industriosissimi] C industrialissimi V.

---

1. *Inf.* XII 1.
5. Ov., *Met.* VIII 159–60.
7. Ov., *Ars Am.* II 24.

Super XII° capitulo Inferni

inextricabili, facto per dictum Dedalum in civitate Rectimi dicte insule; inde, capta dicta civitate Athenarum per ipsum Mynoem, inde recessit sub tali tributo convento et dare debendo, scilicet quod dicti Athenienses deberent mictere usque ad novem annos quolibet triennio septem corpora humana ad devorandum dicto Mynotauro. [9] Unde contingit ultimo triennio quod sors contingit super Theseo, filio Egei, ducis dicte civitatis Athenarum, qui, ita missus cum aliis, liberatus est ab Adriana, filia dicti Mynois, phylocapta de ipso, docendo eum ire per dictum laberintum cum filo quod sibi dedit, et occidere dictum Mynotaurum. [10] Quam ystoriam Virgilius in vi° fingit dictum Dedalum pinxisse in templo Apollinis quod construxit in contrata Eubonice dicens: *In foribus letum Androgei; tum pendere penas / Cecropidem iussi miserum septena quotannis / corpora natorum; stat ductis sortibus urna. / Contra elata mari respondet Gnosia tellus: / hic crudelis amor tauri suppostaque furto / Pasiphe mixtumque genus prolesque biformis / Mynothaurus inest, Veneris monimenta nefande, / hic labor ille domus et inextricabilis error; / magnum regine sed enim miseratus amorem / Dedalus ipse dolos tecti ambagesque resolvit, / ceca regens filo vestigia* etc. [11] Et Ovidius, in suo preallegato libro, ad hoc etiam ait: *Quo postquam geminam tauri iuvenisque figuram / clausit et Acteo bis pastum sanguine monstrum / tertia sors annis domuit repetita novenis.* [12] Dicit Magister Ystoriarum quod dictus Mynotaurus, quantum ad veritatem, homo fuit penitus inhumanus, bestialis et crudelissimus; igitur per poetas sic fingitur semibesta. [13] Servius vero videtur dicere quod talis fictio fuit quod dictus Mynotaurus genitus est ex dicta regina et Ypocrisario, quadam ignobili persona, et in quantum homo erat nobilis dicitur, in quantum taurus ignobilis. [14] Ad id quod tangit hic de Chaos auctor, sciendum est quod nedum Sacra nostra Scriptura, sed etiam scriptura gentilium poetarum ponit primordialem materiam mundi, quam dicimus 'Ylem', in principio confusa fuisse, unde dicta fuit

---

9. ultimo] C ultio V.

10. inextricabilis] ST in etricabillis V.

---

10. Verg., *Aen.* VI 20–30.
11. Ov., *Met.* VIII 169–71.
12. Cf. Petr. Comest., *Hist. Schol.*, *Jud.* 10.
13. Serv., *Aen. comm.* VI 16.

'Chaos', quod 'confusionem' sonat — [15] unde Ovidius in primo ad hoc ait: *Ante mare et terras et, quod tegit omnia, celum, / unus erat toto nature vultus in orbe, / quem dixere Chaos, rudis indigestaque moles* — [16] et sic elementa quodam quasi amore, simul tunc mixta manebant, verum quia in effectum discordantia erant; [17] Deus, ut concordaret ea in effectibus producendis, separavit ea — unde subdit ibi Ovidius: *Hanc deus et melior litem natura diremit; / nam celo terras et terris abscidit undas / et liquidum spisso secrevit ab ethere celum.* [18] Honorius Solitarius, in suo libro de *Ymagine Mundi*, in hoc ait: *Elementa dicta sunt quasi yle ligamenta que se invicem tenent, et in discordi sua natura quasi cum brachiis concordi federe vicissim se commiscent. Nam terra sicca et frigida aque frigide connectitur, aqua frigida et humida aeri humido, aer humidus et calidus igni calido, ignis calidus et aridus terre aride*; [19] de hac etiam concordia et discordia elementorum vide quod scribit Plato in fine sui *Timei*. [20] Modo fuit opinio certorum phylosophorum quod in quolibet cursus fine octave spere qui fit in xxxvi^m annis, omnia in suum esse primordiale reverteretur, et, per consequens, dicta elementa tunc redirent ad dictum eorum amorem uniendi se iterum simul ut primo fuerant, et sic reiterabitur semper talis confusio et chaos, elapso dicto spatio temporis, secundum dictos phylosophos. [21] Post hec auctor procedit ad tractandum de illa violentia quam homo facit in proximum suum, tam in persona, occidendo eum et feriendo, quam in rebus derobando eum; verum quia hoc maxime tyrampni faciunt, arripientes sanguinem hominibus sibi subditis et avere, ut dicit hic textus, et secundario homicide et predatores, ideo fingit animas talium in hac fovea sanguinis bulientis puniri ita gradatim, plus et minus submersas, ut textus hic dicit. [22] Quam foveam sanguinis allegorice auctor accipit pro statu et vita talium in hoc mundo viventium, quasi sint in quodam ardore et affectu effundendi sanguinem aliorum et facultates auferendi, [23] ad quod respiciens Ozea propheta ait: *Principes eius in medio et quasi lupi rapientes predam et ad effundendum sanguinem*, [24] et Psalmista dicens: *Ne perdas cum impiis Deus animam meam et cum viris sanguinum vitam meam in quorum manibus iniquitates sunt et*

---

15. Ov., *Met.* I 5–7.
17. Ov., *Met.* I 21–23.
18. Cf. Honor. Aug, *Imago Mund.* I iii.
19. Cf. Arist., *Cael.* II xiii 293b 30–32 (cf. Plato, *Tim.* 52d–53c, transl. Chalcidius).
23. *Hiez.* XXII 27.
24. *Ps.* XXV 9–10.

Super XII° capitulo Inferni

dextera eorum repleta est muneribus, [25] de quo Sallustius causam assignando inquit: *Ita boni quam mali tyramnis suspiciores sunt, et semper aliena virtus eis suspecta est, ideo ad sanguinem deducuntur,* [26] et Claudianus dicens: *Sors ista tyrampnis / convenit; invideant claris fortesque trucident, / muniti gladiis vivunt sceptique venenis.* [27] Et congruente hec forma pene extuantis sanguinis facit ad propositum: nam quis non dicet Cesarem extuasse in sanguinem in hoc mundo, dicente Lucano: *Cesar in arma furens nullas nisi sanguine fuso / gaudet habere vias,* [28] et Annibalem, qui dum semel vidisset quandam foveam plenam humano sanguine ait: *"O formosum spectaculum!",* dicit Seneca in libro *De Ira, Quantum illi pulcrius visum fuisset, si flumen complesset!,* et subdit: *Quid miri? Innatus erat sanguini,* [29] sicut Cirus, cuius caput abscissum Tamiris regina, hoc respectu in utre sanguinis humani immersit dicendo: *'Sanguine sitisti et sanguinem bibe'.* [30] Ex quo etiam divina iustitia talis ut plurimum in sanguine vitam finiunt, Iuvenali dicente: *Ad generum Cereris sine cede et vulnere pauci / descendunt reges et sicca morte tyrampni,* [31] fingendo auctor hic se reperire Centauros agentes, ut dicit textus, de quorum allegoria statim inferius dicam. [32] Inde fingit inter tales se reperire umbram Alexandri Macedoni, et merito, dicente Lucano de eo: *Illic Pelliaci proles vesana Phylippi, / felix predo, iacet terrarum vindice fato / humana cum strage ruit gladiumque per omnes / exegit gentes; ignotos miscuit amnes / Persarum Eufratem, Indorum sanguine Gangen.* [33] Item umbra Siculi Dionisi tyrampni, item Azzolini de Romano cruentissimi tyrampni olim, item marchionis Obizonis de Este qui egrotando suffocato est a marchione Azzone suo filio, licet auctor faciat eum hic privignum vocari a dicto centauro quodam presumptione rationabili: nam, licet probabiliter, et secundum naturam verus filius eius fuisset,

29. sanguine] ST L B sangui V.

32. Macedoni] L B macedoi V.

---

25. Cf. Sall., *Bell. Cat.* VII 2.
26. Claud., *Paneg. Honor. Quart.* 290–92.
27. Lucan., *Phars.* II 439–40.
28. Sen., *De Ira* II v 4.
29. Cf. Or., *Hist. Pag.* II vii 6.
30. Iuv., *Sat.* X 112–13.
32. Lucan., *Phars.* X 20–21, 31–33.

tamen, fictione iuris et rationis, filius homicida patris potius filius putativus quam verus dici debet. [34] Unde *Lex Codicis* fingit: *Non matrem illam matrem que vite proprii filii ut inimica insidiatur*, [35] et cum etiam Phylosophus dicat in viii° *Ethicorum* quod inter patrem et filium naturalis fit amicitia. [36] Et ex hoc auctor fingit nunc ita se quasi stupidum revolvisse, hoc audito a dicto Centauro, ad Virgilium, ut ad rationem, qui sibi dixit quod ille Centaurus, sive eius talem dictum, esset sibi primus seu primum, et ipse Virgilius, ut ratio, priventur sic ab ipso Centauro ad dicendum id quod per rationem dici debet. [37] Post quos tyrampnos fingit se auctor in alia parte invenire inter homicidas umbram domini Guidonis Anglici comitis de Licestria, qui scidit in gremio Dei cor etc., ad cuius ystoriam sciendum est quod comes Simon, pater dicti comitis Guidonis de Licestria de Anglia presumpsit olim contra regem Ricardum Anglicum, et cum eo ultimo bellum habuit, in quo victus et mortuus fuit dictus comes Simon, et dictus dominus Guido eius filius cum omnibus de domo sua expulsi sunt de Anglia; [38] qui dominus Guido venit in Epuliam postea cum rege Karulo veteri, cum quo rege Karulo veteri, existens dictus comes Guido in Curia Romana aput Viterbum, non valens alio modo occidere in vindictam dicti sui patris, quendam dominum Henricum de domo regali dicti regis Anglici, tunc existente in dicta Curia pro ambasciatore, uno mane in ecclesia maiori dicte civitatis, in elevatione corporis Domini, illum gladio perforavit. [39] Quo sic mortuo, eius barones cor eius in Angliam detulerunt, quod dictus rex fecit poni balsematum in quadam pisside in manu cuiusdam staue marmoree super pontem Tamisii fluminis currentis per civitatem Londre in Anglia predicta, cum hoc carmine ibi sculpto et sic prolato ab ipsa statua: *Cor gladio scissum do cui consanguineus sum*. [40] Item dicit auctor, in persona dicti Nessi Centauri, quomodo in dicto sanguine ab alia parte bullit umbra Atile, olim regis Humnorum, qui, subiugatis sibi omnibus partibus aquilonis et rege Scytarum, collecto exercitu Humnorum, Rugorum et Massagetarum, ivit in Galliam et eam cum Germania cepit; inde venit in Ytaliam et eam cepit, et civitatem

38. postea] C poste V.

40. rege] C rege(m) V.

---

34. *Corp. Iur. Civ.*, *Cod.* II xxviii 28, 2.
35. ARIST., *Eth.* VIII i 1155a 16–22.

Super XII° capitulo Inferni

Florentie comburi fecit, occisis xxiiii[m] Florentinis; inde, reversus in eius contratam, occidit Beldam, fratrem suum, et sanctam Ursulam cum xi[m] virginibus interfici fecit; tandem ebrietate suffocatus est. [41] Item umbra Pirre, regis Epirotarum, et Sexti, filii Pompei Magni, pirate, de quo Lucanus: *Sextus erat, Magno proles indigna parente, / qui mox Sileis exul crassatus in undis / polluit equoreos Siculus pirata triumphos.* [42] Item Ranerii de Pazis de Valdarno et Ranerii de Corneto, magnorum predatorum. [43] Modo veniamus ad dicendum de hiis Centauris quos auctor hic se fingit invenire, ut Virgilius fingit etiam Eneam in Inferno reperisse inter alia monstra, dicens in vi°: *Multaque preterea variarum monstra ferarum, / Centauri in foribus stabulant* etc., [44] quos poete fingunt genitos ex Iunone in nubibus ex semine Ysionis regis, medios equos et medios viros, nominando inter alios dictum Nexum, qui mortuus est pro Dyanira et, sic mortuus, se vindicavit de Hercule eius occisore, ut dicit textus hic, [45] de cuius ystoria Ovidius scribit in viiii°, inter alia dicens quod Hercules, dum semel devenisse cum Dyanira, eius uxore predicta, ad Eubenum flumen, fecit transportari dictam eius uxorem per hunc Nexum centaurum ad aliam partem dicti fluminis, quam, sic transportatam, dictus Nexus carnaliter voluit cognoscere, unde dictus Hercules eum sagiptavit et vulneravit ad mortem venenata sagipta sanguine Ydre, qui, sic moriendo, dedit camisiam suam suo sanguine venenato infectam dicte Dyanire, dicendo quod erat talis virtutis quod quandocumque indueret ipsa eam, ipsum Herculem revocaret eum in amorem sui, [46] unde postea, dum Hercules phylocaptus foret de Yole et non curaret de ipsa Dyanira, dicta Dyanira bona fide fecit hoc quod eam docuit Nexus, et sic mortuus est Hercules. [47] Item nominat Chironem, filium Saturni et nutritorem Achillis, unde Ovidius: *Te Saturnus equo geminum Chirone creavit,* et *Phyllirides puerum cithera prefecit Achillem.* [48] Item nominat Folum, de quo Virgilius in sua *Georgica* ait: *Bacchus et ad culpam causas dedit, ille furentis / Centaurus leto domuit, Roceumque Fol-*

---

46. foret] C fore V.

---

41. Lucan., *Phars.* VI 420–22.
43. Verg., *Aen.* VI 285–86.
44–46. Cf. Ov., *Met.* IX 98–210.
47. Ov., *Met.* VI 126 e *Ars Am.* I 11.
48. Verg., *Georg.* II 455–56.

lumque. [49] Allegorice hii Centauri pro stipendiariis equitibus summuntur, ex eo quod die noctuque equis insidunt, et quia dictus rex Ysion fuit primus in Grecia qui tales stipendiarios invenit, ideo fingitur ex Iunone eos creasse. [50] Nam Ysion 'dignitas' interpretatur que, coniuncta cum humana potentia, que pro dicta Iunone ponitur, talia invenit, et quia tyrampni maxime hiis talibus stipendiariis tuentur et sanguinem spandunt ideo auctor fingit hic tyrampnos sic ab eis, ut a Centauris, custodiri, ne a sua pena debita releventur, ut dicit textus.

SUPER XIII° CAPITULO INFERNI

[1] **Non era anchor di là Nesso arrivato**. [2] Dicto in proxime precedenti capitulo de prima specie violentie, que in proximum commictitur, in hoc presenti xiii° capitulo venit ad tractandum auctor de secunda quam homo in persona sui commictit se occidendo directo vel indirecto, dando scilicet causam sue morti sibi ab alio inferente, [3] de quo primo membro tractat a principio huius capituli, usque ibi: **Noi eravamo anchora al tronco atesi**, ibi incipit dicere de tali alio secundo membro usque in finem. [4] Quantum ad primum, auctor fingit se hic reperire animas talium se directo occidentium in plantas arboreas consertas et conversas, in plantas dico fuscas et spinosas, ultra illas quas fere, scilicet 'silvestres bestie', habent in nemoribus inter Cecinam et Cornetum, terras marictimas, odientes ibi loca culta, secundum sui naturam, ut dicitur hic in textu, inter quas animas fingit esse umbram Petri de Vineis de Campanea, olim cancellarii Imperatoris Federici secundi. [5] Quem Petrum demum dictus Imperator cecari fecit, accusatum sibi per cuius curiali invidia in multis de quibus erat inscius et innocuus, unde, breviter ipse Petrus percutiendo caput ad quendam murum se occidit — [6] iuxta illud Salamonis, *Proverbiorum* xv°: *In merore animi deicitur spiritus* — [7] loquendo cum auctore, ut patet hic in textu, fingendo inde auctor sibi contigisse circa eius plantam stirpandam, ut habetur hic in textu, [8] quod fingit idem Virgilius contigisse Enee, applicanti post excidium Troye, contrate cuidam Tracie, iuxta tumu-

---

4. loca] loca‹(m)› V.

8. aras] ST ‹⊃a{n > r}as V.

---

1. *Inf.* XIII 1.
3. *Inf.* XIII 109.
6. *Prov.* XV 13.
8. VERG., *Aen.* III 22–33, 37–41, 45.

Comentum Petri Alagherii

lum Polidori, filii Priami, occisi per Polinestorem proditorie, et quomodo dicam infra in capitulo xxx°, et quia eius tale scelus sic inhumanum fuit, quasi ut est se ipsum occidere ad infamiam eius forte, ita finxit ipse Virgilius, dicens in tertio *Eneidos* in persona ipsius Enee: *Forte fuit iuxta tumulus, quo cornea summo / virgulta et densis hostilibus horrida mirtus. / Accessi virideque ab humo convellere silvam / conatus, ramis tegerem ut frondentibus aras, / horrendum et dicta video mirabile monstrum. / Namque prima solo ruptis radicibus arbos / velitur, huic atro loquuntur sanguine gutte / et terram tabo maculant. Michi frigidus horror / membra quatit gelidusque cohit formidine sanguis. / Rursus et alterius lentum convellere vimen / insequor et causas penitus temptare latentes; / alterque alterius sequitur de cortice sanguis. / Tertia sed postquam maiore hastilia nisu / aggredior genibusque adverse obluctor arene, / en loquar an sileam? gemitus lacrimabilis ymo / auditur tumulo et vox reddita fertur ad aures; / "Quid miserum, Enea, laceras? Iam parce sepulto, / nam Polidorus ego"* etc. [9] Item fingit se auctor hic invenire Arpias, quas etiam, ut monstra infernalia, Virgilius fingit Eneam in Inferno invenisse, dicens in vi°: *Gorgones Arpieque et forma tricorporis umbre*, et quas dicit auctor expulisse Eneam cum Troianis suis de quibusdam insulis que vocantur Strophades in Ionio mari cum prenuntiatione futuri dampni, idest future famis. [10] Unde Virgilius, in persona dicti Enee, in hoc ait in iii° et describendo formas earum: *Servatum ex undis Strophadum me litora primum / accipiunt. Strophades Graio stant nomine dicte / insule Ionio in magno, quas dira Celeno / Arpieque colunt alie, Phineia postquam / clausa domus mensasque metu liquere priores. / Tristius haud illis monstrum nec sevior ulla / pestis et ira deum Stigiis sese extulit undis. / Virginei volucrum vultus, fedissime ventris / proluvies unceque manus et pallida semper/ ora fame.* [11] Quibus expulsis per dictum Eneam et sotios eo quod cibaria omnia sibi fedabant, una earum, vocata Celeno, ex rupe alta ita eis prenumptiavit, Virgilio ibi subdente: *"Ibitis Ytaliam portusque intrare licebit. / Sed non ante datam cingentis menibus urbem / quam vos dira fames nostreque iniuria cedis / ambesas subigat malis assumere mensas". / Dixit, et in silvam pennis ablata refugit*, quod totum contigit eis, ut scribit ipse Virgilius in iii°.

11. iii°] ST C vii V.

---

9. Verg., *Aen.* VI 289.
10. Verg., *Aen.* III 209–18.
11. Verg., *Aen.* III 254–58.

Super XIII° capitulo Inferni

[12] Quantum ad originem earum scribitur poetice quod quedam Phyneus ad instantiam cuiusdam meretricis filium suum occidit, unde dii, de hoc irati, has Arpias miserunt ad fedandum mensas eius sed Zetus et Calais, filii Boree, inde expulerunt eas et fugaverunt usque ad has insulas Strophades, et dictum Phyneum ab eis liberaverunt. [13] Hiis ad licteram dictis, notandum est quod Salamon, tangendo de perfidia et perversitate irrationali et inhumana horum hominum se ita occidentium propriis manibus ait, *Ecclesiastes* vi° capitulo: *Non te tollas in cogitationem anime tue velut taurus, ne forte elidatur virtus tua per stultitiam, et relinquaris velut lignum aridum in heremo,* [14] et beatus Bernardus ad idem etiam ait: *Homo occidens se est velut arbor silvestris cuius porci infernales pascuntur,* [15] et Macrobius: *Cum anima de corpore violenter detruditur, quia exit abrupto vinculo non soluto, fit ei ipsa necessitas occasio passionis, et malis vinculis, dum rumpit, inficitur.* [16] Quibus auctoritatibus motus forte est auctor ad fingendum animas talium in hiis plantis et cespitibus consertas in Inferno hic taliter passionari a divina iustitia, que vult, ut dicit hic textus, quod nemo habeat quod sibi ipsi eripit, at tales eripiunt sibi animas rationalem et intellectivam, que est, ut dicitur, forma essentialis humani corporis; merito ita informes, ut vegetative, potius quam rationales dicte eorum anime debent censeri in alio mundo etiam puniri. [17] Ad quod facit etiam quod ait Virgilius in vi°, dum fingit Eneam ire per Infernum videndo animas dampnatas, dicens: *Proxima deinde tenent mesti loca, qui sibi letum / insontes perperare manu lucemque perosi / proiecere animas* etc., [18] et in xii°, describendo suspendium Amate regine, coniugis Latinis, ait: *Et nodum informis leti trabe nectit ab alta.* [19] Et ex hoc motus est auctor et ad fingendum has Arpias ita depascere animas istas, ut plantas, que Arpie pro motibus diabolicis rapientibus animas talium se occidentium, ponuntur hic. [20] Nam 'Arpia' grece, latine dicitur 'rapina', et ex hoc finguntur dicte Arpie fuisse tres: prima scilicet Aello, que interpretatur 'alienum cupere', secunda dicitur Occipete, que interpretatur 'rapiens', tertia dicitur Celeno, que interpretatur 'abscondens', et sic nichil aliud intellextit Virgilius pro istis Arpiis, quam piratas maris quasdam

---

13. *Eccli.* VI 2–3.
14. BERN., *Serm. de Sanctis, In natali S.cti Bened. serm.* V.
15. MACR., *Comm. Somn. Scip.* I xiii 14.
17. VERG., *Aen.* VI 434–36.
18. VERG., *Aen.* XII 603.
20. FULGENT., *Mythol.* I 9.

in dicta insula Strophadum commorantes. [21] Post hec veniamus ad secundam partem predictam huius capituli, in qua auctor dicit de violentia quam quis sibi facit non occidendo se propriis manibus, sed dando operam ut moriatur alio modo, ut plurimum faciunt, devenientes propter prodigalitatem de divitiis ad inopiam, [22] de quibus *Ecclesiastes* x° capitulo dicit: *Proiecerunt in vita sua intima sua*, [23] ut fecit iste Lanus, civis senensis, qui, fusis suis bonis, exposuit se moriturum in bello quodam habito inter Senenses et Aretinos in contrata que dicitur Toppo, comitatus Aretii, ut dicit textus hic, et eodem modo finivit iste dominus Iacobus de Sancto Andrea paduanus, de quibus fit hic mentio in textu, et ex hoc auctor fingit animas talium ita hic laniari ab istis canibus qui allegorice pro indigentis diversimode insultantibus eas ponuntur, seu pro creditoribus suis persequentibus ipsos. [24] Sub qua eadem allegoria Ovidius in tertio fingit Actheonem per Dianam, idest per venationem, conversum in cervuum, idest deductum ad humilem paupertatem, et demum laceratum et mortuum a suis canibus non valendo sibi dicere eis: *"Actheon ego sum, dominum cognoscite vestrum!"*. [25] Ultimo tangit auctor de isto florentino qui fecit se sua domo sibi gibbettum, qui est illa turris Parisius ubi homines suspenduntur, ut dicit hic in textu, [26] tangendo etiam metaphorice cur planeta Martis, sub cuius dominio civitas Florentie sita est, altercatur cum civibus eius: nam a tempore fidei citra habuerunt pro patrono Sanctum Iohannem Baptistam loco dicti Martis, et nisi quia tempore huius auctoris vigebat de eius statua super Ponte Veteri Florentie peius egisset, ita quod refecta non fuisset dicta civitas combusta ab Atila, de quo dixi in precedente capitulo, ut dicit textus hic in fine.

    22. vita] ST L B iura V.

    23. Toppo] C toppu(m) V.

---

22. *Eccli.* X 10.
24. Ov., *Met.* III 230.

SUPER XIIII° CAPITULO INFERNI

[1] **Poi che la carità del natio loco**. [2] In hoc quartodecimo capitulo auctor fingit se ingredi tertium circulum violentie superius subdivisum, in quo dicit puniri animas violentorum in Deum in hac landa arenosa. [3] Dicitur enim landa quelibet *planities circumdata nemore*, ut erat hic, secundum Uguccionem, ad quam veniendo dicit auctor quod firmavit passum ad randam, idest ad extremum, similando eius arenam arene Lybie quam calcavit Cato cum aliis Pompeianis, [4] de qua scribit Lucanus in viiii°, item similando flammas pluentes ibi illis que iam pluebant similiter exercitum Alexandri in India, de quo videtur velle tangere Lucanus in x° scribens de eo dum dicit: *Gentibus Occeano classes inferre parabat / Exteriore mari, non illi flamma nec unde / nec sterilis Lybie nec Sirticus obstitit Amon*. [5] Verum, quia talis violentia tripliciter commictitur, scilicet blasfemiando ipsum Deum et luxuriando contra naturam et fenerando, ideo triplici diverso modo pene auctor hic fingit tales puniri, [6] blasfemiantes videlicet iacendo, luxuriantes contra naturam continue eundo et feneratores sedendo. [7] Inter quos blasfemos fingit auctor se reperisse hic umbram Capanei, olim regis de Grecia, magni contemptoris deorum, qui, existens in obsidione civitatis Thebarum una cum Adrasto, Tideo, Amphiarao, Ipomedonte partenopeo et Polinice regibus grecis contra Etheoclem fratrem dicti Polinicis, semel ascendit muros dicte civitatis, et dicendo multa obprobia contra Iovem ful-

---

3. arene] aren{a > e} V.

7. una cum Adrasto] C unaa cu(m) a(r)dastro V.

---

1. *Inf.* XIV 1.
3. HUG. PIS., *Deriv.* s.v. 'landa'.
4. LUCAN., *Phars.* X 36–38.

minatus est ab eo et occisus, [8] unde Statius, de hoc loquens, sic ait in x° *Thebaidos*: *Atque hic ingenti Capaneus Mavortis amor / facta diu tutus superum contemptor et equi. / Iurgia, cum mediis Capaneus auditus in astris. / 'Nullane pro trepidis'* clamabat *'numina Thebis / statis? ubi infande segnes telluris alumpni, / nunc age, nunc totis in me commictere flammis, / Iupiter! an pavidas tonitru turbari puellas'*, [9] tangendo de pugna enim hic Flegre, contrate Thesalie, in qua dictus Iupiter obtinuit contra Gigantes auxilio Vulcani quem poete fingunt fabrum ipsius Iovis ad fulmina fabricanda, ex eo quod Iupiter, secundum eos, allegorice debet accipi pro supremo igne innocuo, Vulcanus vero pro medio nocuo, Vesta pro nostro igne inferiori. [10] Si quis enim vellet, posset hoc modo hic allegorizare, ut pro isto Capaneo ita hic strato sub igne et accipiamus eius statum vitam et statum multorum dominorum potentum in hoc mundo qui in tantam ascendunt superbiam ut, contempnendo Deum et blasfemiando, non putant illum contra eos posse quicquam, superbo incendio quodam et iracundo, [11] contra quos tales dicitur *Apocalipsis* xvi° capitulo: *Extuaverunt homines extu magno et blasfemaverunt nomen Domini*, [12] et in *Ecclesiastico* capitulo xxvii°: *Qui in altum mictit lapidem, super caput eius cadit*, [13] qui tandem tales fulminantur subito ab ipso Deo, idest ad nichilum reducuntur, ut patuit in Dionisio dominatore Sicilie qui, ut scribit Valerius in titulo *De Neclecta Religione*, in contemptu deorum multa templa destruxit et spoliavit, et tandem ipso extincto, eius filius, fugatus Athenis ut vitam duceret pedagogus effectus est, [14] de quibus,

8. x°] ST L C xpo V.

10. ita hic strato ... multorum] ita hic strao s(u)b ig(n)e Et accipiam(us) ei(us) stallo vita(m) et statu(m) multor(um) V hic straneo s(u)b igne posset accipi statu(m) multor(um) C.

10–12. incendio ... eius cadit] *This part is actually at the bottom of c. 49v, together with a star pointing at its collocation in the text.*

12. mictit] ST mitte V.

---

8. STAT., *Theb.* III 598, 602, X 898–900, 904–5.
11. *Apoc.* XVI 9.
12. *Eccli.* XXVII 28.
13. VAL. MAX., *Fact.* I i ext. 3.
14. *Eccli.* X 17.

Super XIIII° capitulo Inferni

hoc respectu, dicitur *Ecclesiastici* x° capitulo: *Sedes ducum superborum Deus evertit et sedere fecit mites pro eis,* [15] et eodem capitulo etiam dicitur: *Perdidit Deus memoria superborum,* et ibidem: *Radices gentium superbarum arefecit,* [16] et Psalmista: *Vidi impium superexaltatum et elevatum sicut cedros Libani et transivi, et ecce non erat. / Quesivi eum et non est inventus locus eius.* [17] Post hec auctor fingit se invenire tertium flumen infernale quod dicitur Flegeton, quod interpretatur *Ardor irarum et cupiditatum* secundum Macrobium, [18] et quia Virgilius nunc ab ipso tertio flumine summit causam dicendi de origine ipsius et aliorum fluminum infernalium, dicit auctori quod nichil notabilius hucusque invenit et vidit ibi ab ingressu Inferni citra ut dicit textus, [19] circa cuius digressionem quam facit hic auctor in persona Virgilii incipientis dicere quomodo in medio mari, Greco subaudi, sedet unum paese devastatum, idest una insula, vocata Creta, et nominata sic a Crete rege, deserta: hoc dicit respectu eius quod iam fuerit, nam centum iam habuit urbes, ideo dicta fuit Centopolis; nam dicit Orosius quod per mille miliaria longa est. [20] Notandum est quod, secundum poetas et alios ystoricos gentiles, monarchia sive regnum unicum et principale mundi primo incepit a Saturno rege Cretensis ynsule, et sub ea prima etas mundi dicitur fuisse pura et innocua, ideo dicta est aurea; qui Saturnus ex Rea uxore sua, que etiam Cibele et Berencinthia vocata fuit per Grecos, et per Latinos Opis, quattuor filios habuit, scilicet Plutonem, deum Inferni et terre, Neptunum, deum maris, Iunonem, deam aeris, et Iovem, deum etheris. [21] De quo Iove dicta dea pregnante existente, dictus Saturnus precepit ei ut quicquid pareret suffocare deberet eo quod habuerat per vaticinium dictum partum ipsum debere de regno Crete depellere; que demum peperit dictum Iovem et, commota pietate dicta Rea, faciens credere dictum Saturnum dictum partum fore suffocatum ut ordinaverat, fecit portari secrete dictum Iovem super montem Ide, qui est in dicta insula Crete iuxta civitatem Candie, a medio supra sterilis et a medio infra fertilis, et ibi faciebat ipsum nutriri et, ne audiretur dum plorabat, faciebat ibi certas fabros maleare et alios sonos et rumores facere

---

15. *Eccli.* X 18.
16. *Ps.* XXXV 35–36.
17. Macr., *Comm. Somn. Scip.* I x 11.
19. Oros., *Hist. Pag.* I ii.

fieri, [22] unde Virgilius in tertio, de hoc tangens, ait: *Creta Iovis magni media iacet insula ponto / mons Ideus ibi et gentis cunabula nostre. / Centum urbes habitant magnas, uberrima regna, / hinc mater cultrix Cibele coribantiaque era / Ideumque nemus, hinc fida silentia sacris*, et hoc est quod tangit hic auctor ystorice de dicta ynsula et monte Ide, et de Rea predicta. [23] Modo auctor volens venire transumptive ad ostendendum quomodo dicta quattuor flumina infernalia orta sint, et sub qua allegoria hic accipi debeant, fingit hunc senem ita stare in hoc predicto monte Ide, guctantem per quattuor eius partes lacrimas facientes hec quattuor flumina, ut dicit textus, accipiendo dictum senem pro nostro maiori mundo elementato ita quod merito vocat eum senem, cum ultra sex milia annos vixerit, idest duraverit hucusque; item dicit eum et magnum, respectu minoris mundi subaudi, qui homo dicitur, — [24] unde Bernardus Silvestris, in suo libro *Microcosmi*, dicit quod: *Homo dicitur minor mundus* — [25] nam sicut mundus maior ex eadem et diversa materia et mixta natura consistit, ita et homo, unde ait Papias: *Microcosmus a Grecis homo appellatus est*, idest minor mundus quattuor elementis regitur, ita et homo quattuor humoribus ad illa comproportionantis; [26] nam proportionatur collera calida et sicca igni, sanguis calidus et humidus aeri, flegma frigidum et humidum aque, melancolica frigida et sicca terre. [27] Item sicut cursus vite hominis per quinque etates partitur principaliter, videlicet per pueritiam, adolescentiam, iuventutem, senioritatem et senectutem, ita cursus temporalis mundi per suas quinque etates; item, sicut prima etas hominis puerilis, ut aurea, nullum fluxum habet ad Infernum, sed alie quattuor sic, ut nocue et vitiose eodem modo et in maiori mundo a cuius prima etate aurea, idest immaculata, nullus motus et fluxus vitiosus ut flumen traxit ad Infernum homines secus in aliis quattuor etatibus sequentibus, a quibus dicta quattuor flumina infernalia transumptive, ut dictum est, procedunt; que pro motibus diabolicis et transcursibus, ad vitia, ut ad Infernum, temporaliter nos inundare faciunt, hic ponuntur, [28] ac etiam processerunt ab ipso tempore sub cuius typo Saturnus ponitur hic, unde dicitur Saturnus grece Cronum, quod 'tempus' interpretatur, unde prima etas dicti utriusque mundi innocua, sine macula, caret, et caruit tali fluxu, seccus in aliis sequentibus etatibus, ut dictum est.

---

22. Virg., *Aen.* III 104–6, 111–12.
24. BERN. SILV., *Microcosm.* XII xiii.
25. PAPIAS, *Der. Verb.* s.v. 'cosmus'.
28. FULGENT., *Mythol.* II i 21.

Super XIIII° capitulo Inferni

[29] Ad quod ait Ovidius in primo: *Aurea prima sata est etas, que vindice nullo, / sponte sua, sine lege fidem rectumque colebat.* [30] Quo Saturno expulso per dictum Iovem, eius filium, successit etas secunda, argentea, nocua et vitiosa, et sic cepit homines, ut peccatores, facere fluere primo ut flumen ad Infernum, unde subdit ipse Ovidius: *Postquam Saturno tenebrosa in Tartara misso / sub Iove mundus erat, subiitque argentea proles, / auro deterior, fulvo pretioso aere. / Tertia post illas successit aenea proles, / sevior ingeniis et ad orrida promptior arma, / non scelerata tamen; de duro est ultima ferro. / Protinus irrupit vene peioris in evum / omne nefas fugiere pudor verumque fidesque.* [31] Et Claudianus: *Proclivior usus / in peiora datur suadetque licentia luxum / illecebris effrenaque favet* etc., et in hoc tangit hic de fictili parte, ut de deteriori etate in qua nunc sumus, ipse auctor. [32] Et Iuvenalis etiam dicens: *Nona etas agitur peioraque secula ferri / temporibus, quorum sceleris non invenit ipsa / nomen et a nullo posuit natura metallo.* [33] Post hec etiam notandum est quod, preter premissum regnum primum Saturni felicissimum, fuerunt etiam quattuor regna post illud principalia in mundo, ut scribit Orosius ad Augustinum, scilicet Babilonicum in Oriente, quod incepit a Nino rege, et finivit tempore Cyri regis Persarum qui Babiloniam destruxit, item Cartaginense in meridie quod incepit sub Tola duce dum Cartago facta est, item Macedonicum in Septentrione, quod incepit ab Alexandro, item Romanum quod incepit a Romulo in Occidente, quorum regnorum duo media fuerunt minora potentia et duratione, orientale vero et occidentale predicta, maiora. [34] Et hoc est cur auctor fingit hunc senem respicere Romam et habere dorsum ad civitatem Damiate orientalem vicina Babilonie per triginta miliaria ut ostendat dictum occidentale romanum regnum vigere, et orientale babilonicum extinctum esse predictum, et quia dicta quinque regna comprehensa

---

30. aere] ST ere V.

33. Babilonicum] C ba(m)biboicu(m) V.

34. Damiate] C da(m)na(n)te(m) V.

---

29. Ov., *Met.* I 89–90.
30. Ov., *Met.* I 113–15, 125–29.
31. Claud., *Paneg. cons. Honor. quart.* 262–64.
32. Iuv., *Sat.* XIII 28–30.
33. Cf. Oros., *Hist. Pag.* I i–ii.

etiam in tempore etiam dictarum quinque etatum, ut dicte etates, de bono in malum et de malo in peius processerunt. [35] Ideo potest etiam se referre auctor ut transumptive manare faciat dicta quattuor flumina infernalia a dictis quattuor regnis, idest a temporibus eorum, in quibus homines vitiosi fuerunt et sunt, et non a primo Saturni aureo predicto virtuoso, ut a prima dicta etate utriusque dicti mundi. [36] Et sic etiam auctor hic dicit, alludendo verbis *Danielis* capitulo iiii° dicentis Nabucodonosori, oblito cuiusdam sui sompni quod fecerat: *Tu rex videbas, et ecce statua grandis contra te cuius caput aureum, pectus argenteum, venter eneus, tibie ferree, pedum quedam pars ferrea et quedam fictilis*, [37] quod postquam interpretando ait: *Tu rex caput es aurum, et post te veniet minus regnum argenteum et aliud eneum et aliud ferreum, quintum regnum erit divisus, in quo suscitabit Deus celi regnum*, [38] quod hoc ultimum possumus dicere nunc vere iam evenisse, si quis bene respiciat quomodo pastores Ecclesie successerunt in dicto regno occidentali Romano et imperio. [39] Quod tangit hic auctor dum dicit dictum talem senem stare in dextero pede de terra cocta, ut in viliori parte, magis erectum quam in alio, subdendo Virgilius hic quomodo ipse auctor videbit flumen Lethe in Purgatorio et quomodo Flegeton debebat cognosci ab eo ab aqua rubea, ut dicit textus, cum interpretetur ardor et incendium, ut supra dixi.

    36.   pedum quedam pars ferrea et quedam fictilis] ST pedu(m) p(ar)s ferrea fictilis V.

    37.   rex] ST res V.

---

36.   *Dan.* II 31–33.
37.   *Dan.* II 38–44.

SUPER XV° CAPITULO INFERNI

[1] **Ora cen porta l'un de' duri margini**. [2] In xv° capitulo isto auctor dicit de pena animarum illorum qui offendunt Deum mediante natura offensa sodomitice luxuriando, postquam dixit de hiis qui immediate ipsum Deum offendunt blasfemiando eum, ut supra dictum est, que duo peccata merito debent associari, ut hic successive facit auctor; nam *Lex* hos duos excessus ultimo puniendo supplitio sub uno et eodem titulo eos ponit et copulat ita dicendo in eo, ut in rubrica, sic: *ut non luxurientur homines contra naturam neque blasfemient in Deum*, [3] tangendo auctor hic comparative de natura maris Occeani crescentis et decrescentis inter civitatem Guizantis et Brugie in Flandria in xxiiii horis per xviii° miliaria, quod alibi in aliquo loco non contingit de tanto accessu et recessu, et hoc est singulare propter quasdam concavitates et voragines ibi sub mari existentes absorbentes et evomentes ita ibi aquas secundum quosdam. [4] Phylosophus vero, in secundo *Meteororum*, videtur dicere hoc esse *Propter angustias terre et adiacentem terram in modico ex magno coartatam pelago, propter quod ita movetur huc illuc*; [5] Lucanus autem in primo videtur dubitare, dicens in hoc: *Quaque iacet litus dubium, quod terra fretumque / vindicat alternis vicibus, cum funditur ingens / Occeanus, vel cum refugis se fluctibus aufert*, cuius causa an sit ventus an luna an sol vel aliud ita subdit ibidem: *Querite quos agitat mundi labor, at mihi semper / tu, quecumque moves tam crebros causa meatus, / ut superi voluere, late*. [6] Alius vero accessus et recessus qui fit universaliter a mari a corpore lune causatur, ut dicit iste auctor infra in *Paradiso* in capitulo xvi°, et idem

---

3. Brugie] C birigie V.

---

1. *Inf.* XV 1.
4. Arist., *Meteor.* II i 354a 7–12.
5. Lucan., *Phars.* I 409–11, 417–19.

Comentum Petri Alagherii

Phylosophus, in libro *De Proprietatibus Elementorum*, ait: *Accessio maris ex lune permutatione fit*, [7] et Lucanus in ultimo: *Luna suis vicibus Thetim terrenaque miscet*, [8] et Macrobius: *Humida in accessu lune augumentantur et in recessu minuuntur*. [9] Item cum luna nundum transiverit lineam meridianam mare accedit, et cum transit recedit, usque dum venit ad occidentalem orizontem; iterum, dum vadit versus alium meridianum, mare accedit et abinde ultra versus orientem iterum recedit, [10] extendendo etiam auctor dictam suam comparationem ad aggeres quos faciunt Paduani iuxta flumen Brente antequam nives Carintie a calore liquefiant, ut dicit textus hic. [11] Inde fingit auctor se inde reperire umbram ser Brunecti Latini, civis Florentini, universalis hominis in scientia adeo ut gallico sermone quendam librum composuit commendabilem valde, quem vocavit *Thesaurum*, et vocat hic recommendando eum huic auctori, ut in fine huius capitulo dicitur. [12] Quam umbram inducit auctor hic inter alia ad dicendum quomodo auctor ita ibi erat, cui auctor dicit quomodo deviavit in illa valle et silva, de qua dictum est supra in capitulo primo et ibi de eius allegoria dixi, tangendo inde dicta umbra de origine Florentie incidenter, [13] scilicet quomodo victo Katelina per Romanos, secundum quod scribam infra in capitulo xxv°, Florinus, consul romanus, obsedit civitatem Fesulanam, eo quod eius cives complices erant dicti Kateline, et castra sua posuit iuxta flumen Arni apud villam Arninam, et breviter victa dicta Fesulana terra dictus consul destruxit eam, et eius cives reduxit ad habitandum in dicta villa Arnina cum totidem Romanis, et facta est ibi demum de tali duplici gente civitas Florentie, ita vocata a dicto Florino; [14] que civitas alia Fesulana super quodam monte erat valde saxoso, ubi adhuc etiam hodie lastre lapidee, et maxime seu mole, unde macignum saxum dicitur, fodiuntur, et hoc est quod tangit hic de saxo et macigno volendo dicere de duritia talis gentis Fesulane, [15] vel forte, considerata dicta duritia dictorum Fesulanorum, hoc dixit sequendo illam poeticam fictionem Ovidii scribentis in primo quomodo Decaulion et Pirra, eius uxor, sedato

---

9. transiverit] C transiuit V. transiverit] transit V transiu(er)it C.

13. breviter victa] C breuit(er) iuxta V.

14. lastre] C laste V.

---

7. Lucan., *Phars.* X 204.
15. Ov., *Met.* I 414–15.

Super XV° capitulo Inferni

diluvio, soli remanserunt in mundo, et quomodo dictum fuit eis per Themim, fatidicam mulierem, quod proicerent post tergum ossa matris eorum, scilicet lapides que sunt ossa terre matris hominum, et ita fecerunt et facti sunt dicti lapides homines et sic restitutus est mundus gentibus, unde ait ibi ipse poeta: *Inde genus durum sumus experiensque laborum / et documenta damus, qua simus origine nati*, includendo auctor se descendisse ex dicta romana gente ita commixta. [16] Iterum sciendum est quod, prout fertur, iam est longissimum tempus quod illi de ynsula Maiolice magnam guerram et depredationem intulerunt Pisanis, unde, volentes se de hoc vindicare omnes predicti Pisani, navigium ascenderunt et eorum civitatem Pisarum Florentinis in custodiam tradiderunt, qui Pisani dictam ynsulam Maiolice invaserunt quam post multam occisionem hominum totam rebus expoliaverunt, qui, reversi Pisas ita victoriosi inter alia spolia detulerunt duas valvas eneas seu portas mirabilissimas quas adhuc habent in ecclesia sua maiori et duas longas columpnas de proferitico lucidissimas adeo quod homines respicientes in eas se videbant ut in speculo quas donaverunt Florentinis in premium dicte custodie; [17] tamen postea, invidia moti antequam exportarentur Florentie, dicti Pisani cum paleis et igne fumicaverunt eas ita secrete et latenter quod totam suam luciditatem amiserunt, tamen Florentini, de illo primitus non perpendentes, ut orbi illas duxerunt Florentie et erigerunt apud Ecclesiam suam maiorem, at postea perpendentes de dicta tali offuscatione, nunquam simul amici fuerunt, et ex hoc abinde citra florentini vocati sunt orbi, ut dicitur hic in textu, [18] dicendo inde auctor dicte umbre et congratulando sibi invicem quomodo ipse ser Brunectus, vivens in hoc mundo, docebat eum illa que faciunt homines ecternos, subaudi fama virtuosorum operum, [19] unde Virgilius, in persona Iovis rogati ut vitam Turni prorogaret, inquit: *Stat sua cuique dies, breve et irreparabile tempus; / omnibus est vite: sed famam extendere fatis, / hoc virtutis opus.* [20] Item inducit auctor dictam umbram ad pronuntiandum sibi quomodo propter suum bene agere populus florentinus expellet eum per exilium, ut fecit in anno mccci°; tamen dicit auctor quod de tali casu et fortuna non curabit

---

17. invidia] inuid{e > j}a V.

---

17. *Inf.* XV 67.
19. Verg., *Aen.* X 467–69.

dummodo eius conscientia sibi non garrat in hoc, idest ut non valeat sibi improperare quod aliqua culpa eius processerit talem casum, vel dicit quod prestans erit seu presto fortune, idest acquiescet voluntati fortune ipsius, dummodo conscientia eum non remordeat in non dolendo de ea in eo casu ubi per bene agere malum sibi contingat, [21] iuxta illud Ovidii dicentis in *Epistulam ad Paridem*: *Leviter ex merito quicquid patiare ferendum est / que venit indigne pena dolenda venit*, [22] licet huic auctoritati dissonare videatur quodam textus in *Decretis de Penitentiis* distinctione iii[a] ex verbis Senece tractus, ita dicens super eo quod queritur quare boni mala et mali bona in hoc mundo habeant: *Quando videmus bonum mala pati non turbemur et quando videmus malum ditescere non subruamur; nam in alia vita corona illic supplicium. Est et alia ratio quia non potest malus in omnibus malus esse, sed habet aliqua bona, neque bonus in omnibus bonus esse, sed habet aliqua peccata. Quando ergo prosperitatem habet malus, hic malo capitis sui est; cum enim pro illis paucis bonis retributionem hic accipit, illic iam plenius punietur*, et de bono simili modo est contra; [23] ex quibus subdit hic auctor de rotatione fortune, ut dicit textus, de quo plene dixi supra in capitulo vii°, et de ligone rustici, in quo vult dicere quod nedum de fortuna sed etiam de casu non curabit, et hoc dicit per hanc circunlocutionem, [24] volens tangere de natura casus et in quo differat a fortuna, ut scripsi supra in capitulo vii°, per fratrem Albertum in tractatu *De Fortuna* qui diffinitur per Phylosophum in secundo *Physicorum* et per Boetium in v° sic: *Casus est inopinatus, ex confluentibus causis, in hiis, que ob aliquid geruntur eventus. Nam quotiens aliquid alicuius gratia rei geritur aliud quam quibusdam de causis quam quod intendebatur contingit, dicitur casus, ut si quis colendi agri causa fodiens agrum humum, defossi auri pondus inveniat casu contingit, et sic est casus preter intentionem agentis; fortuna vero est cum circa intentionem contingit agentis*. et sic respiciendo actum fodiendi, exemplificatum per Boetium ibi, alludens auctor ei ita de ligone legitur, cuius officium est fodere. [25] Item inducit dictam umbram non sine causa et ministerio auctor ad dicendum quomodo ipsa et eius sotii in hoc mundo lerci, idest deturpati fuerunt de uno et eodem peccato, non exprimendo nomen dicti peccati: [26] nam dicit Simmacus quod *De hoc scelere fornicationis contra naturam homo non debet loqui*, [27] unde etiam Ieronimus

---

22. *Decr. Grat.* II *De Poen.* D. III c. xlviii.
24. ARIST., *Phys.* II v 197a 5–8; BOETH., *Cons. Phil.* V pr. i. 1.
26. Cf. *Decr. Grat.* II C. XXXII q. vii cc. xiii–xiv.
27. *Decr. Grat.* I D. VI c. xxii.

Super XV° capitulo Inferni

dicit quod *Sodoma interpretatur muta*; nam in die iuditii faciet hoc peccatum hominem mutum cum non poterit se excusari ignorantia, cum ipsa natura legem docuerit etiam bruta animalia quam sodomita transcendit, et quia, [28] ut legitur *Genesis* capitulo xviiii°: *Deus in hoc mundo igne et sulfure hoc peccatum punivit in Sodoma et Gomorra civitatibus,* [29] merito hic auctor fingit has umbras ita exustas taliter ab illo igne cruciari, ad quod respiciens Psalmista ait: *Pluit super peccatorem laqueos ignis et sulfur et spiritus procellarum,* [30] et alibi: *Cadent super eos carbones et ignem,* [31] et etiam quia allegorice in hoc mundo tales peccatores viventes incendio quasi possunt censeri esse, item et quia huiusmodi sodomite et alii peccantes fornicando contra naturam, ut sunt illi de quibus auctor dicit hic et in sequenti capitulo, non sunt coeundo stabiles in terminis nature, sed mobiles et in continuo motu perquirendi extraneos modos in hoc mundo luxuriandi, [32] ideo auctor fingit has animas talium continue ambulare, ut dicitur in hoc et sequenti capitulo, nominando ultimo dicta umbra, et dicendo quod inter alios ibi secum dampnatos erat Priscianus et dominus Francischus Acursii et dominus Andreas de Mozzis, olim episcopus florentinus, qui ob hoc crimen translatus fuit in episcopatum Vincentinum per servum servorum Dei, idest per Papam, et hoc est quod tangit de Arno fluvio currente per civitatem Florentie et de Bachilione, fluvio currente per civitatem Vincentie. [33] Que umbra, recommendato auctori dicto suo libro vocato ut iam dixi *Thesauro*, affugit velocius currendo quam currat ille qui vincit bravium Verone, ut dicit hic textus in fine.

32. Andreas de Mozzis] C andreas V.

---

28. Cf. *Gen.* XIX 24–25.
29. *Ps.* X 7.
30. *Ps.* CXXXIX 11.

SUPER XVI° CAPITULO INFERNI

[1] **Già era in loco unde s'udìa il ribombo**. [2] In hoc xvi° capitulo auctor continuat adhuc se ad proxime supra dicta hoc modo, videlicet quod, dicto de prima vi que commictitur in Deum immediate per blasfemiam, ac de secunda que commictitur in eum mediante offensa natura, [3] de qua *Levitici* xx° capitulo dicitur: *Qui dormierit cum masculo coitu femineo, uterque operatus est nefas morte moriatur*; [4] tamen quia hoc secunda vi non tantum commictur contra naturam per sodomiticu predictum coitum, sed etiam duobus aliis diversis modis, videlicet coeunte homine cum bruto animali, [5] de quo *Levitici* xx° capitulo preallegato, dicitur: *Mulier que succubuerit alicui iumento simul interficiat cum illo*, [6] et eodem libro xviii° capitulo, etiam dicitur: *Cum omni pecore non coibis, vel etiam coeunte homine cum muliere non in naturali et debito vase*, [7] contra quod scribit Apostolus, *Ad Romanos* primo capitulo dicens: *Propterea tradidit Deus eos in passiones ignominie, nam femine eorum mutaverunt naturalem usum in usum quod est contra naturam; similiter autem et masculi*, [8] et ex hoc facta est *Lex* codicis ad hoc in libro *De Adulteriis*, sic dicens: *Cur vir nubit in feminam vires porrecturam, ubi sexus prodidit locum, et ubi Venus mutatur in aliam formam? Iubemus armari iura gladio ultore* etc., ubi *Glosa* dicit: *Hoc fieri cum homo in officium femine se supponit*, [9] ad quod dicit beatus Methodius quod talis li-

    6. xviii°] ST xvii° V.

    7. tradidit] ‹no(n)› tradit V.

---

1. *Inf.* XVI 1.
3. *Lev.* XX 13.
5. *Lev.* XX 16.
6. *Lev.* XVIII 23.
7. *Ep. ad Rom.* I 26–27.
8. *Decr. Grat.* II C. XI q. xxxii 7; *Corp. Iur. Civ.* IX ix 31 Gl. 551 col. 2.

Super xvi° capitulo Inferni

bido fuit causa diluvii; [10] item et Augustinus ad predicta sic etiam ait: *Adulterii malum fornicationem vincit, vincitur ab incestu; peius enim est cum matre quam cum aliena uxore dormire; sed omnium horum pessimum est quod contra naturam fit, ut si vir membro mulieris non ad hoc concesso utitur, quod quidem exacrabiliter fit in meretrice, sed exacrabilius in uxore,* [11] subsequenter igitur de huiusmodi secundariis fornicationibus contra naturam auctor dicit in hoc capitulo, circa cuius principium exponendum ad licteram est notandum quod, secundum Uguccionem, 'boo', 'boas', idem est quod 'sono', 'as'; inde descendit 'bombus', 'bombi', quod idem est quod 'sonus', 'soni', et sic ribombum idem erit quod 'resonus', [12] et ex hoc etiam dicit auctor hic de rombo, idest de sono, quem faciunt apes in arniis; [13] dicuntur enim 'arne' in Tuscia alvearia vasa in quibus apes mellificant, fingendo inde auctor has tres umbras horum trium probissimorum florentinorum, scilicet domini Theghiai de Aldobrandis et domini Iacobi Rusticuccii et domini Guidonis Guerre de Casentino, nepotis bone Gualdrade — et cur hoc dicat hic auctor, et que fuerit ista Gualdrada, dicam infra in *Paradiso* in capitulo xvi° — [14] ita venisse hic ad eum cridando 'Hei', [15] quod verbum dicit Ysidorus in primo *Ethimologiarum* esse interiectionem timentis, sicut 'Heu' dolentis, [16] et dictam umbram domini Iacobi ita rogasse eum, ut dicit textus, scilicet ut panderet se eis, non attenta vilitate illius loci solli; dicitur Florentie terra 'solla' que sublevat se sub planta pedis semiliquida, ut pasta, ut est paludina tellus, nec aspectu eorum brollo etiam attento; dicitur etiam Florentie 'brollus' homo denudatus pannis, seu facultatibus, de quarum peccatorum penarum allegoria dixi in precedenti capitulo, et quia viri quandoque ab uxoribus suis ducuntur luxuriose novitate quadam et incendio ad turpitudinem huius libidinis inducit etiam hic dictam umbram auctor dicere sibi quod mala uxor magis quam aliud nocuit ei ad ita peccandum. [17] Item assignat auctor causam dicte umbre cur magis tunc civitas Florentie sit destituta virtutibus, scilicet propter illam novam gentem eius villicam, de qua dicit infra in *Paradiso* in supradicto

---

13. Theghiai de Aldobrandis] C thegiai V.

---

10. *Decr. Grat.* II C. XXXII q. vii c. 11.
11. Hug. Pis., *Deriv.* s.v. 'sono, -as'.
15. Isid., *Etym.* I xiv 1.

capitulo xvi°, et ibi dicam, et propter subita et repentina lucra, ex quibus arrogantie et immensurate expensiones orte sunt. [18] Ultimo tangit dicta umbra quod naturaliter nobis contingit, scilicet quod sicut homo in miseria existens dolet dum recordatur de felici statu suo preterito et deperdito, ut tangit auctor supra in capitulo v°, dum dicit ille spiritus sibi: **Nessun maggior dolore / che ricordarsi del tempo felice / ne la miseria; e ciò sa el tuo doctore**; ita letatur, e contra, existens in felici statu dum recordatur de miseri preterito et remoto. [19] Ad quod Virgilius, inducens Eneam confortare comites suos in infortunio suo, sic ait in primo in persona dicti Enee: *Experti revocate animos metumque timorem / mictite forsan et hec olim meminisse iuvabit*, [20] et hoc est quod dicit hic dicta umbra auctori quod, dum erat extra loca buia, idest extra loca obscura Inferni in hoc claro mundo, quando iuvabit eum dicere et cogitare 'Ego fui etc.' quod de eis loquatur, ad quam etiam allegoriam etiam posset trahi, ut homo de vitioso statu redactus ad virtuosum glorietur reminisci de malo, a quo est remotus. [21] Post hec auctor, volens comparative dicere de immensa sonoritate illius aque Flegetontis, cadentis ibi sic ab alto, tangit de sonoritate aque Montonis fluminis, quod a civitate Forlivii supra versus Alpes vocatur Aqua Quieta, ut dicit textus hic. [22] Quod flumen inter alia flumina manantia a sinistra costa montis Appenini a monte Vesulo, qui vulgariter dicitur Mons Visus, ubi flumen Padi originatur, currens versus orientem, primo habet proprium cursum, idest primo intrat per se in mare Adriaticum; nam alia omnia sibi precedentia flumina intrant dictum mare non per se, sed cum aqua dicti Padi, et intelligas hic de monte Appenino illo auctorem loqui, qui protrahitur a montibus Alpiferis, dividentibus Galliam a Lombardia ad dexteram partem, qui mons Appeninus dividit Lombardiam a Tuscia, et Romandiolam et Marchiam Ancone, et extenditur usque in Calabriam et Fare Messine, cum etiam alia pars montanea a dictis Alpibus procedens ad sinistram, dividens Lombardiam ab Alemania, dicatur Appeninus, ut dicitur infra in xx° capitulo, [23] ex eo quod dictas

---

18. maggior] mazor V. tuo] to V.

22. Adriaticum] adriacu(m) V.

---

18. *Inf.* V 121–23.
19. Virg., *Aen.* I 202–3.
20. *Inf.* XVI 83–85.
23. Isid., *Etym.* XIV viii 13.

Super XVI° capitulo Inferni

Alpes Anibal et Peni transierunt, unde hoc nomen Appenini postea venit, ut scribit Ysidorus xiiii° capitulo *Ethimologiarum*, et subdit ibi hii montes Appenini dividunt Galliam a Germania, item Galiam et Germaniam a Lombardia, item Lombardiam a Tuscia, item Romandiolam a Marchia et Tuscia, item Abrucium a ducatu Spoletaneo et a Campanea, et extendunt se dicti montes usque in Calabriam, [24] dicendo idem auctor quomodo cadimentum quod facit dicta aqua Montonis fluvii predicti in Alpe, prope monasterium Sancti Benedicti, debebat a natura, sicut est per unam, per mille alias rupes fore receptum, idest receptaculum ibi inventum et habitum; hoc dictum videtur michi insapidum, quare, ut subtilius auctor hic intelligatur ad veram licteram et non ad corruptam, [25] premictendum est quod, secundum quod scribit Orosius, hec pars Ytalie, in qua continentur iste provincie, scilicet Lombardia, Romandiola et Marchia Ancone supradicta, dividitur per quinque regiones: nam tota illa medietas Lombardie, que est a sinistro latere Padi, usque ad montes, dicitur Venetia ab Enetis viris qui illuc cum Anthenore de Troia venerunt — [26] Papias dicit quod ita dicta est a Veneto quodam rege — [27] in qua sunt hec civitates Brisia, Mantua, Verona, Vicentia et Padua et alie eis convicine; [28] alia vero que est a dextero latere dicti Padi hoc modo dividitur, nam tota illa pars et regio que est a dictis montibus usque ad civitatem Placentie dicitur Liguria, abinde usque ad civitatem Ravenne dicitur Emilia, abinde usque ad Ariminum dicitur Flaminea. [29] Modo ut tangat auctor quomodo secundum eius partitionem dicta Emilia terminetur iuxta Ravennam predictam, dicit quod dictum tale flumen sic priviligiatum dicti Montonis currens sic iuxta muros Ravenne debet esse receptum, idest debet numerari et computari, inter flumina labentia predictam regionem Emilie et non per aliam, licet Orosius predictum aliter eam terminet, unde lictera debet sic stare: **ribomba**, cioè 'sona' il dicto fiume, **là sovra San Benedetto**, et fac hic punctum cum virgula, et refferendo se adhuc ad dictum flumen, non ad eius descensum ut sonat alia lictera corrupta, sequitur in textu, vel sequi debet: **lo quale**, cioè 'el qual fiume', **dee per Emilia esser recepto**, inter alia sua flumina subaudi, ratione dicte eius talis notabilis et singularis confinationis et terminationis fluminum dicte Emilie, [30] unde Ysidorus in hac

---

25. Oros., *Hist. Pag.* I ii.
26. Papias, *Sign. Verb.* s.v. 'Venetum'.
29. *Inf.* XVI 100-2.
30. Cf. Isid., *Etym.* XIII xxi 26.

Comentum Petri Alagherii

divisione etiam in suo libro *Ethimologiarum* ait: *Ab Emilia incipit Flaminea, que inter Appeninas Alpes et mare Adriaticum posita est*, et sic per consequens eius primus terminus erit dicta civitas Ravenne, cui correspondet primo dictum mare ab illa parte, inde post Flamineam occurrit Picenus, sive Picena, ubi dicitur esse Marchia Anconitana. [31] Inde dicit auctor quomodo cordulam quam habebat cinctam dedit Virgilio, et quomodo ille eam proiecit in illum burratum: 'burratum' dicitur quilibet locus profundus, recipiens aquam cadentem ab aliquibus rupibus altis, dicendo inde auctor ad moralitatem quadam nostram quomodo tunc nichil dixit ipsi Virgilio petendo cur hoc fecisset ut petisset alius non cautus, licet intra se tacite loqueretur, ut dicit textus, ratio quia valde cauti debent esse homines iuxta sapientes in patiendo tacite expectare quod ipsi cum sapientiam per cogitamina ultra alios vident circa effectum tacite evenire. [32] Iterum tangit aliam moralitatem, scilicet quod quantum possumus debemus nos retinere ne recitemus aliqua vera que facie habeat mendacii, cum plerumque in talibus sine culpa ab audientibus deridamur, ut contingit Ulixi cenanti semel cum rege Alcinoo et loquenti aliqua que viderat vere, tamen male credenda, [33] de quo Iuvenalis sic inquit in ultima *Satira: Alcinoo, bilem aut risu fortasse quibusdam / moverat et mendax Ulixes* etc. [34] Modo reddeamus ad dicendum quid auctor voluerit sentire allegorice pro supradicta cordula cum qua aliquando cogitavit capere illa lonzam de qua dictum est supra in capitulo primo, ut hic dicit textus, et certe eum existimo sensisse, videlicet quod cum nunc ipsum auctore speculando tractaturus de vitio fraudis in generali oporteret et intimare prius naturam talis vitii fraudis humane, [35] et cum hoc non ita bene in aliis, sic in se ipso facere poterat reminiscendo in se ipso de aliquo actu suo particulari in quo dictum vitium fraudis commississet, hoc sic egit in se ipso, verum quia solummodo ipse auctor fuerat usus tali vitio circa actum libidinis in fraudando mulieres, quod ostendere vult in eo quod dicit hic de dicta lonza figurante dictum vitium luxurie, ut scripsi supra in capitulo primo predicto. [36] Ideo fingit sic dissoluisse a se hic dictam cordam, in qua vult significare talem

---

34. oporteret] C oportet V.

36. cingimur] C cogim(ur) V.

---

32. Cf. Hom., *Od.* IX–XI.
33. Iuv., *Sat.* XV 15–16.

Super XVI° capitulo Inferni

eius particularem fraudem, tantum olim circa actum Veneris intemptatam, et merito, cum motus luxuriandi causetur in nobis in lumbis super quibus cingimur, et se eam dedisse, sic ut dicit, Virgilio, qui hic, ut sepe dictum est, allegorice pro nostra ratione humana ponitur, quasi includat auctor ex hoc ut inde per ipsum Virgilium, idest per ipsam rationem, ex istis habuisse se cognitionem dicti vitii fraudis, quod in persona Gerionis huius, de quo dicit et tractat in sequenti capitulo, figuratur. [37] Que fictio corde supradicte potuit allegorice trahi per ipsum auctorem ex verbis illis Phylosophi, dicentis in vii° *Ethicorum*: *Concupisencia quedam Venerem aiunt, dolose enim, Cyprigene et variam corrigiam*; [38] Homerus: *Deceptioque furata est intellectum spisse sapientis*, [39] ac etiam Beati Ambrosii dicentis super illis Evangelicis verbis: *Habebat Iohannes zonam␣pelliciam circa lumbos*: 'Zona', inquit, 'Pelicia', quod aliud demonstrat nisi hanc fragilem carnem nostram, que luxuriando delabitur ad vitia in pinguedine constringi debere? [40] Ad quod etiam *Ysaia* inquit: *Ve, qui trahitis iniquitatem in funiculo vanitatis*, [41] et Ovidius etiam, sub tali mistico sensu in persona Phillidis ait: *Cui mea virginitas avibus libata sinistris / castaque fallaci zona recincta manu* etc.

---

37. Arist., *Eth.* VII vi 1149b 14–16.
39. Cf. Ambrose, *Exp. Evang. sec. Luc.* II 69–70.
40. *Is.* V 18.
41. Ov., *Her.* II 115–16.

SUPER XVII° CAPITULO INFERNI

[1] **Ecco la fiera co la coda aguzza.** [2] Tractaturus amodo auctor de decem speciebus fraudis humane, sive de decem particularibus fraudibus quibus homines in hoc mundo utuntur diversimode decipiendo alios, quorum animas fingit puniri infra per decem loca diversa et separata, ut in sequentibus tredecim capitulis infra patebit, [3] in hoc presenti capitulo, in persona huius Gerioni, premictit primo quedam que sunt de natura huius vitii fraudis, in suo totali esse considerati, scilicet quod habet caudam acutam, in quo allegorice tangitur offendibilis finis seu finalis nocivus actus et effectus talis vitii. [4] Item dicit, secundo, quod transit montes: hoc dicit ex eo quod nedum fraudant homines sibi vicinos et presentes, sed etiam remotos a lege, [5] quod patet per exemplum licterarum Urie transmissarum per David ad Ioab, sub fraude faciendi eum occidi, ut occisus fuit, de qua ystoria dicitur in secundo libro *Regum* xi° capitulo, et de qua plene scribam infra in *Paradiso* capitulo penultimo. [6] Item exemplificari in Tamiride, regina Scitarum, potest etiam hoc, que, ut scribit Solinus, victo et occiso eius filio per Cirum, regem Medorum, aggressa est cum eius exercitu dictum Cirum, et una die, simulata fuga, fraudolose transeundo certos montes ut conduceret dictum Cirum insequentem eam ad valles eorum, ut commodius illum posset debellare ibi, et ita evenisse, regressa retro contra ipsum Cirum vicit eum et occidit, de quo scribam etiam infra in *Purgatorio* in capitulo xii°. [7] Item dicit quod rumpit muros: exemplum patet

---

5. scribam] scripsi V.

6. scribam] scripsi V.

7. rumpit] rupit V. vide] in(de) V.

---

1. *Inf.* XVII 1.
5. Cf. *II Reg.* XI 1–27.
7. Cf. VERG., *Aen.* II 79–321.

Super XVII° Capitulo Inferni

in illo Synone rumpi faciente muros Troye sua malitia et fraude, et quomodo, vide Virgilium in secundo de hoc scribente, et quod scribam de hoc infra in capitulo xxx°. [8] Item dicit quod rumpit dicta fraus arma: exemplum patet in Achille vulnerante Hectorem in loco armis detecto, et in Menalippo vulnerante Tideum, de quo Statius dicit in viii°, et hic auctor infra in capitulo xxxii° in fine. [9] Inde auctor scribit hoc vitium fraudis in forma cuiusdam monstri et in persona dicti Gerionis, regis olim Yspanie, qui valde in hoc vitio fraudis maculatus fuit, fingendo eum cum vultu iusti hominis: [10] hoc dicit ex eo quod aliter non esset deceptio in homine volente alium fraudare, si ostenderet in aspectu pravitatem quam habet in corde. [11] Et quia secundario ad hoc sequitur venenosa serpentina deceptio, fingit auctor eius dorsum serpentinum et maculatum, ut dicit textus. [12] Sub quo respectu et colore scribit Beda quod ille demon qui fraudavit nostros primos parentes apparuit eis cum vultu humano et virgineo et cum alio dorso serpentino. [13] Item etiam *Lex Civilis*, volens punire hos fraudolosos sub certa pena predictos, vocat eorum tale vitium fraudis '*crimen stellionatus*', ubi *Glosa* sic ait: *Dicitur crimen stellionatus ab animali quodam reptili quod est serpenti simile et est 'stellionatum', idest varium et diversis coloribus pictum, ut celum stellis apparet esse distinctum, cuius varietatem imitantur deceptores et fraudolosi, qui aliud agunt et aliud simulant.* [14] Item fingit eum cum cauda scorpionina in eius furca, idest in eius puncta seu cuspide revoluta, ea ratione quam iam superius tetigi. [15] Ex quibus eius dictis tribus partibus auctor integumentaliter vult trahere tres illos modos, quibus princi-

---

8. viii°] ST L B viiij° V.
11. ut] un(de) V.
15. re ipsa] C rei ipsa V. lenonum] leonu(m) V. adulatorum] adultor(um) V. re ipsa ut patebit in tractatu falsariorum monete et instrumentorum et aliorum similium] C Re ip(s)a ut patebit in tractatu le(n)onu(m) et adulator(um) Et alior(um) taliu(m) similiu(m) re ip(s)a ut patebit in tractatu falsarior(um) monete Et instrum(en)tor(um) et alior(um) similiu(m) V.

---

8. Cf. STAT., *Theb.* VIII 716-66.
12. Cf. BEDA, *Hexaem.*, *In Gen.* I iii 1, 14.
13. *Corp. Iur. Civ.*, *Dig.* XLVII xx, *Cod.* ix 34; *Digest. Nov.*, *Gl.* 435 col. 2.
14. *Inf.* XVII 25-27.

paliter vitium fraudis in suo totali esse partitur et perpetratur: commictitur enim hoc vitium fraudis aut facto, aut dicto, aut re ipsa: facto ut patebit infra in tractatu furium; dicto ut patebit in tractatu lenonum et adulatorum et aliorum talium similium, re ipsa ut patebit in tractatu falsariorum monete et instrumentorum et aliorum similium. [16] Et forte sub hoc eodem integumento poete finxerunt dictum Gerionem, in quo hoc vitium fraudis auctor hic figurat unicum et trinum, [17] unde Virgilius in vi° de ipso et prodigio quodam loquens ait: *Gorgones Arpie et forma tricorporis umbre*, scilicet Gerionis subaudi, [18] et Ovidius in *Epistulis*: *Prodigiumque triplex armentis dives Yberii / Gerionis quamvis in tribus unus erat*, [19] tangendo inde auctor comparative de 'bivero', animali simili in forma cuidam vulpi manente circa paludes, precipue in Alamania alta, ubi teutonici sunt lurci, idest immondi, magis quod in bassa alia Alamania. [20] Qui biverus cum toto dorso stat in terra et caudam agitat in aqua, que ad modum lingue bovine facta est, dum vult se pascere, et est tante pinguedinis dicta cauda eius quod facit in aquas guttas ad modum olei, ad quas pisces venientes, confestim ipse biverus conversus capit et comedit. [21] Post hec auctor digressive tangit de animabus illorum qui in hoc mundo fenerando offenderunt naturam, et, per consequens, Deum, et quomodo hoc dixi plene supra in xi° capitulo. [22] Quas animas fingit sub dicta pluente flamma sedere in dicto sabulo cum sacculis ad collum signatis, ut dicit textus; in quo actu sedendi vult auctor tangere modum vivendi in hoc mundo horum feneratorum, qui est ut plurimum sedeant ad bancum, et sedendo lucrentur, ut patet per se. [23] In flamma ista tali cadente super eos tangit incendiosum eorum affectum ad multiplicandam eorum pecuniam, unde illud crescit amor nummi quantum ipsa pecunia crescit. [24] Ad quod respiciens beatus Iacobus, in *Epistula* sua in capitulo v° sic ait: *Agite nunc divites, plorate ululantes in miseriis vestris, divitie vestre putrefacte sunt; aurum et argentum vestrum eruginavit, et erugo manducabit carnem*

17. prodigio] prodigo V.

17. VERG., *Aen.* VI 289.
18. OV., *Her.* IX 91–92.
19. *Inf.* XVII 21–22.
24. *Iac. Ep.* V 1–3.

vestram sicut ignis, subaudi in alio mundo. [25] Et sic bene congruit fictio eorum pene hic per auctorem tacte, in eo autem quod dicit quomodo videntur pasci respiciendo dictas earum tales bursas ibi ille anime, alludit auctor verbis illis Ambrosii dicentis: *Mens avari cupiditate astricta, semper aurum et argentum videt, semper redditus cogitat, gratius aurum intuetur quam solem*. [26] Ad quod etiam Oratius respiciens, ait: *Prodocent hic retinent iuvenes dictata senesque / levo suspensi loculos tabulamque lacerto.* [27] Inter quas animas fingit auctor se invenisse animam cuiusdam de Ianfiliazis de Florentia, quorum signum armature est quidam leo azzurrus in auro, et animam cuiusdam de Ebriacis de dicta terra, quorum signum est quidam anser albus in rubeo, albior, dicit textus, burro, idest butirro; item animam domini Ranerii de Scruvignis de Padua, quorum signum est quedam scrofa azzurra in albo colore picta, que dicit de domino Vitaliano de Dente, paduano, et de domino Iohanne Buiamonte de Biccis de Florentia, quorum signum sunt tres bicci, sive yrci, ut dicit textus. [28] Inde auctor, volens tangere quod notabiliter ait Phylosophus in *Politicis* de bono domino et bono subdito, dicens que oportet dominum scire precipere, hoc oportet subditum scire facere, dicit quomodo minis Virgilii, velut talis boni domini, ascendit dictum Gerionem, factus fortis tali respectu in obediendo sibi. [29] Inde comparative tangit de Fetonte, cuius fabulam Ovidius in secundo ponit, dicens quod Phebus habuit ex Climene nympha quendam filium nomine Phetontem, qui, dum adultus foret, dictum fuit sibi una die per Epaphum, quendam alium iuvenem, iniuriose quod ipse nequaquam erat filius solis ut credebat; [30] quapropter, conquesto de hoc, mater eius predicta dixit ut iret ad ipsum Phebum et peteret ab eo quod faceret eum ducere currum ipsius solis una die in signum filiationis. [31] Quo sic petito et vix hoc sibi concesso per dictum Phebum, rexit dictum currum ut inexpertus, ita quod celum combuxit in ea parte que vocatur Galaxia secundum opinionem Pictagoricam, ac totam terram ure-

---

31. fulmine] flumine V.

---

25. Cf. AMBR., *Job et David* III 5.
26. HOR., *Ep.* I i 55–56.
27. *Inf.* XVII 59–63.
28. ARIST., *Pol.* I v 1254a 28–31.
29. Cf. OV., *Met.* II 1–400.

bat, nisi quod Iupiter eum fecit fulmine mortuum precipitari in Padum flumen. [32] Item tangit etiam de Ycaro, filio etiam Dedali qui, appositis sibi alis, ipse et suus pater fugiendo de insula Crete a Minoe rege, ut scribit Virgilius in vi° iuxta principium, volaverunt per aerem et demum dictus Ycarus, nesciens sequi bene vestigia dicti sui patris, vicinando se nimis regioni calide, liquefacta pice, cum qua penne erant compacte, cecidit in mari quod hodie adhuc etiam vocatur mare Ycareum ob hoc, [33] unde Ovidius, *De Tristibus*, ait ad hoc: *Dum petit infirmis nimium sublimia pennis / Icarus, Icareas nomine fecit aquas*; alia per se patent.

---

32. VERG., *Aen.* VI 30–33.
33. OV., *Trist.*, I i 89–90.

SUPER XVIII° CAPITULO INFERNI

[1] **Loco è in Inferno detto Malebolgie**. [2] Dicto in precedenti capitulo de vitio fraudis humane in genere, auctor nunc in hoc presenti capitulo xviii° incipit tractare de decem modis quibus dicta fraus particulariter commictitur per homines diversimode in hoc. [3] Quorum animas auctor hic in Inferno fingit puniri in hiis decem vallulis, seu foveis, quas vocat bulgias, ex eo quod tortuose sunt in giro, ut dicit textus. [4] Nam dicit Uguccio quod *Bulgia idem est quod saccus tortuosus*, et primo incipit dicere in hoc capitulo de illa particulari fraude quam homines commictunt in decipiendo mulieres. [5] Et quia talis fraus duobus modis et diversis commictitur, ideo in ista prima bulgia auctor fingit animas talium ire contrario modo ut vadunt romipete Rome in anno Iubilei, idest in anno indulgentie et perdoni, super ponte Tiberis, ut comparative dicitur hic in textu. [6] Sunt primo enim quidam deceptores mulierum lingua tertia hoc facientes, hoc est quod non pro se agunt hoc, sed pro tertia aliqua persona, ut fecit iste dominus Veneticus de Caccianemicis de Bononia de hac domina Ghisola Bella, uxore olim cuiusdam Nicolai Clarelli de Bononia et sorore germana ipsius domini Venetici, lenocinando eam marchioni Azzoni de Este. [7] Qui tales deceptores proprie vocantur 'lenones', de quibus in *Ecclesiastico* capitulo xxviii° dicitur: *Lingua tertia mulieres fortes eicerunt et privaverunt eas laboribus suis*; [8] et Terrentius etiam in *Adelphis* de hiis ait: *Leno sum, fateor, communis pernicies adolescentum*, [9] et in *Eunuco* inquit idem poeta:

    9.   Eunuco] ST eunico V.

---

1.   *Inf.* XVIII 1.
4.   Hug. Pis., *Der.* s.v. 'bulgia'.
7.   *Eccli.* XXVIII 19.
8.   Ter., *Adelph.* II i 34.
9.   Ter., *Eun.* V iv 8–10.

Comentum Petri Alagherii

Illud vero est quod michi puto palmarium me reperisse quomodo adolescentulus meretricium ingenia et mores possit nocere. [10] Et in tractatu de puniendo hos tales lenones ait Imperator in suo *Autentico*: *Cognovimus quosdam circuire provincias et loca plurima et iuvenculas miserandas decipere promictentes vestimenta et hiis venari eas*; [11] et ecce unde auctor allegorice trahit tales animas ita percurrere hic, percussis ab hiis demonibus, figurantibus hic motus diabolicos impellentes homines in hoc mundo item ad talia perpetranda. [12] Sunt et alii deceptores lingua secunda mulierum qui, non pro aliis, sed pro se ipsis eas decipiunt, ut fecit iste Iason nutu et verbis, iuxta illud: *Petram volvit homo nedum, sed cor mulieris*, [13] et *Ysaie* liiii° capitulo dicitur de talibus: *Ego creavi fabrum sufflantem in ignem prunas*, [14] et *Proverbiorum* xxviiii°: *Homo qui blandis fictisque sermonibus loquitur, rete expandit gressibus suis.* [15] Et quantum ad ystoriam hic tactam, scribitur per poetas, et maxime per Ovidium in *Epistula Ysiphilis* filie olim Toantis regis insule Lemni, et in *Epistula Medee* filie olim Oetis regis Colchi contrate Frisie, quod iste Iason, mortuo Esone eius patre, inductu Pellias eius patrui, pulcer et probissimus, navigans versus dictam terram Colchi aquisiturus vellus auratum ibi custoditum a dracone quodam, applicuit dicte ynsule Lemni ubi dicta Isiphilis solum cum mulieribus ut regina regnabat. [16] Nam femine dicte ynsule una nocte omnes eorum mares occiderunt preter dictum Toantem, quem dicta eius filia secrete transfugavit ad Schium ynsulam, et hoc est quod tangit hic auctor dum dicit quod dicta Ysiphilis decepit omnes alias; [17] causa dicitur fuisse quia, dum dictus Toans cum hominibus dicte ynsule esset semel in exercitu in Tracia, et omnibus diis sacrificassent excepta Venere, dicta Venus, de

---

13. liiii°] ST li° V L B. creavi] L B caui V.

14. xxviiii°] ST xviiii° V. rete] ST recte V.

15. navigans] C nauigas V.

16. quem] C q(ue) V.

---

10. *Corp. Iur. Civ., Novellae* XIV iii 1.
13. *Is.* LIV 16.
14. *Prov.* XXIX 5.
15. Cf. Ov., *Her.* VI, XII.

Super XVIII° capitulo Inferni

hoc indignata, omnes feminas dicte ynsule infecit ita quodam fetore quod dicti viri earum reversi non poterant cum eis esse nec tangere eas, et ex hoc ita egerunt dicte femine ad hoc coniurate similiter, — [18] de quo Ovidius, loquens de Ulixe, in xiii° ait: *Victor ad Isiphiles patriam clarique Toantis / et veterum terras infames cede virorum / tunc ierat* etc., [19] — quam Ysiphilem dictus Iason ibi habuit carnaliter et gravidavit, promissione facta de accipiendo ipsam in uxorem reddeundo, quod minime fecit. [20] Et idem fecit postea de dicta Medea, in dicta terra Cholchi, obtento dicto vellere industria dicte Medee; [21] et quod fuerit dictus Iason fallax, ut dictum est, testatur ipse Ovidius in persona dicte Ysiphilis scribentis ei de eius filiis sic: *Fallere non norunt, cetera patris habent*, et in persona dicte Medee dicentis: *Cur michi plus equo flavi placuere capilli / et lingue et gratia ficte tue?* et hec sint pro prima parte huius capituli. [22] Veniamus ad secundam partem incipientem ibi: **Già eravam là ove lo stretto calle**, in qua auctor tractat de secunda bulgia, in qua fingit puniri animas illorum qui in hoc mundo fuerunt fraudolosi adulatores et assentatores approbantes id quod est vitiosum in aliquo homine, tanquam ut virtuosum foret; quod peccatum est gravissimum et mortalem, [23] unde Policratus ad hoc sic ait: *Cum omnis assentatio sit turpis, perniciosior est cum ad obumbrandum vitium persone vel nature evenit*, [24] et Gregorius in *Moralibus* inquit de talibus sic etiam: *Sunt nonnulli qui, dum malefacta hominum efferunt laudibus, augent quod increpare debuerant*. [25] Nam melius est pro veritate pati supplitium quam pro adulationem benefitium, ut fecit ille Aristippus cui, ut scribit Valerius in iiii°, Diogenes dixit, reprehensus ab eo quod recesserat ab aula Dionisii: *Si michi crederes et mediocri paupertate uti scires, non oporteret te regi adulando mentiri*. [26] Illi vero qui attribuunt alicui aliquod bonum quod non habet, peccant, sed venialiter, et quia tales primi adulatores in hoc mundo fetent ut stercus bonis hominibus in talibus suis verecundandis verbis adulatoriis, fingit auctor hic dictas eorum animas cruciari in tam turpi stercore.

---

18. Ov., *Met.* XIII 399–401.
21. Ov., *Her.* VI 124, XII 11–12.
22. *Inf.* XVIII 100.
23. Ioann. Saresb., *Policrat.* III v 1.
24. *Decr. Grat.* I D. XLVI 2.
25. Val. Max., *Fact. Dict.* IV iii 4.

Comentum Petri Alagherii

[27] Nam Gregorius, secunda *Omelia Evangeli Luce* xvi°, ibi ubi dicitur de Lazero leproso cuius ulcera canes lingebant, ait: *Per linctionem canium potest signari lingua adulantium, quorum est nostra vulnera lingere, quod plerumque solent etiam ipsa mala que nos in nobis reprehendimus improbo sermone laudare*. [28] Et quia hoc vitium in pauperibus habundat ut plurimum, ideo Psalmista sub hac allegoria ait: *Suscitans a terra inopem et de stercore erigens pauperem*; ac etiam in meretricibus in quibus tale vitium adulandi valde viget; [29] ideo, sub eodem sensu, dicitur in *Ecclesiastico* capitulo viiii° sic: *Omnis mulier, que fornicaria est, quasi stercus in via conculcabitur*, ut conculcat hic auctor sua fictione in dicto stercore umbram istius Tayde meretricis, que, [30] ut scribit idem Terrentius, dum quidam eius amasius nomine Traso presentasset sibi quandam ancillam per quendam eius nuntium nomine Gnatonem, ingentes gratias egit referendas dicto Trasoni; Satis, dicit Tullius, *De Amicitia, fuerat dicte Taidi respondere: 'magnas'; 'ingentes' inquit*, et subdit: *Semper auget assentator id, quod is, cuius ad voluntatem dicitur, vult esse magnum*. [31] Item fingit se auctor hic etiam invenire umbram domini Alexii de Interminellis de Luca, que sibi dicit quomodo non habuit linguam in hoc mundo adulationibus 'stuccam', idest saturam, [32] sicut ille in cuius persona dictus Terrentius in *Eunuco* predicto libro sic ait: *Hiis ultro arrideo, eorum ingenia admiror, simul ac / quid dicunt laudo; id rursum si negant, laudo, / negat quis? nego, ait? aio*, [33] ut etiam forte faciebat ille Moab, quem dicit Ysaia *requievisse in fecibus suis* secundum premissam allegoriam.

    27. secunda] ST super V.

    28. a terra] ST ater V. meretricibus] mercurib(us) V.

    31. stuccam] C stricta(m) V.

    33. fecibus] ST ferib(us) V.

---

27. GREG. MAGN., *Homil. Ev.* II xl 2.
28. *Ps.* CXII 7.
29. *Eccli.* IX 10.
30. Cf. CIC., *Am.* XXVI 98.
32. TER., *Eun.* III i 250–52.
33. Cf. *Hier.* XLVIII 11.

SUPER XVIIII° CAPITULO INFERNI

[1] **O Symon mago, o miseri seguaci**. [2] Auctor in hoc xviiii° capitulo tractat de tertia bulgia Inferni, in qua fingit puniri animas illorum qui in hoc mundo fraudando emerunt et vendiderunt et rapuerunt ecclesiastica sacra loca et benefitia symoniace. [3] Nam, licet 'symonia' diffiniatur in *Iure* quod sit *Studiosa cupiditas, vel voluntas emendi vel vendendi aliquid spirituale vel sibi annexum*, tamen et qui invadit et rapit talia, sub ea continetur. [4] Que tria in principio huius capitulo ita comprehenduntur: nam dum exclamat pro auctore dicendo hic **O Symon mago**, tangit de ementibus spiritualia, qui symoniaci vocantur a Symone Mago, qui primitus post adventum Christi hoc actentavit: nam voluit emere gratiam ab Apostolis conferendi gratiam ipsam Spiritus Sancti pecunia, [5] cui Petrus: *Pecunia tua tecum sit in perditionem, quod donum Dei existimasti pecunia possideri*, ut plene scribitur in *Actibus Apostolorum* in capitulo viii°. [6] Inde dum dicit **O miseri seguaci** tangit de vendentibus talia spiritualia in eadem dampnatione constitutis, qui giezite dicuntur a Giezi, discipulo Elisei prophete, qui, ut legitur iiii° *Regum* v° capitulo, sanitatem collatam mundationis lepre per dictum Eliseum gratis Namaan Siro vendere voluit, unde dictus propheta maledixit eum dicens: *Lepra Naaman adherebit tibi et semini tuo in ecternum*. [7] Inde dum dicit **E voi rapaci** tangit de intrudentibus se per vim Ecclesias et eas rapientibus, qui corite vocantur ab illo Core qui cum ducentis et quinquaginta levitis sacerdotium summum rapere voluit, unde inde igne divino

    7.   et eas rapientibus] C et rapientes eas V.

---

1.   *Inf.* XIX 1.
3.   *Decr. Grat., Gl.*, II, 461.
4.   *Inf.* XIX 1.
5.   *Act. Ap.* VIII 20.
6.   *Inf.* XIX 1; *II Reg.* V 27.
7.   *Inf.* XIX 3; *Num.* XVI 35; THOM., *Theol.* II–II q. c 2.

combusti sunt, ut legitur *Numeri* xvi° capitulo, qui excessus, dicit Augustinus, quod excedit omnes alias species symonie; [8] in qua specie et dampnatione sunt et recipientes talia spiritualia de manibus laicorum, qui alchimis possunt dici ab illo Alchimo qui, ut legitur *Machabeorum* primo, capitulo viiii°, a rege Demetrio sacerdotium accepit, [9] contra quos dicitur *Iohannis* x° ibi: *Qui non intrat per ostium in ovile fur est et latro,* [10] et in *Ecclesiastico* vii° capitulo etiam ad hoc idem dicitur: *Noli querere ducatum ab homine neque a rege cathedram honoris,* subdendo auctor quomodo res Dei, idest Ecclesie, debent esse sponse bonitatis, idest debet conferri hominibus, non ratione potentie vel nobilitatis, sed ratione virtutis et scientie, [11] unde de hoc in quadam *Lege* dicitur: *Nemo gradum sacerdotii pretii venalitate mercetur quantum quisque mereatur non quantum dare sufficiat extimetur,* [12] et Apostolus, *Ad Ebreos* capitulo v°, ad idem etiam inquit: *Nec quisquam sumat sibi honorem, sed qui vocatur a Deo tanquam Aaron,* qui ostensus est dignus sacerdotio per virgam que floruit, et similiter adulterine quasi fiunt ecclesiastice prebende. [13] Nam symoniacus procurat quod Ecclesia, que est sponsa Dei, concipiat filios non legiptimos et nutriat, sed adulterinos. [14] Nam clericus, ut sit legiptimus filius Ecclesie, debet ipsam optinere scientia, virtute et honestate, alius adulterinus erit, et exclusus ab hereditate paterna, idest a regno Dei. [15] Post hec auctor, describendo formam pene horum symoniacorum, dicit quomodo sunt in foraminibus lapideis rotundis, ut sunt illa quattuor que sunt in baptistero sancti Iohanni Florentie circa fontem generalis baptismi, ut loca baptizantium, unum quorum auctor hic dicit se iam rupisse ut liberaret quendam ibi suffocantem. [16] Et quia aliqui tunc molesti de hoc fuerunt contra eum, putantes ipsum hoc fecisse pompatice, potius quam dicta debita ratione, dicit quod ille idem qui sic evasit, sit testis in hoc de tali suo mortali casu contra illos. [17] Ita cum capite infra et pedibus supra, ardentibus eorum plantis, ut dicit textus hic, et quomodo inde casuri sunt in scissuras dictorum sas-

17. deberent] C debent V.

8. Cf. *I Mac.* VII 9.
9. *Ioh.* X 1.
10. *Eccli.* VII 4; *Inf.* II 3.
11. *Corp. Iur. Civil., Cod.* I iii 30.
12. *Ep. Hebr.* V 4.

sorum deorsum, in quo auctor talem includit allegoriam, videlicet quod clerici, delecti ministri Dei in hoc mundo, si occulos mentis, quos deberent erigere ad celestia, hic cupiditate et avaritia ad terrena bona mundana inclinant, possunt vere dici esse summersos deorsum, ut dicit hic textus, [18] unde Apostolus, *Ad Colossenses* iii° capitulo, ad idem respiciens, sic ait: *Sapite que sursum sunt, non que sub terra. Mortui enim estis et vita vestra abscondita est,* [19] et *Ysaie* capitulo ii° dicitur: *In die illa proiciet homo ydola argenti sui et simulacra auri sui, que fecerant sibi ut adorarent talpas et vespertiliones, et ingrederentur scissuras petrarum et in cavernis saxorum a facie formidinis Domini*; [20] facit etiam illud *Ezechielis* vii° capitulo ibi: *Et ymagines abominationum suarum et simulacrorum fecerunt ex auro et argento,* [21] et in *Ecclesiastico* capitulo ii° dicitur: *Ve peccatori ingredienti terram duabus viis,* ut facit symoniacus qui vult pariter servire Deo et mamone. [22] In incendio de quo hic in textu dicitur dictarum planctarum, allegorizari potest ardor cupiditatis clericorum in hoc mundo viventium, quem deberent suppeditare et conculcare, et ipse eum elevant in amore suo et affectu. [23] Ad quod facit quod legitur in *Levitico* capitulo x°, scilicet quod Deus misit ignem celestem in eo loco ubi sacerdotes offerre debebant, ex eo quod *Nabab et Abin, filii Aron, acceptis turibulis, imposuerunt ignem et incensum desuper offerentes coram Deo ignem alienum, et, egressus ignis, devoravit eos.* [24] Ignis missus de celo amorem Dei designat, que pure offerre deberent sacerdotes; alienus ignis, ignis cupiditatis est, unde symoniaci figurati sunt in illis vigintiquinque viris quos vidit Ezechiel, habentes dorsum ad templum. *Nam symonia,* dicit ibi *Glosa, supplantat caput hominis in obscuro, idest in privatione ignis Spiritus Sancti, et plantas pedum illuminat igne cupiditatis,* quod optime con formatur ad allegoriam premissam. [25] Ad hoc facit etiam quod ait Augustinus, dicens: *Sicut eunucus fuit qui Iosep comparavit, ita qui gratiam mercatur, vivum semen non habet siccis genitalibus, unde ignis sacrificii, qui per*

20. simulacrorum] ST simulator(um) V.

---

18. *Ep. Col.* III 2–3.
19. *Is.* II 20–21.
20. *Hiez.* VII 20.
21. *Eccli.* II 14; cf. *Matt.* VI 24, *Luc.* XVI 13.
23. *Lev.* X 1–2.
24. *Hiez.* VIII 16.

septuaginta annos Babilonice captivitatis sub aqua vixerat, extinctus est Antiocho vendenti Iasoni sacerdotium, et sic ostenditur ignem Spiritus Sancti non lucere in sacramentis symoniacorum. [26] Post hec auctor fingit se reperire umbram ibi pape Nicolai tertii de Ursinis in dicto loco, quam inducit sibi ad dicendum de papa Bonifacio viii° quomodo, sua deceptione, induxit papam Celestinum ad renumptiandum papatui, ex quo ipse inde accepit pulcram dominam, scilicet Ecclesiam, et ita papa existens taliter egit quod captus est et dolore mortuus, ut scribam infra in *Purgatorio* in capitulo xx°. [27] Item dicit quomodo ipse Nicolaus vere fuit filius urse, scilicet ex eo quod tali animali vitium cupiditatis ascribitur, nam sugit sibi plantas pedum in lustra sua multotiens pro alimento, ut fecit ipse Nicolaus pascendo se de infimis bonis terrenis supplantandis ab ipso in hoc mundo, unde merito in alio sicut in plantis cruciatur. [28] Et hoc fecit causa elevandi eius agnatos, sive Ursinos, non respiciendo quod scribit Apostolus, *Ad Hebreos* primo capitulo dicens: *Melchisedech rex, sacerdos Dei sine patre et matre et sine genealogia*, ubi *Glosa* ait: *Non fecit mentionem de hiis ad ostendendum carnalem amorem consanguineorum longe debere esse a sacerdotibus*, [29] unde invenitur papam Alexandrum cognoscentem hec nec servantem una die dixisse: *"Deus abstulit nobis filios et diabolus dedit nepotes"*, [30] predicendo dicta umbra de papa Clemente v°, dissolutissimo, ut dicitur hic in textu, et quomodo comparandus fuit supradicto Iasoni, ementi ab Antioco rege summum sacerdotium, ut scribitur in secundo *Machabeorum*, ut ipse predictus Clemens a rege Francie, [31] tangendo quomodo Christus nichil petit a Petro dando sibi claves nisi *Sequere me*, ut habetur *Mathei* xvi°, nec ipse Petrus et alii Apostoli a Mathia, substituto loco Iude, [32] tangendo quomodo ipse Nicolaus ausit contra Karolum regem Apulie in faciendo sibi rebellari Sicilia ex eo quod recusavit facere parentela cum domo

26. viii°] vii{i > j}ᶨ V. scribam] scripsi V.

28. primo] ST vii° V.

---

27. *Inf.* XIX 70.
28. *Ep. Hebr.* I 3 et *Gl.* rel.
30. *II Macc.* IV 7–26.
31. *Matt.* XVI 24.

Super xviiii° capitulo Inferni

sua, ut petiit ipse papa, [33] tangendo hic auctor quod scribitur *Apocalipsis* xvii° ibi: *Veni et ostendam tibi dampnationem meretricis que sedet super aquas cum qua fornicati sunt reges terre sedens super bestiam habentem capita septem et cornua decem*, [34] que prophetia Iohannis refferri debet Ecclesiam in quantum pro prelatura accipiatur, que verba exponam infra in *Purgatorio*, in capitulo penultimo, ubi auctor de hoc plenius tractat, [35] equiparando in hos symoniacos ydolatris iuxta illud *Osee* viii° capitulo ubi dicitur contra dictos symoniacos: *Ipsi regnaverunt et non ex me principes extiterunt et non cognovi: argento suo et auro fecerunt ydola sibi*, [36] unde et Gregorius, in *Registro*: *Cum omnis avaritia ydolorum sit servitus, maxime in dandis ecclesiasticis honoribus, qui hoc facit infidelitatis perditioni se subicit*, [37] exclamando ultimo hic auctor contra Constantinum, ut dicit textus, in eo quod, ut scribitur in *Decretis*: *Coronam et omnem regiam dignitatem in urbe Roma et Ytalia et in partibus occidentalibus apostolico concessit*.

37. regiam] regina(m) V. Romana et in Ytalia] ST roma (et) ytalia V.

---

33. *Apoc.* XVII 1–3.
35. *Os.* VIII 4.
36. *Decr. Grat.* II C. I q. I c. xx.
37. *Decr. Grat.* I D. XCVI c. xiii.

SUPER XX° CAPITULO INFERNI

[1] **Di nova pena mi convien far versi**. [2] In hoc xx° capitulo auctor tractat de quarta bulgia, in qua fingit puniri animas illorum qui in hoc mundo fuerunt divinatores, ita dicti quasi 'Deo pleni': nam divinitate se esse plenos simulant, et astutia quadam fraudolenta hominibus futura coniectant, ut pseudoprophete, idest ut falsi prophete. [3] Nam divinatio dicitur 'falsa prophetia', et hoc faciunt interdum sub colore astrologie, que, licet in se verax scientia sit, tamen eam obliquant ad iudicandum aliquid necessario evenire, [4] contra doctrinam Tolomei dicentis eam esse medium inter necessarium et contingens, unde in quodam *Decreto* ita incipiente dicitur: *Non licet Christianis observare et colere elementa aut lune vel stellarum cursus, aut inanem signorum fallaciam pro domo facienda, vel propter segetes, vel arbores plantandas, vel coniugia socianda*, ubi dicit *Glosa: Nunquid hic reprehenditur astrologia, nunquid per ventos et dispositionem lune licitum est rusticis considerare tempus seminandi et medicis tempus potionum et minutionum certe sic, sed ille actus reprobus est cum creditur inesse necessitatem superioribus: nam non est dicendum superiora esse causas rerum, licet sint rerum signa.* [5] Ex hoc Augustinus, *In Libro Psalmorum*, ait: *Astrologia apud Captolicos in desuetudinem abiit quia, dum propria curiositate hiis homines nimis erant intenti, minus vacabant hiis que pro salute animarum erant accomodata.* [6] Item interdum hoc faciunt sorte, unde dicti sunt 'sortilegi', *Qui*, ut dicit Ysidorus, *sub nomine ficte religionis, per*

1. pena] penna V.
5. vacabant] ST L B vocaba(n)t V.

---

1. *Inf.* XX 1.
4. *Decr. Grat.* II C. XXVI q. v c. 3 et *Gl.* rel.
5. *Decr. Grat.* II C. XXVI q. ii c. 1.
6. Isid., *Etym.* VIII ix 28.

Super XX° capitulo Inferni

quasdam quas sanctorum vocant sortes, divinationis scientiam profitentur, aut quaruncumque Scripturarum inspectione futura promicttunt, [7] et ex hoc dicit quedam *Decretalis* sic: *In tabulis vel codicibus vel astrolabio sorte futura non sunt inquirenda*. [8] Ad quod etiam quedam *Lex* sic ait: *Si quis astrologus vel qui aliquam illicitam divinationem pollicetur, consultus aliquem furem dixerit qui non erat, capite puniatur*. [9] Tamen ubi humanum deficit, auxilium possumus sortibus recurrere ad Dominum, unde Beda, *Super Actibus Apostolorum*, ad hoc sic ait: *Si qui, necessitate aliqua compulsi, Deum putant sortibus esse consulendum exemplo Apostolorum, qui Mathiam sorte eligerunt in apostolum, videant hoc ipsos non nisi precibus fusis ad Deum hoc egisse*. [10] Nam et Achor sorte fur ex precepto Dei inventus est, ut *Iosue* capitulo vii° habetur. [11] Item et sorte Saul invenit Ionatan eius filium comedisse contra eius preceptum, ut primo *Regum* capitulo xiiii° dicitur; [12] unde idem Augustinus in dicto *Libro Psalmorum* inquit: *Sors non est aliquid mali, sed res in humana dubitatione divinam indicans voluntatem*, [13] tamen dicit Gratianus quod prohibita est, ne sub hac specie divinationis ad antiquos ydolatrie cultus homines reddeant. [14] Item quandoque dicti divinatores vocati sunt 'incantatores', ex eo quod artem divinandi verbis exercent et sine ullo veneni haustu, violentia tamen carminis interimunt, [15] ut Lucanus: *Mens hausti nulla sanie polluta veneni, / incantata perit* etc., [16] item vocantur quandoque malefici, idest 'magici', qui vite innocentum insidiantur et animum mulierum ad libidines provocant. [17] Item vocantur interdum auruspices eo quod in aura divinationem suam agunt, quem modum divinandi primo reperiit iam per artem ille Tages, qui, arante quodam ruricola, ex glebis ortus est et talem scientiam dictavit

---

7. futura] ST furta V L B.

14. haustu] austa V.

17. fibris] ST L B febas V.

---

7. *Decret.* II vi 4.
9. *Decr. Grat.* II C. XXVI q. ii c. 4.
10. Cf. *Ios.* VII.
11. Cf. *I Reg.* XIV.
12–13. *Decr. Grat.* II C. XXVI q. ii c. 1.
15. LUCAN., *Phars.* VI 457–58.
17. LUCAN., *Phars.* I 636–37.

et postea statim mortuus est, de quo Lucanus in primo sic ait: *Sed fibris sit nulla fides, sed conditor artis / finxerat ista Tages* etc. [18] Item vocantur 'augures' dicti divinatores aliqui, eo quod ab avibus talia capiunt, ut erat Ramnes ille de quo Virgilius ait sic: *Regi Turno gratissimus augur, / sed non augurio potuit depellere pestem.* [19] Item qui igne hoc agunt vocantur piromantici, qui aqua ydromantici, qui terra geomantici, qui colloquio demonum nigromantici, qui omnes diabolica potentia, que dicunt vera quandoque proferunt permissum Dei, ut nos probet, [20] ut *Deuteronomii* xiii° capitulo, dicitur sic: *Si surrexerit in medio tui propheta, et predixerit signum ac portentum, et evenerit quid dixerit, non audias eum, quia temptat vos Deus ut palam fiat an diligatis eum nec non,* [21] unde subditur ibi in capitulo xviii°: *Ne sis maleficus, nec incantator, nec phitones consulas, nec divinos,* [22] fingendo auctor animas predictas talium in supplitium earum esse et ire retro ita cum vultu obliquato, ut dicit textus hic, in quo vult allegorice tangere errorem quem incurrunt vivendo in hoc mundo tales divinantes et nitentes futura prescire, quod solius Dei est, et hominum scire presentia, [23] unde *Ysaie* capitulo xlv° dicitur: *Annunciate vobis que futura sunt, et dicemus quod dii estis,* [24] et ad idem etiam Gualfredus in sua *Poetria* ait: *At tamen istud / unde scies? Quid ages? Volucrum rimaberis aure / murmura? Vel motus oculo? Vel Apolline fata? / Tolle mathematicos! Est augur surdus et auspex / cecus et ariolus amens. Presentia scire / fas homini, solique Deo prescire futura;* [25] et Virgilius: *Nescia mens hominum fati sortisque future,* [26] unde merito tales in hoc mundo viventes possunt et debent censeri ire et procedere quasi retrorsum et cum vulto, idest cum visu intellectus, obliquato, cum nituntur procedere et ire ad videndum ea que videre directo non possunt, scilicet futura que retro habent, idest que non patent ei ante, — [27] unde Psalmista: *Qui annunciat verbum suum Iacob,* et subdit,

23. xlv°] ST xii° V.

---

18. Verg., *Aen.* IX 327–28.
20. *Deut.* XIII 1–3.
21. *Deut.* XVIII 10–11.
23. *Is.* XLI 23.
24. Geoffr. de Vins., *Poetria Nova* III 347–52.
25. Verg., *Aen.* X 501.
27. *Ps.* CXLVII 19, 20.

Super XX° capitulo Inferni

et iuditia sua non manifestavit eis, — licet videre interdum valeant per obliquum, ut puta per gratiam Dei, — [28] unde idem Psalmista: *Ecce enim veritatem dilexisti incerta et occulta sapientie tue manifestasti michi*, — vel per naturam, ut est circa prescientiam eclipsis solis et lune et huiusmodi talium que arte humana bene possunt presciri. [29] Sic igitur elice cur ipse auctor sub dicta allegoria privet dictas umbras directo respicere hic et non per obliquum, [30] ad quod etiam respiciens *Ysaias* xliiii° capitulo, sic ait: *Deus irrita facit signa divinorum et ariolos in furore convertit, convertens retrorsum tales sapientes*, [31] quod ultimum valde congruit predicte nature allegorice, inter quas predictas animas fingit auctor Virgilium sibi ostendisse umbram Amphiarai, regis de Grecia, qui fuit in vaticiniis et auguriis maximus olim vates, et qui, ut scripsi supra in capitulo xiiii°, simul cum regibus ibi nominatis ivit ad obsidionem civitatis Thebane, in qua obsidione, una die, ut scribit Ovidius in viiii° et Statius in vii°, subito aperta terra cum toto suo curru absortus est ab ea, [32] velut ille Datan de quo sic ait Psalmista: *Aperta est terra et deglutivit Datan, et operuit super congregationem Abiron*. [33] Item umbram Tyresie thebani, alterius magni vaticinatoris, quem finxerunt poete, precipue Ovidius in tertio, semel percussisse duos serpentes coeuntes invicem, et statim fore effectum de masculo feminam, et ita mansisse per septem annos; inde per ipsum, repercussis hiisdem serpentibus, effectum esse iterum masculum, — [34] dicit Fulgentius circa hoc: *Grecia quantum est stupenda mendacio, tantum est ammiranda comento*, — [35] nam hunc Tyresiam pro cursu anni accepit qui in vere ut masculus gignit et impregnat et in estate parit tanquam femina; duos dictos serpentes pro humido et calido accipit, quibus coeuntibus, idest quibus coniunctis, terra concipit et parit, [36] unde bene ait Lactantius dicens: *Poetas non mendacia sed vera cecinisse si eorum dicta cum intentione liberentur*. [37] Ulterius ad propositum sciendum est quod, ut fingunt idem poete, Iupiter et Iuno

---

35. parit tanquam femina] C parit V.

---

28. *Ps.* L 8.
30. Cf. *Is.* XLIV 25.
31. Cf. Ov., *Met.* IX 403–7 and Stat., *Theb.* VII 690–823.
32. *Ps.* CV 17.
34. Fulgent., *Mythol.* II v 77.
36. Cf. Lact., *Divin. Instit.* I xi.

eius uxor semel contendentes quis maius delectamen caperet ex coitu, masculus an femina, eligerunt dictum Tyresiam ad hoc solvendum cum utroque sexu expertus fuisset, qui dixit quod femina, ut erat opinio dicti Iovis, ex quo dicta Iuno dictum Tyresiam cecari fecit, et Iupiter inde ei dedit scire futura, [38] et sic *Penam levavit honore*, ut ait idem Ovidius; [39] unde Oratius in *Sermonibus* in persona Ulixis loquentis dicto Tyresie sic ait: *Num furis? an prudens ludis me obscura canendo?*; inde respondens in persona eiusdem Tyresie idem poeta ait: *O Laertiade, quicquid dicam aut erit aut non: / divinare etenim magnus michi donat Apollo*. [40] Item umbram Arontis, alterius magni divinatoris, morantis olim in montibus marmoreis illis Lune deserte civitatis qui eminent oppido Carrarie contra marem, [41] de quo Lucanus, in primo: *Hec / propter placuit Tuscos de more vetusto / acciri vates, quorum qui maximus evo / Arons incoluit deserta menia Luce*. [42] Item umbram Manto, fatidice et filie dicti Tyresie, que, ut dicitur hic in textu, mortuo dicto suo patre et facta serva civitate Thebarum, ubi Baccus colebatur, ex eo quod, mortuis Eteocle et Polinice, regibus Thebarum et fratribus, quidam tyrampnus nomine Creons dominium dicte terre sumpsit: tamen quia perfide se gerebat, expulsus est et tradita est dicta civitas Theseo, duci Athenarum, industria Evagne uxoris Capanei, et sic facta est tributaria, ut de hoc Statius plene dicit in iv°, multum erravit per mundum et demum fundavit civitatem Mantue, ut dicit hic auctor. [43] Ex quo summit materiam describendum lacii Garde, qui Benacus dicitur; inde auctor dicendo quomodo confinatur dictus lacus per terram Garde districtus Verone et per montes Valcamonice districtus Brixiensis et montes claudentes Alamanniam, iuxta comitatum Tiralli, districtus Tridentini, et ex hoc dicit auctor hic quod episcopi Tridentinus Brisiensis et Veronesis possent in medio dicti lacus navigantes signare benedicendo, ut in comuni sua diocesi. [44] Inde dicitur quomodo fluit iuxta castrum Pischerie districtus Veronensis et fit dictus lacus fluvius qui vocatur Mincius usque ad terram

---

37. ei dedit] C sibi dedit V.

---

38. Ov., *Met.* III 338.
39. Hor., *Serm.* II v 58–60.
41. Lucan., *Phars.* I 584–87.
42. Cf. Stat., *Theb.* VII 758–59; XII 519–796.
44. *Inf.* XX 95.

Super XX° capitulo Inferni

Governi, districtus Mantuani, ubi intrat Padum, et quomodo sua aqua lacunat civitatem Mantue, que, ut dicit hic auctor, magis fuit iam populata antequam **mattia**, idest stultitia comitum de Casalodi, civium dicte terre Mantue, fore decepta per dominum Pinamonte de Bonacosis de dicta terra: nam tractavit cum eis expellere omnes magnates dicte terre et ibi, simul cum eis, dominari, quo facto, dictus dominus Pinamonte expulit dictos comites et solus habuit dominium dicte terre. [45] Ad hoc facit quod ait Virgilius in x° de dicta terra Mantue, dicens: *Ille etiam patriis agmnen ciet Oenus ab oris, / fatidice Mantos et Tusci filius amnis, / qui muros matrisque dedit tibi, Mantua, nomen, / Mantua, dives avis; sed non genus omnibus unum: / gens illi triplex, populi sub gente quaterni. / hinc quoque quingentos in se Mecentius armat, / quos patre Benaco velatus arundine glauca / Mincius infesta ducebat in equora pinu.* [46] Item dicit auctor se ibi etiam vidisse umbram Euriphili, auguris Grecorum, de quo Virgilius in secundo, in persona Synonis loquentis Troianis ficte sic ait: *Suspensi Euriphilum scitantem oracula Phebi / mictimus, isque aditis hec tristia verba reportat: / "Sanguine placastis ventos et virgine cesa, / cum primum Iliacis, Danai, venistis ad horas"*; [47] re vera tamen ad id quod tangit hic auctor de dicto Euriphilo et Calcanta et de Aulide civitate, sciendum est quod secundum quod scribit Dites, dictus Calcas missus fuit per Troianos pro responso Apollinis de eventum eorum guerre, et cum responsum habuisset sinistrum contra Troianos dimisit illos et venit ad Grecos, [48] unde ait ipse Ditis in hoc puncto: *Achivi gaudent, Calcanta secum recipiunt, classem solvunt. In terra Aulide cum eos inde tempestates tenerent, dictus Calchas ex augurio fecit eos adhuc in Aulidem redire, ubi immolata Polisena filia Menelai, habito puncto ab istis Euriphilo et Calcanta prospere versus Troiam iverunt dicti greci,* [49] fingendo auctor ibi etiam se vidisse umbram Michaelis Scotti magni magici ac umbram Guidonis Bonatti de Forlivio et Asdentis Cerdonis de Parma divinatorum etiam, item et alias umbras infinitas mulierum ibi vidit que in hoc mundo dimiserunt suas artes debitas et dederunt se ad faciendum malias, idest maleficia cum herbis et ymaginibus cereis ut faciunt etiam hodie hic multe, [50] contra quas in quodam *Decreto* sic dicitur: *Nec in collectionibus herbarum aliquas incantationes liceat attendere mulieribus, quoque Christianis non licet in suis lanificiis vanitatem observare, sed*

48. Ditis] L B dites V.

---

46. Verg., *Aen.* II 114–17.
50. *Decr. Grat.* II C. XXVI q. v c. 3.

Comentum Petri Alagherii

Deum invocent adiutorem, qui eis sapientiam texendi donavit. [51] Et in quedam alio Decreto contra tales etiam dicitur: *Non est omictendum quod quedam scelerate mulieres retro post Sathan converse demonum illusionibus seducte profitentur se cum Diana nocturnis horis dea paganorum vel cum Erodiade et innumera multitudinem mulierem equitare super bestias et circuire.* [52] Ultimo auctor fingit Virgilium ipsum sollicitare ad iter prosequendum allegando quod lunam, in qua vulgares dicunt esse Caynum cum fasce spinarum igne accensarum, xvi^a erat in confinibus emisperii nostri occidentalis et sequentis alterius orientalis, et sic sequitur ut sol hic esse deberet in iv^a hora si bene inspiciatur, et sic hic et in sequenti capitulo, ubi dicit de hora vi^a, colligitur quod iam auctor stetit in hoc ytinere inferni per xl horas, idest per duas noctes et per unum diem, et cum tertia parte alterius.

---

51. *Decr. Grat.* II C. XXVI q. v c. 12.

SUPER XXI° CAPITULO INFERNI

[1] **Così di ponte in ponte altro parlando**. [2] In hoc capitulo xxi° auctor incipit tractare de quinta bulgia Inferni, in qua fingit puniri animas illorum qui in hoc mundo baratarias exercent pervertendo iustitiam in suis officiis pecunia, [3] de quibus in primo *Regum* dicitur: *Acceperunt munera et perverterunt iudicia*, [4] et Tullius in secundo *Officiorum* ait: *Male se res habent cum id, quod virtute effici debet, pecunia actentatur,* [5] unde solet diffiniri ipsa barateria sic: *Barateria est corrupta et absconsa voluptas cuiuslibet officialis premio a iustitia recedentis* — [6] in hac pice ita bulliente simili illi que bullet in arsana Venetorum, loco quodam ubi fiunt eorum navigia nova et vetera reaptantur, et remi et sarte, idest funes, et ubi terzeroli et artimones, qui species sunt velorum navium, suuntur, ut dicit hic textus, fingens inde auctor hunc demonem ita venisse cum isto spiritu istius antiani Lucane civitatis unde orta est beata Zeta et ubi est quedam statua Domini que vocatur Vultus Sanctus, et ubi currit fluvius qui dicitur Serchius et ubi, tempore auctoris, vigebat quidam civis qui vocabatur Bonturus Dati, summus baraterius, [7] de quo yronice auctor sic loquitur, dum dicit quod omnes sunt ita baraterii excepto eo, per que textualia hic sequentia patere possunt, [8] tangens etiam hic auctor, dum fingit dictum demonem dicere quomodo superstabat ratione dicti vitii dicte civitati, quod ait Ugo de Sancto Victore dicens: *Sicut maioris scientie vel minoris demones sunt, ita habent maiores et minores prolationes: nam quidam supersunt uni provincie, quidam uni civitati, ut est in proposito, quidam uni homini et uni vitio,* ideo unus spiritus dicitur superbie, unus invidie, et sic de aliis, tangens comparative inde auctor de castro Caprone, dis-

---

1. *Inf.* XXI 1.
3. *I Reg.* VIII 3.
4. Cic., *Off.* II vi 22.
8. Hug. De Sanct. Vict., *Summa Sent.* II 4.

COMENTUM PETRI ALAGHERII

trictus Pisani, iam obtento per Florentinos cum pacto de personis non offendendis; [9] inde, nominatis duodecim de dictis demonibus proprio nomine, et facta de eis quadam decina, incidenter tangit auctor quomodo in mccc° in medio mensis martii hoc suum poema incohavit, [10] item et quomodo Dominus, etate xxxiiii^{or} annorum, passus est et mortuus hora sexta in cruce in medio mensis martii, si bene inspiciantur verba illa: **Ieri, cinque hore più oltre che quest'otta / mille dugento cum sesanta sei / anni compier che qui la via fu rotta**. [11] Et hec quantum ad licteram: quantum vero ad allegoriam, auctor hanc picem accipit pro statu et vita officialium barateriorum premissorum in cupiditate extuantium et in infamia denigratorum ut a pice quadam bulliente, [12] iuxta illud Henrighetti: *Quem semel horrendis maculis infamia nigrat, / ad bene tergendum multa laborat aqua*, [13] et forte etiam *Salamon* hoc respectu dixit: *Qui tetigerit picem inquinabitur ab ea*, [14] et quod eorum barateriorum cupiditas sit ardentior aliis et obscurior occulis bonorum hominum audi quemdam legalem textum dicentem: *Avaritia mater omnium malorum et maxime quando non privatorum sed iudicum inheret animis*, [15] unde *Pauper si non habet quod offerat, non solum audiri contempnitur, sed etiam contra veritatem opprimitur; cito violatur auro iustitia, nullamque reus pertimescit culpam quam redimere nummis existimat*, ut ait Ysidorus in quodam *Decreto*, [16] et in suo libro *De Summo Bono* ad idem inquit: *Gravius lacerantur homines a pravis iudicibus quam a cruentis hostibus*; [17] nam cupiditatis causa aut pervertunt, aut differunt iudicium donec bursas exauriant litigantium, ad quod etiam Phylosophus *Ad Nicomacum* ait: *Remota cupiditate omnino nichil iustitie restat adversum, et sic que lege determinari possunt, nullo modo iudici relinquantur timore huius cupiditatis*.

    10.   xxxiiii^{or}] C xxxiij^{or} V.

    15.   culpam] ST L B calumpnia(m) V.

---

10. *Inf.* XXI 112–14.
12. HENR. SEPTIMELL., *De div. fortunae* I 19–20.
13. *Eccli.* XIII 1.
15. *Decr. Grat.* II C. XI q. iii c. 72.
16. ISID., *Sent.* III lii 7.
17. Cf. ARIST., *Eth.* V i 1129a 32–b 10.

SUPER XXII° CAPITULO INFERNI

[1] **Io vidi già cavalier mover campo**. [2] In hoc xxii° capitulo auctor, se continuando ad proxime precedentia in eo quod finxit in fine precedentis capituli illum demonem decurionem de ano trullando fecisse **trombetta**, ut ibi patet in textu, exorditur modo hic ut patet in principio huius capituli, concludens sub quadam allegoria etiam quomodo in statu hominum vitiosorum in hoc mundo qui, ut sepe dixi, per hoc ficto Inferni accipitur, omnia turpia in dicto et facto fieri et dici reperiuntur motibus diabolicis qui pro istis demonibus accipi debent, unde excusat se auctor si ita turpiter hic modo hoc recitat ratione loci et qualitatis materie, nam multa in taberna dicta et facta tollerantur, ut dicitur hic in textu, que in Ecclesia improbantur, [3] unde Tullius, *De Officiis*, premisso et recitato quomodo quidam pretor nomine Sophocles, sedendo pro tribunali cuidam eius college nomine Pericle, ostendit puerum pulcerrimum quasi sodomitico affectu et quomodo dictus eius collega sibi dixit reprensive: "*Decet pretorem non solum manus sed etiam habere occulos continentes*", ait. *Si Sophocles illud verbum dixisset in athletarum probatione iusta reprensione caruisset*. [4] Nam in re scenica delicatum proferre sermonem vitiosum est. [5] Ad idem Phylosophus in primo *Ethicorum* etiam ait: *Utique sufficienter dicitur si secundum subiectam materiam aliquid manifestatur*, [6] tangendo comparative de natura delfinorum inde auctor, de qua Lucanus in v° ait: *Nec placet incertus quod provocat equora delphin*. [7] Item etiam de fratre Gomita, olim officiali in iudicatu Gallure de

---

4.   scenica] seneka L B scena V.

---

1.   *Inf.* XXII 1.
2.   *Inf.* XXI 139.
3.   Cf. CIC., *Off.* I xl 144.
5.   THOM., *Eth. exp.* I ii lect. iii 16.
6.   LUCAN., *Phars.* V 552.

Sardinea et de domino Michaele Zanca, officiali etiam olim in iudicatu Legodori in dicta insula Sardinee magnis barateriis, ut dicit textus. [8] Item de dicto barraterio navarensi fallente et baratante ita istos demones ultimo, ut dicitur hic in textu, et hoc dicit ut tangat auctor de secunda specie barateriorum de qua statim dicam in sequenti capitulo.

    8.   navarensi] C privarensi V.

SUPER XXIII° CAPITULO INFERNI

[1] **Taciti, soli, sanza compagnia**. [2] In hoc xxiii° capitulo auctor duo facit: primo continuat se ad proxime precedentia usque ibi: **Quivi trovamo una gente depinta**, inde usque ad finem huius capituli dicit de vi^a bulgia. [3] Continuat se auctor, dico, ostendendo quod non solum dicti officiales dicendi sunt baraterii, sed etiam illi viles et lusores quos vocamus ribaldos et barattos, qui pleni sunt omnibus fallaciis et deceptionibus, de quibus allegorice sensit Ysopus in illa sua fabula *De Mure et Rana* quam tangit hic auctor, [4] quod ostendit ipse auctor dum dicit quod non magis parificantur in effectu hec duo vulgaria verba — diversa tamen in vocabulis, scilicet **mo** et **issa**: nam ambo important hoc adverbium temporis 'nunc', licet lumbardi illud proferent per **mo**, et luccenses per **issa** — quam hec ficta rissa scripta per auctorem supra in precedenti capitulo cum dicta fabula Ysopi, si bene copulantur earum principia, idest licterales sensu et fines, idest allegorici et morales, cum ambo scripserint hoc ad nostram moralitatem ut precaveamus nobis a talibus baratantibus alios decipientibus ita, unde idem Ysopus de eis sic ibi subicit: *Omne genus pestis superat mens dissona verbis / cum sentes animi florida lingua polit*. [5] Modo veniamus ad secundam partem predictam, in qua auctor de vi^a bulgia dicit, in qua fingit puniri animas ypocritarum sub talibus ponderibus auratis exterius et plumbeis interius, ut dicit hic textus, in quo auctor vult tangere de natura talis vitii, qui est ut in homine virtutem et sanctitatem extra promat, in qua interius

---

4. alios decipientibus] C alios V. cum sentes] ST L B C co(n)sentes V.

5. auratis] C aurant V.

---

1. *Inf.* XXIII 1.
4. *Inf.* XXIII 4; AESOP., *De mure et rana* 3–4 i.e. *Anonymus Neveleti* III 3–4.
5. HUG. PIS., *Deriv.* s.v. 'ypocrita'.

vitiositas est, unde ypocresia ita diffinitur: *Ypocresia est occulti vitii callida palliatio, et dicitur ab 'epi' quod est 'supra' et 'crisis' quod est 'aurum'*; [6] unde Gregorius ait, super illis verbis *Iob*: *Erunt radii solis et sternent sibi aurum quasi lutum:* [7]*Per aurum designantur ypocrete qui quasi deaurati sunt et in superficie videntur habere virtutes nec habent, et cum deteguntur quod videbatur aurum in lutum sternitur*, [8] de quibus etiam *Mathei* xxiii° dicitur: *Ve vobis, scribe et pharisei ypocrite, qui similes estis sepulcris dealbatis, que extra speciosa videntur, intus plena sunt turpitudine,* [9] et Tullius, *De Officiis*: *Totius iniustitie nulla capitalior quam eorum qui, cum maxime fallunt, id agunt, ut boni viri esse videantur*, quare vide cur auctor fingat tales umbras cum talibus cappis ire gravioribus illis quas imperator Federicus faciebat indui reos crimine lese maiestatis, que erant plumbee et fundebantur iuxta ignem circumpositum cum carne et ossibus dictorum talium malefactorum. [10] Et hoc est quod tangit auctor hic dum dicit quod Federicus ponebat tales cappas de paleis respectu istarum, subaudi fingendo inter tales auctor se reperire umbram domini Catalani de Catalanis et domini Lodoringhi de Andalo de Bononia fratrum gaudentium, qui ambo simul ex eo quod dictus dominus Catalanus erat Guelfus et dictus dominus Lodoringhus Ghibellinus, electi fuerunt per Ghibellinos et Guelfos de Florentia in eorum rectores, qui ita se gesserunt quod eorum tempore expulsi sunt Uberti cum sua parte Ghibellina de civitate Florentie et devastate sunt eorum domus qui erant in vico ibi qui dicitur Gardinghus. [11] Item fingit ibi eam umbram Cayphe et Anne olim pontificum Iudeorum ita stratas in cruce, ut dicit hic in textu, qui Cayphas consuluit Christum debere occidi dicendo quod *expediebat unum mori pro populo ne tota gens periret.* Alia per se hic patent.

6. Iob] ST Ioh(annis) V.
8. xxiii°] ST xxv° V L B.

---

6. Cf. *Iob* XLI 21.
7. Cf. GREG. MAGN., *Moral.* XXXIV xv 26–29.
8. *Matt.* XXIII 27.
9. CIC., *Off.* I xiii 41.
11. *Ioh.* XI 50.

SUPER XXIIII° CAPITULO INFERNI

[1] **In quella parte del giovenetto anno.** [2] In hoc xxiiii° capitulo auctor incipit tractare de septima bulgia, in qua fingit animas furium puniri, exordiendo tamen prius et tangens quod ait Virgilius in *Georgicis* de signo Aquarii, in quo pruine et brume magis eveniunt, quod signum sol ingreditur in medio Ianuarii, dicens: *Cum frigidus olim / iam cadit extremoque irrorat Aquarius anno*, [3] vocando transumptive auctor hic radios solis 'crines', unde et poete vocant ipsum solem 'crinitum Apollinem', et sic vult comprehendere hic auctor illam partem anni que est a medio Ianuarii usque ad exordium Martii, quam partem anni etiam describendo auctor hic dicit quomodo tunc noctes vadunt ad medium diem, [4] ad intelligentiam cuius dicti notandum est quod in aliquo tempore totius anni dies solaris non potest dici ut medium diei naturalis comprehensi in xxiiii^{or} horis, et etiam per consequens nox, nisi in equinoctio quod est in principio Arietis, cuius signum sol ingreditur in medio mensis Martii, et in equinoctio quod est in principio Libre, cuius signum sol ingreditur in medio Septembris. [5] A quo equinoctiali puncto Arietis dies ipse solaris, procedens versus tropicum Cancri, diatim in dimidio plus augetur, et auctus usque ad xv horas et dimidiam, tunc dicitur talis dies maior totius anni et integer, et dicitur tunc fore solstitium. [6] Inde, procedendo versus dictum equinoctium autumpnale, diatim minuitur usque quo veniat ad xii horas, et sic iterum potest dici medium quoddam tunc dies, sicut et nox in dicto equinoctiali puncto dicti diei naturalis et sui ipsius, etiam a quo puncto equi-

3. exordium] exodium V.

5. solstitium] solsticu(m) V.

---

1. *Inf.* XXIV 1.
2. VERG., *Georg.* III 303–4.
3. E.g. VERG., *Aen.* IX 638.

noctiali Libre noctes vadunt superando dies semper usque ad solstitium Capricorni, quod est in medio Decembris, in quo dies minor est totius anni, scilicet viiii horarum cum dimidia, [7] unde sicut dies possunt dici ire ad mediam noctem eundo a dicto solstitio Cancri versus dictum equinoctiale punctum Libre, ratione superius ostensa ita, et per consequens versa vice noctes debent dici ire ad medium diem, eundo a dicto solstitio Iemeli versus dictum equinotiale punctum Arietis, hoc est ad medium diem naturalem tunc tempore existentem. [8] Quod totum voluit sentire Virgilius in *Georgicis* dicens: *Libra die somnique pares ubi fecerit horas / et medium luci atque umbris iam dividit orbem*, [9] tangendo auctor inde incidenter quomodo fama virtuosa non queritur otio, sed labore, ad quod Seneca *Ad Lucilium* ait: *Ut virtutem occupemus et famam scrutari pectus oportet*. [10] Item dicit et quomodo animus hominis omnia vincit, si cum suo corpore gravi, idest acto ad otium, non se acaset, idest non se cum eo componat et cedat ei, [11] unde Ovidius in suo libro *De Ponto* inquit: *Omnia deficiunt, animus tamen omnia vincit, / ille etiam vires corpus habere facit*. [12] Post hec veniamus ad tractatum huius vii^e bulgie infernalis in qua auctor, ut supra premisi, fingit puniri animas illorum qui in hoc mundo furantur in tam diversis mutationibus et transformationibus cum variis serpentibus, ut dicit textus in hoc capitulo et in sequenti continuato cum isto. [13] Et ad evidentiam et notionem allegoricam prenotandum est quod, secundum quod sentit hic auctor, triplex modus furandi in hoc mundo inter homines reperitur: [14] primus est cum homo non habituatus ad furandum, nec solitus furari, si appareat et occurrat sibi res aliqua parata et apta furto, subito et indeliberate illam furatur, ut fecit iste Vannes, filius bastardus domini Fucci de Lazariis de Pistorio, qui una die festiva, visa sacristia sancti Iacobi ecclesie maioris dicte sue terre multis et sumptuosis apparamentis munita, statim in nocte sequenti furtive spoliavit eam, [15] propter quod furtum, ut dicit hic textus, inveniendum, quamplures homines dicte terre per officium potestatis ibi fuerunt inquisiti et carcerati et torti, sive tormentati, sine culpa; [16] tandem, scito negotio hoc, dictus Vannes ob illud furtum

---

8. dicens] dices V. somnique] ST sin(n)iq(ue) V.

11. Ponto] pu(n)cto V.

---

8. VERG., *Georg.* I 208–9.
11. OV., *Ep. Pont.* II vii 75–76.

Super XXIIII° capitulo Inferni

suspensus est per gulam, nam potius solitus dictus Vannes fuerat esse homicida quam fur, ut dicitur hic in textu de eo, ideo auctor nunc hic fingit ita pungi ab hoc serpente ipsum et subito comburi et refici, ut dicit textus comparative quasi ut Fenix, [17] de qua Ovidius, cuius verbis hic auctor ad licteram utitur, in xv° sic ait: *Una est, que reparat seque ipsa reseminat, ales: / Assirii fenica vocant, non fruge nec herbis, / sed thuris lacrimis et succo vivit amomi; / hec ubi quinque sue complevit secula vite, / illicis in ramis tremuleque cacumine palme / unguibus et puro nidum sibi construit ore. / Quo simul ac casias et nardis lenis aristas / quassaque cum fulva substravit cinnama mirra, / se super imponit finitque in odoribus evum. / Inde ferunt, totidem qui vivere debeat annos, / corpore de patrio parvum fenica renasci.* [18] Item reducit ad eius comparationem hic etiam casum et actum caducum illius hominis quem demon interdum humore quodam melanconico fatigat et cadere facit, sive illam oppillationem que dicitur 'epilensis', [19] in cuius spiritus tali destructione subita et refectione auctor allegorice vult hic sentire, videlicet quod homo ille qui non sit in hoc mundo compressionatus et deditus vicio et actui furandi, si tamen contingat quod ab effectu furandi, ut a serpente quodam, visa re apta ad furandum pungatur ad serpentem, ut serpunt serpentes habitacula aliena et furentur, revertitur nichilominus in suo proprio primo statu humano, non in serpentino ut de aliis de quibus statim inferius dicam contingit, [20] inducens hic auctor dictum spiritum ultimo ad prenumptiandum sibi quod prenumptiavit etiam umbra Ciacchi supra in vi° capitulo, videlicet quomodo pars Nigra Pistorii superare debebat partem Blancam de qua auctor erat, [21] accipiendo transumptive hic auctor vaporem de quo hic dicitur pro marchione Morello Malespina, qui capitaneus fuit, tractus de valle Macre fluvii, idest de Lunisana eius contrata, et electus loco Roberti regis Apulie, tunc ducis Calabrie, inde recedentis ad obsidionem Pistorii factam per dictam partem Nigram per Martem, idest per dispositionem bellicam, [22] dicendo quomodo dictus vapor involutus nubibus turbidis, idest de Nigris Guelfis, lacessitus erit a tempestate acra, idest a multis pugnaculis, scilicet dictus marchio in dicto capitaneatu super Campo Piceno — [23] idest super plano ubi est Pistorium, ubi Catelina iam

---

19. furentur] C fure(n)t V.

---

17. Ov., *Met.* XV 392–402.
23. Cf. Sall., *Cat.* LVII 2.

devictus fuit a Romanis, quem locum Sallustius vocat in fine sui *Catelinarii 'Picenum'*, — [24] tandem repente rumpet nebulam, idest per vim famis, intrabit dictam civitatem, ut fecit dictus marchio, et dicta pars Blancorum dispersa fuit, ut tangitur hic per dictum spiritum. [25] Secundus vero modo furandi, de tribus quos supra premissi, est in illo homine qui in continuo affectu et proposito et motu est die noctuque furandi, non actento si res sit apta ad furandum vel non, ut modo de primo modo furandi dixi, [26] et hoc tangit hic auctor secundario in umbra Agnelli de Brunelleschis de Florentia, quam fingit in sequenti capitulo ita commisceri et uniri cum illo serpente, idest cum proposito et affectu diabolico continue furandi, pro quo allegorice talis serpens accipitur. [27] Tertius modus furandi est illorum furium qui non soli, sed in societate quadam illud agunt, [28] ut lupi illi de quibus Statius in iii° *Achilleidos* comparative dicit, scilicet quod, federe iuncto in nocte, in societate rapinando vadunt, videlicet eundo dicti tales fures rumpendo et subintrando parietes et muros et hostia reserando, et unum de eis mictendo per tales fracturas, quasi ut serpentes, ad serpendum et furandum, et reliqui alii remanendo extra ad custodiam et ad recipiendum res furatas, [29] ad quod dicitur in *Exodo* capitulo xxii°: *Si perfodiens inventus fuit et mortuus fuerit, non est homicidium*, [30] et in *Proverbiis* Salamonis xxviiii° capitulo dicitur etiam: *Qui cum fure partitur, occidit animam suam; consentiendo vel occultando* dicit ibi Glosa; [31] quem tertium modum furandi tangit auctor allegorice in sequenti capitulo in illis quattuor furibus, scilicet in domino Cianfa de Donati, in domino Guercio de Cavalcantibus, olim occiso per homines de Gaville, terra comitatus Florentie, unde postea de illis in vindictam eius multi mortui fuerunt, et hoc tangit auctor in fine dicti sequentis capituli, [32] item in domino Bosio de Abbatibus et in Puccio Sciancato de Caligariis de Florentia, qui, tempore auctoris, ut consocii, omnes predicti quattuor ita furabantur. [33] Presentim, in eo quod fingit umbram dicti domini Guercii in

    25. si res sit] C sic res sibi V.

    30. Proverbiis] p(ar)abolis V.

---

28. STAT., *Achill.* I 704–8.
29. *Ex.* XXII 2–3.
30. *Prov.* XXIX 24 et *Gl.* rel.

Super xxiiii° capitulo Inferni

forma serpentis ita percutere umbram dicti domini Bosii in forma humana existente in umbelico, unde, ut ibi dicit textus, nostra alimentatio primo capitur, hoc est quod embrio in ventre mulieris de eius mestruo sanguine primo nutritur, trahendo illum ad se per umbelicum ad epar, [34] item etiam in eo quod dicit quod ita punctus per vulnus fumabat dictus dominus Bosius et dictus dominus Guercius, ut serpens per os suum, [35] nichil aliud allegorice vult tangere auctor, nisi quod collocutio talium furium in nocte in loquendo et respondendo obscura sicut fumus procedit velata a nocturna tenebra, [36] unde Fulgentius, scribens de Caco centauro fure, de quo dicam in sequenti capitulo, ait: *Si fumum fures eructuant quis involantem dum negat agnoscit? Nam fur aut caliginem aut fumum obicit, ne cognosci possit*, [37] unde Oratius in *Sermonibus* ad idem ait: *Noctem peccatis et fraudibus obice nubem.* [38] Item in eo quod predicti sic mutuo se mutando respiciebant se, alludit illis verbis Ovidii auctor dicentis in iii° de Cadmo, dum sub dicta allegoria forte trasmutatur in serpentem per eum de quo etiam tangit in capitulo sequenti: *Serpentem spectas? et tu spectabere serpens*, [39] et subdit in iiii° de ipso Cadmo, quod optime facit ad propositum sic: *Dixit et, ut serpens, in longam tenditur alvum / durateque cuti squamas increscere sentit / nigraque ceruleis variari corpora guttis / in pectusque cadit pronus, commixtaque in unum / paulatim tereti tenuantur acumine crura / ille quidem vult plura loqui, sed lingua repente / in partes est fixa duas: nec verba volenti / sufficiunt, quotiensque aliquos parat edere questus, / sibilat; hanc illi vocem natura reliquit.* [40] Quod hoc ultimum tangit auctor hic in hoc presenti capitulo, dum fingit se propinquare huic vii^e bulgie, dum dicit se audisse quandam vocem exire de ea ad verba formanda inconveniens, tamen qui eam fecerat videbatur motus non dicas ad iram, ut multi multi textus dicunt falso, sed dicas ad ire, idest ad iter, seu ad serpendum ut serpens sibilando, sua vice furatum, ut auctor in sequenti capitulo fingit fecisse dictam

36. dicam] dicta V.
38. Cadmo] cadino V.

---

36. Fulgent., *Mythol.* II 260.
37. Hor., *Ep.* I xvi 62.
38. Ov., *Met.* III 98.
39. Ov., *Met.* IV 576–80, 586–89.

umbram domini Bosii, serpentem effectam tali modo allegorico et sensu: [41] nam sibilando sibi ad invicem fures tales consotii sibi loquuntur ne ad vocem cognoscantur, dicendo auctor, ad textum, quomodo Lybia et Ethyopia non prevalent in quantitate serpentum huic bulgie, nominando hic illos eosdem serpentes quos, dicit Lucanus in viiii° Catonem reperisse in dicta contrata Lybie, ex quo, incidenter, tangit etiam hic auctor de natura illius lapidis qui dicitur 'elitropia' similis smaraldo, respersi guttis rubeis, qui in Cipro, in Yndia et Ethyopia reperitur, [42] qui, ut scribit frater Albertus: *Si madeatur succo cicoree herbe, fallit visum adeo ut homo non videatur qui illum lapidem super se habeat*, et ista sufficiant pro hoc capitulo et pro parte alterius sequentis.

41. quos] q(uod) V.

---

41. Cf. Lucan., *Phars.* IX 604–937.
42. Alb. Magn., *Phys.* II tr. 2, 2 t. c. 28.

SUPER XXV° CAPITULO INFERNI

[1] **Al fine de le sue parole il ladro**. [2] In hoc xxv° capitulo continuando se auctor premictit quomodo Capaneus, ruens de muris Thebarum sua arrogantia, ut scripsi in capitulo xiiii° supra, non apparuit sibi superbior isto spiritu Vannis Fucci, ex quo summit causam exclamandi contra dictam civitatem Pistorii, dicendo quomodo deberet stantiare, idest statuere, ut funditus destrueretur, cum in male agendo superet eius malum semen, idest Catelinam romanum, a quo dicta civitas originem traxit; [3] nam, ut scribit Sallustius, iste Catelina, de Roma expulso, cum suis coniuratis venit ad civitatem Fesule, ubi obssesus diu fuit a Romanis, demum inde exivit et ivit ad agrum Pistoriensem ubi victus est et mortuus a Metello consule romano, habito bello in Campo Piceno ibi prope, cuius residua gens, per fugam reducta ad Alpes, redivit postea, remoto dicto consule, et dictam civitatem in dicto agro Pistoriensi originavit. [4] Inde tangit auctor de Caco centauro, qui olim morabatur sub saxoso antro montis Aventini, qui est Rome, ad quem locum semel Hercules cum magno suo armento applicuit, de quo armento iste Cacus multas vaccas furabatur et ducebat per caudam in dictum eius antrum ne vestigia vera paterent quem Hercules cum sua clava ibi occidit, reperto dicto furto, [5] de quo Virgilius in viii° ait: *At furis Caci mens effera*, et subdit: *Quattuor a stabulis prestanti corpore thauros / advertit, totidem forma superante iuvencas. / Atque hos, neque forent pedibus vestigia rectis, / caudam in speluncam tractos versisque viarum / inditii raptos saxo occultabat opaco*. [6] Inde tangit auctor de ramarro, qui est serpens viridis et ascendit ramos sepium et inde ad alia sepem se iacit, et ideo dicitur 'ramarrus' a 'ramo', et maxime hoc facit sole existente in signo Leonis, in quo est quedam stella que

---

1. *Inf.* XXV 1.
3. Cf. SALL., *De con. Cat.* LVII.
5. VERG., *Aen.* VIII 205, 207–11.

dicitur Canis a qua dicuntur dies canicularii de quibus dicitur hic in textu, qui in medio mensis Iulii incipiunt. [7] Item tangit de Sabello et Nassidio, comilitonibus Catonis, morsicatis in Lybia a certis serpentibus ita venenosis, ut in cinerem corpora eorum caderent, ut scribit Lucanus in viiii°. [8] Item dicit de Cadmo, de quo scripsi in precedenti capitulo, quomodo scilicet mutatus est in serpentem. [9] Item dicit de Aretusa, mutata in fontem, poetice loquendo per Ovidium in v°. [10] Ultimo vocat fundum huius bulge saburram, ut dicitur fundus navis inglarate, ut firmus vadat, [11] de qua Virgilius in *Georgicis*: *Ut cimbe instabiles fluctu iactante saburram*. [11] Alia vero dicenda in hoc capitulo scripsi in precedenti ubi videri potest ibi.

    7.   comilitonibus] C comilacio(n)ib(us) V.

---

7. Cf. Lucan., *Phars.* IX 761–804.
9. Cf. Ov., *Met.* V 572–642.
10. Verg., *Georg.* IV 195.

SUPER XXVI° CAPITULO INFERNI

[1] **Godi, Firenze, poi che se' sì grande**. [2] In hoc xxvi° capitulo auctor, premissis hiis verbis que yronice movet contra civitatem Florentie et hiis per que sibi prenuntiat magna adversa evenire (si vera somniantur iuxta mane, iuxta illud Ovidii in *Epistulis: Nanque sub aurora, iam dormitante lucerna, / somnia quo cerni tempore vera solent*, de quorum somniorum materia et natura dicam plene infra in capitulo viiii° *Purgatorii*, ubi vide quas adversitates Florentie, dicit auctor, quod nedum alie terre ab ipsa remote desiderant sibi evenire, sed etiam terra Prati sibi convicina per decem miliaria) [3] incipit tractare, et tractat usque ad xxviii° capitulum, de octava bulgia, in qua fingit puniri in singularibus flammis, ut dicit textus, animas illorum qui in hoc mundo vivendo cum sua eloquentia et disertione facunda acuunt ingenium suum ad suadendum consulendo rei publice, vel alterius persone, prava et periculosa; [4] contra quos ait Psalmista, sic dicens: *Acuerunt linguas suas sicut serpentes, venenum aspidum sub labiis eorum*, [5] ac Tullius, ad idem advertens, incipiens suam *Rectoricam*, inquit scilicet quod *Ipsa eloquentia calida est gladius in manu furiosi*, [6] ad quod idem Psalmista respexit dum dixit: *Filii hominum dentes eorum arma et sagipte, lingua eorum gladius acutus*. [7] Et ex hoc notanter dicit hic auctor ad moralitatem etiam nostram visa, idest contemplata, tali pena quod intendit refrenare suum ingenium amodo arrengando, seu orando et consulendo ita ne

---

1. Firenze] fi‹o›rençe V. poi] poy V.

2. iuxta illud] p(er) ea(m) accipie(n)do si p(ro) q(uia) hic iuxta illud V.

---

1. *Inf.* XXVI 1.
2. Ov., *Her.* XVIII 195–96.
4. *Ps*. CXXXIX 4.
6. *Ps*. LVI 5.

de levi, propter aliquam apparentiam et eloquentiam in male consulendo et suadendo incidit motus, [8] credo a doctrina Boethii dicentis in persona Phylosophie in ii° circa hoc: *Adsit igitur rethorice suadela dulcedinis, que tum tantum recto calle procedit, cum nostra instituta non deserit*, scilicet precepta sapientie, [9] ac Sallustii dicentis: *Omnes homines, qui de rebus dubiis consultant, ab odio, amicitia, ira et misericordia vacuos esse oportet; nam non facile animus verum providet, ubi illa officiunt, nam ubi intenderis ibi ingenium valet*; [10] item *Ecclesiastici* capitulo xxviii° dicentis: *Ori tuo facito hostia et frenos ori tuo rectos*, [11] et Salomonis, *Proverbiorum* xiii° capitulo, dicentis: *Qui custodit os suum custodit animam suam; qui autem inconsideratus est ad loquendum sentiet mala*, [12] cum *Mors et vita sit in manu lingue*, ut subdit ibi in capitulo sequenti, [13] dicendo auctor hic: qui hoc facere intendit, scilicet quod virtus eius ingenium ducat a gratia Dei, [14] et prosequendo auctor comparative quod legitur in iiii° *Regum* in capitulo ii°, videlicet quod dum Elya propheta habuisset a Deo ut iret iuxta Iordanum et ibi raptus esset et ductus ad Paradisum Terrestrem, paruit et ivit illuc cum Eliseo eius discipulo, ubi statim descenderunt duo equi de celo cum uno curru igneo, et dictum Elyam sumpserunt solum et elevaverunt tantummodo, relicto ibi dicto Elyseo solo qui, secutus cum occulis dictum currum flamigerum quantum potuit, cepit inde dolens redire versus Bethlem, quem ita redeuntem quidam pueri obviantes ei deludebant eum clamantes: *Ascende, calve, ascende*, de quo, turbatus Elyseus, tunc maledixit eos et statim duo ursi de quodam saltu exierunt qui, aggressi dictos pueros, de eis quadraginta occiderunt, et sic vindicatus fuit cum ursis, ut dicitur hic in textu. [15] In quibus flammis ita includentibus et urentibus has animas, allegorice auctor vult tangere de periculoso effectu illorum qui in hoc

---

8. recto] B L ST retro V.

9. consultant] B L ST consula(n)t V.

11. xiii°] ST xxviiii° L B V.

---

8. BOET., *Cons. Phil.* II pr. i 1.
9. SALL., *Con.* LI 1–2.
10. *Eccli.* XXVIII 28–29.
11. *Prov.* XIII 3.
12. *Prov.* XVIII 21.
14. *II Reg.* II 6–25.

mundo, incendendo sua facundia et calido ingenio animos aliorum ad sequendum quod prave suadent et consuluunt, suas animas incendant in alio seculo, ut pena fit in eis conformis delicto. [16] Ad quem sensum allegoricum credo respexisse Iacobum in eius *Epistula* dum inquit in capitulo iii°: *Lingua modicum membrum est, et magna exaltat; ecce quantus ignis quam magnam silvam incendat, et lingua ignis est inflammans rotam nativitatis nostre,* [17] et Salamonem, *Proverbiorum* xvi° capitulo dicentem: *Vir impius fodit malum, et in labiis eius ignis ardescit,* [18] et Senecam scribentem ita *Ad Lucilium: Lingua nostra fornacem quandam esse cottidianam,* [19] fingendo inde auctor inter tales animas se reperisse umbram Ulixis, regis olim Neratie et Diomedis, regis Celidonie de Grecia, simul in una flamma bicorni cruciari, ut dicitur hic, simili illi que surrexit de pira et rogo Etheocles et Polinicis fratrum et regum Thebarum, olim se ad invicem occisorum in singulari bello propter discordiam regni sui, que flamma desuper scissa in duas partes emicuit eorum duorum corpora comburendo, [20] unde Lucanus de hoc ait: *Scinditur in partes geminoque cacumine surgit / Thebanos imitata rogos,* [21] et Statius in xii°: *Pellitur, exundant diverso vertice flamme,* quibus Ulixes, quomodo fuit polluto in hoc premisso crimine, [22] Ovidius in xiii°, in persona ipsius Ulixis loquentis Grecis contra Aiacem, inter alia inquit: *Neve michi noceat quod vobis semper, Achivi, / profuit ingenium meaque hec facundia, si qua est, / que nunc pro domino, pro vobis sepe locuta est,* [23] et alibi: *Non formosus erat sed erat facundus Ulixis,* [24] recitando hic auctor, in persona Virgilii, tria inter alia que predicti Ulixis et Diomedes sub dicta sua astutia et ingenio fallaci egerunt: [25] primum fuit insidiatio equi lignei, in quo multi Greci reposti et abscosi fuerunt eorum astutia, qui postea, suasione Simonis, simulatu recessu exercitus Grecorum a civitate Troiana per ipsos Troianos, ruptis muris, introductus est Troiam, ex quo in nocte capta est per ipsos Grecos, ex quo profugus Eneas exivit

17. xvi°] ST [x]xxiiii° V xxxiiii° L B.

---

16. Cf. *Ep. Iac.* III 5–6.
17. *Prov.* XVI 27.
18. Cf. AUG., *Conf.* X xxxvii 60.
20. LUCAN., *Phars.* I 551–52.
21. STAT., *Theb.* XII 431.
22. OV., *Met.* XIII 136–38.
23. OV., *Ars Am.* II 123.

Comentum Petri Alagherii

Troiam et venit in Ytaliam, et facta est per eius descendentes Romam; [26] et hoc est quod tangit hic auctor de nobili semine Romanorum, et hoc secundum quod scribit Virgilius in secundo, ficte vel vere, ubi hanc ystoriam scribit latius. [27] Secundum fuit astutia qua usi fuerunt predicti Ulixes et Diomedes in inveniendo Achillem transmissum secrete in habitu cuiusdam puelle per Chironem a Theti eius matre ad ynsulam Schiri ad regem Licomedem ibi regnantem et habentem solum septem puellas feminas filias et nullum masculum, ne duceretur in exercitu circa Troyam, nam habuerat pro vaticinia ipsum ibi mori debere, [28] qui Achilles secrete tandem iacuit cum filia maiori dicti regis et de eo gravida facta est, que Deidamia vocabatur, qui ad hunc locum iverunt predicti Ulixes et Diomedes cum exeniis spectantibus ad feminas et ad mares, quibus proiectis ante dictas puellas cognitus est dictus Achilles a preelectione virilium rerum, — [29] unde Ovidius, in persona dicti Ulixis, de hoc in tertiodecimo sic ait: *Prescia venturi genitrix Nereia leti / dissimulat cultu natum, et deceperat omnes, / in quibus Aiacem, sumpte fallacia vestis: / arma ego femineis animum motura virilem / mercibus inserui, neque adhuc proiecerat heros / virgineos habitus, cum parmam astamque tenenti / 'nate dea', dixi, 'tibi se peritura reservant / Pergama! quid dubitas ingentem evertere Troiam?' / iniecique manum fortemque ad fortia misi.* — [30] et ductus est dictus Achilles ad dictum exercitum, prius tamen desponsata dicta Deidamia, et quia dictus Achilles ibi in dicto exercitu mortuus est, dicit auctor hic etiam quod dicta Deidamia, licet mortua sit, adhuc de eo dolet, [31] hanc etiam ystoriam Statius scribit in primo Achilleidos. [32] Tertium fuit ablatio Palladii astutia predictorum Ulixis et Diomedis, quod erat quedam statua Palladis posita in quodam templo iuxta Troyam, qua, ibi manente, nunquam Troya capi poterat, secundum responsa suorum deorum, [33] de quo Virgilius in secundo sic ait: *Omnis spes Danaum et cepti fiducia belli / Palladis auxiliis semper stetit. Impius ex quo / Titides et enim scelerumque invector Ulixes, / fatale adgressi sacrato avellere templo / Palladium cesis summe custodibus arcis / corripuere* etc. [34] Post hec

31. primo] ST tertio V.

---

26. Cf. VERG., *Aen.* II.
29. OV., *Met.* XIII 162–70.
31. Cf. STAT., *Achill.* I 593–618.
33. VERG., *Aen.* II 162–67.

Super XXVI° capitulo Inferni

auctor inducit hanc umbram Ulixis ad dicendum quomodo post dictum excidium Troye navigavit totum mare Mediterraneum, ita dictum quia protrahitur ab Occeano mari occidentali usque ad medium terre habitabilis versus Orientem et quia medium est etiam inter Africam et Europam, et ambo eius lictora vidit usque in Yspaniam, scilicet litus Europe, et usque in Marroccum litus Africe et omnes eius insulas, [35] inter quas dicit quod venit ad illam insulam que hodie dicitur Schia, que vicina est civitati Gaete, ita per Eneam titulate, ut dicitur hic in textu, eo quod ibi Caeta, eius nutrix, sepulta fuit, [36] de qua Virgilius in vii°: *Tu quoque litoribus nostris Eneia nutrix, / ecternam moriens famam Caieta dedisti*, [37] In qua ynsula dicit se fore retentum per annum et ultra per Circem que ibi morabatur, eo quod omnes comites ipsius Ulixis dicta Circes convertit in bestias ibi ut haberet copiam ipsius Ulixis luxuriando suis magicis verbis, [38] de quo Virgilius in sua *Bucolica* sic ait: *Carminibus Circe socios mutavit Ulixis*, [39] et Ovidius: *Sole sate Circes variarum plena ferarum*, [40] item etiam Augustinus de hoc tangens in suo libro *De Civitate Dei*, sic ait: *Fertur in libris Gentilium quod quedam maga Circes socios Ulixis mutavit in bestias*, ad quod confirmandum subdit quod olim Archades sacrificium faciebant Lyeo Deo eorum tale quod omnes homines sumentes de eo bestie efficiebantur, *sed hec omnia prestigiis magicis potius fingebantur, quam rerum veritate complerentur*, [41] tandem dicta Circe, effecta gravida de ipso Ulixe, restituit sibi eius dictos socios in pristinum statum, cum quibus, iam senescentibus, dicit dicta umbra quod devenerunt ad strictam faucem unde dictum mare exit de dicto Occeano, que aliter dicitur strictum Saphire seu Sibilie, [42] ubi Hercules, ut dicit hic textus, fixit duas columpnas pro meta habitabilis mundi, in se licteras sculptas habentes monentes ne ulterius navigetur — [43] de quo Phylosophus in ii° *Meteororum* ait: *Si quod autem inter columpnas Herculeas totum secundum concavitatem terram, mare fluit in fluviorum magnitudinem*, [44] necnon Plato in suo *Timeo* ad hoc ait: *Tunc fretum*

---

35.   Gaete] C crete V.

---

36.   Verg., *Aen.* VII 1–2.
38.   Verg., *Ecl.* VIII 70.
39.   Ov., *Met.* XIV 10.
40.   Cf. Aug., *Civ. Dei* XVIII xvii 1.
44.   Chalcidius, *Platonis Timaeus*, ed. J. H. Waszuik (London, 1962), p. 17 lines 2–4.

Comentum Petri Alagherii

illud opinor comune ab ille habens in ore ac vestibulo sui sinus ynsulam, quod os a vobis Herculeis censentur columpne — [45] qui locus dicitur 'strictura' eo quod solum est largus pro cinque miliaria, et est infra dictas civitates Sibilie in fine Africe et Septam in fine Europe, de qua etiam Ysidorus in xiiii° *Ethimologiarum* sic ait: *Gades ynsula est in fine Yspanie in qua Europa terminatur et insule Baleares et ubi Africa ab Yspania separatur per brachium maris quod est xx miliaria, et est dicta ynsula a terra separata per cxx passus, in qua Hercules fixit columpnas* etc., [46] ad quod strictum deveniens, dicit dicta umbra Ulixis quod, non attenta dulcedine Thelamaci sui filii nec pietate Laertis sui patris, nec amore Penelope eius uxoris, cupidus experiri aliam partem mundi, ita ibi cepit disserere et orare ad dictos eius socios dicens: "O fratres, qui per centum milia pericula devenistis nunc mecum ad Occidentem et ultimam partem mundi", hec dixit ut dissuaderet eis reversionem, scilicet ut iterum non paterentur idem reddeundo et suaderet ultra procedere, et sequitur: "in ista tam modica vigilia nostrorum sensuum", idest 'in ista tam modica vita senili', quasi dicat 'si morimur parum de vita perdimus', et sic est ista secunda suasio dicendo: "nolite negare habere mecum experientiam de remanente", idest 'de residuo alio mundo inferiori post solem sine gente', — [47] in quo hoc verbo videtur auctor sentire quod non sint antipodes, ut sentit Augustinus, *De Civitate Dei*, dicens: *Nimis absurdum est, ut dicatur aliquos homines ex hac in illam partem, Occeani immensitate transiecta, navigare ac pervenire potuisse, ut etiam illic ex illo uno homine primum genus statueretur humanum*; dicit tamen quod *si ibi essent homines, ex Adam essent*; [48] hoc idem etiam videtur sentire Virgilius in sua *Georgica*, dicens de polo nostro artico: *Hic vertex nobis semper sublimis, at illum*, scilicet antarticum, *Sub pedibus Stix atra videt Manesque profundi*, quasi dicat 'non ergo homines', [49] tamen scribitur per Servium quod Tiberinianus, olim consul Romanus, asseruit epistulam sibi vento allatam ab antipodibus, cum hac suprascriptione: *'Superi Inferis salutem'*, — [50] et sequitur in dicta oratione quomodo id debent velle dicti sui socii facere, considerata eorum conditione quod non bruti etc., [51] quibus suis sociis sic sibi annuentibus, dicit Ulixes quomodo ulterius navigavit per quinque lunas reaccensas,

---

45. Cf. Isid., *Etym.* XIV vi 7.
47. Aug., *Civ. Dei* XVI ix 1, viii 2.
48. Verg., *Georg.* I 242–43.

Super XXVI° capitulo Inferni

idest per quinque menses, et quomodo videbat iam antarticum polum in totum, et nostrum articum vix, ut dicit textus, et quomodo tandem aparuit eis mons quidam altissimum a longe, scilicet mons subaudi Purgatorii, ille de quo auctor iste tractat infra in secundo libro, et quomodo inde turbo ventus quidam expiravit qui percussit lignum eorum primo in canto, idest in costa, ita quod fecit illud girari ter, quarto fecit eius puppim elevari et prodam submergi, et sic taliter mortuus est ipse Ulixes. [52] Quam descriptionem mortis eius auctor sumpsit a verbis forsan illis Oratii, dicentis in sua *Poetria* de ipso Ulixe: *Dic, michi, Musa, virum capte post tempora Troye / Qui mores hominum multorum vidit et urbes,* [53] item et a verbis Claudiani sic scribentis etiam de morte dicti Ulixis: *Est locus extremum pandit qua Gallia litus / Occeani pretentus aquis, quo fertur Ulixes / sanguine libato populum movisse silentum,* [54] ubi ait sic *Glosa: Describit hic Claudianus locum per quem prodiit Megera ab Inferis ad litus Occeani versus Yspaniam ubi Ulixes, sacrificato Elpenore, ad Inferos descendit,* [55] quamvis communiter teneatur quod scribit Dares et Dites, scilicet quod Telagon, filius dicti Ulixis natus ex dicta Circe, illum occidit sagiptando inscienter, et hoc casu dicemus hic auctor licentia poetica hoc finxisse, iuxta illud Oratii dicentis in sua *Poetria: Pictoribus atque poetis / quidlibet audendi semper fuit equa potestas.*

---

52. capte] ST L B capite V.

---

52. HOR., *Ars Poet.* 141–42.
53. CLAUD., *In Rufinum* I 123–25.
55. HOR., *Ars* 9–10.

SUPER XXVII° CAPITULO INFERNI

[1] **Già era dritta in sù la fiamma e quieta**. [2] In hoc xxvii° capitulo auctor, se continuando adhuc ad proxime precedentia, fingit sibi apparuisse in dicta viii[a] bulgia post predictos Ulixem et Diomedem in quadam alia flamma umbram comitis Guidonis de Montefeltro, [3] ad quam comparative reducit ad simile quod tangit Ovidius, *De Ibin* dicens: *Artificis periit cum caput arte sua*, scilicet quomodo tempore Fallaridis, crudelissimi siculi tyrampni, quidam, Perilaus nomine, fabricavit quendam bovem eneum per modum quod, homine in eo misso et clauso et clamante, dictus talis bos mutabat vocem et cridatum humanum in mugitum bovinum, et ipsum presentavit dicto Fallaridi ut faceret poni in eo ad ignem illos quos mori facere volebat sine pietate aliqua habenda humana, qui primo hoc dictum magistrum fecit experiri. [4] Inde auctor recitat dicte umbre statum septem civitatum Romandiole, qui tunc temporis erat: primo videlicet quomodo illi de Polenta, quorum signum armature est quedam aquila duplici diverso colore partita, tenebant tunc, et hodie tenent, civitatem Ravenne et Cervie, tangendo hic in textu de illis pennis alarum extremis que vocantur 'vanni'; [5] item quomodo illi de Ordelaffis tunc tenebant civitatem Forlivii, quorum armatura est medius leo viridis solum cum duabus brachiis anterioribus, que civitas tempore pape Martini quarti diu obsessa fuit per dominum Iohannem de Apia, olim comitem Romandiole pro Ecclesia, tandem ibi dictus comes cum multis aliis Francigenis victus est et positus in

1. fiamma] fiama V.
3. comparative] comparative⟨m⟩ V.

---

1. *Inf.* XXVIII 1.
3. Ov., *Ibis* 6.

Super XXVII° capitulo Inferni

conflictu per cives dicte terre Forlivi, sagacitate dicti comitis Guidonis, et hoc tangitur hic in textu dum dicitur de cruentoso muchio, idest cumulo ibi tunc facto de talibus cadaveribus; [6] item quomodo illi de Malatestis, scilicet dominus Malatesta Vetus et Malatestinus eius filius, antiquitus originarii Castri Veruchii districtus Ariminii, et qui occidi fecerunt in eorum carcere quendam nobilem Ariminensem, qui vocabatur Montagna de Parcita, tunc tenebant Ariminum, ubi tyrannice subditos ut mastini mordebant, quod tangit hic textus dum dicit quod faciebant de suis dentibus suchium ibi, idest terrebram seu terrebrum; [7] item quomodo comes Maghinardus de Paganis ex comitibus de Susinana, cuius armatura erat quidam leo azurrus in nido, idest in campo aureo, tunc tenebat civitatem Faventie, iuxta quam labitur Lamonus fluvius, et Ymole, iuxta quam labitur Santernus fluvius alius, et quia dictus Maghinardus in Tuscia ut Guelfus se habebat, et in Romandiola ut Ghibellinus, ideo auctor dicit hic quod mutabat partem ab estate ad iemem; [8] item quomodo civitas Cesene, iuxta quam labitur Savius fluvius, inter tirampnidem et statum Francum tunc erat. [9] Inde inducit auctor dictam umbram dicere quomodo fuit homo bellicosus et cautus in rebus bellicis et guerrigeris, sed tandem senescens frater minor effectus est, in quo habitu requisitus a papa Bonifatio viii° habente tunc discordiam cum illis de Columpna, ut fuit sanctus Silvester requisitus a Constantino de monte Siratti ad mundationem eius lepre, ut doceret eum illos predictos de Columpna vincere et civitatem Penestrini quam tunc tenebant destruere, consuluit ei ut dicitur hic in textu, [10] ex quo dicit dicta umbra ita se ibi dampnatam, non iuvante eam dicta absolutione dicti Pape perperam facta propter contraditionem, ut dicitur in textu hic, [11] nam *Contraria simul non possunt esse*, ut ait Phylosophus in sua *Methaura, cum non possit homo simul tristari et gaudere*; [12] nam sicut *Lex contradictoria est cum propositionum altera vera altera falsa est*, ut dicitur in *Tractatibus Loyce* ita, et penitere eius quod quis iam facere vult, [13] unde Ysido-

---

7.   nido] {mun > ni}do V.

---

5.   *Inf.* XXVII 44.
6.   *Inf.* XXVII 46.
12. Thom., Cf. *In Arist. De Interpr.* 15b.
13. Isid., *Sent.* II xvi 1.

rus in suo libro *De Summo Bono* in hoc ait: *Irrisor est non penitens qui adhuc agit actu vel voluntate quod penitet,* [14] et propter id quod ait Gregorius, in hoc dicens: *Illi soli habent in hac carne potestatem ligandi et absolvendi sicut Apostoli qui eorum doctrinam et exempla sequuntur et clave non errante,* ut dicitur in *Decretis.*

---

14. Cf. GREG., *Hom. in Evang.* II xxvi 5–6.

SUPER XXVIII° CAPITULO INFERNI

[1] **Chi porria mai più cum parole sciolte**, idest 'cum versis prosaicis'. [2] Nam dicitur 'prosa', secundum Ysidorum, *Producta oratio et a lege metri soluta*, vel 'prosa' dicitur eo quod sit profusa. [3] Et procedendo in hoc vigesimo octavo capitulo cum sequenti usque ibi: **Così parlammo infin al loco primo**, auctor tractat de nona bulgia infernali in qua fingit puniri in huiusmodi vulnerationibus et ferutis factis ab isto demone — qui in *Sacra Scriptura* dicitur Amalechita — animas illorum qui in hoc mundo seminatores fuerunt scandali et scismatis, ut dicitur inferius hic in textu, [4] et merito quidem, actento intellectu et sensu allegorico quem auctor hic includit, videlicet quod, sicut homines in hoc mundo scismatici quodam motu diabolico — pro quo predictus demon hic ponitur — animos illorum circa ea que unionem habent et habere debent et unitatem scindunt, ita eorum animas in alio secolo in hac tali pena debemus censere et puniri per consequens sic scissas, et plus et minus secundum mensuram maioris et minoris sui talis delicti, ut fingit auctor hic, [5] quomodo respectu forte dictum est *Ysaye* xxv°: *Secundum mensuram delicti erit plagarum modus*; [6] nam 'scisma' grece, latine dicitur 'scissura', ac etiam taliter diffinitur per *Canonistas*: *Scisma est illicita discessio eorum inter quos unitas esse debet, vel dic scisma est illicitus ab unitate discessus, et sic erit scissura que fit ab universitate et unitate*, [7] et quia hoc delictum scismatis commictitur interdum circa ea que sunt spiritualia, ut puta circa ea que fiunt ad catholicam nostram fidem, quo casu 'scisma' esse

---

    3.   parlammo] parlamo V.

    4.   scindunt] C *om.* V. mensuram] censura(m) V.

---

1.   *Inf.* XXVIII 1.
2.   Isid., *Etym.* I xxxviii 1.
3.   *Inf.* XXIX 37.
5.   *Deut.* XXV 2.

Comentum Petri Alagherii

dicitur 'species heresis', interdum circa corporalia et mundana, et interdum circa personas offendendas cum vitiis et verbis pravis discomictendo, quo casu non dicitur proprie 'scisma', sed 'scandalum' potius, quod dicitur secundum Ysidorum *A 'scandalon' grece, quod latine 'offensionem' sonat*. [8] Ideo auctor hic de tribus speciebus animarum tangit diversimode sic cruciatarum: nam circa primam speciem scismatis, scilicet quando est circa ea que sunt fidei, ut dicat et tangat latenter, fingit auctor modo primo se hic invenire umbram perfidi Macomecti, scismatici magni contra nostram veram fidem, [9] de quo ystorice Magister Ystoriarum ita scribit, videlicet quod iste Macomectus instructus fuit a quodam clerico nobili romano qui, cum tempore Bonifatii pape quarti quedam petita et impetrata optinere non valuisset, a fide apostatavit, et ita informavit hunc Macomectum cum quadam columba alba que recipiebat grana de aure ipsius Macomecti, et sic adeo fuit erudita quod quando volebat ipse Macomectus illam ponebat in pubblico os sive rostrum suum ad aurem eius, et sic dicebat quod Spiritus Sanctus alloquebatur et instruebat eum qui, sic pseudopropheta, postea legem dedit Saracenis. [10] Martinus vero, in sua *Chronica* scribens de Eraclio imperatore, qui cepit imperare anno domini vi°xiiii° anno, aliter de hoc ait, videlicet sic dicens: *Anno autem Eracli imperii xii° Macomectus propheta Saracenorum surrexit*, et subdit: *Fuit autem iste Macomectus Magus, et quia epilencticus erat, ne perciperetur, dicebat se tunc loqui cum angelo quotienscumque caderet, et de principatu latronum pervenit ad regnum, a quodam monaco nomine Sergio apostata ad decipiendum populum informatus*. [11] Item fingit se ibi invenire umbram Aly, comitis dicti Macomecti, ita minus scissam quia minus fuit eius scisma quam scissura dicti Macomecti. [12] Tangendo de fratre Dulcino scismatico et patareno hic etiam auctor, quem olim multi viri et mulieres secuti sunt in suis erroribus contra fidem, cuius habitatio erat in certis montibus districtus Novarie qui nunquam capi potuit per inquisitores et alios propter asperitatem dicti loci, nisi quodam anno in quo ita nives ibi invaluerunt, quod oportuit eum se cum sotiis fame reddere et combustus est. [13] Quorum predictorum valde periculose spirat contra navigantes, ut hic

---

9. que] quod V.
10. propheta] ST C *om.* V. Magus] C magn(us) V.

---

9. Petr. Comest., *Hist. Imp.* II xl.
13. Cf. *Num.* XVI.

Super XXVIII° capitulo Inferni

dicit textus. [18] Item umbram scisma et aliorum talium circa fidem quantum sit magnum scelus, etiam in Veteri Testamento monstratur in illo Chore et Dathan et Abiron, de quibus legitur *Numerii* xvi° capitulo, quos terra vivos absorbuit, eo quod scismatice contra formam datam per Aron et Moysen circa sacrificia egerunt. [14] Item, ut tangat de secunda alia specie supradicta scismatis qua scinduntur unitates gentium regnorum et personarum, fingit se ibi auctor reperire umbram domini Beltrami de Bornio de Guasconia qui suo scismate ita irritavit regem Iohannem Anglicum contra patrem eius quod ad invicem bellati sunt, et demum mortuus est ipse rex Iohannes, ut fuit Absalon cum David, patre suo bellando, inductus ad hoc, ut dicit auctor hic, per Achitophalem, consiliarem dicti Absalonis, ut scribitur in secundo *Regum* capitulo xv°. [15] Que species scismatis quomodo Deo displiceat etiam apparet in persona Ieroboam qui, dum ivisset ad corrigendum Iudam et Beniamin, scindentes decem tribus Israel, faciendo sibi regem exterum, et comedendo cum eis contra preceptum sibi factum, morsu leonis mortuus est, ut scribitur in *Regum* capitulo xii°. [16] Item ut tangat de illa specie predicta scismatis que scandalum dicitur, fingit se ibi etiam auctor reperire umbram Petri de Medicina, villa comitatus Bononiensis, convitiatoris magni et maledici, quem etiam inducit ad dicendum sibi ipse auctor quod si reddeat ad videndum planum Lombardie, confinatum per longitudinem a civitate Vercellarum et a Mercabo loco in fauce Padi, quod moneat dominum Guidonem et Angelellum, cives de Fano, de eo quod contingit eis iam, licet videbatur dicere hoc fuisse postea: [17] nam, cum Malatestinus de Malatestis olim dominus civitatis Arimini monoculus aspiraret ad dominium dicte terre Fani sub pretextu contrahendi parentelam cum predictis, convocavit eos secum ad parlamentum apud Catolicam terram quandam inter Fanum et Ariminum, quo colloquio facto, in reditu fecit eos macerari, idest submergi, dictus Malatestinus in mari, tangendo de Neptuno deo maris et de vento vallis Fogare, que est iuxta montem Catigliani inter dictam terram Fani et dictam terram Arimini, qui inde Curionis, olim tribuni romani depulsi per Pompeium de

---

14. qua] q(uia) V. consiliarem] C c(on)sciliariu(m) V. xv°] ST B L xvi° C xxx° V.

---

14. Cf. *II Reg.* XV.
15. Cf. *I Reg.* XII.

Comentum Petri Alagherii

Roma tanquam amici Cesaris, qui in civitate predicta Arimini, dum ibi Cesar applicuisset eundo contra dictum Pompeium, arrengando dixit hec verba, recitata hic in textu per auctorem, scilicet: *Dum trepidant nullo firmate robore partes, / tolle moras: semper nocuit differre paratis*, que verba Lucanus in primo scribit. [19] Item umbram domini Musce de Lambertis de Florentia, qui olim in quodam consilio segreto facto inter Ghibellinos de Florentia de vulnerando dominum Bondelmontem de Bondelmontibus de Florentia, ob illud quod scribam infra in *Paradiso* capitulo xvi°, consuluit quod penitus occideretur, et sic factum est allegando verba posita hic in textu, scilicet quod res facta caput habet, unde contingit ei id quod dicit hic auctor sibi, nam ipse et illi de domo sua cum aliis Ghibellinis expulsi sunt de Florentia ob talem mortem. [20] Istis dictis interpositis, reddeamus ad principium huius capituli ad recitandum que prohemialiter premictit ibi auctor, alludendo primitus verbis illis Virgilii dicentis in vi° circa penam istam eandem scismaticorum, ut credo: *Non, michi si lingue centum sint oraque centum, / ferrea vox, omnes scelerum comprehendere formas*; et [21] *Deiphebum vidit lacerum crudeliter ora, / ora manusque ambas, populataque tempora raptis / auribus et truncas inhonesto vulnere naris*, scilicet quomodo respective ad plagas quas vidit ibi nunc nichil essent videri, vulnera facta olim in provincia Apulie et in Campania in bellis primo Enee et aliorum suorum Troianorum cum Turno rege et Laurentis prenunciatis dicto Enee per Sybillam iam, [22] in cuius persona Virgilius in vi° in hoc sic ait: *O tandem magnis pelagi defuncte periclis, / sed terra graviora manent, in regna Lavini / Dardanide venient, micte hanc de pectore curam, / sed non et venisse volent; bella, orrida bella, / et Tibrim multo spumante sanguine cerno*. [23] Item in longa guerra Annibalis contra Romanos, longa dicit quia per xvii annos durabit, tandem ipsos Romanos posuit in conflictu apud ter-

---

19. scribam] scripsi V C.

21. naris] ST nates V.

---

18. Lucan., *Phars.* I 280–81.
20. Verg., *Aen.* VI 625–26.
21. Verg., *Aen.* VI 495–97.
22. Verg., *Aen.* VI 83–87.
23. Cf. Tit. Liv., *Ab Urbe cond.* XXII–XXIII and Oros., *Hist. Pag.* IV xvi.

Super XXVIII° capitulo Inferni

ram Cannarum in Campanea dictus Annibal, et in tam magna strage quod xliiii^{or} milia corpora Romanorum ibi mortua remanserunt, de quorum manibus tot annuli sunt erepti qui ascenderunt ad summam unius modii, ut scribit Titus Livius qui non errat, dicit hic auctor ut ostendat Orosium errasse, qui dixit fuisse quattuor modies. [24] Item in guerra Roberti Guiscardi qui, potens valde, veniens de Gallia in Ytaliam, non valens Romam optinere, invasit Apuliam et eam per vim optinuit cum insula Sicilie. [25] Item in bello et conflictu dato per Karolum regem Apulie olim regi Manfredo apud terram Ceperani, ubi Apulienses fuerunt mendaces, dicit hic auctor: nam, cum, parato bello, iurassent et promisissent dicto Manfredo fideliter esse secum ibi proditores sibi fuerunt. [26] Item in alio bello et conflictu dato per dictum Karolum Corradino, nepoti imperatoris Federici secundi et dicti Manfredi apud terram Taglacozzi, sagacitate domini Alardi de Ustiariis, ut dicit hic auctor, senis et inhermis: nam primo, rupta gente dicti Karoli, vagante gente dicti Corradini per campum, fecit dictum Karolum iterum aggredi dictam gentem Corradini et eam vicit, quem dominum Alardum secum duxit dictus Karolus, secutus doctrinam Troghi dicentis Alexandrum ad periculosa bella euntem semper secum duxisse veteranos propter eorum consilia et experientiam, [27] nam, ut dicit Salamon: *Cum dispositione initur bellum et erit salus ubi multa consilia.*

---

27. initur] ST initit(ur) V.

---

27. *Prov.* XXIV 6.

SUPER XXVIIII° CAPITULO INFERNI

[1] **La molta gente e le diverse piaghe**. [2] In hoc vigesimonono capitulo auctor, dicto de umbra istius Geri del Bello de domo ipsius auctoris, scilicet de Alegheriis, qui Gerius olim mortuus fuit per illos de Sacchettis de Florentia, de cuius morte hoc tempore quo loquitur auctor nundum vindicta facta fuerat, licet inde per non multos annos facta fuerit, et de castro Altefortis olim supradicti domini Beltrami de Bornio, ut dicit textus, [3] procedit ad dicendum de decima et ultima bulgia infernali, quam dicit circuire per xxii miliaria et in qua fingit puniri animas illorum qui in hoc mundo falsarii fuerunt in diversis infirmitatibus ita ut dicit textus, tangendo comparative de epidimiosa et malesana contrata Vallis Clane, aquas per Tusciam pigrissime manantis, et de Maritima et Sardinea ut habetur in textu, [4] item et de epidimia olim insule Enopie, que postea vocata est Egina a matre Eaci sui regis, que adeo magna fuit ut ibi omnia animalia, usque ad formicas, mortua sunt, ut scribit Ovidius in vii°, qui Eacus, eius rex, qui solus evasit postea per intervalla temporis, prece facta Iovi iuxta quandam quercum plenam formicis, dicendo: *"Totidem pater optime", dixi, / "Tu michi da cives et inania menia supple"*, ut ait ibi Ovidius, et ita obtinuit, et restituta est dicta insula de formicis factis hominibus. [5] Dicunt quidam quod re vera de quibusdam hominibus restituta fuit qui Mirmidones vocabantur, et qui nigri et parvi erant, ideo ex hoc sub representatione formicarum ponuntur poetice, [6] fingendo se ibi auctor inde reperire umbram magistri Griffolini de Aritio, magni magi et magni alchimiste combusti Senis,

1. piaghe] plaghe V.
2. Bornio] bromo V.
3. aquas] aq(ue) V.

---

1. *Inf.* XXIX 1.
4. Ov., *Met.* VII 627–28.

Super xxviiii° capitulo Inferni

inductu Episcopi dicte terre, qui istum Alberum nominatum hic in textu tenebat pro suo filio eo quod, accepta non modica pecunia a dicto Albero promictendo sibi ostendere artem qua sciret volare ut volavit ille Dedalus, de quo scripsi supra in capitulo xvii°, nec hec fecit, ut dicit textus hic. [7] Item umbram Capocchi de Senis, alterius magni alchimiste, dicentis de Stricca, homine de Curia, ordinatore olim expendendarum brigatis spendarecce. [8] Item de domino Nicolao de Bonsignoribus, qui faciebat assari capones ad prunas garofanorum. [9] Item de Caccia de Asciano, qui omnia sua bona consumpsit in dicta brigata spendareccia, et de Abbaglato, omnibus de Senis ut patet per se hic in textu. [10] Post hec, circa ea que in hoc capitulo et in sequenti finguntur per auctorem, notandum est quod, tam spiritualiter quam moraliter, quilibet vitiosus in hoc mundo potest dici 'infirmus' infirmitate mentis et animi, subaudi largo modo loquendo, sed precipue 'vitiosus' in hoc crimine falsitatis, [11] unde in quodam *Decreto* dicitur: *Sicut infirmitas corporis contingit turbata concordia elementorum sive humorum, ita infirmitas anime est quod vitium appellatur, quo anima a Deo separatur*, [12] nam *Passiones animi morbi sunt*, ut ait Tullius, *De Tusculanis Questionibus*, [13] et, ut ad speciem hanc talem transcendamus, nonne homo alchimista in hoc mundo fervore cupiditatis laborans die noctuque cum suis vasculis et manibus, potest dici laborare morbo scabie et lepre? [14] Nam, sicut scabiosus tota die scalpit sibi cutim, et nichil reportat nisi furfur in unguibus, ita et alchimista nichil de suo labore ultimo reportat, nisi fumum, [15] unde in quodam *Decreto* ad simile sic dicitur: *In scabie fervor viscerum ad cutem trahitur et foris corpus sauciat; sic, si cordis temptatio usque ad operationem prosiliit, fervor intimus usque ad cutis scabiem prorumpit, quia dum in cogitatione voluntas non reprimitur etiam in actione dominatur*, [16] per que vide cur auctor has animas dictorum istorum duorum alchimistarum fingit sub allegoria ita hic passionari in scabie; [17] item nonne falsator monete in hoc mundo potest dici laborare morbo ydropisie? Nam, sicut ydropicus aliter quam debet convertit suum humorem, ut

15. dum] L B d(icitu)r V.

17. ydropicus] ydropiens V.

---

11. *Decr. Grat.* II C. XV q. i c. 2.
15. *Decr. Grat.* I D. XLIX c. 1.

Comentum Petri Alagherii

fiat in eo aqua quod sanguis fieri debet, et sic tandem corpus suum necat sitiendo, ita et falsator monete corrumpendo eam, et aurum alia mistura improba vitiando et commiscendo quadam siti avaritie, animam suam in mortem submergit. [18] Quare vide allegorice cur auctor in capitulo sequenti ita fingat umbram huius magistri Adami ut ydropici sic hic cruciari, ad quem misticum sensum facit quod scribitur *Luce* capitulo xiiii° ibi: *Ecce homo quidam ydropicus,* sic avarus, idest 'avidus eris': ydropico similatur in inflatione superbie et in fetido anelitu et in non satiabili siti. [19] Item et quod ait Phylosophus in vii° *Ethicorum* dicens: *Assimilatur autem malitia egritudini velut ydropisi, incontinentia vero epilenticis.* [20] Item nonne etiam accusator falsus et fictus locutor etiam falsus et in hoc mundo potest dici laborare in morbo febris aque? [21] Dicitur sonticus morbus quia omnibus partibus corporis nocet; nam, sicut febricitans lingua adusta et denigrata in ossibus dolet, in carne et in sanguine buliens languescit ita huiusmodi falsam accusatores et falsa fingentes adusta lingua, et extuantes in toto suo animo ut extuabat Synon ille grecus, de quo in sequenti capitulo dicitur, ad falsificandum equum fictum Troianis, ut dicit plene Virgilius in secundo. [22] Quare vide cur auctor eius Synonis umbram cum umbra illius accusatricis Iosep, de qua dicam in capitulo sequenti, sub allegoria fingat in hac bulgia ita febricitando acutissime puniri. [23] Item nonne falso et contra veritatem transmutantes se in alterius formam et personam in hoc mundo, ut maxima delicta sic commictentes, possunt dici laborari in morbo furoris et insanie quodam? [24] Nam, sicut furioso homo furens amictit quodammodo suam formam humanam furendo, ut patet in Attamante et Ecuba, de qua statim dicam in sequenti capitulo, et accipit demoniacum, ita huiusmodi falsarii in forma se mutando; quare vide cur auctor fingit in hac bulgia ire in tanta furiositate umbras Mirre et domini Iohannis Schicchi mordendo alios ut follettos, idest ut demones, ut dicit textus in sequenti dicto capitulo, ubi de eis dicam et de sua falsitate.

20. et in hoc] ut i(n) h(oc) V.

---

18. *Luc.* XIV 2.
19. Arist., *Eth.* VII x 1150b 31–34.
21. Cf. Verg., *Aen.* II 13–557.

SUPER XXX° CAPITULO INFERNI

[1] **Nel tempo che Iunone era crucciata**. [2] Ad evidentiam horum que in principio huius xxx° capituli auctor continuando se ad proxime precedentia tangit notandum est quod Cadmus, filius regis Agenoris de Sidonia, instituta per eum de novo civitate Thebana, duxit in uxorem Ermionem filiam Veneris et Martis ex qua habuit quattuor filias, scilicet Agaven, Yno, Athonoe et Semelem: [3] prima nupsit Ysioni, secunda Athamanti, tertia Euristeo, quarta, scilicet Semele, nemini sed in concubinatu Iovis remansit, qua demum de dicta Iove gravida facta de Bacco, Iuno uxor dicti Iovis ita contra eam et totam eius gentem irata est, [4] ut ait hic auctor et Ovidius in tertio dicens: *Gaudet et a Tyria collectum pellice trasfert*, scilicet ipsa Iuno, *in generis socios odium: subit ecce priori / causa recens, gravidaque dolet de semine magni / esse Iovis Semelem* etc., [5] nam primo, transformans se Iuno predicta in vetulam nutricem suam nomine Boroeim, suasit dicte Semele ut faceret quod Iupiter predictus, dum ad ipsam accederet, se sibi ostenderet in formam divinam, quo breviter petito et vix obtento a dicto Iove, combusta est et infans de corpore suo exemptus est per dictam Yno et nutritus, contra quam Iuno ex hoc etiam irritata fecit dictum Athamantem eius virum ita insanum effici quod semel videndo ad se venire dictam eius uxorem cum duobus gemellis eius filiis, scilicet Learco et Melicerta, cepit hunc predictum Learcum et eum proiciendo in quodam

---

1. crucciata] cruciata V.

3. qua] C qua⟨r(um)⟩ V.

5. in vetulam] C et(iam) vetula(m) V. Boroeim] C berocini V.

---

1. *Inf.* XXX 1.
4. Ov., *Met.* III 258–61.

Comentum Petri Alagherii

saxo occidit et illa se necavit cum alio dolore mota ut dicit hic auctor; [6] item infuriavit inde ita dictam Agavem quod Pentheum eius filium ad mortem laniavit; [7] item fecit quod dicta Athonoes vidit Atheonem eius filium transformatum in cervum et ita postea ab eius canibus interemptum. [8] Secundo tangit de furiositate Ecube, uxoris Priami, habita dum in excidio Troye vidit dictum eius virum a Pyrro occidi et Polisenam etiam eius filiam et Polidorum eius filium in litore maris trucidatum per Polinestorem regem Tracie cui Priamus recommendaverat, ut plenius tangam infra in *Purgatorio* capitulo xx°, [9] et de qua Ovidius in xiii° sic ait: *Troya simul Priamusque cadunt, Priameia coniunx / perdidit infelix hominis post omnia formam / externasque novo latratu terruit auras.* [10] Modo dicit hic auctor quod nec dicti furores nec alii tam Troiani quam Thebani equandi fuerunt furoribus horum duorum spirituum, scilicet domini Iohannis Schicchi de Cavalcantibus de Florentia, qui, consultus a domino Symone de Donatis de dicta terra eius sotio quid facere deberet, conquirendo se de domino Bosio eius patruo tunc egroto et nichil sibi relinquente vel modicum in suo testamento, de presenti tunc facto dixit sibi: [11] "Eamus ad dictum dominum Bosium sub actu visitandi eum et occidamus suffocando ipsum et ponamus eum in terra sub lecto et ego induam me eius vestes et intrabo locum eius in lecto et faciam novum testamentum in quo revocabo hoc quod fecit et relinquam vobis omnia sua bona, sed de hoc ego volo lucrari et michi ipsa relinquere quandam equam pulcerrimam" dicti sui Bosii quam tunc habebat in rure, prestantem alio eius equitio et turme equarum, ut dicit hic textus, et ita factum fuit, [12] et, reposito secrete corpore dicti domini Bosii mortuo iam sic in suo loco, clamaverunt velut tunc expirasset predicti domini Iohannes et Symon, licentiatis et remotis tabellione et testibus et aliis de loco illo, [13] prius tangendo quomodo eodem modo falsificavit se ista Mirra, cuius umbram auctor etiam fingit hic ita ire mordendo furiose, de qua Ovidius in x° scribit, scilicet quomodo filocapta de Cinara rege Paphon eius patre, industria cuiusdam vetule nutricis eius in forma cuiusdam alterius virginis eam in lecto posuit cum dicto eius patre et habita re ad invicem gravida facta est, que fugitiva facta cognito negotio peperit infantem nomine Adonem pulcerrimum, et ipsa mortua est conversa in arborem

---

9. perdidit] ST L B prodidit V.

---

9. Ov., *Met.* XIII 404–6.
13. Cf. Ov., *Met.* X 298–502.

Super XXX° capitulo Inferni

sui nominis. [14] Et in suo libro *De Arte Amandi* ait: *Mirra patrem, sed non quo filia debet, amavit,* ut dicit hic etiam auctor. [15] Inde tangit auctor de illa falsa accusatrice Iosep filii Iacob de qua legitur *Genesis* xxxviiii° capitulo, scilicet quomodo dum dictus Iosep a quibusdam foret extractus de puteo illo in quem eius fratres illum posuerunt ut ibi fame periret et venditus Phytafar eunuco regis Pharaonis foret per illos; [16] dumque cum eo ivisset in Egyptum dictus Phytifar ipsum Ioseppum preposuit domui sue, unde uxor dict Phytifar exarsit in ipsum Ioseppum, et quia noluit sibi consentire, falso accusavit eum dicto suo viro de actentatione violenta carnali; [17] ex quo dictus Phytifar dictum Ioseppum in carcere posuit, de quo postea liberatus est propter interpretationem sompni Pharaonis. [18] Item etiam de umbra dicti Synonis greci tangit auctor hic, et quomodo falso recitavit Troianis de equo ligneo de quo hic dicitur et de quo vide quod scripsi supra in capitulo xxvi°. [19] Item tangit de dicto magistro Adamo qui, ut dicit, ad inductum comitum de Romena de Casentino, scilicet comitis Guidonis, comitis Alexandri et comitis Aghynolfi fratrum cudit falsos florenos, ex quo combustus fuit, quem auctor incidenter inducit ad iurgium et contentionem faciendam cum dicto Symone, [20] unde, vide moraliter, inducat per reprensionem Virgilii quomodo debemus sequi Salamonem dicentem, *Proverbiorum* xx° capitulo: *Honor est homini qui separat se a contentionibus,* tangendo de speculo Narcisi, idest de fonte de quo dicam in capitulo iii° infra in *Paradiso*. [21] Modo reddeamus ad videndum quid auctor voluit sentire dum in precedenti proximo capitulo induxit Virgilium ad dicendum sibi quomodo dicta penultima bulgia in suo circuitu erat longa xxii miliaria, et in hoc capitulo inducit hanc umbram magistri Adami ad dicendum quomodo hoc sequens ultima bulgia sit xi miliaria, et sic in dimidio minor in circuitu, item etiam quod hec ultima bulgia est larga per medium miliarie, [22] et dic quod hoc tetigit hic ut ostenderet ipse auctor quomodo commensurata hac parte Inferni dictarum decem bulgiarum in sua circumferentia gradatim minuendo ita per mili-

---

16. unde] C i(n)de V.
20. xx°] ST xxxviii° V L B.

---

14. Ov., *Ars Am.* I 285.
15–17. Cf. *Gen.* XXXIX.
20. *Prov.* XX 3.

aria appareret resultatione in quantum ambitus totius Inferni sit grandis, [23] habendo ymaginative respectum quod circumferentia totius globi terre circuat secundum Phylosophum xxiiii^m miliaria, licet secundum Alfagranum tantum per xx^m et iiii^c miliaria solum dictum diameter vero terre, qui est tertia pars circuli et septima alterius in totum mensuratur per vi^m et v^c miliaria secundum dictum eundem Alfagranum. [24] Item etiam quod dictus globus in se sit interius hinc versus eius centrum in parte aliqua sua concavus et quod in concavitate tali sit Infernus ut in ventre terre, ut dicitur in *Sacra Pagina*, fore prout scripsi supra in *Prohemio* huius mei comenti presentis; [25] sic igitur si dicta x^a et ultima bulgia sit ambiens in sua circulatione per xi miliaria tantum, ut habetur hic in textu, minorata in suo circulo per medietatem ambitus a penultima nona bulgia sibi precedenti, et sic gradatim de aliis suprorsum, restat quod prima bulgia circuat in suo ambitu per v^{m}vi^{c}xxxii miliaria, secunda per mmviii^{c}xvi, tertia per miiii^{c}viii, quarta per vii^{c}iiii, quinta per iii^{c}lii, sexta per clxxvi, septima per lxxxviii, octava per xliiii, nona per xxii, decima per xi, [26] et ita eadem commensuratione attenta conclusive restat quod inde a dicta x^a et ultima bulgia usque ad puteum qui sequitur circuat abissus per v miliaria cum dimidio et a dicto puteo usque ad centrum terre locus intermedius Cociti circuat per ii miliaria, cum dimidio in suo ambitu; diametraliter autem dictus globus perforatus ymaginative consideratus descendit per vi^{m}v^c miliaria in totum, ut supra dictum est, [27] unde si bene consideratur hinc ad dictum centrum medietas dicte quantitatis vi^{m}v^c miliariorum mensurabitur, et erit itaque quantum ad id quod tangit de medio miliari transversali, et ad id quod dimisit auctor dicere de mensuratione sex circulorum infernalium precedentium dictas decem bulgias; curioso mathematico relinquo computationem fiendam eorum.

---

23. Cf. ARIST., *Cael.* II xiv 298b and ALFRAG., *Lib. Aggreg. Stell.* XXII.
24. Cf. *Matt.* XII 40.

SUPER XXXI° CAPITULO INFERNI

[1] **Una medesma lingua pria mi morse**. [2] Dicto comparative de natura lancee Achillis et Pelei regis eius patris, que erat ut prius, sive primo, ictu sauciaret, secundo sanaret, — [3] Ovidio dicente in suo libro *De Remedio Amoris*: *Vulnus Achilleio quod quondam fecerat hosti, / vulneris auxilium Pelias hasta tulit,* — [4] auctor in isto xxxi° capitulo procedit ad dicendum et fingendum de loco Infernali attributo animabus gigantum et de earum etiam supplitio, ad quod antequam veniamus, quero utrum gigantes olim fuerint vere an ficte et quales, et dico quod non est dubium antiquitus in primordiali tempore fuisse dictos gigantes homines, dico mire magnitudinis et potentie personalis, testante non solum poetica scriptura sed etiam divina, [5] ut ecce *Genesis* capitulo vi° ubi dicitur ad licteram: *Gigantes autem erant in diebus illis super terra,* [6] item et *Baruch* prophete iii° capitulo dicitur: *Fuerunt gigantes nominati illi qui ab initio statura magna fuerunt scientes bellum; non hos elegit Dominus neque viam discipline invenerunt: propterea perierunt*; [7] item in *Proverbiorum* capitulo xxi° inquit Salamon: *Vir qui erraverit a via doctrine in cetu gigantum morabitur,* [8] item et Psalmista dicens: *Non salvatur rex per multam virtutem et gigas in multi-*

---

5.   erant] ST L B erat V.

7.   xxi°] ST xli° V L B.

---

1.   *Inf.* XXXI 1.
3.   Ov., *Rem. Am.* 47–48.
4.   Cf. *Gen.* VI 4.
6.   Cf. *Bar.* III 26–27.
7.   Cf. *Prov.* XXI 16.
8.   *Ps.* XXXII 16.

tudine virtutis sue; [9] item et Virgilius in vi°, dum fingit Eneam invenisse animas horum gigantum in infimo loco Inferni ut fingit etiam nunc auctor, hic ita ait de eis et de eorum magnitudine potentia et audacia dicens: *Hic genus antiquum terre Titania proles, / fulmine deiecti fundo volvuntur in ymo / hic et Aloides geminos immania vidi / corpora qui manibus magnum rescindere celum / adgressi superisque Iovem detrudere regnis. / Vidi et crudeles dantem Salomonea penas, / dum flammas Iovis et tonitrus imitatur Olimpi.* [10] Nam iste Salamon gigas in urbe Elidis ubi Iupiter colebatur fecit fieri quoddam manuale celum eneum unde faces admodum fulminis faciebat descendere et strepitus admodum tonitruum volendo se equari dicto Iovi, [11] unde subdit ibi Virgilius: *Ibat ovans divumque sibi poscebat honorem*, qui tandem fulminatus est a Iove et mortuus. [12] De quorum gigantorum magnitudinem volens tangere in persona Tition gigantis subdit etiam ibi Virgilius: *Nec non et Tition, terre omniparentis alumpnum, / cernere erat, per tota novem cui iugera corpus, / porrigitur* etc.; [13] item de eorum dicta audacia legitur interdum cum turribus dictos gigantes voluisse aggredi Deum, ut patet in isto Nembroth gigante de quo hic dicitur et de quo dicam plenius in capitulo xii° infra in Purgatorio ubi ystoriam eius recitabo; [14] item interdum cum montibus, unde Ovidius in primo ait: *Neve foret terris securior arduus Ether, / affectasse ferunt regnum celeste gigantes / altaque coniectos struxisse ad sidera montes*; [15] item bellis et preliis ut patet de pugna Flegre de qua scripsi supra in capitulo xiiii° et scribam infra in Purgatorio in dicto capitulo xii°, quod totum scripserunt dicti poete sub fictione includente dictos gigantes fuisse repugnatores nature, [16] unde ad hoc Tullius in suo libro *De Senectute* ait: *Quid aliud est gigan-*

---

9. fingit] ‹dic(it)› fingit V. ymo] ST L B riuo V. flammas] ST flam(m)a V.

10. manuale] manuale‹(m)› V.

11. ovans] ST ouat V. poscebat] ST pascebat V.

---

9. VERG., *Aen.* VI 580–86.
11. VERG., *Aen.* VI 589.
12. VERG., *Aen.* VI 595–97.
14. OV., *Met.* I 151–53.
16. CIC., *Senect.* II 5.

tum modo bellare cum diis nisi nature repugnare? [17] Dicuntur enim 'gigantes' a 'ge' quid est 'terra', [18] ideo finguntur per poetas fuisse filios terre, sed qua de causa hoc finxerunt dicit Varro hoc, ideo quia tempore diluvii quidam homines magni ad altos montes fugerunt, quidam ad non sic altos, et quia, sedato et remoto dicto diluvio, qui in minoribus montibus erant certabant ire ad altos montes predictos et faciliter vincebantur a superioribus ibi manentibus, ideo factum est ut dii superiores et inferiores terrigene dicerentur et quia ipsi inferiores gigantes de locis humilibus ad superiora raptabant dicti sunt habere pedes serpentinos, et hoc est quod fingitur de pugna habita inter gigantes et Deos. [19] Albericus vero in suo *Poetario* vult dicere hoc dictum esse propter pugnam quam habuit Iupiter expulso Saturno suo patre de regno Cretensi cum titanibus quasi gigantibus, et quia eos vicit fingitur Iupiter eos fulminasse, [20] et quia post dictum diluvium tales homines, ut scribit Lactantius, in cavernis et specubus, cum nondum domus extarent, et in cavis arboribus morarentur et ibi filios procrearent, ideo ex truncis nasci dicebantur, et sic quia gigantes eo modo editi sunt finguntur filios terre fuisse et ita pugnasse in fabulis poetarum, [21] subaudi Boetius in iii° libro *Consolationis* in ultima prosa in persona Philosophie sibi ipsi loquendo ait: *"Accepisti"*, inquit, *"in fabulis lacessentes celum gigantes, sed illos quoque, sicut condignum fuit, benigna fortitudo disposuit"*, [22] nam fecit ipse Deus ut natura naturata desisteret a predictione dictorum gigantum et procreatione, et non a procreatione elephantum et balenarum, ut dicit auctor hic, [23] adducendo pro ratione illud dictum Phylosophi in primo *Politicorum*, dicentis: *Sicut enim perfectum et optimum animalium homo est, sic separatus a lege pessimum omnium, sevissima iniustitia habens arma.* [24] Post hec, instando circa licteram, fingit auctor animas talium gigantum stare in hoc puteo infernali a medio infra ut dicitur in textu hic ut in hoc sequatur Salomonem dicentem, *Proverbiorum* capitulo viiii°: *Et ignoravit quod gigantes ibi sint in profundo Inferni convive eius;* [25] et Psalmistam

24. viiii°] ST xxiii° V L B.

---

17. Cf. Isid., *Etym.* XI iii 13.
20. Cf. Lact., *Div. Inst.* VI 10.
21. Boeth., *Cons. Phil.* III pr. xii 24.
23. Thom., *Polit. Arist. exp.* I i 1253a–29f.
24. *Prov.* VIIII 18.
25. *Ps.* LIV 24.

etiam de eis dicentem: *Tu vero, Deus, deducens eos in puteum interitus*, [26] et alibi: *Non absorbeat me profundum / neque urgeat super me puteus os suum*, [27] et Iohannes, *Apocalipsis* capitulo viiii°, sic etiam in hoc ait: *Et aperuit puteum abissi*, scilicet ille angelus de quo ibi loquitur; [28] et quia quasi allogorice reges et tyrampni, illi qui sua terrena potentia contemptores sunt Dei et quasi cum eo in celo etiam si possent bellarent, dici possunt illi gigantes qui finguntur cum Iove certasse, quos auctor etiam fingit ita ligatos, ut dicit textus; [29] merito ad eos viventes ligatos sic a diabolo in hoc mundo possunt reduci illa verba Psalmiste dicentis: *Ad alligandos reges eorum in compedibus, et nobiles eorum in manicis ferreis*, [30] fingendo inde auctor hic primo inter animas horum gigantum animam sive umbram dicti Nembrot se invenisse, propter cuius malum cotum, idest cogitamen, ut dicit hic auctor, non solum unum ydioma habemus, sed plura, ut dicitur *Genesis* x° et xi° et scribam infra in *Purgatorio* in capitulo xii° et quia, ut dicitur in dicto x° capitulo, quod ipse Nembroth fuit *Robustus venator coram Domino*. [31] Ideo auctor in hoc alludendo fingit eum hic ita sonasse cum cornu, ut moris est venatorum, tangendo comparative quid legitur de Karolo Magno imperatore Romanorum et de Rolando eius comite palatino imperante anno domini viii^c, contra quem Soldanus misit in Yspaniam cum infinita gente Saracinorum Marsilium et Belliguardum fratres cum quibus multa bella victoriosa Karolus habuit, tandem dum dictus Karolus ad Portus Cisereus transisset et Rolandus predictus remansisset cum alia gesta, idest sotietate, ad custodiam cuiusdam contrate dicte Roncisvallis, a dictis Saracenis adgressus est et ibi, prodictione comitis Ganellonis, victus fuit; [32] de quo conflictu dictus Rolandus evasit ad certos montes de quibus respiciens dictos Saracenos velle ire ad locum ubi erat dictus Karolus, sonuit ita fortiter cum suo cornu ad hoc ut faceret de hoc Karolum provisum, quod per octo miliaria fertur quod auditus fuit, ex quo Karolus evasit et ipse Rolandus mortuus est, fractis venis gutturis ita sonando fortiter, ut dictum est, [33] dicendo inde auctor quomodo ripa dicti putei similabatur muro rotundo coronato multis turribus castri Monti Regionis districtus

---

31. Ganellonis] C gale(n)o(n)is V.

---

26. *Ps.* LXVIII 16.
27. *Apoc.* IX 2.
29. *Ps.* CXLIX 8.
30. *Gen.* X 9.

Super XXXI° capitulo Inferni

Senarum; [34] et quomodo dicta ripa illis gigantibus erat perizoma, idest coopertura femorum, de qua *Genesis* iii° dicitur, scilicet quod nostri primi parentes *Fecerunt sibi perizomata de foliis ficorum*, dicendo etiam poetice auctor hic quomodo Iupiter minatur adhuc dictis gigantis cum tronituat, [35] alludendo Lucano dicenti in tertio: *Aut si terrigene temptarent astra gigantes, / non tamen auderet pietas humana vel armis / vel votis prodesse Iovi, per fulmina tantum / sciret adhuc celo solum regnare tonantem*, scilicet dictum Iovem. [36] Item dicit quomodo reperiit ibi umbram Fialtis gigantis filii Aloidis ita ligatam ea de causa ut hic dicit textus; inde fingit ibi esse etiam umbram Briarei alterius gigantis, et Triphei siculi et Titii et Anthei Lybici, [37] de quibus tribus primis et quomodo fuerunt in bello cum diis, et non iste Antheus, ait Lucanus, ibi etiam dicens: *Nec tam iusta fuit terrarum gloria Tiphon / aut Titius Briareusque ferox, celoque pepercit*; [38] de Antheo tangit ibidem Lucanus dum ait: *Sed maiora dedit cognomina collibus istis, / Penum qui Latiis revocavit ab arcibus hostem, / Scipio* etc., et hoc tangit hic auctor de valle ista et loco ubi moratus fuit dictus Antheus in Africa in valle existente inter Cartaginem et Dipeam ubi Scipio devicit Annibalem, [39] unde, eodem libro, Lucanus inquit: *Cognita per multos docuit rudis incola patres: / "Nondum post genitos Tellus effecta gigantes / terribilem Lybicis partum concepit in antris"*, [40] et subdit: *"Quod non Flegreis Antheum substulit arvis, / hec illi spelunca domus, latuisse sub alta / rupe ferunt, epulas raptos habuisse leones"*, et hoc est quod tangit hic auctor de eo et eius magnitudine. [41] Nam conclusive auctor hic fingit dictum Antheum fuisse longitudinis xxiii brachiorum vel circa, cum ponat eius umbram in dicto puteo a medio supra eminere per quinquem allas sine cervice, et 'alla' dicitur mensura longa fere per duo brachia, qua mensura homines mercatores in venditione pannorum utuntur in Francia. [42] Ultimo autor tangit comparative de turri illorum de Carisendis de Bononia que subdit ita in suo fundamento quod ut arcus curvata pendet, ut dicitur hic in textu.

---

34. Cf. *Gen.* III 7.
35. LUCAN., *Phars.* III 316–20.
37. LUCAN., *Phars.* IV 595–96.
38. LUCAN., *Phars.* IV 656–58.
39. LUCAN., *Phars.* IV 592–94.
40. LUCAN., *Phars.* IV 597, 601–2.

SUPER XXXII° CAPITULO INFERNI

[1] **S'io havessi le rime aspre e chiocce**. [2] In hoc xxxii° capitulo, posito prohemio quodam, auctor incipit tractare de ultimo circulo Inferni in quo fingit esse quartum fluvium infernalem in forma lacus quidam sive stagni glaciati, quem fluvium vocat, ut vocant alii poete, Cocitum, qui luctus interpretatur — [3] unde Macrobius: *Cociton quicquid homines in luctum lacrimasque compellit prisci dixerunt* — [4] in cuius Cociti glacie fingit puniri animas illorum qui in hoc mundo fuerunt proditores. [5] Est enim prodimentum seu proditio illa species fraudis humane que non solum rumpit vinculum karitatis habende inter hominem et hominem, sed etiam vinculum illi adiunctum speciale, per quod homo speciali karitate magis confidit in uno quam in alio, puta ratione consanguinitatis vel communis patrie vel benefici impensi vel recepti, et hoc est quod auctor in quattuor partibus huius Cociti diversimode fingit has animas cruciari, [6] de qua prima parte quam vocat Caynam a Cayno occidente proditorie Abel eius fratrem prima auctor incipit dicere hic in presenti capitulo post prohemium, et dicit usque ibi: **Poscia vid'io mille visi cagnazzi**, [7] ibi incipit dicere de secunda, quam vocat Antenoram ab

---

3. Cociton] ST L B C co(n)citon V.

4. Cociti] ST L B C co(n)citi V.

5. Est] C et V. rumpit] C rupit V.

6. cagnazzi] cagnacci V.

7. gelata] gellata V.

---

1. *Inf.* XXXII 1.
3. MACR., *Comm. Somn. Scip.* I x 11.
6. *Inf.* XXXII 70.
7. *Inf.* XXXIII 91.

Super XXXII° capitulo Inferni

Antenore Troiano, proditore olim sue patrie, et dicit usque ad illum textum sequentis capituli: **Noi passammo oltre dove la gelata,** [8] ibi incipit de tertia quam vocat Tholomeam a Tholomeo filio Abobi primo proditore commensali; [9] nam legitur in primo *Machabeorum* ultimo capitulo quod dictus Tholomeus, dum esset dux in campo Yerico populi Iudeorum et eius socerum et Iudam et Matiam filios dicti Symonis et eius cognatos, proditorie eos in mensa fecit occidi, et dicit usque in finem dicti sequentis capituli; [10] in ultimo capitulo dicit de quarta quam vocat Iudeccam a Iuda Scarioth qui Christum prodidit, a quo Apostolus factus erat et expensator. [11] Hiis premissis reddeamus ad principium prohemiale huius capituli ubi auctor dicturus de fundo universi, idest de centro terre, ut de ardua re dicit primo quod si haberet rimas asperas, idest verba convenientia tristi buco, idest talis putei infernalis ori — nam bucus dicitur a 'buca', 'buce', que est 'os', 'oris' — plenius exprimeret etc. [12] Tamen invocat musas ut faveant sibi in hoc canendo poetice, que fuerunt ille, dicit hic auctor, que iuverunt Amphyonem ad muros faciendos Thebane urbis; nam fabulose Greci vates finxerunt dicto Amphyone sonante lapides exiluisse per se ad dictos muros instituendos et sic musico beneficio hoc egit, [13] quod tangens Statius in primo *Thebais* ait: *Expediam penitusque sequar quo carmine muris / iusserat Amphyon Tyrios accedere montes,* [14] et in x° etiam ait: *Increpat actonitas: "Humilesne Amphionis arces / et mentita diu Thebarum fabula, muri?"* [15] Rei veritas fuit quod, postquam Cadmus dictam civitatem Thebarum initiavit, iste Amphyon eius descendens moralibus legibus et civilibus moribus primo eam in famam levavit, ex quo gentes circumstantes venerunt ad habitandum in ea et muris gratis cinserunt illam, [16] et quod ita fuerit Oratius in eius *Poetria* de hoc sic ait: *Dictus et Amphyon, Thebane conditor urbis, / saxa movere sono testudinis et parte blanda, / ducere quo vellet. Fuit hec sapientia quondam, / publica*

---

13. carmine] ST L B crimine V.

14. x°] C L B xro V.

---

9. Cf. *I Macc.* XVI.
10. *Matt.* XXVI 14–16.
13. STAT., *Theb.* I 9–10.
14. STAT., *Theb.* X 873–75.
16. HOR., *Ars Poet.* 394–99.

Comentum Petri Alagherii

privatis secernere, sacra prophanis, / concubitum prohibere vagum, dare iura maritos, / oppida moliri, leges incidere ligno. [17] Inde auctor volendo dicere de pessimo statu talium animarum proditorum exclamando vocat eas 'plebem', idest gentem super omnem aliam malecreatam, et quod melius fuisset eis ibi se reperire pecudes et zebas, idest capras — ita dictas a 'zebello', 'zebellas' quod idem est quod 'salto', 'as' — [18] et hoc dicit alludendo verbis Domini dicentis de Iuda etiam proditore melius fuisset ei si natus non fuisset homo ille et sic perseveraverit. [19] Exponit Thomas unde cum ante peccatum pretiosum esset esse, per peccatum transit in quo minus eligendum est esse quam nichil omnino esse. [20] Inde ut dicat quomodo dicta glacies dicti Cociti erat immensa et fortis tangit de glacie Danubii et illius brachii maris quod dicitur Tanais orientis sub tramontana et dirimentis Asiam ab Europa, et de monte Tambericchi existente in Sclavonia et de monte Petre Pane existente in Carfagnana, districtus Luciensis, ut dicit textus, [21] dicendo inde auctor quomodo anime horum proditorie homicidarum suorum consanguineorum in illa dicta prima parte Cociti dicta Cayna stabant ficte in eius glacie et cooperte, excepto toto capite cum collo et vultu et cum facie ad terram plorantes et cum dentibus sonantibus ut ciconie, [22] et quod sic inter eas testimonium habetur et percipitur, ibi dicit auctor quasi in hoc velit concludere respectu habito ad infrascripta verba *Genesis* de quibus statim dicamus, quod non expedit ibi in illa parte Cociti haberi ab alio testimonium de earum animarum proditorio crimine Caym primi proditoris sui fratris Abel, cuius sanguis solum illud de terra clamans revelavit Deo, nam dicte anime in dicto loco per se ipsas de suo malo, ut dicit hic textus, perhibent testimonium cum planctu ab occulis et cum cordi tristi interiore proviso et omisso per eas ab ore concussis dentibus; [23] legitur enim *Genesis* iiii° capitulo: *Sic respexit Dominus ad Abel et ad munera eius, ad Cayn vero et ad eius munera non, unde iratus est Cayn et concidit vultus eius,* [24] cui verbo forte alludit hic auctor in eo quod fingit has animas cum facie ad terram, et subdit ibi Deus loquendo adhuc

---

20. Tambericchi] C Ciambernichi L B ciamberuchi V.

---

18. Cf. *Matt.* XXVI 24.
19. THOM., *Theol.* I q. v 2.
23. *Gen.* IV 4–5.
24. *Gen.* IV 9–11.

Super XXXII° capitulo Inferni

Cayno post perpetratum delictum: *"Ubi est Abel frater tuus?"*, *qui respondit: "Nescio, nunquid custos ego sum fratris mei"*. *Iterum dixit Dominus: "Quid fecisti? Vox sanguinis fratris tui clamavit ad me de terra: nunc ergo maledictus es"* etc., [25] fingendo inter alias animas in dicta prima parte Cociti dampnatas auctor se ibi reperire umbram Alexandri et Neapolionis fratrum et filiorum comitis Alberti de comitibus Albertis, in quorum comitatu fuit quedam aqua que dicitur Bisentius, de quo dicitur hic in textu; [26] qui comes Napoleo olim expulit proditorie dictum suum fratrem de communibus eorum castris, unde dictus comes Alexander proditorie eum occidit postea. [27] Item fingit ibi se reperire umbram domini Alberti Camisonis de Pazzis de Valdarno occidentis olim quendam sibi coniuctum ex sanguine eius dicte domus, de qua domo etiam fuit Carlinus quidam alius magnus proditor de quo hic in textu fit mentio, quam umbram inducit hic auctor ad sibi notificandum dictos duos supradictos fratres, [28] et ad tangendum de Mordret, filio naturali regis Artusi Brittanei qui olim prodidit dictum eius patrem, unde postea tractu temporis dictus eius pater ita animose vulneravit eum in pectore cum telo quod radius solis per vulnus transivit ad aliam partem, et hoc est quod dicit de ruptura eius umbre hic in textu. [29] Item tangit de Foccacia de Raneriis de Pistorio proditore etiam in suo sanguine olim, et de Sassolo Mascherone de Tuschis de Florentia occisoris proditorie cuiusdam sui nepotis, et hec sint quantum ad dictam primam partem. [30] Veniamus ad secundam dictam partem Cociti in qua auctor fingit puniri animas proditorum sui patrie, ubi fingit primo se reperire umbram domini Bucche de Abbatibus de Florentia qui, incepto bello inter Florentinos et Seneses aput Montem Apertum de quo plene dixi supra in x° capitulo, proditorie incidit astam vexilli principalis dicti sui comitis, unde dicti Florentini rupti fuerunt et positi in conflictu per dictos Senenses ibi; [31] que umbra dicti domini Bucche dicit esse ibi umbram domini Bosii de Duara de Cremona qui, pecunia accepta, prodendo regem Manfredum et alios Ghibellinos de sua patria dedit passum gentibus regis Karoli venienti de Francia in Apuliam. [32] Item umbram domini Thesauri de Beccharia de Papia, olim abbatis Vallis Umbrose districtus Florentie ibi decapitati propter quendam eius tractatum proditorie factum contra commune Florentie. [33] Item umbram domini Iohannis de Soldaneriis de Florentia, proditoris olim sue

---

30. Bucche] C L B luche V. comitive] C comititiue V.

partis Ghibelline de Florentia, ut fuit iste Ganellonus de domo Magantie de quo hic dicitur, proditor Karoli Magni et sue comitive. [34] Item umbram Thebaldelli de Zambraciis de Faventia prodentis dictam eius civitatem una nocte dando eam Bononiensibus. [35] Item umbram comitis Ugolini Gherardeschi de Pisis, olim proditoris dicte sue civitatis in tradendo Lucensibus castrum Asciani et castrum Ripe Fracte. [36] Item umbram domini Rugerii de Ubaldinis, olim archiepiscopi pisani proditoris dicti comitis, ut dicitur in sequenti capitulo, ita rosam in capite a dicta umbra comitis Ugolini, ut dicit hic textus comparative, ut fuit rosum caput Menalippi a Tydeo rege vulnerato ab eo in bello Thebano letaliter quadam indignatione, quia sibi valde erat in omnibus impar, de quo casu sic ait Statius in viii° *Thebais* loquens in persona dicti Tydei regis morientis: *Desertorem animi. Caput, o caput, o michi si quis / apportet, Menalippe, tuum,* [37] subdens quid egit dictus Tideus, presentato sibi dicto capite: *Imperat ascissum porrigi levaque receptum / spectat atrox hostile caput, gliscitque tepentis / atque illud fractum perfusum tabe cerebrum, / aspicit et vivo scelerantem sanguinem fauces*; quam umbram dicti comitis Ugolini inducit auctor sibi loqui ut sequitur in sequenti capitulo.

---

36. STAT., *Theb.* VIII 739–40.
37. STAT., *Theb.* VIII 754–55, 760–61.

SUPER XXXIII° CAPITULO INFERNI

[1] **La boccha su levò dal fiero pasto**. [2] In hoc xxxiii° capitulo auctor, continuando se ad finem precedentis capituli, inducit dictam umbram comitis Ugolini ad narrandum sibi non quomodo proditione dicti Archiepiscopi Rugerii captus fuit et mortuus ipse et Gaddus, Anselmutius, Uguccio et Brigata eius filii fame carcerati in quadam turri Pisis que ex hoc dicitur adhuc 'Turris famis' tanquam factum sibi auctori notorium, sed modum miserabilem eius mortis et dictorum quattuor suorum filiorum puerorum tanquam rem sibi ignotam, incipiendo dicere quomodo per plures menses iam steterant in dicta turri in carcere alimentati: [3] nam viderat ut dicit hic plures lunas in dicta carcere radiare, idest plures cursus lunares quorum quilibet per mensem durat quando una nocte sompniavit ipse comes se videre semper montem sancti Iuliani, positum inter Lucanam civitatem et Pisas, venari unum lupum cum suis pullis a dicto Archiepiscopo ut a **domno**, idest ut a domino, principaliter et secundario a Gualandis, Sismondis et Lanfranchis nobilibus dicte civitatis Pisarum et occidi cum dictis eius filiis, [4] quod totum in personam sui et dictorum suorum filiorum dicit inde redundasse ut patet hic ad textum, [5] et quomodo dicti sui filii iuvenculi tulerunt suam vitam solum usque ad quartam diem et ipse pater usque ad septimam ita ieiuni. [6] In quo tangit auctor hic quantum ad plus homo completus vivere potest sine alimentatione: nam et tantum tulit David semel vitam ieiuni dolore illius pueri sui filii quem habuit ex Bersabe qui septem diebus egrotavit, et mortuus est vii[a] die tandem sue egritudinis et to-

---

1. boccha] bocha V boccha C.
2. dicti] dict{a > j}. Rugerii] rugierij‹(re)› V.

---

1. *Inf.* XXXIII 1.
3. *Inf.* XXXIII 28.
6. Cf. *II Sam.* XII 1–23.

tidem diebus stetit sine cibo et potu ipse David, inde comedit, de quo legitur in ii° *Regum* capitulo xii°. [7] Inde auctor exclamando contra dictam civitatem Pisanam propter predictam crudelitatem, vocat eam vituperium Ytalie, paese in quo sonat in ore eius gentium hec dictio **Sì**, [8] et imprecatur sibi etiam quod ille due ynsule Cavrara et Gorgona, vicine dicte civitati Pisarum, opponant se fauci Arni fluminis currentis per dictam civitatem ita ut necent eam, [9] vocando etiam dictam Pisarum civitatem novellam Thebem Grecam ad differentiam alterius Thebis civitatis que ante fuit quam ista Greca in Egypto destructa per Alexandrum, [10] de qua Iuvenalis in ultima Satira sic ait: *Atque vetus Thebe centum iacet obruta portis*, [11] et Phylosophus in primo *Metaurorum* de ea ait: *Antiquitus Egyptus Thebe vocate* etc.: [12] nam in dicta novella Thebe Greca infinite crudelitates et scelera olim perpetrata fuerunt, testante Statio in primo *Thebaidos* dicente: *Decertata odiis sontesque evolvere Thebas / sororesque ferox nemorum et reticenda deorum / crimina? vix lucis spatio, vix noctis abacte / enumerare queam mores gentemque prophanam*, scilicet dicte Thebis grece cuius facta scelerata dicta civitas Pisarum imitata est, ideoque merito novellam Thebem auctor in hoc eam vocat. [13] Post hec auctor procedit ad tractandum de tertia parte Cociti premissa, vocata Tholomea, in qua fingit puniri animas illorum proditorum qui in commensali beneficio et caritate suos consanguineos et attinentes et affines proditorie occiderunt, [14] ut fecit dictus Tholomeus a quo dicta est Tholomea hec pars tertia Cociti in occidendo in mensa suos illos attinentes, de quibus scripsi supra in precedenti capitulo, [15] et ut fecit iste frater Albericus de Manfredis de Faventia, de quo fit hic mentio, qui una die fecit convitari secum ad prandium in terra Sozarie, districtus Faventini, Manfredum et Alberghettum fratres et eius nepotes quos ibi in fine prandii occidi fecit a quibusdam suis famulis ibi reclusis in quadam camera, monitis primo a dicto fratre

---

12. ferox] ‹thebas› ferox V.

15. Albericus] C aberic(us) V.

---

7. *Inf.* XXXIII 80.
10. Iuv., *Sat.* XV 6.
11. Thom., *Arist. Meteor. exp.* I xiv 17 (=351b).
12. Stat., *Theb.* I 2, 230–32.

Super XXXIII° capitulo Inferni

Alberico quod, dum ipse peteret fructus apportari deberent, exire et illud maleficium proditorium facere, et ita factum est; [16] item et ut fecit iste dominus Branca de Oria de Ianua de domino Michaele Zanca eius socero simili modo, ut dicit textus hic, [17] dicendo demum auctor quomodo non attendidit dicte umbre fratris Alberici que sibi promisit, allegando iustum fuisse et virtuosum non fuisse ibi se sibi gratum, ut dicit textus, nec curialem, ut tangat moraliter quomodo in hoc mundo proditoribus benivole esse non debemus, etiam si eorum proditio nobis profuerit, nec consortium eorum habere, [18] unde Claudianus in persona Theodosii Imperatoris loquentis contra quendam Gildonem proditorem ait: *Quamvis discrimine summo / proditor apportet suspensa morte salutem / nunquam gratus erit, dampnamus luce reperta / perfidiam nec nos patimur commictere tali*; [19] idem et Titus Livius scribit de Sabinis salentibus Tarpeiam, virginem romanam proditorie tradentem eis dictam urbem Romanam in promissione sibi facta de dando ei omnia ornamenta levarum suarum manuum; nam habita urbe cum clipeis quos in sinistris gestabant oppresserunt et occiderunt eam dicendo et interpetrando in odium eius dicta scuta fore pro dictis promissis ornamentis. [20] Nunc autem, post hec restat videre quid auctor hic sentire voluit, inducendo dictam umbram dicti fratris Alberici ad dicendum sibi quomodo sepe anima talium proditorum, ut fuit ipse idem, cadit ibi in illa parte Cociti dicta Tholomea antequam Atropos, que mors interpretatur, faciat eius corpus mori; de qua Atropos vide quod scribam infra in *Purgatorio* in capitulo xxi°, substituto quodam diabolo in tali corpore regente illud vice dicte eius anime toto tempore sibi prefixo, [21] et antequam ad illud aperiendum veniamus premictamus hic hec verba canonizata sancti Ilarii: *Intelligentia dictorum ex causis est assumenda dicendi, quia non sermoni res, idest intellectus, sed rei est sermo subiectus*, ubi *Glosa* super dicto verbo: *Ex causis*, ait: *Non statim debemus intelligere ut verba prima facie sonare videntur, maxime ubi ambigua sunt, sed debemus recurrere ad intentionem loquentis*. [22] Sic igitur ad propositum si staremus huiusmodi verbis auctoris nec recurremus ut presuponeret ipse auctor — videlicet quod corpus humanum viveret sine vita si viveret sine Anima, cum anima sit *spi-*

---

18. CLAUD., *Bell. Gild.* I 262–66.
19. Cf. TIT. LIV., *Urb. Cond.* I xi.
21. *Decr. Grat.* I D. LIV c. xiii.
22. Cf. *Gen.* II 7 and PETR. LOMB., *Sent.* II xvii 3.

Comentum Petri Alagherii

raculum vite humani corporis, ut habetur *Genesis* capitulo ii°, quod absurdum et inhumanum et contradictorium esset — dicere non obstat quod dicitur de diabolo, substituto hic ita loco anime; nam demon ex sua natura non habet ut vivificet corpus sine anima, licet magica fallacia hoc videatur posse facere, sed non veraciter, ut in puero Simonis Magi; [23] nam Magister Sententiarum super illis verbis Petri dicentis, ut habetur in *Actibus Apostolorum* capitulo v°: *Anania, cur temptavit cor tuum Sathanas?* ait: *Sathanas eius cor implevit non intrando substantialiter, sed malitie sue virus inserendo*. [24] Et hoc eodem modo debet intelligi: scribitur in *Evangelio* de Iuda ibi: *Et cena facta, cum dyabolus iam misisset in cor eius ut traderet Dominum, post buccellam introivit in illum Sathanas*. [25] Preterea erroneum esset dicere etiam hoc: nam sic privaretur anima suo libero arbitrio convertendi se ad Deum usque ad mortem ut habet potestatem cum humana voluntas, ut dicit *Lex* iiii° *Pandicte: De alimentis legatis sit ambulatoria usque ad finem*. [26] Quare, obmissa cortice dictorum verborum et superficie, veniamus ad medullam, idest ad intentionem veram auctoris, que fuit hec, videlicet ut per ea, que sic dicit, velit tangere quod ut plurimum contingit hominibus hoc mundo cadentibus in tam nepharium et horribile ac inhumanum facinus et peccatum Deo et hominibus in tantum abominabile et displicibile ut est hec talis proditio, preponderans et excedens omnes alias proditiones sic specificatas in quantitate sceleritatis; [27] nam nulla alia dictarum et propositarum proditionum rumpit duo specialia vincula karitatis et confidentie humane sicut ista per quam homo prodit et occidit non solum confidentem in eum ratione consanguinitatis et affinitatis, sed etiam ratione karitatis et beneficii recipiendi in comunione mense, ab eo tali proditore ut conviva; [28] nam plerumque homo hoc toto excessu perpetrato quasi destinat animam suam in profundum Inferni, ut se posuit in profundum peccatorum, tradendo vitam suam corporalem in totum dyabolo ut rem suam conducendam; [29] nam si quis peteret a tanto peccatore "ubi est anima tua?" responderet, ut multos magnos peccatores ad hoc respondere

---

23. Anania] ST a mane V.

24. debet] d(e)bent V. buccellam] ST L B bucellu(m) V.

---

23. Petr. Lomb., *Sent.* II viii 5 (*Act. Ap.* V 3).
24. *Ioh.* XIII 2, 27.
29. *Is.* XXVIII 15.

Super xxxiii° capitulo Inferni

iam audivi: "iam est in Inferno", ut et etiam dicebant illi peccatores in quorum persona, *Ysaia* capitulo xxviii°, sic ait: *Percussimus fedus cum morte, et cum Inferno fecimus pactum contempnendo converti,* [30] ad quod ait Salamon *Proverbiorum* capitulo xviii°: *Impius cum in profundum peccatorum venerit contempnit,* [31] ut contempsit Iuda se laqueo suspendendo et Cayn proditione facta de fratre dicendo versus Deum: *Maior est iniquitas mea quam ut veniam merear,* ut legitur *Genesis* iiii° capitulo, [32] item et Augustinus super hoc versu *Psalmiste*: *Non absorbeat me profundum, neque urgeat super me puteus os suum,* ait: *Puteus est profunditas humane iniquitatis, in qua si cecideris non claudet super te os suum, si tu non claudis os tuum in confitendo ut penites,* [33] subaudi ut fecit David proditione facta de Uria dicendo: *Miserere mei Deus secundum magnam misericordiam tuam,* [34] et ex hoc notanter dicit hic auctor in persona dicte umbre quod sepe que dicta sunt contingunt, ergo non semper anime talium proditorum ibi cadunt ut dicit textus, et hoc mistico tali et allegorico sensu intelligas auctorem scribere dum dicit et fingit animam talium proditorum ibi ita sepe eadem cadere nundum corpore mortuo, [35] sub quo eodem sensu et figura de talibus scripsit Salamon in *Proverbiis* dicens: *Ne aquiescas peccatoribus dicentibus "insidiemur sanguini, abscondamus tendiculas contra insontem, et deglutiamus eum sicut Infernus viventem, et integrum quasi descendentem in lacum,* [36] et *Psalmista* dicens: *Veniat mors peccatorum super eos, et discendant in Infernum viventes,* [37] et Iohannes in *Apocalipsi* dicens etiam forte de tali proditore et diffidente peccatore: *Scio enim*

30. xviii°] ST xxviii° V L B.

31. iiii°] ST L B iii° V.

35. Proverbiis] ST p(ar)abolis V.

---

30. *Prov.* XVIII 3.
31. *Gen.* IV 13.
32. *Decr. Grat.* II *De Poen.* D. I c. lx.
33. *Ps.* L 3.
35. *Prov.* I 10–12.
36. *Ps.* LIV 16.
37. Cf. *Apoc.* III 1.

opera tua quia nomen habes ut vivas et mortuus es. [38] Item ad id quod fingit auctor hic dyabolum quendam regere et gubernare corpus talium in hoc mundo vacuum, ita anima, ut dicit textus, facit quod ait Yeronimus super illis verbis Apostuli translatis in quodam *Decreto*: *Tradi hominem huiusmodi Sathane in interitum carnis;* quomodo tradit eum Sathane querit ipse Yeronimus et respondet ita sibi ipsi: *Discedit a mente sua et avertit se et reliquit domum eius vacuam*, super quibus verbis ita *Glosa* inquit: *Sathane dicitur tradi quia dyabolus in eo habet potestatem, quasi ut in pectore suo*, et sic intelligi debet in hoc passu et in alio supra proxime dicto loqui auctorem.

38. huiusmodi] ST L B huius mo(n)di V. pectore] ST peccore V L B.

---

38. *Decr. Grat.* II C. XI q. iii c. 21.

SUPER XXXIIII° CAPITULO INFERNI

[1] **Vexilla regis prodeunt Inferni**. [2] In hoc xxxiiii° capitulo et ultimo Inferni auctor in prima eius parte que durat a principio capituli usque ibi: **Ma la nocte resurge et oramai**, tractat de quarta et ultima premissa parte Cociti; abinde infra usque in finem dicit de centro terre et de casu Luciferi, [3] incipiendo hic a principio exordiens alludere verbis Ambrosii directis ad crucem erectam in altum cum corpore Domini in illo suo hymno incipiente: *Vexilla regis prodeunt, / fulgens crucis mysterium, / quo carne carnis conditor / suspensus est patibulo*, [4] in eo quod iam sibi apparebat Lucifer ut rex Inferni ibi ita cum suis alis elevatis, qui usque ad mortem Christi vincebat in ligno, ut cantat Ecclesia, et ab ea citra in ligno victus est, scilicet in dicta cruce Domini et in sua, idest in suo cruciatu in fundo abyssi, ita erectus quasi cum dictis suis alis ut vexillis, ut dicit textus hic, [5] et quod ita sit ibi ipse Lucifer testatur Iohannes, *Apocalipsis* xii° capitulo dicens: *Proiectus est de celo ille magnus serpens antiquus qui vocatur dyabolus et Sathanas in terram*, [6] et in xx° capitulo idem inquit: *Et vidi angelum descendentem de celo habentem clavem abyssi et catenam magnam in manu, et ligavit Sathanas et misit eum in abissum in stagnum ignis et sulfuris*, [7] et *Ysaia* xiiii° capitulo ad idem ait: *Quomodo cecidisti de celo Lucifer, et in Infernum deduceris in profundum*, [8] et quod fuerit pulcerrima creatura super omnes alias in celo ut tangitur hic in textu, testatur *Ezechiel* xxviii° capitulo dicens: *Tu signaculum similitudinis plenus sapientia et perfectus decore in delitiis Paradisi fuisti* Lucifer,

---

1. *Inf.* XXXIV 1.
2. *Inf.* XXXIV 38.
3. VENANT. FORT., *Vexilla Regis* 1–4.
4. *Proper Preface for Good Friday.*
5. *Apoc.* XII 9.
6. *Apoc.* XX 1–3, 9.
7. *Is.* XIV 12, 15.
8. *Hiez.* XXVIII 12–13.

[9] et quod in Inferno etiam sit turpissimus, ut dicit hic auctor, testatur in *Ezechiel* subdens Lucifer cunctis angelorum agminibus prefuit et in eorum comparatione clarior, sed contra creatorem suum superbiens lucem et claritatem perdidit et formam deformem et obscuram acquisivit. [10] Item et Gregorius in *Moralibus* ad hoc idem etiam ait: *Principium viarum Dei Beemoth dicitur, quia nimirum, cum cuncta creans ageret, hunc primum condidit, quem reliquis angelis eminentiorem fecit;* [11] *interpretatur Beemoth 'animal' quod dyabolus propter superbiam a celesti beatitudine tanquam immundum animal, factus est alienus,* dicit ibi *Glosa.* [12] Item quod fuerit Lucifer ita immense magnitudinis, ut dicit hic auctor comparando et similando eum turribus in quibus molendina ad ventos cum velis volvuntur, quem etiam describendo hic fingit auctor eum habere unicum caput cum tribus faciebus in quibus figurare vult quod, sicut in divina unica substantia ut in summo bono est Potentia Sapientia et Amor in sua personali Trinitate, ita in isto Sathane ut in summo malo est impotentia, insipientia et odium. [13] Item fingit eum cum sex alis ut ostendat ipsum fuisse in principio de ordine Saraphinorum qui muniti sunt tot alis, ut dicam infra in *Paradiso* in capitulo viiii°, et quomodo erant dicte eius ale dicit hic etiam auctor ad modum vespertilionis seu niticore, et quomodo cum eis cum tribus ventis congelabat dictum Cocitum, fingendo animas proditorum suorum dominorum et benefactorum ibi ita esse coopertas in glacie et in speciali tormento, ut dicit textus, animam Iude Scariot proditoris nostri Domini et Bruti et Cassii, Iulii Cesaris proditorum. [14] Hiis dictis quantum ad primam partem veniamus ad secundam in qua primo auctor tangit de centro terra et de eius natura; dicitur enim *Corpus terre tanquam centrum et punctum firmamenti, cum minor eius stella maior sit tota terra* secundum Albumasarem, [15] que terra *Habet ultimum centrum,* ut ait Papia, *in cuius medio cuncta verguntur in punctum in medio circuli vel alterius rei seu corporis sperici a quo*

---

9. creatorem] creditore(m) V.

15. que] que‹(m)› V.

---

9. Cf. *Hiez.* XXVIII 14-19.
10-11. *Decr. Grat.* II *De Poen.* D. II c. xlv et *Gl.* rel.
14. Cf. Alb. Magn., *Meteor.* I tr. iv 9.
15. Papias, *Sign. verb.* s.v. 'terra'.

Super xxxiiii° capitulo Inferni

equaliter distat quelibet pars circumferentie, [16] ut exemplificet iste auctor infra in *Paradiso* in capitulo xiiii° incipiente: **Dal centro al cierchio e sì dal cierchio al centro,** [17] et sic videre et comprehendere ymaginative possumus et debemus in proposito nostro hic, videlicet in sperico corpore et globo terre in se ipso in medio mundi pendulo et suspenso, ut sunt alia elementa circumferentialiter ac ymaginando quod in medio eius sit et debeat esse quoddam punctum ad quod omnia gravia tendant ut dicit auctor hic, et ab ipso tali puncto ut ab eius centro descendendo et recedendo undique ascendant et saliant, [18] unde si esset dare quod dictum corpus terre diametraliter seu per medium totum esset terebratum seu foratum et per eius talem foramen de superficie terre caderet aliquis lapis, iret usque ad dictum centrum et ibi restaret et subsisteret tanquam res gravis que de sui natura non potest ascendere per se ut oportet facere volendo a dicto centro recadere et ire ad quancumque eius superiorem partem, et hoc voluit auctor tangere dum fingit se cum Virgilio per illud foramen continens personam dicti Luciferi descendisse de vellere in vellus ipsius, et sicut fuerunt in medio sui dorsi, ubi fingit punctum centricum orbis seu corporis terre, revolvit Virgilius caput ubi habebat pedes et incepit ascendere et salire et agere alia que dicit textus hic, [19] modo posset opponere aliquis quomodo ergo auctor ponit hic quod Lucifer iste, cadens de celo ab alia parte mundi in abissum terre cum capite deorsum, excesserit dictum centricum punctum cum medietate sue persone versus nostram partem celi et terre cum debuisset in dicto centro cum summitate capitis substitisse per rationem hic superius tactam, sed dic hoc divinitus processisse. [20] Nam voluit divina iustitia ipsum Luciferum in tantum infimare in quantum plus fieri poterat cum ausit se sublimare quantum plus possibile fuerat, cum voluit scilicet ad solium Dei ut sibi similis et equalis ascendere, et hoc fieri non poterat vere nisi ipse Lucifer cum medio sue persone foret in dicto puncto centrico infixus; item et ut rex Inferni etiam superesset ibi ad supplitium dampnatorum, [21] de quo etiam natura centri et pendulo corporis terre et globi Honorius Solitarius in suo quodam libro *De Ymagine Mundi* sic etiam inquit: *Forma terre rotunda est, unde et orbis dicitur, in cuius medio est centrum, ut in medio circuli punctus equaliter collocatur, et nullis fulcris et apodiis, sed divina potentia substentatur;* [22] nam legitur: *"Non timetis me, ait Dominus, qui suspendi terram in nichilo; fundata enim est super stabilitate sua",* sicut alia elementa, occupans

---

16. *Par.* XIV 1.
21–23. HONOR. AUGUST., *Imag. Mund.* I v.

Comentum Petri Alagherii

sue qualitatis metas, que in circuitu Occeano ut Limbo cingitur ipsa terra; [23] nam scribit Psalmista: *"Abissus, sicut vestimentum, amictus eius"*. [24] Post hec procedendo auctor, transducto dicto puncto centrico et relicta illa parte abissi in qua sub nobis, idest sub nostro emisperio, est Infernus, fingit se cum Virgilio reperisse in alia parte abissi opposita dicto Inferno obscura, ut dicit textus, sicut **burella**: dicitur 'burella', secundum florentinum vulgare, quilibet carcer obscurus, [25] ubi inducit Virgilium ad dicendum sibi ad festinationem itineris quomodo in illa alia parte mundi sol tunc ad eius orientem reddibat, scilicet ad mediam tertiam, hec est quod iam per unam horam et plus ab ortu suo processerat, [26] unde bene concludit quod dixerat Virgilius sibi ad transitum dicti centri, sed quod nox in hoc nostro emisperio iam resurgebat per oppositum, de quo admirante auctore et stupente et de cruribus et plantis taliter stantibus elevatis dicti Luciferi et erectis ibi, et quod ibi etiam non videbat glaciem Cociti, Virgilius summit causam dicendi sibi quomodo ipse auctor ibi est super parvula spera, idest super parvula illa parte ultima fundi illius abissi opposita alteri minori parti alterius abissi in Cocito que dicitur Iudecca, a Iuda ibi in ea dampnato, et quomodo erat ibi sub alio universali emisperio mundi, [27] idest sub concavitate alterius mediati celi quod est oppositum huic nostro alio emisperio et medio celo cooperienti magnam siccam, idest magnam partem aride terre et detecte a mari que est decima pars totius corporis et globi terre, cuius decime partis quarta pars solummodo habitabilis dicitur, quam vocat hic magnam siccam respectu alterius terre detecte alterius dicti emisperii que est solum unicus mons quem auctor ponit ibi esse pro loco Purgatorii et sub quo vestro emisperio fuit consumptus homo natus et vivens sine peccato, scilicet Christus, et sub culmo eius, idest sub meridiano eius, idest in Ierusalem que est in medio dicte nostre terre habitabilis, ut dicit hic textus, [28] addendo quomodo ibi est nox quando dies est hic, item quomodo ab illa parte Lucifer ipse cecidit de celo in dictum abissum perforando mare et terram, [29] unde Iohannes in sua *Apocalipsi* in capi-

---

25. mediam] m{a > e}dia(m) V.

27. mari que] mari que‹(m)› V.

---

22. Cf. *Ps.* CIII 5.
23. *Ps.* CIII 6.
24. *Inf.* XXXIV 98.
29. *Apoc.* XII 12, 16.

Super xxxiiii° capitulo Inferni

tulo xii° de hoc ait: *Ve terre et mari, quia descendit dyabolus ad vos, et aperuit terra os suum et absorbuit flumen quod misit draco de ore suo,* [30] et *Ysaia* in capitulo xiiii° etiam in hoc ait: *Nunquid non iste est vir qui conturbavit terram, qui concussit regna, qui posuit orbem desertum et vinctis eius non aperuit carcerem?,* [31] ex quo auctor in persona Virgilii transumptive et ficte dicit quomodo terra exporsit se, idest cessit sibi et traxit se ad hoc emisperium de concavitate Inferni per modum cuiusdam gibbi superando mare, ut fugeret eum, et fecit sibi velamen de ipso mari ac etiam forsan ut fugeret ipsum Luciferum illa tantulla terra dicti montis et eius insule Purgatorii cucurrit illuc et dimissit etiam illum locum vacuum ubi tunc auctor se fingit fuisse remotum, ut dicit textus, a Belzebut, idest a dicto Lucifero, [32] et quod sint ibi in dicto abisso terre huiusmodi concavitates satis testatur Seneca, *De Naturalibus Questionibus,* dicens: *Sunt sub terra nobis minus nota iura nature sed non minus certa; sunt illic specus vasti, sunt ingentes recessus ac spatia suspensis hinc inde montibus laxa et arupti infiniti iatus, et spiritu hec plena sunt et stagna obsessa tenebris,* [33] et Statius in viii° *Thebaidos* in hoc proprie idem videtur tangere ita scribendo: *Elisii, etsi quos procul inferiore baratro / umbrifereque fremit fulcator pallidus undis / dixiluisse novo penitus telluris iatus.* [34] Quantum vero ad veritatem et naturalem rationem de huiusmodi parte terre nostre sic elevata a mari non ficte et transumptive loquendo, ut est locutus hic auctor de hoc, quidam naturales voluerunt dicere hoc evenire a virtute poli artici nostri attrahentis ad se terram, sicut magnes trahit ad se ferrum, eo quod est nature frigide et sicce effective, et terra sit similiter eiusdem nature, scilicet frigida et sicca, [35] et e contra alter polus antarticus, ut frigidus et humidus, trahit ad se aquam, tanquam frigidam et humidam. [36] Alii, ut Aly summus astrologus et naturalis, efficaciori ratione motus, dicit quod mare extenditur penes terram ex parte meridionali sub equinoctiali in modum corde arcus; ex parte vero septentrionis in modum circuli, ita quod terra emergit in modum semilunii, et sic tenet quod terra non sit sperica, et quod emineat aquis in modum coni, et quod sit

    36. Aly] alij V. *Final rubric*: explicit comentum domini petri alegherij super comedia prima inferni.

---

30. Cf. *Is.* XIV 16–17.
32. Sen., *Nat. Quest.* III xvi 4–5.
33. Stat., *Theb.* VIII 15, 18–9.

gibbosa. [37] Cuius opinionem secutus, Dantes auctor iste, disputando semel scilicet an terra esset altior aqua vel econtra, sic arguebat tenendo quod terra certo respectu foret altior, ita dicendo: *Certum est quod omne corpus spericum emergens de corpore sperico facit orizontem orbicularem rotundum, sicut patet in pomo rotundo educto cum aliquo filo de aqua, sed terra emergens de aquis non facit orizontem circularem rotundum, cum emergat in modum semilunii, ut dictum est. Ergo terra non est sperica.* [38] Tamen dicebat ipse Dantes quod, quantum erat de natura elementorum, terra est in medio, et deberet esse tota circumdata aquis, sed natura universalis intendens, non tantum ad naturam elementorum, sed ad conservationem animantium et viventium super terram, ordinavit quod terra in nostra habitabili emineat aquis, et est altior aquis, id est propinquior celo in aliqua eius parte, et hec sufficiant ad hanc materiam propositam maris et terre et abissi.

---

37. Cf. DANTE, *Questio de Aqua et Terra* XVIII–XXI.

SUPER SECUNDO LIBRO COMEDIE

[1] Completo itaque primo premisso suo libro *Comedie*, in quo de Inferno tractavit, auctor, nunc accedens ad secundum, ita ipsum intitulat: **Incipit secundus liber Comedie Dantis Alagherii de Florentia**, in quo de Purgatorio tractat principaliter, et secundario de Paradiso terrestri, mistice subaudi. [2] Nam interdum de ipso Purgatorio tractabit sub sensu tropologico, idest morali, accipiendo ipsum Purgatorium pro statu illorum qui in hoc mundo purgando se a vitiosa vita ad virtuosam ire disponuntur et laborant, de quibus forte Apostolus sensit dum dicit, *Ad Romanos* capitulo vi°, dicens: *Sicut exhibuistis membra vestra servire immunditie, ita nunc exhibete servire iustitie et sanctificationi,* [3] ac etiam Plato, in suo *Timeo,* dicens: *Pausam malorum non fore prius quam secuta rota semper volucris mundi deterserit eorum vitia et ad temperiem rationis eos redegerit:* quibus vitiis purgatis, demum ad antiqui vultus honestatem ire mereantur. [4] Item interdum tractabit de ipso Purgatorio sub anagogico, idest spirituali sensu, accipiendo eum pro statu illorum qui, in hoc mundo viventes, hactenus peccatores, de carne ad spiritum conversi sunt per gratiam et inspirationem divinam, purgando se de commissis retro suis culpis et peccatis, lugendo et passionantes se flagellis, ciliciis, ieiuniis, vigiliis et peregrinationibus, adeo quod possibile est eos hic in hoc mundo tales in tantum sic satisfacere ut, moriendo, de hac vita ut de Purgatorio quodam eorum anime ut mun-

Rubr. Super secundo libro Comedie] comentum sapientis uiri iurisperiti domini petri alegherii de florentia super comoedia secunda purgatorii dantis alegherii ipsius domini petri genitoris gratissimi V.

---

2. *Rom.* VI 19.
3. CHALCIDIUS, *Platonis Timaeus,* ed. J. H. Waszink (London, 1962), p. 37 lines 15–19.

date omni caligine evolent ad celum. [5] De quo tali Purgatorio anagogico forte sensit Gregorius in quodam *Decreto* ita dicens: *Hec vita, que inter Celum sita est et Infernum, sic in medio subsistit, ita utrarumque partium cives recipit comuniter*, ubi ita dicit *Glosa: Non dicit medium ratione loci, sed ideo quia partim conformat Celo partim Inferno, ex eo quod habet bonos simul et malos*, [6] et Apostolus prefatus, *Ad Romanos* xii° capitulo, ad idem ait: *Nolite conformari huic seculo, sed reformamini in novitate sensus vestri*, [7] iuxta Phylosophum dicentem in iiii° *Ethicorum: Malum se ipsum destruit*, [8] unde in quodam *Decreto* dicitur: *Duplex est ignis purgatorius: unus in futuro, alter in hoc seculo est, scilicet penitentia*; [9] et Macrobius, *Super Somnio Scipionis*, etiam in hoc, dum distinguit virtutes, inquit: *Secunde virtutes, quas purgatorias vocant, hominis sunt qui divini capax est, solumque animum eius expediunt qui se a corporis contagione purgat.* [10] Interdum etiam de Purgatorio essentiali et locali illo tractabit, de quo Phylosophia Boetio, sic ab ea querenti: *"Nullane animarum supplitia post defunctum corpus relinquis?"*, sic respondit ei in iiii° *Consolationis: Magna quidem inquis, quorum alia penali acerbitate, alia vero purgatoria clementia exerceri puto.* [11] Item et Macrobius idem ait etiam in hoc, *Super Somnio Scipionis*, dicens: *Anima sua morte non extinguitur, sed ad tempus obruitur, nec temporali demersione beneficio perpetuitatis eximitur, cum rursus e corpore ubi meruerit contagione vitiorum penitus elimata purgari ad perempnis vite lucem restituta in integrum revertatur.* [12] Item in Seneca, *De Consolatione Filii Ad Martiam*, sic ait ad idem ad hoc: *Proinde non est quod ad filii sepulcrum curras: pes-*

5. Inferno] in inferno V.

6. conformari] ST L B confirmari V.

12. molesta] ST molestia V L B.

5. *Decr. Gr.* II C. XXIII q. iv c. 15.
6. *Ep. Rom.* XII 2.
7. Cf. ARIST., *Eth.* IV i 1120a.
8. *Decr. Gr.* I D. XXV c. 3.
9. MACR., *Comm. Somn. Scip.* I viii 8.
10. BOETH., *Cons.* IV pr. iv 2.
11. MACR., *Comm. Somn. Scip.* I xii 17.
12. Cf. SEN., *Dial.* VI xxv 1.

sima eius et molesta ibi iacent ossa cineresque. *Integer ille nichilque in terra relinquens animus fugit et totus excessit; paululumque supra nos commoratur, dum expurgatur et inherentia vitia situmque comunem mortalis evi excutit; deinde, ad excelsa sublatus, inter felices animas currit.* [13] Et Ovidius in xv° ad idem etiam ait: *Morte carent anime semperque priore relicta / sede novis domibus vivunt habitantque recepte,* [14] ut sequatur quod ait Augustinus dicens: *Ita impetratur a Deo largitas misericordie ut non relinquatur iustitie disciplina.* [15] In quo tali Purgatorio anima separata que in hoc seculo distulerit fructum conversionis, ut ait Gregorius, eius ignis prius purgatur [16] qui, etsi non sit eternus, gravius quam alius urit; [17] et si queratur ubi sit tale universale Purgatorium locale — [18] licet Augustinus in *Enchiridion* videatur dubitasse dicens: *Tempus quod inter hominis mortem et ultimam resurrectionem interpositum est animas in abditis receptaculis continet, sicut queque digna est vel requie, vel erumpna, pro eo quod sortita est in carne dum viveret;* [19] *Super Genesi* vero postea, in capitulo viii°, scribendo de loco et situ dicti Paradisi terrestris, ait: *Credendum est quod locus Paradisi terrestris a cognitione hominum est remotissimus et seclusus a nostra habitatione aliquibus impedimentis montium vel marium, et ideo scriptores locorum de eo non scripserunt,* [20] pro que verba hec ultima satis potest substineri opinio auctoris huius qui tenet in hoc libro secundo quod dictum Purgatorium universale sit in quodam unico altissimo monte posito in medio alterius emisperii et in medio maris, habente in sua summitate dictum Paradisum terrestrem. [21] Universale Purgatorium dixi, quia singulare Purgatorium et particulare nonnullis animabus in hoc mundo separatis a corpore videtur dari in dictis *abditis receptaculis*, ut dicit dictus Augustinus superius, [22] unde Gregorius scribit in suo *Dialogo* animam Pasquasii in hoc mundo fore repertam purgantem se in quodam balneo, et quandam aliam in quodam frusto

21. Universale] universale⟨m⟩ V.

---

13. Ov., *Met.* XV 158-59.
14. *Decr. Grat.* II *De Poen.* D. I c. 41.
15-16. Greg., *Dial.* IV 41.
18. *Decr. Grat.* II C. XIII q. ii c. 23.
19. *Decr. Grat.* II C. XIII q. ii c. 24.
22. *Decr. Grat.* I D. XLV c. 3.

glaciei; [23] facit etiam quod dicitur Mathei, capitulo xii°: *Vel si quis in Spiritum Sanctum blasphemiam dixerit, neque in hoc seculo neque in futuro remictetur ei,* [24] super quo inquit Gregorius predictus: *"Ex hoc datur intelligi quasdam culpas in hoc seculo, quasdam in futuro posse relaxari";* et si queratur que anime ad dictum Purgatorium particulare et universale vadant, dico quod anime illorum qui in hoc mundo fuerunt mediocriter boni. [25] Distinguit enim Augustinus et Glosator Decreti super ipso quattuor genera hominum, scilicet valde bonos et valde malos et mediocriter bonos et mediocriter malos: pro valde bonis non est orandum, cum eorum anime moriendo statim evolent ad celum cum sint sine omni macula, nec pro valde malis, quorum anime statim in profundum Inferni moriendo merguntur, nec eis orationes et propitiationes pro ipsis ullo modo valent hoc facte; mediocriter bonorum anime ad dictum Purgatorium vadunt, et eis orationes et propitiationes hic pro ipsis facte prosunt ut citius liberentur a penis Purgatorii, et dicuntur isti mediocriter boni illi qui decedunt sine ullo peccato mortali, licet cum venialibus decedant et cum onere satisfactionis; mediocriter malorum anime puta illorum qui cum uno solo peccato mortali decedunt, ad infernum etiam vadunt. [26] De quibus sic ait Augustinus in libro *De Penitentia*: *"Defleat peccator, quia offendens in uno factus est omnium reus";* dicit Glosa: *"In uno", scilicet peccato mortali, factus est reus omnium quoad vitam ecternam, quia propter illud solum dampnatur;* [27] nam et *Omnis virtus detrimentum patitur ab uno vitio,* ut dicitur in *Decretis De Penitentiis,* et talium animabus non prosunt orationes et propitiationes ad liberationem Inferni et ad minorationem pene sic. [28] Ad hoc etiam facit quod ait Augustinus in *Omelia De Igne Purgatorio* exponens illa verba Apostoli dicentis, *Ad Corinthios* iii° capitulo: *"Si quis super hoc fundamentum",* scilicet fidei, *"hedificaverit lignum, fenum, stipulam",* ait, non intelligas quod capitalia peccata transitorio igne, de quo inquit Apostolus, ibi tollantur, sed minuta purgantur; unde *Glosa* super hoc ait: *Ibi tria genera venialium peccatorum: vocat 'ligna' graviora venialia, 'fenum' minora, 'stipulam' minima, cum lignum diutius in igne quam fenum et fenum quam stipula;* [29] unde quidam dicunt quod nullus pro mortali pec-

23. dixerit] ST L B miserit V.

23–24. *Decr. Grat.* I D. XXV c. 4 et *Gl.* rel. (*Matt.* XII 32).
26–27. *Decr. Grat.* II *De Poen.* D. V c. 1.
28. *Decr. Grat.* II *De Poen.* D. V c. 1 (*Ep. I Cor.* III 12).

cato punitur igne predicto purgatorio, sed tantum pro veniali; alij dicunt quod si aliquis cepit penitere pro mortali et non perfecit, perficiet in Purgatorio, dummodo de illo peccato contrictus decedat, quod probabilius est. [30] De Paradiso autem terrestri premisso dicam infra in tractatu talis Paradisi, ut supra dixi. [31] Restat igitur nunc solum hic dividere hunc secundum librum qui dividendus est in tres partes principales; in prima quarum auctor tractat de quodam extraordinario loco, in quo anime illorum qui distulerunt venire ad penitentiam et confessionem usque ad finem vite, et tunc contricti mortui sunt, extra verum Purgatorium per eum finguntur expectare et suspense ire antequam vadant ad purgationem tanto tempore quanto vixerunt in hoc mundo in tali mora et negligentia, ut infra videbis, et dicam singulariter de talibus in suis locis per quinque partes distinctis; et hec prima pars durat usque a principio secundi sequentis capituli huius secundi libri usque ad decimum eius capitulum; [32] ibi incipit secunda dicta principalis pars in qua auctor de vero tali Purgatorio tractat et de septem eius circulis distinctis secundum septem mortalia peccata purganda circa operis satisfactionem, et hec secunda pars durat usque ad xxvii° capitulum; [33] ibi incipit tertia pars in qua dicit et tractat de Paradiso terrestri, et hec durat usque in finem.

32. xxvii°] C L B xxviii° V.

SUPER PRIMO CAPITULO PURGATORII

[1] **Per correr miglor aque alza le vele**. [2] Auctor in hoc primo capitulo *Purgatorii* principaliter quattuor partes facit: nam primo usque ibi: **Ma qui la morte poesì resurga** more poetico premictit prohemialiter quid canere intendit in hoc secundo libro; inde usque ibi: **Dolce color d'oriental zafiro** invocationem suam facit; inde usque ibi: **Io mi volsi da lato e puosi mente**, describit horam qua se reperiit apud montem hunc Purgatorii, exclusum ab Inferno; inde usque ad finem proximi capituli fingit quedam ut preambula ad hunc secundum librum sub tropologico et allegorico sensu, ut ibi patebit. [3] Ad quod primum veniendo premittamus quod, ut plurimum expositores *Sacre Scripture* allegorizando eam accipiunt 'aquas' pro fluxu temporali huius mundi; [4] nam, scribente Psalmista: *Exaudi nos Deus salutaris noster / spes omnium finium terre et in mari longe*, dicit *Glosa* ibi: *"In mari", idest in seculo huius mundi amaro et fluctuoso ut est mare*. [5] Item super hoc alio versiculo eiusdem Psalmiste: *Vox Domini super aquas multas*, *Glosa* eadem exponit: *Aquas, idest fluxus huius mundi*: [6] quos auctor hic imitare nunc volendo, dicit quomodo decurso, idest speculato et contemplato per eum cum Virgilio, idest cum ratione, statu et esse huius mundi voluptuoso ac illecebri et vitioso tanquam Inferno quodam allegorice loquendo, volensque nunc venire ad contemplandum et speculandum ulterius statum illorum qui in hoc mundo ad virtuosam vitam de vitiosa veniunt et ad statum penitentie ut ad Purgatorium quoddam sub premissa

  2. quattuor partes] quattuor V. dolce] dolze V. proximi] p(re)cedenti V.

---

1. *Purg.* I 1.
2. *Purg.* I 7, 13, 22.
4. *Ps.* LXIV 6 et *Gl.* rel.
5. *Ps.* XXVIII 3 et *Gl.* rel.

etiam allegoria, volendo et penitendo se spiritualiter et moraliter quodammodo purgari a passatis suis vitiis et culpis, elevat vela ad currendum meliores aquas; [7] et sic infert quod dicte prime aque sint bone si iste secunde sunt meliores sub premisso sensu allegorico, sed dicit illud esse verum quod bone sunt, attenta iustitia agente circa debita supplitia et passiones contra malos in hoc mundo et dampnatos in alio ut in mistico Inferno. [8] Unde Yeronimus, *Super Ioel* propheta ait: *Non solum homines ministri sunt et ultores ire Dei hiis qui malum operantur, sed etiam contrarie fortitudines, idest demones esse*, dicit ibi *Glosator Decreti*. [9] Preterea per passiones malorum boni magis confirmantur in bono, de quo mistico Purgatorio, ut de secundo regno, subdit auctor hic se poetice cantaturus, et hoc pro prima parte premissa. [10] Quantum ad dictam partem secundam auctor ad hoc canendum invocat Musas ut hic, idest in hoc poemate suo, mortuam poesiam, idest abiectam hodie ab hominibus, faciant resurgere, et Caliopem ipsam iuvare cum illo suo sono et cantu quo vincit et confudit picas etc. [11] Hic cadit recitare quod scribit Ovidius in quinto, ubi recitat quomodo antiqui vates greci et poete finxerunt novem Musas ut virgines quasdam seu nimphas olim fuisse, et apud montem Parnasi morantes, et Eliconam et Castaliam et Aganipes, eius Parnasi fontes, colentes ut Dee quedam. [12] Item finxerunt quod tempore earum fuerunt novem alie virgines sorores in Grecia nate ex Pyerio patre et Enippa matre optime canentes in tantum quod certare voluerunt cum dictis Musis in musica, et demum victe sunt a dicta Caliope Musa sola canente dicte Pyerides, secundum sententiam certarum nimpharum debentium de hoc inter dictas partes iudicare, quarum sententie nolentes acquiescere, sed procaciter renitentes, dicte Pierides mutate sunt in picas aves. [13] Circa cuius fictionis integumentum, dicit Fulgentius, poetas voluisse sentire et accipere allegorice pro dictis novem Musis novem consonantias vocum, et pro dictis novem Pyeridibus novem dissonantias, cum quelibet consonantia habeat sibi suam connexam dissonantiam in musicali arte seu scentia, et ideo in dictas garrulas aves dicunt esse mutatas dictas Pyerides. [14] Et moti sunt ex eo quod humane vocis novem sunt consonantie seu modulamina: fit enim vox quattuor dentibus e contra positis ad quos lingua percutit, et si unus deficit facit sibilum; duo labia velut cimbala ver borum comoda modulantia, lingua ut plectrum, palatum proferens sonum, pulmo

---

8. *Decr. Grat.* II C. XXIII q. v c. 27 et *Gl.* rel.
11. Ov., *Met.* V 662–64.
13–16. Cf. FULGENT., *Mythol.* I xv.

ut follis. [15] Aliqui addunt Apollinem dictis musis, dicentes decem esse modulamina nostre vocis; ideo pingitur ipse Apollo cum decacorde cithera; item et *Psalterium* inde dicitur 'decacordum', unde Psalmista ait: *In decacordo Psalterio cum Cantico in cithera.* [16] Alii allegorizant novem Musas esse novem modos scientie et doctrine; nam cum nullus scientiam querat nisi in qua fame sue propaget dignitatem, ideo dicta est prima musa Clio; 'Cleos' enim grece 'famam' sonat, secunda Euterpe interpretata 'bene delectans', tertia Melpomene quasi 'meditationem faciens permanere', quarta Thalia interpretata 'capacitas', quinta Polymnia quasi 'memoriam multam faciens', sexta Eratho quasi 'inveniens simile', septima Tersicore quasi 'instructio', octava Urania quasi 'celestis', nona Caliope quasi 'optima vox'; et sic erit ordo: primo velle doctrinam, secundo delectari in eo quod velis, tertio instare circa illud, quarto id capere ad quod instas, quinto memorari quod capis, sexto invenire de tuo simile, septimo iudicare quod invenis, octavo eligere de quo iudicas, nono bene proferre quod eligeris. [17] Post hec veniamus ad tertium dictum in quo auctor, describere volendo matutinalem horam, dicit quomodo, egressus de Inferno et positus penes dictum locum et montem Purgatorii — quem dicit esse in alia parte mundi et in eius medio, et sic sub alio universali emisperio circulo meridiano, ut est in hac parte mundi nostra Yerusalem, ut dicit in capitulo sequenti — [18] et respiciens ad eius orientem, vidit medium celum illius emisperii versus eius partem orientalem a medio sui versus circulum orizontis eius orientalis, quem vocat auctor hic 'primum girum', in colore saffiri puro, idest sine apparentia aliquarum stellarum propter auroram solis iam ibi rubentem, et per consequens vult dicere quod a dicto medio dicti medii celi citra versus illum locum ubi erat adhuc stelle micabant, [19] et ita comparative iste idem auctor infra in xxx° capitulo Paradisi hoc confirmat, sic incipiendo: **Forse seimilia migla di lontano,** subdendo ibi **Quando il mezzo del celo, a noi profondo, / comin-**

16. propaget] protelet V. Euterpe] C eutrope V. Urania] L B eurania C serania V.
19. seimilia] seymilia V. mezzo] mezo V. alcuna] alguna V.

---

15. *Ps.* XCI 4.
19. *Par.* XXX 1, 4–9.

Super primo capitulo Purgatorii

cia a farsi tal, ch'alcuna stella / perde 'l parere infino a questo fondo; / e come vien la chiarissima ancilla / del sol più oltre, così el ciel si chiude / de luce in luce infino alla più bella. [20] Hoc etiam idem sensit Lucanus in fine secundi describendo hanc eandem horam et diluculum dicens: *Iam Phebum urgere monebat / non idem color eoi etheris, albaque nundum / lux rubet et flammas propioribus eripit astris, / et iam Plias hebet, flexi iam plaustra Boete / in faciem puri redeunt languentia celi, / maioresque latent stelle, calidumque refugit / Lucifer ipse diem,* [21] et hoc etiam tangit hic auctor dum dicit quomodo dictus Lucifer, idest stella et planeta Veneris, adhuc ibi lucendo velabat stellas signi Piscium, idest faciebat eas non apparere, in luce eas superando, in quo signo tunc erat et sic preibat solem tunc in signo Arietis existentem per duas horas vel circa, et hec pro dicta hac tertia parte. [22] Veniamus ad quartam et ultimam, ad cuius notitiam prenotandum est quod, licet Macrobius, *Super Somnio Scipionis*, virtutes distinxerit in quattuor gradus, ponendo quasdam fore politicas, quasdam purgatorias, quasdam iam animi purgati et quasdam exemplarias, [23] teologi vero nostri solum duo genera virtutum ponunt: nam dicunt quod quedam sunt modificative passionum insurgentium in sensualitate hominis, et tunc dicuntur purgatorie quia sunt hominum nondum purgatorum ab insultibus passionum et sic non summe perfectorum sed toto suo conatu ad id tendentium, quedam non ita regulantes nostras passiones sed solum tenentes animas in Deo hominum et in summa perfectione, que quidem prime sunt nobis in via et in actu, et hec secunde in portu et habitu. [24] Ex qua hac duplici theologica distinctione auctor hunc montem Purgatorii, quem allegorice fingit pro statu virtuoso humano et perfecto, dividit in duas principales partes ponendo unam ut Purgatorium, aliam ut Paradisum terrestrem; [25] quod Purgatorium anagogice et tropologice, idest spiritualiter et moraliter, mistim accipit pro statu illorum qui in hoc mundo se purgant, idest se corrigunt, separando pretiosum a vili, ut dicitur *Ieremie* xxv° capitulo ibi: *Si separaveris pretiosum a vili, quasi os meum*

20. monebat] ST L B movebat V.
23. secunde] sede(m) V.

---

20. Lucan., *Phars.* II 719–25.
22. Cf. Macr., *Comm. Somn. Scip.* I viii 5.
25. *Hier.* XV 19 et *Gl. rel.*

eris, ubi *Glosa*, exponens hoc, ait: *'Pretiosum': pretiosum a vili separat qui pretiositatem virtutum sequitur et temporalium vilitatem despicit et animam ab amore temporalium bonorum seiungit et ad amorem virtutum inducit.* [26] Et dictum Paradisum terrestrem pro statu perfectorum hominum sumit, qui sunt illi qui, ut scribitur in *Decretis*, *Pompis huius mundi renuntiaverunt, et qui sine ullo peccato sunt*, [27] vel qui sequuntur illum textum Evangelicum: *Si vis perfectus esse, vade et vende omnia que habes, et da pauperibus*, quod ex magna virtute et gratia contingit, [28] unde *Ecclesiastici* xl° capitulo dicitur: *Gratia Dei sicut Paradisus in benedictionibus*. [29] Nam cor in quo gratia est Paradiso similatur, sicut cor peccatoris Inferno, cum sit habitatio demonum et habeat tenebras ignorantie et ignem prave concupiscentie; sic igitur ad propositum volens nunc auctor in sua persona ostendere quid habeat homo agere exiens de vita et statu voluptuoso et vitioso huius mundi ut de Inferno quodam, et cupiens de malo fieri bonus — [30] iuxta illud Senece: *Magna pars bonitatis est velle fieri bonum* — [31] fingit hic se primo egressum de tali figurato Inferno revolvisse cum visu ad alium polum anctarticum, ubi dicitur esse alia stella tramontana, oppositum directo huic nostro polo artico, in quo vult ostendere et denotare quod homo, ita volens de malo ad bonum transire, debet primitus suum amorem volvere ad oppositum mali, quod est ipsum bonum et virtuosum esse, [32] dicente Augustino in libro *De Civitate Dei*: *Virtutem nichil aliud esse quam ordinem amoris*, et ibi se vidisse has quattuor stellas nunquam visa nisi prime genti in quo secundario notat quomodo in tali statu bono et virtuoso tali homini bene disposito quattuor virtutes cardinales ut purgatorie premisse apparent disponentes animum ad ea que sunt ad finem supremum — [33] ad quod respiciens *Iob* xxx° capitulo inquit: *Loquendo tali ira bene disposito nosti "per quam viam spargitur lux"*; *Idest virtus*, dicit *Glosa* ibi, [34] et Iacobus, in sua prima *Epistula* dicens: *Omne datum optimum et omne donum perfectum desursum est*, ubi dicit *Glosa*: *Optimum virtus et gratia est perfectum vero gloria* — [35] et sic merito in forma stellarum ducentium navigantes ad

---

26. Cf. *Decr. Grat.* III *De Cons.* D. IV c. 73.
27. *Matt.* XIX 21.
28. *Eccli.* XL 17.
30. SEN., *Ep. Lucil.* XXXIV 3.
32. AUG., *Civ. Dei* XV xxii.
33. *Iob* XXXVIII 24 et *Gl.* rel.
34. *Ep. Iac.* I 17 et *Gl.* rel.

Super primo capitulo Purgatorii

portum eas ita describit hic et figurat auctor, scilicet prudentiam, iustitiam, temperantiam et fortitudinem. [36] Et quia hec quattuor virtutes morales secundum poetica figmenta in prima etate aurea Saturni in hoc mundo fuerunt et morabantur ut nimphe et virgines quedam, et, adveniente secunda etate argentea Iovis prior in vitiis maculata, recesserunt hinc et ut stelle ad celum iverunt — [36] unde Ovidius in primo hoc tangens in persona iustitie ait: *Victa iacet pietas et Virgo cede madentes / ultima celestum, terras Astrea reliquit,* vocando iustitiam 'Astream', [37] et per consequens alias eius dictas tres consocias ut astra et stellas ponit, et hoc tangit etiam iste autor infra in capitulo xxxi° dum inducit has ibi quattuor virtutes sibi in Paradiso terrestri dicere: **Noi siam qui nimphe e nel ciel siamo stelle** — [38] ideo dicit autor hic quod dicte virtutes nunquam vise, idest cognite, effectualiter fuerunt nisi a prima gente, idest a dicta prima etate. [39] Post hec auctor, ut ostendat quid adhuc etiam agere habeat talis bene dispositus homo cupiens ascendere hunc montem, hoc est devenire ad dictum statum virtutum, fingit se tertio reperire umbram Catonis Uticensis, ipsam umbram accipiendo hic sub tipo honestatis, et ab ipsa dirigi cum Virgilio — idest cum ratione, que sit eius sequela, [40] unde *Anticlaudianus: Et ratio mensura boni quam semper adherens / felici gressu felix comitatur honestas* — [41] ac etiam instrui, ut dicit textus: nam sine previa et precedente honestate non possumus dirigi ad dictas virtutes, cum sit rarum quasi quidam introitus, nec tamen valemus ad visionem et cognitionem ipsius honestatis venire nisi mediante lumine radiorum descendentem a dictis quattuor virtutibus ut a stellis — [42] et ad quod idem quedam *Glosa* in *Decretis: Adhuc hos versus: "Ex ope celesti fit si quid habetur honesti / et venit a superis, vel agas bene vel mediteris"* — [43] ut fingit modo hic auctor se habuisse notitiam mediante luce, idest amore dictarum virtutum, habituato iam in eo — [44] ad quod respiciens Seneca in eius

---

36. Virgo] ST L B vigo V.

37. Noi] noy V.

44. in eius] L B eius V.

---

36. Ov., *Met.* I 149–50.
37. *Purg.* XXXI 106.
40. Alan., *Anticl.* II 6–7.
42. *Decr. Grat.* II C. XXVI q. v c. 3.
44. Cf. Martin of Braga, ed. C. W. Barlow (New Haven, 1950), p. 237.

librum *De Formula Honestatis* sic incohat dicendo: *Quattuor virtutum species multorum sententiis diffinite sunt, quibus humanus animus comptus ad honestatem vite possit accedere* — [45] et sic habent se dicte virtutes et honestas vicissim et correlative, ut quia sorores, unde Tullius, in libro *De Officiis* ait: *Virtus et honestas nomina diversa sunt, res autem subiecta prorsus eadem*, [46] unde Matheus Vendicinensis ad idem inquit: *Nubere virtuti virtus letatur, honestas / gaudet honestatis comparis esse comes*, [47] et idem Seneca, *De Beata Vita*, ait ad idem: *Nego quenquam iocunde*, idest virtuose, *vivere nisi simul et honeste vivat*, [48] et Ysidorus in suo libro *Ethymologiarum*, diffiniendo ipsam honestatem ait: *Honestus dicitur quis eo quod nichil habeat turpitudinis*, subdendo: *Nam quid est honestas nisi honor perpetuus et quasi honoris status? Unde et hominibus virtuosis et honestis honor maximus exhibendus est*, [49] et Tullius, in prima rubrica *De Officiis* ad hoc etiam ait: *Honestum est quod sua vi ad se nos allicit et sua dignitate nos trahit*. [50] Sunt autem dicti radii, moraliter loquendo, vibrati a dictis quattuor virtutibus ut a stellis ita illuminantes nobis dictam honestatem, alie particulares virtutes earum virtutum cardinalium et dependentes ab eis, ut ecce a prudentia descendit ratio, intellectus, circumspectio, providentia, docilitas et cautio; a iustitia innocentia, amicitia, concordia, pietas, religio, affectus et humanitas; a temperantia modestia, verecundia, abstinentia, castitas, honestas, moderatio, parcitas, sobrietas et pudicitia; a fortitudine magnanimitas, fiducia, constantia, securitas, magnificentia, tollerantia et firmitas secundum Macrobium. [51]. Item notandum est quod, ut scribit Augustinus in xiiii° *De Civitate Dei*, stoici phylosophi non credebant aliquid esse bonum nisi honestum, quod homines bonos facit, nec aliquid esse malum nisi inhonestum, per quod homines mali fiunt, [52] inter quos iste Cato precipuus fuit in tali virtute, unde Lucanus in secundo de eo loquendo ait: *Iustitie cultor, rigidi servator honesti, / in comune bonus; nullosque Catonis in actus / surrexit partemque tulit*

---

46. honestas] ST L B honor V.

---

46. MATTH. VINDOCIN., *Tob. paraphr.* I 69–70.
47. SEN., *Dial.* VII vii 1.
48. ISID., *Etym.* X 116.
49. Cf. CIC., *Off.* I xvii.
50. Cf. MACR., *Comm. Somn. Scip.* VIII 7.
51. Cf. AUG., *Civ. Dei* XIV viii 3.
52. LUCAN., *Phars.* II 389–91.

sibi nata voluptas. [53] Quo respecto puto Virgilium finxisse eum iudicem in Elisio campo ubi ponit animas piorum, idest virtuosorum, purgari, dicendo in viii°: *Tartareas etiam sedes, alta ostia Ditis, / secretosque pios, hijs dantem iura Catonem,* [54] quod non modicum aperit id quod de eo auctor hic tangit ficte, unde et Lucanus idem ait in viiii°, in persona Labieni, rogatus ipsum Catonem in Lybiam ut peteret responsa a Iove Ammone dicens: *Nam cui crediderim superos arcana daturos / dicturosque magis quam sancto vera Catoni? / Certa tibi vita semper directa supernas / ad leges,* et subdit: *Tua pectora sacra / voce reple; dure semper virtutis amator / quere quid est virtus et posce exemplar honesti,* [55] merito in persona sua et aliorum volentium incohare iter ad hunc modum, idest ad dictum statum virtutum, hunc Catonem et eius mores hic sibi assumit, primo ad ipsum honestandum, ut facere debet quilibet in hoc mundo intendens ad talia, [56] ut docet Seneca Lucilium facere dicens: *Aliquis vir bonus nobis eligendus est et ante oculos semper habendus, ut sic tanquam illo vidente faciamus. Elige itaque Catonem sive eum cuius vita tibi placuit et oratio: illum semper tibi ostende vel custodem vel exemplum. Opus est, inquam, aliquo, ad quem mores nostri se dirigant.* [57] Unde idem Seneca, in vi[a] epistula, ad hoc etiam inquit: *Longum iter est per precepta, breve et efficax per exempla: Plato et Aristoteles et omnes in diversum itura sapientium turba plus ex moribus quam verbis Socratis traxit; Metrodorum, Hermacum et Polyenum magnos viros non scola Epicuri, sed contubernium fecit.* [58] Inde auctor — ut alludat verbis Lucani in secundo describentis ipsum Catonem, nutante Re Publica sua Romana dicendo: *Ille nec horrificam sancto dimovit ab ore / cesariem duroque amisit gaudia vultu, / ut primum tolli feralia viderat arma, / intonsos rigidam in fronte descendere crinos / passus erat mestamque genis increscere barbam* — dicit hic de honesta pluma, idest barba et de capillis eius Catonis, ut dicit textus, et hoc dicit ut allegorice inferat quod honestum sit hominem se taliter gerere re publica sua male ducta. [59] Post hec auctor inducit Virgilium dicere respondendo dicto Catoni quomodo auctor nundum viderat ultimum sero, idest nondum fuit in profundum vitiorum

---

54. posce] ST posset V.

---

53. VERG., *Aen.* VIII 667, 670.
54. LUCAN., *Phars.* IX 554–57, 561–63.
56. Cf. SEN., *Lucil.* XI 8, 10.
57. SEN., *Lucil.* VI 5–6.
58. LUCAN., *Phars.* II 372–76.

in hoc mundo, vel dicit ultimum sero, hic accipi pro morte corporali, licet ei sua culpa valde fuerit propinquus: hoc dicit illo respectu quod, dum ipse Virgilius ut ratio humana traxit dictum autorem ruentem iterum ad vitia, ut dicitur supra in Inferno, capitulo primo, de tali statu et ruina modicum vixisset in talibus vitiis quam mortuus non fuisset corporaliter, [60] iuxta illud quod scribitur in *Decretis*, scilicet quod propter vitia et peccata minus peccator in vita durat corporali. [61] Et Thomas in *Summa De Vitiis et Virtutibus* ait: *Et ipsam enim vitam homini convertit peccatum in mortem*, [62] et hoc est quod dicitur in quadam *Decretali de Penitentiis* ita incohantem: *Cum infirmitas corporalis nonnunquam ex peccato proveniat, dicente Domino languido quem sanaverat: "Vade et amplius noli peccare"*, ut habetur ideo capitulo v°. [63] Item inducit eum ad dicendum quomodo ipse auctor ibat querendo libertatem spiritualem, subaudi illam de qua ut ita Yeronimus dicens: *Sola apud Deum libertas est non servire peccatis*, [64] et Boetius in v°: *Humanas animas liberiores quidem esse necesse est cum se in mentis divine speculatione conservant*. [65] Extrema vero est servitus, cum vitiis dedite rationes propriam possessionem ceciderunt, propter quam talem libertatem equipollentem ille ipse Cato, [66] sequendo illud verbum Sallustii: *Nemo bonus libertatem nisi cum anima simul amictat*, se gladio in civitate Uticensi, idest barbara, interemit antequam vellet subesse Cesari. [67] Et sic ibi reliquit vestem suam, idest corpus suum, quod in magna die iudicii resurgens erit ita clara, ut dicit textus hic; [68] de qua duplici equipollente libertate ait Apostolus, *Ad Romanos* vii° dicens: *Filii ergo Dei per gratiam, licet sit libera a spirituali servitute peccati, non tamen a corporali qua dominis temporalibus sunt astricti*. [69] Item inducit eum ad dicendum dicte umbre Catonis quomodo ipse Virgilius est in limbo dampnatus cum Martia, uxor olim ipsius Catonis, et dictam umbram ad respondendum, rogatam amore dicti Marcie, dicit quomodo, dum cum ipsa fuit in dicto loco Limbi, fecit quicquid voluit dicta Martia, at nunc cum ipsa moretur ultra ma

---

60. Cf. *Decr. Grat.* II *De Poen.* D. I c. 35.
61. Cf. PERALD., *Summa Vit. Virt.* I vi 5.
62. Cf. *Decr. Grat.* II C. XXXIII q. i c. 7 (*Ioh.* VIII 11); PS.-AUG., *De vera et falsa poenit.* V 11, XIII 28.
63. HIER., *Ep.* CXLVIII 21.
64. BOETH., *Cons. Phil.* V pr. ii 8.
66. SALL., *Cat.* XXXIII.
68. Cf. *Ep. Rom.* VII 24–25.

Super primo capitulo Purgatorii

lum flumen Acherontis, et ipse Cato citra liberatus a dicto Limbo, plus non potest movere eam propter legem tunc factam dum exivit dictum locum, ut dicitur hic in textu. [70] In quo passu autor intelligendus est non ut prima facie lictera sonat, cum dissonum esset rationi dicere et credere animam dicti Catonis ad Limbum descendisse et de ipso exisse per mortem Christi et venisse ad hunc locum Purgatorii, cum Augustinus in primo *De Civitate Dei* improbet talem mortem Catonis occidendo se taliter ratione ibi assignata, ac etiam ex eo quod homicidium perpetravit, item et hominem sine culpa occidit, item et quia tam virum bonum interfecit et per consequens dampnatus rationabiliter esse debet; qua re auctor in hoc passu intelligi debet sub tali allegorica locutione hoc dicere, videlicet ut ipse Cato non ut ipse, sed ut ipsa virtus honestatis in eo hic figurata, ut supra dictum est, per ipsum autorem ante redemptionem Christi in ambage et tenebrositate fuerit, ut in Limbo quasi quodam infernali apud gentiles et paganos et alios infedeles, cum tales per honestatem solum intendebant ad finem amoris honesti, [71] quem dicebant esse solum quod sine utilitate et fructu per se rationabiliter laudandum erat. [72] Sub typo eius amoris honesti autor summit hic dictam Martiam, at post dictam redemptionem Christi dicta virtus honestatis de dicta tenebrositate et cecitate hominum ut de quasi Limbo quodam exivit et venit ad hunc locum Purgatorii, idest devenit ad tempus gratie, in quo homo se dirigit per dictam virtutem honestatis ad karitatem ut eius effectivum obiectum; per quam karitatem idem homo diligit Deum per se et proximum propter Deum ut ad Purgatorium quoddam. [73] Ad propositum igitur dicta Martia, idest dictus amor honesti, non habet movere Catonem, idest ipsam virtutem honestatis, a dicta redemptione citra, sed karitas prelibata, quemadmodum anima dampnata non habet movere animam salvatam, [74] alludendo in hoc verbis *Luce* xvi° capitulo, ibi dum dicitur quod inter dampnatos et salvos magnum chaos constitutum est, ut hii qui voluerunt hinc transire ad illos non possit, neque inde transmeare. [75] Nam dicit ibi Augustinus: *Chaos, idest lex facta de non veniendo animas dampnatorum ad salvatas et e contra,* et hoc tangit autor dum dicit de lege tunc facta que resultat ex premissis verbis; [76] inde autor — motus forte per Beatum Bernardum ita scribente: *Primum opus virtutis est*

---

70. Cf. Aug., *Civ. Dei* I xxiii.
71. Cf. Sen., *Benef.* IV ix 3.
74. Cf. *Luc.* XVI 25–26.
76. Bern., *Cat. Aurea* I vi.

docere cum humilitate, [77] item et per Gregorium dicentem: *Qui sine humilitate virtutes congregat, quasi pulverem in ventos portat;* nam initium virtutis humilitas est, [78] item et per Ambrosium dicentem: *Humilitas custos est virtutis,* [79] et per Augustinum etiam dicentem: *Humilitas est ex intuitu proprie conditionis et sui conditoris voluntaria mentis inclinatio,* que ita est nobis initium reparationis, sicut superbia, que sibi contrariatur, est initium dampnationis — [80] fingit dictum Catonem sub dicto et figurato et mistico sensu monere Virgilium, idest rationem, ut ipsum autorem cingat de aliquo iunco, hoc est ut habituet eum in virtute humilitatis, sine qua etiam homo incohare non valet iter ad virtutes, [81] ut dictum est hic superius modo, alludendo in hoc etiam illis verbis Evangelicis *Mathei* vi°: *Humiliatio tua in medio tui; idest in ventre,* ut dicit *Glosa* ibi: *Nam voluit Deus ventrem esse ante nos ut homo semper videre posset materiam sue humilitatis.* [82] Inde auctor, volendo tangere quomodo homo volens dirigi ad virtuosa debet a virtuosis hominibus, ut supra dictum est, eorum mores et dicta accipere, quibus acceptis nichilhominus idem mores in hijsdem virtuosis resurgunt, dicit quomodo ille iuncus evulsus sic ibi per Virgilium illico renatus fuit, ut dicit hic textus — [83] sub allegoria credo illa qua Virgilius, in vi°, dicendo de ramo aureo accepto per Eneam in simili figurato casu inquit: *Hoc sibi pulcra suum ferri Proserpina munus / instituit. Primo avulso non deficit alter / aureus, et simili frondescit virga metallo.* [84] Nam per exemplum Tullius incohando: *Si virtuosus,* ut ipse ait in principio sui libri *De Amicitia,* non minuebat exempla virtuosa in illo Scevola, a quo multa notanda dicta et facta reportabat, ut ibi dicit, nec Cleantes in Zenone phylosopho nec predicti Plato et Aristotiles in Socrate, qui solum ex moribus eorum effecti sunt tales et tanti viri, [85] ut dicit Seneca in preallegata eius *Epistola* supra: *Cum remaneret in eis sicut et ante erant et resurgerent.* [86] Inde etiam secutus autor Senecam in libro *De Beneficiis* dicentem: *Non recipit sordidum virtus*

---

86. amorem] ST amarem V.

77–78. GREG., *Homil. Evan.* I vii 4.
79. HUGH OF ST. VICTOR, *De fruct. cam et sp.* XI.
81. *Micah* VI 14.
83. VERG., *Aen.* VI 142–44.
86. SEN., *Benef.* IV xxiv 2.

Super primo capitulo Purgatorii

amatorem, [87] et Tullius dicentem in suo libro *De Officiis*: *Honestus dicitur aliquis eo quod nichil habet turpitudinis*, [88] et Salamonem in *Canticum* dicentem: *Unge caput tuum et faciem tuam lava*, exponente ibi sic *Glosa*: *"Facie", idest mentem* — [89] inducit Virgilium secundum mandatum Catonis ad lavandum eius faciem rore, idest mente eius ab omnibus reliquiis vitiorum, dum fuit, dicit hic textus, in loco ubi ros pugnat cum sole, subaudi et non cum ventis: vult enim dicere quod erat in loco infimo prativo in illa planitie et concavo, ut tangat de natura ventorum et roris, que est ut in locis altis magis venti afflent quam in infimis, et ex hoc raro ros et pruina in montibus apparent, cum ibi solum cum ventis pugnent et ab eis destruantur ante diem, et sic ante ortum solis, et ita non pugnant earum humiditas et frigiditas cum siccitate et caliditate solis ibi, sed cum ventis, et sic amittunt ibi sua pugnam, idest suas vires cum eis et non cum sole; at cum ros est in infima terra herbifera ubi venti modicum possunt, non ab eorum pugna ibi sed a pugna solis vincitur. [90] Et hoc vult tangere auctor hic dicendo illud fuisse ubi ros pugnat cum sole tantummodo, cum in depresso loco plano ipse ros modicum ab **oreza**, idest a ventositate rarificetur, quasi includat quod tunc ibi ante ortum solis ut erat, Virgilius ad ita lavandum eum potuit habuisse magnam copiam roris.

---

87. Isid., *Etym.* X 116.
88. *Matt.* VI 17 et *Gl.* rel.
90. *Purg.* I 123.

SUPER II° CAPITULO PURGATORII

[1] **Già era il sole a l'orizonte giunto**. [2] Ad evidentiam eorum que in principio huius secundi capituli exordiendo auctor tangit continuando se ad proxime precedentia, notandum est quod orizon dicitur astrologice ille circulus qui ymaginative et abstracte cingit circumferentialiter globum terre, dividendo nostrum emisperium ab alio sibi oppositum, idest nostram partem visibilem celi seu aeris — unde dicitur 'emisperium' ab 'emi', quod est 'supremum' et 'sperium', quod est 'celum' seu 'aer' — ut zona. [3] Nam 'orizon' dicitur quasi 'aeris zona', ut tangit iste auctor infra in *Paradiso* capitulo xxviiii°, sic incipiendo: **Quando ambedui gli figli di Latona, / coperti del Montone e de la Libra, / fanno de l'orizonte insieme zona**. [4] Unde et Macrobius, diffiniens eum, ait etiam: *Orizon est velut quodam circulo designatus terminus celi, qui super terram videtur*. [5] Item notandum est quod dictum nostrum emisperium de septentrione ad meridiem per quendam semicirculum resecatur, qui dicitur meridianus, ex eo quod vadat sol alte vel basse, dum tangit hunc semicirculum: 'meridies' est, seu 'media dies artificialis', [6] unde idem Macrobius, diffiniendo eum ait: *Meridianus est circulus quem sol, cum super hominum verticem venerit, ipsum diem medium efficiendo designat*. [7] Item notandum est quod xxiiii° hore diei naturalis hic per quattuor proportiones dictum diem naturalem volvunt; nam, dum sol est super flumine Gangis corrente in Occeanum in fine

---

1. giunto] gionto V.

3. fanno] fano V.

---

1. *Purg.* II 1.
3. *Par.* XXIX 1–3.
4. Macr., *Comm. Somn. Scip.* I xv 17.
6. Macr., *Somn. Scip.* I xv 16.

Super ii° capitulo Purgatorii

huius nostri Orientis ibi in suo meridiano puncto, principium diei, idest ortus solis, in civitate Ierusalem erit — [8] que ponitur esse in medio huius nostre partis mundi quarte habitabilis, unde Augustinus, *Super Psalterio*, et Ysidorus in xiiii° *Etymologiarum* dicunt fore umbilicum habitabilis nostre regionis mundi et media nox in nostro occidente et principium noctis in medio alterius partis mundi — [9] ubi auctor nunc fingit se fore iuxta dictum montem Purgatorii, et e contra dum media nox est in dicto nostro Oriente principium noctis erit in dicta civitate Ierusalem et dies medius in nostro occidenti et principium diei in dicto medio alterius partis mundi: [10] quod totum hoc vult tangere iste auctor infra in capitulo xxvii° incipiendo: **Sì come quando i primi raggi vibra / là dove 'l suo factor lo sangue sparse, / cadendo in Ibero sotto l'altra Libra**, et in *Paradiso* in capitulo xxx°, dum incipit ipsum dicendo: **Forse seimilia miglia di lontano / ne ferve l'ora sexta** etc. [11] Nunc igitur ad propositum auctor, volendo describere matutinalem horam in qua fingit sibi hic apparuisse hunc angelum de quo statim dicam, dicit quomodo iam sol devenerat ad orizontem nostrum occidentalem, subaudi cuius meridianus circulus cooperit Ierusalem cum altiori puncto sue semicirculationis ut locum existentem in medio huius nostre partis mundi habitabilis, et per consequens sol tunc appropinquabat Orienti alterius partis mundi, et sic in eius medio, ubi auctor fingit se tunc fuisse, debebat esse iuxta diem in aurora, ut dicit textus hic: dicit quomodo tunc nox circuens in opposito diei exibat de Gange flumine predicto, hoc est de dicto nostro oriente, cum Bilancibus, idest cum signo Libre opposito directe signo Arietis, in quo tunc sol erat secundum fictionem auctoris. [12] Que lances, methaphorice loquendo, dicit auctor quod cadunt de manu noctis, cum ipsa nox incipit superare diem, quasi dicat quod dum dies in equinotio est duodecim horarum, et nox totidem, lances dicti signi Libre pares et eque sunt, et neutra cadit, idest neutra preponderat alteri — [13] unde Lucanus, describens tale punctum temporis ait: *Tempus erat, quo Libra pares examinat horas* — sed cum nox incipit superare diem dicte lances cadunt sibi de manu,

---

8. Aug., *Enarr. Ps.* CXXI 3–5; Isid., *Etym.* XIV iii 21.
10. *Purg.* XXVII 1–3; *Par.* XXX 1–2.
13. Lucan., *Phars.* VIII 467.

Comentum Petri Alagherii

idest preponderant experte noctis. [14] Post hoc auctor fingit sibi a longe apparuisse hunc angelum de quo hic dicitur in textu, quem describendo ponit ipsum in facie rubicundum, ut apparet stella Martis quam auctor hic comparative similat ei ut habetur in textu; inde dicit quod habebat alas albas et totum aliud dorsum, [15] et in hoc alludit verbis Mathei, scribentis ad finem eius Evangelii angelum stantem ad sepulcrum domini habuisse *Aspectus ut fulgur et vestimenta ut nix*, [16] dicendo inde auctor quomodo dictus angelus venit cum hac sua navicula et quomodo stabat in puppim, ita quod nedum in essentia vera, ut ibi erat, sed etiam tantum descriptus, idest designatus lingua vel stilo, visus, fuisset beatus, [17] item et quomodo illi spiritus, vecti per eum, cantabant *Psalmum* illum: *In exitu Israel de Egipto*, [18] inde quomodo, illis depositis, velox recessit ipse angelus ut venerat. [19] Inde dicit quomodo in illo emisperio, iam sol ortus, undique sagitabat diem cum suis radiis, quos vocat hic auctor 'sagiptas comptas' ipsius solis, idest sibi notas vel comptas, idest ornatas, alludens fictionibus poetarum describentium Apollinem, idest solem, cum arcu et pharetra, cum quibus dicit quod ibi signum Capricorni expulerat de illo meridiano: [20] nam, cum sol tunc erat in signo Arietis et in equinotio ut tunc erat, et in quolibet emisperio, sex signa Zodiaci tunc etiam appareant, sequitur quod tunc ibi signum Aquarii erat in medio celi, idest in dicto circulo meridiano illius emisperii ut tertium signum ad Arietem, et dictum signum Capricorni extra dictum meridianum. [21] Inde, ut tangat de natura anime separate, dicit quomodo amplexando ibi umbram Caselle, summi cantoris de Florentia quem fingit se ibi invenisse, nichil solidum tangebat, sed tanquam ut aerem amplexatus tunc fuisset. [22] Inde fingit Virgilium in vi° contigisse Enee reperienti umbram Anchise sui patris dicens: *"Da iungere dextras, / da, genitor, teque amplexu ne subtrahe nostro". / Sic memorans largo fletu simul ora rigabant. / Ter conatus ibi collo dare brachia circum; / ter frustra comprehensa manus effugit ymago, / par levibus ventis*

---

14. Martis] C mentis V.

15. Mathei] ST Marci V.

---

15. *Matt.* XXVIII 3.
17. *Ps.* CXIII 1.
22. Verg., *Aen.* VI 697–702.

Super II° capitulo Purgatorii

volucrique simillima somno. [23] Non tamen credendum est quod anima sit ventus, ut Greci iam dixerunt, et ut simulat hic dictus poeta, ex eo quod ore trahentes aerem vivere videamur. [24] Nam, ut dicit Ysidorus circa hoc: *Multo prius gignitur anima quam concipi aer possit, cum in utero vivant ante generationem corporis*. [25] Inde auctor, quasi admirative ex eo quod iam per aliquos annos dictus Casella iam mortuus fuerat, fingit se quesisse a dicta eius umbra quomodo sibi erat tanta terra ablata, idest tantum iter, quantum et ipse auctor et ipsa umbra tunc fecerant de uno et eodem loco ad illud quod iter dicta umbra facere debuisset dudum post eius mortem; [26] qui respondit ut in textu habetur, ad notitiam cuius est advertendum sub quo intellectu auctor hunc angelum accipiat primo et secundario. [27] Et dicit quod hic primo allegorice ipsum accipit pro motu angelico illo qui trahit homines de Egypto, idest de servitute peccatorum ad statum penitentie et purgationis per mare, idest per fluctus et amaritudines terrene purgationis et voluptatis, ut tractus fuit populus Israel de servitute pharaonis de Egypto in qua steterat per septuaginta annos, ut in libro *Ester*, et per mare rubrum, ut in *Psalmo* hic allegato dicitur. [28] Circa quod ait Thomas: *Quantum ad vim concupiscibilem, vivendo quasi in mari rubro sumus, ubi varii fluctus concupiscentie sibi invicem succedunt, in quo fetor et salsedo est, cum voluptas, ut aqua salsa maris sitim provocet, non extinguit. Quantum vero ad vim rationalem sumus quasi in Egypto tenebrarum, ubi multis plagis percutimur sicut Egyptus percussus est*. [29] Ad hoc etiam Dionisius in suo libro *De Gerarchiis* ait: *Angeli describuntur cum alis quia a contagione terrena penitus alieni sunt*. [30] Quare vide cur auctor dicat hunc angelum cum alis albescentibus huic inde sibi a longe cum tertia albedine, scilicet dictarum animarum, ut dicit textus, per mare ita trahere dictos spiritus canentes *In exitu Israel de Egipto domus*, [31] et ducere eos ad hunc montem Purgatorii; et ex hoc dicitur humanum est peccare, angelicum abstinere, diabolicum perseverare. [32] Secundario accipit auctor hic hunc angelum in suo proprio esse, quasi velit sentire quod angeli ut ministri Dei animas purgantes se in

---

24. generationem] nationem V.

30. cur] L B ait V.

---

24. Isid., *Etym.* XI i 7.
27. Cf. *Hest.* VIII.
29. Dion., *Coel. Hier.* XV 3.

hoc mundo in abditis — *Idest in remotis receptaculis*, ut ait Augustinus, ut scripsi supra super rubrica, sicut anima Pasquasii, ut etiam ait Gregorius in eius *Dialogo*, et ut scripsi supra, item super dicta rubrica huius secundi libri — ducant ad verum et universale Purgatorium cito et tarde secundum exigentiam iustitie divina, [33] quod totum videtur confirmare *Psalmista* dicens: *Qui facit angelos suos spiritus et ministros suos*. [34] Tamen dicit dicta umbra quomodo tunc a tribus mensibus citra dictus angelus in suo proprio esse predicto accepit quascumque tales animas purgantes se in hoc mundo ut supra dixi et hoc requirentes ratione anni Iubilei, de quo dicitur in *Levitico* capitulo ultimo qui annus remissionis et liberationis erat; [35] nam in anno m°ccc°, in quo auctor fingit se hec vidisse in medio mensis Martii, talis indulgentia facta fuit Rome et generale perdonum per Ecclesiam incipiens die Natalis Domini, et sic quasi iam tres menses lapsi tunc erant de dicto perdono, ut hic tangitur, unde ait dicta umbra quomodo eo quod erat tunc revoluta ad faucem Tiberis, levata a dicto angelo et delata illuc, [36] quasi velit nichilare auctor in hoc quod tulit generalis indulgentia romane Ecclesie etiam talibus animabus separatis purgantibus se in hoc mundo spiritualiter se volventibus ad eam, condolendo de earum tarda conversione olim habita in earum vita, unde merentur tardare in hoc mundo ire ad verum Purgatorium, et penitendo tunc vehementius de hoc, ut tunc contingit hic nobis aliis. [37] Nam Yeronimus, scribens super dicto ultimo capitulo *Levitici* ibi: *Qui domum suam vel agrum Domino vovendo consecraverit non potest eam redimere nisi siclo, quod continet viginti obolos, usque ad iubileum*, ait: *In hoc docemur quod quicunque domum conscientie conversationis per penitentiam Domino offerre atque pretio bonorum operum de vana conversatione sue vite se ipsum redimere voluerit, non potest hoc facere nisi siclo sanctuarii, idest nisi operibus penitentie Sacra Scriptura prefixis*. [38] Et, ut tangat quomodo sine directione sancte matris Ecclesie Catholice Romane et eius mandatorum et preceptorum nemo potest ire ad salvationem, cum sit et dicatur mater fidei et religionis dicta Ecclesia, ideo auctor fingit dictam umbram dicere quod ad dictam faucem Tiberis congregantur omnes qui non tendunt

---

38. umbram dicere] umbra(m) V. congregantur] c(on)gregat(ur) V.

---

33. *Ps.* CIII 4.
34. Cf. *Lev.* XXVII 18–33.
37–38. *Decr. Grat.* II *De Poen.*, D. I c. 87 (*Lev.* XXVII 16–25).

Super II° capitulo Purgatorii

versus flumen primum infernale dictum Acherontem. [39] Ultimo auctor, ut tangat de prima causa que facit homines in hoc mundo tardos ad confessionem et penitudinem, ut est delectatio in cantu amatoriarum cantilenarum — [40] ad quod Gregorius respiciens, corrigendo nos, inquit: *Cum blanda vox queritur sobria vita deseritur*, [41] — fingit umbram Caselle ibi cecinisse: **Amor che ne la mente me ragiona**; que verba fuerunt cuiusdam cantilene auctoris, et per cantilenam talem ipsam umbram et alios ibi audientes eam a dicto Catone fore depulsos et correptos sub typo virtutis honestatis abominantis talia audire, ut dicit hic textus, ac etiam sonos insanos et mundanos, [42] unde Thomas: *Musica instrumenta timenda sunt: fingunt enim corda hominum et molliunt, et ideo secundum verbum sapientium esse ut frangenda*.

---

40. *Decr. Grat.* I D. XCII c. 2.
41. *Purg.* II 112 (*Rime* LXXXI).
42. Cf. THOM., *Eth. Arist. exp.* III xix 13.

SUPER III° CAPITULO PURGATORII

[1] **Avenga che la subitana fuga**. [2] In hoc tertio capitulo usque ibi: **Intanto devenimo a piè del monte**, auctor adhuc se continuat ad proxime precedentia hoc modo quod, dispersis illis spiritibus per dictum Catonem acceptum hic sub typo virtutis honestatis, ut dicitur in precedenti capitulo, Virgilius de tali casu ita a se ipso remorsus fuit, ut dicit textus; in quo auctor vult ostendere per Virgilium in hoc passu hominem rationabilem et honestum, dignissime et pure conscientie, in hoc mundo viventem, pati ex modico defectu magnam remorsionem conscientialem. [3] Unde scribitur in *Decretis* quod *Bonarum mentium est etiam ibi culpam suam agnoscere ubi culpa non est*, [4] ita est quod id quod est veniale peccatum in alijs hominibus, in perfectis, idest virtuosis, est mortale, ut magis morsicatur a dentibus rationis et conscientie, subdendo auctor ad nostram moralitatem hic quomodo festivitas sive festinantia ab omni nostro actu, puta incedendo, loquendo, comedendo et in alijs similibus, honestatem dismagat, idest disiungit et removet. [5] Unde Gratianus, volens in hoc Episcopos et alios clericos doctrinare, inducendo Sallustium increpantem Catilinam de incessu suo modo cito modo tardo ita scribit in suo *Decreto*: *Incessu autem debet sacerdos esse ornatus, ut gravitate itineris maturitatem mentis ostendat; inde compositio eius corporis, ut ait Augustinus, "Qualitatem indicat mentis"; unde Ystoriographus ille*, scilicet dictus Sallustius in suo *Catilinario*, ait: *"Cum eius"*, scilicet dicti Catiline, *"mutabilitatem describeret"*, subdit, *"Cuius conscientia excitata curis vastabat mentem, incessus modo citus modo tardus"*, [6] nec facit instantiam in hoc quod ait iste auctor infra in xviii° capitulo, ubi videtur festinationem commendare dicendo: **Maria corse cum fretta a la montagna**: nam non loquitur ibi de festinatione

---

1. *Purg.* III 1.
2. *Purg.* II 46.
3. *Decr. Grat.* I D. V c. 4.
5. *Decr. Grat.* I D. XLI c. 7–8.
6. *Purg.* XVIII 100.

Super iii° capitulo Purgatorii

personali, sed potius de festinatione mentali et temporali. [7] Nam, ut scribit Lucas, *Evangelio* capitulo primo, facta angelica annunciatione, et dicto per ipsam dominam nostram: *"Ecce ancilla domini, fiat michi secundum verbum tuum"*, statim ipsa virgo abijt in montanea cum festinatione, idest sine dilatione et intervallo temporis. [8] Inde auctor fingit se cum umbra Virgilii processisse versus dictum montem Purgatorii, et quod ipse solus auctor cum persona sua ibi tantummodo faciebat umbram in terra de lumine solis et non anima Virgilii; de quo subito timuit, ut dicit textus. [9] Ex quo Virgilius sumpsit causam dicendi ipsi auctori quomodo corpus nostrum animatum est opacum, idest non transparens sed umbriferum, et ex hoc dicit de corpore suo sepulto Neapoli, secundario ubi tunc erat vesperum, idest nox, seu principium eius, nam primo sepultum fertur Brundisii, civitatis Calabrie, unde pro epitaphio scriptum ibi est super eius sepulcro: *Mantua me genuit, Calabri rapuere, tenet nunc / Parthenope: Cecini pascua rura duces.* [10] Item dicit etiam quomodo anima eius, nunc a dicto corpore suo separata, est transparens ut sunt celi, aer, aqua et vitrum et alia corpora diafana. [11] Dicitur enim 'diafanum' a 'dia', quod est 'duo' et 'fanos' 'aparitio'. [12] Nam septem celi planetarum sive spere posite inter nos et firmamentum octave spere non tollunt nobis aspectum nec impediunt dicte octave spere seu stellati celi, ut patet ad sensum, unde Phylosophus in primo *De Anima* dicit Leucippum, alium phylosophum, tenuisse animam esse spera rotunda propter id quod maxime possunt penetrare per omne huius figure [13] et respondendo Virgilius cuidam tacite questioni qua posset dici quomodo ergo tales anime patiuntur ut res aeree et impalpabiles, dicit quomodo ad patiendum supplicia calida et gelida similia corpora — idest talia corpora ut sunt anime et similia eis, ut sunt demones — illa virtus disponit que non vult hominibus apparere quomodo hec agat, scilicet virtus divina. [14] Ad hoc primum Augustinus in libro *De Ortodoxa Fide* sic ait: *Angeli et omnes virtutes celestes corporee sunt, et anime separate et demones, quod patet quia localiter circumscribuntur* [15] tamen hoc patet in anima, ut idem Augustinus ait in xxi° *De Civitate Dei: Non est materialiter, ut est in corporibus materialibus, sed spiritualiter patitur ab igne Inferni et Purgatorii, ut ab instru-*

---

7. *Luc.* I 38–39.
9. "Vita Donati", ed. C. Hardie, *Vitae Vergilianae Antiquae* (Oxford, 1966), § 36 (p. 14).
11. Ugucc. Pis., *Deriv.* s.v. 'diafanum'.
12. Cf. Arist., *An.* I ii 404a 5.
14–17. Cf. Ivo, *Decret.* XVII 53.

Comentum Petri Alagherii

mento divine iustitie. [16] Ad secundum, in eo quod dicit quod insipiens est qui extimat quod nostra ratio humana possit transcurrere viam infinitam divine sapientie, que substantialiter, ut dicit textus hic, est una in tribus personis. [17] Quantum ad Trinitatem divinam facit quod ait Augustinus in libro *De Civitate Dei* predicto dicens: *In operibus Dei deficit ratio in corde et in sermone,* [18] et quod dicit *Ecclesiasticus* viii°, ibi: *Omnium operum Dei homo rationem reperire non potest,* [19] et quod ait Apostolus, *Ad Romanos* xi° capitulo, dicens: *O altitudo divitiarum sapientie et scientie Dei, quam incomprehensibilia sunt iudicia eius et investigabiles vie eius,* [20] et quod ait *Baruch* propheta dicens in capitulo iii°: *Quis ascendit in celum et accipit sapientiam non est qui sciat viam eius,* [21] ex quibus auctor in persona Virgilii conclusive circa hec subdit quod nos gens humana sumus, idest esse debeamus contenti huic coniunctioni causali 'quia' circa predicta talia; [22] que dictio 'quia' importat, secundum Phylosophum in principio *Methaphysice*, scire effectum ignota causa, sed scire propter quid est scire effectum et causam, quasi dicat simus contenti videre effectum in talibus sine impossibili visione cause, arguendo per modum ab impossibile. [23] Nam si, ut scribitur, Ypocras et Pictagoras induxerunt hanc legem discipulis suis, ut non essent ausi pro sententijs suis interrogare propter quid, sed esset eis pro ratione dicentis auctoritas, quanto magis auctoritas divina pro ratione habenda est; [24] et subdit Virgilius hic: ergo si humana ratio scrutari potuisset et investigare primi nostri parentes non prevaricati fuissent precepta Dei, et per consequens non fuisset opus incarnationis verbi divini in Maria, ut dicit hic textus; [25] ac etiam Aristotiles et Plato et alii magni phylosophi et poete dampnati in limbo Inferni previdissent adventum filij Dei et credidissent in Christum venturum et sic salvati forent. [26] De qua premissa passibilitate anime separate, et quomodo afficiatur tormentis Inferni et Purgatorii plene scribit Thomas in suo *Contra Gentiles* in x° capitulo, et ego plenius scribam infra in capitulo xxv° ubi de hoc videtur. [27] Post hec auctor venit ad secundam partem presentis capituli, ubi

21. esse] C etiam V.

18. *Eccl.* VIII 17.
19. *Ep. Rom.* XI 33.
20. *Bar.* III 29–31.
22. Arist., *Metaph.* I i 981a 25–30.

Super III° capitulo Purgatorii

primo tangit de repentibus rupibus existentibus inter Lericem et Turbiam civitates riparie Ianuensis. [28] Inde, factis suis comparationibus que per se patent, fingit ibi se reperire illam turbam animarum de qua dicit textus, iuxta dictum montem vagando ita extra Purgatorium sive ripas dicti montis Purgatorii. [29] Quas animas dicit esse illorum qui in hoc mundo viventes contempserunt sententias excomunicatorias contra eos latas et interdicta, tamen in fine contriti salvati sunt, et in pena talis contemptus dicit quod ita extra Purgatorium vagantur, sive extra dictas ripas et vagabuntur triginta annis pro omni anno quo vixerunt in tali contemptu et contumacia Ecclesie, [30] accipiendo hic auctor tempus pro anno ut accepit *Daniel* scribendo in capitulo vii° de Antichristo, scilicet quod regnabat *Per tempus et tempora et dimidium temporis*, quod exponitur *Per annum et annos et dimidium anni*, et idem de mensibus et diebus talis contumacie intelligatur eadem ratione. [31] Et sic tangit hic de illa secunda qualitate animarum de qua dixi supra super rubrica huius secundi libri, in qua maioritate pene contumacie vult auctor ad terrorem viventium in hoc mundo ne contempnant sententias excomunicationis ut plurimi faciunt, maxime potentes, [32] sed respiciant Gregorium dicentem: *Sententia Pastoris, sive iusta sive iniusta, timenda est; idest non ex superbia contempnenda*, exponit Urbanus Papa in *Decretis*, *Hoc ita aggravare peccatum et contemptum et non sine causa*; [33] nam dicit Gratianus in *Decretis* quod *Excommunicatio prius manavit ab ore Dei*. [34] Idem dicit *Genesis* secundo capitulo, excommunicando Adam ab esu ligni vite: *Videte ne forte summat de ligno vite* etc., [35] quod etiam terror potest elici in forma pene illate talibus contumacibus sacerdotum in *Veteri Testamento*: *Quicunque sacerdotibus non optemperaverit extra castra positus lapidabitur a populo aut gladio cervice subiecta contemptum expiavit cruore*. [36] Ad quod ait Crysostomus etiam, *Super Epistula ad Hebreos*: "Nemo contempnat vincula ecclesiastica; non enim homo est qui ligat, sed Christus, qui

    35. Veteri Testamento] ueteri testame(n)to ut habet(ur) Deut(eronom)ij xvij° cap(itul)o ibi V.

---

30. *Dan.* VII 25 et *Gl.* rel.
32. *Decr. Grat.* II C. XI q. iii c. 1.
33. Cf. *Decr. Grat.* II C. XXIV q. iii c. 37.
34. *Gen.* III 22.
35. *Decr. Grat.* II C. XI q. iii c. 14 (*Lev.* XXIV 14, 23).
36. *Decr. Grat.* II C. XI q. iii c. 31 (*Matt.* XVI 19).

Comentum Petri Alagherii

hanc potestatem dedit sacerdotibus", ut *Mathei* capitulo xvi° dicitur; [37] item et Augustinus dicens: *Omnis Christianus, qui a sacerdotibus excommunicatur Sathane traditur;* [38] item et Magister in iiii° *Sententiarum* dicens: *Quoscunque ligant pastores, adhibentes clavem discretionis reorum meritis, ligantur et solvuntur apud Deum, qui iudicio divino sententia sacerdotis approbatur. Nam qui meruerunt foris sunt apud Deum, qui non meruit non leditur, nisi contempnat.* [39] Et ad propositum adhuc dicte more quam trahunt anime talium hic vult alludere auctor cuidam *Decreto* dicente: *Qui, iubente sacerdote, pro quacunque culpa ab Ecclesia exire contempserit, pro noxa contumelia tardius recipiatur ad veniam.* [40] Inter quas umbras hic auctor fingit se reperisse umbram Manfredi, filii naturalis imperatoris Federici secundi, olim regis Sicilie et Apulie, qui cum Karulo bellando in prelio simul amisso dicto regno mortuus est, ut scripsi supra in *Inferno* in capitulo xxviii°, qui ab Urbano papa privatus fuit dicto regno et a Clemente papa iiij°, successore dicti Urbani, postea anathemizatus est, idest dampnatus est maiori et solempni excommunicatione, ex quo corpus enim mortuum et tumulatum iuxta terram Beneventanam Apulie sub magna mora lapidum, ut dicit hic textus, fecit per episcopum Cosentie, civitatis dicte Apulie, deferri extra regnum Apulum extincto lumine, idest sine aliquibus cereis et candelis accensis, ut moris est exequiarum, et proici prope flumen Viridem, dirimentem Apuliam a Campanea et a terris Patrimonii, [41] quod totum dicit dictus spiritus Manfredi hic: si dictus Episcopus bene legisset in Deum hanc faciem, idest hanc partem iudicii et miserationis divine quam sequuntur tales anime predictorum per contrictionem in fine vite convertendo se ad ampla brachia Dei non recusantia recipere omnes reddeuntes ad ea non obstante tali maledictione excommunicatoria, illud quod fecit non fecisset; [42] ad quod confirmandum facit quod ait Augustinus predictus recitatus in quodam *Decreto* dicens: *Corripiantur a prepositis suis subditi*

---

38. Quoscunque] ST L B quascunque V.

40. in capitulo] i(n) incap(itul)o V.

---

37. *Decr. Grat.* II C. XI q. iii c. 32.
38. Petr. Lomb. *Sent.* IV xviii 8.
39. *Decr. Grat.* II C. XI q. iii c. 39.
42. *Decr. Grat.* II C. XXIV q. iii c. 17.

Super III° capitulo Purgatorii

correptionibus de karitate venientibus pro culparum diversitate diversis, vel minoribus, vel amplioribus, quia et ipsa, que dampnatio nominatur, quam facit episcopalem iudicium, qua pena in Ecclesia nulla maior est, potest, si Deus voluerit in correptionem saluberrimam cedere ac proficere. Neque enim scimus quid contingat sequenti die, aut ante finem vite huius de aliquo desperandum est? Aut contradici Deo potest ne respiciat, et det penitentiam, et, accepto sacrificio spiritus contribulati cordisque contriti, a reato quamvis iuste dampnationis absolvat, dampnatumque ipse non dampnet; qui dicit: convertimini ad me et ego convertar ad vos? [43] Facit etiam ad propositum quod ait Ezechiel propheta xxxiii° capitulo, dicens: *In quacumque hora peccator conversus fuerit et ingemit ut vita vivet et non morietur,* [44] et in quodam *Decreto* dicitur ad hoc etiam: *Misericordie Dei mensura imponere non possumus, nec tempora diffinire, apud quem nullas patitur conversio venie moras.* [45] Ultimo rogat dictus spiritus auctorem ut revelet Constantie, eius filie et uxori olim domini Petri regis Aragone, patris Iacobi regis Aragone et Federici regis Sicilie, filiorum dicti domini Petri, quomodo invenit eum in illo loco et quod pro eo bene faciat, cum propitiationes hic facte per viventes multum valeant animabus ibi existentibus, ut dicit textus hic. [46] Ad quod facit quod ait Augustinus in *Enchiridion* dicens: "*Neque negandum est defunctorum animas pietate suorum viventium relevari, cum pro illis sacrificium mediatoris offertur vel elemosine fiunt*", [47] et in quodam *Decreto* ad idem dicitur: *Quattuor modis anime defunctorum solvuntur: aut oblationibus sacerdotum, aut precibus sanctorum, aut carorum elemosinis, aut ieiunio cognatorum.*

43. xxxiii°] ST xxiiii° V.
45. domini Petri regis Aragone, patris Iacobi regis Aragone et Federici regis Sicilie] gostantiam uxorem dompni petri de ragona et matrem dompni federici de sicilia et dompni Iacobi de aragona C domini petri regis aragonie patris iacobi et federici regum sicilie et aragone L domini petrj regis aragone et federici regis scicilie V.

---

43. *Hiez.* XXXIII 12.
44. *Decr. Grat.* II C. XXVI q. vi c. 10.
46. *Decr. Grat.* II C. XIII q. ii c. 23.
47. *Decr. Grat.* II C. XIII q. ii c. 22.

SUPER IV° CAPITULO PURGATORII

[1] **Quando per dilettanza o ver per doglia**. [2] Ad evidentiorem intelligentiam horum verborum et sequentium in presenti principio huius iiii[ti] capituli, que auctor continuando se adhuc ad proxime dicta prohemialiter quasi premisit, [3] notandum est quod Thomas in prima parte eius *Summe* questio lxxvi[a], recitat quod *Quidam maximus phylosophus nomine Iacobus Syrius posuit in homine esse duas animas numero differentes: animalem scilicet, qua animatur corpus, sanguini immixtam, et aliam spiritualem que rationi ministrat*; [4] item etiam quod *Plato tenuit in nobis esse tres animas per organa differentes, scilicet vegetativam sive nutritivam in hepate, sensitivam seu concupiscibilem in corde, et intellectivam seu cognoscitivam in cerebro*. [5] Quas erroneas opiniones ibidem Thomas improbat, et iste auctor infra in capitulo xxi°, ubi de hoc plene videbis, unde in libro *De Ecclesiasticis Dogmatibus* dicitur: *Neque duas animas esse dicimus in uno homine, sed dicimus unam et eandem esse animam in homine, que corpus sua societate vivificat et semetipsam sua ratione disponit. Ita, quod non sit Socrates per aliam animam homo et per aliam animal*, et ut vegetativum et sensitivum non sint anime in nobis, ut dictum est, singulares, sed sint potius partes, idest potentie, nostre anime intellective, [6] audi Phylosophum in primo *De Anima* dicentem:

1. dilettanza] dillettanza V.
2. premisit] premitti V.
3. lxxvi[a]] ST lxxviii[a] V C L B.
4. cognoscitivam] ST L B cognoscibilem V C.

---

1. *Purg.* IV 1.
3–5. THOM., *Theol.* I q. lxxvi a. 3.
6. THOM., *Theol.* I q. lxxviii a. 1.

Super IV° capitulo Purgatorii

Amplius autem etsi non multe sint anime sed partes, etc., [7] et in secundo inquit: *Etiam potentias autem anime dicimus vegetativum, sensitivum, appetitivum, intellectivum et motivum secundum locum. Relinquitur ergo quod essentia anime non est eius potentia secundum actum in quantum est actus, et sic dicte potentie anime possunt dici medie inter substantiam et accidens, quasi ut proprietates naturales sint.* [8] Item sciendum est etiam ad propositum quod quedam operationes sunt sive virtutes anime que exercentur sine organo et sensu, ut intelligere, velle et ymaginari, et hec sunt in anima ut in subiecto; alie sunt que exercentur per organa corporalia ut visus et auditus, et alie sensuales, et hec sunt in subiecto coniuncto et non in anima sola, [9] unde Phylosophus in suo libro *De Somno et Vigilia* dicit quod *Sentire non est proprium anime neque corporis, sed coniunctim*. [10] Modo auctor, ut ostendat quod nedum rationibus predictis, sed etiam experientia dicta oppinio de pluribus animabus falsa sit et reproba, fingit hic ita se ivisse, intentum et fixum ascultando verba dicti spiritus Manfredi quod non perpendit quod sol per quinquaginta gradus processerat ibi comprehendentes tres horas et tertiam partem alterius hore, donec loquutus fuit cum eo, quod non contigisset si sensitiva potentia esset in nobis anima diversa et separata ab intellectiva. [11] Circa que singula premissa, auctor textualiter disserendo sic ait: quando ob delectationem aliquam vel dolorem comprehendentem aliquam nostram virtutem, subaudi sensualem, puta visum vel auditum, si anima nostra bene, idest intense, ad ipsam se copulet et liget, videtur quod ad nullam aliam potentiam intentam amplius nisi ad illam, unde, se ipsum declarando, auctor subdit: ergo dum aliquid auditur vel videtur quod in totum ad se teneat ipsam nostram animam, labitur tempus; [12] nec perpendimus quod totum est contra dictum errorem platonicum de dictis pluribus animabus in nobis particulariter se habitantibus, ut iam supra dixi, et quia posset aliquis predictis sic obicere: [13] "Nonne tota die ego et alii videmus et audimus multa et diversa et nichilominus perpendimus de aliis que fiunt et dicuntur circa nos?", [14] dicit auctor quod alia potentia est hec talis generalis et simplex qua anima ascultat et intelligit audiendo simpliciter et explicite non occupando ipsam totam animam, ab illa implicita et intensa que habet totam animam integram, ideoque subdit istam fore quasi ligatam

---

7. THOM., *Theol.* I q. lxxviii a. 1.
9. THOM., *Theol.* I q. lxxvii a. 5.

et illam solutam. [15] Et sicut hic tangit de tali intensa potentia auditiva, auctor hic ita de visiva sic etiam intensa tangit infra in capitulo penultimo huius libri Purgatorii sic incipiendo illud: **Tanto eran gli occhi mei fissi et attenti / a disbramarsi la decenne sete, / che gli altri sensi m'eran tutti spenti**. [16] Ad que etiam idem Thomas in *Questionibus* suis *De Anima* sic ait: *Est enim in homine una anima tantum secundum substantiam, que est vegetativa, sensitiva et rationalis, que dat corpori quidquid dat vegetativa et sensitiva; hinc est quod cum operatio unius dictarum potentiarum fuerit intensa, impeditur alia operatio, et etiam quia est redundatio ab una potentia in aliam, quod non esset nisi omnes potentie in unam essentiam reducerentur.* [17] Post hoc auctor, dicto quomodo cum pedibus corporalibus descenditur laboriose in civitatem Noli existentem in Riparia Ianuensi, rupibus scopulosis circundata summis, et ascenditur in civitatem Sancti Lei positam in culmine cuiusdam singularis altissimi montis, idest in comitatu et territorio comitum de Montefeltro, et in summitate montis Bismantue positi in territorio regionis, item in summitate illius excelsi montis Apulie qui dicitur et vocatur Cacumen — [18] de quo Lucanus in principio iii[ti], scribendo recessum Pompei sic ait: *Omnis in Yonios spectabat navita fluctus; / solus ab Esperia non flexit lumina terra / Magnus, dum patrios portus, dum litora nunquam / ad visus redditura suos tectumque cacumen / nubibus et dubios cernit vanescere montes* — [19] dicit qualiter non sic pedibus ascenditur ille mons Purgatorii, sed volando cum alis snellis, idest agilibus et levibus, grandis desiderii post conductum Virgilii sibi dabat spem et lumen faciebat: quod totum in hoc passu allegorice seu tropologice, idest moraliter, dicit; nam, sicut in capitulo primo Inferno iam dixit, et ego ibi scripsi, auctor hunc montem accipit pro altitudine boni et felicitatis humane ad quam solum ascendimus cum alis, idest cum virtutibus animi desiderantis illam, non cum pedibus corporalibus cum conductu recte rationis que in persona Virgilii hic figuratur. [20] Et hoc dicit inherendo verbis Phylosophi dicentis in i° *Ethicorum*: *Felicitas est operatio secundum virtutem perfectam*; [21] et subdit

---

15. occhi miei] C ochi mei V.

---

15. *Purg.* XXXII 1–3.
16. THOM., *Theol.* I q. lxxvi a. 3.
18. LUCAN., *Phars.* III 3–7.
20–21. ARIST., *Eudem. Eth.* II i 1219a 38–39.

Super IV° capitulo Purgatorii

ipse Phylosophus: *Virtutem dicimus humanam non eam que corpori, sed eam que anime; nam felicitatem operationem anime dicimus, et virtutem predictam nichil aliud quam rectam rationem*, per que hic amodo satis possunt esse aperta in suo integumento hec verba auctoris. [22] Inde etiam — ut tropologice tangat auctor hic quod ait *Glosa* super illo verbo evangelico *Mathei: Iugum meum suave est*, dicens: *Angusta via est que ducit ad vitam, que non nisi angusto initio incipitur* — dicit quomodo primus ascensus dicti montis erat strictus et artus, ut dicit textus. [23] Et ex hoc etiam inferius in hoc capitulo inducit Virgilium dicere sibi quomodo principium ascensus illius montis gravis erat et in processu levis — in quo allegorice includit quod ait Seneca, *Ad Lucilium* dicens: *Initium eundi ad virtutes arduum est, quia hoc primum imbecillis et egre mentis est, formidare inexperta. Itaque cogenda est ut incipiat: deinde non est acerba* — tangendo comparative auctor etiam hic de costa illius montis Purgatorii superba taliter, idest repente, magis quam lista, idest linea medii quadrantis ad eius centrum cuius figura est hec: [24] Inde auctor, de orbitate terre volens tangere et de circulis celi, astrologice fingit se respicientem versus orientem illius alterius emisperii et partis mundi, versus quem respiciendo homines solent iuvari, dicit hic auctor — [25] unde Phylosophus in viii° *Physicorum* inquit: *Virtus motoris celorum attribuitur parti orientali* — percuti a sole super humero sinistro, de quo ammirando Virgilius eum clarificat per hec subtilia verba que sequuntur in textu precedenti; [26] ad quorum intelligentiam prenotandum est quod in firmamento celi, quod dicimus et vocamus octavam speram stelliferam, est quidam circulus, matematica quadam ymaginativa inspectione, qui totum motum universi procedente a nono celo, ut a primo mobili, per medium equaliter dividit, protractus de nostro oriente in occidentem. [27] Et ex hoc auctor vocat eum hic medium circulum motus superni, et auctor *Tractatus Spere* vocat eum etiam ex hoc *Cingulum primi motus* ex eo quod cingit primum mobile, idest nonam speram, in duo equalia, eque distans a polis mundi, quorum unus, dictus Polus Articus Septentrionalis noster et Borealis semper hic nobis apparet; alius dictus Antarticus, quasi contra dictum Articum positus, nunquam nobis hic ostenditur: [28] unde Virgilius in sua *Georgica*, de hiis polis

---

22. *Matt.* XI 30, VII 14 et *Gl.* rel.
23. SEN., *Ep. Lucil.* L 9.
27. IOH. SACROB., *Tract. Sper.* II (cf. L. Thorndike, *The Sphere of Sacrobosco and its Commentators*, Chicago, 1949, p. 86).
28. VERG., *Georg.* I 242-43.

loquens, ait: *Hic vertex nobis semper sublimis; at illum / sub pedibus Stix atra videt Manesque profundi*, [29] qui duo poli duo puncta dicuntur stabilia in dicto firmamento et axem spere terminant, et ad illos volvitur mundus, qui circulus premissus ita medians universum motum appellatur equinoctialis comuniter, ex eo quod, dum sol transit per illum, quod est bis in anno, scilicet in principio Arietis et in principium Libre, est equinoctium in universam terram, unde ab astrologis vocatur equator dictus circulus equinoctialis, ut dicit et tangit hic auctor, quia equat diem artificialem nocti; [29] est etiam quidam circulus alius, Zodiacus connominatus, in ipso firmamento qui intersecat dictum equinoctialem, et intersecatur ab eodem in duas partes equales, una quarum declinat versus septentrionem usque ad quendam alium circulum, dictum Tropico Cancri, alia versus meridiem usque ad alium Tropicum Capricorni. [30] Dicitur enim dictus circulus obliquus ita 'Zodiacus', a 'zoe', quod est 'vita beata secundum motum planetarum': sub illo est omnis vita in rebus inferioribus; [31] unde Aristotiles, in libro *De Generatione et Corruptione*, vocat eum *circulum obliquum*, quia per accessum et recessum solis in eo fiunt generationes et corruptiones in rebus inferioribus. [32] Et Virgilius in sua *Georgica* ad hoc etiam sic ait: *Et via secta per ambas / obliquus qua se signorum verteret ordo*, [33] et Lucanus in viiii°: *Deprehensum est hunc esse locum qua circulus alti / solstitium medium signorum percutit orbem*. [34] Item notandum est Virgilium dicere in eius preallegato libro: *Quinque tenent celum zone: quarum una corrusco / semper sole rubens et torrida semper ab igni; / quam circum extreme dextra levaque trahuntur / cerulee, glacie concrete atque imbribus atris / has inter mediamque due mortalibus egris / munere concesse divum* etc. [35] Sub quibus quinque zonis directo sunt quinque plage in terra, unde Ovidius: *Totidemqe plage tellure premuntur*, [36] modo illa zona que est inter dictos duos tropicos, in cuius medio est linea equinoctialis, inhabitabilis est propter estum, unde dicitur torrida zona similiter et plaga sibi subiecta directo inhabitabilis est cum comprehendatur a dictis duobus tropicis, inter quos semper sol discurrit,

36. estum] exitu(m) V.

---

31. THOM., *Gen. Corrupt. exp.* II x 4.
32. VERG., *Georg.* I 238–39.
33. LUCAN., *Phars.* IX 531–32.
34. VERG., *Georg.* I 233–38.
35. OV., *Met.* I 48.

Super iv° capitulo Purgatorii

et ab eis dictus circulus Zodiaci terminatur. [37] Item alie due zone que circumscribuntur a circulo artico et a circulo antartico contra polos mundi inhabitabiles sunt propter frigora, et per consequens plage terre sibi supposite; alie vero due zone, quarum una est inter tropicum Cancri et circulum Articum, in qua sumus, et in cuius medio dicitur esse civitas Ierusalem, et alia que est inter tropicum Capricorni et circulum Antarticum habitabiles sunt, ut temperate a calido et frigido; cuius nostre dicte plage extremi habitatores versus equinoctialem videntur esse ultimi citra dictum tropicum Cancri Ethiopes — [38] unde Lucanus: *Ethiopumque solum, quod non premeretur ab ulla / signiferi regione poli nisi poplite lapso / ultima curvati procederet ungula thauri / ac etiam Libici et horestis et carinam*, unde idem Lucanus: *Tunc furor extremos movet romanus Horestes / carmanosque duces* etc. — [39] versus septentrionem sunt illi de Scythia et morantes aput Ripheos montes, unde Virgilius in *Georgicis*: *Mundus, ut ad Scithiam Ripheasque arduus arces / consurgit, premitur Libie demersus in Austros*. [40] Modo dicit auctor Spere predictus quod illis quorum Zenit est in dicto tropico Cancri per unam horam est eis umbra perpendicularis, in qua parte, secundum Lucanum, videtur esse Ciana civitas, toto alio tempore iaciunt umbram versus septentrionem. [41] Illis vero quorum Zenit est inter dictum tropicum Cancri, ultra quem sol nunquam procedit, et articum circulum, contingit quod sol in sempiternum non transit per Zenit capitis eorum, et illis umbra semper iacitur versus sempemptrionem qualis est situs noster, et e converso in alia plaga ultra tropicum capricorni, [42] ad quod respiciens etiam idem Lucanus, inquit: *Et tibi quecumque es Libico gens igne directa, / in Noton umbra caditque, nobis exit in Arcton*. [43] Circa premissa scribit Ysiderus esse in Yndiam regionem bis fruentem in anno ubi radii solis perpendiculariter flectuntur in aliqua parte sui, et quod Articus in orizonte terre movetur ita quod polus Antarticus visibilis est illis, ex quo patet quod eorum habitatio in eorum parte transcendit primum climam, et sic subtiliter advertendo umbra nostra a radiis solis semper est hic ad sinistram versus septentrionem cum percutiamur a sole super humero dextro respicientes versus Orientem nostrum; [44] quod tangens Lucanus, in persona Arabum venientium versus Ytaliam, ait: *Ignotum vobis, Arabes, venistis in orbem / umbras*

---

38. Lucan., *Phars*. III 253–55, 249–50.
39. Verg., *Georg*. I 240–41.
42. Lucan., *Phars*. IX 538–39.
43. Cf. Isid., *Etym*. XIV iii 5–7.
44. Lucan., *Phars*. III 247–48.

mirati nemorum non ire sinistras. [45] Hiis ita premissis, adhuc iterum ymaginari debemus quod omnia in hac nostra media parte mundi et celi directe diversificantur, et contraria et opposita sunt hiis que in alia parte mundi et celi consistunt nobis deorsum; nam illa pars mundi que est hic nobis Oriens est ibi Occidens et e converso, et que est meridionalis hic nobis est ibi septentrionalis et e converso, item polus hic nobis septentrionalis et apparens, est ibi meridianus. [46] Item, dum hic est dies ibi nox et e converso, item dum hic est estas ibi hiems et e converso, item dum hic nobis oritur sol inter nos et partem meridianam, ibi oritur inter dictum montem Purgatorii et aquilonem, ut refert auctor hic, idest inter hanc partem que nobis est septentrionalis, unde spirat ventus dictus 'aquilo', que ibi est meridionalis pars; et sic bene concluditur quod scribit hic auctor, scilicet quod sol oriens ibi percutiebat eum aspicientem versus eius Orientem in humero sinistro, ita quod eius umbra fiebat ad dextram ut per contrarium fit hic, [47] unde super eo quod ait Phylosophus in secundo *Methaurorum,* dicendo quod *Nostra terra habitabilis similatur* cuidam tympano, sic ait comentator hoc eodem respectu et ratione: *Si sol aliquando esset inter nos et Septentrionem, fieret umbra nobis versus Meridiem, idest oppositum solis et e converso.* [48] Ad id quod incidenter auctor hic tangit de Castore et Polluce et de Ursis, est advertendum quod, secundum figmenta poetarum, Iupiter in forma cigni concubuit cum Leda, regina et uxor Tindari, regis de Grecia, de quo concubitu dicta Leda concepit unum ovum de quo nati sunt postea duo masculi gemelli, scilicet predicti Castor et Pollux fratres, quos Iupiter translatavit in illud signum celeste, quod inde ab eis dictum est signum Geminorum. [49] Item est etiam advertendum quod dictus Iupiter concubuit cum quadam alia muliere nomine Calistone, ex qua genuit filium quendam nomine Arcadam, quos Iuno, uxor dicti Iovi, irata de tali adulterio mutavit in ursas; Iupiter vero postea eos translatavit in duas constellationes positas in celo iuxta polum Articum nostrum seu plaustrum septentrionale. [50] Modo dicit Virgilius auctori quod si tunc sol ibi fuisset in dicto signo Geminorum, ubi finguntur esse dicti Castor et Polux, ipse autor in dicta sua ammiratione vidisset Zodiacum 'robechium', idest rotationem Zodiaci circuli adhuc magis vicinari Ursis, idest septentrionali nostre parti que meridiana est ibi (dicitur enim 'robechium' Florentie rota molendini dentata); [51] et quomodo hoc procedat dicit Virgilius quod auctor apud dictum montem Purgatorii tunc existens ymaginetur montem Syon existentem inter civitatem Yerusalem

---

47. Cf. THOM., *Meteor. Arist. comm.* II x 2.

Super iv° capitulo Purgatorii

esse super terra iunctum cum dicto monte Purgatorii et collectum ita quod habeant ambo unum orizontem et diversa emisperia, et videbit stratam Phetontis, idest circulum dicti Zodiaci per eum male decursum, ut plene scripsi ad ystoriam supra in *Inferno* in capitulo xvii°, esse ab uno latere Syon, quanto ab altero latere erit dicto alteri monti, et subdit hoc esse consequens tali ratione quia dictus circulus equator seu equinoctialis, qui semper remanet inter solem et vernum, idest inter septentrionem et meridiem, partitur, idest elongatur ab occulis illorum qui essent super dictum montem Purgatorii sub alio emisperio versus partem septentrionalem illius partis mundi que nobis est meridiana, quando olim Ebrei habitantes Ierusalem et hodie illi etiam qui ibi manent ac etiam omnes habitantes in ista nostra quarta habitabili vident eum versus calidam partem, idest versus nostrum meridiem: que omnia ad bene intelligendum requirerent secum inspectionem spere materialis. [52] Inde auctor, procedendo, volens tangere de tertia qualitate animarum expectantium extra Purgatorium, illorum scilicet qui in hoc mundo propter negligentiam usque ad extremum distulerunt penitere et confiteri, fingit se has tales animas invenire sedendo ad umbram, ut dicit textus — [53] alludens in hoc illis verbis Iuvenalis dicentis: *Nos genus ignavum tecto gaudemus et umbra*, [54] in quo vitio *Magna pars vite labitur*, ut ait Seneca in prima *Epistula*, ideoque vocat negligentiam ibi turpissimam iacturam — [55] inter quos fingit se ibi cognoscere umbram Bivilaque, hominis de curia de Florentia ita in actu pigro, ut dicit textus — alludens etiam illis verbis Salamonis dicentis *Proverbiorum* capitulo xxvi°: *Abscondit piger manus sub ascellas nec ad os suum applicat eas* — inducendo etiam auctor dictam umbram dicere inter alia quomodo oratio non bone persone facta pro eis non auditur, [56] adeo per illa verba *Iohannis* capitulo viiii° ubi dicitur: *Scimus autem quod peccatores Deus non audit, sed qui voluntate eius facit exaudit*; [57] ad idem Salamon,

---

52. et confiteri] conteri V.

55. xxvi°] ST xxxvii° V.

---

53. Iuv., *Sat.* VII 105.
54. Sen., *Ep. Lucil.* I 1.
55. *Prov.* XXVI 15.
56. *Ioh.* IX 31.
57. *Prov.* XV 8.

Comentum Petri Alagherii

Proverbiorum xv° capitulo, ait: *Victime impiorum abominabiles sunt Deo, vota iustorum placabilia*, [58] et Iacobus in sua *Epistula* capitulo v° etiam inquit: *Multum enim valet deprecatio iusti*, exemplificans de Elia qui orando pluere fecit et cessare. [59] Nam si is qui displicet, ut ait Gratianus in *Decretis, ad intercedendum mittitur, irati animus ad deteriora provocatur*, [60] sed opponitur contra hec, scilicet ut etiam orationes peccatorum audiantur a Deo, de quodam *Decreto* sumpto ex illis verbis Osee prophete capitulo iii° dicentis: *Ipsi sacerdotes pro populo interpellant et peccata populi comedunt, quia suis precibus ea delent, qui, quanto digniores sunt, tanto facilius in necessitatibus, pro quibus clamant, exaudiunt*, ubi *Glosa* dicit: *Dicuntur comedere peccata populi qui de suis bonis substentari possunt, et tamen accipiunt de ecclesiasticis*. [61] Ad cuius solutionem Thomas De Aquino ita distinguit: *Si peccator petit aliquid in quantum peccator, idest secundum desiderium peccati, non exauditur a Deo ex misericordia, sed quandoque exauditur ad vindictam, dum permictitur amplius ruere in peccatum, sed si oratio peccatoris procedit a bono desiderio, Deus exaudit eum non ex iustitia, quia talis non mereretur, sed ex pura misericordia*, et secundum hanc distinctionem intelligi debet hic auctor loqui. [62] Ultimo in fine huius capituli notandum est quod in fine Africe in Occidente est quedam regio que dicitur Mauritana, et alia extremior in parte occidentali predicta que dicitur Marochitana, ex qua vulgariter eius regnum et locus est dictus Morrocus, cui correspondent Setta et Sibilla civitates in extremo nostro occidentali in fine Yspanie; modo nunquam potest nox incipere cooperire nostram occidentalem partem, et per consequens dictum Morrocum, nisi sol sit in meridiano circulo alterius partis mundi et emisperii, ubi auctor tunc fingit se fuisse, sicut contrarium principium diei debet incipere esse in dicta occidentali nostra parte, cum meridies est in Yerusalem. [63] Ad propositum igitur auctor, inducens Virgilium ad sollicitandum ipsum ad iter, fingit eum sibi dicere: veni amodo et propera, nam vides me tangere cum pede posito, hic in textu, inferius transposito meridianum circulum solis in cuius orizonte ibi orientali, et hic nobis occidentali iam nox cooperit Morrocum.

---

58. *Ep. Iac.* V 16.
59. *Decr. Grat.* I D. XLIX c. 1.
60. *Decr. Grat.* II C. I q. i c. 91 e *Gl.* rel.
61. Thom., *Theol.* II–II q. lxxxiii a. 16.

SUPER V° CAPITULO PURGATORII

[1] **Io era già da quelle ombre partito**. [2] In quinto capitulo isto auctor, continuando se prohemialiter, tangit quomodo moraliter homo directus ad eundum ad summitatem virtutum per rationem non debet propter murmura personarum et alia accidentia sibi tale eius iter lentum facere. [3] Nam, ut dicit, multiplicando cogitamen supra cogitamen in se homo, elongatur signum, idest propositum eius bonum, ab ipso, cum foga, que dicitur cursus sagipte metaphorice hic sumpta, se insollat, idest mollificat ita faciendo. [4] Item secundo tangit quod ait Phylosophus in iii° *Rethoricorum* dicens quod *Natura intrinseca supplet defectus partium extrinsecarum*, et ideo ex sanguine erubescentia nobis in vultu in iuvamen verecundie causatur; [5] *Que verecundia*, ut ait idem Phylosophus in iiii° *Ethicorum*, *In iuvenibus et mulieribus excusabilis est, sed non in senibus et studiosis*; [6] et ex hoc dicit hic auctor quod interdum reddit hominem dignum excusatione alicuius sui defectus, etsi non semper et non omnes. [7] Post hoc auctor fingit se reperire umbras illorum qui in hoc mundo fuerunt tardi ad penitentiam et contrictionem in violenta finali morte, tamen, contriti, mortui sunt lumine gratie divine penitendo se et parcendo suis occisoribus, tangendo comparative de vaporibus ignitis qui transcurrunt per aerem serenum in nocte, ut dicit hic textus, qui qualiter causentur et fiant dicam infra in xv° capitulo *Paradisi*; [8] eodem modo tangit de nubibus quas maxime in mense Augusti, sole descendente ad occasum, ex eo quod impulse sunt tunc magis ab intenso calore, ut dicit Albumasar in suo *Introductorio*, igniti etiam vapores findunt [9] inter quas umbras fingit auctor ibi se reperisse spiritum domini Iacobi de Cassero

2. lentum] letum V.

---

1. *Purg.* V 1.
4. Cf. ARIST., *Nicom. Eth.* IV ix 3, 1128b 15–21.
5. THOM., *Eth. Arist. exp.* IV xv 17.

de Fano occisi violenter olim hoc modo: Nam, dum magna guerra olim esset inter comunem Bononie et marchionem Azzonem de Este, civitatis Ferrare et Mutine tunc dominum, occasione Castri Lazari et Savignani Mutinensis districtus occupatorum per ipsum comunem Bononie, iste dominus Iacobus reperiit se fore potestatem dicte civitatis Bononie, in quo officio oportuit eum multa dicere et facere que dictus marchio iniuriosa sibi reputavit; [10] quo officio dicte potestarie completo, dictus dominus Iacobus repatriavit: inde, tractu temporis electus potestas Mediolani, et acceptato illo officio dicte potestarie, et ad illud ire volendo, venit Venetias, inde applicuit terre Oriaci, districtus Paduanorum — quos hic auctor vocat Antenores, ab Antenore Troiano fundatore Paduane civitatis — que terra Oriaci est super ripa Brente fluminis inter plantas Venetorum et quandam villulam paduanam que Mira dicitur, de qua hic in textu fit mentio. [11] Qui, breviter agressus in dicta villa Oriaci a quampluribus assessinis dicti marchionis, fugiens ad paludes, intricatus a cannis et a brago, idest a ceno paludino, mortuus ibi est. [12] Et hoc est quod dicit hic dictus spiritus quomodo vidit fieri ibi lacum de suo sanguine super quo corporaliter vivebat, loquens ita auctor hic habito forte respectu ad quod ait Augustinus in suo libro *Questionum* dicens: *Anima quia spiritus est in sicco habitare non potest, ideo in sanguine dicitur habitare.* [13] Item fingit auctor ibi etiam se reperire umbram Boncontis comitis de Monte Feltro occisi olim in conflictu dato per Florentinos Aretinis, cum quibus Aretinis dictus comes erat in contrata Casentini in loco dicto Campaldino iuxta flumen Arni et Archiani nascentis in Alpe montis Pruni supra heremum fratrum Camaldulensis ordinis in costa dicte Alpis et montis situatum, ut tangit hic textus, et quomodo, ut refert dictus spiritus, finivit contritus ita quod anima eius sublevata est, et quomodo amisit visum prius, inde loquelam moriendo, hoc dicens ut tangat contingentia nobis in morte, [14] unde ad hoc, moriens, Camilla ait Anne, sorori sue, Virgilio testante: *Hactenus,*

---

    10. plantas] L B palatas V.

    12. super quo] sup(er) q(uo) i(dest) sup(er) q(uo) V.

    13. ut tangit hic textus] ut ta(n)git hic tex(tus) ut d(icitu)r in tex(t)u h(ic) V.

---

12. AUG., *Quest.* VI 23.
14. VERG., *Aen.* XI 823-24.

Super v° capitulo Purgatorii

Anna soror, potui: nunc vulnus acerbum / conficit, in tenebris nigrescunt omnia circum. [15] Inde, ut tangat de natura et potentia demonis, fingit auctor dicere dictum spiritum quomodo ille 'demon', qui 'sciens' interpretatur, bene novit quomodo ad mediam regionem aeris vapor humidus ascendens reddit in aquam et pregnans aer, etiam ut subdit hic auctor, [16] unde Phylosophus in libro *De Generatione* dicit quod *Aqua fit ex aere cum ex condensationibus nubium generetur et sic aer per consequens convertitur in pluviam*. [17] Igitur, a Prato Magno monte usque ad iugum Alpis Falterone, qui montes sunt confines dicte vallis contrate Casentini, infecit aerem dictus demon, ut dicit textus, nebula — quam, secundum Ysiderum, valles exalant humide; que nebula, cum serenitas est, yma petit, at cum nubila est, summa; [18] ad quod ait Augustinus, in xviii° *De Civitate Dei*: *Spargere aquas altius difficile demonibus non est*, quia acumine sensus ex celeritate motus accipiunt sepe potestantem ipsum aerem turbare, cum demones possint tantum quantum secreto omnipotentis arbitrio permictitur, [19] et in libro *De Natura Demonum*: *Ut aerei corporis sensum terrenorum corporum facile precedant; celeritate etiam propter aerei corporis superiorem mobilitatem*, sic et in aere sibi notas nobis ignotas futuras prevident tempestates: [20] ad hoc etiam Plato in *Timeo* ait: *Invisibilium divinarum potestatum que demones nuncupantur, prestare rationem maius est opus quam ferre valeat hominis ingenium* — concludendo ultimo dictus spiritus quare de eius cadavere nunquam aliquid scitum fuit. [21] Ultimo auctor dicit quomodo etiam ibi vidit umbram domine Pie de Tholomeis de Senis, uxoris olim domini Nelli De La Petra de Marictima, et dicentis quomodo occisa fuit a dicto suo viro.

16. per] p(er) p(er) V.
17. summa] su(m)ma‹(m)› V.
19. prevident] previdet V.

---

16. Thom., *Meteor. Arist.* III v 5.
17. Isid., *Etym.* XIII x 10.
18. Aug., *Civ. Dei* XVIII 9.
19. Ivo, *Decr.* XI 70.
20. Cf. Chalcidius, *Platonis Timaeus*, ed. J. H. Waszink (London, 1962), pp. 173–77.

SUPER VI° CAPITULO PURGATORII

[1] **Quando si parte il gioco de la zara**. [2] Auctor in hoc vi° capitulo, adhuc se continuando ad proxime supradicta, premissa prohemialiter hac sua comparatione de lusoribus, fingit postea in iam dicta turba animarum se vidisse umbram domini Benicase de Laterina, districtus Aretii civitatis, occisi per Ghinum de Tacco de Asinalonga, castro districto Senarum, depredatorem magnum, ex eo quod ut assessor in dicta civitate Senarum dictus dominus Benicasa quendam fratrem dicti Ghini propter eius malefitia condempnavit ad mortem; [3] item umbram Guccii de Petramala de Aretio predicto qui, semel aggresso ab illis de Boscolis suis inimicis fugiens, necatus est in flumine Arni; [4] item umbram Federici Novelli, comitis de comitibus Guidonibus de Casentino, occisi in bello Campaldini, de quo dixi in precedenti capitulo; [5] item umbram Contigini de Scornigianis de Pisis, occisi olim a magnatibus quibusdam Pisanis, cuius corpus ita occisum, dominus Marzuccus eius pater, tunc existens frater minor, cum aliis fratribus sui ordinis detulit sine ploratu ullo et conquestu ad sepeliendum tanquam magnanimus et virtute fortitudinis fretus — [6] secutus in hoc quod ait Chrysostomus *Super Epistula ad Hebreos* dicens: *Lugere et lamentari eos, qui de hac vita decedunt, ex pusillanimitate contingit*, [7] item quod ait idem Apostolus, *Ad Thessalonicenses* capitulo iiii° dicens: *De dormientibus nolo vos contristari sicut ceteri qui spem non habent de resurrectione, ut Sadducei*, subdentem: [8] *qui ab hac vita recedunt, cum Psalmis tantummodo et psallentium vocibus debent ad sepulcrum deferri*; nam cum continue in oratione dominica voluntatem fieri

---

6. lugere] ST L B lugeri V.

---

1. *Purg.* VI 1.
6. *Decr. Grat.* II C. XIII q. ii c. 26.
7–10. *Decr. Grat.* C. XIII q. ii c. 28 (*I Thess.* IV 13; *Ioh.* XI 35).

SUPER VI° CAPITULO PURGATORII

postulamus Dei, cur perversi de eo quod facit vel disponit conquerimur? [9] Non obstat ad premissa si dicatur quod Dominus ploravit Lazarum in morte, ut legitur *Iohanne* xi° capitulo, quare, [10] ut dicitur in quodam *Decreto: Ploravit eum reversurum iterum ad erumpnas huius seculi et miserias tantum, non propter eius mortem* — [11] item umbram comitis Ursi de comitibus Albertis, occisi olim ab illis de Ubaldinis, [12] item et umbram domini Petri de la Broccia, olim baronis Lodoyci regis Francie, qui, ad instantiam regine, uxor dicti regis de domo Brabantie, occisus est. [13] Modo ad sequentia sciendum est quod Virgilius, in vi° *Eneidos*, finxit Eneam ductum a Sibylla per Infernum reperisse ibi umbram Palinurii, olim gubernatoris eius navigii, rogantisque ipsum Eneam dicendo: *"Da dexteram misero et tecum me tolle per undas, / sedibus ut saltem placidis in morte quiescam". / Talia fatus erat, cepit tamen talia vates: / "Unde hec, Palinure, tibi tam dira cupido est? / desine fata Deum flecti sperare precando"*, [14] per que hec verba ultima ipsius Virgilii auctor hic, videndo illas animas ita rogare ut rogetur per eis, quesivit ab ipso Virgilio, ut dicitur hic in textu, qui respondit ei iuxta illud 'distingue tempora et concordabis scripturas': nam tunc tempore per preces Deus non movebatur, prout hodie post redemptionem filii sui movetur; nunc tamen summitas iudicii eius flectitur si propter fervorem amoris et karitatis alicuius precantis Deus relevat uno momento aliquam animam de penis Purgatorii debentem in eis esse per mille annos, ut dicit textus hic, [15] ad quod ait Petrus in sua *Epistula* capitulo iiii° dicens: *Karitas operit multitudinem peccatorum*. [16] Inde auctor fingit se reperisse umbram domini Sordelli de Mantua, olim probissimi viri et scripturati, qui ratione comunis patrie congratulatus est ita Virgilio, ut dicit hic textus, ex quo auctor summit materiam digressive exclamandi contra Ytalicos homines modernos rodentes se ad invicem in qualibet civitate et loco ipsius Ytalie, que serva potest dici hodie, et non domina provinciarum, ut erat olim, ut dicitur hic in textu, ratione sue libertatis usurpata per eius tirampnos. [17] Item dicit et obicit quomodo nulla hodie pars ipsius Ytalie gaudet pace, que quantum sit desideranda audi Cassiodorum dicentem: *Omni quippe regno desiderabilis est pax, in qua populi proficiunt, utilitas gentium custoditur. Hec est bonarum artium decora mater, facultates protendit et mores excolit*; sed guerra per quam divitias

---

13. VERG., *Aen.* VI 370–73, 376.
15. *I Ep. Petr.* IV 8.
17. Cf. CASSIOD., *Var.* I i.

corpus et animam perdimus quelibet eius pars Ytalie vexatur. [18] Item obicit etiam auctor in eam dicens: quid prodest si Iustinianus imperator tibi Ytalie frenum legum reaptavit, ut dicitur infra in *Paradiso* in capitulo vi°, postquam sella tua, idest sedes imperialis romana, caret sessore suo, idest imperatore? [19] Quem dicit hic etiam auctor exclamando quod gens deberet affectare ibi sedere, [20] attento eo quod habet in documento a Deo circa hoc: nam non satis indicavit homines in temporalibus imperatori subesse debere dum respondit: *Que sunt Cesaris, reddantur Cesari, que sunt Dei reddantur Dei*, ut Mathei xxii° capitulo habetur? [21] item, et dum censum solvere voluit in hoc mundo imperatori ut ceteri alii, ut legitur *Mathei* xxi° capitulo — [22] super quo ita ait Ambrosius: *Magnum quidem est et spirituale documentum, quod Christiani viri sublimioribus potestatibus docentur esse subiecti, ne quis constitutionem terreni regis putet esse solvendam. Si enim censum Filius Dei solvit, quis tu tantus es, qui putas non solvendum?* [23] item et cum locutus est ipse Deus ore Petri dicentis in sua *Epistula*: *Estote subditi dominis vestris, sive regi quasi precellenti, sive ducibus tanquam ab eo missis,* [24] item ex ore Pauli dicentis, *Ad Romanos* xiii° capitulo: *Omnis anima potestatibus sublimioribus subdita sunt,* [25] item et naturali exemplo, unde Gregorius, *Ad Rusticum Monacum* scribens, ait: *In apibus princeps unus, et grues unam sequuntur ordine licterato: imperator unus.* [26] Inde auctor exclamando invehit contra Albertum filium Rodulfi comitis de Ausburg de Alamania qui, electus imperator, ut fuit etiam dictus eius pater anno domini m°cclxxiiii°, et approbatus per Alexandrum papam decimum, sine benedictione tamen imperiali, nunquam descendere voluit in Ytaliam ut etiam voluit dictus eius pater, recepta pecunia immensa a dicto papa, restituensque Ecclesie provinciam Romandiole et Marchie, quam ei donaverat Octo imperator. [27] Et ex hoc dicit auctor hic quod,

---

18. in eam dicens] C i(n)dice(n)s V.

21. xxi°] ST xvii° V.

---

20. *Matt.* XXII 21.
21. Cf. *Matt.* XXI.
22. *Decr. Grat.* II C. XI q. i c. 28.
23. *I Ep. Petr.* II 13–14.
24. *Ep. Rom.* XIII 1.
25. *Decr. Grat.* II C. VII q. i c. 41.

Super vi° capitulo Purgatorii

postquam accepit dictus Albertus dictam Ytaliam per predellam freni, idest per electionem acceptatam per ipsum imperium, noluit cavalcare eam, idest noluit eam corrigere et regere veniendo Romam, ex quo abinde citra omnes civitates Ytalie divise sunt et partite in suis civibus, ut est Verona ubi olim erat pars Montechia et pars comitum sancti Bonifatii, item Cremona, ubi Cappellecti erant una pars olim et Truncaciuffi alia, item Urbs Vetus ubi Phylipeschi sunt una pars et Monaldeschi alia, ut tangitur hic per auctorem, et de comitibus Sancte Flore de Marictima et de 'presura', idest oppressura nobilium, idest potentum Ytalicorum. [28] Inde, more Gualfredi in sua *Poetria* dicentis: *Si fas est accuso Deum* etc., auctor exclamat ad Deum cur non respicit ad hec, salvo si hoc non est preparatio que in abisso, idest in profunditate temporis Dei consilii hoc faciat pro aliquo nostro bono, quod bonum sive consilium abissi Dei dicit hic auctor esse abscissum in totum ab omni nostro comprehendere, [29] iuxta illud: *Propter demerita subditorum disponitur a Deo vita rectorum*, ut scribitur in quodam *Decreto*, et e contra itaque auctor subdit quomodo omnes civitates Ytalice plene sunt tyrampnis vel quasi: hoc dico quia licet alique ibi sint quoniam tyrampnizentur a singularibus tyrampnis, tyrampnizantur tamen alio diverso modo; [30] unde notandum est quod, secundum quod scribit Phylosophus in iiii° *Rethoricorum*: *Quattuor sunt politice comitates seu civilitates, scilicet monarchia, democratia, oligarchia et aristocratia, quorum salubrior est monarchia, que est quando unus optimus principatur, ut est, sive esse debet, imperator. Nam dicitur Monarchia a 'monos', quod est unum et 'archos' princeps*; [31] et hoc est quod ait idem Phylosophus, in xii° *Metaphysice*, dicens: *Nec bonum pluralitas principatuum, unus ergo princeps, dicit, enim quod debet esse princeps optimus, habens scilicet curam de subditis eius ut de filiis*, [32] unde idem Phylosophus in viii° *Ethicorum* dicit quod Homerus vocabat Iovem 'patrem' eo quod ut pater debet regere, et Agamemnonem 'pastorem', eo quod ut pastor oves ita ille subditos iuste custodiebat et regebat. [33] Ac etiam debet esse princeps talis qualis erat Iustinianus, dum ita incohavit quendam eius *Legem* dicens: *Nostre serenitatis sollicitudo remediis invigilat subiectorum, nec cessamus inquirere si quid sit in nostra re publica corrigendum; ideo voluntarios labores appetimus ut quietemus aliis preparemus, unde ad universorum utilitatem pertinere perspeximus* etc., cui

---

28. Gualf. Vin., *Poetr. Nova* 411.
29. *Decr. Grat.* II C. II q. vii c. 1.
30. Thom., *Pol. Arist. sent.* II vii 4.
31. Thom., *Theol.* I q. ciii a. 3.
32. Thom., *Eth. Arist. sent.* VIII x 11.

tali monarchie contraria est tyrampnides singularis. [34] Dicitur enim tyrampnus proprie qui in re publica non iure principatur; nam sicut regnum est rectus principatus, ita tyrampnides est perversum dominium, ut habetur in iiii° et v° *Politicorum* per Aristotelem; [35] et in viii° *Ethicorum* dicit quod *Tyrampnus se habet ad subditos ut dominus ad servos*, intendens ad proprium comodum, non autem ad pubblicum. [36] Secundario est dicta alia civilitas vocata democratia, cuius tamen bona est quoniam forte distribuitur principatus et in qua plures mediocres dominantur, ut Florentie et in multis aliis civitatibus. [37] Thomas vero de Aquino, super hoc scribendo in *Ethicis*, ait: *In politiis corruptis non est amicitia nisi in democratia: in qua politia illi qui multis principantur intendunt ad comune bonum, in quantum volut equari populares insignibus ad bonum popularium*; [38] oligarchia est quando honorabiles in aliqua civitate principantur, ut Venetiis; [39] ad hoc idem Thomas ait: *Oligarchia non intendit ad bonum multitudinis neque ad bonum unius tantum, sed ad bonum paucorum; aristocratia est quando principatus etiam est paucorum non distribuentium bona civitatis secundum dignitatem, sed ea usurpant ditando se et amicos eorum*, [40] et sic de huiusmodi regiminibus secundario loqui intelligendus est auctor, tangendo ipse auctor hic etiam quomodo quilibet vilis homo, dummodo faciat se bene de aliqua dictarum partium, videtur sibi ipsi esse ut ille probissimus Romanus Marcellus fuit qui, [41] ut scribit Virgilius in vi°, in singulari bello devicit Viridomarum Gallorum ducem, hostem Romanorum existentem. [42] Ultimo auctor apostrophat ad civitatem Florentie, eam yronice commendando, idest per contrarium, ut habetur hic in textu dicens quomodo consilia indeliberate et properanter profert, contra Phylosophum dicentem in iii° *Ethicorum*: *Quod consilio preiudicatum est, eligibile est*, [43] et Callistum papam dicentem in quodam *Decreto*: *Ponderet unusquisque sermones suos. Nos enim tempore indigemus, ut aliquid maturius agamus, ne precipitemus consilia et*

36. cuius] unius V.

---

34. Cf. THOM., *Pol. Arist. sent.* IV ix 4, V viii 7.
35. Cf. THOM., *Eth. Arist. sent.* VIII ix 16.
37. THOM., *Eth. Arist. sent.* VIII ix 1.
39. Cf. THOM., *Eth. Arist. sent.* VIII viii 4.
41. Cf. VIRG., *Aen.* VI 855–58.
42. THOM., *Eth. Arist. sent.* III v 9.
43. *Decr. Grat.* I D. L c. 14.

Super VI° capitulo Purgatorii

opera nostra, [44] dicendo auctor quomodo etiam eius populus, scilicet Florentinus, subarcat se ad honera ab aliis recusata, hoc est preparat se; nam illa famula Florentie dicitur se subarcare que circinat sibi tunicam elevatam iuxta cinturam causa expeditius purgandi domum vel aliud faciendi. [45] Item dicit quomodo in provisionibus suis excedit civitates illas duas grecas, scilicet Athenarum et Lacedemone, a quibus Romani antiquitus habuerunt duodecim tabulas legum et Ius scriptum et non scriptum, subdendo alia que per se satis patent.

45. duodecim] C x V.

SUPER VII° CAPITULO PURGATORII

[1] **Poscia che l'acoglienze honeste e liete**. [2] Adhuc auctor continuative in hoc vii° capitulo dicit inter alia quomodo dictus Sordellus, cognito Virgilio et dicto quomodo erat gloria ipse Virgilius Latinorum, et quomodo ostendit quicquid potest nostra lingua exprimere et vere — [3] nam dicit Macrobius, *Super Somnio Scipionis*, quod ipse Virgilius cuiuslibet discipline fuit expertus, [4] et in libro *De Saturnalibus* dicit: *Virgilium divino ingenio non humano fore loquutum*, et subdit: *Gloria Maronis talis est ut ex nullius laudibus crescat et ex nullius vituperationibus minuatur*; [5] item de ipso Virgilio Ovidius loquens ait: *Omnia cantavit divino carmine Vates* — et audito quomodo umbra dicti Virgilii illuc venerat de Inferno, et quomodo dampnata erat in Limbo, incepit dicere quomodo, adveniente nocte et occidente sole, ille mons Purgatorii inascensibilis erat, licet descensibilis foret errando circumcirca. [6] In quo elici potest talis allegoria sub sensu anagogico, idest spirituali, tali: homo in hoc mundo ascendens ad altitudinem humane felicitatis, pro qua figuraliter hic mons summitur, non debet hoc velle facere, si non vult deviare, nisi sole idest nisi lumine sibi gratie et karitatis radiante; [7] nam in non summe perfectis nonnunquam eclipsatur talis sol interpositione motuum et cogitaminum humanorum multorum, ita quod tunc melius est subsistendo emendare et componere animum quam contemplative velle transcendere ad talem summitatem — [8] et hoc per illa verba Apostoli, xii° *Ad Corinthios*, quibus ipse vocat karitatem *Excellentiorem viam*

---

1.   l'acoglienze] gli acoglienze V lacoglience C.

---

1.   *Purg.* VII 1.
3.   Cf. MACR., *Somn. Scip. comm.* I xv 12, *Sat.* V i 1.
4.   MACR., *Sat.* I xxiv 8.
5.   Cf. COLUMBANUS I 30 (PL LXXX 285c).
8.   *I Ep. Cor.* XII 31.

Super VII° capitulo Purgatorii

nostram, [9] dicitur in quodam *Decreto, De Penitentiis: Sicut sine via nullus potest pervenire quo tendit, ita sine karitate, que via dicta est, non ambulare possunt homines, sed errare* — [10] vel vult auctorem dicere hoc sub tropologico sensu, idest morali, illo quo dicit Seneca in iii[a] *Epistula Ad Lucilium* quod virtuosum est, et morale per consequens, non semper quiescere, et non semper agere, unde hec inquit: *Permiscenda sunt, et quiescenti agendum est et agenti quiescendum; cum natura rerum delibera: ipsa tibi dicet se et diem fecisse et noctem.* [11] Inde auctor fingit se cum Virgilio duci ab ista umbra domini Sordelli per quendam callem schembum, idest globosum, moventem ultra quam ad medium dicti montis suum lembum, idest suum revolutum sinum et concavitatem, ad videndum umbras illorum qui in hoc mundo propter sua magna regna et offitia tardi fuere ad veniendum ad penitentiam et contrictionem, et quia in viriditate fame eorum memoranda probitas in hoc mundo adhuc viget, fingit auctor ipsorum umbras hic esse sic in herbis et floribus, ut dicit textus, [12] tangendo de cocco, rubeo colore, illo de quo in *Apocalipsi* dicitur: *Ve civitati colorata purpura bisso et cocco,* [13] et dicit ibi auctor se vidisse umbram Rodulfi imperatoris, negligentis olim, post electionem imperialem de se factam, ad Ytaliam venire et Rome coronari, de quo etiam dixi in precedenti proximo capitulo. [14] Item umbram Octacheri, olim regis Bohemie, per quam Bohemiam currit Albis, fluvius magnus colligens omnes aquas eius et ducens illas in mare, ut dicitur hic in textu, de quo flumine ut famoso [15] faciens Lucanus mentionem ait in secundo: *Fundit ab extremo flavos aquilone Svevos / Albis* etc. [16] Cui Octachero successit in regno, non in probitate, Vincislaus eius filius, ut tangit hic auctor; [17] item umbra regis Phylippi nasecti, filii Lodoyci regis Francie canonizati olim in sanctum, qui Phylippus, secundum quod fertur, parvulum nasum habuit, unde auctor vocat eum hic 'nasectum', et ita etiam vocatus fuit ab aliis. [18] Item sciendum est quod iste dictus Phylippus cum exercitu potentissimo invasit regnum Aragone, tandem ibi ab Aragonesi rege positus est in conflictu et fuga, et mortuus

---

10. vult] dic V.

13. proximo] C proxime V.

---

9. *Decr. Grat.* II *De Poen.* D. II c. 5.
10. Sen., *Ep. Lucil.* III 6.
12. *Apoc.* XVIII 16.
15. Lucan., *Phars.* II 51–52.

Comentum Petri Alagherii

est apud terram Perpignani, territorii Catalonie, et hoc vult tangere hic auctor dicendo dictum Phylippum mortuum fore fugiendo et deflorando lilium, signum armature regni Francie, subaudi ignominia. [19] Item umbram Tebaldi, olim regis Navarre; et quia tempore quo auctor fingit se hic vidisse, Phylippus pulcerrimus corpore (ideo cognominabatur Bellus), filius supradicti Phylippi et generus dicti Tebaldi, ut rex Francie multa opera mala et turpia faciebat que recitabo infra in capitulo xx°, ideo fingit hos duos spiritus ita hic tristari auctor, ut dicit textus. [20] Item umbram domini Petri, olim regis Aragone, item virtute et probitate clarissimi, quem auctor vocat hic membrutum, et quem fingit canere simul cum umbra Karuli, olim regis Apulie, quem denominat a masculo naso, idest a magno; qui dominus Petrus tres habuit filios, scilicet Anfusium, in virtute similem sibi si vixisset, nam in iuvenili etate mortuus est, et iste est ille iuvenculus quem auctor fingit hic sedere post dictum eius patrem, dicendo quomodo si successisset in regno dicto eius patri, valor ibat de vase in vas, [21] iuxta Phylosophum dicentem in quinto *Ethicorum* quod *Principatus virum ostendit*. [22] Item dicit quomodo alii duo filii dicti domini Petri, scilicet Iacobus et Federicus, successerunt sibi in regnis Aragone et Sicilie, non tamen in probitate; ex quo subdit auctor quomodo humana probitas paterna raro propagatur in ramis, idest in filiis, ratione hic in textu assignata, dicendo hic etiam auctor idem contigisse dicto Karulo in eius filiis per illa verba quod sicut Constantia, uxor dicti domini Petri, magis potuit iactare se de dicto suo viro quam Beatrix et Margarita eius nurus et uxores dictorum Iacobi et Federici, ita uxor dicti Karuli de suis nuribus. [23] Item vidit ibi umbram Henrici regis Anglie qui in suis ramis, idest in suis filiis, ut dicit hic auctor, magis fortunatus est; item umbram Guillelmi marchionis de Monferrato qui, habita longa guerra cum illis de Alexandria, demum captus est ab eis et in eorum carceribus mortuus est; ex quo homines de Monferrato predicto et illi de Canavese, territorio etiam dicti marchionis, adhuc plorant, idest adhuc dolent hoc reminiscendo, ut dicit auctor in fine.

---

21. Thom., *Eth. Arist. sent.* V ii 10.

SUPER VIII° CAPITULO PURGATORII

[1] **Era già hora che volgie il desio**. [2] In hoc octavo capitulo adhuc auctor, etiam se continuando ad proxime precedentia, volens dicere quomodo tunc ibi erat ultima hora diei, circumloquendo tangit quod naturaliter contingit navigantibus prima die eorum navigationis in tali hora. [3] Nam tunc, ut plurimum recordantur de dimissis amicis ita de recenti, non sine tenero motu amoris et caritatis, adeo quod vellent tunc ita redire sicut abeunt, et hoc est quod dicit hic auctor, scilicet quod talis hora volvit eorum desiderium, idemque dicens etiam contingere peregrinantibus terram, dum, prima die sui itineris, in tali hora audivit procul aliquam squillam, idest aliquam campanulam ad complectorium pulsatam. [4] Post hoc auctor, cum superficialiter ad licteram finxerit in precedenti capitulo has animas canere *Salve Regina*, nunc, ita ut dicit hic textus, fingit eas, completa dicta oratione, siluisse, et unam earum surrexisse et cum plausu manus silentium petisse, [5] alludendo in hoc auctor illis verbis Ovidii loquentis de Iove volente orare in concilio Celicolarum dicentis: *Qui postquam voce manuque / murmura compressit tenuere silentia cuncti*, [6] et incepisse inde canere et alias cum ea similiter subsequenter illum ymnum Ambrosii quem ecclesia canit in complectorio, hunc videlicet: *Te lucis ante terminum / rerum creator, poscimus, / ut solita clementia / sis presul ad custodiam. / Procul recedent somnia / et noctium phantasmata, / hostem nostrumque comprime / ne polluantur corpora*. [7] Et hec dicit causas animas orasse versus orien-

4. unam] una V. plausu] plansu V.

---

1. *Purg.* VIII 1.
5. Ov., *Met.* I 205–6.
6. AMBR., *Hymn.* XXIV.
7. Cf. *Sap.* XVI 28.

Comentum Petri Alagherii

tem, ut sequatur auctor *Salamonem* in hoc dicentem: *Mane ad solem orabis*, [8] et *Psalmista* dicentem: *Psallite Deo quod ascendit celum celi ad Orientem*; [9] item etiam quod legitur de Danielis in captivitate Babylonica orante versus Orientem: tamen, quia Deus ubique est, ad omnem partem orare possumus, [10] ad quod Apostolus respiciens scripsit *Ad Timoteum* capitulo ii° dicens: *Volo viros orare in omni loco levantes puras manus* etc. [11] Inde dicit auctor quomodo hii duo angeli descenderunt de gremio Marie ita virides et cum capitibus flavis, sed in facie ita lucentes quod visus auctoris deficiebat in eos respiciendo tanquam virtus, subaudi visiva, que ad nimium confunditur — [12] tangens in hoc quod ait Phylosophus in secundo *De Anima*, dicens quod *Excellentia sensibilium corrumpit sensum* — [13] dicendo quomodo venerunt et fugaverunt hunc serpentem, ut per se patet in textu; qui, ad licteram sic intelligendo, falsum diceremus, sentiendo has animas separatas et ad Purgatorium ductas orare ne temptatione diabolica vexarentur, [14] cum dicat Thomas in suo *Contra Gentiles* quod anime in Purgatorio existentes sint in voluntate immutabiles, [15] ac etiam iste auctor idem hoc dicit infra in hoc libro *Purgatorii* in capitulo xi° et in capitulo xxvi°, ideoque auctor hic suadet ut lector in hoc passu bene, idest perspicaciter, acuat oculum intellectus, subaudi ad verum, idest ad veram intentionem ipsius auctoris velatam sub allegorico sensu ut a velo, quodammodo allegando quod dicta eius allegorica intentio est ita transparens ut subtile velum quod penetrari intus faciliter potest, quasi velit dicere auctor quod hec que in presenti capitulo figuraliter et mistice narrat, potius sub anagogico sensu, idest spirituali, quam sub tropologico, idest sub morali recitat. [16] Nam, homo scribens aliqua moraliter non debet hoc facere subtilibus transumptionibus et figurationibus, sed grossis, [17] ut egit Esopus in suis *Fabulis* ostendens hoc dum dixit: *Et nucleum celat arida testa bonum*, accipiendo nucleum pro vero integumento incluso in sua grossa allegoria, ut in testa nucis; [18] quod quidem fieri docet nos Phylosophus in i° *Ethicorum*, dum ibi sic ait circa morale negotium: *Amabile est de talibus et ex talibus dicentes grosse et figuraliter veritatem ostendere, et de hiis que ut fre-*

---

8. *Ps.* LXVII 33–34.
10. *I Tim.* II 8.
12. Thom., *Theol.* I q. lxxv a. 3.
14. Thom., *Gent.* IV 94.
17. Cf. Esop., *Fabul. proem.* 63.
18–19. Thom., *Eth. Arist. sent.* I iii 4.

Super VIII° capitulo Purgatorii

quentius et ex talibus dicentes talia et concludere, [19] ubi comentator, scilicet Thomas de Acquino, super hiis verbis sic inquit: *Et ideo rationes subtiles magis illuminant intellectum, superficiales vero et grosse magis movent et inflammant affectum.* [20] Namque in scientiis speculativis, ubi principaliter queritur illuminatio intellectus, ut est in nostro proposito hic, procedendum est demonstrative et subtiliter, at in negotio morali non queritur nisi certitudo voluntatis et ut boni fiamus, et secundum hoc ita hec lictera exponatur: o lector, acuas hic bene visum tui intellectus; nam si bene acues speculative, integumentum presentis allegorie tibi patebit tanquam subtiliter et apparenter indicatum; [21] vel forte auctor hec dixit hoc alio respectu, scilicet quod si allegoria hec et quelibet alia est ut velum subtile et transparens, citius potest animus legentis ad varios et multiplices intellectus trahi preter verum; quam si fuerit grossa, [22] ad quod facit quod ait Gregorius in primo suo libro *Moralium,* dicens: *Aliquando autem qui verba accipere ystorie iuxta licteram negligit oblatum sibi lumen veritatis abscondit, cumque laboriose inveniri in eis aliquid intrinsecus appetit, hoc, quod foris absque difficultate assequi poterat;* [23] amictit igitur ad propositum dictum inclusum verum de quo sermo est hic erit hoc, scilicet quod quicquid ipse autor dicit de hiis animabus in tali hora ita orantibus et canentibus reducatur ad homines in hoc mundo viventes spiritualiter Deo serviendo, et quodammodo se purgando a malis comissis, quorum moris est in tali hora orando canere et iubilare in deprecationem et laudem Dei et Virginis eius matris in consortio plurium hominum, ut faciunt Florentie canentes in sero in laudes Domine nostre Virginis Marie ut pro nobis interveniat, ut in multis etiam locis aliis videmus fieri. [24] Et in hoc venit auctor et eius materiam ampliandam, ut tangit et tractat de effectu orationis, que secundum Ysidorum interpretatur quasi 'oris ratio'. [25] *Item dicitur oratio,* secundum Damascenum, *ascensus intellectus in Deum,* et ex hoc auctor fingit hic has animas ita manus et occulos ad celum, idest ad Deum, elevare —

---

22. abscondit] ST asce(n)dit V.

---

22. Greg. Magn., *Moral., Ep. pref. ad Leandr.* 4.
24. Isid., *Etym.* I v 3.
25. Cf. Thom., *Theol.* III q. xxi a. 1.

[26] unde Ciprianus ad hoc sic ait: *Quando stamus ad orationem vigilare et incumbere ad preces toto corde debemus, ut cogitatio omnis carnalis et secularis abscedat. Claudatur contra adversarium pectus et soli Deo pateat, nec ad se hostem Dei tempore orationis venire patiatur* — et, licet particularis et singularis oratio in occulto fieri debeat, [27] iuxta illud *Mathei* vi° dicentis: *Cum oraveris intra in cubiculum tuum et, clauso hostio, ora patrem tuum in abscondito* etc., [28] tamen iste premissus modus orandi pluribus simul congregatis canendo patenter fit et commendatur, de quo Psalmista inquit: *Voce mea ad dominum deprecatus sum*; [29] de quo modo orandi forte etiam ait Dominus discipulis eius dicendo, *Mathei* xviii°: *Dico vobis quod si duo ex vobis convenerint in terram in nomine meo de omni re quam petieritis, continget vobis*, etsi non fiat quod petitur, [30] iuxta Bernardum dicentem Deum dare quod sic petitur aut quod novit esse utilius, [31] et inde in capitulo xviii° ait ad idem sic etiam Dominus: *Ubicunque duo vel tres in nomine meo fuerint collecti, ego sum cum eis*. [32] Inde auctor, volens tangere de effectu talis premisse orationis, qui est ut, mediantibus angelis, tales prefati viri spirituales defendant se contra insultus et temptationes demonicas maxime nocturno tempore nos aggredientes, [33] et quo Dominus suadebat discipulis suis dicendo: *Vigilate et orate ne intretis in temptationem: spiritus quidem promptus est* — [34] scilicet dyabolus, nam, ut ait Gregorius: *Assidua temptatione temptat homines ut saltem tedio vincat* — *caro vero infirma*, in quibus verbis ostendit duo hec remedia fore contra temptationem, scilicet vigilatio cum corde, et oratio cum ore. [35] Ad hoc inquit ita Augustinus in libro *De Perseverantia*: *Homo in hac vita, quantumcunque perfectus, habet orare ut divina virtute perseveret in perfectione, cum ad hoc virtus propria*

    26. abscedat] ST asce(n)dat V.

    29. xviii°] ST viii° V L B.

    31. xviii°] ST xiii° V L B.

---

26. CIPR. CARTH., *Domin. Orat.* XXXI.
27. *Matt.* VI 6.
28. *Psalm.* CXLI 2.
29. *Matt.* XVIII 19.
30. Cf. BERN., *Epist.* CCCXCVIII 2 *et passim*.
31. *Matt.* XVIII 20.
33–34. *Matt.* XXVI 41.

Super VIII° capitulo Purgatorii

non sufficiat; [36] nam, ut ait Yeronimus: *In temptationem intrat qui orare negligit*, sed, [37] ut idem Gregorius ait in *Moralibus*: *Qui dat temptatori potestatem, ipse temptato dat misericordiam*. [38] Subsequenter tangit hic auctor de istis duobus angelis cum duobus spatis igneis fugasse ita hunc serpentem, idest dyabolum temptaturum truncis cuspidibus, ut dicit textus, ut denotet in hoc quod non sunt angelica subsidia nobis ad occisionem demonum, sed ad tuitionem; [39] ad quod ait Thomas in prima parte questio cxiiii[a] sic: *Angeli contra impugnationem demonum nobiscum sunt et, ut non sit inequalis conditio pugne fit ex parte hominis recompensatio, primo per adiutorium divine Gratie, secundo per custodiam angelorum, quos angeli singuli singulos habent in custodiam, ut per eos ducantur ad vitam ecternam, et incitentur ad bene operandum, et muniantur contra insidias ipsorum demonum.* [40] Ad hoc etiam Bernardus, super illis verbis Ysaie: *Super muros tuos, Yerusalem, constitui custodes*, ait: *Benignus es, Domine, qui non es contentus nostrorum murorum, sed custodiam angelicam nobis ponis*; [41] item et Yeronimus, *Super Matheo*: *Magna*, inquit, *est dignitas animarum, ut unaqueque habeat ab ortu in custodiam sui angelum delegatum*, scilicet bonum subaudi, et etiam malum; [42] unde in libro *De Proprietatibus Rerum* dicitur: *Sicut bonus angelus hominibus datur ad subsidium et conservationem, sic malus angelus datus est ad probationem.* [43] Quibus auctoritatibus satis potest comprendi allegorica intentio auctoris circa hos angelos, circa vero eorum dictas virides alas, in quarum tali colore spes figuratur, potest elici etiam intentio allegorica eius, inspectis verbis Ysidori, *Etymologiarum*, dicentis: *Angeli pinguntur cum alis ut celeris eorum cursus significetur, quorum unicuique attributa sua diversa officia sunt et presunt locis et hominibus*, [44] unde *Propheta* ait:

39. cxiiii[a]] cvi[a] V L B.
40. Bernardus] ST L B Girardus V.

---

36. Ps.-Hier., *In Evang. Marc.* XIV.
39. Thom., *Theol.* I q. cxiv a. 1.
40. *Is.* LXII 6. Bern., *Serm. in dedic. Eccl.* IV 2.
41. Hier., *In Matt.* III xvii 20.
42. Barth. Angl., *Propr. Rer.*, II xix.
43. Cf. Isid., *Etym.* VII v 3.
44. Cf. *Esdr.* I 1.

Comentum Petri Alagherii

Angelus princeps regis Persarum restitit michi. [45] Circa allegoriam dictarum eorum spatarum facit quod ait Dionisios in suo libro *Hyerarchiarum*, dicens: *Angeli tela et gladios dicuntur portare ex eo quod virtute sibi tradita demonum conamina destruunt et debellant;* pro affocato colore ipsarum dictarum spatarum accipi debet incendium illatum demonibus a dicta virtute orationis, [46] unde ait Augustinus: *Oratio est menti presidium, adversario incendium, angelis solatium, et Deo gratissimum sacrifitium,* [47] cum etiam dicat Yeronimus, *Super Matheo* xvii° capitulo: *Hoc genus demonorum non eicitur nisi oratione.* [48] Inde, ad id quod dicit quomodo dictus serpens, qui ut iam dixi per motu diabolice temptationis hic ponitur, ita volvebat ad dorsum lingendo caput et faciem humanam — [49] secundum Bedam dicentem: *Ita factum fuisse serpentem decipientem cauda,* [50] de quo dicitur *Genesis* capitulo iii°; [51] et in *Ecclesiastico* xxi° capitulo ibi: *Quasi a facie colubri fuge peccatum.* [52] Ad quod etiam ait Petrus in sua *Epistula* dicens: *Sobrii estote et vigilate, quia adversarius vester dyabolus tanquam leo et serpens circuit querens quem devoret* — [53] tangit, seu tangere vult, allegorice auctor de suggestione dyaboli intendente se reddere et facere placibilem ubi est deformis, [54] in quo Gregorius in i° *Moralium* ita ait: *Cum antiquus hostis nec in exordio intentionis ferit neque in itinere actionis intercepit duriores in fine laqueos tendit;* [55] ad quod respiciens Propheta inquit: *Ipsi calcaneum meum observabunt,* nam, cum calcaneum sic finis corporis, per illud terminus signatur actionis, et sit finem vitiare desiderat, unde eidem serpenti dicitur: *Ipsa tuum observabit caput, et tu eius calcaneum.* [56] Caput serpentis obervare est initia subgestionis eius aspicere et manu sollicite considerationis a cordis aditu funditus extirpare, quia tamen cum ab initio de-

48. temptationis] temptatio V.

53. intendente] intendentis V.

54. i°] ST ii° V.

---

45. Cf. DION. AREOP., *Coel. Hier.* XV 5.
47. Cf. HIER., *In Matt.* III.
50. Cf. *Gen.* III 1–14.
51. *Eccli.* XXI 2.
52. Cf. *I Ep. Petr.* V 8.
54. GREG. MAGN., *Moral.* I xxxvi 59.
55. *Ps.* LV 7.

Super VIII° capitulo Purgatorii

prehenditur, percutere calcaneum molitur quia, si suggestione prima non percutit, intentionem decipere in finem tendit, et iam semel cor in intentione corrumpitur, sequentis actionis medietas et terminus ab hoste callido secure possidetur; [57] dicens inter hec auctor quomodo in tali hora vidit in tali loco tres stellas in illo polo, idest in illo septentrionem, elevatas et subrogatas in locum illarum quattuor quas viderat ibi in mane, in quo vult ostendere allegorice quod, licet in principio ascensionis huius montis, quod pro felicitate humana figuraliter ponitur, quattuor virtutes cardinales hominibus ad talem directionem in principio expediant — [58] unde Seneca, *De Formula Honestatis*, dicit quod hiis virtutibus animus comitatus potest ad honestatem vite accedere, in qua dicta felicitas consistit — [59] tamen in processu necessarium est ut superveniant tres ille theologice virtutes — [60] de quibus Apostolus, *Ad Corinthios* primo capitulo xiii° ait dicens: *Nunc manet fides, spes et karitas*; [61] *Hiis scientia et phylosophia militat*, dicit ibi *Glosa* Augustini — [62] pro quibus hec tres stelle ponuntur hic, et sic in hoc quasi alludere vult auctor illis verbis Psalmiste, dum dicit: *Ambulabant de virtute in virtutem*. [63] Hiis expeditis, veniamus ad duo que hic textualiter tanguntur: fingit enim hic auctor primo se reperire umbram domini Nini de Vicecomitibus de Pisis, olim iudicis iudicatus Gallure insule Sardinee et mariti domine Beatricis de Este, ex qua genuit filiam quendam nomine Iohannam, de qua hic fit mentio. [64] Quo mortuo, dicta eius uxor vidua nupsit domino Galeassio de Vicecomitibus de Mediolano, ex quo increpat illam per hec verba dicti sui viri primi, ut dicit textus hic, [65] sequendo verba Apostoli dicentis *Ad Timotheum* sic: *Adolescentiores autem viduas devita; cum enim luxuriate fuerint, in Christo nubere volunt; habentes dampnationem, quia primam fidem irritam fecerunt*, [66] et sic arguit hic dicta umbra dicti olim sui viri; plus amore non diligi ab ea, iuxta illud Ovidii, *De Remedio Amoris: Successore novo tollitur omnis amor*, [67] arguendo etiam dicta umbra contra dictam eius uxorem quomodo honora-

67. vipera] C bivera V.

---

60. *I Ep. Cor.* XIII 13.
61. Cf. AUG., *Doctr. Christ.* I xxxvii.
62. *Ps.* LXXXIII 8.
65. *I Ep. Tim.* V 11–12.
66. OV., *Rem.* 462.

bilius erat ei sepelliri ut eius uxor in sepulcro picto cum gallo, signo armature dicte dignitatis iudicatis Gallure, quam in sepulcro picto vipera, signo armature dictorum Vicecomitum, quorum vexillum ex principio antiquo prius affigitur in campo per exercitum Mediolanensem quam aliud. [68] Que talia dicit auctor dictam umbram dixisse signatam directo zelo, idest karitate, qua diligimus proximum ut nos ipsos, et sic differt ab alio non recto zelo quem Egidius in suo libro *De Regimine Principum* ita diffinit: *Zelus est amor intensus non patiens consortium in amato*. [69] Item dicta umbra rogat auctorem ut roget dictam eius filiam de eo quod dicit hic textus per illum singulare gradum, idest gratificationem quam debet Deo, ad cuius primum quia seu quare non est nobis vadum ad intimandum, quare fecit hoc primum, [70] et hoc secundo cum *Investigabiles sint vie eius*, ut ait Apostolus. [71] Ultimo tangit de domino Corrado, marchione Malespina, et quomodo communicavit cum omnibus de domo sua civitatem Buose et castrum Duosoli et cetera alia bona que acquisivit in insula Sardinee ex dote cuiusdam eius uxor; et hoc est quod dicit hic auctor de amore quem gessit circa suos, inducendo dictam umbram ultimo predicere sibi eius exilium ante septennium sibi evenire per illa verba quod sol non recumbet in lecto montonis, idest in signo Montonis, septies etc. [72] Nam, sic exul inde existens, refugium per non modicum tempus habuit ad dictos marchiones, maxime ad dictum Moroellum, marchionem de dicta domo, et sic expertus est quod pronunciavit hic sibi dictus spiritus.

69. umbra rogat] umbra V.

---

68. AEG. ROM., *Reg. Princ.* I iii 10.
70. *Ep. Rom.* XI 33.

SUPER VIIII° CAPITULO PURGATORII

[1] **La concubina di Titone antiquo**. [2] In hoc nono capitulo auctor duo principaliter facit: primo se continuat ad proxime precedentia usque ibi: **Noi ci apressammo, et eravamo in parte**; ibi incipit tractare de loco Purgatorii et de eius introitu, et hec usque ad finem. [3] Ad primum igitur veniendo prius videamus quid auctor pro ista concubina Tytoni intelligat, et dicit quod eam accipit hic pro Aurora lune poetice loquendo, unde prenotandum est quod ystorice dicitur Laomedontem Troyanum tres habuisse filios, scilicet Assaracum, Tytonum et Priamum, quem Tytonum poete fingunt auroram solis habuisse in uxorem, et ideo ab eo vocata est Tytona. [4] Unde Ovidius, *De Fastis*, inquit in hoc: *Tu Frigis Assaraci Tytonia fratre relicto*, et subdit: *Iam tua, Laomedon, oritur nurus, ortaque noctem / pellit* etc., [5] ac etiam fingunt dictum Tyton ex ea habuisse filium nomine Menonem; quem Tytonum etiam fingunt dicti poete fortiter senuisse — unde Theodorus in hoc ait: *Tytonum thalamis dignans aurora superbis / augendo vitam mutavit etiam usque ac Adam*, [6] item et idem Ovidius in *Epistulis* inquit ita: *Super Occeanum venit a seniore marito* — quare vide cur auctor vocet hic eum 'antiquum'. [7] Item dicit inde auctor quod dicta lunaris aurora iam ibi ubi erat candebat sicut Aurora solis rubescit propter vivacius lumen — [8] unde Virgilius: *Iamque rubescebat stellis*

2. Noi] noy V. apresammo] C apressamo V.

3. dicit] dic V.

5. Tyton] C laumedontem V.

---

1. *Purg.* IX 1.
2. *Purg.* IX 73.
4. Ov., *Fast.* IV 943, VI 729–30.
6. Ov., *Amor.* I xiii 1.
8. Verg., *Aen.* III 521.

Aurora fugatis — extra brachia dicta Aurora lune sui dulcis amici. [9] Hoc aliquantulum extraneum est, nisi intelligamus auctorem accipere hic pro isto amico ipsum predictum Tytonum, qui mistice et integumentaliter per dictos poetas ponitur pro illo vapore qui colorat utramque Auroram, licet non ita continue coloret dictam Auroram lune sicut Aurora solis, et ex hoc fingitur dictus Tytonus, istius maritus et illius amicus, concubinarius; vel secundo dicamus auctorem pro tali dicto amico accipere Cephalum, qui amasius olim fuit aurore predicte solis, et per consequens lune, ratione idemptitatis earum illuminationis — [10] de quo ipse Ovidius, in persona Phedre scribens ad Yppolitum in eius *Epistula* sic ait: *Clarus erat silvis Cephalus, multeque per herbas / conciderant illo percutiente fere, / nec tamen Aurore male se prebebat amandum, / ibat ad hunc sapiens a sene diva viro* — [11] vel dicit tertio quod erat extra brachia dulcis sui amici, idest Experi sideris procedentis interdum ex Oriente cum Aurora lune, et tunc dicitur Experius, interdum cum Aurora solis, et tunc dicitur Lucifer, [12] unde idem Ovidius: *Iamque fugatura Tytoni coniuge noctem / previus Aurore Lucifer ortus erat*; vel quarto forte auctor hic accipit pro hoc amico signum Cancri, quod signum est domus lune, a quo signo remota tunc erat dicta Aurora lunaris per tria signa, cum tunc erat in signo Scorpionis, ut ait hic auctor de eius Aurore stellata fronte in forma Scorpionis. [13] Itaque, licet obscure, breviter concludendo auctor per dicta verba fingit iam duas partes noctis transisse ibi, videlicet crepusculum et conticinium, et tertia iam iminebat, que dicitur gallicinium; alie dicuntur intempestum, gallitium, matutinum et diluculum, et sic septem secundum Macrobium, et hee partes sunt passus noctis de quibus hic ait auctor. [14] In qua quidem parte tertia noctis fingit inde auctor se ibi solum incepisse dormire, causam allegando quia habebat de eo quod traxerat ab Adam, scilicet de corporali et carnali et sensuali essentia — [15] unde Phylosophus in suo libro *De Sompno et Vigilia* dicit quod *Sompnus est quies virtutum animalium et sensuum nostrorum dependens a cerebro* — dicendo se in hora matutina, iuxta diem quando

11. ex Oriente] (et) Orient(is) V.

---

10. Ov., *Her.* IV 93–96.
12. Ov., *Her.* XVIII 111–12.
13. Macr., *Sat.* I iii 12–15.
15. Thom., *Somn. Vig. Arist. exp.* IV.

Super viiii° capitulo Purgatorii

yrundo incipit canere — [16] ut ait Virgilius, etiam talem horam describendo, dicens in viii°: *Evandrum ex humili tecto lux suscitat alma / et matutini volucrum sub culmine cantus,* [17] in quo incidenter tangit etiam quod ystorice et fabulose Ovidius scribit in vi°, scilicet quomodo Tereus, olim rex Thracie, accepta in uxorem Progne, filia Pandionis ducis Athenarum, carnaliter iacuit, et per vim, cum Phylomena sua cognata, puella et virgine, et sorore dicte Progne et filia dicti Pandionis in quodam nemore, dum semel duceret eam de Athenis ad dictam eius coniugem, et ne tale scelus sciretur, linguam dicte Phylomene amputavit et ipsam ligatam dimisit in dicto luco ad quendam arborem ut a feris bestiis devoraretur breviter. [18] Tamen, hoc scito, recepta dicta Phylomena secum occulte, dicta Prognes, tali dolore mota, occidit Ythym suum filium et dicti Terei infantem et eum coquit et secrete illum dedit ad comedendum dicto eius patri uno mane ituro venatum; quo recepto et insequente dicto Tereo eas sorores, dicta Prognes conversa est in yrundinem et Phylomena in avem sui nominis quam vocamus rosignolum, et dictus Tereus in avem vocatam upupam cristatam — [19] et hoc est quod dicit hic auctor de primis guais dicte yrundinis, subdendo auctor etiam hic quomodo in dicta hora matutinale mens nostra peregrina magis a carne, idest magis a motibus carnalibus remota in suis visionibus quasi divina est circa futura prenoscendi, quod divinitatis est non humanitatis, et itaque presupponit auctor hic quod in tali hora vera sint nostra somnia, et idem dicit supra in Inferno in capitulo xxvi°, [20] quod quidem etiam verificari videtur per Ovidium in *Epistulis* dicentem: *Namque sub Aurora, iam dormitante lucerna, / somnia quo cerni tempore vera solent,* [21] item et per Claudianum dicentem: *Per somnos michi sancte pater, iam sepe futura / panduntur multeque canunt presagia noctes,* [22] item et per Valerium Maximum in iii° *De Somniis,* in contrarium videtur dicere Cato dum ait: *Somnia ne cures, nam mens humana quod optat*

    17. Thracie] C racie V. *Marginal note by a later hand:* Fabula phylomen(a)e & sororis V.

    19. yrundinis, subdendo] de sompniis (et) quinque specieb(us) ipsorum s(ecundum) Aug(ustinum) ut infra subdendo V (*rubric*).

---

16. Verg., *Aen.* VIII 455–56.
17–18. Cf. Ov., *Met.* VI 424–674.
20. Ov., *Her.* XIX 195–96.
21. Cf. Claud., *Bell. Gild.* 354–55.
22. *Distica Catonis* II 31.

etc., [23] et Salamon in *Ecclesiastico*, dum dicit: *Somnia extollunt imprudentes, et multos errare fecerunt*, [24] ex quo Augustinus, in libro *De Spiritu et Anima*, in hoc sic distinguit dicens: *Quinque fore species somniorum*: [25] nam quedam somnia fiunt que dicuntur 'oracula', quando scilicet homo somniat aliqua sibi revelata a Deo, ut *Genesis* xxxvii° capitulo dicitur de Ioseph, filii Iacob, et de Ioseph viro Marie et de magis recipientibus responsum in somniis et de aliis multis et ista vera sunt; [26] quedam somnia dicuntur 'visiones', quando scilicet id quod quis videt eo modo quo apparet evenit, unde Macrobius, *Super Somnio Scipionis* in hoc ait: *Fit enim sepe ut cogitationes sermonesque nostri pariant aliquid in somno tale quale sepissime vigilantes solebant cogitare et loqui*; [27] quedam alia dicuntur simpliciter 'somnia', quando scilicet figuris sunt tecta et sine interpretatione intelligi non possunt, ut in somnio Nabucodonosoris interpretato per Danielem, ut in *Daniele* capitulo iiii° habetur, et in somnio Pharaonis de spicis; [28] quedam alia sunt que dicuntur 'insomnia', scilicet quando id quod fatigaverat vigilantem ingerit se dormienti sicut est cibi et potus cura, ad quod ait Gregorius in suo *Dialogo* dicens quod *Somnia interdum eveniunt in suis apparitionibus a plenitudine ventris vel capitis ex inanitione vel ab aliqua delectacione vel affectione que dormientis movent phantasiam, vel ex compressione humorum; nam flegmaticus aquosa ut plurimum somniat, collericus incendiosa, melancholicus se cadere et ire non posse, sanguineus se volere que in somnia vana sunt*, [29] unde Virgilius: *Sed falsa ad celum mictunt insomnia Manes*; [30] quedam somnia 'phantasmata' dicuntur, ut cum quis vix dormire cepit, et adhuc se vigilare putat et aliqua videt, et hec etiam vana sunt. [31] Possunt enim ex causa exteriori somnia procedere vel per illuminatione dyaboli, de quibus *Iob* vii° capitulo ait: *Terrebis me per somnia*, [32] ubi Gregorius inquit: *Dyabolus cupidis prosperat, timidis adversat per somnia*, et hec

---

25. *Marginal note by a later hand:* Somnia.

---

23. *Eccli.* XXXIV 1.
24. Cf. Ps.-Aug., *De spir. et an.* XXV.
25. Cf. *Gen.* XXXVII 1–33.
26. Macr., *Comm. Somn. Scip.* I iii 1–13.
27. Cf. *Dan.* IV 15.
28. Cf. Greg. Magn., *Dial.* IV 50.
29. Verg., *Aen.* VI 896.
31. *Iob* VII 14.
32. Cf. Greg. Magn., *Dial.* IV 51.

Super viiii° capitulo Purgatorii

vana sunt, aut procedunt ex infusione corporum celestium moventium hic potentias corporales, ex quo motu nostra phantasia movetur, unde apparent multa futura maxime circa fata Rei Publice secundum dictum Macrobium. [33] Post hec auctor, fingendo se in predicta tali hora in somnio ita rapi et elevari usque ad regionem ignis per hanc aquilam, ut in textu dicitur, tangit comparative de raptu Ganimedis, filii Troii, Troyani regis, [34] circa cuius ystoriam et poeticam fictionem, Servius super illis verbis Virgilii in primo dicentis: *Et rapti Ganimedis honores*, scribit quod Hebes, filia Iunonis, diu fuit in officio propinandi vinum sive potum Iovi in celo, tandem visum extitit ipsi Iovi non fore decens quod talia per feminam fierent, unde disposuit se ad illud officium habere hunc Ganimedem, tanquam nobiliorem et pulcriorem iuvenem de mundo, unde, cum una die dictus Ganimedes venatum ivisset cum suis multis comitibus super montem Yde iuxta Troyam, Iupiter, in forma aquile, illum rapuit in celum et eum ad dictum officium constituit; [35] unde Virgilius in vi° de hoc sic ait: *Intextusque puer frondosa regius Ida / veloces iaculo cervos cursusque fatigat, / acer, anelanti similis, quem prepes ab Ida, / sublimem pedibus rapuit Iovis armiger uncis*, [36] item et Ovidius in persona Paridis scribentis Helene, in sua *Epistola* iactando se, inquit: *Frix erat et nostro genitus de sanguine, qui nunc / cum diis potando nectare miscet aquas.* [37] Item tangit etiam comparative auctor hic quomodo obstupuit non minus sic excitatus ut stupuit Achilles delatus per Chironem centaurum de nocte ad insulam Schiri a Theti matre eius missum illuc, et quare et quomodo Greci illum inde habuerunt, ut scripsi plene supra in *Inferno* in capitulo xxvi° ubi vide; [38] de quo admirativo causa dicti Achillis, Statius in primo sui *Achilleidos* ait: *Cum pueri tremefacta quies oculisque patentes / infusum sensere diem. Stupet aere primo, que loca, qui fluctus, ubi Pelion? omnia versat / atque ignota videt dubitatque agnoscere matrem* etc. [39] Modo resumamus quid auctor allegorice hic pro ista aquila et Lucia sentiat, et certe pro ea hic et in capitulo ii° supra in *Inferno* eam accipit pro Gratia Cooperante que subsequitur Gratie Operanti, ut plene scripsi in dicto capitulo secundo, et que ibi scripsi de hoc hic videantur; [40] de qua sic ait Augustinus: *Cooperando Deus in nobis perficit quod ope-*

---

34. Verg., *Aen.* I 28.
35. Verg., *Aen.* V 252–55.
36. Ov., *Her.* XVI 199–200.
38. Stat., *Achill.* I 247–50.
40. Cf. Aug., *De grat. et lib. arb.* XVII.

Comentum Petri Alagherii

rando incepit, quia ipse ut velimus operatur incipiens et volentibus cooperatur perfici, unde, visis conditionibus illorum qui per contrictionem extremam salvati sunt, de quibus hucusque dixit in hoc secundo libro, [41] volens auctor nunc contemplative ascendere ad tractatum illorum qui ad veram confessionem in hoc mundo viventes veniunt ad se purgandum ut ad verum Purgatorium quoddam, fingit dormiendo, idest contemplando, ita se nunc elevari hic per hanc talem figuratam aquilam, ut dicit textus, ut per Gratiam predictam Cooperantem; et hec pro ista prima parte sint. [42] Veniamus igitur ad secundam, in principio cuius auctor fingit se devenisse ad hanc portam Purgatorii et ad eius tres gradus, ut dicit textus, quam quidem portam auctor hic allegorice ponit pro introitu status confessionis et penitentie, ad quem in hoc mundo viventes actu et proposito primo dirigimur a gratia Dei supradicta figurata in predicta aquila et Lucia, [43] de qua tali figurata porta ait forte Psalmista dicens: *Introite portas eius in confessione*, [44] et alibi dicit: *Aperite michi portas iustitie: / ingressus in eas confitebor Domino. Hec porta Domini, iusti intrabunt in eam*. [45] Et quia ad portam hanc talem itur per gradus, cum *Nemo repente fit summus*, ut ait Iuvenalis, fingit auctor hos tres gradus pro scala eius porte, [46] sentiens allegorice de hiis gradibus quod ait Augustinus de sermone habito in monte, dicens: *Sicut tribus gradibus ad peccatum prevenitur, scilicet suggestione, delectatione et consensione, ita peccati ipsius tres sunt differentie, scilicet in corde, in facto et consuetudine*, et per consequens tribus gradibus oportet nos venire ad ipsius peccati confessionem: debet enim peccator primo reminisci omnium que peccando commisit et introspicere ante confessionem, [47] unde in quodam *Decreto* sic dicitur: *Magnum est, ut quis peccata sua agnoscat, et memoriam eorum retineat*, [48] ut possit dicere ut ait idem *Psalmista* dicens: *Confitebor tibi, Domine, in toto corde meo*, et alibi: *Delictum meum cognitum tibi feci* etc. [49] Et ex hoc auctor allegorice hunc primum gradum sic lucidum fingit adeo ut se in eo ut in speculo quodam videbat ut erat, ut dicit hic textus; [50] secundus vero gradus ita lividus et niger et crepitus accipitur: hic pro

---

43. *Ps.* XCIX 4.
44. *Ps.* CXVII 19–20.
45. Cf. Iuv., *Sat.* II 83.
46. *Decr. Grat.* II *De Poen.* D. II c. 22.
47. *Decr. Grat.*, II *De Poen.* D. III c. 36.
48. *Ps.* LXXXV 12, XXXI 5.
50. *Ioel.* II 13.

Super viiii° capitulo Purgatorii

compunctione scindente cor nostrum in tali casu, ad quod *Ioel* propheta: *Scindite corda vestra et non vestimenta vestra*; [51] tertius rubeus, iste alius gradus accipitur per erubescentiam quam habere debet peccator in confessione, [52] unde *Luce* xvii° capitulo, dicitur per Dominum peccatoribus: *"Ora mostrate sacerdotibus omnes"*, *non unus pro omnibus, nec alium statuatis nuntium, sed qui per vos peccastis per vos erubescatis*; [53] vel forte hii tres gradus sunt illi de quibus in *Decretis, De Penitentiis*, ita scribitur: *Sicut tribus modis Deum offendimus, corde, ore et opere, ita per cordis contritionem et oris confessionem et operis satisfactionem, ut per tres gradus venire debemus ad veram penitentiam*. [54] Iste autem angelus pro sacerdote ponitur hic per auctorem alludentem in hoc *Divine Scripture*: nam dicitur *Malachie* ii° capitulo: *Labia sacerdotis custodiunt scientiam et legem requirunt de ore eius, quia angelus Domini est*, [55] et per Apostolum, *Ad Corinthios* vi° dicitur: *Nescitis quoniam angelos iudicatis*, (*Idest sacerdotes*, dicit ibi *Glosa*), *quibus solis data est potestas confitendi et absolvendi*, [56] unde et in quodam *Decreto* dicitur: *Mediator Dei et hominum Christus hanc prepositis Ecclesie tradidit potestatem, ut penitentibus et confessis satisfactionem penitentie darent, qua purgatos ad communionem sacramentorum per ianuam reconciliationis admicterent*. [57] Spata vero huius angeli pro iudicio sacerdotali hic ponitur, in quo debet ferire sacerdos peccatorem reprehendendo eum cum iustitia et misericordia; [58] nam dicit Dominus *Mathei* xvi° capitulo: *Confirmo quos ligatis et solvitis super terram cum misericordia et iustitia, alia vero vestra opera in peccatores non agnosco*, [59] et ecce quod ait Salamon dicens: *De ore sedentis in throno procedit gladius bis acutus*; [60] cum qua spata, idest cum qua iustitia reprehensibili, signavit sibi in frontem dictus angelus, dicit auctor, septem P, hoc est quod examinando ipsum memorem fecit septem peccatorum mortalium, quod totidem tangit ad doctrinam confessantium alios, dicendo quomodo indutus erat humili veste dictus angelus, ut ex hoc etiam instruat hic auctor sacerdotes quomodo mediocri veste utantur, non colorata viridi vel rubea, [61] unde in quodam

---

52. *Decr. Grat.* II *De Poen.* D. II c. 88 (*Luc.* XVII 14).
53. *Decr. Grat.,* II *De Poen.* D. III c. 32.
54. *Mal.* II 7.
55. *I Cor.* VI 3 et *Gl.* rel.
56. *Decr. Grat.,* II *De Poen.* D. I c. 49.
58. Cf. *Matt.* XVI 19.
59. *Apoc.* I 16, XIX 15.
61. *Decr. Grat.* II C. XXI q. iv c. 1.

Comentum Petri Alagherii

Decreto ita dicitur: *Priscis omnium temporibus omnis sacratus vir cum mediocri aut vili veste conversabatur*, [62] audierat enim *Matheum* xi° capitulo dicentem: *Qui mollibus vestibus vestuntur, in domibus regum sunt*, [63] et Psalmista etiam dicentem: *Sacerdotes tui induantur iustitiam, / et sancti tui exultent;* indutus est enim iustitia qui medio utitur. [64] Due enim claves sunt ille quas dedit Dominus Petro, dicens: *Et dabo tibi claves regni celorum* etc., [65] quas Magister in iiii° *Sententiarum* dicit non fore *corporales* sed *spirituales*, unde sub anagogico sensu, idest spirituali, auctor hic et alibi de eis loquitur, et sic accipit pro aurea hac clave auctoritatem sacerdotalem sine qua non potest in hoc mundo quis penitentialiter iudicari, nec absolvi; [66] nam remictentibus sacerdotibus peccata Deus remictit, ut *Mathei* xxvi° capitulo habetur et in *Iohanne* capitulo ix° dicitur quod Christus Lazarum suscitatum obtulit discipulis solvendum, ut denotaret potestatem et auctoritatem talem solum esse sacerdotum; quam clavem auream dicit his auctor esse validiorem alia argentea, licet hanc argenteam dicat esse magis artificiosam, nam et spiritualiter hic argentea clavis pro prudentia et discretione et scientia sacerdotali ponitur, [67] de qua dicitur Malachie sacerdoti, ut habetur *Osee* iiii° capitulo: *Tu scientiam repulisti et ego repellam te ne sacerdotio fungaris*, dicit Dominus, [68] et etiam de hoc in quodam *Decreto*, in titulo *De Penitentiis*, ita dicitur: *Caveat spiritualis iudex, sicut non commisit crimen, ita non careat munere scientie; nam oportet ut sciat cognoscere quicquid debet iudicare, sit diligens inquisitor, sapienter interroget a peccatore quod forsan ignorat vel verecundia tacet et locum et tempus; quibus cognitis adsit benivolus, habeat dulcedinem in affectione, in varietate adiuvet confitentem increpando etiam et doceat perseverantiam*, [69] ut docet hic auctor

66. xxvi°] ST xvi° V. ix°] ST xi° V.
67. iiii°] ST L B iii° V.

---

62. *Matt.* XI 8.
63. *Ps.* CXXXI 9.
64. *Matt.* XVI 19.
65. Cf. Petr. Lomb., *Sent.* IV xviii 2.
66. Cf. *Matt.* XXVI 28 and *Ioh.* XI 44.
67. *Os.* IV 6.
68. *Decr. Grat.*, II *De Poen.* D. VI c. 1.

Super VIIII° capitulo Purgatorii

dicendo in personam dicti angeli quod extra redit qui retro respicit, [70] et *Luce* ix° capitulo dicens: *Nemo mictens manum ad aratrum et respiciens retro actus est ad regnum Dei*, [71] hoc est ut ait ibi Gregorius quod *Post exordium boni operis debemus ad malum non reverti*, [72] de quibus talibus ait *Propheta* dicens: *Non revertebantur cum incederent*, [73] ut fecit uxor Loth, ut dicitur *Genesis* capitulo xviiii°. [74] Ultimo dicit hic auctor quomodo dictus angelus aperuit dictam portam, eo modo quo etiam Virgilius in simili ait, dicens in vi°: *Tum demum horrisono stridentes cardine sacre / panduntur porte* etc., [75] tangendo etiam comparative quod scribit Lucanus in iii° de porta Tarpeia, erario populi romani, aperta per Cesarem contra voluntatem Metelli tribuni dicens: *Protinus abducto patuerunt templa Metello*, et sequitur: *Tum rupes Tarpeia sonat magnoque reclusas / testatur stridore fores* etc.

---

72. Propheta] C psalm(ist)a V.
73. xviiii°] ST viiii° V.

---

70. *Luc.* IX 62.
72. *Hiez.* I 9.
73. Cf. *Gen.* XIX 26.
74. VERG., *Aen.* VI 573–74.
75. LUCAN., *Phars.* III 153–55.

SUPER X° CAPITULO PURGATORII

[1] **Poi fummo dentro al soglio de la porta**. [2] In hoc x° capitulo adhuc auctor, se continuando ad proxime precedentia, dicit quomodo non fuisset excusandus, sic monitus a dicto angelo, si ita ingressus se volvisset ad sonum dicte porte, in quo vult allegorice tangere quod homo confessus et ingressus statum penitentie, non debet propter aliquam attractionem se volvere retro, idest iterum ad peccata eadem, vel alia venire, ut et per consequens ad dictam figuratam portam, idest quod ad dictam confessionem iterum redire non oporteat ipsum. [3] *Nam*, dicit Ambrosius, *penitentia est preterita peccata plangere, et iterum plangenda non commictere*; [4] facit ad hoc etiam quod in quodam *Decreto, De Penitentiis*, ita dicitur: *Is qui post penitentiam delinquit, ita privabitur gratia propter sequens delictum, ac si nulla peccata ei dimissa fuissent*; [5] at sic facit quod dicit aliud *Decretum*, scilicet quod *Melius est viam Domini non agnoscere quam, post agnitam, retro ire*. [6] Et sicut hec spiritualiter procedunt ut dictum est, ita et moraliter, ad quod quidem facit quod fingunt poete de Orfeo et de Euridice eius uxor, qua, venenata a quodam serpente et mortua et ducta ad Inferos, ipse Orfeus dulciter sonando apud demones eam habuit ab illis cum ista conditione, ne reducendo ipsam extra Infernum, respiceret ipsam retro, quod minime servans illam iterum amisit, quod totum moraliter, ut modo supra dixi circa vitia, importat quod spiritualiter circa peccata dictum est. [7] Inde auctor dicit quomodo illa petra scissa per quam suum cepit ascensum, hinc inde movebatur ibi, et quomodo cedentem partem dicti loci sequabetur, in quo allegorice sentit

1. fummo] fumo V.

---

1. *Purg.* X 1.
3–4. *Decr. Grat.* II *De Poen.* D. III c. 1.
5. *Decr. Grat.* II C. XXXI q. i c. 10.

Super X° capitulo Purgatorii

quomodo diversis motibus temptationum in principio status penitentie homo in hoc mundo diversimode fluctuatus debet eis cedere, [8] unde ait Cassianus: *Nunquam orat quis, etiam flexis genibus, quin evagatione distrahatur*, [9] quasi ut in hoc auctor sequatur Gregorium dicentem in quadam eius *Omelia*, exponendo Ezechielem, dicentem: *Potest discursus atque mobilitas Spiritus etc. In sanctorum cordibus iuxta quasdam virtutes spiritus bonus semper manet, iuxta quasdam vero recessurus venit, et venturus recedit. Ac in hiis per quos sanctitatis virtutis ostenditur, aliquando presto est misericorditer, aliquando misericorditer recedit.* [10] Prohemialiter hiis ita premissis, auctor incipit hic tractare de primo circulo Purgatorii, in quo fingit et ponit purgari animas superborum, et ab ipso peccato superbie in pena ita ponderosa et honerosa horum saxorum, ut patet in hoc capitulo et in sequenti, describendo latitudinem dicti huius primi circuli et parietem eius sculptum memorandis ystoriis importantibus bonum virtutis et humilitatis effectum — ut spirituales et morales viri in hoc mundo retracti a peccato et vitio superbie, anagogice et tropologice loquendo, hec videntes hic, idest hec sibi ad memoriam reducendo, ut ibi dicte anime magis afficiantur et doleant se non fuisse secutos in hoc mundo talem virtutem — sed potius ea que sculpta sunt in pavimento huius primi dicti circuli, importantia malum effectum dicti vitii superbie, [11] ut inferius dicitur in xii° capitulo, ubi huiusdem scuplta hic et ibi allegorizabo. [12] Dicit enim et fingit se hic vidisse inter alia sculpta, primo humilitatem Domine Nostre quam ostendit in annunciatione angelica sibi facta dum dixit: *Ecce ancilla Domini* etc., ut *Luce* i° habetur; [13] item humilitatem David regis illam, scilicet de qua scribitur in secundo *Regum* vi° capitulo videt quod dum semel arca sancta reduceretur de civitate Gabaa ad Yerusalem cum thure et septem choris sacerdotum (ac sinistrasset in via currus ducens eam, et substentata fuisset a quodam nomine Oza dicta arca, mortuo statim dicto Oza, ex eo quod non erat sibi tale officium commissum, ut tangit auctor hic etiam incidenter), [14] ipse David succinctus tripudians precedebat dictam arcam, quo viso de palatio

12. i°] ST ii° V.

---

8. Ioh. Cassian., *Conlat.* X xiv.
9. Greg. Magn., *Homil. Hiez.* I v 11, 13.
12. *Luc.* I 38.
13–14. Cf. *II Sam.* VI 1–23.

suo Micol, uxor ipsius David et filia Saul regis, despexit ut superba ipsum valde, [15] tunc dicens dicto suo uno: *O quam gloriosus fuit hodie rex Ysrael discoperiens se ante ancillas eius*, cui tunc David ita respondit: *Ludam ante eum qui elegit me, et vilior fiam plusquam factus sum et ero humilis in occulis meis*; [16] item humilitatem Traiani imperatoris, illam de qua sic ait Elinandus ystoricus: *Cum Traianus cum suo exercitu ad bellum pergeret, viduam quendam illi occurrit plorando dicens: "Obsecro ut sanguinem filii mei innocenter occisi vindices", cumque ipse imperator si incolumis reverteretur se ei vindictam facturus sponderet, vidua respondit: "Et quis mihi hoc prestabit, si tu in prelio moriaris?" Traianus dixit: "Ille qui post me imperabit". Cui inquit vidua: "Et tibi quid proderit, si alter michi iustitiam fecerit?". Traianus: "Utique nichil"; et vidua: "Non tibi melius est ut michi iustitiam facias et in hoc mercedem accipias quam alii transmittas?". Tunc Traiano, pietate motus et iustitia, de equo descendit et ibi innocentem sanguinem vindicavit*, que verba auctor hic vulgarizat ad licteram, ut patet in textu. [17] Quomodo autem anima huius Traiani de Inferno reversa est ad corpus precibus sancti Gregorii ut hic tangitur, dicam infra in *Paradiso* in capitulo xx°. [18] Inde in reprehensionem superborum auctor exclamando dicit quomodo sumus vermes etiam informes, remota anima, sicut vermes sirici, remoto papilione qui dicitur Florentie 'farfalla', qui et nascitur ex eis, [18] de quo Ovidius in xv° sic ait: *Agrestes tinee, res observata colonis, / ferali mutant cum papilione figuram*, [19] item quomodo sic etiam remanemus quasi attoma illa, scilicet corpuscula informia que agitantur per radium solis transeuntem per aliquam umbram, in defectu, idest deficiente in nobis spiritu, sive ut illi vermes quos Phylosophus, in libro *De Somnio et Vigilia*, vocat 'emthoma', [20] ad quod respiciens inquit Psalmista: *Ego sum vermis et non homo*; [21] et secundo *Macchabeorum* dicitur: *Gloria peccatoris stercus et vermis*. [22] Ultimo auctor

    19. attoma] C attomi V.

    22. Cinyra] ST cirana V. Cinyram] ST cirana(m) V.

---

15. *II Sam.* VI 20, 21–22.
16. [ELINANDUS, *Cronica Universalis* (this work is lost)].
18. Ov., *Met.* XV 373-74.
19. Cf. THOM., *In Somn. Vig. Arist.* IV 3.
20. *Ps.* XXI 7.
21. *I Macc.* II 62.

Super X° capitulo Purgatorii

hic reducit has animas ita ponderatas, et cum natas comparative se ostendere ut se habebat, et ostendebat Cinyra, dum mutatus fuit in gradus templi cum eis filiabus, [23] Ovidio dicente in vi°: *Qui superest solus, Cinyra habet angulus orbum, / isque gradus templi, natarum membra suarum, / amplectens saxo quod iacens lacrimare videtur.*

---

23. Ov., *Met.* VI 98–100.

SUPER XI° CAPITULO PURGATORII

[1] **O Padre nostro che nei cieli stai**. [2] In hoc xi° capitulo auctor, adhuc prohemialiter se continuando ad proxime dicta, fingit ibi in hoc primo predicto circulo dictas animas orando ivisse sub dicto eorum penali pondere, simili illi quod interdum per homines somniatur, [3] de quo Virgilius in xii° de eo comparative loquens, sic ait: *Ac velut in somnis, occulos ubi languida pressit / nocte quies, nec quicunque avidos extendere cursus / velle videtur, et in mediis conatibus egri / succidimus; non lingua valet, non corpore note / sufficiunt vires nec vox aut verba sequuntur,* [4] dicentes orationem illam quam Dominus docuit nos facere, dicens *Mathei* vi° capitulo: *Cum oraveritis, nolite multum loqui, sed dicite: "Pater noster, qui es in celis"*: [5] in qua prima particula dicte orationis ostenditur non debere nos orare deos fictos terrenos et simulacra gentium, sed Deum verum qui in celis potissime est amore priorum effectuum, scilicet celorum et angelorum, ut dicit hic auctor, [6] non tamen ut circumscriptus sit ibi ipse Deus, ut dicit etiam hic auctor, sed ut omnia circumscribens, ut dicit infra in *Paradiso* in capitulo xiiii° et supra in *Inferno* in capitulo primo, ibi dum dicit quod Deus in toto mundo imperat sed in celo regit, ac ibi habet suam civitatem et sedem, [7] iuxta Ysaia dicentem in lxvi° capitulo in per-

---

Rubr.: Exposicio orationis dominice Pater Noster qui es in celis etc. V.

2. somniatur] somniat(ur) q(uod) dicit(ur) iacubus V.

7. lxvi°] ST L B xvi° V.

---

1. *Purg.* XI 1.
3. VERG., *Aen.* XII 908–12.
4. *Matt.* VI 7–9.
7. *Is.* LXVI 1.

Super xi° capitulo Purgatorii

sona Dei: *Sedes mea celum, et terra scabellum pedum meorum*, [8] et ex hoc, quamvis erronice, dicit Macrobius quod quidam phylosophi senserunt Deum nichil aliud esse quam celum ipsum; [9] dicitur aliquid circumscriptum tunc quando potest definitione assignari in loco, ut sic fit in illo quod non alibi, [10] circa quod frater Albertus sic ait: *Locus duplex est intelligibilis ut angelorum et animarum que, licet sint in corporali loco, non tamen corporaliter sunt ibi, sed intelligibiliter, et sic dicuntur esse in loco circumscriptive, cum potest assignari principium medium et finis diffinitive, autem dicitur esse in loco quod sic est hoc quod non alibi. Et sic angeli sunt in loco; nam locum replent, et sic Deus dicitur esse in omni loco cum repleat omnem locum,* [11] ut Magister Sententiarum inquit: *Angelus circumscriptus est localiter, Deus incircumscriptus*; [12] ad quod ait Augustinus in libro De Diffinitione Ortodoxe Fidei: *Nichil incorporeum et invisibile nisi Deus. Nam incorporeus est quia ubique est, non loco, sed actionibus, aut etiam longinqui aut propinqui sumus,* [13] cum dicat ore prophetico ipse Deus: *Celum et terram ego implebo,* cum omnia sint sibi presentia, [14] et Thomas in prima parte questio viii^a inquit: *Deus est ubique. Nam sic est in omnibus rebus, ut dans eis esse et virtutem et operationem, sic enim est in omni loco, ut dans ei virtutem locativam. Nam omnem locum replet. Non sicut corpus: nam corpus dicitur replere locum in quem non compatitur secum aliquod aliud corpus, at per hoc quod Deus sit in aliquo loco, non excluditur quin alia sint ibi, ymo per hoc implet omnia loca, quod dat esse omnibus locatis replentibus ipsa loca*; [15] ex quo Anselmus ait, exponens Psalmistam dicentem *Si ascendero in celum tu illic es, si descendero in Infernum ades*: [16] *Quo fugis Euclides? Quascunque ascenderis horas sub Iovem semper eris*; [17] inde sequitur in dicta oratione: *Sanctificetur nomen tuum*, super qua secunda particula inquit Augustinus: *Hoc non dicitur ut non sit sanctum nomen Dei, sed ut sanctum habeatur*; [18] tertio sequitur: *Adveniat regnum tuum*, dicit Cyprianus hoc nichil aliud importare, nisi quod nos ut eius filii petimus regnum et

---

8. Cf. Macr., *Comm. Somn. Scip.* I xiv 2.
10. Cf. Thom., *Theol.* I q. lxiv a. 4.
11. Cf. Thom., *In III Sentent.* XXII iii 1 and Petr. Lomb., *Sent.* I xxxvii 14.
12. Cf. Ps.-Gennadius Mars., *De Eccl. Dogm.* XI and Petr. Lomb., *Sent.* I xxxvii 8.
13. *Hier.* XXIII 24.
14. Thom., *Theol.* I q. viii a. 2.
15–16. Cf. *Ps.* CXXXVIII 8 et *Gl.* rel.; Macrob., *Sat.* I 20; Hier., *In Isaiam* VIII 27.
17. *Matt.* VI 9; Aug., *Serm. Dom.* II v 19.
18. *Matt.* VI 10; Cf. Cypr., *Orat. Dom.* XIII.

hereditatem paternam nobis promissam per ipsum ut per patrem et acquisitam per filium, [19] ubi addit Yeronimus: *Hec est magna audacia, regnum Dei postulare et futurum iudicium non timere, quod non nisi ad puram conscientiam pertinet*, auctor vero hic hec verba videtur aliter exponere, *Et sic adveniat regnum tuum*, idest 'veniat versus nos pax', idest gratia regni tui Domine: [20] nam, ait Apostolus *Ad Romanos* vi° capitulo: *Gratia Dei vita ecterna*, ubi sic ait *Glosa*: *Confitendum est gratiam Dei vitam eternam vocari, quia hiis meritis redditur que gratia contulit homini, eo quod nos, inquit auctor ad ipsam, non possumus*, subaudi venire ex nobis cum toto nostro ingenio, ut subdit transpositis verbis hic etiam ipse auctor, nisi ipsa predicta gratia ex se veniat, [21] iuxta illud *Ad Corinthios* secundo, capitulo iii°, Pauli dicentis in hoc: *Non quod sufficientes simus cogitare aliquid a nobis quasi ex nobis, sed sufficientia nostra a Deo est*, [22] et sequitur: *Fiat voluntas tua sicut in celo et in terra*, quam particulam quartam Augustinus in libro *De Sermone Dei* volens exponere, ait: *Per celum hic angeli intelliguntur et per terram sancti homines, et est dicere: sicut in angelis voluntas Dei fit ut eo perfruantur, ita fiat hic in terra a sanctis hominibus*, [23] ex quo auctor hic ait: sicut angeli de suo velle tibi Deo faciunt sacrificium, idest tibi conferunt et immolant illud ut sacrificium, ita faciant homines etc.; [24] inde sequitur: *Panem nostrum quotidianum da nobis hodie*, super qua quinta particula varie opiniones sunt: nam Ciprianus hunc quotidianum panem accipit pro Christo qui, [25] ut dicitur *Iohannis* vi° capitulo ait: *Ego sum panis vivus qui de celo descendi*, [26] quod prefiguratum fuit *Exodi* xvi° capitulo ubi dicitur: *Ego pluam vobis panes de celo*; [27] et in quodam *Decreto* ex verbis Ambrosii dicitur: *Non iste panis est qui vadit in corpus, sed panis vite ecterne qui animam fulcit*, scilicet corpus Christi; [28] Augustinus videtur

24. quinta] quarta V.

---

19. HIER., *Comm. Evang. Matt.* I vi 10.
20. *Ep. Rom.* VI 23 et *Gl.* rel.; cf. AUG., *De corr. et grat.* XIII.
21. *II Ep. Cor.* III 5.
22. *Matt.* VI 10. AUG., *Serm. Dom.* II vi 21.
24. *Matt.* VI 11; cf. CYPR., *Orat. Dom.* XVIII.
25. *Ioh.* VI 51.
26. *Ex.* XVI 4.
27. *Decr. Grat.* III *De Cons.* D. II c. 56.
28. Cf. AUG., *Serm.* LVIII 4.

Super XI° capitulo Purgatorii

hunc panem accipere pro corporali pane substantiante cotidiane nos, in quo omnia necessaria comprehenduntur. [29] Nam licet nobis orare quod licet nobis desiderare, unde orando petere possumus et temporalia, non ut finem constituamus in illis, sed ut sint aminicula beatitudinis requirende substentantia nos ad actus virtuosos exercendos; [30] quidam alii theologi videntur hunc panem accipere pro Sacra Scriptura, cum cotidie eam meditari debemus, cui opinioni iste auctor adherere videtur, [31] dum dicit in secundo capitulo infra in *Paradiso*: **Voialtri pochi che drizaste il collo / per tempo al pan degli angioli, del quale / vivesi qui ma non sen vien satollo.** [32] Tamen videtur ipse auctor hic ipsum panem accipere pro Gratia Divina, sine qua in hoc mundo, ut in deserto, non possumus antecedere sed retrocedere, ut Hebrei faciebant in deserto, que Gratia Dei in manna pluente eis, ut dicitur *Exodi* xv° capitulo et *Deuteronomii* viii° capitulo figuratur; [33] et ex hoc dictum est ibi: *Panem angelorum homo manducavit*, et ecce cur sic auctor dicit hic de manna et deserto, ut dicit hic textus. [34] Inde sequitur: *Et dimicte nobis debita nostra* etc., in qua sexta particula inquit Cyprianus: *Filius Dei, qui docuit nos orare, paternam misericordiam promisit, sed addidit legem nos certa conditione astringentem*, [35] unde et Chrysostomus ad hoc etiam ait: *Quemadmodum veraciter dicitur: "Dimicte nobis debita nostra" quoniam non desunt peccata que dimictuntur, ita veraciter dicatur: "Sicut et nos dimictimus debitoribus nostris"*, idest quod dicitur fiat. [36] Ultimo sequitur: *Et ne nos inducas in temptationem* etc.: in hac septima et ultima particula notandum est quod Deus non inducit in hoc mundo in temptationem nos homines, sed patitur nos temptari, ut ait Iacobus in eius *Epistula*, tamen hoc hic petitur: ne deserti divino auxilio alicui temptationi vel consentiamus decepti vel sibi cedamus afflicti; [37] quam ultimam precem dicit auctor has animas non

---

31. drizaste] C drizasti V.

---

31. *Par.* II 10–12.
32. Cf. *Ex.* XVI 14–15 and *Deut.* VIII 3.
33. *Ps.* LXVII 25.
34. *Matt.* VI 12; cf. CYPR., *Orat. Dom.* XXII–XXIII.
35. Cf. IOH. CHRYS., *Homil. Matt.* XIV 5–6 and PS.-CHRYSOST., *Opus imperf. in Matth.*, hom. XIV (PG LVI 715).
36. *Matt.* VI 13; *Ep. Jac.* I 13.
37. *II Macc.* XII 46.

Comentum Petri Alagherii

facere pro se, cum non possint amodo temptari, ut scripsi supra in capitulo viii°, ubi plene de temptatione dixi, sed pro nobis viventibus in hoc mundo adhuc, et sic merito et nos pro eis orare debemus hic, iuxta id quod habetur in secundo *Macchabeorum* in xii° capitulo ibi: *Sancta et salubris est cogitatio pro defunctis orare, ut a peccatis solvantur,* [38] etiam eadem oratione dominica: nam ait de ea sic Chrysostomus in *Decreto* quodam: *De quotidianis levibusque peccatis, sine quibus hec vita non ducitur, hec quotidiana oratio dominica satisfacit. Delet omnino hec oratio minima quotidiana peccata, delet et illa a quibus vita fidelium, etiam scelerate gesta, sed penitendo in melius mutata, discedit.* [39] Post hec auctor, volens ostendere quomodo vitium superbie, ut genus, in tres species partitur, scilicet in arrogantiam, in appetitum excellentie, et in presumptionem, fingit inter alios spiritus hic se reperisse hos tres spiritus de quibus hic specialiter facit mentionem; primo scilicet umbram domini Umberti comitis de Sancta Flore de Marictima, quam inducit sibi dicere quomodo fuit in dicta prima specie superbie, scilicet in arrogantia, maculatus propter antiquum eius sanguinem et nobilem prosapiam, et propter egregia facta suorum maiorum, ut dicit textus. [40] Dicitur enim superbum proprie ille qui appetit esse super alios, sed dum hoc facit attribuendo sibi aliquid falso, ut iste comes fecit in hoc mundo de sua putativa nobilitate non considerando comunem nostram matrem, ut idem spiritus hic testatur, scilicet Evam, a qua omnes pares descendimus — [41] iuxta *Malachiam* prophetam dicentem ii° capitulo: *Nunquid non Pater unus omnium nostrum, nunquid non Deus unus creavit nos; quare despicit fratrem suum unuisquisque nostrum?* — sive terram, ut nostram quasi comunem matrem, [42] unde Gregorius in hoc ait: *Omnes secundum rationem humilitatis equales sumus,* idest secundum primos parentes qui de humo facti sunt. [43] Dici debet arrogans item et dum attribuit sibi gloriam de factis egregiis suorum maiorum dictus comes in hoc mundo, ut dicit hic textus, et falso — iuxta Ovidium dicentem in xiii° in persona Ulixis arguentis contra Aiacem iactantem se de factis egregiis etiam suorum maiorum: *Nam genus et proavos et, que non fecimus ipsi, / vix ea nostra voco* — dicendo dictus spiritus quomodo ex tali vitio mortuus fuit in terra Campagnatici districtus Senarum, ut dicit textus, dicendo quomodo etiam omnes de domo sua

---

38. *Decr. Grat.* II *De Poen.* D. III c. 20.
41. *Malach.* II 10.
42. Greg. Magn., *Mor.* XXI 15.
43. Ov., *Met.* XIII 140–41; Sall., *Iug.* LXIV 1.

Super XI° capitulo Purgatorii

superbire facit eorum predicta opinata nobilitas, iuxta Sallustium dicentem: *Comune malum nobilitatis est superbia*, inde ut tangat de dicta secunda specie superbie, scilicet de appetitu proprie excellentie. [44] Auctor hic secundario inducit hunc spiritum magistri Oderisii de Eugubio, olim summi miniatoris librorum, ad dicendum sibi quomodo voluit excedere alios in dicto suo magisterio superbe et despective, [45] in cuius persona auctor exclamat hic contra vanagloriam talem humanam, allegando quomodo in brevi dictus magister Oderisius in sua fama miniature cessit magistro Franco Bononiensi, et in fama picture Cimabovis Iocto, et in fama loquendi in materna lingua rimando dominus Guido Guinizelli de Bononia Guidoni de Cavalcantibus de Florentia, et iste ipsi auctori, subdendo quomodo fama nostra talis modicum durat si non iungatur etatibus grossis, que etates temporum habent gentem facere ex dispositione superiori subtilem et non subtilem, [46] cum dicat Albumasar in suo libro: *Continuum hunc mundum regi per etates naturaliter, in quibus singulares planete singulariter regit*. [47] Item in reprimitionem dicti appetitus fame etiam infert ipse auctor sic arguendo et dicendo: quam famam habebis tu homo, licet moriaris senex in aliqua fama et non infans ante transitum mille annorum, quod tempus minus spatium est respectu ecterni quam unus motus ciliorum respectu motus octave spere tardioris omnibus aliis motibus celestibus? (nam movetur in xxxvi milibus annis). [48] Ad quod ait Psalmista: *Mille anni ante oculos tuos tanquam dies externa que preteriit*, [49] et Boetius in ii°: *Quid, o superbi, mortalis aura nominis est? Vos vero immortalitatem vobis propagare videmini, cum futuri temporis famam cogitatis. Quod, si ad ecternitatis infinita spatia pertractes, quid habes, quod nomine tui diuturnitate leteris?* et sic, [50] ut ait Gregorius concludendo: *Vilescunt temporalia cum considerantur ecterna*, inducendo tamen auctor sibi ostendi umbram domini Provenzani de Salvanis de Senis, olim dominatoris dicte civitatis eius tempore quo Florentini debellati sunt in campo per Senenses iuxta Montem Apertum, anno domini m°cclx, de quo scripsi supra in *Inferno* in capitulo x°, de quo dicit quomodo nunc de eo vix in Senis pispiliatur, idest sussuratur, et sic adhuc redit ad dicendum de labili nostra fama extincta in persona eiusdem domini Provenzani in xl annis, [51] in cuius persona etiam tangit hic auctor de dicta tertia specie superbie, scilicet

---

46. Cf. ALBUM., *Introd.* XXIV.
48. *Ps.* LXXXIX 4.
49. BOETH., *Cons. Phil.* II m. vii 7, 24 and pr. vii.
50. GREG., *Homil. Evang.* II xxxvii 1.

de presumptione in qua fuit, ut dicit hic textus, interferendo de hoc suo memorando facto, videlicet quomodo dictus dominus Provenzanus, dum eius quidam nobilis amicus captus esset in carcerem Karuli de Apulia propter conflictum Corradini, redemit eum denudatus querens in campo Senarum, ac sedens, ut dicit hic textus, et quia taliter queritare grave est, prenuntiat dictus spiritus auctori quomodo in brevi eius vicini, idest Florentini, expellent eum, et quomodo ita exul experietur quomodo grave est sic alienum postulare, [52] dicente Innocentio in suo opere *De Contemptu Mundi*: *O quam perfida est conditio mendicantis, quia si petit necessitate compellitur, et dum petit rubore compescitur, et si non petit egestate consumitur.* [53] unde dictus dominus Provenzanus — secutus Apostolum dicentem *Ad Hebreos* xiii° capitulo: *Mementote vinctorum*, [54] et Psalmistam dicentem: *Egenum de manu peccatoris liberate* — meruit, ut hic dicitur.

54. Psalmistam] psalmista V.

---

52. INNOC., *Cont. Mund.* I xvi 1.
53. *Ep. Hebr.* XIII 3.
54. *Ps.* LXXXI 4.

SUPER XII° CAPITULO PURGATORII

[1] **Di pari, come buoi che vanno a giogo**. [2] In hoc xii° capitulo auctor, continuato sermone et vocato Virgilio 'suo pedagogo' — qui dicitur a 'pedes', quod est 'puer', et 'gogos' 'ducere', et sic quasi 'ductor puerorum' (nam ipse Virgilius, sub representatione rationis, ipsum ducebat ut puerum), [3] alludendo auctor in hoc forte verbis illis Phylosophi dicentis ita in iii° *Ethicorum*: *Quemadmodum puerum oportet secundum preceptum pedagogi vivere, sic et concupiscibile consonare rationi* — [4] tangit, ad complementum huius tractatus superbie, quomodo vidit in solo et pavimento huius primi circuli sculptum, ad quem exitum venit superbia nostra ut plurimum in hoc mundo infimum et depressum, ut sub allegorico sensu moveat homines ad removendum se ab ipso vitio et adherere virtuti humilitatis sibi in bono contrarie ut supra premisit, [5] et primo per exemplum Luciferi qui, dum esset angelus, factus est dyabolus, et de celo precipitatus in abissum, et de primo ordine creaturarum positus est in novissimo, [6] de quo *Ysaie* xiiii° dicitur: *Quomodo cecidisti Lucifer qui mane oriebaris?* [7] et *Luce* x°: *Videbam Satan sicut fulgur de celo cadentem*; [8] secundo per exemplum Briarei gigantis fulminati a Iove dum in Grecia in contrata Flegre bellare voluit contra Deos cum aliis gigantibus ibi occisis a dicto Iove et a Timbreo, idest Apolline, ita dicto a Timbrea herba nascente iuxta eius templum, item cum Pallade et Marte omnibus tribus filiis dicti Iovis, ut dicit hic

---

1. buoi] C boi V.
8. fulminati] fulminana(n)te V. item cum] C item et a V.

---

1. *Purg.* XII 1.
2. Cf. Isid., *Etym.* X 206.
3. Thom., *Eth. exp.* III xv 22.
6. *Is.* XIV 12.
7. *Luc.* X 18.

auctor et supra in *Inferno* in capitulo xiiii° et ibi scripsi, [9] et Statius in ii° dicens: *Non aliter, Getice si fas est credere Flegre / armatum immensus Briareus stetit Ethera contra, / hic Phebi pharetras, hic torve Palladis angues, / inde Pelethroniam premissa cuspide pinum / Martis* etc. [10] Item per exemplum Nembroth gigantis, cuius ystoria hic tacta talis est, ut legitur *Genesis* capitulo x° et xi° quod Noe habuit tres filios, scilicet Cham et Sem et Iaphet, [11] de quo Cham descendit iste Nembroth qui, ut recitat Magister Ystoriarum, *Sua superbia cepit esse potens in terra et robustus venator hominum coram Domino, idest oppressor hominum affectu dominandi*, ita quod dominator fuit super omnibus descendentibus dicti sui patris, et idem fecit Iethan, filius dicti Sem super eius descendentibus, et etiam Suphen, filius dicti Iaphet: qui descendentes Noe, etiam adhuc eo vivente, erant numero xxiiii^{or} milium; [12] qui dicti tres fratres ut duces eorum convenerunt hanc gentem in quadam contrata dicta Sanar, et ibi dictus Nembroth cepit facere turrim quandam ascensuram usque ad celum ne iterum diluvium eos offenderet; ex quo Deus descendit ibi confundens linguam eorum ita quod nullus alium intelligebat; [13] item per exemplum Nyobe filie Tantali et uxoris olim Amphyonis regis Thebarum, que, dum semel fieret festum quoddam Latone, sua superbia egit, [14] ut scribit Ovidius in vi°, de ea dicens sic: *Constitit; utque occulos circumtulit alta superbos*, et: *Querite nunc, habeat quam nostra superbia causam, / quoque modo audetis genitam Titanida Ceo / Latonam preferre michi* etc., [15] ex quo Apollo et Diana missi a dicta Latona, eorum matre, suis sagiptis occiderunt omnes septem filios masculos dicte Nyobe ludentes equester una die in quodam campo et septem eius filias etiam: dolore tali dictus Amphyon se occidit et dicta Nyobe effecta est saxum, [16] unde subdit ibi idem Ovidius quod dicta Nyobe *Orba resedit / exanimes inter natos natasque virumque*, [17] et in libro *De Ponto* etiam idem poeta inquit: *Felicem Nyobem, quamvis tot funera vidit, / que posuit sensum*

10. ut legitur] legit(ur) V.

17. Nyobem] C niobe L B V. sensum] ST saxum V L B.

---

9. STAT., *Theb.* II 595–99.
10, 12. Cf. *Gen.* X 1, 8–9 and XI 1–9.
11. PETR. COMEST., *Hist. Scol. liber Gen.* XXXVII.
14. OV., *Met.* VI 169, 184–86.
16. OV., *Met.* VI 301–2.
17. OV., *Pont.* I ii 29–30.

Super XII° capitulo Purgatorii

saxea facta malis. [18] Item per exemplum Saul qui, ut habetur in primo *Regum* in capitulo xv°, dictum est ei: *Nonne, cum parvulus esses in occulis tuis, caput in tribu Ysrael factus es?* superbus autem factus, a regno deiectus est; [19] nam, ut legitur in primo *Regum* capitulo ultimo dictus Saul victus a Philisthin, et occisis in bello ab eis Ionathan et Aminadab et Melchisue suis filiis, dolore dictus Saul irruit in proprium ensem super montem Gelboe, et ibi mortuus est, quem montem ex hoc idem David postea, ut dicitur hic, maledixit ne unquam ibi caderet pluvia vel ros: et ita evenit, et fuit ut legitur in secundo *Regum* in capitulo primo. [20] Item per exemplum Aracnis mulieris que conversa fuit in araneam per dictam Palladem cum qua certare voluit texendo, cuius ystoriam ponit idem Ovidius in dicto vi° libro et de eius tela laniata. [21] Item per exemplum Roboan filii Salamonis, de cuius superbia legitur in iii° *Regum* in xii° capitulo; nam, cum creatus esset rex Ysrael, mortuo dicto suo patre, populo roganti eum ut exoneraret eum, respondit: *"Minimus digitus meus grossior est dorso patris mei. Pater meus aggravavit iugum vestrum, ego vero addam"*: post quam talem responsionem suam misit Uriam, tributorum exactorem suum, ad exigendum a dicto populo collectas, et lapidatus est ab ipso populo; quo viso, dictus Roboan rex ascendit festinus quendam currum et fugit in Yerusalem et recessit Ysrael a domo David. [22] Item per exemplum Heriphilis, uxor Amphyarai, que quadam superbia pro quodam ornamento infausto recepto ab Argia uxore Polinicis, indicavit dictum eius virum latitantem ne iret ad exercitum illum Thebanum cum aliis regibus Grecis, de quo scripsi supra in *Inferno* in capitulo xiiii°: nam presciverat se ibi moriturum, ut ibi mortuus est, ut dicitur in capitulo xx° etiam, et ibi dixi supra in *Inferno*, ex quo Almeon, eorum coniugalium filius, dictam eius matrem occidit de precepto dicti sui patris, [23] de qua ystoria scribit Ovidius in viiii° et Statius in iiii° *Thebais*; et in ii° de infortunato tali iocali sive ornamento dicit, scilicet quomodo Venus, existens uxor Vulcani iacuit

---

23. Marte] C matre V.

---

18. *I Sam.* XV 17.
19. *I Sam.* XXXI 2 and *II Sam.* I 21.
20. Cf. Ov., *Met.* VI 1–145.
21. *II Reg.* XII 10–11.
22–23. Ov., *Met.* IX 403–46; Stat., *Theb.* II 265–409, IV 187–233.

Comentum Petri Alagherii

cum Marte, et ex eo genuit quendam puellam nomine Hermionem que maritata est Cadmo primo regi Thebarum, et dum pararetur ire ad nuptias, dicta Venus eius mater rogavit dictum Vulcanum ut ei fabricaret aliquod ornamentum, qui Vulcanus memor dicti adulterii fabricavit hoc monile ita infaustum quod dicta Hermione et quecunque alia que illud habuit de domo dicti Cadmen infortunata fuit, ut dicitur hic. [24] Item per exemplum Senacherib regis Assyriorum, de cuius superbia dicitur Ysaie xxxvi° et xxxvii° capitulo, cui dictum est ipso obsidenti Yerusalem, capta alia Yudea terra: *Superbia tua ascendit in aures meas; ponam circulum in naribus tuis et reducam te per viam qua venisti*, et: [25] *Percussit inde angelus domini eius castra et lxxxv milia Assyriorum mortui sunt ibi, et ipse rex Senacherib reversus est, et dum in civitate Ninive adoraret in templo ydola sua, filii eius ipsum ibi occiderunt*. [26] Item per exemplum Cyri regis, a quo victo in bello a Thamiri, regina Scitharum — ut scribit Solinus in i° et Valerius in viiii° in titulo *De Ultione* et ego scripsi supra in Inferno in capitulo xvii° — dicta Thamiris fecit truncari sibi caput et poni in utre sanguinis humani, dicendo verba hic posita per auctorem, scilicet: sanguinem sitisti et sanguinem bibe. [27] Item per exemplum Olofernis, ducis Nabuchodonosoris regis Assyriorum, qui, ut legitur in libro *Iudith* vi° capitulo, dum civitatem Bettulie obsideret et ad extremum deduxisset eam, decapitatus est astute a dicta Iudith, probissima muliere, sub proprio temptorio sub simulatione concubitus, et cum eius capite super hasta posito, ipsa cum aliis civibus dicte terre Bettulie egressa, in conflictu posuit exercitum dictorum Assyriorum; quod autem fuerit superbum dictus Olofernes ibi etiam scribitur, nam contra Achirorem prophetam hec verba protulit dicens: "*Quoniam prophetasti nobis quod gens Ysrael defensabitur a Deo summo, ut ostendam tibi quia non est Deus nisi Nabuchodonosor cum percusserimus eos quasi hominem*

---

24. xxxvii° capitulo] et in libro regum in capitulo 86 V (*by a later hand*).
25. lxxxv] ST C clxxxv° V. Assyriorum] C asinorum V.
26. in i° et Valerius in viiii° in titulo de ultione] C om. V.
27. civibus] C ovibus V.

---

24. *Is.* XXXVII 29.
25. *Is.* XXXVII 36–38.
26. Cf. Oros., *Hist. Pag.* II vii 6.
27. *Iud.* VI 1–3.

Super XII° capitulo Purgatorii

unum". [28] Item per exemplum Troye deducte cum arce sua Ylion dicta de tanta superba altitudine ad infimam desolationem, ut ait Virgilius in illis suis versibus quos scripsi supra in *Inferno* in capitulo primo. [29] Hiis ad licteram premissis, tangamus quid allegorice auctor sentit pro supradicta forma pene purgatorie huius vitii superbie que in isto primo circulo purgatur sub dicto pondere saxorum nostra submissa et curvata cervice, et decet hoc tali reum dicere quod, sicut homo in hoc mundo levata cervice in superbia hucusque fuit, ita nunc, volens a tali vitio expiari, debet illam etiam sui penitudinem infimare cum honore et dolore conscientie, considerando quod illos quibus preesse cupit sibi supponit, [30] unde Gregorius, *Super Iob* capitulo xxvi° respiciens ad hoc etiam, ait: *Tantorum pondera unusquisque ferre compellitur, quantis in hoc mundo principatur,* [31] et etiam quod ait Psalmista dicens: *Occulos superborum humiliabis,* [32] et alibi dicens: *Dominus iustus concidet cervices peccatorum,* [33] et Ysaia: *Incurvabitur homo et humiliabitur et occuli sublimes deprimentur,* dicens potius cervices quam manus vel pedes, quia in cervice perpenditur specialiter superbia, [34] unde Augustinus: *Nichil ita displicet Deo quam cervix erecta,* [35] et Apostolus, vi° *Ad Romanos,* dicens: *Sicut exhibuistis membra vestra servire immunditie et iniquitati, ita nunc exhibete membra vestra servire iustitie et sanctificationem,* quasi dicat: scilicet manibus peccavimus, extendamus eas ad bona opera, si lingua loquamur bonum, et ita de aliis membris, ut in quibus plus Deum offendimus plus in illis peniteamus. [36] Item quia homo volens emendari a dicto vitio superbie in hoc mundo et a quolibet alio non tantum debet se emendare sed debet etiam se componere, ut docet Seneca in vi[a] *Epistula ad Lucilium,* idest debet se conformare illi virtuti que opponitur illi vitio a quo purgari vult et emendari, et sic per considerationem melioris; [37] unde Gregorius: *Sicut incentivum electionis*

29. decet] C dic V.

---

28. Cf. Verg., *Aen.* III 1–3.
30. Greg. Magn., *Moral. Iob* IX xvi.
31. *Ps.* XVII 28.
32. *Ps.* CXXVIII 4.
33. *Is.* V 15.
34. Petr. Cant., *Verb. Abbrev.* X.
35. *Ep. Rom.* VI 19.
36. Cf. Sen., *Ep. Lucil.* VI 1.

Comentum Petri Alagherii

est respectus deterioris, ita cautela humilitatis est consideratio melioris, unde etiam vide quia finxit auctor se in hoc primo circulo primitus vidisse in pariete predicta sculpta circa virtutem humilitatis, et in solo earum contraria, [38] circa quod etiam ita dicitur in quodam *Decreto, De Penitentiis*: *Oportet superbum per contraria et adversa curari, scilicet per humilitatis exercitium, quod est si se vilioribus offitiis subdat et ministeriis dignoribus tradat, et ita arrogantie et vanaglorie vitium curari poterit* etc. [39] Post hec auctor, incipiens tractare in hoc capitulo in versiculo **Già era più per noi del monte volto** de secundo circulo Purgatorii, in quo dicit purgari animas invidorum, [40] fingit se audisse in egressu huius primi circuli canere quasdam angelicas voces: *Beati pauperes spiritu, quoniam ipsi celum possidebunt,* que verba scripta sunt *Mathei* capitulo v° ubi *Glosa* exponit: *Pauperes spiritu fore homines humiles, quasi velit auctor in hoc allegorice includere congratulationem quam homo sibi ipsi facit et sentit et sentire debet, mundato animo ab existentia alicuius vitii per virtutem contrariam illi vitio in hoc mundo quia beatus.* [41] Ad quod respiciens Seneca in iiii[a] *Epistula* ait Lucilio: *Tenes memoria quantum senseris gaudium cum pretexta posita virilem sumpsisti togam, sed maius expecta cum in viros virtuosos,* subaudi phylosophia, *te transcripserit procedendo,* [42] ut ait Psalmista dicens: *Et enim benedictionem dabit legislator, et ibunt de virtute in virtutem, et videbitur Deus deorum in Syon.* [43] Et sic in proposito nostro premisso allegorico, legis lator erit iste angelus et quilibet alius in quolibet circulo infrascripto existens, idest motus angelicus dirigens nos de uno circulo ad alium, idest de una virtute ad aliam, purgato uno vitio post aliud quadam vicissitudine correlativa, [44] iuxta Ambrosium dicentem in quodam *Decreto*: *Cum renuntiatur improbitati, statim virtus asciscitur; egressus enim malitie virtutis operatur ingressum, eodemque studio, quo crimen excluditur, innocentia copulatur.* [45] Et ecce quod dicit hic auctor de uno P extincto sibi in vultu in exitu huius primi circuli. [46] Ultimo reducit auctor, ad comparationem repentis ascensus huius secundi circuli Purgatorii et eius graduum, gradus lapideos per intervalla positos in costa cuiusdam collis positi iuxta civitatem Florentie ac ibi imminentis cuidam ponti fluminis Arni qui dicitur

---

38. *Decr. Grat.* II *De Poen.* D. II c. 1.
39. *Purg.* XII 73.
40. *Matt.* V 3 et *Gl.* rel.
41. Sen., *Ep. Lucil.* IV 2.
42. *Ps.* LXXXIII 8.
44. *Decr. Grat.* II C. XXXII q. i c. 9.

Super xii° capitulo Purgatorii

Rubaconte, super quo colle posita est ecclesia Sancti Miniati, quos dictos tales gradus Florentini vocant 'scaleas', quos dicit etiam auctor hic fore securos tempore bono antiquo, quo libri comunis dicte civitatis et mensure dogate canipe salis eius secure erant, ubi abinde citra vitiate sunt, ut tangit iste auctor et infra in *Paradiso* in capitulo xvi°.

SUPER XIII° CAPITULO PURGATORII

[1] **Noi eravamo al sommo de la scala**. [2] In principio huius xiii° capituli auctor prohemialiter tangit sub allegoria quadam in sua persona quomodo homo ignarus nature et qualitatis alicuius vitii eo quod illud actualiter nunquam sive vix commiserit, ut de se auctor nunc hic dicit circa hoc vitium invidie in fine huius presentis capituli, non potest solum per Virgilium, idest per rationem, hoc intimare, sed expedit quod volvat sinistram partem sui, idest cor suum, ad solem, idest ad scientiam speculativam que talia naturaliter nobis habet indicare, [3] quod totum auctor tangit hic in eo quod fingit ita Virgilium solem respexisse et eum ita allocutum fuisse, ut dicit textus, modo quod unaqueque res melius apprehenditur per respectum eius oppositi contrarii, [4] iuxta illud Phylosophi: *Contraria iuxta se posita clarius elucescunt*. [5] Fingit etiam hic auctor per talem scientiam speculativam se primo cognovisse virtutem karitatis et amoris proximi fore oppositum et contrarium huius vitii invidie, quod etiam tangit hic in eo quod fingit sibi obviam has tres voces spirituales volitando occurrisse et protulisse verba ita facienda ad karitatem proximi. [6] Primo per exemplum Domine Nostre, que, ut legitur *Iohannis* capitulo ii°, in nuptiis deficiente vino non dixit "Fili, vinum non habeo", sed dixit *"Vinum non habent"*, quod ad dilectionem proximi fuit. [7] Secundo per exemplum Horestis, filii Agamenonis regis et Clitemestre, qua eius matre occisa per eum propter adulterium commissum per eam cum quodam nomine Egisto,

3. unaqueque] C unaq(u)aq(ue) V.
5. se primo] C et primo V.

---

1. *Purg.* XIII 1.
4. THOM., *In IV Sent.* L ii 4.
6. *Ioh.* II 3.

Super XIII° capitulo Purgatorii

dictus Horestis multum per mundum erravit eundo, nunquam tamen derelictus a quodam suo comite nomine Pillade, tandem hiis ambobus applicantibus contrate cuiusdam regis habentis ex presagio quodam se mori debere manibus dicti Horestis, et habentis etiam quod unus ipsorum erat Horestes, licet nesciret quis, interrogantis etiam sepe ipsos duos quis eorum esset Horestes dictus Pillades dicebat: "Ego sum", ne moriretur Horestes, et Horestes idem dicebat: "Ego sum", ne moriretur ipse Pillades, ita se amicabiliter ardenter amabant, [8] de quo scribens Tullius in libro suo *De Amicitia* inquit ex dictis Pacuvii poete: *Cum ignorante rege, alter eorum Horestem se diceret, ut pro illo moriretur, Horestes vero ut erat perseverasse* etc., [9] de quo etiam tangendo Ovidius, *De Ponto*, ait: *Occidit et Theseus et qui comitavit Horestem / et tamen in laudes vivit uterque suas.* [10] Tertio per exemplum Domini nostri qui, ut scribitur *Mathei* vi° capitulo, dixit: *Diligite inimicos vestros et benefacite hiis qui oderunt vos,* [11] cuius hanc doctrinam secutus Apostolus, *Ad Romanos* xii° capitulo, inquit: *Si esurierit inimicus tuus, ciba illum* etc., [12] et sic corrigitur quod dicitur *Levitici* xviiii° capitulo, dum scribitur ibi: *Diliges amicum et odio habebis inimicum tuum.* [13] Que quidem premissa debent nos impellere ad talem virtutem karitativam amplexandam ut ferula, sicut illa que dixerunt eodem modo ille alie voces de quibus dicitur in sequenti capitulo in fine debent esse frenum ne incurramus dictum vitium invidie ut contrarium dicte virtutis karitatis proximi, ut habetur hic in textu. [14] Nam, diffiniendo invidiam, inquit Augustinus: *Invidia est dolor aliene felicitatis,* licet alii dicant quod est exultatio in adversis proximi et tristitia in prosperis; ita virtus karitatis e contra in nobis operatur. [15] Nam, ut ait Thomas, *Sicut karitas est virtus optima, ita invidia vitium pessimum,* [16] unde vocatur 'fera pessima',

9. vivit] ST L B ivit V.

---

8. Cf. Cic., *Amic.* VI 24.
9. Ov., *Pont.* III ii 33–34.
10. *Matt.* V 44.
11. *Ep. Rom.* XII 20.
12. *Lev.* XIX 18, *Deut.* XXIII 6.
14. Aug., *Enarr. Ps.* CIV 17.
15. Cf. Thom., *Dilect. Dei et prox.* III 8.
16. *Gen.* XXXVII 33.

ut *Genesis* capitulo xxxvii° dicitur ibi: *Fera pessima devoravit filium meum Iosep*; [17] nam per ipsam virtutem karitativam, ut ait Apostolus, *Ad Romanos* capitulo xii°: *Gaudemus cum gaudentibus et flemus cum flentibus*, quod totum per invidiam agimus in oppositum. [18] Post hec auctor, volens allegorice ostendere quomodo homines in hoc mundo viventes ac volentes se in statu penitentie ab hoc vitio invidie purgare et in dicta virtute karitativa persistere debent plorare in corde suo se iam ita fuisse in tali vitio propter eius circumstantias pessimas quas modo cognoscunt — [19] alludendo etiam infrascriptis auctoritatibus ut Ovidio describenti domum invidie ac ita dicenti in ii°: *Protinus Invidie nigro squalentia tabo / tecta petit: domus est ymis in vallibus huius / abdita, sole carens* etc., subdens: *Concusse patuere fores: videt intus edentem, / vipereas carnes, vitiorum alimenta suorum, / invidiam* etc., [20] et subdit, adhuc describendo ipsam invidiam: *Pallor in ore sedet, macies in corpore toto / nusquam recta acies, livent rubigine dentes,* [21] necnon subdens de Aglauro invida sic ibi conversa in saxum: *Nec lapis albus erat, sua mens infecerat illud* — [22] fingit has animas in hoc circulo ita plorare in loco saxoso livore colorato, in quo denotat statum invidorum in hoc mundo livore plenum, [23] unde Cyprianus, describens invidum etiam ait: *Hinc vultus minax, torvus aspectus, pallor in facie, in labiis tremor et stridor in dentibus ac verba rabida* — et non videntes ibi solem sutis occulis dictas animas, [24] in quo denotat auctor cecitatem invidorum, unde dicti sunt 'invidi', quasi 'non videntes'; nam non sunt et dici possunt esse vere ceci mente qui dolorem preponunt gaudio ecterno ac dolore et cruciatu cottidiano merentur ecternum dolorem. [25] Ad hoc respiciens *Iob* capitulo v° ait de invidis predictis: *Per diem incurrent tenebras et quasi in nocte sic palpabunt in meridie,* [26] ubi Gregorius: *Mens invidi cum de alieno bono affligitur, de radio lucis obscuratur,* nam, cum invidi livore cerni aliqua que reprehendant invenire satagunt, quasi in nocte palpant, [27] ad quod etiam Gregorius

---

    20. livent] ST L B lave(n)t V.

    21. sua mens] ST L B nec mens V.

---

17. *Ep. Rom.* XII 15.
19. Ov., *Met.* II 760–62, 768–70, 775–76, 832.
23. Cypr. Carth., *De zelo et livore* viii.
25. *Iob.* V 14.
26. Greg. Magn., *Moral.* VI 22.
27. Greg. Magn., *Reg. pastor.* III 10.

Super xiii° capitulo Purgatorii

idem inquit: *Invidi deberent perpendere quante cecitatis sunt, qui alieno provectu deficiunt et aliena letitia contabescunt*, et potius volunt carere bono quam habere in eo socium secum in malo et miseria, [28] unde legitur quod quidam rex concessit cuidam avaro et cuidam invido munus quod ipsi eligerent ita tamen quod munus ei qui posterior peteret duplicaretur, et cum uterque differret petere, precepit rex invido ut peteret prius, qui petiit ut erueretur ei unus occulus, volens quod socio sive proximo suo erueretur ambo, [29] et sic bene ait Ugo de Sancto Victore dicens: *Superbia aufert michi Deum, invidia proximum*. [30] In eo vero quod fingit eas dictas animas hic cilicio coopertas, denotare vult auctor quod, sicut cilicium carnem habet macerare ferentis eum intus, ita invidia afficit intus invidum et macrefacit, [31] ut Oratius: *Invidia Siculi non invenere tirampni / maius supplitium*, [32] et alibi: *Invidus alterius rebus macrescit opimis*, et sic venenant quasi se ipsos, [33] quod tangit dictus Ovidius in eo quod fingit invidiam comedere carnes vipereas, ut supra dixi, [34] et *Matheus* in iii° capitulo dicens: *Genimina viperarum quis ostendit vobis* etc., [35] et Basilius: *Sicut rubigo ferrum, sic invidia animam in qua nascitur corrumpit*, [36] item Yeronimus: *Invidia est sui ipsius mordax*, [37] unde rogabat Socrates deos ut invidi in omnibus civitatibus occulos vel aures haberent ut de omnibus perfectionibus et defectibus torquerentur, nam, ut idem, dicit, quanta sunt felicium hominum gaudia, tanti sunt invidorum gemitus, [38] vel forte habuit auctor de hoc cilicio hic respectum ad id quod etiam ait Salamon in xiiii° capitulo *Proverbiorum*, dicens: *Putredo ossium invidia*: sicut vestis putrefacta non recipit ablutionem, sic invidia non de facili abluitur. [39] Ultimo fingit se videre ibi auctor umbram domine Sapie, uxor olim domini Cini militis de Pigozo de Senis, que in hac vita existens egit, ut dicit textus, dum Senenses victi fuerunt in campo a Florentinis prope terram Collis de Valdelsa, tangendo ultimo de abusiva credulitate illa

---

29. Hugo de S. Vict., *De Quinque Septenis* ii.
31–32. Hor., *Ep.* I ii 58–59, 57.
33. Cf. Ov., *Met.* II 768–69.
34. *Matt.* III 7.
35. Cf. Ps.-Ephraem, *Sermo asceticus* 67a and *Adhortatio ad monachos* 372d (ed. J. S. Assemani, Rome, 1732).
36. Hier., *Ep.* XLV 4.
37. Cf. Plato, *Apology* 41c9–d2 etc.
38. *Prov.* XIV 30.

dictorum Senensum, qui sperant adhuc scaturiri Senis quendam lacticem, cuius aquam vocant Dianam, et quod per eam ibunt cum navibus ad portum Thalamonis, terre districtus Senarum in marictima, et sic habebunt habilitatem navigandi mare, et per consequens habendi amiraglios et galeas in mari ut alie terre portuales marine.

SUPER XIIII° CAPITULO PURGATORII

[1] **Chi è costui che 'l nostro monte cerchia**. [2] Continuato hoc capitulo xiiii° cum proxime superiori, in hoc principio prenotandum est quod, prout ait Ysidorus in ii° *Etymologiarum*: *Omnis oratio componitur verbis, scilicet comma, colo et periodo. Comma particula est sententie, colus membrum, periodus ambitus seu circuitus. Fit autem ex coniunctione verborum comma, ex commate colus, ex colo periodus. Comma est iuncture finitio, colus membrum quod intellectum et sensum prestat, sed adhuc pendet oratio; periodus est extrema sententie clausula*, [3] quod quidam ita exemplificant et putant ut sequitur: *Disponens Deus humanum genus de manibus eripere inimici (et ecce 'comma'), per angelum magni consilii filium de Virgine statuit incarnari (et ecce 'colus'), qui sui sanguinis effusione nos ad gloriam revocavit (et ecce 'periodus')*, [4] ita quod nichil aliud voluit dicere iste spiritus, dicendo alteri ut ita dulciter interrogaret auctorem ut responderet ei 'ad colum', nisi quod eis loqueretur in tantum ut animus eorum posset esse contentus et non remaneret in suspenso (licet ulterius proposito plura alia verba dici possent), [5] dicendo et fingendo auctor hos duos spiritus esse umbras, scilicet domini Guidonis del Duca de Bretinorio et domini Ranerii de Calbulo de Romandiola, amborum probissimorum virorum iam in dicta provincia, [6] qui dominus Guido inde petiit ab auctore quis ipse esset, quod reticuit ratione hic assignata in textu. [7] Item petiit adhuc unde veniebat, cui auctori respondet adhuc etiam reticendo nomen civitatis Florentie et eius fluminis Arni, ut dicit textus, de quo admirante dicto domino Ranerio, spiritus predictus alter arguit merito hoc fecisse, [8] considerata bestiali gente quantum ad mores habitante super dictus flumen Arni a principio sui usque ad finem. [9] Nam primo reperit comites Guidones de Casentino qui, ratione libidinose et immonde eorum vite, porci quasi possunt dici;

---

1. *Purg.* XIV 1.
2. Isid., *Etym.* II xviii 1–2.

Comentum Petri Alagherii

[10] inde, procedendo ulterius, dictum flumen Arni reperiit etiam Aretinos, qui, ratione procacitatis et rabide eorum audacie sine magno posse, dici possunt 'botoli', qui sunt illi canes perutili latrantes vicinales, quos gramatica vocat 'grippos'; [11] inde Florentinos, qui, ratione eorum insatiabilis cupiditatis, 'lupi' quasi dici possunt; [12] inde Pisanos ultimo, qui, ratione eorum astutie et sagacitatis, dici possunt quasi 'vulpes', ut dicit auctor hic in persona huius spiritus, [13] in hoc alludendo Boetio, dicenti in iiii° etiam ita contra immorigeratos huiusmodi homines: *Immundisque libidinibus si quis immergitur sordide suis voluptate detinetur. Ferox atque inquietus linguam litigiis exercet: cani comparabis. Avaritia fervet alienarum opum violentus ereptor: lupo similem dixeris. Insidiator occultus surripuisse fraudibus gaudet: vulpibus exequetur.* [14] Et sic subdit ibi ut quos tenentur formatos vitiis videas, homines extimare non possis, et hoc est quod etiam hic auctor tangit de Cyrce maga muliere in suis incantatis poculis convertente homines in bestias, et qualiter et quomodo plene dixi supra in *Inferno* in capitulo xxvi°; [15] et reassumendo adhuc premissa dicit auctor quomodo dictum flumen Arni nascitur in alpe quadam dicta Falterona supra Casentinum, territorium dictorum comitum Guidonum in monte Appennino qui protrahitur inter Lombardiam et Tusciam, ut de eo scripsi supra in *Inferno* in capitulo xvi°, et inherendo verbis poetarum, dicit auctor hic quomodo a dicto Appennino detruncatus est mons Pelorus Siculus per illud brachium maris quod dicitur Fare Missine largum per decem miliaria dirimens Calabriam et Apuliam ab insula Sicilie: [16] nam ait Virgilius in iii°: *Disiluisse ferunt, cum protinus utraque tellus / una foret: venit medio vi pontus et undis / Hesperium Siculo latus abscidit, arvaque et urbes / litore deductas angusto interluit extu,* [17] et Lucanus in ii°: *Umbrosis mediam qua collibus Appenninus / erigit Ytaliam, donec confinia pontus / solveret incumbens terrasque repelleret equor. / At postquam gemino tellus elisa profundo est / extremi colles Siculo cessere Peloro;* [18] et quia in dicta Falterona dictus Appenninus multis aliis montibus compaginatur, dicit etiam auctor hic quomodo est ultra quam alibi quasi pregnans. [19] Inde inducit dictam umbram domini Guidonis incidenter auctor

17. Appenninus] ST L B ap(er)im(us) V.

---

13. BOETH., *Cons. Phil.* IV pr. iii 17–21.
16. VERG., *Aen.* III 416–19.
17. LUCAN., *Phars.* II 396–97, 435–38.

Super XIIII° capitulo Purgatorii

ad prenuntiandum quomodo Fulcerius de Calbulo, nepos dicti domini Ranerii, electus erit potestas Florentie, et quomodo ibi trucidabit multos sub pretextu partis Blancorum expulsorum tunc de dicta civitate, ut fecit quasi belva, idest bestia. [20] Item incidenter tangit generaliter de fatuitate invidorum ponentium cor ad res mundanas, in quibus expedit quod sit divietum, idest minoratio, propter consortem, idest propter consotium et participem habendum, de quo apertius dicam in sequenti capitulo. [21] Inde lamentatur dictus spiritus de Romandiola provincia sua, confinata a Marina Adriatica et a monte predicto Appennini et a flumine Reni Bononiensis et a flumine Folie et a flumine Padi, propter eius presentem vitiosam gentem ubi olim erant isti virtuosi viri hic nominati, scilicet dominus Lycius de Valbona de Cesena, dominus Arrigus de Manardis de Bretinorio, dominus Petrus de Traversariis de Ravenna, comes Guido de Carpigna, dominus Faber de Lambertatiis de Bononia, dominus Bernardinus de Fusco de Saventia, nobilissimo animo licet non sanguine, Guido de Prata, Ugolinus de Azone et Federicus Tignosus de Acharisiis de dicta terra Saventie, [22] dicendo etiam quomodo dicti Traversarii et Anastasii de Ravenna hodie extincti sunt, dicendo de Castro Brentinorii et de Castro Bagnacavalli, cuius comites iam defecerunt, et de Castro Caro et Conio et de eorum comitibus, ut dicit textus, tangendo, ut dicit textus hic, etiam de comite Maghinardo de Susinana de Paganis, ultimo de domo sua, quem vocat 'demonem' ratione eius astutie, et de domino Ugolino de Fantolino de Saventia pro Bissino viro, ut hic per se patet. [23] Post hec auctor, volens tangere que debent homines in hoc mundo refrenare ne in hoc vitium invidie incidant et, qui in eo sunt, mundentur ab eo viso pernicioso eius effectu, — [24] primo per exemplum Cayni qui, postquam invidia occidit Abel fratrem eius, ibat dicendo, ut legitur *Genesis*, capitulo iiii°: *Quicunque invenerit me occidat me*, ut tangit etiam hic auctor, ad significandum quod bona et mala proximi occidunt invidum, bona affligendo, mala vero dando ei causam letandi et occasionem peccandi, [25] secundum per exemplum Aglauros conversa in saxum, ut scribit Ovidius in ii° — videlicet quod Ceclop rex Athenarum tres habuit filias, scilicet hanc Aglaurum, Hersen et Pandrasen, que tres

---

25. Aglaurum] C aglauros V. Pandrasen] C Pandrases V.

---

24. *Gen.* IV 14.
25. Ov., *Met.* II 738–39.

sorores tres cameras habebant contiguas, et media erat dicte Herse, unde ait ipse poeta: *Tres habuit thalamos, quorum tu, Pandrase, dextrum, / Aglauros levum, medium possederat Herse*, ad quam Hersen volens semel Mercurius ire ut eius procus ad iacendum secum, dicta Aglauros, invida dicte eius sororis, opposuit se in limine dicte eius camere per quam ibatur ad cameram dicte Herses dicto Mercurio, unde ibi conversa est in saxum ab eo, [26] ubi Mercurius allegorice pro facundia accipitur que facit invidum quasi insensibilem ut saxum tali virtute eloquentie invidendo — fingit has duas voces protulisse verba hic in textu tacta, que dicit auctor debere nobis esse circa tale vitium camum, idest 'frenum', [27] ad quod respiciens *Psalmista* ait: *In camo et freno maxillas eorum constringe qui non approximant ad te*, idest ad celestia, propter hec infima bona terrena ad que potius occulos flectimus, nec advertimus ad superna, [28] contra doctrinam traditam a Petro in sua *Epistola* dicente: *Sperate in eam que vobis offertur gratiam*; extenta habet Deus dexteram manum ad largiendum spiritualia, sed non est qui aspiciat: omnes enim ad sinistram aspiciunt, unde in temporalia recipiant, et hoc est quod tangit hic auctor in fine.

---

27. *Ps.* XXXI 9.
28. *I Ep. Petr.* I 13.

SUPER XV° CAPITULO PURGATORII

[1] **Quanto tra l'ultimar de l'ora terza**. [2] In principio xv° huius capituli auctor, volens ostendere quomodo in illo alio emisperio in quo se fingit fuisse, sol distabat ab eius occasu per tres horas, in quo spatio temporis dicta spera solis semper aparet in terra sive in pariete moveri et tremula, quasi ut est puer ludens, ut dicit hic textus, quod etiam tangit iste auctor infra in capitulo xxvii°, dum ibi describit primam partem hanc diei incipiendo: **Si come quando i primi raggi vibra**, idest 'tremulat ipse sol'. [3] Et etiam Fulgentius, dum dicit de quadriga solis, allegorice scribit ita dicens: *Attribuitur soli quadriga eo quod quadruplici limite diei metiatur spatium in septem eius equus: primus dicitur Eous, idest 'rubeus', cum sol rubicundus oriatur; secundo dicitur Acteon, quod interpretatur 'splendens', eo quod tertie hore momentis insistens lucidior fulgeat; tertius Lampas eo quod in meridie magis flagrat; quartus Phylogeus, quod grece 'terram amans' dicitur, quod hore none proclivior urgens occasibus pronus incumbit*. [4] Et sic ad propositum dicit auctor quod in illo monte erat hora vespertina et hic, in Ytalia subaudi, media nox, et in Yerusalem hora matutinorum si bene inspiciatur, unde bene sequitur quod dicit hic auctor quod tunc in illo monte Purgatorii respiciens versus occidentem in dicta hora vespertina percutiebatur a radiis solis in naso, idest in facie, et per consequens reflexio solis radiantis ibi in vultum lucidum vel speculum quoddam illius alterius angeli quem fingit ibi auctor se reperisse, debebat ipsum auctorem repercutere in faciem, et hoc affirmat tali ratione

4. percutiebatur] C percuciabat(ur) V.

---

1. *Purg.* XV 1.
2. *Purg.* XXVII 1.
3. Cf. PLANC., *Mythol.* I 12 and *Mythogr. Vat.* I 112 and II 31, ed. P. Kulcsar, CCSL 91C (Turnhout, 1987), 46, 119.

naturali: sol cum directo iacit deorsum lumen suum et sic cadit directo, ut cadit lapis si proiciatur de suprorso equali iactu, ut comparative dicit hic textus. [5] Quod punctum dicitur 'zenit', quod nullam umbram recipit, — de qua Lucanus in viiii° tangens, sic ait hic: *Quomodo nichil obstat Phebo, cum cardine summo / stat librata dies; truncum vix protegit arbor / tam brevis in medium radiis compellitur umbra* — [6] et per consequens nulla reflexio tunc ab eo procedit, sed cum a dicto puncto zenitico meridiano universali recedit ex parte occidentali, vel distat a parte orientali percutiens in aliquod corpus lucidum, puta in speculum vel aquam, ut hic dicitur, facit suam reflexionem, qui radius secundus ita reflexus tantum ascendit potentialiter quantum primus descendit, ut patet etiam in aqua aliqua descendente per aliquod conductum vel meatum que tantum ascendit quantum descendit, ex quibus satis intelligi possunt que tangit hic auctor de tali materia. [7] Inde fingit auctor quomodo ille angelus in exitu huius dicti circuli secundi cecinit quod scribitur *Mathei* v° capitulo ibi: *Beati misericordes, quoniam ipsi misericordiam consequentur,* [8] et quod retro ad dicta verba subiunxit quod scribit Apostolus, *Ad Romanos* xii° capitulo ibi: *Noli vinci a malo, sed vince in bono malum*; [9] *Vincitur a malo,* dicit ibi *Glosa, qui malus efficitur et malitie se subiectus,* [10] et quod etiam ait Iohannes in capitulo ii° *Apocalipsis* ibi: *Vincenti dabo edere de ligno vite quod est in Paradiso et de manna abscondito,* [11] per que verba ita prolata auctor nichil aliud vult tangere nisi quod homo mundatus a premisso vitio invidie et deductus ad virtutem karitatis proximi, et factus misericors eius, potest vere dicere hec verba in mente sua. [12] Inde auctor, revertens ad declarandum quod obscure et succinte finxit dixisse umbram prenominati domini Guidonis del Duca, dum in precedenti capitulo de divieto et consorte, fingit Virgilium nunc hic dicere et illud exponere sic invidos homines reprehendendo et quos ponunt affectum suum ad res mundanas que minuuntur consorte secus, contingit in celestibus que augentur consorte, idest participante

6. aliquod] C aliq(uem) V.
7. v°] ST C L B vi° V.

---

5. LUCAN., *Phars.* IX 528–30.
7. *Matt.* V 7.
8–9. *Ep. Rom.* XII 21 et *Gl.* rel.
10. *Apoc.* II 7.

SUPER XV° CAPITULO PURGATORII

alio. [13] Ad primam solutionem quam facit hic Virgilius facit quod ait Gregorius in *Moralibus* dicens: *Qui facibus invidie carere vult, illam hereditatem appetat quam numerus possidentium non angustat,* [14] et Augustinus in xv° *De Civitate Dei* ad idem dicens: *Nullo modo fit minor, accedente consorte, possessio bonitatis quam habet tanto latius quanto concordius individua sociorum possidet karitas, nec habebit eam possessionem qui eam noluerit habere communem, et tanto eam reperiet ampliorem, quanto amplius potuerit amare consortem*; nam vir iustus per hoc quod in terris nichil appetit alienis profectibus invidere nescit. [15] Ad secundam hanc sequentem aliam responsionem Virgilii, referentis se hic ad virtuosam naturam karitatis, et bonum, quod est ut ipsa karitas, ut ait Augustinus, faciat sine labore nostro aliena bona nostra, [16] facit quod ait Thomas in prima, questione xii[a], dicens: *In Paradiso per essentiam unus perfectius alio Deum videbit. Nam unus intellectus magis alio illum comprehendet. Facultas enim videndi Deum non competit intellectui creato secundum suam naturam, sed per lumen Gratie de quo magis participat qui plus habet de karitate; quia ubi est maior karitas est maius desiderium, et desiderium facit quasi desiderantem aptum ad susceptionem desiderati.* [17] Inde auctor transumptive tangit quomodo sicut plage mortales interimunt corpus, ita peccata mortalia animam, nisi consolidentur cum medicina penitentie et dolore conscientie, [18] iuxta diffinitionem illam Augustini dicentis: *Penitentia est quedam dolentis vindicta puniens in se quod comisisse dolet, et iterum dolendum non committere,* [19] aliter potest unusquisque dicere quod dixit Psalmista dicens taliter dum inquit: *Putruerunt et corrupte sunt cicatrices mee a facie insipientie mee*, et hoc vult hic tangere auctor dicendo de suis residuis peccatis mortalibus ut de plagis in facie sua, idest in mente eius, adhuc non dolore solidatis. [20] Hiis taliter expeditis auctor incipit tractare de tertio circulo Purgatorii in quo fingit purgari iracundorum animas; et volendo se referre sub sensu anagogico, idest spirituali, et tropologico, idest mortali, ad iracundos in hoc mundo viventes dispositos ad se purgandum a tali vitio, quomodo

18. comisisse] coississe V.

---

13. Cf. GREG., *Moral.* V 46 and BERN. CLARAEV., *Serm.* CIII 1.
14. AUG., *Civ. Dei* XV 5.
15. GREG., *Reg. Past.* III 10.
16. THOM., *Theol.* I q. xii a. 6.
18. *Decr. Grat.* II *De Poen.* D. III c. 4 (conflated with GREG., *Hom. in Evang.* II 34).
19. *Ps.* XXXVII 6.

primo debent se dare ad contemplationem boni illius virtutis que contrariatur vitio ire premisse, que est mansuetudo, [21] secundum Phylosophum dicentem in iiii° *Ethicorum*: *Mansuetudo autem est medietas contra iras*, [22] fingit se in extatica visione — in qua est ille qui contemplando a statu quo abstrahitur, [23] (nam dicitur 'extasis' ab 'ex' quod est 'extra' et 'stasis', 'status'), ut erat Democritus in ortulo suo semel, qui capras depascentes ante se eius caulos non videbat — [24] sibi apparuisse in introitu huius tertii circuli ymago Domine Nostre in actu illo mansueto dum reperiit filium puerum exeuntem de templo et ei dicentis: *Filii, quid fecisti nobis? Ecce, pater tuus et ego dolentes querebamus te*, ut legitur *Luce* capitulo ii°. [25] Item ymago Ephysistrati, olim ducis civitatis Athenarum qui, ut scribit Valerius in titulo *De Patientia*, dum dicit eius uxor coram eo fecisset duci quendam iuvenem qui amplexatus fuerat quandam eorum filiam puellam amore provocativo, ut confessus et professus fuerat dictus iuvenis credens mori, absolutus est ab ipso Ephysistrato dicente contra dictam eius uxorem: *Si eos qui nos amant occidamus, quid illis faciemus quibus odio sumus?* [26] tangendo incidenter hic auctor de contentione et lite habita inter Neptunum et Palladem de nomine imponendo dicte civitati fundate a Cycrope, rege quodam greco: nam volebat Neptunus eam nominari a se et Pallas a se, [27] unde Ovidius in v°, de hoc volens tangere fingendo dictam Palladem etiam hoc texuisse in quadam sua tela, ait: *Cecropia Pallas scopulum Mavortis in arce / pingit et antiquam de terre nomine litem*; [28] tandem sancitum fuit quod dicta terra nominari deberet ab illo istorum duorum deorum qui felicius prodigium ibi monstraret: ex quo Neptunus ibi cum suo tridente terram percussit et emicuit equus, [29] ut ait Virgilius in primo *Georgicorum* dicens: *Munera vestra cano. Tuque o, cui prima frementem / fudit equum magno tellus percussa tridenti, / Neptune* etc.; [30] Pallas inde percussit ibi terram etiam et emicuit oliva, quo prodigio magis fausto censito, vocata fuit dicta terra Athena ab ipsa Pallade, que etiam Athena nominabatur, quod sonat 'scientia', et ex hoc dicit hic auctor quod inde emanavit omnis

27. fingendo] frangendo V.

---

21. THOM., *Eth. Arist. sent.* IV xiii 1.
24. *Luc.* II 48.
25. VAL. MAX., *Fact.* V i ext. 2.
27. OV., *Met.* VI 70–71.
29. VERG., *Georg.* I 12–14.

Super XV° capitulo Purgatorii

scientia et doctrina, ut etiam ait Priscianus. [31] Item ymago Stephani protomartiris Christi sancti tertio aparuit ibi, qui, dum lapidaretur a Paulo et aliis Iudeis moriens, positis genibus, suspiciens clamavit voce magna dicens: *"Domine, ne statuas illis hoc peccatum"*, et cum hoc dixisset obdormivit in Domino, ut habetur in *Actibus Apostolorum* in capitulo vii°, dicendo auctor inde se resipuisse et animam eius cognovisse suos errores non falsos sed veros, quasi dicat quod usque tunc non cognoverat, ita per effectum bonitatem dicte virtutis mansuetudinis, sicut nunc, [32] subdendo in textu hic de larvis (que sunt ille cohoperture seu transfigurationes quas Tusci vocant 'mascheras' et lumbardi 'barbancenas'), dicendo auctori Virgilius, qui talia vidit, ne cesset amplius aperire mentem ad aquas fontis pacis, idest Christi, qui tantum pacem dilexit ut omnis eius salutatio de ipsa foret in hoc mundo, et ipsam pacem docuit discipulos suos continue servare, [33] ut ecce *Mathei* v° capitulo ubi ait: *Beati pacifici* etc., [34] et in capitulo x° ait discipulis suis: *Intrantes autem domum salutate eam dicentes: "Pax huic domui"*, [35] et *Iohannis* xiv° capitulo: *Pacem relinquo vobis, pacem meam do vobis*; [36] et post resurrectionem dicebat apparendo eis semper: *"Pax vobis"*, ut habetur *Iohannis* xx° capitulo, in duobus locis. [37] Item et ipse Christus pacem misit inter Deum et homines, unde Apostolus, *Ad Epheseos* ii°, ait: *Ipse est pax nostra qui fecit utraque unum*, que omnia habet valde respicere unusquisque volens se purgare a dicto vitio ire inimicante paci.

32. tantum] C in tantum V.

35. xiv°] ST xvii V.

---

31. *Act. Ap.* VII 58–59.
33. *Matt.* V 9.
34. *Matt.* X 12.
35. *Ioh.* XIV 27.
36. *Ioh.* XX 19, 21, 26.
37. *Ep. Eph.* II 14.

SUPER XVI° CAPITULO PURGATORII

[1] **Buio d'inferno e di nocte privata**. [2] Continuato hoc xvi° capitulo cum fine proximi superioris, ac premisso de virtute mansuetudinis, ut nunc superius dixi, subicit hic auctor de vitiosa ira, fingendo eam ut fumum nos obscuraret occulis mentis, ut patet in textu. [3] Et dixi de vitiosa, quia illa ira nequaquam vitiosa est qua irascimur circa facta nostra ubi, quando et quibus irasci debemus, ut ait Phylosophus in iiii° *Ethicorum*, [4] de qua dicitur *Ecclesiastes* vii° capitulo sic: *Melior est ira risu*, [5] et Psalmista de ea ait: *Irascimini, et nolite peccare*. [6] Est et alia ira etiam non vitiosa, que 'odium' proprie dicitur, scilicet illa qua irascimur sine facto nostro alicui, puta homini male agenti, videlicet alicui homicido seu furi, licet nos et nostra hoc non tangat, ut ait idem Phylosophus in sua *Rethorica*; [7] illa vero ira vitiosa est et mortale peccatum, scilicet cum irascimur proximo nostro ad vindictam; quam iram diffiniendo idem Phylosophus in dicta eius *Rethorica* ait: *Ira est tristitia et dolor cum vehementi appetitu vindicte*, [8] de qua ait Dominus, *Mathei* v°, dicens, *Omnis qui irascitur fratre suo reus erit iuditio*, [9] et Apostolus, *Ad Romanos*, xii° capitulo, etiam dicens: *Non vos vindicantes carissimi, sed date locum ire, hoc est declinate eam ne nos illa corripiat*. [10] Vult enim auctor per hunc fumum passionantem hic taliter has animas iracundorum purgantes se in eo et per ipsas animas allegorice

---

10. hactenus] athen(us) V.

---

1. *Purg.* XVI 1.
3. Cf. THOM., *Eth. Arist. sent.* IV xiii 559.
4. *Eccl.* VII 4.
5. *Ps.* IV 5.
6. Cf. THOM., *In IV Sent.* III i 1.
8. *Matt.* V 22.
9. *Ep. Rom.* XII 19 et *Gl.* rel.

SUPER XVI° CAPITULO PURGATORII

seu anagogice, idest spiritualiter, ostendere quomodo homines iracundi in hoc mundo viventes redacti ad mansuetudinem per penitentiam recognoscunt se, et recognoscere debent, quasi fuisse in fumica caligine et obscuritate, dum hactenus in furore iracundie fuere, [11] ut recognovit se fuisse Theodosius imperator: iam nam ita de eo scribitur in *Ystoria Ecclesiastica*, cuius verba posita sunt in quodam *Decreto*, ita incipiente: *Cum apud Thessalonicam, seditione exorta, quidam ex militaribus suis vir impetu fuisset furentis populi extinctus, Theodosius, repente nuntii voce atrocitate succensus, ad ludos Circenses invitari populum fecit, eique ex improviso circumfundi milites, atque obtruncari passim, prout quisque occurrisset, gladio iubet et vindictam dare non crimini sed furori. Ob hoc cum a sacerdotibus Ytalie redargueretur, agnovit delictum, culpamque cum lacrimis professus, penitentiam egit, et in hoc sibi tempus ascriptum absque regali fastigio patienter implevit;* sic igitur merito auctor statum irancundorum in hoc mundo ut fumum describit ab incensione cordis cum suo furore in nobis rationem offuscantem, [12] cum dicat Phylosophus in ii° *De Anima* quod *Ira est accensio sanguinis circa cor*. [13] Ad tale fumum respexit credo Psalmista dicens: *Ascendit fumus in ira sua et ignis a facie sua exarsit*, [14] et alibi ait: *Supercecidit ignis et non viderunt solem*, [15] et Apostolus, *Ad Epheseos* iiii°: *Sol non occidit super iracundiam vestram*; [16] et Ugo de Sancto Victore ad hoc inquit: *Auferenda est ira a corde quemadmodum trabis occulos mentis etiam petit*, [17] et *Iob* xvii°: *Caligavit ad indignationem occulus meus*. [18] Post hec auctor, ut digressive eius ampliet materiam, inducit umbram Marchi Lumbardi, olim probissimi hominis de curia quam fingit hic se reperisse ad dicendum sibi per modum solutionis causam quare gens in hoc presenti nostro seculo magis solito a virtuosa et recta vita destituta fit et magis vitiis implicata, precipue in cupiditate et avaritia. [19] Et ante tamen tanquam ad hoc veniat, redarguit illos qui talia ascribunt celo, idest celestibus corporibus, et ab eis talia quasi de necessitate evenire putant, et sic liberum arbitrium vestrum removent et iustitiam illam quam meremur bene operando bonum et male operando malum, ut dicit hic textus. [20] Et firmat hoc dicta umbra taliter, arguendo: concedatur quod omnes vestri primi

---

11. *Decr. Grat.* II C. XI q. iii c. 69.
12. THOM., *An. Arist. exp.* I ii 9.
13. *Ps.* XVII 9.
14. *Ps.* LVII 9.
15. *Ep. Eph.* IV 26.
17. *Iob* XVII 7.

motus a celo, idest ab eius corporibus causentur et dependent — quod falsum est in parte cum anima nostra immediate subsit a Deo, ut subicit hic inferius textus, dum dicitur quod meliori rei quam sit celum, idest Deo, liberi subiacemus qui creat in nobis, idest ipsam animam, quam celum non habet in eius cura sed ipse Deus, et per consequens eius anime voluntas et motus, [21] dicente Phylosopho in libro *De Bona Fortuna*: *Impetus naturales quos habemus in anima esse in nobis a Deo tanquam a movente naturam totam dicimus*, [22] et in vii° *Physicorum* ait: *Intellectus, idest anima, immobilis est a dicto motu sidereo*, [23] et in iii° *De Anima* dicit quod *Voluntas in parte intellectiva anime est*, unde soli primi dicti nostri motus corporei a celo moventur, [24] et ideo dicit idem Phylosophus in dicto libro *Physicorum*: *Que non sunt in nostra potestate*, ideoque in eis nec meremur nec demeremur, ut dicit iste auctor infra in capitulo xviii° ubi de istis primis motibus plenius scribit [25] — tamen habent, dicit hic dicta umbra, homines lumen rationis quo valent elective adherere bono et non malo, addendo quomodo liberum nostrum tale velle, licet fatigetur in dictis primis motibus, durat tamen, idest prevalet celo si bene nutriatur, idest si rationabiliter evitet malos motus et bonos complectatur. [26] Ad quod primum ait Tholomeus sic in suo *Almagesto*: *Sapiens donabitur astris*, [27] et ad secundum in *Centiloquio* dicit: *Anima sapientis adiuvat opus stellarum*. [28] Restat igitur concludendo quod ab ipsa gente moderna ut a materia corrupta non a celo dicta vitiositas procedat, [29] ad quod facit quod ait iste auctor in secundo sue *Monarchie* ita dicens: *Sic ars in triplici gradu invenitur, scilicet in mente artificis et in organo et in materia formata per artem ita; natura primo in mente Dei est, inde in celo ut in eius organo, quo mediante similitudo bonitatis Dei in fluitantem materiam explicatur. Et quemadmodum, profecto existente artifice atque se optime organo habente, si contingat peccatum in forma, materie tantum imputandum est, sic cum Deus perfectum quid sit et per consequens celum ut eius instrumentum, nullum defectum patiatur. Restat quod in hiis inferioribus si defectus est ex parte materie est et preter intentionem Dei et celi.* [30] Nam operatio celi et motus est ipsa voluntas Dei ab eterno provisa ad bonum effectum, unde Augustinus in v° *De Civitate Dei* inquit: *Illi qui sine Dei voluntate decernere opinantur sidera*

---

25. lumen] C lumine V.

21-27. THOM., *Gent.* III lxxxv 20.
29. DANTE, *Mon.* II ii 2-3.
30. AUG., *Civ. Dei* V 1.

Super XVI° capitulo Purgatorii

quid agamus vel quid boni vel mali patiamur, repellendi sunt ab auribus omnium. [31] Inde, volens probare per rationem que premisit sic a remotis, arguit dicta umbra, scilicet quomodo anima nostra ut creatura Dei leti sui factoris et ab eo mota naturaliter reddit libenter et volvitur ad omne letificans eam, ex quo, cum noviter ut puella quasi in nobis simplex et pura (ut tabula rasa, ut ait Phylosophus) incipit concupiscere: [32] incohat primo attrahi, ut dicit hic textus, a parvo bono, scilicet a temporali, cum nondum cognoscat spirituale bonum ut maius et summum defectu electionis, et ut decepta post talia temporalia currit, nisi frenetur et volvatur a legali ratione et spirituali doctrina, ut a pedagogo quodam, [33] ad quod respiciens, idem Phylosophus ait in viii° *Physicorum*: *Homo in prima vita variabilis et mobilis est*, [34] et in iii° *Ethicorum* ait: *Intendere autem oportet ad que ipsi faciles mobiles sumus*, et subdit inferius: *Pueri secundum concupiscentiam vivunt: si igitur non erit unde bene ratione suadeantur ad quoddam dominium venient et multum augumentum, ideo oportet eos secundum preceptum pedagogi vivere*; [35] et in x° ad idem ait: *Quedam delectant nova initia, posterius vero non similiter propter hoc: quidem primum per desideria inclinata est mens*, [36] et sic expediunt leges ad esse, ut subdit hic textus, que, ut ait Ysidorus, *Facte sunt ut earum metu, humana refrenetur audacia, tutaque sit inter improbos innocentia*, [37] ad quod etiam Phylosophus in i° *Ethicorum* ait: *Amplius lege proponente quid oportet operari, et a quibus abstinere*, et per consequens expedivit habere Monarchiam, idest imperatorem, qui leges exequi faceret; [38] nam dicitur in quadam lege: *Parum est iura esse in civitate nisi sint qui iura regere possint.* [39] Item etiam oportuit mundum ad bene sui esse regem spiritualem habere, idest pastorem et presulem in hoc mundo ostendentem nobis turrim, idest summitatem Sancte Civitatis, idest spiritualis triumphantis vite, ut dicit hic textus, [40] unde Iustinianus, scribens Epifanio archiepiscopo Constantinopolitano in quadam eius constitutione, sic ait: *Magna sunt dona Dei a superna collata clementia sacerdotium, et imperium illud quidem divinis ministrans.* [41] Hoc autem humanus presidens ad hoc idem dicit etiam iste auctor in fine sue *Monarchie* probando quod in pium immediate, sic est

---

31. THOM., *Theol.* I q. lxxix a. 2.
33. Cf. ARIST., *Phys.* VIII 4 (255b), 6 (259b).
34. THOM., *Eth. exp.* II xi 2, III xxii 4.
35. THOM., *Eth. exp.* X vi 1.
36. *Decr. Grat.* I *Dist.* IV c. i.
37. THOM., *Eth. Arist. sent.* I ii 1.
40. Cf. *Corp. Iur. Civ., Nov. Just.* VI praef.
41. DANTE, *Mon.* III xv 10.

a Deo, *Opus fuit homini duplici directivo secundum duplicem finem: scilicet summo Pontifice, qui secundum revelata humanum genus procederet ad vitam ecternam, et Imperatore, qui secundum phylosophica documenta genus humanum ad temporalem felicitatem dirigeret*, [42] unde dicitur in quodam *Decreto*: *Due sunt persone quibus mundus iste regitur: regalis videlicet et sacerdotalis: sicut reges presunt in causis seculi, ita sacerdotes in causis Dei; regum est irrogare penam corporalem, sacerdotum spiritualem.* [43] Ex quibus iterum infert dicta umbra sic: concedatur quod leges adsint, quis tamen Imperator in presenti eas regit et servari facit? nullus certe, cum Papa imperiale regimen usurpaverat, non contentus in discreto et diviso termino suo et iurisdictione cupiditate temporalium bonorum. [44] Et hoc est quod subdit hic, scilicet quod dictus pastor potest ruminare, idest potest esse scientia fretus, sed non habet ungulas fixas, idest non habet discretionem, nec facit inter spiritualia et temporalia delectum seu differentiam, ut fecit Deus inter filios Iude, filii Iacob, quibus ut regibus temporalibus regna et bona temporalia assignavit et filios Levi, alterius filii Iacob, quibus, ut sacerdotalibus talia denegavit, ut habetur *Deuteronomii* capitulo xviii° ubi dicitur predictis Leviticis: *In terra nichil possidebitis, nec habebitis partes inter alios: ego pars et hereditas vestra*, [45] inducendo totum hoc fore prefiguratum quod legitur *Levitici*, xi° capitulo, ubi dicit: *Omne animal habens divisam ungulam et ruminans comedetis*, [46] que verba moralizando et allegorizando Ysidorus ait: *Presules hii ruminant qui in ore semper portant precepta divina ut cibum.* [47] Item fissam ungulam habent quando duo Testamenta sequuntur: Vetus ut non mittatur falcem in messem alienam, ut *Deuteronomii*, capitulo xxiii°: *Mandatur novuum ut que sunt Cesaris reddantur Cesari que sunt Dei Deo*, [48] ut mandavit Dominus *Mathei* capitulo xxii°, unde illi imitati sunt pastores qui divini verbi mediatione quid agere et quid non edocti sunt. [49] Item et Yeronimus super premissis verbis ait: *Si quis vult pontifex, non tam vocabulo quam merito esse, imitetur Moysen et Aaron non discendentes de tabernaculo Dei, ut scirent quid populum haberet docere. Hec duo sunt pontificis: ut divinas discat scripturas et populum*

---

42. *Decr. Grat.* II C. II q. vii c. 41.
44. *Num.* XVIII 20..
45. *Lev.* XI 3.
46. Isid., *In Lev.* IX 3.
47. Cf. *Deut.* XXIII 25.
48. *Matt.* XXII 21.
49. *Decr. Grat.* Pars. D. XXXVI c. 3.

Super XVI° capitulo Purgatorii

instruat et ad bella ut Moyses non vadat, et ita findit ungulas dividendo se a temporalibus rebus, [50] ad quod etiam facit quod dicitur in quodam alio *Decreto* sic videlicet: *Cum ad verum ventum est ultra, non sibi Imperator iura pontificatus arripiat, nec Pontifex nomen Imperatoris, quoniam Christus mediator Dei et hominum actibus propriis et dignitatibus distinctis offitia potestatis utriusque discrevit ut Christiani imperatores pro ecterna vita Pontificibus indigerent et pontifices pro cursu temporalium imperialibus uterentur legibus* [51] et sic, ut ait quedam *Lex: Tunc promiscuis actibus non turbarentur offitia rerum,* [52] unde concludit dicta umbra quomodo contrarium facientibus dictis pastoribus hodie maxime intendentibus tantum ad cupiditatem bonorum terrenorum gens deviat eandem cupiditatem sequendo eorum exemplo, [53] ad quod respiciendo Leo papa quartus in *Decreto* quodam scribens Lodoyco imperatori ait: *Nos, si incompetenter aliquid egimus, et in subditis iuste legis tramitem non servando, vestro volumus commendare iuditio, quoniam si nos, qui aliena corrigere debemus peccata, peiora commictimus, certe non veritatis discipuli sed (quod dolentes dicimus) erimus pre ceteris erroris magistri.* [54] Et alibi in *Decretis* dicitur: *Quod agitur a prelatis facile trahitur a subditis in exemplum,* [55] unde in *Levitico* iiii° capitulo habetur et ita scribitur: *Si sacerdos qui est unctus peccaverit, faciet delinquere populum*; dicit ibi *Glosa, scilicet per exemplum,* et ex hoc conclusioni abdendo dicit quomodo merito dicti filii Levi ab hereditatibus et a bonis mundanis fuerunt exclusi ne eorum exemplo in cupiditate alii peccarent ut hodie contingit. [56] Ultimo dicit dicta umbra quomodo Lumbardia, rigata a flumine Padi, et marchia Trivisana, rigata a flumine Adice, bonis viris deserte sunt postquam prelati, confuso per Ecclesiam Federico imperatore secundo, imperium occuparunt, faciendo exceptionem, ut dicit textus hic, de his tribus virtuosis viris, scilicet de domino Corrado de Palazzo de Brixia et de Domino Gherardo de Camino de Triviso qui valde gaius miles fuit, idest ilaris et iocundus, et ex hoc dicta umbra prenotat eum a domina Gaia eius filia, ut dicit hic textus inferius; item de domino Guidone de Castello de Rubertis de Regio qui valde fuit purus miles, et sic vulgari gallico in Francia vocatus fuisset 'simplex', quasi 'sine plica'.

56. Adice] C athesis V.

---

50. *Decr. Grat.* I D. XCVI c.6.
51–52. *Decr. Grat.* II C. II q. vii c. 41.
53. Cf. Greg., *Moral.* VII 36
54–55. Cf. Innocent., *Regest.* I 69 (*Lev.* IV 3).

SUPER XVII° CAPITULO PURGATORII

[1] **Recorditi lector, se mai ne l'alpe**. [2] In hoc xvii° capitulo auctor duo facit: primo continuando se perficit tractatum tertii circuli Purgatorii premissi usque ibi: **Noi eravamo ove più non saliva**. [3] Ibi incipit tractatum quarti circuli, ut illic patebit, et exordiendo dicit primo quomodo exivit de premisso fumo, idest de contemplatione status et vite iracundorum in hoc mundo, allegorice subaudi, et quomodo inde venit ad ymaginandum pravum exitum iracundie et effectum, ut frenum debens nos a tali vitio compescere et raffrenare, apostrophando ad virtutem ymaginativam nostram, dicendo quomodo eripit interdum nos, subdendo quod si non venit a viso nostro vel auditu vel ab alio nostro corporali sensu, ut non venit, unde ergo manat, et subdit quod a lumine, idest a corpore aliquo celesti informante se ipsum ad hoc per se vel per inspirationem divinam porrigentem eam, ut dicit hic textus, [4] de qua ymaginativa virtute Yeronimus, in *Prologo Apocalipsis* tangendo, sic ait: *Visionum alia corporalis, que per se patet ad sensum, alia ymaginativa et spiritualis, ut cum dormientes vel vigilantes ymagines rerum cernimus, quibus aliquid aliud significamus, sicut vidit pharao spicas et Moyses Rubeum ardere, vigilans iste, et pharao dormiens*. [5] Et quod abominabile sit vitium hoc iracundie ab eius exitum et effectum, exemplum dat hic auctor de Progne conversa in yrundinem sua iracundia, cuius ystoria iam scripsi supra in hoc libro *Purgatorii* in capitulo viiii°, et ibi de hoc videndum est. [6] Secundo dat exemplum de Aman qui, ut scribitur in libro *Hester*, existens summus mariscalcus Assueri regis Syrie iratus quod dictus rex, spreta Guaschi regina eius prima uxore in uxorem accepisset Hester, hebream quandam mulierem, ac neptem Mardocei probissimi viri hebraici, fecit capi omnes

---

1. *Purg.* XVII 1.
2. *Purg.* XVII 76.
4. Cf. HAYM. HALB., *In Apoc.*, praef. (PL CXVII 938d–939b).
6. Cf. *Hest.* I–VII

Super XVII° capitulo Purgatorii

Iudeos existentes in regno dicti regis una cum dicto Mardoceo, et cum dictum Mardoceum parasset poni in cruce super quadam iam erecta antenna, in eadem antenna crucifigi fecit eum postea dictus rex prece dicte Hester, et dictum Mardoceum cum dictis aliis Iudeis liberari fecit. [7] Tertio dat exemplum de Amata regina, uxor regis Latini, que in tantam iracundiam incurrit propter Laviniam eius filiam et dicti regis traditam in uxorem contra eius voluntatem Enee et non Turno suo nepoti quod egit, [8] ut ait Virgilius in xii° *Eneidos* de ea dicens: *Et nodum informis leti trabe nectit ab alta*, idest suspendio et laqueo se necavit, [9] fingendo auctor hic ultimo se reperisse alium angelum dirigentem ipsum de circulo tertio ad quartum ut purgatum a vitio ire, et ex hoc finxit eum dicere illa verba evangelica *Mathei* v° repugnantia tali vitio, scilicet *Beati pacifici* etc. sub illa allegoria quam scripsi supra in exitu primi circuli veri Purgatorii, ubi de superbia dicitur. [10] Post hec veniamus ad tractatum quarti circuli purgantis animas accidiosorum premictentes quod, licet vitium accidie ut genus dividatur in plures species, scilicet in tepiditatem, in mollitiem, in somnolentiam, in otiositatem, in dilationem, in tarditatem, in negligentiam, in ignaviam, in tristitiam et tedium vite, tamen dicta tepiditas prima species radix dicitur accidie, et ex ea nascuntur omnia premissa vitia, et ex hoc auctor in hoc principio, in persona Virgilii diffiniendo, vocat accidiam amorem scemum, idest diminutum in suo debere amare, subaudi Deum, ut summum bonum, unde diffinitur: *Tepiditas est amor parvus boni magni*, [11] de qua dicitur *Apocalipsis*, capitulo iii°: *Utinam frigidus esses aut calidus, sed quia tepidus es et non frigidus nec calidus incipiam te evomere ex ore meo*; est enim calidus qui fervens est ad bonum, frigidus est qui simpliciter desistit a bono, tepidus vero qui medio modo se habet, et dicit ibi inter linearia quod maior spes est de frigidis quam de tepidis, eo quia tepidi quendam fiduciam accipiunt de hoc quod aliquid boni agunt, et ideo se non corrigunt. [12] Hiis ita premissis auctor, ut latius ostendat quomodo a dicto vestro amor defectivo causatur vitium accidie predictum, inducit Virgilium ad dicendum a remotis quod nunquam creator, scilicet Deus, fuit sine amore, cum semper fuerit sibi cumsubstantialis Spiritus Sanctus qui in Trinitate divina Amor est, et naturaliter naturans omnes alios amores bonos. [13] Item dicit quod nulla

---

8. Verg., *Aen.* XII 603.
9. *Matt.* V 9.
11. *Apoc.* III 16.

creatura etiam fuit unquam sine amore naturali vel animi: de naturali patet in angelica creatura que naturali illo amore diligit Deum quo naturaliter quisque dilectus diligit se diligentem; item eodem naturali amore creatura etiam humana diligit Deum eadem ratione, et diligere debet tanquam bonum nostri intellectus — [14] unde Dionisius in libro *De Divinis Nominibus* ait: *Omnibus amabile et diligibile est primum bonum, quod est ipse Deus* — [15] et sic per consequens illum odire non possumus, ut hic inferius dicitur in textu; [16] item et se ipsum, item eius parentes et filios et benefactores eius, et talis amor semper est sine errore, ut dicitur hic: nam non potest quis errare sequendo quod naturale est; item et cetere alie creature brute et insensate tali naturali amativo moto diligunt; de brutis patet in filiis suis et in specie eadem sibi coniunctis, [17] unde in *Ecclesiastico* capitulo xiii° dicitur: *Omnis caro ad similem sui coniungetur*, et in *Iure* dicitur: *Ius naturale est quod natura docuit animalia omnia que in celo que in terra que in mari nascuntur*, et ea videmus huius Iuris peritia censeri in procreando et educando filios; de insensatis patet in particularitatibus elementorum quodam quasi affectu nitentibus ad earum totalitatem instinctu nature. [18] De amore vero animi patet in nobis dum preter naturam solum animi motu de aliqua amanda movemur de quo sensit quedam *Lex*, dicendo: *Maiores nostri intus virum et uxor donationes prohibuerunt amorem honestum solis animis extimantes* etc.; [19] et hic amor extraneus interdum est propter malum obiectum et iuditium rei amate, vel propter nimium vel parvum vigorem, ut dicit hic auctor, subdens igitur: cum in primo, scilicet naturali amore Deo, bene dirigimur, et in hoc secundo bene mensuramur non sequendo quod malum est, sed bonum cum intensa cura, non potest esse nostra delectatio mala, concludendo ex hiis quod dictus amor animi potest dici semen in nobis omnis bone actionis et male: male cum amamus malum proximi nostri, quod triplici modo fit, ut dicitur hic. [20] Ad quod et ad ea que sequuntur hic usque ad finem huius capituli ita ait Augustinus, quem auctor ad licteram hic sequitur: *Sicut virtus est amor ordinatus, ita vitium est amor inordinatus. Amor vero dupliciter potest esse inordinatus: si sit minum vel nimis parvus, et hoc secundum duas species bonorum: quedam enim bona sunt parva, ut sunt*

16. cetere] C carere V. de brutis patet] C de brutis pate(n)t V.

---

14. THOM., *Theol.* II–II q. xxiv a. 2.
17. *Eccli.* XIII 20; *Corp. Iur. Civ., Inst.* I i 2.
18. *Corp. Iur. Civ., Digest.* XXIV 1.

Super XVII° capitulo Purgatorii

temporalia et corporalia, quedam magna ut sunt bona gratie et glorie intelligendo: bona gratie ipsam gratiam et opera meritoria. Amor ergo boni magni inordinatus est si sit parvus, et talis amor videtur esse radix in vitio accidie et tepiditatis. Amor vero parvi boni inordinatus est si sit nimius, et et iste amor videtur esse radix gule, luxurie et avaritie, et diversificatur iste amor quia parva bona amari possunt, quoad divinum et possessionem, et quoad usum delectabilem. Primo modo amat ea avarus; secundo modo gulosus et luxuriosus. Amor mali distinguitur in amorem proprii mali et alieni: sed quia nullus proprium malum amat in quantum talem, sed tantum in eo quod extimat eo bonum esse corpori, cum homo naturaliter habeat appetitum ad bonum, et sic velle malum esset contra voluntatem eius. [21] Ad quod etiam Apostolus, *Ad Epheseos*, ait: *Nemo unquam carnem suam odio habuit.* [22] Ideo tantum amor alieni mali radix erit superbie, invidie et ire, diversimode tamen, quia in superbia est amor proprii boni cum alieno malo: amat enim superbum sui exaltationem et proximi deiectionem; in invidia et in ira est amor alieni mali proprie, differenter tamen: nam in invidia amor alieni mali ortum habet a propria malitia, invidus ideo vult malum alterius, ne ille sibi parificetur; in ira vero amor alieni mali ortum habet a malo alterius: nam qui irascitur alicui, ideo vult ei malum quia malum ab eo recipit, cum ira dicatur 'appetitus vindicte', et sic hec tria vitia amorem nostrum inordinatum reddunt ad proximum, alia quattuor supradicta ad nos ipsos. [23] Et sic, concludendo, vitium accidie facit peccare ut lentos et tepidos ad sequendum et acquirendum verum bonum, scilicet Deum, quod bonum omnis appetunt, sed confuse, ut dicit hic auctor. [24] Et Boetius in iii° ibi: *Omnis mortalium cura quam multiplicium studiorum labor exercet diverso calle procedit, sed ad unum beatitudinis finem nititur pervenire*, dicendo inde auctor quod aliud bonum, scilicet temporale et corporale, non est felix, etiam verum licet habeat umbram boni ad quod respicit noster inordinatus amor avaritie gule et luxurie; [25] ad quod tres istos ultimos amores respiciens Augustinus ait in libro *Confessionum*: *Ab uno adversus te, Domine, in multa evanui; exarsi enim in bone satiari inferius in adoloscentia, et silvester visus sum variis et umbrosis amoribus.*

22. cum ira dicatur] C cum ita dicatur V.

---

21. *Ep. Eph.* V 29.
24. BOETH., *Cons. Phil.* III pr. ii 2.
25. AUG., *Conf.* II i 1.

SUPER XVIII° CAPITULO PURGATORII

[1] **Posto avea fine al suo ragionamento**. [2] Continuando se auctor ad proxime precedentia adhuc in hoc xviii° capitulo, premisso suo exordio, querit a Virgilio primo quid sit iste noster amor animi a quo omnis nostra operatio bona et mala procedit, ut supra dictum est. [3] Et respondendo dicit sic a remotis ipse Virgilius: primo videlicet quod animus noster creatus est promptus ad amandum et sic inclinabilis et mobilis est ad omne placibile, [4] nam, ut ait Phylosophus in libro *De Natura Animalium*: *Omnia naturaliter appetunt delectationem*, [5] et in iv° *Ethicorum* ait: *Intendere oportet ad que facile mobiles sumus*, [6] et in x° dicit quod *Primum per desideria inclinata est mens nostra statim veniens de potentia ad actum*, ut subditur hic in textu dictus talis noster amor; [7] item etiam quomodo nostra virtus apprehensiva intentionaliter ad id quod extimat bonum, subito animum volvere facit, et si inclinatur ad illud talis inclinatio prima est, et dicitur talis noster amor animi, ut dicit hic Virgilius, qui amor ut motus spiritualis semper ascendit in altum, idest augumentum deitatis cum desiderio donec res amata contentet eum, [8] unde ex hoc diffiniendo Cassiodorus talem amorem, ait: *Amor noster est quedam vis appetitiva rerum, quos desiderio eligimus, et amplectimur* [9] et, ut ait Thomas etiam in suo *Contra Gentiles*, in hoc passu dicens quod dictus noster amor *Ut concupiscentia procedit ex quadam apprehensione unitatis amantis ad amatum. Nam, cum quis amat aliquid quasi*

---

5. iv°] C tertio V.

8. amplectimur] C a(m)plectam(ur) V.

---

1. *Purg.* XVIII 1.
5. Cf. ARIST., *Nicom. Eth.* II 9 (1109b 2).
6. Cf. ARIST., *Nicom. Eth.* X 1 (1172a 24–25).
8. Cf. THOM., *Theol.* I–II q. lvi a. 3.
9. THOM., *Theol.* I–II q. xxviii a. 1.

Super xviii° capitulo Purgatorii

illud concupiscens, apprehendit ut quid boni, licet interdum non sit. [10] Dicit hic auctor in persona Virgilii ac per consequens fallere illos qui verificant omnem nostrum amorem laudabilem: ex quibus auctor adhuc sic infert: ergo si talis noster amor de foris evenit in nobis et anima nostra non ambulat cum alio pede quam cum pede dicti amoris, [11] alludendo in hoc Augustino dicente: *Amor pes anime est, qui, si rectus est, dicitur karitas, si curvus dicitur cupiditas, non debet merere vel demerere bene vel male agendo.* [12] Ad quod ita rendere facit auctor adhuc ipsum Virgilium sub representatione rationis nostre naturalis phylosophice dicendo: omnis forma substantialis separata a materia et cum ea unita specificam virtutem habet in se etc. [13] *Forma substantialis,* dicit Frater Albertus, *est illa que adiunctione sui ad materiam facit quoddam esse essentiale, ut ignitas. Forma vero accidentalis est illa que adiunctione sui ad materiam non facit quid, sed quale, ut albedo.* [14] Alii dicunt formam substantialem esse que dat esse simpliciter et per eius adventum dicitur aliquid generari et per eius recessum corrumpi; [15] accidentalis autem forma non dat esse simpliciter sed esse tale ut in calore qui non dat esse simpliciter, sed esse tale ut sic. [16] Sub ipsa forma substantiali septa, idest circumclusa a materia, ut a sepe, Virgilius hic comprehendit non solum nos homines corporaliter viventes, sed etiam cetera alia animata et inanimata corporalia et elementata elementa tam habentia virtutem specificam, idest propriam et singularem in se collectam, idest innatam, ad quod Boetius in libro *De Duabus Naturis* ait: *Natura est unamquamque rem informans specifica differentia, et sic comprehendit tam singula generum quam genera singulorum ac individua specierum;* [17] que specifica virtus, dicit adhuc Virgilius hic, non sentitur in nobis nisi in actu operationis, nec etiam demonstratur nisi per effectum, ut per

---

10. verificant] C verificat V.

12. phylosophice] C et filosofie V.

15. dat] C da(n)t V.

16. septa] C sexta V.

---

11. Aug., *Enarr. Ps.* IX 15.
13. Cf. Thom., *Theol.* I q. viii a. 2.
16. Boeth., *Duab. Nat.* I 1.

frondem viridem in arbore veietabilis vita. [18] Nam, sicut primeva magnes sive calamitas nunquam specificam eius virtutem attrahendi ferrum ostendisset nisi appropinquatum fuisset sibi ferrum, ita tales specifica virtus in nobis non panditur, nisi adveniat obiectum aliquod movens habitus nostros et affectus ad diversa, ut diversi sumus in facie, [19] iuxta illud Horatii: *Format enim natura prius nos intus ad omnem / humanorum actum,* [20] et etiam alibi: *Pectoribus mores tot sunt quot in urbe figure,* [21] et illud Persii: *Mille hominum species et rerum discolor usus; / velle suum cuique est, nec voto vivitur uno.* [22] Unde nequimus merito, subdit hic Virgilius, propendere unde intellectus, idest intellectualis primus motus noster et primarum notitiarum, veniat, ymo provenit, appetibilitas, cum semper in nobis antequam advertamus que prime notitie et primi motus nostri, et amores, dicit hic Virgilius, sunt ita in nobis et resultant, deficiente nostro iuditio, ut studium mellificandi in apibus: nam nescimus dicere quare amor potius eas ad illud inducat quam muscas vel vespas, nisi quod ita innatum est eis — [23] ipso Virgilio dicente in *Georgicis* sic de hiis apibus tractando: *Cecropeas innatus apes amor urget habendi, / tantus amor florum et generandi gloria mellis* — [24] reassumendo auctor in persona Virgilii hic in textu, scilicet quomodo hec prima talis nostra voluntas non meretur bona nec mala, [25] unde in *Digestis* ita de ea quedam *Lex* sic ait: *Cogitationis penam nemo patitur,* sed si in dicta mala voluntate oblectatur quis venialiter peccat. [26] Si autem procedit ad actum mortaliter, et e contra si in bona quis procedit et ad oblectamentum venit, incipit merere, et ecce principium merendi huius secunde nostre voluntatis de quo subditur hic in textu, [27] et de qua Phylosophus in libro *Perihermeneias* tangit dum ibi dicit quod dicte prime nostre notitie primi nostri

    18.   movens] C moves V.

    21.   Mille] C millelle V. hominum] ST homu(m) V. usus] ST unus V.

    22.   veniat] C *om.* V.

---

19. HOR., *Ars Poet.* 108–9.
20. OV., *Ars Am.* I 759.
21. PERS., *Sat.* V 52–53.
23. VERG., *Georg.* IV 177, 205.
25. *Decr. Grat.* II *De Poen.* D. I c. 14.

Super XVIII° capitulo Purgatorii

simplices intellectus qui fiunt in anima et dicuntur primi ad directam compositorum, qui secundi dicuntur eo quod ex primis simplicibus componuntur, ut ecce dum primo aprehendo hominem simpliciter, secundo componendo ipsum esse animal. [28] Et concludendo dicit inde Virgilius quod, licet ad dictam istam secundam naturam oblectatoriam voluntatem quelibet alia, subaudi voluntas bona, vel non aggregetur, non tamen necessitamur appetitive ad sequendum eas, cum innata sit nobis consiliativa virtus, idest ratio humana, que habet nostram voluntatem si bona est suadere et si mala fugare. [29] Ideoque liberum nostrum arbitrium dicitur arbitrium quantum ad rationem et liberum quantum ad voluntatem, [30] ad que Phylosophus in iii° *De Anima* sic ait reprehendens male utentem hoc libero arbitrio in qualibet dicta eius parte amplius extendente se in intellectu, et dicente: *Intelligentia, idest dicta nostra ratione, fugere aliquid vel mutari non movetur, sed secundum desiderium agit, ut inabstinens voluntas enim appetitus est: nam, cum secundum voluntatem movemur, secundum etiam appetitum movemur; omnis enim intellectus rectus est; appetitus et fantasia et recta et non recta sunt, nam semper movet appetitum aut bonum aut quid bonum videtur fuerit et contrarii appetitus ad invicem, quod accidit cum ratio et desideria contraria sunt vel fiunt.* [31] Nam et ipse idem Phylosophus alibi eodem libro ait: *Bonum intellectus est ultima beatitudo*, idest Deus, [32] quod bonum proprie est obiectum nostre voluntatis, unde quelibet recta voluntas ab ipso Deo movetur, et sicut color obiectum est visui et illum movet absque necessitate ulla, ita ipse Deus voluntatem nostram ut eius obiectum movet sine ulla necessitate, et sic liberum arbitrium remanet in esse suo, et sicut si visiva virtus nostra corrupta esset ratione organi vel alterius accidentis non moveretur a colore sic, et quando intellectus noster et voluntas corrupta sit aliquo accidente non movetur a Deo, cum ipse non possit esse causa perverse voluntatis. [33] Iterum ad propositum dicit hic textus, scilicet quod prisci phylosophi, poete et alii profundi scriptores morales nisi perpendissent de tali innata nostra libertate de moralitate non scripsissent ut fecerunt; unde, posito quod omnis amor in nobis surgat de necessitate, potestatem habemus retinendi eum vel non. [34] Quam potestatem et virtutem, subicit hic textus, Beatrix, idest theologia, accipit pro dicto nostro libero arbitrio, ore Apostoli ita scribentis *Ad Galatas*, vi° capitulo: *Liberi arbitrii nos condidit Deus, nec ad virtutes nec ad vitia necessitate trahimur alioquin, ubi necessitas, nec corona est.* [35] Inde dicit auctor

---

30–31. Cf. Thom., *An. exp.* III ix 14–15 and Arist., *De An.* III 9–10, 433a–b.
34. *Decr. Grat.* II *De Poen.* D. III c. 2.

quomodo luna in illo emisperio tardabat actingere punctum medie noctis currens versus illum Orientem per illas stratas, idest per illud signum zodiaci, scilicet Sapgitarii, quando illi de Roma vident solem occidere inter insulam Corsice et Sardinee, fingendo tunc fuisse lunam vigesimam, et sic in tertia parte minoratam tunc ibi erat et sic habebat quasi formam eree situle magne, [36] tangendo de Pietola, villa Mantuana, unde Virgilius fuit oriundus, ut dicitur hic in textu, et ut tangat solito modo quomodo volentes se in hoc mundo viventes a vitio et peccato accidie moraliter vel spiritualiter removere, hoc primo facere debent cum actu solertie virtutis contrarie tepiditati, fingit hos duos precedentes spiritus currentes ut olim currebant Thebani de nocte, ut dicit hic textus, per aggeres suorum duorum fluminum, Ysmeni scilicet et Asopi dum egebant aliquo auxilio Bacchi, eorum Dei, in fortiam illorum sacrifitiorum que poete vocant 'triaterica', [37] unde Lucanus: *Delphica Thebane referunt triaterica Bacchi*, [38] et Ovidius in vi°: *Tempus erat quo sacra solent triaterica Bachi / Sytonie celebrare nurus: nox conscia sacris. / Nocte sonat Rodope tinnitibus eris acuti*, [39] clamantes primo quod scribitur *Luce* i° capitulo de Domina Nostra quomodo cum festinatione cucurrit et abiit in montana ad visitandum Elisabectam cognatam, de quo vide quod scripsi supra in capitulo iii° de eo quod posset opponi de hac festinatione hic; [40] secundo quod scribit Lucanus in iii° de Cesare qui, obtenta Roma cedentibus ei Pompeio et senatoribus, noluit ibi manere in otio sed statim in Yspaniam ivit ad civitatem Ylerde, dimisso Bruto in obsidione Marsilie civitatis provincie etiam se rebellantis sibi, quatenus ambas urbes tandem obtinuit. [41] Item fingit alios dictos spiritus posteros cridasse de tempore non perdendo, ut dicitur hic in textu, propter parvum et modicum amorem, idest propter tepiditatem que, ut supra dixi, dicitur parvus amor boni, [42] ad quod Seneca, *Ad Lucilium*, ait: *Quem michi dabis qui aliquod pretium tempori ponat? Omnia aliena sunt: tempus tamen nostrum* est; [43] et *Trenorum* i° capitulo dicitur: *Vocavit adversum me tempus ut convertat electos meos*; [44] et in *Ecclesiastico*, capitulo

---

37. LUCAN., *Phars.* V 74.
38. Ov., *Met.* VI 587–89.
39. *Luc.* I 39.
40. Cf. LUCAN., *Phars.* III 453–58.
42. SEN., *Ep. Lucil.* I 2–3.
43. *Lam. Hier.* I 15.
44. *Eccli.* IV 23.

Super XVIII° capitulo Purgatorii

iiii°, etiam dicitur: *Fili, conserva tempus et declina a malo.* [45] Et, ut ostendat auctor quomodo religiosi viri et claustrales hoc vitio accidie multum occupantur, qui deberent non solum currere, sed volare, cum quasi aves sint spirituales, dicit Bernardus quod *Ad modum testudinum incedunt lentissime,* [46] de quibus Ysaia ait: *Qui sunt isti qui ut nubes volant sed velut mortui immobiles stant, ex quo habent frequenter orare exemplo David, ut in via Domini vivificentur,* [47] fingit se reperire quendam spiritum hic dicentem sibi quomodo fuit abbas in monasterio sancti Zenonis de Verona, imperante Federico i° Barbarossa de Svevia qui cepit regnare anno domini mcxl°, et qui inde, elapsis xxii annis, civitatem Mediolani funditus destruxit sibi rebellem, et quomodo dominus Albertus de la Scala, dominus olim dicti civitatis Verone, adhuc plorabit posuisse ibi pro abbate fratrem Iosephum, eius naturalem filium, et sic male, idest non legitime, natum et claudum et non multum compotem mentis. [48] Ultimo in detestationem huius vitii etiam accidie duos alios posteriores de dictis spiritibus clamare fingit auctor in reprehensionem duodecim tribuum Ysrael, sive Hebreorum, quibus dicitur mare aperuit ut liberaret eos a Pharaone de Egypto, ut habetur *Exodi* capitulo xiv° et xv°, ubi dicitur: *Levavit Moyses virgam et separavit se aqua et inimicorum spem congelavit, et inter undas via pedestris apparuit,* ob quorum murmurationem et desidiam in deserto xl^a annis erraverunt, et cum deberent appropinquare terre promissionis ab ea elongabantur — [49] unde Psalmista de eis ait: *Quadraginta annis offensus fui generationi illi. Et dixi: hii semper errant corde* — [50] et ibi omnes mortui sunt preter Caleph et Iosue antequam Iordanus, fluvius currens per Yerosolimam, eorum filios videret ad se venire, ut postea venerunt, [51] unde dixit Deus dictis eorum patribus, ut scribitur *Numeri* xiiii°: *In solitudine iacebunt cadavera vestra, nec intrabitis terram vobis promissam.* [52] Item in reprehensionem Creuse, uxoris Enee, que in excidio Troie ut lenta incepit sequi de nocte dictum eius virum, et postea in via remansit, de qua Virgilius in

---

47. Barbarossa] C barberose V. mcxl°] C mlx V.

52. conquerentis] condre(n)t(is) V.

---

46. *Is.* LX 8 et *Gl.* rel.
48. Cf. *Ex.* XIV–XV and *Decr. Grat.* III *De Cons.* D. II c. 69.
49. *Ps.* XCIV 10.
51. *Num.* XIV 29–30.
52. Verg., *Aen.* II 378–40.

persona dicti Enee conquerentis, de hoc ait in secundo: *Heu misero coniunx fato ne erepta Creusa. / Substitit erravitne via seu lassa resedit / incertum, nec post occulis est reddita nostris.* [53] Quibus sic visis et auditis in hoc iiii° circulo, completo etiam tractatum vitii accidie, fingit auctor se per cogitamina ad dormitionem devenisse, sed sub quo sensu statim dicam in principio sequentis capituli.

SUPER XVIIII° CAPITULO PURGATORII

[1] **Ne l'ora che non può el calor diurno**. [2] Ad evidentiam dicendorum in hac prima parte prohemiali huius xix° capituli, premictendum est quod secundum figmenta poetarum, Achelous fluvius dicitur tres filias ex Calliope musa habuisse, que ab ea inde Acheloides vocate sunt, que, rapta Proserpina a Plutone, ut eius sotie converse sunt in monstrua marina, et dicte sunt 'syrenes'. [3] Dicit Fulgentius circa integumentum earum syrenes iste vere loquendo puelle fuerunt optime canentes, et ideo finguntur filie Acheloi fluminis propter eius sonoritatem, sed quia sonoritas sine artificio non valet, fingunt etiam eas dicti poete filias fuisse dicte Calliope muse, que sonat consonantiam, et quia dicte puelle sua dulcedine cantus attrahebant sibi homines, dicte sunt 'syrenes' a 'syren' quod est 'attractio', modo quia in hoc mundo quasi ut in mari quodam tales terrene et carnales delectationes nos attrahunt ut plurimum et submergunt in peccatis et vitiis, finguntur ita ut syrenes in mari canendo homines et navigia ad se trahere, [4] ad quam allegoriam Yeronimus respiciens, ita iam scripsit ad Eustochium, ut dicitur in quodam *Decreto*: *Non fiat, obsecro, civitas meretrix filia Syon, nec post Trinitatis hospitium ibi demones saltent, et syrenes nidificent*; ubi *Glosa*, ita exponendo, ait: *Syrenes, idest delectationes mundane que homines mergunt*. [5] Igitur ad propositum auctor, hucusque habito tractatu de quadruplici nostro amore vitioso et corrupto faciente nos nostro proprio motu et malitia cadere ut incontinentes in superbiam, iram, invidiam et accidiam ut

1. può] C po V.

4. saltent] ST ste(n)t V.

---

1. *Purg.* XIX 1.
3. Cf. FULG., *Mythol.* II viii.
4. *Decr. Grat.* II C. XXXII q. v c. 11 et *Gl.* rel.

superius scripsit, volens nunc incipere tractatum alterius triplicis nostri amoris corrupti et concupiscibilis, non ita nostro motu et malitia principaliter, sed attractione potius quadam ab extriseco veniente in nobis, que tripliciter accidit primo a bonis terrenis attrahentibus nos ad avaritiam et cupiditatem, secundo a mulieribus attrahentibus nos ad luxuriam, tertio a cibis et poculis attrahentibus nos ad vitium gule [6] (quo respectu puto antiquum usum pingendi dictas sirenas habuisse hoc, scilicet eas pingere cum vultu virgineo, in quo attractio luxurie denotatur, item cum manibus strictis, in quo attractio avaritie figuratur, item cum caudis piscium, in quibus attractio gule figuratur) — [7] et hoc etiam sensit forte Virgilius in iii° *Eneidos* describendo Scilla ut monstrum dicens: *Prima hominis facies et pulcro pectore virgo / pube tenus, postrema immani corpore pistrix / delphinum caudis utero commissa luporum*), [8] fingit se cogitando ad id quod superius dixit sibi Virgilius dicendo quomodo dictus triplex amor superius plorabatur sed quomodo tripartitus summatus relinquebat ei id discernere obdormisse, ut dixit in fine precedentis capituli, et sompniasse, ut dicit hic textus, in alba diei in qua calor diurnus non potest tepefacere amplius frigiditatem lune, victus tunc a frigore terre et interdum a Saturno, scilicet per aspectum dicti Saturni ad solem — [9] unde Lucanus in hoc ait: *Luna suis vicibus Tethyn terrenaque miscet; / frigida Saturno glacies* etc., [10] et in qua alba hora geomantes parant se ad videndum surgere in Orientem solem per viam, idest per spatium breve inter lucem et obscurum, quem solem vocant 'maiorem fortunam' ex eo quod inter sedecim figuras geomantie duas ex eis attribuunt ipsi soli que per eos vocantur 'fortuna minor' et 'fortuna maior' — [11] sic vidisse, idest contemplative percepisse, dictam triplicem attractionem in suo primo et proprio esse ut mulierem quandam ita turpem et informem, ut dicit textus; [12] et, prout est recto iuditio rationis inspiciendo inde quomodo cum visu secundario suo effecta est pulcerrima, ut subdit auctor hic, in quo nichil aliud vult tangere nisi quod nos ipsi moti sic ab attractione predicta vitiosa et in se turpi reddimus eam pulcram, videndo eam ceco visu concupiscentie, et acceptabilem. [13] Inde fingit eam ceci-

7. commissa] ST C coissa V.
9. miscet] ST C L B miscent V.

---

7. VERG., *Aen.* III 426–28.
9. LUCAN., *Phars.* X 204–5.

Super XVIIII° capitulo Purgatorii

nisse ita dulciter, ut dicit textus, in quo auctor denotare vult quod etiam preter dictam triplicem principalem attractionem sit attractio cantus et soni mundani, [14] unde Boetius in primo, ex hoc improbando camenas, idest modulationes poetarum, illas maxime que infructuose sunt et vane, inducit Phylosophiam de eis dicere: *Ite, o syrenes, usque in exitium* etc. [15] Inde dicit auctor quomodo ita cantando dicebat dicta talis mulier quomodo fecit in mari deviare Ulixem: hoc dicit solum ut attractio muliebris que in persona meretricis Circis eum attraxit, ut scripsi plene supra in *Inferno* in capitulo xxvi°; [16] de qua hac muliebri attractione tali etiam loquens Augustinus, scribendo *Super Secunda Epistula Petri* ait: *Pellices dicuntur meretrices a pollutione, vel a pellis formositate que incautos homines pellicit*, idest allicit et attrahit, [17] de qua etiam credo sub eodem sensu dici de ea *Ecclesiastes* vii° capitulo: *Inveni mulierem amariorem morte, que laqueus venatorum est, et vincula sunt manus eius*. [18] Modo, quia per dictum iuditium rationis figuratum in persona Virgilii, ut sepe dictum est, respiciens ad virtutem temperantie presentim confundimus has vitiosas attractiones et refrenamus et abicimus ut putridam et fetidam rem respicientes eas *Cum occulis illis, scilicet linceis*, idest rationabilibus, et recto dicto iuditio considerativo et intellectu, *quibus Alcibiades, pulcerrimus homo, introspectis visceribus turpissimus videretur*, ut ait Boetius in iii°, [19] fingit auctor hic ita supervenisse hanc secundam aliam dominam honestam et Virgilium ita in eam respicientem et per eam ut virtutem temperantie ita aperientem hanc mulierem aliam premissam et ostendentem sibi eius ventrem putridum et abominabilem, ut dicit textus; [20] quam secundam dominam hic summit pro dicta virtute temperantie, et merito, cum dicat Macrobius: *Temperantia modificat delectactiones in cibis et venereis et cupiditatibus*, [21] et *Glosa super Matheo*, ubi dicit: *Temperantia est refrenatio cupiditatis ab hiis que temporaliter delectant*. [22] Inde dicit auctor quomodo excitatus venit ad hunc alium angelum dicentem illa verba *Mathei* v° capitulo, scilicet: *Beati qui lu-*

---

15. Circis] C circe V.

---

14. BOETH., *Cons. Phil.* I pr. i 11.
16. Cf. *Decr. Grat.* II *De Poen.* D. II c. 40.
17. *Eccl.* VII 27.
18. BOETH., *Cons. Phil.* III pr. viii 1.
20. Cf. MACR., *Comm. Somn. Scip.* I 8.
22. *Matt.* V 5.

gent, quoniam ipsi consolabuntur: que faciunt ad consolationem premissi vitii accidie. [23] Post hec auctor fingit ingredi quintum circulum Purgatorii, in quo ponit animas avarorum et prodigorum purgari ita iacentes resupinas et plorantes, ut dicit textus, inter quas umbras fingit se ibi reperire umbram Adriani pape v° de domo illorum de Fiesco, qui hodie dicuntur comites de Lavania, flumine currente in territorio Ianuensi inter has duas terras Chiaveri et Sestri. [24] Qui papa Adrianus sedit solum in papatu uno mense et viiii diebus, inde mortuus est, tangendo de pondere manti papalis quomodo respectu eius alia pondera sunt plume, in quo vult auctor ostendere quomodo regimen papale difficulter geritur sine peccato et reprehensione, [25] ad quod facit quod ait Yeronimus scribens Eliodoro dicens: *Non est facile stare in loco Petri et tenere locum regnantium cum Christo: nam non sanctorum filii sunt qui tenent loca sanctorum, sed qui exercent opera sanctorum*; [26] *Debent enim,* dicit Gratianus in Decretis, *Pontifices habere sacrarum licterarum peritiam,* [27] unde in veteri Testamento, *Exodi* xxviii° capitulo, dicitur: *Inter cetera ornamenta Pontifex rationale ferebat in pectore, in quo scribebatur ratio et veritas et manifestatio, quia in pectore pontificis manifesta debet esse cognitio veritatis.* [28] Item etiam facit quod ait idem Yeronimus, *Super Levitico,* dicens: *Si quis vult Pontifex non tam vocabulo quam merito esse imitetur Moysem et Aaron non discendentis de tabernaculo domini ut adeo aliquid discerent et eam populum docerent. Hec duo sunt Pontificis opera: ut a Deo discat legendo Scripturas divinas et eas doceat. Est et aliud quod facit Moyses: ad bella non vadit, non pugnat contra inimicos, sed orat, et donec orat vincit populus eius,* [29] ut *Exodi* capitulo xxii° habetur, [30] et ex hoc Innocentius iii° in quadam *Decretali, De translatione,* dicit quod Romanus Pontifex non puri hominis, sed veri Dei vices gerit in terris. [31] Inde procedit dicta umbra ulterius respondendo auctori ad dicendum quia ipsa et alie dicte umbre ibi sint ita converse ad terram et cum dorsis ad celum, idest resupine plorantes et ligate, et quod nulla alia pena in Purgatorio amarior est illa, ut dicitur in textu: [32] hic vult enim auctor per hec et alia que hic sequuntur ostendere

27. ornamenta] ST ordinamenta V.

---

25. *Decr. Grat.* I D. XL c. 2.
26–28. *Decr. Grat.* I D. XXXVI cc. 2–3.
29. *Ex.* XVII 11–12.
30. *Decretales* I viii (*De Translatione episcopi*) 2 (INNOCENT., *Reg.* I 335, PL CCXIV 306d).

Super xviiii° capitulo Purgatorii

naturam et pravitatem huius vitii avaritie ut homines in hoc mundo viventes avaros retrahant ab ipso vitio avaritie, visa pena que in alio mundo secundum iustitiam debetur eis, spiritualiter loquendo, ut ipsa pena congruat delicto, et ut particulariter ista textualia declarem, sic premictam: [33] *Avaritia*, dicit *Lex*, *Radix est omnium malorum*, [34] et idem ait Apostolus, *Ad Timoteum* primo, capitulo vi°, [35] et Augustinus in *Omelia* ix°: *Quod tamen intelligit ut in hoc comprehendat genera singulorum et non singula generorum naturam, licet septem mortalia peccata et vitia ut genera singulorum possint oriri ex avaritia, non tamen singula generorum, puta homicidium quod fit ad vindictam et de huiusmodi talibus.* [36] Item in *Ecclesiastico* x° capitulo dicitur: *Avaro nichil est scelestius*, sicut igitur nulla pena, ut dicit hic textus, alicuius dictorum septem vitiorum potest censeri et debet maior ista. [37] Item premicto quod natura voluit terram infimam esse inter omnes creaturas et pedibus hominum conculcari, et sic pedibus mentis terrena bona calcanda et despicienda sunt et celestia suspicienda; sed quia avarus contrarium facit, solum ad terrena occulos habendo — [38] ut habebat illa mulier infirma de qua scribitur *Luce* xiii° capitulo quod non poterat sursum aspicere, ubi *Glosa* dicit: *Talis infirmitas est amor divitiarum*, quod hominem bestiam reddit interius ut ad terram respiciat dum ad celum respicere debet, [39] unde Psalmista de talibus avaris ait: *Occulos suos statuerunt declinare in terram*, [40] et *Apocalipsis* viii° capitulo etiam ad hoc dicitur: *Ve ve ve habitantibus in terra*, ac etiam Bernardus: *Quid indecentius quam curvam recto corpore gerere animam?* — [41] ideo auctor fingit hic sic allegorice loquendo ad terram cum facie et occulis has animas iacentes stratas ac dicentes: *Adhesit pavimento anima mea; vivifica me secundum verbum tuum*, que verba Psalmiste potest dicere in isto etiam mundo quisque corrigit se ab hoc vitio et debet, [42] considerata eius *Psalmi* cxviii° sententiam ad quam non dubito auctorem respexisse: nam intitulatur hic

36. x°] ST xv° V.

---

33. *Decr. Grat.* I D. XLIX c. 1.
34. *I Ep. Tim.* VI 10.
35. Cf. Aug., *Enarr. Ps.* IX 14 and Hugo De S. Vict., *In Ep. I Tim.* XXXIII.
36. *Eccli.* X 9.
38. Cf. *Luc.* XIII 11–13 et Gl. rel.
39. *Ps.* XVI 11.
40. *Apoc.* VIII 13; Bern. *Serm. super Cant. Cant.* XXIV 6.
41–42. *Ps.* CXVIII 25 et *Gl.* rel.

Comentum Petri Alagherii

Psalmus *Deleth Heberuce*, quod interpretatur 'pauper', vel 'tabule', vel 'ianua', super quo *Glosa* ita inquit: *Plebs fidelis, paupertate mundana constricta, ianuam Severis divitiis aperit et frequenti meditatione quasi tabulas sua precordia Dei mandantis exhibet.* [43] Item fingit eas plorantes, ut tangat quod scribit Iacobus in v^a eius *Epistula* dicens: *Agite nunc divites, plorate et ululate in miseriis que eveniunt vobis.* [44] Item dicit dicta umbra quomodo avaritia extinsit amorem earum ad omne bonum, unde earum operari perditum fuit, [45] in quo vult tangere quod ait *Psalmista* dicens: *Dormierunt somnum suum et nichil invenerunt / viri divitiarum in manibus suis,* [46] et *Iob* capitulo xxvii°: *Dives cum dormierit nichil secum auferet.* [47] Item dicit quomodo sunt ligate in manibus et pedibus dicte anime, in quo tenacitatem avarorum denotat, tangens in hoc quod ait Gregorius in quodam *Decreto* dicens de quodam archidiacono Anconitano non promovendo ad episcopatum propter senectutem, ita subdendo in suis licteris addicentes etiam illum tenacem ita esse ut in domo eius nunquam amicus ad karitatem introivit. [48] Ultimo tangit incidenter quod scribitur *Mathei* xxii° de Sadducei, qui negabant in futurum resurrectionem nostram ita querentibus a Christo: *Moyses scripsit: Si uxor fratris alicuius vidua sine filiis remanserit, alter frater in uxorem eam accipiat, modo quedam fuit uxor septem fratrum sucessive, in resurrectione cuius erat uxor? Quibus Christus respondit: "Cum resurrexerint neque nubent neque nubentur, sed erunt sicut angeli in celo,"* idest vivent angelica vita. [49] Item facit ad hoc quod dixit hec umbra dicti Pape quod ait Iohannes, *Apocalipsis* xxii° capitulo, dicens: *Cecidi ut adorarem ante pedes angeli, qui dixit: "Ne feceris, quia conservus tuus sum et fratrum tuorum et prophetarum",* [50] et Seneca, *De Naturalibus Questionibus*, ad idem etiam sic ait: *Hoc habet inter cetera iustitie precipuum Deus, quod, cum ad exitum ventum fuerit, omnes in equo sumus,* [51] dicendo de domina Alasia eius nepote et uxor olim domini Moroelli marchionis Malespine de Lunisana dicta umbra, ut per se patet in fine.

50. precipuum] ST principium V.

---

43. *Ep. Iac.* V 1.
45. *Ps.* LXXV 6.
46. *Iob* XXVII 19.
47. *Decr. Grat.* I D. XLIX c. 1 et *passim*.
48. Cf. *Matt.* XXII 23–30.
49. *Apoc.* XIX 10.
50. Cf. SEN., *Nat. Quest.* VI i 8.

SUPER XX° CAPITULO PURGATORII

[1] **Contra miglor voler voler mal pugna**. [2] In hoc xx° capitulo, premissa prohemialiter hac moralitate, scilicet ut omne velle nostrum quantumcumque bonum sit, debet cedere meliori, ac etiam premisso quod de vitio avaritie ut de lupa hic tangit et de illo veltro tacite, de quo in capitulo i° *Inferni* iam dixi, auctor, continuando se adhuc ad proxime precedentia, fingit procedendo se in hoc v° circulo inter has predictas animas quandam se audisse ex eis invocantem Dominam Nostram more parturientium congratulando sibi de suo paupere hospitio illo in quo peperit filium Dei — [3] testante *Luca* in capitulo ii°, dicendo: *Cum impleti essent dies ut pareret, Maria peperit filium et pannis eum involvit et reclinavit eum in presepio* — [4] item et Fabritio, civi romano, qui virtutem frugalitatis semper pretulit divitiis — *Est enim virtus frugalitatis qua homo vivit secundum naturam spernendo delicata et sordida medium tenendo*, ut ait Seneca in v^a *Epistola ad Lucilium*, [5] in qua virtute etiam fuit Seranus, alius civis ille Romanus, qui ad agrum colendum rediit, functo offitio senatorie et dictature, de quibus duobus summet in eorum laudem. [6] Ait Virgilius in vi°: *Parvoque potentem / Fabritium vel te sulco, Serane, serentem?* [7] super quibus verbis Servius ait: *Fabritius gloriosius paupertate fuit, quod, consul romanorum existens, respondit legatis Samnitum offerentibus ei immensum aurum: "Sic Romani malunt imperare habentibus aurum, quam aurum habere et recipere"*, idemque fecit de auro sibi

---

4. vivit] C *om.* V.

---

1. *Purg.* XX 1.
3. *Luc.* II 6–7.
4. Cf. SEN., *Ep. Lucil.* V 4–5.
6. VERG., *Aen.* VI 843–44.
7. Cf. SERV., *Aen. comm. ad* VI 844.

Comentum Petri Alagherii

oblato a Pirro rege Epirotharum, [8] unde Seneca: *Fabritius aurum Pirri expulit ac monuit eum se precare a quodam medico eius promictente ipsi Fabritio dictum Pirrum ut hostem Romanum venerare, quod fuit auro non vinci et veneno non vincere*, [9] ad quod idem inquit Claudianus: *Pauper erat Curius, reges cum viceret armis, / pauper Fabritius, Pirri cum sperneret aurum* — [10] item congratulando beato Nicolao de largitate quam fecit illis tribus virginibus quibus largitus est tres massas auri proiciendo secrete eas diversis vicibus de nocte in domo patris earum, qui prius ante hoc propter paupertatem intendebat ad faciendum eas prostitui questu meretricio; et sic omnes tres nubserunt, ut habetur in eius legenda. [11] Que singula premissa, inducit auctor sic recitari hic ut pateat gloriosus effectus virtutis predicte paupertatis spiritu quam habuit dicta Domina Nostra et virtutis frugalitatis quam habuit dictus Fabritius et virtutis largitatis quam habuit dictus beatus Nicolaus contrarius dicto vitio avaritie et oppositus illis, dico in hoc mundo qui a tali vitio mundari conantur. [12] Post hec auctor primo querit ab hoc spiritu referente quis fuit, secundo quare ipse solus ibi illa recitat: [13] ad primum respondendo dicit quomodo fuit Ugo Ciapetta, Parisiensis civis, filius cuiusdam becarii et radix, idest principium, male plante, idest presentis tertie genologie regum Francorum, que adugiat, idest adumbrat, partem Christianorum, ut dicit textus hic. [14] Circa quod prenotandum est quod regnum Francie primo cepit in persona Faramundi comitis, a quo descenderunt xxvii reges, et dicta est prima genologia Francorum regum predictorum, qua deficiente, venit secunda, que cepit in persona Pipini, patris Karuli Magni, in qua fuerunt xv reges, quorum ultimus fuit Ludovicus, filius Loctarii; quo Ludovico mortuo, Franchi volentes eligere in regem quendam fratrem dicti Lotarii deditum in vita religiosa et solitaria, ut tangit hic textus dum dicit de pannis bigis eius quia differebant. [15] Et distulit astutia inde et potentia eius Ugonis Ciapette, iam existentis mariscalchi Parisiensis in anno domini viiii^clxxxx, eligerunt

8. aurum] ST auri V.

11. frugalitatis] C fragilitat(is) V.

13. cuiusdam] C quidam V.

---

8. Sen., *Ep. Lucil.* CXX 6.
9. Claud., *Carm.* VIII 413–14.

Super xx° capitulo Purgatorii

in eorum regem Robertum filum maiorem dicti Ugonis Ciapette, [16] et sic in eo orta est tertia genologia dictorum regum, quorum prava opera in processu facta recitando maxime post magnam dotem provincialem, de qua dicam infra in *Paradiso* in capitulo vi° in fine, ut dicit hic textus, dicit dicta umbra quomodo dicti eius descendentes usurpaverunt territorium Punti et Normandie et Guasconie; [17] inde quomodo Karolus, rex Sicilie creatus ab Urbano papa, venit in Ytaliam et decapitari fecit Corradinum, ut de hoc plene scripsi in capitulo xxviii° *Inferni*; inde venenari fecit sanctum Thomam de Aquino in abbatia Fosse Nove in Campanea, ubi hodie eius corpus iacet, et hoc fecit timendo ne ad papatum veniret. [18] Inde dicit de alio Karulo Sine Terra de dicta domo qui in mccc° venit in Ytaliam et de Florentia expulit partem blancorum, inductu domini Musciati de Francesis et domini Cursii de Donatis de Florentia. [19] Inde dicit de Karulo Zotto, olim rege Apulie, qui, iam in maricimo bello victus a domino Rogerio de Loria amiraglio regis Sicilie captus, positus fuit in civitate Missine, ut hic dicitur in textu, et qui tradidit Beatricem eius filiam in uxorem marchioni Azzoni de Este pro xxx^m florenis, quos habuit paciscendo a dicto marchione. [20] Inde tangit quomodo rex Phylippus Bellus de dicta domo Francie capi fecit in civitate Alanie papam Bonifatium viii° per dominum Guillelmum de Nugareto et Colonnenses, putando dictum papam favisse comiti Flandrie ad ipsum vincendum in campo ut dicit: ex qua captura mortuus est dictus papa dolore; inde dicit quomodo dictus rex Phylippus dedit operam ut Ordo Templariorum deponeretur per Clementem papam v° ut eius bona occuparet ut postea occupavit et factum fuit. [21] Inde ad secundum respondendum dicit dicta umbra quomodo non sola ibi tunc recitabat talia circa laudem Domine Nostre, Fabritii et beati Nicolai predictorum, ut dicit textus, et quia dicta predictorum talia virtuosa opera vigent in lucida fama et gloria divina, dicit quomodo in die ibi talia memorant et contraria opera olim facta circa vitium avaritie in nocte quasi ut per infamiam in hoc mundo sint obscura et denigrata, et etiam in frenum nobis ut cessemus a tali vitio, inducit hic auctor has animas secundario

---

20. Bonifatium viii° per dominum Guillelmum de Nugareto et Colonnenses putando dictum papam] C *om.* V.

21. in frenum] C infer(n)u(m) V.

dicere in abominationem dicti vitii avaritie: [22] primo quomodo memorant ibi avaritiam Pigmaleonis, olim filii Beli, regis Syrie, qui, mortuo dicto eius patre, Sicheum, qui et acerbas dicebatur sacerdotem Herculis, opibus ditissimum eius cognatum (nam maritus erat Didonis sororis ipsius Pigmaleonis), in ara sacrificium facientem proditorie occidit, et eius opes rapinavit, et ex hoc vocatur hic in textu dictus Pigmaleon proditor, latro et parricida, ex eo quod sacerdotem, qui censeri pater cuiusque debet, occidit, et etiam affinem sibi, [23] de qua Virgilius in primo, in persona Veneris loquentis Enee de Didone predicta ait: *Imperium Dido Tiria regit urbe profecta, / germanum fugiens; longa est iniuria, longe / ambages, sed summa sequar fastigia rerum. / Huic coniunx Sicheus erat, ditissimus agri / cui pater intactam dederat primisque iugarat / ominibus. Sed regna Tiri germanus habebat / Pigmalion, scelere ante alios immanior omnis. / Quos inter medius venit furor. Ille Sicheum / impius ante aras atque auri cecus amore / clam ferro incautum superat* etc.; [24] secundo dicit etiam quomodo memorant avaritiam Myde, olim regis Frigie, qui, ut scribit Ovidius in xi°, restituto per ipsum Sileno sacerdote capto per eius pastores Bacco, cuius sacerdos erat, petiit a dicto Bacco deo Thebanorum in remunerationem talis servitii ut quicquid tangeret aurum efficeretur, et ita ei concesso dictus Myda fame moriebatur, cum cibaria eius ab ipso tacta aurum statim fiebant, nisi restitutus fuisset a dicto Bacco in priorem statum. [25] Tertio memorant avaritiam Acham qui, ut scribitur Iosue in capitulo vii°, furatus fuit, capta civitate Yerico, per Iosuem quedam spolia contra precepta Dei, unde hoc scito et reperto sorte facta lapidatus fuit a populo. [26] Quarto memorant avaritiam Ananie et Saphire eius uxoris qui, ut legitur *Actuum Apostolorum* in capitulo v°, volentis ostendere se velle sequi apostolos Christi et eorum mandata et vitam, vendito quodam suo agro medietatem pretii obtulerunt ad pedes apostolorum et aliam medietatem occultaverunt, ex quo Petrus dixit eis:

22. Syrie] C tirie V. acerbas] C acerba V.

24. Frigie] C Tracie V.

---

23. VERG., *Aen.* I 340–43, 345–50.
24. Cf. Ov., *Met.* XI 85–193.
25. Cf. *Ios.* VII 1–26.
26. Cf. *Act. Ap.* V 3.

Super XX° capitulo Purgatorii

"Cur temptavit Satanas cor vestrum?", et statim ibi ad pedes Petri mortui ceciderunt. [27] Quinto memorant quod causaliter contingit avaritia mediante in templo Yerosolime, ut legitur in secundo *Machabeorum* in capitulo iii°, videlicet quod dum inter summum sacerdotem et Simonem, quendam thesaurarium dicti templi, discordia orta esset, dictus Simon ivit ad Apollonium, ducem Syrie et Phenitie pro Seleuco tunc rege Asye, et retulit quomodo in dicto templo reposita erat infinita pecunia; quo audito, dictus Apollonius retulit dicto regi Seleuco hec, qui rex, motus avaritia et cupiditate statim misit quendam suum marescalcum nomine Eliodorum spoliaturum dictum templum de dicta pecunia cum magna comitiva; qui Eliodorus miraculose in dicto templo calcibus cuiusdam equi habentis sessorem quendam terribilem lacessitus fuit adeo quod mortuus fuisset ibi nisi Oma, sacerdos dicti templi, tunc iuvisset eum suis orationibus. [28] Sexto memorant avaritiam Polimestore, olim regis Tracie, qui, dum haberet Polidorum, puerum filium Priami, recommendationem a dicto eius patre tempore obsesse Troie cum magno thesauro, occidit eum, et eius corpus proici fecit in mari, capta Troia, ut dicto thesauro potiretur, [29] unde Ovidius xiii° ad hoc ait: *Est, ubi Troia fuit, Frigie contraria tellus / Bistoniis habitata viris: Polimestoris illic / regia dives erat, cui tu commisit alendum / clam, Polidore, pater Frigiisque removit ab armis, / consilium sapiens, sceleris nisi premia magnis / adiecisset opes, animi irritamen avari. / Ut cecidit fortuna Frigum, caput ipsius ensem / rex Tracum iugoloque sui demisit alumni, / et, tanquam tolli cum corpore crimina possent, / exanimem scopulo subiectas misit in undas.* [30] Item memorant avaritiam Crassi, consulis Romani, qui, existens in obsidione Carre, civitatis Syrie, corruptus pecunia confidens de civibus dicte civitatis ingressus est eam, et ibi, dimisso exercitu extra, fusum est aurum per os eius buliens, et dictum est ei: *"Aurum sitisti, et aurum bibe"*. [31] Inde auctor comparative tangit de tremore olim ynsule Delos antequam ibi Latona peperisset solem et lunam, secundum fictionem Ovidii dicen-

---

27. Syrie] C sirice V.

29. ensem] ST ense V.

---

27. Cf. *II Macc.* III 5–40.
29. Ov., *Met.* XIII 429–38.
30. Cf. Petr. Comest., *Hist. Schol.* II Macc. II (PL CXCVIII 1530a).
31. Ov., *Met.* VI 185–92.

tis in vi° in persona Niobe luctantis se contra dictam Latonam: *Quoque modo audetis genita titanida Ceo. / Latonam preferre michi, cui maxima quondam / exiguam sedem pariture terra negavit, / nec celo nec humo nec aquis Dea nostra recepta est: / exul erat mundi, donec miserata vagantem / "hospita tum terris errans, ego", dixit, "in undis", / instabilemque locum Delos dedit; illa duorum / facta parens* etc.: [32] nam Iuno negari fecerat ei omnem alium locum preter hanc ynsulam Delos positam in mari Egeo in medio ynsularum Cicladum secundum Ysidorum. [33] Inde tangit etiam comparative quod legitur *Luce* in capitulo ii° de pastoribus vigilantibus in nocte nativitatis Domini circa Betlehem et audientibus in aere canere angelos *"Gloria in excelsis Deo"* etc.

---

32. Cf. Isid., *Etym.* XIV vi 21.
33. Cf. *Luc.* II 8–14.

SUPER XXI° CAPITULO PURGATORII

[1] **La sete natural che mai non satia**. [2] In hoc xxi° capitulo Purgatorii, continuando se auctor adhuc ad proxime supradicta, premictit hoc eius prohemium de dicta nostra naturali siti, ut dicit textus hic, circa quod instanter debemus advertere quod quilibet homo sensatus in hoc mundo naturaliter scire desiderat, [3] testante Phylosopho in principio eius Methaphysice, ubi sic dicere incipit: *Omnes homines naturaliter scire desiderant* etc., [4] nec mirum, cum omnes descendimus ab illo qui statim plasmatus per esum ligni scientie boni et mali prevaricando divina precepta desideravit omnia scire ut Deus secundum dyabuli persuasionem; [5] tamen talis natura sitis in hoc mundo non reperit aquam satiantem ipsam, ut dicit hic auctor, alias: quomodo precepisset se in Ethenam Empedocles tantus phylosophus, ut fecit non valendo scire causam talis eius incendii, [6] et Aristoteles, ut quidam referunt, in illam partem maris Smirnei, que continue currit, quasi per miliare unum et retro currit, non valendo scire etiam causam aliter talis concursationis, sed per gratiam Dei solum talis sitis sedatur, et per eius scientiam infusam, ad quod potest adduci quod scribitur *Danielis* capitulo ii°, scilicet quomodo Nabucodonosor non potuit eius sitim sciendi quid somniaverat satiare per se nec per eius infinitos phylosophos et sapientes, [7] sed solum per gratiosam scientiam a Deo infusam ipsi Danieli, de qua Ystoria latius dicam infra in *Paradiso* in capitulo iiii°, [8] modo

---

1. satia] C sacia V.

3. desiderant etc.] desiderant etc. ‹testante ph(ylosoph)o› V.

---

1. *Purg.* XXI 1.
3. ARIST., *Metaph.* I i, 980a 21.
6–7. Cf. *Dan.* II 1–11.
8. *Ioh.* IV 7–15.

quod Christus mistice, pro hac tali sua gratia eius scientie, accepit aquam illam vivam quam samaritana mulier illa ab eo petiit, de qua scribitur *Iohannis* iiii° capitulo, scilicet quomodo de civitate Sicar, que est in Samaria provincia, veniens auritura aquam ad puteum quendam positum extra dicta civitatem ubi Christus solus requiescens penes dictum puteum dixit ei: *"Da michi bibere"*, *cui illa ait:* *"Quomodo tu, Iudeus, hoc a me petis cum Samaritana sum?"*; *cui Christus ait:* *"Si scires donum Dei, et quis est qui petit a te potum, tu petisses ab eo aquam vivam, de qua bibens non sitiet in eternum, sed bibens de aqua huius putei sitiet adhuc"*; *et illa:* *"Domine, da michi aquam illam ut non sitiam amplius"*; [9] super quibus verbis ita inquit Augustinus: *Mistice hec aqua huius putei quasi mortua pro voluptate seculi ponitur et desiderabilitate nostra et scientia, que ut aqua in profunditate putei, tenebrosa est; ydria vero auriens eam pro cupiditate nostra mundana ponitur et desiderio quod nunquam tali aqua satiatur;* aqua vero viva, de qua hic dicitur per gratiam Spiritus Sancti ponitur, que karitate habet nos coniungere Christo fonti salienti de quo gustans nichil ulterius desiderat. [10] Ad quod Ambrosius, *Super Epistula Pauli ad Colossenses*, etiam sic inquit: *Omnis ratio superne scientie et terrene creature in eo, idest ab eo est qui est caput earum et auctor, ut qui hunc novit nichil ultra queat, quia hic est perfecta virtus et sapientia, et quicquid alibi queritur hic perficere invenitur, et qui eum novit thesaurum scientie et sapientie invenit.* [11] De quibus duabus misticis aquis etiam dicitur *Ieremie*, capitulo ii°, dum ibi ait Deus dicens: *Duo mala fecit populus meus: derelinquit me fontem aque vive, et fodit cisternas dissipatas que aquam non retinent.* [12] Item ad idem *Baruch* propheta in iii° capitulo ait: *Relinquisti fontem sapientie? Nam si in via Dei ambulasses, habitasses in pace super terram*, idest sine alio desiderio et siti. [13] Inde tangit auctor comparative quod scribitur *Luce*, capitulo ultimo, scilicet quod dum post passionem et resurrectionem Domini Cleophas et Almeon — [14] secundum Ambrosium, licet non nominetur in *Evangelio* dictus Almeon, nam Gregorius dicit quod iste non nominatus fuit ipse Lucas, sed quadam humilitate noluit se nominare — [15] irent tanquam discipuli Christi

---

9. Cf. AUG., *Ioh. exp.* XV xv 16.
10. AMBROSIASTER, *Ep. Col. exp.* II 1–3.
11. *Hier.* II 13.
12. *Bar.* III 12–13.
13–15. Cf. *Luc.* XXIV 13–18 and AMBR., *Ev. Luc. exp.* X xxiv 173.
14. AMBR., *Exp. Ps.* XXXVIII 15; GREG., *Moral. praef.* 3.

Super XXI° capitulo Purgatorii

per Yerosolimam loquentes ad invicem et dolentes de ipso Iesu *Apparuit enim Christus dicens eis: "Qui sunt sermones vestri?", qui non cognoscentes eum dixerunt sibi: "Et tu peregrinus solus es in Yerusalem"* etc. [16] Sic itaque fingit hic auctor umbram Statii poete Tolosani apparuisse eis ibi et dixisse ut habetur in textu. [17] Post hec notandum est quod, secundum quod scribit Fulgentius, greci vates antiqui, sicut finxerunt tres sorores ut tres furias infernales deservire Plutoni regi infernali, scilicet Megeram, Tesifonem et Alecto, de quibus plene dixi supra in *Inferno* in capitulo viiii°, ita attribuerunt ei tres alias sorores ut tria fata, quarum prima dicitur Cloto, de qua hic auctor facit mentionem, secunda dicitur Lachesis, de qua mentionem facit auctor etiam infra in xxv° capitulo, tertia dicitur Antropos, de qua mentionem fecit etiam supra in *Inferno* in capitulo penultimo; [18] Cloto enim dicitur 'evocatio', Lachesis 'sors', Antropos 'sine ordine', hoc sentire volentes quod prima sit nativitatis nostre, secunda vite sors quemadmodum quis iuvere possit, tertia mortis conditio que sine lege venit, et ex hoc attribuitur in officium dicte Cloto collum deferre et in eo ponere debitam quantitatem lini, que Florentie dicitur 'conocchia', ut hic in textu dicitur Lachesis filare, idest producere vitam nostram, Antropos rumpere quod filatum est, idest finem imponere vite, unde dicitur Cloto collum baiulat, necat Lachesis, Antropos occat, [19] quasi includantur forte tres dispositiones nostri animati corporis ut prima ducat nos de non esse ad esse, secunda ut per illud esse temporaliter nos trahat, tertia ut nos ducat de tali esse ad non esse. [20] Et secundum hoc loquitur hic textus dicendo quomodo illa que die et nocte filat, scilicet dicta Lachesis, nundum traxerat in auctore totum sibi impositum linum a dicta Cloto, idest nondum dispositio fatalis temporis et vite corporalis eius finierat illud, et sic adhuc ibi corporaliter vivus erat. [21] Inde auctor inducit dictam umbram ad respondendum Virgilio unde processit premissus tremor illius montis Purgatorii, et antequam dicat unde processerit, arguere volendo quod illud non ex naturali terremotu fuerit, tangit de natura illius loci, ut dicit textus,

17. scilicet Megeram] C Megeram scilicet V. penultimo] C ultimo V.

19. forte] C fore V.

17–18. Cf. FULGENT., *Mythol.* I viii.

circa quod apertius scire volendo evidentialiter prenotandum est quod aspera lune infra in mundo hoc sive in intermedio tali prima materia rudis et confusa a divina virtute partita est in quattuor elementa gradatim per quattuor stationes, prima quarum superior que ether vocatur et igitur attributa est purus aer. [22] Unde Macrobius de eo dicit: *Quicquid ex omni materia, de qua facta sunt omnia, purissimum ac liquidissimum fuit, et tenuit summitatem, et ether vocatus est; pars vero cui minor puritas inerat aer dicta est*; [23] tamen, ut dicit Phylosophus in primo *Methaurorum*: *Licet in intermediam terre et ulteriorum astrorum superius corpus sit ether, etiam adhuc aliud superius est spatium sine corpus,* unde subdit quod est sursum usque ad licteram dicimus esse corpus alterum ab igne et aere purius etiam et sincerius, [24] et in suo *De Celo et Mundo* libro i° ait etiam quod *Alius corpus simplex sit ab illis, nec est ibi corruscabilitas vel amistio extranee nature, et dicitur magis nobile et virtuosum et formale*. [25] Item notandum est quod ista pars etherea, ut ait comentator in dicto libro *Methaure*: *Non est ignis in quantum ignis sit excessus calidi, sed est quidam fervor et accensio; nam sicut glacies non est elementum, sed est quodam excessus frigoris ad congelandum aquam ita, et ille ignis ideo non est nominatum elementum, sed nominamus ipsum nomine ignis; si aqua non haberet nomen nominaremus elementum aque glaciem*. [26] Item dicit quod aer comune nomen est propter predicta duorum elementorum, et sic superior pars aeris predicta ignea que ether dicitur, et elementum ignis est calida et sicca et quasi divina. [27] Nam, de ea loquens, idem Macrobius, *Super Somnio Scipionis* ait: *Hec regio divina nichil habet sed recipit, et quia recipit remictit. Nam quia terra, aqua et aer infra lunam sunt et hiis solis corpus fieri non potuit quod idoneum esset ad vitam, sed opus fuit presidio ignis predicti etherei, qui terrenis membris vitam et animam sustinendi commodaret vigorem et qui vitalem calorem faceret*. [28] Et sic in ea prima etherea regione non congregantur nubes cum non sit solum aer, sed ignis, et etiam propter motum aeris qui est in circuitu terre, et sic etiam aliqualibus alteratione alia, ut dicitur hic in textu, et a ventis libera est, ut etiam dicit iste auctor infra in capitulo xxviii°, et ibi scribam de hoc. [29] Ad que premissa ait etiam Ovidius dicens in i° de parti-

---

22. MACR., *Comm. Somn. Scip.* I xxii 5.
23. THOM., *In libros Meteor.* I iii 5.
25. THOM., *In libros Meteor.* I iv 6.
27. MACR. *Comm. Somn. Scip.* I xxi 34–35.
29. OV., *Met.* I 25–30.

Super XXI° capitulo Purgatorii

tione supradicta elementorum: *Dissociata locis concordi pace ligavit: / ignea convexi vis et sine pondere celi / emicuit summaque locum sibi fecit in arce, / proximus est aer illi levitate locoque, / densior hiis tellus elementaque grandia traxit / et pressa est gravitate sua; circumfluus humor* etc. [30] In regionem quidem aeris secundam cui proprie attribuitur elementum aeris et cuius superior pars est frigida et humida et inferior calida et humida propter vaporem elevatum per solem a terra, cuius vaporis natura est calida et humida, et propter exalationem, cuius natura est calida et sicca, ex quibus aer qui naturaliter est calidus et humidus eius calorem et humiditatem conservat, unde fiunt alterationes de quibus dicitur hic in textu virtute duplicis vaporationis humide et sicce elevate a sole ab aqua et terra, et sic vapor propter humiditatem est in quasi potentiam ad aquam, et exalatio in quasi potentia, ut igitur est pluvia que, [31] ut dicit Ysidorus, *Provenit ex terre et maris anelitum, et elevata a calore solis resolvitur, vel a vi ventorum et stillatur in terram*, vel a vapore infrigidato et elevato in die. [32] Nam, si in nocte in iemali tempore congelato priusquam in aquam resolvatur fit pruina in serenitate, et hoc si non multus est dictus vapor in estate, vero si dictus vapor modicus est concretus, non tamen in tantum ut excitetur sursum ductus, nec ut infrigidetur sit ros; nix sit cum nubes congelantur; grando cum nubes in estivo trahitur a potentiori calore solis ad dictam frigidam regionem aeris ubi congelatur, cum ibi non iungeant refractiones radiorum, [33] quam grandinem dicit dictus Ysidorus: *Rigor ventorum indurat in nubem et solidat in nivem, et rupto aere cadit*; [34] nubes ille que dicuntur spisse, et sunt nimbi, ex terrestri vapore causantur, rare ab aqueo, de quibus hic dicitur, [35] et de quibus Lucanus in iiii° sic ait: *Iam rarior aer / et par Phebus aquis densas in vellera nubes / sparserat.* [36] Item et semicirculus ille aeris quem vocamus 'Yridem', quam poete dicunt filiam fuisse Taumantis — [37] unde Virgilius: *Ad quem sic roseo Taumantias ore locuta est* — refractio est visus ad solem, que quia interdum apparet in parte meridiana, et tunc pluviam magnam significat, interdum in orientali, et tunc serenitatem, interdum in occidentali, et tunc pluviam parvam; ideo dicit textus hic

---

31. Cf. Isid., *Etym.* XIII x 2.
33. Cf. Isid., *Etym.* XIII x 5.
35. Lucan., *Phars.* IV 123–25.
37. Virg., *Aen.* IX 5.

quod dicta yris mutat sepe contratas; non sic etiam ibi. [38] Item nec sunt in corruscationes que tonitrua comitantur, que exalationibus siccis, ut ait idem Phylosophus in secundo dicte eius *Methaure*, causantur, que tracte et elevate ad summitatem nubium fracta ipsa nube ignee videntur. [39] Unde ut et ibi ait Aristoteles antiqui dicebant Vulcanum ridere tunc; nam si venti reperiunt in aere vapores humidos trahendo eos sua siccitate in alto frangendo eos inducunt corruscationes et tonitrua iam dicta. [40] Item dicti venti ibi non spirant, qui ex terrestri sicco vapore subtili elevato in altum per solem a terra fuit, nam qui a grosso sicco terrestri vapore fuerit non elevantur, sed faciunt terremotus remanendo in terra, unde idem Phylosophus in dicto ii° libro in hoc ait: *Nos autem dicimus esse eadem naturam super terram quidem ventum, in terra terremotum, in nubibus tonitruum que omnia sunt exalatione sicca*. [41] Modo igitur concludendo dicit auctor in persona Statii quod a porta Purgatorii supra premissa talia non fiunt, cum fingat illam superiorem partem dicti eius motis esse in dicta prima etherea regione aeris. [42] Sic igitur volendo ostendere quare dictus tremor contingit, dicit Statius hoc ibi fieri cum celum recipit in se animam nostram purgatam et puram ut eam dedit, tangendo quasi quod scripsi supra super rubrica huius secundi libri hoc, [43] scilicet quod ait Plato in suo *Timeo* de hoc dicens: *Pausam animarum malarum non fore prius quam secuta eas rata, et eadem semper volvens illa circuitio mundi cuncta earum, verbi gratia ex aqua igne et terra contracta omneque detexerit inconsultis et immoderatis erroribus expiate purificateque demum ad antiqui vultus honestatem pertinere mereantur*; [44] et hoc est quod subdit dicta umbra hic dicendo quomodo etiam ille tremor fit cum anima sentit se debito modo ascensura, dicendo quomodo etiam de sua munditia eius velle facit probationem etiam in eius tali ascensu dum est totaliter liberum, subaudi tam in voluntate quam in appetitu, [45] unde advertendum est quod, secundum Phylosophum in iii° *De Anima*: *Voluntas est appetitus cum ratione*, [46] unde etiam in vi° *Ethicorum* ait: *Electio autem appetitus consiliarius propter hoc rationem veram esse et appetitum rectum*, [47] appetitus vero quem auctor vocat hic 'talentum', dicitur affectus sine ratione, ut monstrat etiam supra in Inferno in capitulo v° ibi dum dum dicit quomodo illi dampnati summiserunt rationem talento, itaque cum peccamus non voluntate sed

---

38–43. Cf. ARIST., *Meteor.* II viii–ix.
43. Cf. CHALCID., *Platonis Timaeus* 42c2–d3, ed. J. H. Waszink (London, 1962), p. 37.
45. THOM., *An. Arist. exp.* III x 15.
46. THOM., *Eth. Arist. sent.* VI ii 11.

Super XXI° capitulo Purgatorii

appetitu delinquimus [48] Ad propositum igitur dicit dicta umbra hic quod anima existens in Purgatorio ante tempus implete ibi rei satisfactionis unde vellet celum ascendere voluntate predicta absoluta, sed iustitia divina facit quod dictus appetitus sicut fuit in hoc mundo contrarius dicte voluntati in peccando, ita in Purgatorio contrarius est dicte voluntati in relevatione pene donec impletum sit tempus debite eius passionis, quod tangit hic in eo quod dicit de 'libero velle', quod est cum simul concurrunt voluntas et appetitus predictus. [49] Inde inducit auctor dictam umbram Statii adhuc dicere quomodo vixit in hoc mundo, imperante Tito Vespasiano, qui imperare cepit anno Domini lxxxii°, et qui tota Iudea victa per eum cepit, ultimo Yerusalem cum cede et strage Iudeorum immensa. [50] Nam, ut refert Iosephus, ultra centum milia Iudeorum mortui sunt ibi, et eam suppressit populo romano iudicio Dei in vindictam eius filii ab illis crucifixi ut dicit hic textus. [51] Inde inducit dictam umbram ad dicendum quomodo fuit Statius poeta de Tolosa, et hoc est quod dicit quod habuit in hoc mundo nomen poete, subaudi magni, et sic magis durabile et honorabile quam nomen minorum et mediocrum poetarum, ut dixi supra in *Inferno* in capitulo iiii°, scilicet in fama, [52] vel hoc dicit illo respectu quo Oratius in sua *Poetria* de talibus poetis sic ait: *Nichil intemptatum nostri linquere poete / nec minimum meruere decus*, subdens: *Sic honor et nomen divinis vatibus atque / carminibus venit* etc. [53] Et Ovidius, ut magnus poeta, in fine etiam sui libri *Metamorphoseos* ait de se loquendo: *Astra ferar nomenque erit indelebile nostrum.* [54] Et Lucanus in ix°, dicens: *O sacer et magnus vatum labor, omnia fato / eripis et populis donas mortalibus evum. / Invidia sacre, Cesar, ne tangere fame; / nam si quid Latiis fas est promictere Musis, / quantum Smirnei durabunt vatis honores, / venturi me teque legent; Farsalia nostra / vivet et in nullo tenebris damnabitur evo.* [55] Item dicit dicta umbra Statii quomodo scripsit *Thebaidos* primum eius poema et *Achilleides* secundum, sed non perfecit morte perventus. [56] Item dicit quomodo fuit dulciloquii, teste Iuvenale dicente: *Curritur ad vocem iocundam et carmen amice / Thebaidos,*

---

48. relevatione] C revelatione V.

---

52. Hor., *Ars Poet.* 285–86, 400–1.
53. Ov., *Met.* XV 876.
54. Lucan., *Phars.* IX 980–86.
56. Iuv., *Sat.* VII 82–85.

letam cum fecit Statius urbem / promisit diem, tanta dulcedine captos / afficit ille animos etc. [57] Item dicit quomodo *Eneidos*, poema Virgilii, fuit sibi nutrix in poesia, ex quo addit de ipso Virgilio per eum in hoc mundo utinam visato, ut ait hic in textu, et quomodo voluit auctorem ipse Virgilius silere, sed nequit, ratione hic assignata in textu, scilicet de risu et plantu quos sapientiores eo continere nequierunt, ut patet in Democrito et Demostene, phylosophis tam magnis. [58] Nam idem Democritus exiens domum Athenis semper ridebat vilipendendo vulgus, de quo Iuvenalis loquens ait: *Ridebat quotiens a limine moverat unum / protuleratque pedem, flebat contrarius alter,* scilicet dictus Demostenes; [59] illa eadem ratione ad idem Phylosophus in vii° *Ethycorum* ita inquit: *Non enim si quis a fortibus et superexcellentibus delectationibus vincitur vel tristitiis admirabile, si risum et plantum non continet,* allegando Theodoctum poetam dixisse Filoctetem percussum a vipera non potuisse continere plantum, et Senophantem risum, ambos phylosophos. [60] Ultimo, sequendo quod scribit dictus Statius in fine dicti sui poematis *Thebaidos* dicendo et loquendo dicto suo operi: *Vive, precor, nec tu divinum Eneida tenta, / sed longe sequere et vestigia semper adora,* auctor fingit dictam umbram Statii quasi umbram Virgilii adorasse summa reverentia, ut dicit textus.

---

58. Iuv., *Sat.* X 29–30.
59. Thom., *Eth. Arist. sent.* VII vii 12.
60. Stat., *Theb.* XII 816–17.

SUPER XXII° CAPITULO PURGATORII

[1] **Già era l'angiel dietro a noi rimaso**. [2] In hoc xxii° capitulo duo principaliter agit: primo, se continuando ad proxime dicta, complet tractatum de v° circulo Purgatorii usque ibi: **Tacevansi amendui già gli poeti**; [3] ibi incipit tractare de vi° circulo, et hec secunda pars durat usque ad xxv° capitulum, ibi dum dicitur: **E già venuto a l'ultima tortura**. [4] Exordiendo igitur primo auctor fingit angelum hunc, relevantem eum ut purgatum a vitio avaritie, in persona cuiusque alterius dixisse de verbis illis *Mathei*, capitulo v°: *Beati qui esuriunt et sitiunt iustitiam, quoniam ipsi saturabuntur*, tantum medietatem, scilicet *qui sitiunt iustitiam*, idest qui cupiunt esse in virtute frugalitatis contraria vitio cupiditatis — [5] de qua Apostolus ad Timoteum inquit: *Habentes alimenta et quibus tegamur contenti sumus; nam qui volunt divites fieri incidunt in laqueum dyaboli, cum cupiditas sit radix omnium malorum*, [6] et Seneca ad Lucilium: *Magne divitie sunt lege nature composita paupertas, que statuit nobis non esurire, non sitire et non algere* — [7] nam aliam medietatem dictorum verborum dicti Evangeliste reservavit ad dicendum sequenti angelo, ut videbis infra in capitulo xxiiii° in tractatu gule. [8] Inde tangit auctor in persona Virgilii loquentis cum Statio quod ait Tullius in suo libro *De Amicitia*, dicens: *Propter virtutem et probitatem etiam eos, quos nunquam vidimus, quodammodo diligimus*, tangendo etiam

    2.   proxime] C proximu(m) V.

---

1. *Purg.* XXII 1.
2. *Purg.* XXII 115.
3. *Purg.* XXV 109.
4. *Matt.* V 6.
5. *I Ep. Tim.* VI 8–10.
6. SEN., *Ep. Lucil.* IV 10.
8. CIC., *Amic.* VIII 28.

de *benivolentia* que, [9] ut ait Phylosophus in viiii° *Ethycorum*, *Est virtus differens ab amicitia; nam est quantum ad ignotos et presentiam concupiscit, amicitia vero est inter cognitos et conversantes simul.* [10] Item dicit dicta umbra Statii quomodo peccavit in prodigalitate adeo expendendi extra mensuram, quod, ut scribit Iuvenalis de eo; semel Rome quoddam eius opus poeticum nondum alicui propalatum, nomine et titulo *Agaven*, ipse Statius cuidam Paridi ut inops vendidit, unde ait in vii[a] Satira sua: *Esurit, intactam Paridi nisi vendat Agavem,* [11] subdendo inde quomodo multi prodigi resurgent in die iuditii cum crinibus incisis, ut plenius scribit iste auctor supra in *Inferno* in capitulo vii°, propter ignorantiam tollentem eis sensum et conscientiam penitendi et confitendi tale peccatum ut mortale peccatum vivendo in extremis, idest in prodigalitate, que est ita extremitas a medio virtutis liberalitatis ut est avaritia, ut dicitur in ii° *Ethycorum.* [12] Et hoc dicit hic pro tale vitium, cum avaritia in simili pena cruciatur, iuxta illud legale dictum, ut *Quos facinus par coinquinat et equat, utrosque similis pena comitetur,* [13] dicendo etiam quomodo correxit ab ipso vitio se dictus Statius propter illa verba Virgilii dicentis in iii° exclamative contra Polimestorem, de cuius avaritia et cupiditatis excessu scripsi supra in xx° capitulo: *Fas omne obrumpit: Polidorum obtruncat, et auro / vi potitur. Quid non mortalia pectora cogis, / auri sacra fames!* [14] Post hoc auctor fingit Virgilium, auditu quomodo iste Statius fuerat Christianus, arguere qualiter pro ea que Clio musa tastat, idest pretentat sonatura, cum eo poetice *Thebaidos* eius poema in quo canit de crudis armis duplicis tristitie Iocaste, olim regine Thebane, non apparebat ipsum fuisse Christianum, cui tunc Statius respondit ut habetur hic in textu. [15] Est enim advertendum quod dicta Iocasta in vita sua infortunia multa tulit: nam prima eius tristitia fuit quia vidit Layum eius virum regem Thebarum primo occidi in bello ab Edipo

---

11. crinibus] C cruribus V.

12. facinus par] ST par facinus V.

---

9. THOM., *Eth. Arist. sent.* IX v 5.
10. IUV., *Sat.* VII 87.
11. Cf. THOM., *Eth. Arist. sent.* II vii 8.
12. *Decr. Grat.* II C. XV q. iii c. 4.
13. VERG., *Aen.* III 55–57.
14–20. Cf. SEN., *Phoenissae* and STAT., *Theb.* I–II, VII–XI.

Super XXII° capitulo Purgatorii

filio ipsius Lay et ipsius Iocaste ignorando se fore filium predictorum et quod Forbas, rex quidam, fuisse eius pater non verus, sed putativus sive adoptivus; [16] nam dictus Forbas, carens filiis, adoptavit hunc Edipum transmissum a dicta eius matre, de preceptu dicti eius viri habito per presagia quod debebat eum occidere ad quoddam nemus ubi eum occidi facere debebat; [17] tamen pietate materna ibi vivus remansit, qui, ut pulcerrimus infans sic repertus ibi presentatus per eius gentem fuit dicto Forbe. [18] Secunda eius tristitia fuit dum ignoranter accepto dicto Edipo in virum, et ex eo habitis pluribus filiis, recognovit una die ipsum esse eius filium per stigmata que impressit dicta Iocasta dicto Edipo dum transmisit eum, ita ut dictum est in plantis pedum. [19] Tertia eius tristitia fuit quando dictus Edipus eius vir et filius, cognito patricidio quod fecerat et tali nephario suo coniugio, dolore se cecavit. [20] Quarta et ultima eius tristitia fuit dum vidit una die Etheoclem et Polinicem suos filios et dicti Edipi se ad invicem occidi in bello singulari, propter quam se gladio interemit dicta Iocasta eorum mater, que omnia Seneca recitat in tragedia eius *Thebai*, at quia Statius in eius poemate *Thebaidos* prosecutus est tantum hoc ultimum membrum, ideo auctor in persona Virgilii cantoris, ut dicit hic textus, Buccolicorum pastoralium carminum, de crudis armis duplicis tristitie dicte Iocaste ita loquitur, ut hic habetur in lictera. [21] Post hec auctor inducit Statium ad dicendum Virgilio quomodo per eum fuit poeta et Christianus maxime per illa verba Virgilii: *Magnus ab integro seculorum nascitur ordo, / iam reddit et virgo, reddeunt saturnia regna / iam nova progenies celo demictitur alto.* [22] Nam Augustinus in quodam suo sermone *De Adventu Christi* dicta verba inquit: *Nonne quando ille poeta facundissimus inter sua carmina dixit "Iam nova progenies" etc. de Christo testimonium perhibuit,* quasi dicat certe sic tangendo dicta umbra de discipulis etiam Christi et de eorum secunda persecutione facta per Domitianum imperatorem, hic ut dicit textus. [23] Item de Terrentio poeta Cartaginiensi, item de Cecilio et Plauto poetis comicis et de Varo illustrissimo viro phylosophico et ystorico, [24] de quibus Oratius in sua *Poetria* sic ait: *Cicilio Plautoque dabit romanus ademptum / Virgilio Varroque,* [25] de cuius Marci Varonis laudibus curiosus indagator legat Augustinum in vi° *De Civitate Dei*, capitulo ii°. [26] Item tangit de Persio, poeta

---

21. Verg., *Ecl.* IV 5–7.
22. Quodvultdeus, *Sermo IV contra Iud. Pag. et Ar.* XV (PL XCV 1473c).
24. Hor., *Ars Poet.* 54–55.
25. Cf. Aug., *Civ. Dei* VI ii et *passim*.

satiro, et de Homero summo greco vate, item de Euripide tragico alio vate et de Antifonte interpretatore magno somniorum, et de Simonide et Agatone poetis, etiam dicendo quomodo sepe predicti in Limbo Inferni ratiocinantur de monte Parnasii, qui semper habent secum eorum nutrices, idest Musas illas, de quibus scripsi supra in i° capitulo *Purgatorii*, subaudi in fama. [27] Item dicit Virgilius quomodo ibi etiam sunt aliqui de poetis de quibus ipse Statius cecinit poetando, scilicet Antigona et Ismene filie dicti Edipi et Iocaste, [28] de qua Ismene Statius in xi°, scribens de dicta Iocaste eius matris, ait: *Illius exilii stridentem pectora plagam, / Ismene collapsa super lacrimis comisque / siccabat plangens* etc., quod tangit hic textus dicendo quomodo iam fuit tristis etc. [30] Item Deiphilis et Argia, filie Adrasti regis et uxores olim Thydei et dicti Polinicis. [31] Item Ysiphilis filia Toantis, olim regis insule Lemni, que ostendit fontem Langie dicto Adrasto et eius exercitui sitienti, ut dicitur hic in textu, de qua ystoria plene dicam infra in capitulo xxvi°, et ibi vide. [32] Item Mantos, filia Tiresie, de qua scripsi in *Inferno* in capitulo xx°. [33] Item Tetis mater Achillis, item Dardania, uxor dicti Achillis cum sororibus suis, de qua et de quibus scripsi in *Inferno* in capitulo xxvi°. [34] Expedita sic ista prima parte, auctor, procedens ad secundam, in qua dicturus est vi° circulo *Purgatorii*, in quo dicit purgari animas gulosorum ut homines in hoc mundo viventes se retrahant a vitio gule propter virtuositatem oppositam et contrariam dicto vitio gule capescendam, ut superius in aliis circulis fecit, fingit se in principio eius hanc primam arborem invenire cum pomis et aspersione aque ita conversam radicitus ad celum, ut dicit textus; [35] ad cuius allegoricum integumentum veniendum, prenotandum est quod, secundum quod colligi potest ex *Scriptura Sacra*, nobis hominibus duplex cibum in hoc mundo paratur: spiritualis scilicet et corporalis; ex alimento quidem primi consequitur homo in hoc mundo vivendo vitam ecternam, ex alimento vero secundi temporalem, [36] unde Christus, qui est ipse cibum spiritualis, de se dicit, *Iohannis* vi°, quod *Est panis de quo comedentes vivent in ecternum, sed in illis qui comedunt de corporali, ut comederunt Ysraelici de manna figurato in tali cibo corporali, et tandem in deserto omnes mortui sunt,* ut *Exodi* capitulo xvi° habetur;

36. xvi°] ST xv° V.

---

28. STAT., *Theb.* XI 642–44.
36. *Ioh.* VI 35–49 and cf. *Ex.* XVI.

Super XXII° capitulo Purgatorii

[37] item dicit: *Panis quem ego dabo caro mea est pro mundi vita*; [38] item *Est aqua illa de qua bibens non sitiet in ecternum*, ut dicitur *Iohannis* iiii° capitulo, quo quidem Christo ut cibo spirituali frui non possumus nisi contempnendo cibum corporalem predictum, [39] unde *Deuteronomii* viii° capitulo dicitur frequens sumptio cibi spiritualis inducit contemptum cibi corporalis, [40] et Gregorius: *Quanto corpus impletur tanto anima minoratur*. [41] Hic igitur auctor hanc arborem ponit pro alimento et saporatione Dei ut cibi spiritualis, verum quia ad dictam saporationem talem venire non possumus a nobis nec illam ut arborem inascensibilem ascendere, nisi gratia desuper nos elevet ad eam. [42] Ideo fingit auctor eam arborem ita hic conversam ad celum, ad quod forte Gregorius respectum habuit in *Moralibus*, dum dixit *Per arborem palme significatur vita iustorum que in terris debilis est et in celo fortis*. [43] Item facit ad idem quod ait Thomas super illis verbis *Ad Lucilium* Senece: *Si vis in perpetua voluptate esse non voluptatibus adiciendum est, sed cupiditatibus detrahendum*, dicens: *Cupiditatibus vero non detrahitur nisi res gratie infundatur*. [44] Et per hoc docuit nos Dominus orando implorare panem cotidianum qui pro tali gratia ponitur secundum unum intellectum, ut plene scripsi supra in capitulo xi°, quam Deus promicit dicendo, [45] *Exodi* xvi° capitulo: *Ego pluam vobis panem de celo*, item mediante talem gratia Dei per scientiam *Sacre Scripture* gustamus ut plurimum talem spirituale cibum, [46] ut ait Innocentius papa exponendo illa verba *Ezechielis: Venter tuus comedet et viscera tua complebuntur*, dicens: *Pro ventre mens intelligatur, que divinarum scripturarum notitiam ut escam recipit, coquit et digerit meditatione frequenti, viscera vero implentur cum desiderium intimo sapore in hiis satiatur*. [47] Item dum hoc ostendit etiam dicendo dyabolo volenti eum temptare in vitio gule: *Non in solo pane*

---

39. contemptum] C c(on)tentu(m) V.

---

37. *Ioh*. VI 52.
38. *Ioh*. IV 13.
39. Cf. *Deut*. VIII 9–11.
40. Cf. Ps.-Aug., *De Fide ad Petrum* XLV (PL LXV 963a).
42. Cf. Greg., *Moral*. XIX 27.
43. Sen., *Ep. Lucil*. XXI 8.
45. *Ex*. XVI 4.
46. *Hiez*. III 3.
47. *Matt*. IV 4.

Comentum Petri Alagherii

vivit homo, sed in omni verbo quod procedit ex ore Dei, ut habetur *Mathei* iiii° capitulo, ut processit dicta Sacra Pagina, cum *Spiritus Sanctus locutus sit per prophetas*, ut dicitur in *Symbolo*. [48] Ideo auctor fingit hanc vocem quam hic accipit pro auctoritate famosa Sacre Pagine, allegorice loquendo, inter frondes dicte arboris dicere quomodo Daniel sprevit cibum corporalem, ut legitur *Danielis* capitulo i° et capitulo x°, et acquisivit talem scientiam ut cibum spiritualem. [49] Item, quia mediante etiam tali gratia homo venit ad hunc spiritualem cibum per virtutem temperantie et sobrietatis et ad saporationem Dei cum ieiunio et abstinentia cibi corporalis ut faciunt sancti heremite contenti pane pomis et aqua, et ut faciebant discipuli domini comedendo spicas, ut habetur *Mathei* capitulo xii°: [50] ex quo motus fuit Ambrosius, scribens *Super Salterio*, dicendum: *Contraria studiosis divine cognitioni precepta medicine sunt, a ieiunio revocate, et lucubrare non sinunt*, [51] unde Apostolus ait *Ad Thesalonicenses: Vigilemus et sobrii simus*, [52] et *Ad Timoteum* v° capitulo etiam inquit: *Noli adhuc aquam bibere, sed modico utere vino propter infirmitatem*, quasi dicat "non aliter", [53] et *Glosa* super *Matheo* xii° capitulo exponendo illa verba: *Cum immundus spiritus exierit ab homine ambulat per loca inaquosa et arida*: [54] *Sunt homines temperate viventes in quibus dyabolus non invenitur requiere*. [55] Ideo fingit auctor dictam talem vocem, suasive scilicet, dicere hic quomodo Domina Nostra non petiit vinum in nuptiis, ut scripsi supra in capitulo xiii° pro eius gustu, sed pro aliis, et quomodo antiquis mulieribus romanis incognitus fuit usus vini, ut

---

49. xii°] ST ii° V.

50. Contraria studiosis divine cognitioni] c(ontra) diuine c(on)dicio(n)i V.

53. immundus] ST mundus V.

55. romanis] C romanie V. in ii°] C *om.* V.

---

48. Cf. *Dan.* I 12, X 2–3.
49. Cf. *Matt.* XII 1.
50. *Decr. Grat.* III D. v c. 21.
51. *I Ep. Thess.* V 6.
52. *I Ep. Tim.* V 23.
53–54. *Matt.* XII 43 et *Gl.* rel.
55. Val. Max., *Fact. dict. mem.* II i 5.

Super XXII° capitulo Purgatorii

recitat Maximus Valerius in ii°; [56] item et quomodo illi de prima etate aurea egerunt, ut ait Ovidius in i° dicens: *Aurea prima sata est etas* etc., et subdit de eius gentibus et hominibus: *Contentique cibis nullo cogente creatis / arbuteos fetus montanaque fraga legebant, / et que deciderant patula Iovis arbore, glandes. / Flumina iam lactis, iam flumina nectaris ibant, / flavaque de viridi stillabant ilice mella*, — [57] ad quam transumptivam locutionem ait Psalmista dicens: *De petra melle saturavit eos*, quando scilicet dicte gentes, dicit ibi *Glosa*, *Post multam itineris fatigationem et sitim aquis frigidis ex saxo fluentibus fruebantur, easque magno desiderio auriebant et, quia dulciter talis cupiditas explebatur, aquas illas mel appellavere et nectar* — [58] item dicendo quomodo ideo Baptista in deserto pro cibo habuit mel silvestre et locustas, nec vinum novit, quo *Non surrexit maior inter natos mulierum*, ut dicitur *Mathei* iii° capitulo et capitulo xi°, et *Luce* et *Marci* capitulo i°. [59] Et hec sint pro dicta prima hac arbore ut de dicto cibo spirituali breviter dicta inferius; autem de premisso cibo corporali dicam cum erimus ad aliam arborem.

57. Psalmista] ST salamon i(n) prou(erbiorum) xxviii° V.

---

56. Ov., *Met.* I 89, 103–4, 106, 111–12.
57. *Ps.* LXXX 17 et *Gl.* rel.
58. *Matt.* III 4, XI 11; *Luc.* I 15, VII 28; *Marc.* I 6.

SUPER XXIII° CAPITULO PURGATORII

[1] **Mentre che gli occhi per la fronda verde**. [2] In hoc xxiii° capitulo *Purgatorii*, premisso prohemio suo quod per se satis patet, auctor, continuando se ad proxime supradicta, describendo penam quam dicit animas pati in Purgatorio propter peccatum gule in fame et siti, fingit se hic nunc vidisse has umbras ita macilentas et in occulis obscuras et cavas etiam, ut dicit textus, [3] quod forte posset reduci allegorice etiam ad illos homines qui in hoc mundo viventes in satisfationem huius vitii gule cum abstinentiis et ieiuniis, quasi se purgando simili modo extenuati apparent. [4] Quo utroque tali duplici respectu, *Trenorum* capitulo iiii°, sic ait Ieremias: *Denigrata est facies eorum super carbones*; [5] item *Glosa* super illo verbo Psalmiste: *In camo et freno maxillas eorum constringe qui non approximant ad te*, ait: *Non approximantes sunt homines ad Deum cibo et potu se replentes, quibus Psalmista optat magis et magis constringi maxillas, idest proprius victualia dari ut sic saltem cogantur approximare, sicut accipiter famelicus ad dominum suum vel potum etiam referri*. [6] Hoc est quod dicitur in principio sequentis capituli de foveis occulorum dictarum animarum ad hoc, scilicet ut quemadmodum gulosi in hoc mundo propter tale vitium ita deturpaverunt faciem suam, ita etiam alio mundo eorum anime se purgando in reprehensionem dicti vitii et in earum consonam penam purgatoriam se afflictas ostendant, [7] ad quod faciunt illa verba Salamonis, *Proverbiorum* xxiii° capitulo: *Cui ve? cui patri ve? cui sine causa vulnera? cui fovee? cui suffossio occulorum nonne*

1. occhi] C ochi V.

---

1. *Purg.* XXIII 1.
4. *Lam. Hier.* IV 8.
5. *Ps.* XXXI 9 et *Gl.* rel.
7. *Prov.* XXIII 29–30.

Super XXIII° capitulo Purgatorii

hiis qui morantur in vino et student in calicibus epotandis? [8] Inde tangit hic auctor quod scribit Ovidius in viii° de Eresitone per viam operationis et de eius macilentia harum animarum qui, dum in contemptu Cereris, dee bladi, quandam quercum illi consecratam incidisset, extenuatus est ita per famem ad instantiam dicte Cereris quod consumptus est fame, [9] unde describendo quomodo fames eum anichilavit, inquit ipse Ovidius primo describendo ipsam famem repertam a dicta Dea, *Quesitamque famem lapidoso vidit in agro / unguibus et raris vellentem dentibus erbam, / irtus erat crinis, cava lumina, pallor in ore, / dura cutis, per quam spectari viscera possent,* [10] subdens quomodo aggressa est dicta fames dictum Eresitonem dormientem ita dicendo: *Seque viro inspirat faucesque et pectus et ora / afflat et in vacuis peragit ieiunia venis,* [11] qui Eresiton, consumptis omnibus opibus propter famem, ultimo vendidit filiam propriam; [12] gens Iudaica propter famem perdidit Yerusalem per obsidionem Tyti Vespasiani, de qua dixi supra in precedenti capitulo: nam ad tantam penuriam venit ultimo quod quedam mulier nomine Maria proprium filium quem lactabat reperta fuit in dicta civitate sic obsessa assare causa ipsum comedendi, ut scribit Iosephus, [13] tangendo etiam quomodo in vultu humano ex superciliis et naso representatur littera M, [14] et fingendo se auctor inde ibi reperire umbram Foresii de Donatis de Florentia, consotii magni dicti auctoris, quem inducit primo ad dicendum sibi quomodo ibi divinitus accidit ipsum et alios spiritus ita famelicos effici, [15] item quomodo canunt et plorant ibi eundo ad dictam arborem, moti illa duplici voluntate qua dominus noster letus ivit ad crucem et tristis in qua clamavit *"Ely, Ely, lama zabatani?".* [16] Nam ait Atanasius scribens contra Pollinarum: *Quando Christus dixit "Pater, si possibile est, transeat a me calix iste, sed tamen non mea sed tua voluntas fiat", et dum dixit: "Spiritus promptus est, caro vero infirma", duas voluntates ostendit, humanam scilicet que propter infirmitatem carnis fugiebat pati,*

11–12. ultimo vendidit filiam propriam; gens Iudaica propter famem] C *om.* V.

12. Tyti] C tiri V.

8–10. Ov., *Met.* VIII 799–801, 803, 819–20.
12. Joseph., *Bell. Jud.* VI 201–219.
15. *Matt.* XXVII 46.
16. *Matt.* XXVI 39, 41; Facund. Herm., *Pro Defens. ad Iustin.* III 3 (PL LXVII 591ab).

et divinam qua pati volebat et rationalem. [17] Item et Magister Sententiarum in iii° ad hoc etiam ait: *Christus affectu humano, quem de Virgine traxit, volebat non mori, sed affectu rationali et divino pati voluit*, [18] *Nec ex hoc propterea fuit in eo contrarietas voluntatis*, ut scribit Thomas etiam in iiiᵃ parte, questio xviiiᵃ, [19] quod etiam tetigit Apostolus, *Ad Romanos* vii°, dicens quomodo *Videbat aliam legem in membris suis repugnantem legi mentis sue*, rationali subaudi. [20] Item dicit dicta umbra quomodo domina Nella eius uxor liberavit eum Foresium, ut patet in textu, ab aliis locis Purgatorii, commendando eam de pudicitia et honestate et abominando dissolutas mulieres alias florentinas et inverecundas magis quam sint femine Barbagie, ut dicit textus hic, contrate cuiusdam insule Sardinee, que seminude vadunt, et ex hoc prenunciat evenire iuditium de proximo dictis dominabus florentinis, ut vere postea evenit, si bene consideretur. [21] Alia que sequuntur in hoc capitulo per se satis possunt intelligi.

    19. Ad Romanos vii°] ST ad corinthios xii° cap(itulo) V.

---

17. PETR. LOMB., *Sent.* III xvii 2–3.
18. Cf. THOM., *Theol.* III q. xviii a. 6.
19. *Ep. Rom.* VII 23.

SUPER XXIIII° CAPITULO PURGATORII

[1] **Né 'l dir l'andar, né l'andar lui più lento**. [2] In hoc xxiiii° capitulo auctor, se continuando ad proxime supradicta, inducit adhuc dictam umbram Foresii ad dicendum sibi de Piccarda eius sorore quomodo non habuit suo tempore in pulcritudine et bonitate parem, et quomodo ut virgo proba nunc in alto Olimpo triumphat leta cum corona, que dicitur aureola debita virginibus in celo. [3] Nam quanquam nupserit in hoc mundo et ducta fuerit ad virum, tamen mortua est intacta, nam dum per vim extracta fuisset de monasterio, ut scribit iste auctor infra in *Paradiso* in capitulo iii°, a domino Curso De Donatis de Florentia eius fratre, et nupta fuisset et tradita domino Roselino de la Tosa, implorata et obtenta gratia ab eo ne illo primo sero concuberet secum, illa nocte, superveniente febre, infirmata miraculose est ad mortem, et in brevi mortua est virgo, unde merito talem coronam meruit, [4] de qua Yeronimus ita in *Epistola ad Eustochium* inquit: *Audenter dicam: Cum omnia possit Deus, suscitare virginem non potest post ruinam. Valet quidem liberare de penis, sed non valet coronare corruptam*, [5] idest non congruit eius potentie ut aureola coronet corruptas, cum esset contra iustitiam, ut exponit glosator *Decreti*, [6] et hoc vult tangere hic auctor de tali dicta corona, fingendo auctor inde sibi ostendi ibi a dicto spiritu umbram Bonaiuncte Orbisani de Lucca, suo tempore magni inventoris in materna rima; [7] item umbram pape Martini iv° de Turso

---

1. lento] C lenti V.

2. se continuando] in se continuan(d)o V.

3. ad virum] C om. V.

---

1. *Purg.* XXIV 1.
4. *Decr. Grat.* II C. XXXII q. v c. 11 et *Gl.* rel.
7. PIPINUS, *Chronicon*, in MURATORI, *Rerum Italicarum Scriptores* IX, col. 727.

Comentum Petri Alagherii

civitati Gallie qui de anguillis lacus Bolsene coctis in vernacio vino multum gulosizavit, unde super eius sepulcro fertur quod fuerunt hii duo versus reperti: *Gaudent anguille / quia mortuus hic iacet ille, / qui quasi morte reas / excoriabat eas*; [8] item umbram domini Ubaldini de la Pila de Ubaldinis et domini Bonifacii eius filii olim archiepiscopi ravenatis, cuius pastorale frustum habet in summitate quoddam signum ad modum unius rocchi, et hoc est quod tangitur hic de rocco; [9] item umbram domini marchesii de Orgoliosis de Forlivio. [10] Inde auctor inducit dictam umbram Bonaiuncte murmurare in gula ubi sentiebat plagam, idest penam purgatorias sui delicti, et merito, cum in illo membro fit gulosorum excessus — [11] unde *Ecclesiastes* vi°: *Omnis labor hominis in ore eius*, [12] ex quo Euticius, gulosus ille phylosophus, de quo dicitur in iii° *Ethycorum*: *Non rogabat deos, nisi ut eius guttur fieret longum ut guttur gruis ut magis saporaret potum et cibum* — [13] et ita murmurando prenuntiavit ipsi auctori exilium suum et quomodo sic exul veniret luce et ibi in quandam iuvenem dominam procaretur. [14] Subsequenter auctor, ut ostendat quomodo quilibet scribens poetice latine vel vulgariter debet primo moveri non simpliciter a se ipso sed ab illa punctali instigatione interius nos ad talia incitante, [15] quam Yeronimus in prohemio Biblie vocat *energiam*, [16] Statius vero in principio sui *Thebaidos* vocat eam *oestrum*, [17] Gualfredum in eius *Poetria* eam vocat *intrinsecam lineam cordis*. [18] Auctor vero hic pro amore quodam eius interiori eam accipit, secundum cuius suggestionem dicit hic quomodo eius ingenium extra scribendo significat et promit, modo quia dictus Bonaiuncta et frater Guitonus de Aritio et Iacobus Notarius de Tolentino, antiqui dictatores in rima vulgari, non ita scripserunt sed magis a casu et suo motu et improvise, [19] contra doctrinam poeticam traditam per Oratium dicentem: *Scribendi recte sapere est et principium et fons. / Verbaque provisam rem non invita sequentur*, [20] et per dictum Gualfredum dicentem: *Si quis habet fundare domum non currat ad actum / impetuosa manus* etc., [21] ac etiam per Ennodium in quadam eius *Epistula* sic dicentem: *Amor*

---

11. *Eccl.* VI 7.
12. Cf. Thom., *Eth. sent.* III xx 3.
16. Stat., *Theb.* I 32.
17. Geoffr. Vins., *Poetr. Nova* 44.
19. Hor., *Ars poet.* 309, 311.
20. Geoffr. Vins., *Poetr. Nova* 43–44.
21. Ennod., *Dict.* I (PL LXIII 263b, 361c).

Super XXIIII° capitulo Purgatorii

suggerit quod negat ingenium, et per Sidonium dicentem: *Aut seria aut nulla,* scilicet scribenda et loquenda sunt. [22] Inde detrahit eis hic auctor, ut dicit textus, dicendo novum stile dicti auctoris et aliorum modernorum taliter scribentium dictus a Bonaiuncta hic 'dulcem et novum clavum', in hoc alludens vendentibus cartas Bononie et quaternos cum lineis habentibus certos clavos in se secundum maiorem et minorem commensurationem et formam librorum seu voluminum veterum et novorum. [23] Ultimo dicit dicta umbra Foresii quomodo dominus Cursius eius frater de proximo tractus erit a quadam bestia ad mortem violentam corporalem et cum anima ad vallem infernalem, ut dicit hic textus, et ita fuit, [24] nam inde non per magnum tempus aspirando una die ad dominium civitatis Florentie sua ferina arrogantia seu presumptione, que hic pro dicta bestia ponitur, occisus est in fuga prope dictam civitatem, [25] unde potuit dici de eo quod ait *Daniel* in capitulo iiii° de Nabucodonosore dicens: *Nabucodonosor propter superbiam a rationali mente in bestialem animum commutatus, atque regno suo profugus est,* [26] et Seneca: *Ferina natura est vulneribus et sanguine letari,* ut letabatur dictus dominus Cursius. [27] Post hec auctor fingit se devenisse ad hanc secundam arborem quam allegorice pro cibo corporali et eius attractione hic allegorice summit, a quo dependet vitium gule quod in matre Eva occasio nobis fuit omnium malorum, [28] de qua, *Genesis* iii°, dicitur: *Videns mulier lignum quod esset pulcrum occulis et ad vescendum suave tulit de fructu illius et comedit,* [29] ubi *Glosa* ait: *Non licet intueri quod non licet concupisci,* [30] et hic notat hic auctor dum finxit vocem illam in hac arbore monuisse ita eos ne se proximarent sibi, que arbor scientie boni et mali in esu vetita Eve et Ade, ut *Genesis* capitulo ii° habetur, [31] materialis fuit, ut scribit Thomas in sua prima parte, licet spiritualiter liberum nostrum arbitrium figuret; [32] nam et materialis fuit petra percussa a Moyse in deserto fundens aquam, ut *Numeri* xx° capitulo habetur, et tamen prefigurata est in Christo, [33] unde *Glosa* super illis verbis *Ecclesiastes* x° capitulo: *Ve tibi, terra, cuius rex puer est et cuius principes mane comedunt:*

---

25. *Decr. Grat.* II *De poenit.* d. i c. 60 (*Dan.* IV 13, 30).
26. Cf. SEN., *Clem.* I 25.
28–29. *Gen.* III 6 et *Gl.* rel.
30. Cf. *Gen.* II 16–17.
31. THOM., *Theol.* I q. cii a. 1.
32. *Num.* XX 10–11.
33. *Eccl.* X 16 et *Gl.* rel.

Comentum Petri Alagherii

Per terram, inquit, *homo accipitur, qui terra; rex vero pro libero arbitrio; principes sunt quinque sensus corporales, sic enim illi qui verum Deum colunt ab honorem divino incoare volunt diem, sic illi quorum Deus ventus est, incoare volunt, cum a cibo et potu*; [34] quod oppositive correspondet ad allegoriam supradicte prime arboris: sedem non enim habuit a natura dicta arbor Paradisi ut esset lignum scientie boni et mali, sed ex occasione quam presentit mala fuit propter inobedientiam, ut de hoc plenum scribam infra in capitulo finali. [35] Ad propositum igitur quia paucissimi in hoc mundo ad supradictam arborem primam intendunt spiritualiter per virtutem sobrietatis, sed ad hanc secundam omnes quasi tendunt corporali vitio gule, [36] inobedientes illis verbis Domini, *Luce* xxi°: *Actendite ne graventur corda vestra in crapula et ebrietate*, [37] ex quo dicit secundario hec vox quomodo hec talis secunda arbor elevata fuit a dicta arbore Eve. [38] Ideo auctor fingit sub dicta prima arbore nullas animas levare manus, sed tantum sub ista secunda quasi sint, ut ille anime gulosorum purgantes se ibi taliter, cupientes, ut dicit textus, ut iustitia divina illa puniat eas ita ut puniit animam Tantali in Inferno pro hoc peccato, [39] Ovidio in iv° dicente: *Tibi Tantale nulle / deprenduntur aque, queque imminet effugit arbor*, [40] item animas illas aliorum gulosorum de quibus sic ait etiam Psalmista: *Famem patientur ut canes*, [41] et *Luce* xv° dicit filius prodigus qui tenet figuram gulosorum, *Ego autem hic fame pereo*. [42] Inde auctor inducit etiam dictam vocem ad dicendum de pravo effectu huius vitii gule et quantum in commensationibus contingat mali per exemplum illorum centaurorum creatorum in nubibus poetice loquendo, ut scripsi plene supra in *Inferno* capitulo xii°, ut dicit etiam textus hic, qui semel convitati per Periteum sponsum Ypodamen ad suas nuptias egerunt, [43] ut dicitur *Yeremie*

---

37. ex] C et V.

38. eas] C etas V.

42. xii°] xiii° V.

---

36. *Luc.* XXI 34.
39. Ov., *Met.* IV 458–59.
40. *Ps.* LVIII 7, 15.
41. *Luc.* XV 17.
43. *Hier.* V 7.

Super XXIIII° capitulo Purgatorii

v°: *Saturavi eos et mecati sunt*, [44] et *Osee* viii° capitulo: *Ceperunt principes furere a vino*; [45] nam post prandium dicti Centauri saturi et ebriosi causa luxuriandi rapere voluerunt dictam sponsam cum aliis dominabus nuptialibus, et rapuissent suis duplicibus pectoribus, humanis scilicet et equinis, insultantes, nisi Theseus et alii comites et sodales dicti Peritei sponsi eos fugassent bellando et occidissent, ut scribit Ovidius in xii°, [46] ad quod exemplum facit etiam quod legitur *Genesis* viiii° capitulo de Noe qui, bibens vinum et inebriatus, nudatus in terra iacebat; [47] item quod legitur eodem libro, capitulo xii°, de Loth qui inebriatus etiam duplicem incestum commisit; [48] item quod legitur secundo *Regum* capitulo xii°, de Absalone qui in convivio fratrem suum Amon occidit, [49] et ex hoc rogat Apostolus *Ephesinos* dicens: *Nolite inebriari vino in quo est luxuria.* [50] Tertio fingit etiam auctor hic dictam vocem clamasse et dixisse contra illos Ebreos molles de quibus legitur in libro *Iudicum* in capitulo vii°: nam, dum Gedeon parasset se ad pugnam contra Medianos cum decem milibus Hebreis, habuit a Deo quod ante pugnam talem duceret dictam gentem ad flumen quoddam, et omnes bibentes resupine cum ore in aqua reiceret, et bibentes cum manu duceret secum ad bellandum, [51] et ita facto solum trecenti fuerunt bibentes cum manu, ut dicit *Glossa*, quod genuflexus bibit ille qui avide potat, et cum illis trecentis optinuit, [52] subdendo inde auctor quomodo adhuc dicta vox memoravit multas alias culpas secutas iam a miseris lucris, idest a divitiis, ut de divite epulone illo qui splendide convivabatur, ut dicitur *Luce* capitulo xvi°, [53] ad quod ait Yeronimus sic dicens: *Tolle epularum et libidinis luxuriam, et nemo queret divitias, quarum usus vel in ventre vel sub ventre sunt,*

---

46. Noe] {v > n}o{c > e} V.
52. xvi°] ST iiii° V.

---

44. *Osea* VII 5.
45. Cf. Ov., *Met.* XII 210–579.
46. Cf. *Gen.* IX 21.
47. *Gen.* XIX 30–36.
48. Cf. *II Sam.* XIII 28–39.
49. *Ep. Eph.* V 18.
50–51. Cf. *Iud.* VII 4–7 et *Gl.* rel.
52. *Luc.* XVI 19.
53. Hier., *Adv. Iovin.* II xi (PL XXIII 314c).

[54] et quod dicitur *Trenorum* i° capitulo de gulosis: *Ibi dederunt pretiosa queque pro cibo ad refocilandas animas suas*; [55] et Seneca etiam inquit ad idem: *Non magno constat nobis fames sed ambitio eorum maiorem partem que expendunt superbi expendunt ad pascendum occulos hominum*, [56] contra quos exclamat Lucanus in iiii° dicens: *O prodiga rerum / luxuries, nunquam parvo contenta parati / et quesitorum terra pelagoque ciborum / ambitiosa fames et laute gloria mense*. [57] Inde dicit auctor quomodo venit ad sextum angelum inferentem sibi cum aliis odorem quasi ambrosie herbe qua equi Solis pascuntur, [58] de qua Virgilius: *Ambrosieque come divini vertice odorem*, [59] et Ovidius in ii°: *Ambrosie succo saturos presepibus altis / quadrupedes ducunt* etc., [60] tangendo comparative de aura verna spirante in mense Mai, ut dicit textus, et quomodo dicta vox angelica, ultimo dixit: "Beatos illos quos gratia dei removet ab hoc vitio gule, exuriendo semper prout iustum est" in hoc mundo, ut impleantur in alio, [61] iuxta illud Psalmisticum canticum Virginis: *Exurientes implevit bonis et divites dimisit inanes*, [62] et sic complet iste angelus illam partem quam non dixit alius precedens qui tantum dixit: "Beati qui sitiunt iustitiam" etc., et non dixit "et qui exuriunt", ut est in textu *Mathei* v°; [63] est enim iustitia in cibo et potum cum sobrie et parsimoniate cibamur, unde Innocentius papa, diffinendo ieiunium ait: *Ieiunium est parsimonia victus et abstinentia ciborum, quem virtus parsimonie illud medium tenet*, [64] et de quo sic ait Augustinus: *Sumenda sunt alimenta ut medicamenta, sed dum ad quietem satietatis ab indigentia transitur, in ipso transitu laqueus concupiscentie insidiatur*, [65] et super illud etiam *Ad Corinthios* primo capitulo x°: *Sive comedetis sive bibitis, omnia ad laudem Dei facite*, ait: *Si quid manducas et bibis ad refectionem corporis, gratias agas Deo qui tibi mortali tribuit ista*.

---

54. *Lam. Hier.* I 11.
55. SEN., *Ep. Lucil.* LX 3.
56. LUCAN., *Phars.* IV 373–76.
58. VERG., *Aen.* I 403.
59. OV., *Met.* II 120–21.
61. *Luc.* I 53.
62. *Matt.* V 6.
64. AUG., *Conf.* X 31.
65. *I Ep. Cor.* X 31; AUG., *Enarr. Ps.* CXLVI 2.

SUPER XXV° CAPITULO PURGATORII

[1] **Ora era unde el salir non volea storpio**. [2] Hoc xxv° capitulum quattuor habet principales partes, in prima quarum auctor, premisso exordio, summit querendo materiam scribendi de generatione humana nostra et de natura, et qualitate nostre anime coniuncte et separate et hec durat usque ibi: **Sangue perfecto** etc. [3] Ibi secunda in qua dicit de corporali nostra formatione, et hec pars durat usque ibi: **Ma come d'animal devegna fante**. [4] Ibi tertia in qua de esse nostre anime tractat, et hec usque ibi: **E già venuto a l'ultima tortura**. [5] Ibi quarta et ultima pars in qua incipit tractatum septimi circuli, et illa durat usque fingit se venire ad ultimum angelum infra. [6] Exorditur enim hic auctor quomodo tunc eius iter nolebat 'storpium', idest 'imbrigamentum', cum tunc iam de xii horis in illo loco ubi erat, viii processerant per illa verba, scilicet quod sol existens in signo Arietis transiverat in circulum meridianum dividentem dictas xii horas diurnas per medium in equinotiali tempore, ut tunc erat secundum fictionem auctoris eius, et quod etiam iam ibi processerat per unum signum comprendens duas horas, [7] et sic bene sequitur quod signum Thauri, quod sequitur dictum signum Arietis, erat in medio celi, idest in dicto circulo meridiano in illo emisperio et in isto nostro signum Scorpionis directe oppositum dicto signo Thauri per consequens esse debebat in medio noctis, ut dicit hic etiam textus. [8] Inde querit auctor a Virgilio quomodo anime predictarum gulosorum ibi in Purgatorio macrefieri ita possunt,

2–3. et hec durat usque ibi: Sangue ... nostra formatione] C *om.* V.

7. emisperio] emispio V.

---

1. *Purg.* XXV 1.
2. *Purg.* XXV 37.
3. *Purg.* XXV 61.
4. *Purg.* XXV 109.

Comentum Petri Alagherii

ut viderat cum sint spiritus incorporei, et sic non est opus eis alimentatione, [9] cui Virgilius respondendo implicite primo sic dicit si ipse consideret quomodo Meleager extenuatus devenit, quod durum erat sibi fieri guizzum, idest liquidum. [10] Est enim circa hoc notandum quod, prout scribit Ovidius in viii°, Dyana dea, indignata contra Oeneum, regem Callidonie eius contemptorem, misit in dictam eius contratam aprum quendam vastantem omnia, quem demum dictus Meleager occidit, et caput eius tradidit Atalanti virgini quam diligebat ut procus eius; [11] tamen Flexipus et Toxipus, fratres et avunculi dicti Meleagri, dictum caput apri abstulerunt per vim, inscio dicto Meleagro, dicte Atalanti invidia quadam, ex quo ipse Meleager illos ambos occidit. [12] Quo scito Althea, mater dicti Meleagri et soror dictorum Flexipi et Toxipi, quendam stipitem fatatum ut quantum duraret duraret vita dicti Meleagri misit in ignem, et secundum quod comburebatur ita dictus Meleager consumebatur, et sic demum combusto dicto stipite mortuus est Meleager, [13] de quo tali stipite ait sic ibi dictus Ovidius: *Stipes erat, quem, cum partus enixa iaceret / Testias, in flammam triplices posuere sorores / staminaque impresso fatalia pollice nectens / "Tempora", dixerunt, "eadem lignoque terque, / a modo nate damus", que postquam carmine dicto / excessere diem etc.* [14] Ad propositum igitur arguit Virgilius: si dicte Cloto Lachesis et Atropos sorores, de quibus dictum est supra in xxi° capitulo, demonica potentia hoc facere potuerunt, et Circes homines in bestias convertere arte magica qua etiam Apuleius asinus diu fuit, quanto magis divina potentia facere potest animas predictas in Purgatorio ita macrefieri cum tale potentiam contulit demonibus. [15] Unde Thomas in prima parte, articulo iii°, tractando de vetulis fascinantibus pueros ait: *Possibile est quod Dei permissione vel aliquo occulto facto cooperetur ad hoc malignitas demonum cum quibus demonibus dicte vetule aliquod fedus habent.* [16] Item secundo arguit Virgilius, et dicit de motu nostro in speculo appa-

10. Callidonie] C caliodo(n)is V.

14. xxi°] C xxii° V.

15. permissione] C p(ro)missione V.

10–12. Cf. Ov., *Met.* VIII 260–532.
13. Ov., *Met.* VIII 451–56.
15. Thom., *Theol.* I q. cxvii a. 3.

Super xxv° capitulo Purgatorii

rente, quod tamen in se speculum non movet vere, sed representative, in quo premictit quod inferius magnus aperit de virtute informativa et aere vicino dictarum animarum. [17] Et hec sunt pro dicta prima parte. [18] Ad secundam veniamus in qua Statius, explicite solvendo dubium auctoris de anima nostra separata, incipit primo a remotis dicere de creatione nostra corporali, et, ut coniuncta copulatione ipsius anime et eius origine melius premictere possit que expediunt ad propositam materiam — [19] sequendo Augustinum dicentem in suo libro *Questionum*: *Animam Ade potuit Deus admiscere limo terre qui, formato corpore primo animam accepit, ut dicitur Genesis capitulo ii°, sed ratione carebat, quia prius debebat domus compaginari, inde induci habitatorem* — [20] inquit sic: **Sangue perfecto** etc., ad cuius principii evidentiam notandum est quod in nostro virili stomaco de cibo et potu digesto natura duplicem sanguinem elicit: rubeum, qui cruor appellatur, quem epar de stomaco surgit, et post transmictit ad venas ad augumentationem et substentationem membrorum corporalium, [21] item alium dealbatum eo quod magis decoctum et magis per consequens perfectum, ut dicit textus hic, qui [22] — licet vocetur talis sanguis secundum Ysidorum 'virus', unde ab eo viri dicuntur secundum eum, [23] et per Phylosophum dicatur 'aqua viri', — [24] comuniter tamen 'sperma' vocatur et ad procreandum institutum est, qui quidem non bibitur, idest non attrahitur a venis ut alter primus sanguis, sed remanet post dictam digestionem quasi alimentum leve quod elevatur ultimo de mensa, ut sunt mice panis et alia fragmenta, et sic ultimo sperma levatur, idest attrahitur ab omnibus nostris principalibus membris, capiens a corde spiritualiter, ut a principaliori membro, habitum et virtutem informativam ad compositionem corporis humani producendam, [25] licet Bernardus dixerit dictum sperma primitus a cerebro emanare, allegando Ypocratem dicentem quod si certi nervi iuxta aures incidantur alicui fit non generans taliter mutilatus, [26] a quibus principalibus membris, dicit inde Statius, dictam spermam discendentem ad testiculos viriles inde per coitum descendit in vulvam et matricem mulieris.

20. surgit] C fugit V.

---

19. *Gen.* II 7 and cf. Ps.-Aug., *Quaest. V.T.* XXIII.
20. *Purg.* XXV 37.
22. Isid., *Etym.* XI i 103.
25. Bern. Silv., *Cosmograph.* XIV 167–68.

[27] Unde Ysidorus dicens de ethimologia dictorum testiculorum ait: *Testiculi semen calamo ministrant descendens a spine medulla et arenibus et lumbis ad procreationem*, et super eius mulieris sanguinem habentem spiritualiter etiam a corde virtutem informativam ad humanum fetum producendum, passive subaudi, [28] et ex hoc subdit Statius hic statim quomodo sperma predictum dispositum est virtualiter ad agendum propter suam maiorem perfectionem, et dictus sanguis muliebris ad patiendum. [29] Et ex hoc Phylosophus in libro *De Generatione Animalium* dicit quod *Vir confert fetui formam et femina parat materiam; nam semen maris non est sicut materia in conceptione, sed solum sicut agens*. [30] Circa quod latius scribendo Thomas in prima parte eius *Summe* cviii[a] questio sic ait: *Vis illa activa que est in semine ex anima generantis derivata est quasi quedam motio ipsius anime generantis; nec est anima, nec pars eius, nisi in virtute sicut in serra et securi non est forma scampni, sed quedam motio ad talem formam. Et ideo non oportet quod ista vis activa habeat aliquod organum in actu, sed fundatur in ipso spiritu incluso in dicto semine hominis, in quo quidem eius spiritus est quidam calor etiam ex virtute celestium corporum, quorum virtute agentia inferiora agunt ad speciem. Et quia in eo concurrit virtus anime cum virtute celesti, dicitur per Phylosophum in secundo Physicorum quod homo generat hominem ex materia et sol; nam calidum elementale se habet instrumentaliter ad virtutem anime sicut etiam ad virtutem nutritivam, unde ait etiam idem Phylosophus in secundo De Anima*. [31] Inde procedendo dicit Statius quod dictum sperma ita infusum in matricem incipit primo operari se ibi coagulando infra vii horas, subaudi secundum Macrobium, usque ad quod spatium aut adheret matrici aut refunditur, et quod ita adherens vivificat se primo vita vegetali, subaudi cuius vite iste sunt potentie, scilicet potentia nutritiva augumentativa et generativa, que etiam anima nostra prima vegetabilis dicitur, que magis in nobis ut potentia quam ut anima per se, ut etiam in plantis dici potest, que quidem non incipit sic in nobis secundum actum secundum, sed secundum primum, sicut anima sensitiva est in dormientibus; [32] sed cum incipit trahere alimentum, tunc actu operatur que materia transmutatur a virtute, que est in semine maris, quousque perducatur in actum anime sensitive, non ita quod ipsamet vis, que erat in

---

27. Isid., *Etym.* XI i 104.
29. Cf. Arist., *De Gen. Animal.* II 4, 738b 20–22.
30. Thom., *Theol.* I cxviii 1.
31. Macr., *Comm. Somn. Scip.* I vi 62.

Super XXV° capitulo Purgatorii

semine, fiat sensitiva, quia sic esset generantis et generatum. [33] Et ecce quod subditur in textu, scilicet quod anima vegetalis plantorum est ad rivam, et habet in se in ipsis plantis suum complementum, et nostra est in via, idest in fieri ad alium terminum, [34] unde in primo *Ethycorum* inquit Phylosophus: *Irrationalis hec quidem, scilicet vegetativa anima, cuius est nutriri et augeri, quam ponimus in embrionibus* etc. [35] Inde dicit Statius quod dictus embrio post ea tantum inde operatur quod incipit se movere et sentire, sicut illa informis viscositas que in certis litoribus maris rapitur, ut scribit Phylosophus in suo libro *De Animalibus*, et quam ibi vocat 'fungum marinum'. [36] Nam si incutitur ab aliquo movetur quasi ut testudo quedam, et sic secundario factus est dictus embrio 'anima sensitiva', [37] et hoc, elapsis vii diebus, secundum dictum Macrobium dicentem super *Somnio Scipionis*: *Semine in formatione hominis infuso artifex natura hoc primum molitur, ut die vii° folliculum geminum circundet humori, quasi ex membrana tenui qualis in ovo ab exteriore testa intra se claudit liquorem*, et ab inde in antea incipit organare potentias anime sensitive, que sunt quinque nostri sensus, et membra extendere, [38] et hoc in quinta ebdomada secundum eundem Macrobium dicentem: *Tunc fingi in ipsa substantia humoris humani figuram magnitudine apis, ut in illa brevitate membra omnia et designata totius corporis liniamenta consistant*. [39] Et hec omnia procedunt, dicit Statius hic, a virtute cordis in quo naturam intendit ad omnes partes, [40] unde Thomas in suis *Questionibus Anime* in hoc ait: *Cor primum instrumentum per quod anima movet ceteras partes corporis, et eo mediante anima unitur reliquis partibus corporis ut motor, licet ut forma uniatur corpori per se immediate et cuilibet parti eius*. [41] Et sic concludendo in hac secunda parte, postquam per virtutem principii activi, quod erat in semine, producta est anima insensitivam in generato quantum ad aliquem partem eius principalem, tunc incipit operari dicta anima sensitiva ad complementum proprii corporis per modum nutritionis et augumenti. [42] Hiis dictis, veniamus ad tertiam partem, quam ut lenius valeam et explicite exponere, et ut perspicaciter intelligatur per hunc modum, procedam primo querendo quid sit anima intellectiva et rationalis, de qua hic nunc tractatur, secundo unde in nos veniat, tertio quando in nobis infunditur, quarto

---

34. Cf. Thom., *Theol.* I q. cxviii a. 2.
37. Macr., *Comm. Somn. Scip.* I vi 63.
38. Macr., *Somn. Scip. comm.* I vi 65.
40. Cf. Thom., *Quaest. disp. de An.* IX 13.

quomodo se habet cum vegetativa anima et sensitiva, quinto ubi in nobis localiter residet, sexto quomodo se habet separata a corpore. [43] Ad primum dico quod dicta anima secundum Platonem est 'essentiam quedam se moventem'; [44] Zeno dixit eam esse 'numerum se moventem'; [45] Aristoteles dixit eam 'entelechiam', quod idem est quod forma; iterum in ii° *De Anima* dicit quod est *Primus actus corporis physici organici, potentia vitam habentis*; [46] Pythagoras dixit eam 'harmoniam', [47] Possidous dixit eam 'ydeam', [48] Asclepiades dixit eam 'quinque sensuum exercitium sibi consonum', [49] Ypocrates dixit eam 'spiritum tenuem per corpus omne dispersum', [50] cui Virgilius concordans de ipsa anima: *Par levibus ventis volucrique simillima somno*, [51] Eraclitus dixit eam 'lucem quendam et scintilla stellarum essentie', [52] Democritus dixit eam 'spiritum insertum athomis', [53] Aenasimenes dixit eam 'aerem', [54] Empedocles 'sanguinem', [55] Parmenides dixit eam 'ex terra et igne substantiam', [56] Zenofantes 'ex terra et aqua', [57] Beotes 'ex aere et igne', [58] Epicurus 'speciem ex igne et aere et spiritu mixtam', [59] Frater Albertus dicit animam prout est spiritus esse *Substantiam incorpoream et intellectuale eorum illuminationum que sunt a primo ultima revelatione perceptiva*, [60] Remigius dicit animam esse 'prout est rector corporis substantiam incorpoream regentem corpus', [61] Augustinus in suo libro *De Spiritu et Anima* dicit quod *Anima est substantia quedam rationis particeps corporis regendi causa accommodata non ex materia corporali nec spirituali*, [62] ut ipse idem Augustinus ait *Super Genesi* capitulo vii°, [63] et Thomas in prima parte questio lxxv^a dicit quod *Anima est principium vite in hiis que apud nos vivunt non corpus sed corporis actus, sicut calor, qui est principium calefactionis, non est corpus sed quidam corporis actus ac subsistens et incorruptibile et absque materia*, [64] que omnia secundum Ysidorum: *Dum vivificat, corpus dicitur anima; dum vult, animus; dum scit, mens; dum recolit, memoria; dum recte iudicat, ratio; dum spirat, spiritus; dum sentit, sensus.* [65] Ad secundum, scilicet unde veniat dicta nostra anima,

---

43–49. Cf. MACR., *Comm. Somn. Scip.* I xiv 19–20.
50. VERG., *Aen.* II 794.
51–58. Cf. MACR., *Comm. Somn. Scip.* I xiv 19–20.
60. REMIG. ANTISSIOD., *Enarr. in Ps.* CIII.
61. Cf. PS.-AUG., *De Spir. et An.* I viii.
62. AUG., *De Gen. ad Litt.* VII 6–7, 12, 14–15, 19–21.
63. THOM., *Theol.* I q. lxxv a. 1.
64. ISID., *Etym.* XI i 13.
65. Cf. CHALCID., *Plat. Tim.* 41e.

Super XXV° capitulo Purgatorii

dixit Plato in suo *Timeo* quod a stellis venit: nam posuit omnes animas in principio mundi simul creatas in comparibus stellis et ab eis corporibus infundi, quam opinionem iste auctor improbat infra in Paradiso in capitulo iiii°; [66] quidam alii ut heretici dixerunt quod venit a semine virili dicta anima, ponentes ipsam animam creari ex preiacenti materia, idest ex anima generantis, et nasci cum corpore sicut creatur corpus ex corpore. [67] Fides vero nostra tenet et vere quod ab ipso Deo solum veniat, et quod cottidie Deus ipse novas animas creat et infundit corporibus et infundendo creat et creando infundit. [68] Ad quod confirmandum ait etiam Phylosophus in libro *De Generatione Animalium*: *Relinquitur solus intellectus de foris evenire*, [69] et in libro *De Proprietatibus Elementorum* ait: *Commiscitur aqua viri cum sanguine matris donec fit frustum, deinde formatur et fit in eo spiritus vite infundi.* [70] Item et Tullius in *Tusculanis Questionibus* inquit: *Humanus animus decretus ex mente divina cum alio nullo nisi cum ipso Deo, si fas est, comparari potest,* [71] unde et *Genesis* ii° capitulo, dicitur de prima anima: *Formavit Deus hominem de limo terre et inspiravit in faciem eius spiraculum vite, et factus est homo in animam viventem,* [72] et hoc est quod dicit hic auctor quod Deus ut motor primus inspirat ipsam animam in nobis. [73] Ad tertium, quando scilicet hoc faciat Deus ipse, dicit hic auctor in persona Statii cur articulatum est cerebrum in ipso feto humano, unde nostri theologi dicunt quod in instanti in conceptione Christi ipse Deus perfectus homo fuit et statim anima rationalis infusa fuit in eum tum propter infinitam virtutem agentis, scilicet Spiritus Sancti, tum quia incongruum fuisset filium Dei corpus suppressisse non formatum. [74] In aliis autem hominibus non infunditur dicta anima nisi organato embrione et plene habilitato ad ipsam animam recipiendam, ut Augustinus, in libro *Questionum* recitatus in quodam *Decreto* inquit. [75] Moyses tradidit, scilicet *Deuteronomii* xviiii° capitulo: *Si quis percusserit mulierem in utero habentem, et*

---

71. Formavit] L B formau V.

75. Deuteronomii] D(e)utromii V.

68–69. THOM., *Theol.* I q. cxviii a. 2.
70. CIC., *Tusc. disp.* V xiii 38.
71. *Gen.* II 7.
74. PS.-AUG., *Quaest. V.T.* XXIII.
75. *Ex.* XXI 22–23.

abortum fecerit, si formatum fuerit det animam pro anima, aliter multetur pecunia, ut probaret non esse animam ante formam. [76] Item Yeronimus, *Ad Galasium*, ad idem sic ait: *Sic semina paulatim formantur in utero, et tam diu non reputatur homicidium, donec elementa confecta suas ymagines et membra suscipiant*, [77] quam infusionem anime dicit *Glosator Iuris Civilis*, fieri in xl diebus; [78] quidam vero alii dicunt in masculo fieri sic in xl diebus, in femina in lxxx, per ea que dicuntur *Deuteronomii* xii°, et *Levitici* xi° capitulo, et *Exodi* xxi°. [79] Ad querendum scilicet quomodo nostra anima intellectiva se habeat ad vegetativam et sensitivam animam veniamus: [80] inquit enim Phylosophus in ii° *De Anima*: *Sicut trigonum est in tetragono et tetragonum in pentagono ita nutritivum in sensitivo et sensitivum in intellectivo, sed trigonum non est in tetragono actu, sed potentia tantum, neque etiam tetragonum in pentagono, ergo nec nutritivum nec sensitivum sunt in actu in intellectiva parte anime*, [81] et ex hoc, in libro *De Animalibus*, idem Phylosophus ait quod *Non est simul animal et homo, sed plus est animal*, subaudi vegetativum et sensitivum. [82] Inde homo animal fans et ratiocinans, quod tangit hic Statius dum dicit quomodo de animali dictus embrio efficiatur fans a fando: **Non vide tu ancor** etc., [83] et, ut dixi supra in iv° capitulo, dicte tres potentie in nobis non sunt ut tres anime ut sunt in prelatis animalibus particulariter, unde comentator in libro *De Anima* improbat Platonem ponentem tres substantias, et commendat Aristotelem ponentem unam solam in nobis, [84] unde concludendo circha hoc Thomas in prima parte cviiii[a] questione ait: *Una eadem anima, que primo prestitit in embrione, scilicet vegetativa, per actionem virtutis, que est in semine, perducitur ad hoc ut fiat sensitiva, inde ut fiat intellectiva non per virtutem activam seminis, sed per virtutem superioris agentis, scilicet Dei, de foris illustrantis, cum*

78. xi°] ST x° V.

80. ii°] ST iii° V.

82. vide] vides V. ancor] auctor V.

---

76. Hier., *Ep.* CXXI 4.
78. Cf. *Deut.* XII 20; *Lev.* XI 2–46; *Ex.* XXI 23, 30.
80–81. Thom., *Quest. disp. de An.* II 9.
82. *Purg.* XXV 62.
83. Thom., *Quest. disp. de An.* IX.
84. Thom., *Theol.* I q. cxviii a. 2.

Super xxv° capitulo Purgatorii

generatio unius semper sit corruptio alterius, et sic tam in nobis quam in aliis animalibus; cum perfectior forma advenit, fit corruptio prioris: ita quod sequens forma habet quicquid habebat prima, [85] exemplificando Statius hic de calore solis qui fit vinum coniunctus cum humore vitis mutante suam formam substantialem quam prius habebat. [86] Veniamus ad quintum, scilicet ubi in nobis dicta anima intellectiva situatur, et videtur in capite locari secundum hunc auctorem dicentem hic in persona Statii quod articulato cerebro infunditur, [87] ad quod facit quod ait Macrobius dicens *Super Somnio Scipionis: Soli homini Deus rationem, idest vim mentis, infundit, cuius sedes in capite est*; [88] idem videtur sentire Claudianus dum sic etiam dicit de separatione anime a corpore: *Intereunt hec sola manet bustoque superstes / evolat hanc alta capitis fundavit in arce*, scilicet Deus in nobis dictam animam, [89] et forte ex hoc mota est *Lex Civilis* ad dicendum quod partito cadavere nostro seu scisso per frusta solum caput facit locum religiosum et non alia pars eius, [90] *Glosator Decretalium* dicit quod est in corde, super illa *Decretali* que dicit quod extrema unctio respicit cor, [91] ad quod facit quod ait Phylosophus in libro *De Senectute et Iuventute* dicens quod plante habent principium nutritivum in medio, et sic nos in corde animam ut in medio habemus; [92] Augustinus vero in libro *Questionum* videtur sentire quod fit in sanguine, dicens ibi: *Anima certe, quia spiritus est, in sicco habitare non potest, ergo in sanguine fertur habitare*; [93] tamen postea in quadam *Epistula* quam scripsit *Ad Yeronimum De Origine Anime*, dixit quod anima nostra predicta intellectualis *Per omnes particulas corporis tota est simul, nec minor in minoribus, nec maior in maioribus, sed in aliis intensius, in aliis remissius operatur, cum in singulis particulis corporis essentialiter sit*, [94] et ex hoc Thomas in prima parte questione lxxvi° dicit et

88. manet] ST mane(n)t V.

---

87. MACR., Comm. *Somn. Scip.* I xiv 10.
88. CLAUD., *Hon. Aug. IV cons.* 234–35.
89. *Corp. Jur. Civ., Dig.* XI vii 44.
91. Ps.-AUG., *Quaest. V.T.* XXIII.
92. *Decr. Grat.* II C. XXXII q. ii c. 9.
93. PETR. LOMB., *Sent.* I xxxvii 2.
94. Cf. THOM., *Theol.* I q. lxxvi a. 1.

probat dictam nostram intellectivam animam uniri humano corpori ut formam substantialem et essentialem per se, cuius opinio hodie canonizata est per Ecclesiam, [95] et dampnata est opinio illa Phylosophi dicentis in libro *De Animalibus*: *Intellectus tantum intrat ab extrinseco, et ipse solus est divinum, quam operatio eius non habet communicationem cum operatione corporis modo aliquo*, [96] et in iii° *De Anima*, dicentis etiam quod *Intellectus noster est separatus*, et quod *nullius corporis est actus*, [97] quod tangit hic auctor in persona Statii dum dicit quomodo dictus Phylosophus errando posuit intellectum possibilem ab anima separatum, non videndo sibi organum in corpore nostro attributum. [98] Est enim et dicitur intellectus possibilis virtus quedam anime quasi ut tabula nuda ab omni pictura, sed susceptibilis omnium picturarum, nulla earum habens actu; [99] est et alius intellectus ipsius anime qui dicitur agens, et quasi lumen quoddam, cum sit intelligibile lumen veritatis prime nobis per naturam impressum semper agens sicut lux semper irradians, [100] de quo Psalmista: *Signatum enim est super nos lumen vultus tui, Domine*, et se habet ad species intelligibiles manifestas sicut lux ad colores. [101] Est et tertius intellectus dictus speculativus cuius bonum est veritas ad quem pervenitur per doctrinam. [102] Est etiam quartus, dictus practicus, qui arte perficitur, cuius finis est opus exterius operatum. [103] Operatio autem dicti intellectus potentialis est convertere se per considerationem ad formas que sunt in ymaginatione, que, cum illuminantur luce intelligentie intellectus agentis et abstrahuntur denudate ab omnibus circumstantiis materie et imprimuntur in intellectu principali, deducitur in actu et formatur ipse intellectus possibilis, [104] unde idem Thomas subdit, lxxviiii[a] questione, quod *Intellectus est quedam potentia anime et non ipsa anime essentia*; [105] nam inquit Augustinus in viiii° *De Trinitate*: *Mens et spiritus non relative dicuntur, sed essentiam anime determinant*. [106] Veniamus ad sextum, scilicet que sint potentie anime et virtutes, et dicit Phylosophus in ii° *De Anima*: *Potentias anime dicimus vegetativam, appetitivam, sensitivam et motivam secundum locum et intellectivam*; item et alie potentie eius sunt, de quibus infra statim dicam. [107] Veniamus ad

---

95. Cf. THOM., *In II Sent.* XXXII q. ii a. 3.
96. THOM., *Theol.* I q. xiv a. 1. 100. *Ps.* IV 7.
104. THOM., *Theol.* I q. lxxix a. 1.
105. AUG., *Trin.* IX ii 2.
106. THOM., *Theol.* I q. lxxviii a. 1.

Super XXV° capitulo Purgatorii

septimum et ultimum, scilicet quomodo anima separata se habeat in alio mundo, et dicit hic Statius quod cum Lachesis, idest fatalis illa nostra dispositio temporalis, de qua supra dixi in xxi° capitulo, non habet plus de lino, idest de substantia corporis elementali, dicta nostra anima intellectiva solvitur carne, idest a corpore, et virtualiter defert secum humanum et divinum, idest eius esse corporale et spirituale, ac aliis sensualibus potentiis quasi omnibus mutis, idest sopitis per mortem corporis, ducit secum virtutes animales, ut est memoria, intelligentia et voluntas acutiores solito, et quomodo circumscripta, idest collocata in Inferno, vel Purgatorio, virtus informativa irradiat circa eam sicut quando erat in corpore, [108] et facit effigiare eam in aere ei vicine circumstante comparative, sicut quando dictus aer est 'bene piornus', idest plenus vaporibus a radiis solis, et sic organat omnes eius potentias, ut dicit textus hic, et quia auctor dixit hoc non tantum a se sed per auctoritatem sanctorum recitamus ergo eas ad licteram, per quas intelligi poterit auctor in hiis que hic dicit et scribit veraciter in isto passu gravi de anima predicta. [109] Primo igitur scribit Augustinus in suo libro *De Spiritu et Anima* sic: *Anima recedens a corpore secum trahit sensum, ymaginationem, rationem, intellectum, concupiscibilitatem et irascibilitatem, et secundum merita afficitur*, et limpidius, idest acutius, hiis potentiis utitur; [110] et subdit quod *Anima se ita separata requiescit ab hiis tantum motibus, quibus corpus per tempus et locum movebat; nam si organum periit non tamen melos, nec quod organum movebat*, et sic anima exuta corpore vivit, videt et audit, et sensus et ingenia vivaciter tenet ut subtilis et pura, cita et perpetua, cum principalis eius actus, scilicet intelligere, nullatenus dependeat a corpore, sed quamvis purissima sit ipsa anima contrahit tamen a carne, dum est in corpore, infectionem, et ideo separata secum ex colligatione corporis sordes differt, et sic necesse est ut purgetur, et sic anima incorporea nostra potest habere similitudinem corporis, non tamen corpoream, sed corpori similem. [111] Et *Super Genesi* inquit idem etiam Augustinus: *Anima similitudinem gerit corporalem et afficitur a similitudinibus corporis, ut*

110. purgetur] ‹pogni› pu(r)ge‹(n)›t(ur) V.

111. similitudinibus] silitudi(ni)b(us) V.

109–10. Ps.-Aug., *Spir. An.* XV.
111. Cf. Aug., *Gen. litt.* XII xxxiii 62.

accidit in dormientibus somniando; [112] ad quod etiam Macrobius, *Super Somnio Scipionis*, ait: *Sed nec post mortem facile anima corpus relinquit quia non funditus corporee excedunt, sed aut suum aberrat cadaver aut novi corporis ambit habitaculum*, [113] ad id etiam quod tangit hic auctor de sensualibus potentiis anime separate quasi mutis et de animalibus seu spiritualibus virtutibus efficaciter operantibus ait idem Augustinus in x° *De Trinitate*, scilicet quod *Memoria, intelligentia et voluntas sunt una vita, una mens et una essentia, et sunt in anima substantialiter*, et ideo recipit in eis separata anima influxum sperarum intelligibilium a natura superiori, idest divina, secundum naturalem ordinem quo experimur: nam quanto anima magis a corporeis sensibus abstrahitur, tanto magis participat superiores influxus, ut patet in dormientibus qui etiam quedam futura prevident, [114] et ex hiis Thomas in prima parte questione lxxvii[a] ait: *Omnes potentie anime comparantur ad animam sicut ad principium, sed quedam potentie comparantur ad animam solam sicut ad subiectum, ut intellectus, voluntas et memoria, et hee remanent in animam distincto corpore; quedam alie potentie sunt in coniuncto, sicut in subiecto, sicut omnes potentie sensitive que, ut accidens, corrupto subiecto non remanent, et sic corrupto coniuncto, idest corpore, non remanent in anima actu sed virtute tantum, sicut in principio vel radice;* [115] quare vide cur auctor tales potentias dicat quasi unitas et alias non, unde concludendo dicunt theologi quod potentie sensitive non remanent in anima separata, cum non sint de essentia eius sedem proprietatis naturales que fluunt ab essentia eius sic., [116] et ex hoc Phylosophus in ii° *De Anima* dicit quod *Solum intellectus in nostra morte separatum tanquam incorruptibile a corruptibili*, de alligatione anime predicte separate, de que hic dicitur aerea; [117] potest dici etiam quod statim dicam in sequenti parte de alligatione eius cum igne, subdendo quomodo anima predicta ex tali eius aparitione dicta est umbra, et quomodo organat inde omnes illas potentias eius, [118] de quibus ait Phylosophus in ii° *De Anima* dicens: *Dicimus autem naturam tristari, gaudere et confidere et timere*, [119] et Virgilius in vi° loquendo ibi de animabus separatis etiam

---

112. MACR., *Comm. Somn. Scip.* I ix 5.
113. AUG., *Trin.* X xi 17.
114. THOM., *Theol.* I q. lxxvii a. 8.
116. ARIST., *De an.* II 2, 413b 27–28.
118. ARIST., *De An.* I 4, 408b 2.
119. VERG., *Aen.* VI 730–39, 742.

Super XXV° capitulo Purgatorii

sic ait de nobis hominibus: *Igneus est illis vigor et celestis origo / seminibus, quantum non noxia corpora tardant / terrenique hebetant artus moribundaque membra. / Hinc metuunt cupiuntque, dolent gaudentque, neque auras / despiciunt clause tenebris et carcere ceco. / Quin et supremo cum lumine vita relinquit, / non tamen omne malum miseris nec funditus omnes / corporee excedunt pestesque modis inolescere miris. / Ergo exercentur penis vetrumque malorum / infectum eluitur scelus aut exuritur igne.* [120] Hiis ita dictis veniamus ad quartam et ultimam partem huius presentis capituli in qua auctor ponit purgari animas luxioriosorum in igne quodam, ut patet in textu, sed quale sit iste ignis primo queramus, [121] et dicit Magister Sententiarum quod est corporalis; [122] Augustinus in xi° *De Civitate Dei* idem sentit dicendo: *Sic ardebat dives ille epulo, de quo Luce, xvi° capitulo, dicitur dum dixit "Crucior in hac flamma", et talem fuisse dictam flammam, quales occulos quos levavit et quale lingua qua aquam poscebat,* [124] et in xxi° ait: *Oportet intelligi hunc ignem esse corporeum, et quo demones et animas dampnatorum dicimus cruciari;* [125] Gregorius, in iiii° sui *Dialogi* ait: *Ignem eo ipso patitur anima quo videt; nam cum conspicit se cremari crematur, et sic ille ignis, in quantum detinet animam alligatam virtute divina, ait, in eam ut instrumentum divine iustitie, et in quantum anima comprehendit illum igne ut sibi nocivum interiori tristitia affligitur, quod maxime est dum considerat se inferioribus rebus subdi, que nata fuit Deo per fruitionem uniri.* [126] Thomas vero in suo libro *Contra Gentiles* ad finem inquit: *Non est extimandum quod substantie incorporee ab igne corporeo pati possint ita ut earum natura corrumpatur vel alteretur sicut corpora viva, cum non habeant substantiam corpoream nec potentiis sensitivis utuntur, sed pati debent dici ab igne corporeo per modum alligationis cuiusdam; possunt enim spiritus alligari corporibus absque hoc quod dent eis formam, sicut nigromantici, virtute demonum spiritus alligant ymaginibus, quanto magis virtute et iustitia divina dicte anime igni corporeo alligari valent,* [127] fingendo inde auctor tales animas

127.   adure] L B adducte V.

---

121. PETR. LOMB., *Sent.* IV xliv 6.
122. AUG., *Civ. Dei* XXI x 2.
124. AUG., *Civ. Dei* XXI x 1.
125. GREG., *Dial.* IV 29–30.
126. THOM., *Gent.* IV xc 2–4.
127. *Hymni S. Ambr. attr.* IV.

canere ymnum illum quem Ambrosius fecit ad implorandum gratiam contram vitium carnis dicendo: *Summe Deus clementie, / mundique factor machine, / quo corde puro sordibus, / lumbosque iecur morbidum / adure igne congruo / et luxu moto pessimo* etc. [128] Item fingit eas animas inde dixisse et memorasse in laudem virtutis virginitatis contrarie tali vitio luxurie verba Domine nostre ad angelum dicendo: "*Quomodo fiet istud, quoniam virum non cognosco?*", ut *Luce* i° habetur, [129] item etiam recitasse quomodo Dyana dea cum aliis suis nimphis perseveravit virgo in solitudine nemorosa et Elicem inde expulit ut corruptam eius nimpham a Iove; [130] nam dum semel a venatione rediens requiesceret in quodam prato sola, dictus Iupiter transformavit se in personam dicte Dyane, et breviter cum ea concubuit et gravidam fecit; que inde cognita in lavacro corrupta, depulsa est per dictam Dyanam a consortio suarum virginum cuius ystoriam fabulose scribit Ovidius in ii°. [131] Item fingit eas etiam dixisse in laudem castitatis et virtutis et pudicitie coniugalis, ut dicit textus hic, volens tangere in hoc quod scribit Augustinus in libro *De Bono Coniugali* dicendo: *Coniugati debent non solum ipsius sexus sui commiscendi fidem procreandorum liberorum causa, verum infirmitatis invicem excipiende ad illicitos concubitus evitandos mutua quodammodo servitute.* [132] Ultimo dicit auctor quomodo ultima plaga sculpta et facta a spata angeli in introitu Purgatorii sibi et aliis animis in fronte, idest ultimum mortale peccatum, scilicet luxurie, cum tali medicinali igne purgatorio summitur et solidatur.

    128.   nostre] C v(est)re V.

    129.   quomodo Dyana] C quo(modo) ‹h(abe)t(ur)› diana V.

    131.   fidem] ST C L B sede(m) V.

---

128. *Luc.* I 34.
129–30. Cf. Ov., *Met.* II 417–95.
131. *Decr. Grat.* II C. XXXII q. ii c. 3.

SUPER XXVI° CAPITULO PURGATORII

[1] **Mentre che sì per l'orlo, un inanzi altro**. [2] Auctor in hoc xxvi° capitulo, continuando se ad ultimam partem precedentis capituli, volendo tangere de illis duabus spetiebus luxurie, de quibus plene scripsi supra in *Inferno* in capitulo xv° et xvi°, scilicet de sodomiticis et de luxuriantibus aliis bestialiter et contra naturalem legem, fingit has duas qualitates animarum ita diverso calle sibi obviam venisse per hunc ignem, [3] quod totum tangit hic in eo quid dicit de Cesare audiente iam contra se in eius infamiam, dum semel triumpharet, obici sibi quomodo fuit "Regina", idest quasi uxor Nicomedis, regis Bictinie, a quo sodomizatus fuerat in sua iuventute, [4] unde ob hoc hii rictimi facti sunt: *Galliam Cesar subegit Nicomedes Cesarem / Ecce Cesar nunc triumphat qui subegit Galliam, / Nicomedes non triumphat qui subegit Cesarem*, [5] item et dum dicitur hic de regina Pasiphe que bestialiter corruit cum thauro in quadam vacca lignea, prout plene scripsi supra in *Inferno* in capitulo xii°, et ibi inde de hoc tangendo hic comparative de Rifeis montibus in septentrionali parte existentibus et de arenis Ethyopicis et Libicis in meridiana parte iacentibus, ut dicit hic textus. [6] Inde fingit se ibi reperire umbram domini Guidonis Guinizelli de Bononia, olim summi inventoris in rima vulgari — [7] reducendo ad comparationem sui quod scribit Statius in v° *Thebaidos* de Toante et Euneo, filiis Iasonis, et Ysiphilis, filie regis Toantis, existentibus cum Adrasto rege et aliis Grecis euntibus contra eis Thebas in obsidionem, de quibus scripsi in xiiii° capitulo *Inferni*; [8] nam, dum dicta regina Ysiphilis expulsa foret de ynsula Lemni a femi-

1. l'orlo] C loro V.

8. Lemni] C lenini V. xviii°] xvii{ii > i} V.

---

1. *Purg.* XXVI 1.
4. Cf. SVET., *Vita Caes.* I 49.
7–10. Cf. STAT., *Theb.* V 1–722.

nis dicte insule eo quod evadere fecerat dictum eius patrem contra eius promissionem, de qua ystoria plene scripsi supra in *Inferno* in capitulo xviii°, et navigasset versus insulam Schirii ubi erat dictus eius pater, capta est a piratis et vendita in Emea civitate certis ministris Ligurgi, regis Tracie, et sic inde facta est nutrix Archemoris unici filii dicti Ligurgi, ignota eius regali natione, que, manens in rure cum dicto suo alumpno et requisita a dicto Adrasto et ab eius exercitu sitiente ut doceret eos aliquem fontem, ivit eis ostensum Langiam fontem, ut scripsi supra in capitulo xxii°, et reversa reperit dictum Archemorum puerum occisum; [9] unde breviter condempnata dicta Ysiphilis ad mortem, cognita a dictis duobus suis filiis evasit a morte eorum amore et causa, [10] de quibus ipse poeta ait: *Inierant, matremque avidis complexibus ambo / diripiunt flentes alternaque pectora mutant* — [11] quam umbram inducit auctor dicere quomodo ipsa et alii eius comites peccaverunt in parte cum masculis et in parte cum feminis coeundo contra naturam, ideo dicit quod eorum peccatum fuit hermafroditum, cum hermafroditus homo dicatur qui utrumque sexum habet, masculinum scilicet et femininum, congratulando etiam auctori presciendo suum nomen in hoc eius poemate poni et scribi per ipsum, ut patet in textu. [12] Item fingit auctor se ibi etiam reperire umbram Raynaldi Danielis de Provincia, olim summi inventoris in rima provinciali adeo quod superavit Gherardum de Limosi et fratrem Guictonem de Aretio, ut dicit in textu, cum quo loquitur et ille secum, ut per se patet.

---

10. STAT., *Theb.* V 721–22.

SUPER XXVII° CAPITULO PURGATORII

[1] **Sì come quando i primi raggi vibra**. [2] Continuando adhuc se auctor in hoc xxvii° capitulo volendo dicere quomodo quasi in occasu solis in illo alio emisperio apparuit ei iste ultimus angelus Purgatorii, per quasdam circumlocutiones hic talem horam ita describit, ut dicit textus. [3] Ad quod magis aperiendum, notandum est quod per mediam Yndiam currit contra Orientem quoddam flumen famosum et magnum, adeo quod dicit Orosius quod eius latitudo trahitur per xx miliaria, vocatum Ganges, super cuius fauce, intrando Occeanum mare, sol in equinoctiali tempore videtur oriri. [4] Unde Lucanus in iii°, de ipso loquendo, ait: *Qua colitur Ganges, toto qui solus in orbe / hostia nascenti contraria solvere Phebo / audetque adversum fluctusque impellit in Eurum* etc. [5] Item et notandum est quod per mediam Yspaniam in nostro Occidente currit aliud famosum flumen versus Occeanum predictum, vocatum Yberus, super quo flumine etiam equinoctiali tempore sol nobis occidit. [6] Unde Ovidius, in vii°, loquens de eo, ait: *Ter iuga Phebus equis in Ybero flumine mersis / presserat, et quarta radiantia nocte micabant / sidera* etc. [7] Modo ad propositum, si sol, tunc in signo Arietis existens, in hoc nostro Oriente erat in suo circulo meridiano, sequitur per consequens quod signum alterius Libre sibi oppositum erat in nostro Occidente in media nocte, et sic dictus Yberus fluvius 'cadebat', idest fluebat, versus dictum Occeanum mare sub dicto signo alterius Libre. [8] Hoc dicit ad differentiam Arietis, cuius signum dicitur

3.   fauce] C fauce‹s› V.

6.   mersis] ST L B exsis V.

---

1.   *Purg*. XXVII 1.
3.   Cf. OROS., *Hist. Pag.* I ii 43.
4.   LUCAN., *Phars*. III 230–32.
6.   OV., *Met*. VII 324–26.

Comentum Petri Alagherii

etiam 'Libra', ratione eiusdem adequationis diei et noctis; [9] item, et per consequens, principium diei esse debebat in Yerusalem, existentem in medio huius nostre terre, ut plene supra dictum est in capitulo ii° et iiii° huius *Purgatorii*, unde etiam principium noctis, sive sero, debebat incipere in illo alio emisperio, ita illo monte opposito dicte civitati Yerusalem secundum fictionem huius auctoris tactam in dicto iiii° capitulo supra, [10] fingendo auctor dictum angelum canere illa verba *Mathei* v°: *Beati mundo corde, quoniam ipsi Deum videbunt*, [11] tangendo hic comparative quod scribit Ovidius in iv° de Piramo et Tisbe procis qui tandem ordinarunt exire una nocte de civitate Babilonie, unde erant, et ire ad certum locum iuxta quendam fontem, et ibi habere rem simul, [12] et cum tempestivius dicta Tisbe illuc ivisset quam fuisset hora, timore ferarum abscondit se non longe a dicto fonte, dimisso ibi quodam suo velo, laniato inde a feris ore cruentato; [13] unde, veniens inde dictus Piramus, et inveniens dictum velum ita laniatum et cruentatum, putans dictam Tisbem mortuam, super proprium ensem mortaliter ibi inruit, [14] unde, excitata Tisbes, rediensque ad dictum locum, dixit hec verba dicto Piramo morienti: *"Pirame", clamavit, "Quis te michi casus ademit? / Pirame, responde! tua te carissima Tisbe / nominat: exaudi vultusque attolle iacentes." / Ad nomen Tisbe occulos iam morte gravatos / Piramus erexit, visaque recondidit illa*, [15] ex quo ipsa Tisbe etiam ibidem inde se super eundem ensem ruens occidit, et morus ibi arbor facta est ex hoc in suo fructu de alba rubea et sanguinea, ut patet in se, et hoc est quod tangit hic auctor de nomine Tisbe et de more gelso. [16] Inde auctor dicit quomodo incendium illius ignis intollerabiliter passus fuit in persona eius, in quo nichil aliud sub allegoria vult sentire, nisi quod ipse et quilibet alius in luxurie vitio maculatus, veniendo in hoc mundo virtualiter vivendo ad penitudinem et purgationem huius vitii, recognoscendo quomodo iam turpiter exarserunt ipse et alii in tali vitio — [17] unde *Osee* vii° capitulo dicitur: *Omnes adulterantes quasi clibanus succensus a coquente*, [18] et *Danielis* in xiii° capitulo dicitur de illis senibus luxuriosis

---

18. xiii°] ST xiiii° V. possunt] C pot(est) V.

---

10. *Matt.* V 8.
11–15. Cf. Ov., *Met.* IV 55–167.
14. Ov., *Met.* IV 142–46.
17. *Osee* VII 4.
18. Cf. *Dan.* XIII 8.

Super XXVII° capitulo Purgatorii

qui exarserunt in Susannam — non possunt hoc facere sine adustione quadam conscientie et verecundie, quod satis patet experientia; [19] nam nemo turpiter fornicatus iam cum aliqua persona raro videbit illam quin non succendatur quodam quasi igne in verecundia et erubescentia, si correptus fuerit a tali vitio de eo dolendo et se purgando, [20] unde taliter emendatus David a dicto vitio, rogabat Deum ut ureretur ita spiritualiter, dum dixit: *Ure renes meos et cor meum*, [21] et forte alludit auctor Apostolo dicenti primo *Ad Corinthios* vi° capitulo: *Omne peccatum quicunque fecerit, homo extra corpus est, qui vero fornicatur, in corpus suum peccat*, [22] ubi dicit *Glosa: Cetera peccata tamen animam maculant, fornicatio non tamen animam sed etiam corpus, ibi enim non solum est verecundia spiritualis, sed etiam corporalis.* [23] Ideo ipse auctor fingit in hoc circulo ultimo Purgatorii tantum et non in aliis corporaliter passionatum se fuisse, vel potest auctor in hoc passu intelligi loqui tropologice, scilicet ut ad moralitatem viventium in hoc mundo in dicto vitio ut ab eo divertant incutiat hunc tamen timorem eius pene, [24] ut incutitur per Gratianum etiam moraliter loquendo in *Decretis De Penitentiis* ita ad hec scribendo: *Si peccator conversus vitam vivat non tamen evadet omnem penam: nam prius purgandus est igne purgationis qui in aliud seculum distulit fructum conversionis. Hic autem ignis, etsi eternus non sit, tamen miro modo gravis est; excedit enim omnem penam quam unquam aliquis passus est in hac vita. Nunquam in carne inventa est tanta pena, licet mirabilia tormenta martires passi sint. Studeat ergo quisque ita corrigere delicta, ut post mortem non oporteat hanc penam pati.* [25] Post hec auctor dicitur, curso toto loco Purgatorii, idest completo eius tractatu, fingit se dirigi ad Paradisum terrestrem per illum cherubinum quem Deus collocavit post peccatum Ade olim ante introitum dicti Paradisi, de quo dicitur *Genesis* iii° capitulo, et in tali eius ascensu, facta nocte, respexisse ad stellas et in eas ruminasse et obdormisse et sompniasse in hora matutinali, [26] qua primo tunc in illo monte stella Veneris vocata 'Citharea' a Cithareo insula unde dicta Venus orta, dicitur se vidisse Liam hic, ut dicit textus, et exercere manus ad

23. incutiat] C incucia‹(n)›t V.

20. *Ps.* XXV 2.
21–22. *I Ep. Cor.* VI 18 et *Gl.* rel.
24. *Decr. Grat.* II *De Poen.*, D. VII c. 6.
25. Cf. *Gen.* III 24.

flores. [27] Vult enim auctor sub quodam allegorico sensu ostendere in sua persona quid homo purgatus in hac vita a vitiis ulterius procedendo facere habeat, cum dicat Augustinus: *Ad perfectionem duo pertinent, scilicet nos purgari prius a noxiis, inde impleri bonis: nam non sufficit abstinere a malis nisi faciamus quod bonum sit*, [28] unde et Iacobus in *Epistula* sua, secundo capitulo, inquit: *Videte quoniam ex operibus iustificatur homo, et non ex fide tantum*, et dicit quod habet elevare occulos ad stellas, ut fecit ipse auctor hic, et ruminare in eis, idest debet mentis occulos dirigere ad virtutes que ut stelle in nobis de celo lucent, idest a divina gratia veniunt, et dirigere earum fructum in nutrimentum, idest in effectum, ut per eas ad vitam activam venire possit et idem ad contemplativam, [29] in quibus duabus vitiis tota nostra humana felicitas et beatitudo consistit, que activa vita in veteri Testamento prefigurata est in persona Lie predicte, filie Labani, et uxor primi Iacobi; est enim vite active, reiectis vitiosis operibus, virtuosa per nos exerceri, [30] unde Augustinus in hoc ait: *In vita activa homo existere debet virtutibus serviendo, ut per iustitiam subveniat miseris, per prudentiam precaveat sibi ab insidiis, per fortitudinem sciat ferre molestia, et per temperantiam sciat fugere delectationes*. [31] Item eius active etiam vite est ut operando homo velit suo proximo prodesse, unde dum Deus destinaret ad predicandum Yeremiam, ut ipse propheta scribit in capitulo i°, inquit: *Ha, Domine, nescio loqui, quia puer ego sum*, [32] Tunc Ysaia dixit: *Ecce ego micte me*, [33] unde Gregorius ita scribit: *Per activam vitam cupiens prodere proximis Ysaias officium predicandi voluit; per contemplativam vero Yeremias amori conditoris sedule inherere desiderans, id recusavit*, [34] et ad idem similem scribitur *Luce* capitulo x° de Marta et Maria eius sorores; nam, licet contemplativa vita nobilior, videatur quod notatur in eo quod Dominus dixit: *Maria autem optimam partem elegit que non auferetur ab ea*, tamen necesse est sibi activa coniungi; [35] legitur enim in *Vitis Patrum* quod *Quidam peregrinus venit ad abbatem Silvanum in monte Synai, et cum videret fratres operantes dixit: "Quare operamini cibum qui perit? Maria optimam partem elegit". Cui abbas dedit librum ut legeret, includens illum in cellam, et cum transisset hora nona respiciebat si quis vocaret eum ad cibum,*

---

28. *Ep. Iac.* II 24.
31. *Hier.* I 6.
32. *Is.* VI 8.
33. GREG., *Reg. Past.* I 7.
34. *Luc.* X 42.
35. Cf. *Verba Seniorum* 55 (69), (PL LXXIII 768 c–d, 924 b–c).

Super XXVII° capitulo Purgatorii

tandem, cum nemo veniret venit ad abbatem et petiit an fratres comedissent. Cui abbas ait: "Tu homo spiritualis es et non habes necesse hanc escam; nos autem, ut carnales, comedimus, et ideo operamur", quod cum audisset peregrinus cepit penitere, cui abbas: "Ergo necesse est Marta Marie". [36] Et si vis clarius circa hanc allegoriam Lie predicte intimare quid auctor sensit hic, vide quod scripsit circa finem eius libri *Monarchie*, inter alia dicens iste idem auctor: *Duos fines Deus homini proposuit intendendos: beatitudinem scilicet huius vite, que in operatione proprie virtutis consistit, que pro terrestri Paradiso figuratur, et beatitudinem vite ecterne. Ad primam venitur per phylosophorum documenta, dummodo illa sequamur secundum virtutes morales et intellectuales operando;* — [37] unde Phylosophus in i° *Ethycorum* inquit: *Hanc autem anime operationem et actum cum ratione studiosi secundum propria virtutem perficiunt et humanum bonum operatio anime secundum virtutem.* [38] Et in vii° *Politicorum* ait: *Dubitatur autem ab ipsis qui confitentur vitam cum virtute esse eligibilissimam utrum politica et activa vita eligibilis, vel magis absoluta ab omnibus exterioribus velut contemplativa; fere enim has duas vitas hominum honoratissimi ad virtutem videntur pereligentes* — [39] *ad secundam venitur per documenta spiritualia, que humanam rationem transcendunt, dummodo illa sequamur secundum virtutes theologicas, fidem, spem et karitatem operando*. [40] Item notandum est quod in *Decretis* scriptum reperitur quod quarta pars noctis, que vicina est diei, dicitur antelucanum, quare vide cur auctor hic dicat sic de 'splendoribus antelucanis'. [41] Inde fingit auctor Virgilium sibi dicere debenti procedere ad dictum locum terrestris Paradisi et nuntiare sibi sua verba ut 'strennas' (dicitur enim 'strenna', ut habetur in *Decretis*, primum donum quod datur in principio Kalendarum), quomodo non potest ulterius ipsum, ut ratio humana, sub cuius typo et figura ut sepe supra dictum est in hoc opere per ipsum auctorem hucusque ipse Virgilius positus est, instruere et ducere cum hiis que ad fidem tendunt, ut sunt hec que amodo videbit, hic ratio nostra deficiat, cum dicatur fides non habet meritum cuius ratio prebet experimentum, subdendo Virgilius quod ipse auctor potest ire et sedere in illo ingressu dicti Paradisi donec adveniat sancta Beatrix, idest Teologia, sicut

---

36. DANTE, *Mon.* III xv 7–8.
37. Cf. ARIST., *Eth.* I 6, 1098a 14–17.
38. Cf. ARIST., *Pol.* VII 2, 1324a 25–31.
39. DANTE, *Mon.* III xv 8.
40. Cf. PETR. COMEST., *Hist. Schol. ad Evang.* 75 (PL CXCVIII 1576 b).
41. Cf. *Decr. Grat.* I D. XXXVII c. 5.

placet sibi, [42] cum in ipso auctore liberum arbitrium sit liberum, sanum et rectum, factum mediante ipso Virgilio, idest dicta ratione; nam dicitur liberum quantum ad nostram voluntatem, et arbitrium quantum ad rationem, ita quod dicit etiam Virgilius hic sibi quod fallum foret in ipso auctore si amodo non sequeretur illud, et sic ut perfectum amodo hominem coronavit et mitriavit verbis ipse Virgilius ipsum auctorem supra ipsum eundem, ut dicit textus hic, quasi amodo ut felicem in hac vita humana, [43] iuxta illud Senece dicentis: *Ratio recta et consummata felicitatem hominis implevit.*

---

43. SEN., *Ep. Lucil.* LXXVI 10.

SUPER XXVIII° CAPITULO PURGATORII

[1] **Vago già di cerchar dentro e d'intorno**. [2] In hoc xxviii° capitulo auctor fingit se ingredi locum terrestris Paradisi, *Qui hebraice 'Ortus' dicitur et Eden, quod delitie interpretatur* secundum Ysidorum, et primo describendo eum dicit ipsum esse supra locum Purgatorii in summitate dicti eius montis in medio alterius partis mundi et emisperii, ut superius pluries dictum est, licet Magister in secundo *Sententiarum* ponat ipsum esse in Oriente nostro, et idem videntur sentire Ysidorus, Ugo de Sancto Victore et Damascenus, tanquam in nobiliori parte mundi, [3] cum dicat Phylosophus in libro *De Celo et Mundo* quod *Oriens ex dextra celi*; [4] Beda vero et Strabus dicunt quod est sub equinoctiali plaga; [5] Thomas in prima questione cii[a] quasi dubitando dicit quod *Quicquid sit de situ huius Paradisi, credendum est ipsum esse in loco temperatissimo constitutum*; [6] Augustinus *Super Genesi* dicit: *Credendum esse locum huius Paradisi a cognitione hominum fore remotissimum, et seclusum a nostra habitatione aliquibus impedimentis montium vel marium, ideoque scriptores locorum de eo minime scripserunt*, unde etiam scripsi supra in rubrica huius secundi libri, que opynio non modicum consonat opynioni auctoris premisse alterius describendo dictum locum Paradisi: [7] enim dicit auctor quod est floridus, erbiferus, arbusteus ac undique odoriferus, et cum aura quadam mitissima et dulci movente ibi folia, simili modo ut Virgilius fingit in vi° Eneam invenisse dum ivit ad arborem auream

2. pluries] plur[i]es V.

---

1. *Purg.* XXVIII 1.
2. Isid., *Etym.* XIV iii 2.
2–6. Thom., *Theol.* I q. cii aa. 1–2.
7. Verg., *Aen.* VI 209.

Comentum Petri Alagherii

dicendo: *Illice sic leni crepitabant bratea vento* (bratea, idest folia), [8] dicendo dictam auram ibi etiam tenere bordonum, idest cantum firmum, avibus ibi canentibus in sonoritatem quandam similes illi que audiuntur in pineta civitatis Ravenne iuxta litus maris, vicinum monasterio de Classi, quando Eolus, Deus ventorum, facit spirare illum ventum meridianum, quem dicimus Scilocum. [9] Inde fingit se auctor ibi invenire Letheum fluvium rigantem dictum locum de quo statim inferius dicam. [10] Item fingit ibi etiam se reperire umbram comitisse Matelde que in Ytalia viguit in m°c anno Domini, de cuius natione multi multa narrant, sed veritas hec fuit quod quidam baro de domo marchionum de Lunisana, qui Malespine dicuntur, et olim dominator civitatis Lune, dicta civitate destructa et deserta, dicto baro nomine Syghisfredus venit ad territorium Regium et ibi multa castra fecit et aquisivit; ex hoc Syghisfredo descendit Octo, et ex hoc Octone quidam Thedaldus, qui olim dominatus est civitati Ferrarie, in qua civitate fecit castrum quod adhuc hodie ab eo vocatur castrum Thedaldum; ex quo Thedaldo marchione descendit Bonifatius cui nupsit quedam Beatrix de stirpe regali Francie, a qua in dotem habuit quendam comitatum vocatum Mateldum, ex quibus coniugalibus postea nata est ista Matelda, et quia successit in dicto comitatu dicta est comitissa Matelda. [11] Fuit enim in iuvenctute sua virago quasi, adeo quod cum Henrico imperatore iiii° bellum habuit et victoriam pro Ecclesia defensanda romana et cum Longobardis et Normannis et cum Gottofredo duce Spolentino et regnum Apulie recuperavit dicte Ecclesie; inde ut activa domina et magnificentia clara multa monasteria fecit et doctavit, et ultimo totum suum patrimonium reliquit Ecclesie Sancti Petri, unde etiam hodie dicitur patrimonium Sancti Petri. [12] Nec non fingit se auctor hic etiam duci per ipsam Mateldam per hunc Paradisum et ipsum sibi ostendi per eam: ex qua fictione nichil aliud auctor nunc in persona sua vult ostendere tropologice, idest moraliter, nisi quod homo in hoc mundo post mundatam vitam, et purgatam a vitiis, volens virtuosa operando procedere ad activam vitam hoc facere debet, scilicet referre se ad vitam et mores alicuius persone nunc vel olim nobilis et famose in dicta activa vita, ut fuit hec Matelda, et mores et vitam talis persone sic electe sequendo, ut nunc auctor se fingit fecisse hic de hac

8.   audiuntur] audit(ur) V.

11. virago] C virgo V. Gottofredo] C gottifredo V.

Super XXVIII° capitulo Purgatorii

predicta Matelda, videbit et cognoscet amenitatem huius Paradisi terrestris, [13] hoc est videbit et cognoscet felicitatem et beatitudinem terrenam, idest humanam nostram in hoc mundo, que in hoc Paradiso figuratur, qui pro statu perfecto virtuoso nostro in hac vita ponitur secundum unum significatum, ut inferius dicam; quam operationem virtuosam dicte active vite figurat hic auctor in collectione florum facta hic per hanc umbram dicte Matelde. [14] Inde ad comparationem quam facit hic auctor de Proserpina et de loco sui raptus sciendum est quod, secundum quod scribunt poete, in insula Sycilie est quidam lacus non longe ab Ethena vocatus Pergusa in cuius locis circumstantibus semper est ver, et sic ibi perpetuo sunt flores, et sic bene conformatur loco huius Paradisi ubi semper est etiam ver, ut habetur in fine huius capituli, [15] de quo Pergusa lacu sic ait Claudianus: *Haud procul inde lacus Pergum dixere Sicani*, [16] et Ovidius in vi°: *Haud procul Etheneis lacus est a menibus altus / nomine Pergusa*, [17] et subdit: *Silva coronat aquas cingens latus omne suisque / frondibus ut velo Phebeos summovet ignes. / Frigora dant rami, varios humus habenda flores: / perpetuum ver est. Quo dum Proserpina luco / ludit et aut violas aut candida lilia carpit*, [18] in quo actu rapta fuit ibi dicta Proserpina a Platone deo infernali et sic Ceres eius mater tunc eam amisit et ipsa Proserpina primaveram, idest flores collectos, ut dicit hic textus, de cuius fabule poetice integumento plene scripsi supra in *Inferno* in capitulo x°; [19] item comparat hic auctor etiam pulcritudinem ipsius Matelde pulcritudini Veneris dum philocapta est Adonis iuvenis cuiusdam pulcerrimi, traficta a sagitta Cupidinis eius filii recumbentis sibi in gremio cum arcu et pharetra sua, ut scribit Ovidius in x°, [20] vel forte et verius sensit auctor hic de Venere traficta idest compuncta dolore illo de quo Virgilius in i°, in persona Enee loquentis dicte Veneri eius matri sibi occurrenti post eius naufragium, ait: *O quam te memorem virgo? nam non tibi vultus*

14. ver] C veru(m) V.

19. philocapta] p(ro) ea facta V.

---

15. Claud., *Rapt. Pros.* II 112.
16. Ov., *Met.* V 385–86.
17. Ov., *Met.* V 388–92.
19. Cf. Ov., *Met.* X 521–59.
20. Verg., *Aen.* I 327–29.

Comentum Petri Alagherii

/ *mortalis, nec vox homines sonat; o, dea certe / an Phebi soror? an Nimpharum sanguinis una?* [21] et subdit Virgilius ibi: *Nec plura querentem,* idest conquerentem Eneam, *passa Venus medio sic interfata dolore est*; [22] iterum subdit ibi ipse poeta: *Dixit, et advertens rosea cervice refulsit / ambrosieque come divinum vertice odorem / spiravere; pedes defluxit vestis ad ymos, / et vera incessu patuit Dea* etc. [23] Item sciendum est quod in confinio Asie et Europe est quoddam brachium maris quod dicitur Elespontum largum v miliaribus in certo loco, et ibi Serses, filius Darii regis Persarum, transivit, ut scribit Iustinus, contra Grecos navali ponte; tandem victus fuit a dictis Grecis et a Leonide, eorum duce, et vix aufugere potuit in navicula una dictus Serses, [24] et sic, ut dicit hic auctor, deberet esse frenum semper, idest correptio, aliis arrogantibus et superbis, de quo etiam Lucanus in ii° ait: *Tales fama canit tumidum super equora Sersen / construxisse vias, multum cum pontibus ausus / Europamque Asie Sexto amovit Abido / incessitque fretum rapidi super Elesponti* etc.; [25] quod brachium maris quidam iuvenis nomine Leander de dicta terra Abido asiana pluries olim natavit de nocte iam causa veniendi ad dictam terram Sexton posita in alio latere dicti maris in Europa et causa iacendi carnaliter cum quadam eius amasia ibi nomine Hero, ut scribit Ovidius in eorum *Epistulis*, et hoc est quod tangit hic auctor textualiter de dicto Elesponto et dicto Serse et dicto Leandro, comparative tangendo inde auctor quomodo active persone est cum alacritate exercere se virtuose circa terrena dona Dei, quod notatur in eo quod dicit hic quomodo dicta Matelda ridebat et flores manibus concernebat et allegabat per se, [26] ad hoc Psalmistam dicentem: *Bonum est confiteri Domino, et psallere nomini tuo, Altissime, quia delectasti me in factura tua, et*

24. tales] ST C L B tabes V.

25. Hero] adhero V. Ovidius] C L B uidi(us) V. Elesponto] clespe(n)to V.

26. exultabo] ST C multabo V.

---

21. Verg., *Aen.* I 385–86.
22. Verg., *Aen.* I 402–5.
23. Cf. Iust., *Epit. Hist.* II x 12–14.
24. Lucan., *Phars.* II 672–75.
25. Cf. Ov., *Her.* XVIII–XIX.
26. *Ps.* XCI 2, 5.

Super XXVIIIº capitulo Purgatorii

in operibus manuum tuarum exultabo. [27] Post hec auctor inducit dictam umbram Matelde ad ipsum clarificandum de aura iam dicta ibi spirante et de aqua illa quam ibi videbat contra illa que superius audivit a Statio in capitulo xxiº, incipiendo sic: Deus ut summum bonum, qui solum sibi placet, hoc est dicere quod non eget ut aliis placeat ut gloriosior fit, [28] cum ipsum, ut ait Boetius, *Non externe pepulerunt fingere cause*, idest creavit hominem, idest protoplasma nostrum, Adam in orto damasceno bonum, idest purum, idem ipsum transtulit et posuit in hoc Paradiso ut dicit Magister in secundo *Sententiarum*, [29] unde et *Genesis* iiº capitulo dicitur: *Plantavit Dominus paradisum voluptatis a principio, in quo posuit hominem quem formaverat*, et bonum ipsius Paradisi dedit ei pro arra eterne pacis dicentis: *Ecce dedi vobis omnem herbam ferentem semen super terram et universa ligna que habent in semetipsis sementem sui generis*, ut legitur *Genesis* capitulo iº; [30] ad hoc idem ait Ugo De Sancto Victore: *Dedit Deus homini bonam voluntatem in qua eum fecerat rectum, incorruptibilem et immortalem, non ut corpus eius incorruptibilitatis dispositionem haberet, sed quia inerat anime vis quedam ad preservandum corpus a corruptione*. [31] Item dicit dicta umbra quomodo etiam Deus elevavit dictum locum Paradisi ne ibi ipse homo turbaretur ab exalatione aque inducente sua humiditate pluvias, et ab exalatione terre que sua siccitate inducit ventos, ut de hoc plene dixi supra in dicto xxiº capitulo, [32] unde Damascenus ait: *Paradisus terrester est temperato, tenuissimo et purissimo aere circumfulgens, plantis floridis comatus*, et ideo dicit quod *Est divina regio, digna eius qui secundum Dei ymaginem in eo conservari debebant*; [33] et elevatus, dicit Beda, *Ut quasi lunarem regionem attingat* ita quod aqua diluvii ad eam non ascenderunt, aliter Enoc et Elia necati forent, qui adhuc ibi vigent; [34] et quod dictus locus Paradisi sit liber a ventis probat, sicut hic dicit textus, et rationibus assignatis per commentatorem in iº *Meteororum* dicentem quod *Necesse est ut totus aer quod in*

---

29. voluptatis] uolup(er)tat(is) V.

---

28. BOETH., *Cons. Phil.* III m. ix 4; PETR. LOMB., *Sent.* II xvii 5.
29. *Gen.* II 8; *Gen.* I 29.
30. HUGO DE S. VICT., *Summa Sent.* III 7.
32. THOM., *Theol.* I q. cii a. 2.
33. Cf. THOM., *Theol.* I q. cii a. i.
34. Cf. THOM., *Meteor.* I v 2.

circuitu terre fluat circulariter, salvo quod ille aer qui continetur infra partes terre non sic sed oblique, [35] et sic illum aerem qui excedit omnem altitudinem montium, ut aer huius loci Paradisi, oportet quando circuitu fluat, aer vero qui continetur intra montium altitudinem impeditur ab hoc fluxu ex partibus immobilibus terre: nam si aer in quo generantur venti circulariter moverentur etiam quod venti circulariter moverentur, quod non est, cum videamus eos flare ex diversis partibus et sic non generantur in aere fluenti sed in quieto, et propter hoc non excedunt montes altos, unde dictum est quod in Olimpo monte in fine anni in summitate eius repertus est cinis sacrificii, [36] et sic concludendo dicit quod aer excedens montes ideo fluit in circuitu quia simul trahitur circulariter cum celi motus, et sic vide cur auctor in persona Matelde dicat hic de aere volvente se cum prima volta, idest cum motu celi universali, et sic ille motus Paradisi dicit quod non procedit a ventis sed a motu aeris circumducto a dicto motu celi, dicendo quomodo inde gignunt ille arbores, ut patet in textu, [37] et quomodo fluvius ille Letheus, inducens oblivionem peccatorum, et Eunoe, alius flumen inducens memoriam sanctorum bonorum operum, manant non a venis terre que restaurant vapores humidos in frigore, idest a frigida regione aeris conversos in pluvias mari, sed a fonte illo divino, [38] de quo dicitur *Genesis* ii° capitulo sic ad litteram: *Produxit Deus de humo omne lignum et lignum vite et lignum scientie boni et mali, et fluvius egrediebatur de loco voluptatis ad irrigandum Paradisum*, [39] et Ysidorus in suo libro *Ethymologiarum* ad hoc etiam inquit: *Est enim Paradisus terrestris omni genere ligni et pomiferarum arborum consitus; non ibi frigus, nec estus, sed temperies perpetua in cuius medio fons prorumpens totum illum irrigat per quattuor flumina*, quorum primum dicitur Phison (quod alio nomine Rulus dicitur), nascens apud montem Atalatain, inde currens absorbetur a terra et scaturit in litore maris Rubri, circuitque Ethiopiam inde labitur per Egiptum, et apud Alexandriam intrat mare; secundum dicitur Gion (quod alio nomine dicitur Ganges), et oritur in monte Ortabares per Yndiam fluens versus orientem; tertium et quartum dicuntur Eufrates et Tigris, de quibus dicam infra in capitulo finali, qui per Erminiam et mediam Patamiam perfluunt, et licet dicta quattuor flumina in

---

37. que restaurant] restaura(n)t V.

---

38. *Gen.* II 9–10.
39. Isid., *Etym.* XIV iii 2–3.

dictis locis oriri videantur, principalem suum ortum habent vere in hoc Paradiso, [40] unde Augustinus super *Genesi* viii° capitulo inquit: *Credendum est, quoniam locus Paradisi a cognitione hominum remotissimus, sub terras alicubi pertractus prolixarum regionum locis aliis erupisse cum dictis eius fluminibus. Nam hoc solere facere nonnullas aquas quis ignorat?* [41] ut de Aretusa flumine greco dicunt poete, ut scripsi supra in *Inferno* in capitulo xxv°. [42] Ultimo dicit dicta umbra per modum corollarii (quod est cum quis ultra procedit ad dicendum quam promisit), quomodo antiqui poete intellexerunt forte de hoc Paradiso et pro Parnaso monte signaverunt (alibi sompniaverunt) eum dum de etate prima aurea scripserunt et de eius statu felici; modo, si auctor iste in hoc capitulo et in quinque sequentibus tractaret solummodo de hoc Paradiso prout est corporalis locus, satis habundanter sufficerent que in hoc capitulo superius scripsi, verum quia mistice de eo sensit ut interdum anagogice, idest spiritualiter, interdum tropologice et moraliter etiam de eo pertractat ut inferius videbis, ideo adhuc premicto et addo hiis que in hoc capitulo ad licteram exposui: [43] sic scribit enim Augustinus super *Genesi* viii° preallegato capitulo, adhuc circa hoc sic dicens: *De Paradiso terrestri tres sunt opiniones: una est illorum qui tantum eum corporalem esse dicunt, alia illorum qui tantum eum spiritualem putant, alia illorum qui utroque dictorum modorum eum accipiunt,* [44] et hanc ultimam ipse Augustinus sequitur, dicens ita in xiii° *De Civitate Dei*: *Que commode dici possunt, de intelligendo spiritualiter de hoc Paradiso, nemine prohibente dicantur, dum tamen illius ystorie veritas fidelissima rerum gestarum, narratione commendata credatur,* [45] et idem etiam sequitur Magister in ii° *Sententiarum* dicendo dictum Paradisum fore typum future nostre presentis ecclesie militantis; ad licteram tamen intelligi debet ut sit locus amenus, arboribus et aquis fecundus, quem omnis translatio antiqua ponit esse ad orientem et in orientali parte, longo interiacente spatio vel maris vel terre a regionibus quas incolunt homines, secretum et in alto positum usque ad

44. commode] ST comedie V.

---

40. THOM., *Theol.* I q. cii a. 1.
43. THOM., *Theol.* I q. cii a. 1.
44. THOM., *Theol.* I q. xii a. 1.
45–46. PETR. LOMB., *Sent.* II xvii 5.

lunarem circulum pertingentem; [46] potest etiam tropologice intelligi ut summatur per statu et vita illorum qui in hoc mundo a vitiis remoti virtutibus active instant per gratiam, [47] unde *Ecclesiastici* xl° capitulo dicitur: *Gratia Dei sicut Paradisus in benedictionibus*, [48] ubi dicit *Glosa*: *Cor ubi gratia et virtus est, Paradiso terrestri simulatur in quo quattuor virtutes ut quattuor flumina irrigant*, [49] et super illud *Genesis* ii° capitulo: *Fluvius egrediebatur de loco voluptatis ad irrigandum Paradisum*, [50] ait etiam *Glosa*: *Quattuor flumina Paradisum irrigant quia dum cor quattuor vertutibus infunditur ab omni carnalium extu temperatur*, et sicut in alto situs est dictus Paradisus, ut superius iam dixi, ita cor ubi gratia et virtus est; [51] item etiam *Glosa* Strabi super *Genesi* ii° capitulo: *Ibi plantavit deus Paradisum voluptatis*, ait: *Sic cor ubi gratia est situm est in altum*, [52] et Seneca: *Talis est sapientis animus qualis mundus supra lunam: semper ibi serenum est*. [53] Secundum hos sensus facile auctor in hiis que sequuntur hic et infra intelligi poterit.

49. ii°] ST i° V.

47–48. *Eccli.* XL 17.
49–50. *Gen.* II 10.
51. Cf. *Gen.* II 8 et *Gl.* rel.
52. Sen., *Ep. Lucil.* LIX 16.

SUPER XXVIIII° CAPITULO PURGATORII

[1] **Cantando come donna innamorata** [2] Quamvis homo peccator in hoc mundo penitens efficiatur et contritus Gratia mediante, ante tamen perfectam satisfactionem et expiationem commissorum malorum et habituationem virtutum consecutam semper sibi detecta sunt eius iam, tamen commissa peccata et contra eum sunt semper conscientialiter presentia — [3] unde potest dicere in se talis peccator quod cecinit Psalmista de se ut de tali premisso peccatore dicendo: *Quoniam iniquitatem meam ego cognosco et peccatum meum contra me est semper* — [4] at cum perfecte satisfecit et purgatus in hac vita est ab omni macula et rubigine peccati et in totum habituatus est ad opera virtuosa, ut est homo in totum ad vitam activam deventus, vere potest dicere hec alia verba contraria *Psalmo* predicto, que nunc auctor in principio huius xxviiii° capituli exordiendo inducit hanc umbram Matelde predicte canere cum aliis suis verbis, dicendo: *Beati quorum remisse sunt iniquitates, et quorum tecta sunt peccata*, hoc est dicere quod sua peccata extincta sunt in conscientia sua, scilicet activa vita mediante, sub cuius tipo hec Matelda ponitur hic. [5] Post quod eius presens exordium, ita ad intelligentiam exponendo redactum, auctor tangit incidenter de nimphis, de quibus dicam in sequenti capitulo, et de Eva, merito reprehendenda, perdendo, sua culpa, tam ineffabiles delitias quas videbat modo in hoc Paradiso terrestri ut habetur hic in textu, [6] dicendo ammirative inde auctor quod ubi celum, idest angeli, et terra, idest tota elementalis creatura, obediebant

Rubr.: Super xxviiii capitulo Purgatorii. Hic notatur de Testamento ueteri et nouo per totum istuc capitulum V.

1. donna] C dona V.

---

1. *Purg.* XXIX 1.
3. *Ps.* L 5.
4. *Ps.* XXXI 1.

Comentum Petri Alagherii

Deo, hec Eva sola, femina, ita mox formata, inobediens fuit, non tollerando esse sub aliquo velo in illo Paradiso, idest sub precepto sibi facto aliquo a Deo velante occulos eius a visione miserie peccati ut velum quoddam. [7] Nam, ut legitur *Genesis* capitulo ii° et iii°, formata hac Eva de costa Ade, et facto sibi et a Deo precepto ut de quolibet ligno Paradisi comederent, excepto quod de ligno scientie boni et mali aliter moriretur — [8] de quo etiam *Ecclesiasticus*, in capitulo xv°, ait: *Deus ab initio constituit hominem et reliquit illum in manu consilii sui et adiecit precepta sua; et apposuit ante eum bonum et malum et vitam et mortem et quod placuerit et dabitur illi* — [9] *at Satan*, qui 'adversator' interpretatur, *videns quod per obedientiam homo illuc ascenderet unde ipse ceciderat per superbiam, invidit ei, et in forma serpentis tentavit hanc Evam, in qua minus quam in viro ratione vigere sciebat, dicendo ad mulierem: "Cur non comeditis de ligno boni et mali?". Cui mulier: "Ne forte moriamur", in quo verbo dedit locum temptandi cum dixit: "Ne forte", et dixit serpens ad mulierem: "Nequaquam morte moriemini. Scit enim Deus quod in quacunque die comederitis, ex eo aperientur occuli vestri et eritis sicut Dii, scientes bonum et malum". Que tunc tulit de fructu eius et comedit, deditque viro suo, qui comedit, et aperti sunt occuli amborum, et cum cognovissent se esse nudos consuerunt folia ficus et cooperierunt femora sua.* [10] Et ecce unde auctor dictum preceptum Dei transumptive hic pro velo ponat, subdens hic auctor quod si dicta Eva perseveravisset in dicto precepto, ut sub velo quodam, quod ipse prius et maiori tempore ibi in illo Paradiso habuisset delitias illas. [11] Et sic tangit tacite de statu hominis et eius filiorum, qui fuisset si non peccasset; de quo sic ait Augustinus super *Genesi*: *"Potuerunt primi parentes in Paradiso gignere filios non ut morientibus patribus succederent filii, sed in aliquo forme statu manentibus, et de ligno vite vigorem sumentibus, et filii ad eundem producerentur statum, donec, impleto numero, sine morte animalia corpora qualitatem transirent, in qua omnis regenti spiritu deserviret, et solo spiritu vivificante sine corporis alimentis viverent"*, et hoc donec filii ad eundem statum provenirent, et sic impleto numero, simul ad meliora transferrentur et essent sicut angeli in celis, non

---

8. Ecclesiasticus] leviticus V.

11. corpora] cop(er)a V.

---

7. Cf. *Gen.* II 21–III 7.
8. Cf. *Eccli.* XV 14–15, 17–18.
9. Petr. Lomb., *Sent.* II xxi 1–3.
11. Petr. Lomb., *Sent.* II xx 1.

Super xxviiii° capitulo Purgatorii

potuissent ibi sine omni peccato et macula commisceri ante peccatum, et fuisset ibi coitus immaculatus et commistio sine concupiscentia atque genitalibus membris sicut ceteris imperassent, nec in hoc ullum illicitum motum sensissent, immo illud fuisset sine libidine et pruritu carnis et sine ardore seminassent et sine dolore peperissent, secundum quod etiam scribit Magister in ii° *Sententiarum*. [12] Post hec prenotandum est ad notitiam veram eas que hic sequuntur, quod Ecclesia militans Christi, que collectio fidelium et catholicorum dicitur, tam olim credentium in Christum venturum quam hodie credentium in iam ventum, typum et figuram spiritualiter tenet huius Paradisi terrestris ut supra in precedenti capitulo dixi. [13] Et facit ad hoc quod ait Yeronimus in *Decreto* quodam ita dicens: *Omnibus consideratis, puto me non temere dicere alios ita esse in domo Dei, ut ipsi etiam sint eadem domus Dei,* idest dicta Ecclesia militans, ut dicta collectio fidelium, *que Ecclesia dicitur hedificari supra petram, ut Mathei xviii° capitulo dicitur, et que 'unica columba' appellatur*; et subdit Yeronimus: *Que sponsa pulcra sine macula et ruga et ortus conclusus et Paradisus cum fructu pomorum est,* [14] cuius talem Ecclesie misticam intelligentiam et cognitionem per vitam activam purgatus homo in hoc mundo capere potest et debet ad sui perfectionem et felicitatem humanam exercitando se circa studium Sacre Pagine Veteris et Novi Testamenti, in qua fundata est dicta Ecclesia militans nostra. [15] Volens igitur nunc auctor in persona sui ut in persona cuiuslibet alterius purgati hominis poetice scribere hoc et ostendere, premissa invocatione per eum facta ad fontem Elicone, qui pro scientia poesie ponitur et ad Uraniam musam et ad eius corum, idest ad alias etiam Musas, de quibus plene dixi supra in capitulo i°, fingit modo hic per hanc Mateldam figurantem dictam nostram vitam activam sibi ostendi que sequuntur, hoc est quantum scilicet ad integumentum, quod activo suo studio circa talia operante cepit ipse auctor comprendere prius de origine dicte Ecclesie, et secundario de eius processu, que statim hic inferius gradatim scribendo monstrabit, ipse auctor legendo prophetas et alios sanctos scribentes de origine et processu primitive veteris et secunde nove Ecclesie, [16] et maxime Iohannem in sua *Apocalipsi* capitulo xxi° prophetice dicentem circa hoc: *Et vidi celum novum et terram novam: primum enim celum et prima terra abiit, et vidi civitatem sanctam Yerusalem novam descendentem de celo, a Deo paratam sicut sponsam ornatam viro suo, et ecce tabernaculum Dei cum hominibus*

---

13. *Decr. Grat.* II C. XXIV q. i c. 20.
16. *Apoc.* XXI 1–3, 9–11.

etc., iterum subdentem in dicto capitulo: *Et ecce angelus et dixit: "Veni et ostendam tibi sponsam et uxorem agni", et substulit me in spiritu in monte magnum et altum, et ostendit michi civitatem sanctam Yerusalem descendentem de celo, habentem claritatem et lumen eius simile lapidi pretioso tanquam lapidis iaspidis et sicut cristallum*, [17] modo quia primitus Deus per Spiritum Sanctum, cuius dona sunt septem, scilicet donum timoris, amoris, scientie, fortitudinis, consilii, sapientie et intellectus, spiraculum dedit prophetis et aliis sanctis in scribendo de incarnatione filii sui, et sic de institutione dicte eius Ecclesie primitive et secundarie, [18] auctor primo fingit se vidisse hic ante omnia alia que hic vidit proire hec septem candelabra figurantia dicta septem dona spiritus sancti, trahendo hoc a Iohanne dicente *Apocalipsis* iiii° capitulo: *Et septem lampades ardebant ante tronis, que sunt septem dona spiritus Domini*, [19] et adeo dicente Moisi: *Sacras lucernas septem et pones eas super candelabrum in Archa sancta*, que dicta Ecclesiam prefiguravit; [20] unde idem Iohannes, in fine primi capituli *Apocalipsis* ait: *Septem candelabra aurea septem Ecclesie sunt*. [21] Nam sicut sponsus mictit primo dicte sponse sue antequam coniungatur ei, ita Christus antequam coniungeretur Ecclesie ut eius sponse premisit hec dona sua, et, [22] — ut tangat incidenter hic auctor etiam quod ait Phylosophus in ii° *De Anima*, dicens quod *Species visibiles prius multiplicantur in sensu corporeo nostre pupille, inde transit ad sensum comunem ita dictum quia per plures sensus discernit, inde transit in fantasiam, inde in memoriam, et ibi intellectus considerat et inde remictit cognoscibilitatem extra*, — [23] dicit quomodo prius propter distantiam medii dicta septem candelabra videbantur sibi septem arbores auree, sed cum eis propinquasset se virtus, idest dicta fantasia que discursum dat rationi per exterius interius, cognovit etc. [24] Et, ut tangat quod supra dictum est per Iohannem de lumine et coloribus precedentibus eius dictam prefigurationem Ecclesie predicte, dicit inde auctor quomodo dicta mistica septem candelabra lucidabant cum septem listis, idest radiis, ibi aerem in colore

22. memoriam] C meoria(m) V.

---

18. *Apoc.* IV 5.
19. *Ex.* XXV 37.
20. *Apoc.* I 20.
22. Cf. THOM., *An. Arist. exp.* III ii 4 (ARIST., *An.* III 2, 425a 4, 425b 13–26).

Super XXVIIII° capitulo Purgatorii

viridi rubeo et albo, quos colores resultare videmus ex arco iridis quem facit sol sua reflexione, et ex halo qui est illa vaporositas albescens que interdum cingit Deliam, idest lunam, ita dictam a Delos insula, unde, poetice loquendo, orta est — [25] de quo halo scribit Phylosophus in ii° *Methaurorum* — in quibus tribus coloribus vult auctor allegorice tangere quomodo tres virtutes theologicas resultarunt ex dictis septem donis Spiritus Sancti: Fides scilicet ut alba, Caritas ut rubea, Spes ut viridis, ut infra auctor in hoc capitulo colorat eas, ut statim videbis. [26] Inde fingit auctor se vidisse secundario venire hos xxiiii^{or} seniores de albo indutos et coronatis liliis albis in oppositum sibi, quod notatur in eo quod dicit quod aqua illius rivi Lethei prendebat eos sive eorum ydola a flanco et latere sinistro, et etiam reddebat ipsi auctori suam sinistram costam, cum inter ipsius auctoris esset contra Orientem iuxta dictum flumen et iter illorum contra Occidentem; de quibus xxiiii^{or} senioribus, ut veniamus ad eorum allegoriam, [27] ita scribit Iohannes, *Apocalipsis* capitulo iiii°, dicens: *Et vidi xxiiii seniores circumamictos stolis albis, et in capitibus eorum coronas albas aureas*, [28] ubi *Glosa* sub allegoria hec exponendo ait: *Per hoc signatur quod Ecclesiam ornat perfectio prophetarum duodecim*, scilicet Osee, Iohel, Amos, Abdias, Ionas, Micheas, Naum, Abacuc, Sophonias, Ageus, Zacharie et Malachie — [29] de quibus ita ait Yeronimus in *Prologo Bibie*: *Duodecim prophete in angustias coartati unius voluminis multo aliud quam sonant in licteram prefigurant: Ysayam non prophetiam sed Evangelium michi videtur texuisse, Ieremia, Ezechiel, Danielque inexponibiles sunt* — [30] et Apostolorum duodecim, scilicet Petri, Andree, Iohannis, Iacobi maioris et Iacobi minoris, Phylippi, Bartholomei, Mathei, Thome, Mathie, Simonis et Thadei, que tangitur per auctoritatem eis commissam singulis singularem, et sic per hos seniores prophetas et apostolos ostendit per quos Deus iuditia sua ordinat et disponit, in quorum stolis albis signatur puritas et munditia, in coronis victoria quam optinuerunt per karitatem et fidem contra scripturas hereticorum. [31] Ad hanc oppositionem facit quod ait idem Iohannes in preallegato

30. stolis] C stelis V.

---

25. Cf. ARIST., *Met.* III 2, 371b.
27–28. *Apoc.* IV 4 et *Gl.* rel.
29. HIERON., *Ep.* LIII viii.
31. *Apoc.* XXI 14.

capitulo xxi° *Apocalipsis*, dicens: *Et murus civitatis habens fundamenta duodecim* idest dictos xii prophetas qui fuerunt fundamenta Ecclesie. [32] Unde Ugo de Sancto Victore inquit ad hoc: *Semper et ante longe et in tempore legis faciunt aliqui quibus fides incarnationis revelata fuit, qui velut columpne Ecclesie essent*, et in ipsis xii^{cim} xii^{cim} nomina Apostolorum et agni. [33] Unde Apostolus *Ad Ephesios*, ii° capitulo, ad hoc idem inquit: *Ergo iam non hospites estis et advene, sed domestici Dei superhedificati super fundamentum apostolorum et prophetarum in ipso summo angulari lapide Christo Iesu*. [34] Alii signant has xxiiii^{or} seniores pro xxiiii^{or} libris Bibie, inter quos est Ysidorus in suo libro *Ethymologiarum* ita dicens: *Esdra secundum numerum licterarum sui alphabeti vetus Testamentum posuit in xxii libris, quorum primi sunt quinque Moysis, qui dicuntur Pentateucum, scilicet Genesis, Exodus, Leviticum, Numeri et Deuteronomium, item octo prophete, scilicet Iosue, Iudicum, Samuel, Malachim, Ysaias, Ieremias, Ezechiel et Thereazar, item qui dicitur duodecim prophetarum, qui libri pro brevitate sunt sibi adiuncti et pro uno accipiuntur. Tertius alius ordo est agiograforum, idest sancta scribentium, scilicet Iob, David, Proverbia Salamonis, Ecclesiastes, Canticum Canticorum, Daniel, Paralipomenon, Esdras et Ester, quidam adiderunt Ruth et Cinoth, quod dicitur Lamentatio Ieremie agiographis predictis. et sic sunt xxiiii volumina dicti Testamenti veteris, et ecce xxiiii seniores, qui ante conspectum Dei adsistunt: liber ille Sapientie, Ecclesiasticus, Tobia, Iudit et Machabeorum, licet non sint in canone hebraico et inter Apocriphos ponantur, tamen inter divinos libros Ecclesia eos et honorat et predicat*, et hec Ysidorus in dicto libro *Ethymologiarum* dicit. [35] Inde auctor fingit se post has seniores vidisse venire illa quattuor animalia que previsa et prenunciata fuerunt per Ezechielem prophetam dicentem in i° capitulo: *Et vidi et ecce ventus turbinis veniebat ab aquilone et nubes magna et ignis involvens et in medio similitudo iiii animalium habentium singulas duas alas*, [36] item etiam que prenuntiata fuerunt per Iohannem, *Apocalipsis* iiii° capitulo, dicentem: *Et vidi in medio sedis quattuor animalia plena occulis, et animal primum simile leoni, aliud*

---

34. Thereazar] vare afra V. Lamentatio] mame(n)tacio V.

---

32. Hugo de S. Vict., *Summa Sent.* I 3.
33. *Ep. Eph.* II 19–20.
34. Isid., *Etym.* VI i 3–9.
35. *Hiez.* I 4–5, 11.
36. *Apoc.* IV 6–7.

Super XXVIIII° capitulo Purgatorii

vitulo, aliud homini et aliud aquile. [37] Hii sunt quattuor Evangeliste, fundamenta nove Ecclesie et novi Testamenti post Testamentum vetus innovati, unde Ysidorus in vii° *Ethymologiarum* ad hoc ait: *Vetus Testamentum dictum Vetus ideo est quia adveniente Novo cessavit, unde Apostolus: "Vetera transierunt et ecce facta sunt nova"; et dictum est Novum Testamentum quia innovat, nec illud nisi renovati homines ex vetustate per gratiam.* [38] Et Apostolus in prima *Epistula ad Romanos* incepit: *Paulus servus Iesu Christi, vocatus apostolus, segregato in Evangelio Dei, quod autem promiserat per prophetas suos in Scripturis sanctis de Filio suo, qui factus est ei ex semine David secundum carnem,* audisti quia Evangelium non exhibetur nisi per prophetas ante pronunciaretur; [39] et in iii° *Ad Epheseos* etiam inquit: *Ipse Deus dedit apostolos quosdam, et prophetas alios, evangelistas alios, pastores et doctores in conservationem sanctorum in hedificationem corporis Christi,* idest dicte Ecclesie sue, [40] circa quod idem scribens beatus Yeronimus in suo *Prologo Bibie* ita ait, premisso sermone de libris veteris Testamenti ut de premissis senioribus, ut auctor fecit hic. [41] Modo tangam et Novum breviter Testamentum: Matheus, Marcus, Lucas et Iohannes quadriga Dei et Cherubin, quod interpretatur scientie plenitudo, per totum corpus occulati sunt et terga habent pennata ubique volantia, tenentque se mutuo et quasi rota in rota volvuntur, quorum flatus Sanctus Spiritus produxit. [42] Fingitur sub misterio Matheus in forma humana, solus qui suum *Evangelium*, prius hebraicis licteris scriptum in Iudea, incepit ab humana maturitate Christi, dicens: *Liber generationis Iesu Christi* etc.; [43] Marcus ut leo, quia in suo *Evangelio* scripto per ipsum primo grece in Ytalia sequendo Petrum ut eius discipulus, initium fecit a Spiritu Sanctu prophetale dicendo *Vox clamantis in deserto*, ut ostenderet Christum per assumptionem carnis Evangelium predicasse mundo, nam et propheta dictus est, nam scriptum est *Prophetam in gentibus posui te*; [44] Lucas ut vitulus, quia suum Evangelium, grece

---

37. Isid., *Etym.* VI i 1–2.
38. *Ep. Rom.* I 1–3.
39. *Ep. Eph.* IV 11–12.
42. *Matt.* I 1.
43. *Marc.* I 3; *Hier.* I 5.
44. *Luc.* I 5.

Comentum Petri Alagherii

scriptum, incepit a sacrificio in quo vituli immolabantur; incipiendo: *Fuit in diebus Herodis sacerdos nomine Zacharias*, ut manifestaret Christum post nativitatem carnis in predicationem hostiam fuisse effectum pro salute mundi; [45] Iohannes ut aquila, quia incepit a verbo ut ostenderet eundem Salvatorem qui pro nobis dignatus est nasci et pati ipsum ante secula Dei cibum esse et ipsum a celo venisse et ad celum remeasse secundum Ysidorum, [46] secundum vero Gregorium in iv^a *Omelia super Ezechiel* ubi de hoc dicit: *Iohannes ut aquila ponitur quia cepit a divinitate Christi: nam, sicut aquila cunctis avibus altius volat et reverberatis occulis solis radios intuetur*, [47] sic iste altius ascendit dicendo: *In principio erat verbum*, et sic dum in ipsam Deitatis substantiam occulos posuit quasi in solem more aquile eos finxit; et dicuntur animalia hii quattuor Evangeliste quia propter animam hominis predicatur Evangelium. [48] Item pleni occulis dicuntur quia previsa et iam dicta a prophetis et que promiserunt imprimunt, faciendo auctor comparationem de hiis occulis ad occulos Argi, ut dicit textus (de quo Argo statim dicam infra in capitulo penultimo), sex eorum alarum tegentes ita eos: [49] quem numerum alarum auctor hic sequitur secundum Iohannem, non numerum duarum singularum alarum Ezechielis, que, ut dicit textus hic, sunt illa revelata in adventum Christi que prius tegebantur; [50] alii ponunt eas pro sex legibus, scilicet pro naturali, mosaica prophetica, evangelica, apostolica et canonica. [51] In medio quorum animalium fingit hic auctor esse hunc currum tractum a grifone isto representante Christum, cui inducendo Salamon in *Canticis* capitulo primo, Ecclesiam loqui in forma currus, inquit: *Trahe me post te*, unde subdit ibi: *Curribus pharaonis assimilavi te amica mea*, dicit ibi Christus ad Ecclesiam, [52] et ecce cur auctor hic currus, nedum romanos triumphales, sed etiam currum solis huic currui in decore postponunt, fingendo eum cum duabus rotis et cum septem istis dominabus festantibus circa eas, ut dicit textus hic. [53] Qui currus, quantum ad misticum intellectum pro dicta Ecclesia militante hic, ut modo supra dixi, signatur, et grifon iste pro Christo. [54] Nam,

---

45. Cf. *Ioh.* XIII 3.
46. Hugo De S. Vict., *Comm. in Dion. Hier. Coel.* X 15.
47. *Ioh.* I 1.
48. Cf. *Isaia* VI 2.
49. Cf. *Hiez.* I 6, 8–9 and *Apoc.* IV 6–8.
51. *Cant.* I 3, 8.

sicut grifon quasi una eadem substantia duas naturas tenet, scilicet avis et leonis, ita Christus divinam et humanam naturam in una substantia humana, et hoc est quod dicit hic auctor quod in quantum avis erat habebat membra aurea et divinam naturam, alia alba dispersa rubore, idest humanam, que membra eius humana in cruce dispersa fuerunt suo cruore. [55] Quod tangens Iohannis, *Apocalipsis* capitulo xviiii°, loquendo de ipso Christo ait: *Vestitus erat veste aspersa sanguine et vocabatur nomen eius verbum Dei.* [56] Et in hoc satis ostendit hic auctor quod notant *Glosatores Iuris Canonici*, dicentes quod *Christus non fuit compositus ex deitate et humanitate: nam simplicitas deitatis nullam recipit compositionem, sed compositus fuit reatu sue humanitatis que fuit composita ex anima rationali et humana carne*; [57] et quod tangit hic auctor de curru solis supradicto combusto, tangit fabulam Phetontis de qua vide quod scripsi in *Inferno* in capitulo xvii° dicendo etiam quod Iupiter ad perimendum dictum Phetontem fuit archane iustus, quasi velit dicere quod fecit illud servato illo suo ordine, [58] de quo scribit Seneca dicens in libro *De Naturalibus Questionibus* quod *Nunquam dictus Iupiter mictit fulmen nisi de consilio suorum celicolarum secus solum si illud mictit ad terrendum.* [59] Dicte vero due rote duas signant sacras paginas, scilicet Veteris et Novi Testamenti, super quibus substantiata est dicta Ecclesia. [60] Tres domine tripudiantes ad dexteram rotam tres virtutes theologicas signant, que novo Testamento adveniente infuse sunt in Ecclesiam mediante baptismo, ut dicitur in iiii° *Sententiarum* et in iii^a parte *Summe* questione lxviii^a per Thomam. [61] Et ideo Apostolus, i° *Ad Corinthios* xiii° capitulo, ait: *Nunc manet fides, spes et karitas:* [62] *Hiis scientia et prophetia militavit*, dicit ibi *Glosa* Augustini, [63] et quia hec virtutes theologice ordinant animas ad finem supremum, cardinales vero contra ea que sunt ad finem illum, ideo ut nobiliores premictit eas auctor, hic fingendo pro domina rubea karitatem, pro viridi spem, pro alba fidem: quarum maior est karitas. [64] Nam, ait Ysidorus in vii° *Ethymologiarum*: *Karitas grece, latine dilectio*

---

55. xviiii°] ST xviii° V.

58. celicolarum] C colicolar(um) V.

---

55. *Apoc.* XIX 13.
58. SEN., *Nat. Quest.* II xli.
60. Cf. PETR. LOMB., *Sent.* IV iii 10 and THOM., *Theol.* III q. lxix 4–5.
61. *I Ep. Cor.* XIII 13.
62. AUG., *De Doctr. Chr.* I 37.
64. ISID., *Etym.* VIII ii 6–7.

dicitur, que maior est aliis: nam qui diligit credit et sperat, [65] unde Apostolus idem in capitulo xiiii° in preallegata *Epistula ad Corinthios* ait: *Sectamini karitatem et emulamini spiritualia.* [66] Ideoque dicit hic auctor quod alie moventur ab ipsa: quattuor ad sinistram sunt prudentia, iustitia, temperantia et fortitudo, que cardinales virtutes appellantur, quam prudentiam alie sequuntur, ut dicit hic auctor, de qua Seneca in suo opuscolo *De Formula Honestatis* ait: *Si prudens es, animus tuus tribus temporibus dispensetur: presentia ordina, futura previde, preterita recordare*; et ecce tres eius occuli de quibus hic auctor dicit. [67] Inde adhuc auctor prosequitur ad ostendendum qui fuerunt alii preter dictos Evangelistas scribe Novi Testamenti, in eo quod fingit se vidisse hos duos senes hic subsequenter; unum cum una spata, alium in habitu medici: senex cum spata figuratur pro Paulo, *Qui scripsit,* ut dicit idem Yeronimus in preallegato libro *Prologo Bibie, ad septem Ecclesias per suas Epistulas septem et octavam ad Hebreos. Thimoteum instruit ac Titum Philemonem pro fugitivo servo deprecatur, super quo tacere melius puto quam pauca scribere*; et subdit: [68] *Actuum Apostolorum dicimus fuisse Lucam medicum, cuius laus est in Evangelio, advertimusque pariter omnia verba illius anime languentis esse medicinam*; [69] iterum subdit ibidem idem Yeronimus, dicens *Iacobum, Petrum, Iohannem et Iudam, idest Taddeus, septem Epistolas ediderunt tam misticas quam succintas et breves pariter ac longas: breves in verbis, longas in sententiis, ut rarus sit quod earum letione non cecutiat*, et ecce hii quattuor quos auctor dicit se vidisse hic in humili aspectu; [70] ultimo ait idem Yeronimus ibi: *Apocalipsis Iohannis tot habet sacramenta quot verba; pauca dixi pro merito voluminis; laus omnis inferior est: in verbis singulis multiplices latent intelligentie*, et ecce senes solus quem auctor hic dicit se vidisse ultimo venire dormiendo cum facie arguta. [71] Nam talem visionem habuit dictus Iohannes dormiendo in cena super pectore Domini, unde, ut ait Ysidorus, *Apocalipsim* scripsit, quam dedit illi Deus eo tempore quo Evangelii predicatione in insula Pathomos traditur alligatus, et revelatio interpretatur eorum que abscondita erant modo quia prefati Veteres et Novi scriptores Veteris et Novi Testamenti triumpharunt et victoriosi fuerunt et optinuerunt contra hereticorum scripta prophana in fide que sub coloratione alba hic accipitur

---

65. *I Ep. Cor.* XIV 1.
66. MART. BRAG., *Form.* II 66.
67–70. HIER., *Ep.* LIII viii.
71. ISID., *Etym.* VI ii 49.

Super XXVIIII° capitulo Purgatorii

et spe que sub viridi et in karitate que sub rubea. [72] Ideo auctor primum ordinem, idest dictos seniores, finxit sub mistico sensu coronatos floribus, idest liliis albis, secundum scilicet dictos Evangelistas frondibus viridentibus, et hos alios septem ultimos rosis et aliis floribus rubeis. Alia per se patent.

SUPER XXX° CAPITULO PURGATORII

[1] **Quando il septentrion del primo cielo**. [2] Hoc trigesimum capitulum apertum est in cortice sic quod in ea modica indiget expositione, at in medulla et integumento occultum valde est et clausum, quapropter advertendum est primo quod inter prophetas priscos et sanctos scriptores Salamon fuit ille qui magis prenuntiavit Christum suam Ecclesiam militantem per eius passionem et mortem in hoc mundo instituturus in *Canticis*, maxime in capitulo iiii°, dum ibi dicit loquendo in persona Christi ad Ecclesiam: *Tota pulcra es amica mea et macula non est in te, veni de Libano sponsa mea, veni de Libano, veni*, [3] unde Yeronimus in *Prologo Bibie* ad hoc inquit: *Salamon pacificus dicitur et amabilis Domini, mores corrigit, naturam docet, Ecclesiam iungit et Christum*; [4] et hoc tangit hic auctor ut de adventu dicte Ecclesie et stabilitate eius, dum fingit quomodo, firmatis dictis septem donis Spiritus Sancti, hic volvit septem candelabris, et velut illis septem stellis septentrionalibus, ut dicit autor in principio huius capituli, quibus naute sua navigia dirigunt ad cupitos portus, dicti seniores volverunt se ad dictum currum, hoc est quod prophetias suas retulerunt ad Christum et ad dictam eius Ecclesiam militantem illam iam prefigurantes, et unus de eis clamavit: *"Veni, sponsa, de Libano"*, monte scilicet Iudee seu Fenicie, [5] qui candor seu candidatio interpretatur ut ostendat Ecclesiam Christi per eius mortem habitam in Iudea venisse in mundum ut candidam columbam sine ruga et macula, [6] unde Psalmista ad hanc prophetiam respiciens ait: *Facta est Iudea sanctificatio eius, Israel potestas eius,* [7] ad cuius Salamonis tanti

---

1. *Purg.* XXX 1.
2. *Cant.* IV 7–8.
3. Hier., *Epist.* LIII 4.
4. *Purg.* XXX 11.
6. *Ps.* CXIII 2.
7. *I Reg.* XI 4.

Super XXX° capitulo Purgatorii

senis vocem etc. auctor hoc dicit ut tangat quod legitur in iii° *Regum* in capitulo xi°, ibi: *Cum iam essent senex Salomon* etc. [8] Post que dicit hic auctor quod vidit super basternam illam, idest super currum illum decoratum (nam 'basterna' dicitur quilibet currus pannis ornatus secundum Uguccionem), angelos tot et spiritus beatos dicentes *"Benedictus qui venis"* et flores spargendo, ut dicit textus, [9] alludendo in hoc auctor illis verbis Psalmiste prenunciantis hanc eandem Ecclesiam Christi venturam in forma currus in gaudium sanctorum, qui scripsit dicendo: *Currus Dei decem milibus multiplex, milia letantium, Dominus in eis in Sinai*, [10] item alludendo verbis illis Virgilii dicentis in vi°: *Tu Marcellus eris. Manibus date lilia plenis.* [11] Modo ad ea que hic sequuntur prenotandum est quod, secundum quod scribit iste auctor in iii° libro eius *Monarchie: Quedam Sacra Scriptura fuit orta ante Ecclesiam sepe dictam militantem, quedam cum ipsa Ecclesia, quedam post. Ante quidem Ecclesiam sunt vetus et novum Testamentum, quod "In ecternum mandatum est", ut ait Propheta*; [12] *cum Ecclesia sunt veneranda illa concilia principalia et generalia celebrata quattuor*, scilicet primum Nicenum, secundum Constantinopolitanum, tertium Ephesinum, quartum Calcedonense, *quibus Christum interfuisse nemo fidelis dubitat, cum habeamus ipsum dixisse adscensurum in celis discipulis suis, ut testatur Matheus in fine sui Evangelii: "Ecce ego vobiscum sum omnibus diebus usque ad consumationem seculi".* [13] *Sunt et scripta quattuor doctorum Ecclesie*, scilicet Gregorii, Augustini, Ieronimi et Ambrosii ac aliorum sanctorum multorum, *quibus est studendum homini usque ad ultimum iotam.* [14] *Post Ecclesiam vero sunt traditiones Ecclesie, scilicet Decretales Epistule*, [15] unde Gelasius papa in quodam *Decreto* ita inquit circa hec: *Sancta romana Ecclesia post novi et veteri Testamenti scripturas, quas regulariter suscipimus, etiam has suscipi non prohibet*, scilicet dicta quattuor concilia et sinodus; [16] *item opuscola sanctorum primorum que in sancta Ecclesia reperiuntur*, scilicet beatorum Cypriani, Gregorii, Iohanni Os Auri, Ilari, Ambrosii, Augustini, Yeronimi, Prosperi et Leonis, *ac omnium patrum ortodoxorum qui in nullo ab Ecclesia deviarunt; item Decretales Epistule, quas beatissimi pape ediderunt.* [17] Igitur ad propositum volens auctor, continuando se ad proxime precedentia, ulterius procedendo hic ostendere quomodo theologica

---

8. Hug. Pis., *Deriv.* s.v. 'basterna'; *Ioh.* XII 13 and *Purg.* XXX 19.
9. *Ps.* LXVII 18.
10. Verg., *Aen.* VI 883.
11–14. Dante, *Mon.* III iii 11–4.
15–16. *Decr. Grat.* I D. XV c. 3.

Comentum Petri Alagherii

Sancta Scriptura mediantibus institutis dictorum conciliorum et scriptis prefatorum sanctorum instituta, et firmata dicta nova Ecclesia Christi in eam venit et descendit et cum ea instituta est, fingit hanc Beatricem, figurantem in toto hac poemate dictam theologiam, in dictum misticum currum ita descendisse de celo reportantem dictam Ecclesiam in nube quadam floribus, ut dicit textus, stipata, accipiendo hos flores pro scriptis et voluminibus dictorum sanctorum, et dictos angelos proicientes eos flores pro cherubinorum angelorum virtutibus qui precellunt alios in sapientiam et scientiam. [18] Nam 'cherubim' plenitudo scientie interpretatur, [19] iuxta prefigurationem Salamonis loquentis in persona dicte Ecclesie dicentis in *Canticis* ii° capitulo: *Fulcite me floribus, stipate me malis*, et subdit: *Iam hiems transiit, imber abiit et flores apparuerunt in terra nostra*, [20] et *Ecclesiastici* xxiv° capitulo, incipientis: *Sapientia laudabit animam suam et in Deo honorabitur*, scilicet ipsa theologia, *et in Ecclesia Altissimi aperiet os suum et in conspectu illius gloriabitur, et in multitudine electorum habebit laudem*, dicendo "*Ego de ore Altissimi prodivi, primogenita ante omnem creaturam, ego feci in celis ut oriretur lumen indeficiens, et sicut nebula texi omnem carnem, ego in altissimis habitavi, et tronus meus in columpna nubis; ego quasi vitis fructificavi suavitatem odoris, et flores mei fructus honoris et honestatis; ego sapientia effudi flumina, ego quasi fluvius Dorix, et sicut aqueductus exivi de Paradiso. Dixi: 'Rigabo ortum meum', quoniam doctrinam quasi antelucanum illumino omnibus, et non solum michi laboravi, sed omnibus querentibus veritatem*". [21] Vel potest iste descensus Beatricis in tali allegorica nube referri ad id quod determinat Thomas in principio prime, scilicet quod theologia, que ad Sacram Scripturam pertinet, sit scientia inspirata et revelata a Deo, et que sic differat ab illa theologia que pars phylosophie dicitur, [22] de qua Phylosopho in vi° *Methaphysice* dicit, et sic etiam a physica scientia, que sequitur naturalem rationem, solummodo differt; [23] describendo inde auctor ipsam talem Beatricem supra velum candidum cintam fronde olive, que arbor consecrata fuit olim Minerve, dee sapientie, item sub viridi clamide indutam de rubeo ut in hoc ostendat theologiam in fide alba in spe viridi in caritate rubea, ut descripte sunt in precedenti capitulo, decorari: [24] nam et Alanus, describens

---

18. Isid., *Etym.* VII v 22.
19. *Cant.* II 5, 11–12.
20. *Eccli.* XXIV 1–7, 23, 40–42, 44, 47.
21–22. Thom., *Theol.* I q. i a. 1.
24. Alan., *Anticl.* V 109, 112–13.

Super XXX° capitulo Purgatorii

eam theologiam, etiam inquit: *Claudit eam vestis auro perfusa refulgens / quam divina manus et solers dextra Minerve / texuit* etc.; [25] fingendo inde auctor in dicta tali apparitione Beatricis umbram Virgilii ibi evanuisse, de quo auctorem lacrimantem, non valentem sibi amenitate dicti Paradisi quam perdidit antiqua mater nostra Eva, ut dicit textus hic, et ipsam Beatricem incutere verbis ita ipsum auctorem eum proprio nomine vocando, ut dicit textus, addendo quod expressio dicti sui nominis hic facta fuerat de necessitate. [26] Hiis ita premissis, videamus quid auctor sub velame allegorico voluerit hic dicere et in sequenti capitulo de se et de ista Beatrice ita ipsum reprehendente; et puto ipsum in hoc presuponere voluisse, videlicet quod iam in sua pueritia, idest in sua prima etate et impubescentia, de facto se dedisse studio illius partis theologie que respicit vetus Testamentum, quo studio dicte prime partis peracto simul cum dicta eius prima etate, et adveniente secunda, scilicet adolescentia seu pubertate incipiente, incohato xv° anno, dum debuisset procedere ulterius ad secundam partem dicte theologie, verum ad ea que sunt novi Testamenti, ut ad nobiliora et salubriora, destitit, et dedit se studio poesie et camenis et oblectamentis vanis poetarum et aliis mundanis et infructuosis scientiis, [27] *Transferendo se in aliena castra non tanquam explorator,* ut dicit Seneca in ii[a] *Epistula ad Lucilium* se fecisse, *sed ut transfuga*: quod tangit hic auctor dum dicit primo quomodo in ista apparitione Beatricis occulte cognovit eam sine amminiculo sui visus, licet eius spiritus iam tanto stetisset, quod ad presentiam eius Beatricis non foret stupore affrantus, idest attritus, [28] et dum subdit de alta virtute ipsius Beatricis, a qua dicit quod transfixus fuit antequam foret extra pueritiam, [29] item dum subdit inferius ipsam Beatricem dicere quomodo cum suis occulis iuvenibus sustinuit eum longo tempore, tamen dum fuit in solio, idest in introitu sue secunde etatis, dicta Beatrix accipiendo eius secundam etatem pro sua secunda dicta parte novi Testamenti, in qua virtuosior et carior in pulcritudine facta erat, minus

---

26. procedere] processisset V.

---

27. Sen., *Ep. Lucil.* II 5.

Comentum Petri Alagherii

fuit sibi grata, elevata de carne ad spiritum. [30] Hoc dicit ut tangat quod ait Apostolus, *Ad Romanos* viii° capitulo, dicens: *Nichil ergo nunc damnationis est hiis in Christo Iesu, qui non secundum carnem ambulant; lex enim spiritus vite in Christo liberari nos a lege peccati et mortis, qui non secundum carnem ambulamus, sed secundum spiritum; qui secundum carnem sunt, que carnis sunt sapiunt, qui secundum spiritum que sunt spiritus; nam prudentia carnis mors est, prudentia vero spiritus vita et pax*; [31] preterea lex veteris Testamenti promictebat suis observatoribus benedictionem temporalis prosperitatis et transgressoribus temporalis adversitatis maledictionem, ut in *Deuteronomio* xxviii° capitulo legitur, sed lex nova novi Testamenti observatoribus suis vitam ecternam promictit et transgressoribus Gehennam. [32] Ad propositum igitur, premisso quod superius iam scripsi per Macrobium, scilicet quod quattuor sunt generea virtutum — nam sunt politice, sunt purgatorie, de quibus potest dici sermo fuisse hucusque in hoc libro Purgatorii — sunt tertie que dicuntur animi iam purgati et ab omne aspergine vitii iam detersi, quarum est cupiditates non reprimere, sed penitus oblivisci, ex quo patet per se cur auctor hoc flumen Letheum hic fingat; sunt et quarte exemplarie, de quibus statim dicam in capitulo sequenti — auctor in sua persona ut in prima etiam cuiuslibet alterius iam purgati a vitiis et peccatis in hoc mundo mediantibus dictis virtutibus purgatoriis, volens ad dictas tertias virtutes ulterius modo devenire, non sufficiendo sibi hucusque deplorasse eius male acta commissa per eum in faciendo, sed etiam ea que commisit in omictendo. [33] fingit se hic nunc ita reprehendi auctor de eius omissione studii dicte theologie sub proprio nomine ipsius auctoris a Beatrice: quod quidem duplici modo potest attendi, primo quod auctor in hoc tangat quod naturaliter contingit nobis; nam raro est quin homo, reprehendens se de aliquo defectu ardenter, se ipsum in se ipso non nominet nomine proprio, recognoscendo et videndo se turpiter fefellisse, quod quidem etiam hic tangit dum fingit se in hac aqua ita deformem

---

30. qui non secundum carnem ambulamus, sed secundum spiritum; qui secundum carnem sunt] q(ui) no(n) s(ecundu)m carne(m) ambulamus s(ed) s(ecundu)m sp(iritu)m qui s(ecundu)m carne(m) ambulam(us) s(ed) s(ecundu)m sp(iritu)m q(ui) s(ecundu)m carne(m) sunt V.

---

30. *Ep. Rom.* VIII 1–2, 4–6.
31. Cf. *Deut.* XXVIII 15–45.

Super xxx° capitulo Purgatorii

vidisse, [34] alludendo in hoc auctor verbis Gregorii dicentis in *Moralibus*: *Sacra Scriptura tanquam speculum mentibus nostris apponitur*, ut si quid fedum in eis fuerit, videatur ut contingit hic sibi per Beatricem; vel secundo modo hic auctor finxit Beatricem hoc dixisse ut consonaret et conformaret hoc nomen Dantes et referret eius ethicam ad vitium ipsius auctoris, quod fuit modo dando se huic scientie, modo illi relinquendo ipsam theologiam ut instabilis et inconstans ceteram doctrinam moralem, [35] secutus verba Senece dicentis in dicta ii[a] *Epistula ad Lucilium*: *Distrahit librorum multitudo animum;* "Sed modo", inquis, "hunc librum evolvere volo, modo illum". *Fastidientis stomaci est multa degustare, que, ubi varia sunt, coinquinant et non alunt. Probatos itaque semper lege, et si quando diverti libuerit, ad priores redi,* [36] eodem sensu fingit etiam Boetius in i° phylosophiam ipsum reprehendere de simili dicentem: *Tu ne ille es qui nostro quondam lacte nutritus, in virilis robur animi evaseras? At quod talia contuleramus arma que nisi prior abiecisses invicta firmitate tuerentur; agnoscis ne me? quid taces? pudore an stupore?* — [37] fingendo se primo reprehendi auctor sub dicto colore a Beatrice tanquam nondum vere perfectus deplorando Virgilium recedentem ita ab ipso, quasi non adhuc explicitus ab amore mundane scientie rationalis, pro qua in hoc passu ipsum Virgilium accipit et ipsam Beatricem pro sapientia divina, [38] unde Augustinus in suo libro *De Doctrina Christiana* inquit: *Hec est recta distinctio sapientie et scientie, et ad sapientiam pertineat intellectualis cognitio ecternarum rerum, ad scientiam vero temporalium rerum cognitio rationalis.* [39] In eo vero quod dicit in hec Beatricem in actibus protervam notat quod protervitas non est in verbis sed in actibus — [40] unde in *Grecismo* dicitur: *Inprobus est aliquis verbis factisque protervus* — [41] interponendo comparationem ad colorationem eorum que dixerat auctor hic supra de hiis premissis angelis quos fingit hic canere nunc illum *Psalmum* David: *In te Domine speravi, non confundar in eternum, in iustitia tua libera me, inclina ad me aurem tuam, accelera ut eruas me; esto michi in Deum protectorem et in domum refugii ut salvum me facias, quoniam fortitudo mea et refugium meum es tu, et*

---

35. secutus verba Senece] senece V.

---

34. Greg., *Mor.* II i 1.
35. Sen., *Ep. Lucil.* II 3–4.
36. Boeth., *Cons. Phil.* I pr. ii 1.
38. Aug., *Trin.* XII 15, 25.
41. *Ps.* XXX 1–9.

propter nomen tuum deduces me ut nutries me; educes me de laqueo hoc quem absconderunt michi, quoniam tu es protector meus. In manus tuas commendo spiritum meum, redimisti me, Domine Deus veritatis, odisti servantes vanitates supervacue; ego autem in Domino speravi, exultabor et letabor in misericordia tua quoniam respexisti humilitatem meam, salvasti de necessitatibus animam meam, nec conclusisti me in manibus inimici; statuisti in loco spatioso pedes meos, [42] que verba hucusque si David finisset in hoc ficto cantu auctoris non proprie protulissent ad mitigationem impetrandam si bene inspiciantur. [43] Inde ex dicta comparatione elicit aliam hic subsequenter auctor de trabibus vivis et de arboribus Appennini, montis Ytalie, et de nive in eis congelata et inde liquefacta dum spirat meridiana terra suos tepidos ventos, in qua regione est quedam terra vocata Cyena ita sub tropico cancri et sub sole ibi eminente, quod nullam umbram facit ibi ad solem aliquod corpus vel arbor, [44] de qua Lucanus in secundo ait: *Egypto atque umbras nusquam flectente Cyene.* [45] Inde fingit Beatricem ad hoc respondere dictis angelis, non quod sit opus eis dicendo sua tali responsione cum semper notent, idest cum semper aprehendant in divino aspectu cuncta preterita presentia et futura girando se et rotando circa essentiam divinam, ut dicit iste auctor in capitulo xxviii° infra in *Paradiso*; et hoc tangit etiam hic fingendo Beatricem dicere ex hoc eis quod ideo eius talis responsio est cum maiori cura, subaudi quam deberet, sed hoc narrat non propter eos sed propter personam auctoris, ut doleat de reprensione tali per eam sic per indirectum contra ipsum obiecta: dicendo quomodo ipse auctor, non tantem propter opus magnarum rotarum, [46] — idest septem sperarum seu colorum septem planetarum stellarum vagarum, que dant nobis nostra ascendentia cum signis duodecim stellarum fixarum octave spere secundum quod associantur, ut dicitur hic, simul ut patet in ascendente eius auctoris ut ipse testatur infra in *Paradiso* in capitulo xxii°, quod fuit cum planeta Mercurii associata cum signo Geminorum, quarum stellarum ita associatarum effectus est reddere hominem ingeniosum et licteratum, et hoc est quod tangit hic auctor de sotietate stellarum — sed etiam propter infusam gratiam divinam excedentem omnem effectum constellationum predictarum tanquam melior res — [47] ut tangit etiam iste auctor supra in *Inferno* in capitulo xxvi°, ibi dum dicit:

43. montis] motis V.

---

44. LUCAN., *Phars.* II 587.
47. *Inf.* XXVI 23.

Super XXX° capitulo Purgatorii

Sì che, se stella bona o miglior cosa etc., quod exemplificari potest in Esau et Iacob simul nascentibus sub eodem ascendente et constellatione, et tamen gratia favente Dei Iacob gratus fuit Deo, Esau non, ut scribet iste auctor infra in *Paradiso* in capitulo penultimo, ubi de hoc vide, concludendo hic Beatrix quomodo hoc contingit auctori dimictendo divinam scripturam propter mundanam, [48] contra doctrinam Phylosophi dicentis in x° *Ethycorum* contra Simonidem poetam forte in eodem defectu cum isto auctore culpandum quod *Homo se debet trahere ad divina in quantum potest aliter ad interitum nostra potentia tendit*, [49] et contra illa que obicit phylosophia Boetio in i° in simili etiam reprehensione dicendo de oblectamentibus vanis poetarum: *Quis has scenicas meretriculas,* idest camenas poeticas, *ad hunc egrum permictit accedere? Hee sunt que infructuosis spinis uberem fructicibus rationis segetem necant hominum que mentes assuefaciunt morbo, non liberant. Igitur ite, o syrene, usque in exitium*; per que verba satis potest fieri concludendo in fine isto huius capituli.

---

48. Cf. ARIST., *Eth.* II 9, 1109 b 1–6.
49. BOETH., *Cons. Phil.* I pr. i 8–11.

SUPER XXXI° CAPITULO PURGATORII

[1] **O tu che sei de la dal fiume sacro**. [2] In hoc xxxi° capitulo auctor fingit Beatricem de obliqua eius reprensione redire ad directam, continuando se adhuc ad proxime dicta contra ipsum auctorem, monendo eum ut confiteatur vera esse que iam dixit sine cuncta, idest sine dubia mora; que auctor plorando fingit se confirmasse, et Beatricem arguendo sibi dicere cur destitit a desideriis eius theologie beatificantis nos in hoc mundo per alias affectiones; [3] quo respondente sibi, ut patet hic in textu, scilicet quomodo presentes res, subaudi mundane, volverunt cum sua falsa placibilitate eum post extinctam ipsam Beatricem, [4] adhuc instat Beatrix dicens contra auctorem, quod bene est notum ei id quod querit, sed cum proprio ore quis confitetur, rota voluntatis volvit se ad contrarium, [5] ut contingit beato Gregorio confitenti se ab Alexandro episcopo, de quo alias, ei in quadam *Epistula* scribendo, inquit: *Omne in tuis auribus quod michi de me displicebat exposui, quoniam diu longeque conversionis gratiam distuli* etc., tangendo de sirenis hic, idest de attractionibus mundanis, ut plene de eis scripsi supra capitulo xviiii°. [6] Modo si hec alia que hic sequuntur, scilicet de morte ipsius Beatricis et de eius carne sepulta et membris, ut dicit textus, allegorizare volumus, premictenda sunt hec que scribit Apostolus dicendo *Ad Galatas* iiii° capitulo, et que etiam tetigi supra in

    2.   monendo] mo{ʋn}en(d)o V. cuncta] cucta V.

    3.   extinctam] extincta V.

    6.   cum filio] cum filie V.

---

1.   *Purg.* XXXI 1.
5.   GREG., *Moral. in Job*, ep. praef. I.
6.   *Ep. ad Gal.* IV 21–26, 28–31, V 1.

Super XXXI° capitulo Purgatorii

rubrica libri Inferni: *Dicite michi, qui sub lege vultis esse, legem non legistis? Scriptum est enim quoniam Abraam duos filios habuit: unum de ancilla, unum de libera; sed qui de ancilla secundum carnem natus est, qui autem de libera, per repromissionem; que sunt per allegoriam dicta; hec enim sunt duo Testamenta, unum quidem in montem Synai, in servitute generans, que est Agar. Synay mons est in Arabia, qui coniuctus est ei qui nunc est in Yerusalem et servit cum filiis suis. Illa autem que sursum est Yerusalem, libera est, que est mater nostra. Nos ergo, fratres, secundum Isaac promissionis filii sumus, sed quomodo tunc is qui secundum carnem natus fuerat, persequebatur eum qui secundum spiritum, ita et nunc. Sed quid dicit Scriptura? "Eice ancillam et filium eius, non enim heres erit filius ancille cum filio libere"; itaque, fratres, iam non sumus ancille filii, sed libere:. qua libertate Christus nos liberavit benedictus. State et nolite iterum iugo servitutis contineri*; [7] et sequitur in capitulo sequenti: *Si circumcidamini, Christus vobis nichil proderit; evacuati estis a Christo. Nos autem spiritum ex fide, spem iustitie expectamus. Nam in Christo circumcisio nec aliquid valet, sed fides que per karitatem operatur*. [8] Item prenotanda sunt que etiam tangit circa hoc textum *Ecclesiastici*, capitulo xliiii° dicens: *Abraam magnus pater conservavit legem Excelsi et fuit in testamento cum illo, et in carne eius stare fecit testamentum*, [9] et in xxiiii° capitulo etiam dicens in persona ipsius theologie: *Et sicut nebula texi omnem carnem*: [10] ex quibus verbis et auctoritatibus satis possumus invenire in hoc passu ad velatam intentionem auctoris loquentis hic in persona Beatricis ita de se, ut de muliere olim corporali et carnali, prout fuit in hac vita, et inde mortua et sepulta, ut res mortalis; que eius auctoris intentio fuit hic, mistice loquendo, ut quemadmodum mortua dicta Beatrice ut femina quadam corporali et carnali, eius anima viguit spiritualiter, trahens ad se virtualiter potentias et virtutes corporeas, ut dictum est supra in xxv° capitulo, [11] ita ipsa sacra theologia, figurata in persona eiusdem Beatricis, mortua, idest finita in dicta sua parte prima et vita quodammodo carnali et corporali temporis legis et veteris testamenti, cepit vigere et viget in presenti tempore gratie et novi Testamenti, quasi ut anima spirituali, immortalis et pulcrior et nobilior, ut est anima suo corpore, ac trahens ad se omnes virtutes et potentias dicti veteris Testamenti ad unionem nostre fidei.

8. circa] cicha V.

---

7. *Ep. ad Gal.* V 2, 4–6.
8. *Eccli.* XLIV 20–21.
9. *Eccli.* XXIV 6.

[12] Et sic ad propositum, ubi dicit hic dicta Beatrix, ut dicta theologia, de eius carne sepulta, intelligere debemus de dicta prima eius parte dicti veteris Testamenti quasi defecta hodie, in quantum carnalia tractabat et promictebat et temporalia, at nunc in novo testamento spiritualia promictuntur. [13] Hoc etiam intelligi debet simili modo dum dicit ipsa Beatrix auctori hic subsequenter quomodo nunquam natura vel ars, idest pictura, sibi presentavit quicquam placibilius suis membris dispersis in terra, referendo hec membra ad volumina dictorum veteris et novi Testamenti, et ad scripta sanctorum super eis edita. [14] Ex quo arguit statim ipsa Beatrix, si tantum bonum defuit ipsi auctori propter eius mortem, idest propter eius talem transmutationem usque ad eius terminum, studendo venit ipse auctor ac destitit in ingressu novi Testamenti, secundum fictionem superius sepe tactam; quomodo quidem dicta sacra theologia superet ceteras alias scientias, mundanas scilicet et humanas, [15] audi Phylosophum dicentem in i° *Metaphysice* quod ipsa *Theologia est sola libera scientiarum et sola suimet causa et possessio divina, non humana*, cuius solus Deus habet honorem, virum autem non dignum, secundum Simonidem poetam; [16] et audi Ambrosium, *Super Epistulam Colossensium* etiam dicentem: *Omnis ratio superne scientie vel terrene creature in eo est qui est caput earum et auctor, ut, qui hunc novit, nichil ultra querat, quia hic est perfecta virtus et sapientia, et quicquid alibi queritur hic perfecte invenitur*; [17] unde Cassiodorus, *Super Salterio*, inquit: *Omnis splendor rethorice eloquentie, omnes modi poetice locutionis, quelibet varietas decore pronunciationis a divinis scriptoribus sumpsit exordium*, quos auctor hic pro dictis membris Beatricis accipit, ut supra dictum est. [18] Et sic detrahendo poesie improperat hic Beatrix auctorem de 'pargoletta', ut dicit textus; nam, mortua ipsa Beatrice, vult dicere auctor quomodo procus effectus fuit alterius domine sub nomine pargolette, pro qua moraliter sensit de poesia, [19] dicendo in quadam cantilena sua: **Io mi son pargoletta bella e nova** etc. [20] Que reprehensio Beatricis, ut figurate theologie, potest dici obiecta auctori allegorice merito per ipsam theologiam in persona multorum theologorum dissuadentium ipsam poesiam et alias mundanas

13. placibilius] C placibilis V.

15. Cf. THOM., *Theol. Metaph. exp.* I ii lect. iii 29–31.
16–17. *Decr. Grat.* I D. XXXVII c. 7.
19. DANTE, *Rime* LXXXVII 1.

Super XXXI° capitulo Purgatorii

scientias, obmissa dicta Sacra Scriptura; [21] inter quos est beatus Augustinus in ii° *De Civitate Dei* dicens Platonem dixisse poetas fore expellendas de civitatibus, subaudi qui scenica figmenta componunt, [22] ac etiam Yeronimus, *Ad Damasium* scribens de prodigo filio dicens: *Sacerdotes, omissis Evangeliis et Prophetis, videmus comedias legere, amatoria buccolicorum versuum verba cantare, tenere Virgilium; nonne vobis videtur in vanitate sensus et obscuritate mentis ingredi qui iambum fervet, qui tantam metrorum silvam in suo studio vel corde distinguit et congerit?* [23] et *In Epistula ad Ephesios* ait: *Legant episcopi, qui filios suos secularibus licteris erudiunt, et faciunt illos comedias legere et mimorum turpia scripta cantare.* [24] Et ex hoc Ysidorus in libro *Sententiarum* ait: *Ideo prohibetur Christianus legere figmenta poetarum, quia per oblectamenta fabularum nimium mentem excitant ad incentiva libidinum.* [25] Hanc tamen improbationem poesie reducas ad illos qui *Ad voluptatem, non ad eruditionem, ut errores gentilium detestentur legunt poetas*, ut scribit Gratianus in *Decretis*. [26] Unde Augustinus in libro *Contra Manicheos* ait: *Si quid veri de Deo Sybilla vel Orpheus aliive gentium vates aut phylosophi predixisse perhibentur, valet quidem ad paganorum vanitatem revincendam, non tamen ad istorum auctoritatem complectendam*; [27] item et Beda, *Super libro Regum*, inquit etiam: *Si que utilia in poeticis libris et aliis secularibus inveniuntur, sumere licet. Alioquin Moyses et Daniel sapientia et licteris Egiptiorum et Caldeorum non paterentur erudiri*, [28] et cum hac distinctione intelligatur etiam Phylosophus sic dicens in primo *Metaphysice* secundum proverbium: *Multa mentiuntur poete*, [29] et Rabanus etiam

---

21. Platonem] plutone(m) V.

22. ad Damasium] ad amasiu(m) V.

24. mentem] ST mo(n)te(m) V.

---

21. Cf. AUG., *Civ. Dei* II xiv 1–2.
22–23. *Decr. Grat.* I D. XXXVII cc. 2–3, 5.
24. *Decr. Grat.* I D. XXXVII c. 15.
25. *Decr. Grat.*, I D. XXXVII c. 8.
26. *Decr. Grat.*, I D. XXXVII c. 13.
27. *Decr. Grat.* I D. XXXVII c. 8.
28. Cf. ARIST., *Metaph.* I 2, 983a 4.
29. *Decr. Grat.* I D. XXXVII c. 7.

dicens *Yeronimum ab angelo verberatum sive correptum cum legeret libros Ciceronis*, [30] interferendo hic auctor in persona Beatricis illi Salamonis: *Frustra iacitur rete ante occulos pennatorum*, et sic homines barbati possunt dici in hoc pennati, [31] et hoc est quod tangit Beatrix, contra auctorem ut completum hominem, hic de barba; ad quam sententiam facit quod ait Iuvenalis dicens: *Quedam cum primo resecantur crimina barba*. [32] Item tangit de vento Affrico spirante de terra et contrata Getulie in occidentali parte Africe ubi iam Iarba rex regnavit, ut dicit hic textus. [33] Inde auctor, volens ostendere in sua persona quomodo in hoc mundo homo perfecte purgatus et correctus ita mediante vita activa, [34] ut possit dicere cum Psalmista hec verba eius tacta hic: *Asperges me Domine isopo et mundabor; lavabis me, et super nivem dealbabor*, [35] ac etiam, ut oblitus omnium dolendorum, dicat ultra quod Apostolus, iii° capitulo *Ad Phylippenses* dicens: *Non ut iam perfectus sim me arbitror comprehendisse, aut que retro sunt obliviscens moraliter*, [36] coniungitur virtutibus cardinalibus supradictis et subsequenter teologicis virtutibus et per eas amori sacre theologie datur, fingit hic nunc se post dictam correctionem trahi ad hoc flumen oblivionis Letheum et offerri dictis virtutibus moralibus prius dicentibus ei quomodo in illo Paradiso terrestri sunt nimphe et in celo stelle, et quomodo preordinate famule fuerunt dicte Beatrice, idest theologie, antequam vigeret in mundo. [37] In quo passu ad intelligentiam veram auctoris prius hec premictamus que scribit Macrobius *Super Sompno Scipionis* dicens: *Quattuor esse genera virtutum quaternarum harum cardinalium: nam prime sunt politice*, [38] que ad regimen rei publice respiciunt in hoc mundo, de quibus dixit Yeronimus dum ait: *Virtutibus Romani promeruerunt imperium;* [39] *secundae sunt purgatorie, que in hominibus resident qui decreverunt se a corporis contagione purgari*, de quorum statu, ut de Purgatorio quodam, auctor allegorice a principio huius libri presentis Purgatorii usque ad hunc transitum Lethei fluminis tractavit; [40] *tertie sunt purgati iam animi* et ab omni huius mundi aspergine detersi, de cuius talis animi hominis statu de Paradiso terrestri quodam nunc sermo hic est; [41] *quarte sunt et dicuntur exemplares, que in ipsa*

---

30. *Prov.* I 17.
31. Iuv., *Sat.* VIII 166.
34. *Ps.* L 9.
35. *Ep. Phil.* III 12–13.
37–41. Macr., *Comm. Somn. Scip.* I viii 5, 8–10.
38. *Decr. Grat.* II C. XXVIII q. i c. 14.

Super XXXI° capitulo Purgatorii

divina mente consistunt, a quarum exemplo relique omnes per ordinem defluunt; nam si rerum aliarum, multo magis virtutum ideas esse in mente divina credendum est, quod tangit hic auctor dum inducit dictas virtutes dicere quomodo antequam ipsa Beatrix, idest ipsa theologia, descenderet in mundum, ordinate, idest predestinate fuerunt ancille sibi, [42] ad quod ait Apostolus, *Ad Corinthios*, capitulo ii°, ita dicens: *Loquimur Dei sapientiam in misterio absconditam quam predestinavit dominus ante secula in gloriam nostram.* [43] Ad quam premissam evidentiam facit etiam quod ait Thomas in sua *Summa de Vitiis et Virtutibus* dicens: *Virtus duplicem habet comparationem: unam ad id a quo est, scilicet ad Dei liberalitatem, cuius donum est, et sic dicitur gratia, quasi bonum a Deo gratis datum.* [44] Et ex hoc alibi idem Thomas tenet quod nedum virtutes theologice, fides, spes et karitas infundantur parvulis et adultis in baptismo, sed etiam iste morales, prudentia scilicet, iustitia, temperantia et fortitudo. [45] Aliam comparationem habet virtus ad id quod ad ea, scilicet opus suum, et sic vocatur virtus ad quod etiam ait Augustinus: *Actus virtutum sunt in via, sed in patria idem erit virtus et premium, et sic hic virtus in actu, ibi in effectu, hic in officio, ibi in fine.* [46] Igitur ad propositum: in quantum hee virtutes considerentur in suo abstracto, et a mente et gratia divina mediantibus corporibus celestibus infundi in nobis possunt, quia ut stelle dici fore in celo, [47] et ex hoc Ovidius, in i°, virtutem dicte iustitie vocat Astream, ac iste auctor, etiam dum finxit eas ut stellas supra in capitulo i° huius *Purgatorii* et in capitulo viii°; in quantum vero considerentur pro effectibus suis hic inferius possunt quasi dici nimphe, idest virgines, in virtute ita superantes humanitatem, ut quasi dee quedam in hoc mundo reputate sint. [48] Ex quo duplici respectu Dyana virgo talis in celo stella luna dicta est, et hic in terra nimpha, licet poete olim ut plurimum nimphas acceperint pro limphis, idest pro aquis fluvialibus et fontanis. [49] Nam dicit Papia quod hoc nomen nimphe a nube derivatur, que aquam habet producere, [50] unde Virgilius in persona Iunonis, que pro elemento aeris poetice ponitur, creante nubes ait: *Sunt michi bis septem prestanti corpore nimphe.* [51] Item et Ysidorus in x° *Ethymologiarum* dicit quod

---

42. *I Ep. Cor.* II 7.
45. THOM., *Theol.* II–II q. cxxxvi a. 1 (AUG., *Ep.* CLV iv 16).
47. Cf. Ov., *Met.* I 150.
49. PAP., *Sign. Verb.* s.v. 'nimpha'.
50. VERG., *Aen.* I 71.
51. ISID., *Etym.* VIII xi 96–97.

Comentum Petri Alagherii

Nimphe, dee aquarum, dicte sunt a nubibus quasi numina limpharum, prout Naiades fontium, Nereides maris, et Driades silvarum; [52] cum quibus videtur concordare Gregorius, allegorice scribens super illo verbo Genesis: *Primo fluvius egrediebatur de loco voluptatis ad irrigandum Paradisum*, dicendo: *Quattuor flumina Paradisum irrigant, quia dum hiis quattuor virtutibus cor infunditur, ab omni carnalium estu temperatur.* [53] Sub qua etiam allegoria auctor potest vocare eas hic Nimphas etiam Limphas, lavantes nos ab omni sorde mundana in hoc mundo in statu perfecto virtuoso; [54] unde Phylosophus, ad hoc respiciens in ii° *Ethycorum* inquit: *Virtutes perficiunt habentes eas et opus eorum bonum reddunt.* [55] Quas virtutes morales post hec fingit hic auctor ipsum ducere ad occulos Beatricis ut ad eius pulcritudinem, idest ad licteralem intellectum Sacre Scripture allegorice loquendo, ut ad eius theoricam, sed ad eius anagogicum intellectum, idest ad spiritualem inclusum in ipsa lictera, dicunt sibi quod alie tres virtutes theologice acuent eius occulos cum suis Evangeliis et Epistolis Apostolicis tanquam profundius discernentes; [56] in quo intellectu, ut in occulis ipsius Beatricis, dicit se auctor vidisse dictum grifonem, idest Christum, Deum verum et hominem, ut viderunt Apostoli eum in transfiguratione in monte, de qua statim dicam in capitulo sequenti, ut sol videtur in speculo; [57] in quo vult tangere auctor quod ait Apostolus, *Ad Corinthios* xiii° capitulo, dicens: *Videmus enim nunc per speculum in enigmate ipsum Christum ut ipsum Deum nobis loquentem per ipsam sanctam evangelicam theologiam,* [58] unde idem Apostolus, *Ad Ebreos in Epistula* i[a] ait: *Multifariam multisque modis olim Deus loquens patribus in prophetis novissime diebus istis locutus est nobis in filio, qui cum sit splendor glorie et figura substantie eius* etc. [59] Ultimo dicit quomodo, gratia dictarum trium virtutum theologicarum, vidit risum in ore Beatricis ut secundum eius pulcritudinem adeo splendidum et venustum ut nullus poeta in parnaso bibens de eius citerna, idest de eius fonte Elicona, vix posset enarrare. [60] Quantum ad allegoriam, hec secunda pulcritudo Beatricis

---

54. ii°] ST i° V.

60. elucescit] C lucessit V.

---

52. *Gen.* II 10; Greg., *Moral.* II 49.
54. Cf. Arist., *Eth.* II 5, 1106a 16.
57. *I Ep. Cor.* XIII 12 et *Gl.* rel.
58. *Ep. Ebr.* I 1–3.
60. Boeth., *Cons. Phil.* I pr. i 4.

Super XXXI° capitulo Purgatorii

existens in ore eius ut risus, debet allegorice accipi pro illa secunda lictera P quam Boetius vidit in extremo vestis Phylosophie, que lictera "Pratica" sonat, sicut superior lictera T "Theorica", ut ipse scribit in i° *Consolationis,* que pratica theologie per lectiones, sermones, disputationes et predicationes viva voce a doctoribus theologie tota die precipitur oretenus ut risus ab ore, ut fingit hic auctor, ex qua dicta theorica magis elucescit, [61] unde Yeronimus in *Prologo* Bibie in hoc ait: *Habet nescio quid latentis energie vive vocis actus, et in aure discipuli de auctoris ore transfusa fortius sonat.*

---

61. Hieron., *Ep.* LIII 2.

SUPER XXXII° CAPITULO PURGATORII

[1] **Tant' eran gli occhi mei fissi et attenti.** [2] In hoc xxxii° capitulo, premisso de decenni siti, de qua sub allegoria vult ostendere se tantum tempus perdidisse vacando a pratico studio theologie, [3] ac etiam premisso quod ait Phylosophus in ii° *De Anima* dicens: *Excellentia sensibilium corrumpit sensum*, [4] auctor, continuando se adhuc ad proxime precedentia, ad propositum volens se referre adhuc in sua persona ad ea que perfectus homo purgatus a vitiis in hoc mundo in statu virtuoso mediante vita activa debet agere et meditari ut prudens, temperatus et iustus, vere tangit quomodo debet suam mentem adhuc dirigere, visa origine nostre Ecclesie militantis prenumptiata, ut superius dictum est, per prophetas, ad videndum et contemplandum qualiter iam existens per Christum auctorem eius disposita fuit ante et post eius passionem, in eo quod hic nunc fingit auctor ipse dictam beatam gentem ita se revolvisse, [5] quasi de veteri ad novam Ecclesiam provisam a Iohanne, *Apocalipsis* iii° capitulo, dicente: *Et scribam civitatis nove Ierusalem que descendit a Deo meo de celo*, [6] et dictam Beatricem, idest sacram theologiam, ita etiam descendisse de dicto curru, idest de dicta Ecclesia nova in mundum, et dictum grifonem dictum currum ligasse dicte arbori sicce, et mox facte frondifere, ut dicit hic textus, [7] in quo allegorice auctor tangit quomodo Christus, renovata sua dicta Ecclesia militante per eius redemptionem ad statum restitute

---

1. occhi] C ochi V.
2. vacando] vocando V.

---

1. *Purg.* XXXII 1.
3. Cf. ARIST., *An.* II 12, 424a 28–30.
5. *Apoc.* III 12.

Super XXXII° capitulo Purgatorii

virtutis obedientie, eam reparavit sua nova lege evangelica. [8] Ad quod ait Apostolus, *Ad Ebreos*, viii° capitulo, inter alia dicens: *Omnia facito secundum exemplar tibi ostensum in monte; nunc autem melius sortitus est ministerium quanto melioris Testamenti mediator est, quod in melioribus promissionibus sanctum est. Nam si illud prius culpa vacasset, non utique secundi locus fuisse hoc testamentum quod disponam post dies; dicit Dominus: Dabo leges meas in mentes eorum, nam novum veteravit prius* etc.; [9] et *Ad Ephesios*, capitulo v°, ait: *Viri, diligite uxores vestras sicut Christus dilexit Ecclesiam et semetipsum tradidit pro ea, ut illam sanctificaret, mundans eam lavacro aque in verbo vite ut exhiberet sibi eam gloriosam non habentem maculam neque rugam*. [10] Quam arborem auctor accipit hic etiam pro ligno moraliter scientie boni et mali, in qua arbore sicut prevaricatio primorum parentum fuit inobedientia et superbia ex qua deificata potuit dici fuisse ita obedientia Christi et humilitas reparavit in nostram vitam et salutem — [11] unde idem Apostolus, *Ad Phylippenses*, ii° capitulo, inquit: *Christus, cum Deus esset, se exinanivit in formam servi et factus est obediens usque ad mortem, mortem autem crucis*, [12] et *Ad Ebreos*, v° capitulo, etiam ait: *Christus, cum filius Dei esset, didicit ex hiis que passus est obedientiam* — [13] quod tangit auctor dum fingit dictam gentem circa dictam arborem sic cridare beatum illum grifonem in eo quod non scindit de illo ligno excedendo in appetitu iusti et comodi, ut dicti primi parentes fecere; de quo duplici appetitu, et cur talis arbor ita fit excelsa, statim dicam in sequenti capitulo comparando ipsam arborem in altitudine illis de Yndia, [14] de quibus Virgilius in *Georgicis* ait: *Aut quos Occeano propior gerit Yndia lucos, / extremi sinus orbis, ubi aera vincere summum / arboris aut ulle iactu potuere sagipte?* [15] et Lucanus in iv°: *Ethera tangentes silvas liquere Coatre*, populi scilicet

---

8. ministerium] ST misterium V.
9. non] na(m) V.

---

8. *Ep. Hebr.* VIII 5–7, 10, 13.
9. *Eph.* V 25–27.
11. *Ep. Phil.* II 6–8.
12. *Ep. Hebr.* V 8.
14. Verg., *Georg.* II 122–24.
15. Lucan., *Phars.* III 246.

Comentum Petri Alagherii

extremi Yndie, [16] ad cuius arboris allegoriam facit quod ait Tullius dicens: *Omnia alia caduca sunt; virtus una est altissimis defixa radicibus; nam hoc demum sapientie est, ut omnia tua in te posita esse ducas, humanos casus virtute inferiores putes.* [17] Inde facit aliam comparationem de renovatione nostrarum plantarum que fit in medio Martii dum sol est in signo Arietis, quod signum sequitur secundum cursum novi celi signum Piscium, quod auctor sub nomine illius piscis qui dicitur 'lasca' hic designat, et hoc antequam sol iungat suos cursores equos sub alia stella, idest sub alio signo Zodiaci. [18] Attribuunt enim poete ipsi soli et eius quadrige quattuor equos, quorum primus dicitur Eous, idest 'rubicundus', cum tali colore sol primo surgat, secundus Acreon, idest 'splendens', ut enim tertia hora lucidior suis momentis, tertius Lampas, eo quod ardentior in meridie ferveat, quartus Phylogeus, idest 'amans terram', quod in ultima parte diei contingit. [19] Item et comparative tangit quod scribit Ovidius in i° hic auctor, quomodo scilicet Iupiter iacuit cum quadam nimpha nomine Io, ex quo Iuno eam transmutavit in vaccam, et eam dedit in custodiam Argo habenti centum occulos, quam volens ab eo liberare de mandato ipsius Iovis, Mercurius adivit dictum Argum et coram eo cepit sonare dulcissime cum sua quadam fistula, et querente dicto Argo unde illam habuerat, dictus Mercurius cepit dicere quomodo quedam nimpha alia de Ortigia, nomine Siringa, iam adamata fuit a quodam Deo vocato Pan, quem fugiens dicta Siringa, veniens ad flumen Ladonis, non valens illud transire, conversa est in arundinem, de cuius calamis dixit Mercurius se habuisse dictam fistulam, in qua tali recitatione dictus Argus incepit soporare et claudere occulos in sompnum, tuncque Mercurius occidit eum et dictam Io liberavit. [20] Iterum subsequenter auctor facit aliam comparationem de se excitato a dicta Matelda ut a vita activa, ut fuerunt a voce Christi excitati Petrus, Iacopus et Iohannes, quos, ut scribitur *Mathei* xviii° capitulo: *Ipse Dominus duxit eos in montem excelsum et transfiguratus est ante eos, et resplenduit facies eius sicut sol, et vestimenta eius sicut nix facta sunt, et apparuerunt ibi Moyses et Elia, et nubes*

19. quodam] quoda V.

---

16. Cic., *Amic.* II 7.
18. Fulgent., *Mythol.* I 12.
19. Cf. Ov., *Met.* I 568–746.
20. Cf. *Matt.* XVII 1–3, 5–7.

Super XXXII° capitulo Purgatorii

obumbravit dictos discipulos, de qua vox quedam exivit dicens: "Hic est filius meus dilectus in quo michi bene complacui", quam discipuli ita audientes ceciderunt in faciem eius, quibus inde Christus dixit: *"Surgite"*, ut dixit Lazero, in morte dormienti, [21] quod tangit hic auctor dicendo quod dicta vox Christi maiores sompnos excitavit, et levantes occulos non viderunt nisi Iesum, quod totum fuit ostendere flores meli, idest arboris mali pomiferi celi, idest signa deitatis que erant in ipso Christo, ut dicit hic textus, [22] tangendo inde auctor, in eo quod dicit quomodo ille grifon ascendit in celum cum sua comitiva, quomodo post ascensum Christi in celum cum sanctis patribus, [23] (de quo Psalmista ait: *Psallite Domino qui ascendit in celum ad Orientem*) [24] Beatrix, idest sacra theologia, remansit in mundo in custodia dicti currus representantis dictam Ecclesiam militantem, sedens super radicem dicte arboris, idest super fundamento virtutibus obedientie, circumdata a dictis septem nimphis, idest a dictis septem virtutibus cum dictis septem candelabris accensis, idest cum septem supradictis donis Spiritus Sancti, quod tetigit prophetia, [25] ideo dicentis *Apocalipsis* ii° capitulo: *Et angelus Ecclesie Ephesi, qui tenet septem stellas in dextera sua et qui ambulat in medio septem candelebrorum* etc., [26] inducit auctor Beatricem dicere sibi quomodo ibi in illo loco Paradisi Terrestri, tropologice sumpto pro statu virtuoso huius vite, ut supra sepe dictum est, erit modico tempore silvanus cum ea, quasi includat in sua persona hominem virtuosum perfecte in hoc mundo esse, ut erat ille Deus Silvanus, quem invocat cum aliis diis Virgilius, [27] dicens in principio *Georgice*: *Et teneram ab radice ferens, Silvane, cupressum*, [28] sed erit cum ea civis illius comunis patrie celestis, ut est Roma hic, et ideo vocat eam Romam, et Christum romanum, et ideo dicit ei quod antequam inde discedat advertat quid ibi videbit, faciens eum in virtute fortitudinis perfectum videndo, et intimando quod Ecclesia predicta militans, idest collectio fidelium, passa est in persecutionibus et tribulationibus suis olim et passura est, firma tamen et constans continue manens, unde dicitur quod navicula Petri potest vexari, non periclitari, idest ipsa Ecclesia. [29] Ideo incipit primo sibi ostendere ut ipse et quisque alius perfectus taliter inhereat fortitudo magis quomodo persecuta fuit dicta Ecclesia, idest collectio

---

23. Cf. *Ps.* IX 12.
25. *Apoc.* II 1.
27. Verg., *Georg.* I 20.
29. Cf. Aug., *Civ. Dei* XVIII lii.

predicta catholicorum Christianorum a quondam decem imperatoribus, ut scribit Augustinus in xviii° *De Civitate Dei* plene de hoc, primo scilicet a Nerone, secundo a Domitiano, tertio a Traiano, quarto a Marco Antonio, quinto a Severo, sexto a Maximiano, septimo a Detio, octavo a Valeriano, nono ab Aureliano, decimo a Deuclitiano. [30] Unde Yeronimus ad hoc respiciens sic in *Prologo Apocalipsis* ait: *Videns Deus Pater tribulationes quas passura erat Ecclesia ab Apostolis fundata super petram Christum, ut minus timeantur disposuit una cum Filio et Spiritum eius revelare: revelavit ei tota Trinitas Christi secundum humanitatem Christi, vero Iohanni per angelum, Iohannes vero Ecclesie quinta scilicet passa sit tempore primitivo et patietur tempore novissimo Antichristi.* [31] Quod totum auctor sequens, fingit hic hanc aquilam quam accipit pro imperiali potentia ita hanc arborem et currum representantem Ecclesiam predictam militantem sub significatu collectionis Christianorum incutere, alludendo verbis Exechielis prophete prenunciantis etiam hec in xvii° capitulo dicendo: *Aquila grandis magnarum alarum, longo membrorum ductu, plena plumis et varietate, venit ad Libanum et tulit medullam cedri, summitatem frondium eius avulsit et transportavit eam.* [32] Secundo tangit de alia incussione hic auctor dicte talis nostre Ecclesie facta ab illo pseudo propheta Macometto, qui sua astutia et malitia ut vulpis infinitas nationes traxit sub eius lege, de quo plenius scripsi supra in *Inferno* in capitulo xxviii°. [33] Et hoc tangit hic auctor dum fingit hanc vulpem ita se tulisse in dictum vehiculum, et inde fugatam a Beatrice, idest abiectam a nostra Sacra Scriptura, ut quid inefficax, de quo forte etiam predixit Iohannes, *Apocalipsis* xviiii° capitulo scribendo: *Et apprehensa est bestia et cum illa pseudopropheta qui fecit signa his quos seduxit.* [34] Tertio tangit de alia successiva peste dicte Ecclesie que fuit donatio Constantini facta Ecclesie, in quantum pro prelatura dicta Ecclesia hic accipiatur ut in specie, secundum quod *Glosatores Iuris Canonici* interdum accipiunt quarta die sui baptismi de mundanis et temporalibus terrenis bonis, qua die intonuit vox de celo et audita est in urbe dicens: *"infusum est hodie venenum in Ecclesia Dei"*, [35] et tangitur etiam hic in textu quod tangit hic auctor dicendo dictam aquilam iterum descendisse et dimisisse in dicto curru suas plumas, alludendo etiam in hoc verbis dicti Ezechielis hoc prophetantis et dicentis in preallegato libro eius

---

31. *Hiez.* XVII 3–4.
33. *Ap.* XIX 20.
35. *Hiez.* XVII 7.

Super XXXII° capitulo Purgatorii

capitulo sic: *Et facta est alia aquila grandis magnis alis multisque plumis* etc. [36] Quarto tangit auctor hic quomodo, habita dicta donatione temporalium bonorum a Constantino, diabolicus motus invaluit magis et invalet quam olim in Sinagoga in dicta Ecclesia sumpta in hac parte pro dicta prelatura ad bona terrena acquirenda, in eo quod dicit quod vidit terram scindi hic et inde exire istum draconem qui pro dicto motu cupiditatis hic ponitur, et mictere acculeum suum in dictum currum et eum retrahere, ut facit vespis et ex dicta partiri pluma. [37] Unde, impletum totum dictum currum, subaudi facultatibus temporalibus venenantibus pastores et prelatos in illa maledictione que contra talem Sacra Scriptura fulminat, dicens *Ecclesiastici* ii° capitulo: *Ve peccatori ingredienti terram duabus viis ingreditur*, qui in Ecclesia vult *servire Deo et Mamone*, qui demon dicitur cupiditatis et avaritie, [38] de quo Dominus, *Mathei* vi° capitulo, ait: *Non potest* etc., [39] ad quam etiam maledictionem sic dicitur *Ezechielis* xxxiiii° capitulo: *Ve pastoribus Israel qui pascebant semetipsos*; [40] item quod legitur de Nadab et Abiu, sacerdotibus Aron, in *Levitico*, capitulo x°, addentibus *ignem alienum* divino, et mortui sunt, [41] ubi exponit *Glosa*: '*Ignem alienum*', idest '*ambitionis et cupiditatis ardore*', [42] et *Malachie* capitulo i°: *Quis est in vobis qui claudat hostia et incendat altare meum gratuito?* [43] Ex quibus prophetis satis ad propositum provisa patet esse temporalia ista putrefactura ymo submersura multos in Ecclesia Dei, propter quod aqua vocantur. [44] Unde *Apocalipsis* xii° capitulo legitur: *Et misit serpens ex ore suo post mulierem aquam tanquam flumen, ut eam faceret ab eo trahi*, [45] ubi dicit *Glosa*: *Mulier ista Ecclesia est quam serpens antiquus temporalium habundantia querit submergere*, [46] et iam submersit ut plurimum, ut subditur eodem capitulo dum dicitur ibi quod dictus draco *Cum cauda sua trahebat tertiam partem stellarum celi*; [47] O vesani prelati legentes tota die

39. xxxiiii°] ST xviii° V.

42. i°] ST ii° V.

---

37. *Eccli.* II 14 et *Luc.* XVI 13.
38. *Matt.* VI 24.
39. *Hiez.* XXXIV 2.
40–41. *Lev.* X 1–2 et *Gl.* rel.
42. *Mal.* I 10.
44–48. *Apoc.* XII 15 et *Gl.* rel.
46. *Apoc.* XII 4.

Comentum Petri Alagherii

Christum eiecisse vendentes et ementes de templo et mensas nummulariorum evertisse, [48] et *Glosa* ibi etiam dicente: *Altaria Dei ita vocat propter avaritiam sacerdotum ac etiam non timentes dispensatores esse terrenorum bonorum in Ecclesia, cum legant etiam Iudam, primum dispensatorem temporalium in Ecclesia, fuisse furem proditorem et homicidam sui,* [49] ac etiam legentes Christum amatorem paupertatis, in tantum ut pauperes spiritu vocet beatos, ut *Mathei* v° legitur. [50] Quinto auctor, sequendo visionem Iohannis sic scribentis in sua *Apocalipsi* de confusione dicte nostre Ecclesie militantis in quantum pro prelatura sumitur, ut supra tetigi: *Veni et ostendam tibi dampnationem meretricis magne que sedet super aquas multas cum qua fornicati sunt reges terre,* ut in capitulo xvii° dicte Apocalipsis legitur, *sedentem super bestiam plenam nominibus blasfemie, habentem capita septem et cornua decem,* [51] fingit hic hunc misticum currum ita se vidisse transformari, habentem dictam meretricem supra se ac tot capita et cornua, [52] super quibus verbis dicit quedam *Glosa* quod dicta *Meretrix significat Antichristum sive congregationem malorum que erit tempore suo, et quod dicta septem capita septem vitia significant principalia que tali tempore potissime vigebunt; decem vero cornua predicta significant decem regna que dicto tempore surgent.* [53] Cum qua expositione videtur concurrere textus in preallegato capitulo ubi ipse Iohannes, exponendo se ipsum, sic ait: *Septem capita septem montes sunt super quos mulier sedet, et decem cornua decem reges sunt qui regnum mundi acceperunt* etc., vel aliter, ne iste auctor videatur sibi ipsi contrarius hic, ubi in prima parte sumit et vitiosam hanc meretricem et hec septem capita et decem cornua, et in capitulo xviiii° *Inferni,* ubi dicit de hac mistica muliere que modo nata est cum hiis septem capitibus, et a decem cornibus habuit argumentum, donec virtus placuit viro eius, [54] post pastores Ecclesie dicte, premictendo dicamus quod auctor ipse in hoc habuit duplicem respectum, ut habuit etiam dictus Iohannes in dicta eius visione: nam primo respectu auctor consideravit originem dicte Ecclesie nascentis et descendenti de celo cum Christo cum septem capitibus, idest cum septem virtutibus moralibus et theologicis et cum decem cornibus, [55] idest cum decem preceptis decalogi numeratis *Exodi* xx° capitulo, scilicet: *Non occides, non mecaberis, non furtum facies, non loqueris contra*

---

49. *Matt.* V 3.
50–51. *Apoc.* XVII 1–3 et *Gl.* rel.
53. *Apoc.* XVII 9, 12.
55. *Ex.* XX 3–4, 7–8, 12–17.

Super XXXII° capitulo Purgatorii

proximum tuum falsum testimonium, non concupisces rem proximi tui, non desiderabis uxor eius, non servum, non ancillam, non bovem, non asinum, nec omnia que illius sunt; non habebis deos alienos et non facies tibi sculptile, non assumes nomen Domini in vanum, Sabbatum serva, honora patrem tuum et matrem tuam, [56] de qua sancta natione Ecclesie et origine ait dictus Iohannes in xii° capitulo dicte eius *Apocalipsis,* dicens: *Et apertum est templum Dei in celo, et visa est Arca Testamenti eius in templo eius, et apparuit mulier de celo, amicta sole, et luna sub pedibus eius, et draco habens capita septem et cornua decem.* [57] Et in xxi° capitulo ad idem ait: *Et vidi celum novum et terram novam, et vidi civitatem sanctam Yerusalem novam descendentem de celo a Deo, paratam sicut sponsam ornatam viro suo, et ecce tabernaculum Dei* etc., [58] et sic, secundum hunc primum respectum predictum, intelligatur loqui auctor in dicto xviiii° capitulo *Inferni*. [59] Hic vero intelligatur loqui secundum alium respectum, scilicet ut loquatur de ipsa dicta Ecclesia ut de iam sepe dicta prelatura de virtuosa et bona facta nunc in processu ita vitiosa et mala, ita quod ubi olim erant sua septem capita predicta septem virtutes principales iam supradicte hodie sint septem vitia principalia subrogata illis et decem precepta Dei ut decem cornua eius olim, sint hodie decem precepta diaboli et prevaricationes dictorum preceptoris Dei, [60] et sicut tres virtutes theologice ut prestantiores super temo dicti talis currus olim preerant et quattuor cardinales in singulis angulis, ita in loco dictarum trium sunt superbia, invidia et ira ut vitia altiora aliis vitiis subrogata, et singula bona eorum cornua singule bine prevaricationes sex dictorum preceptorum Dei respicientium spiritualiter olim dictas tres virtutes theologicas. [61] Nam fidem respiciunt illa duo: 'Non habebis deos alienos' et 'Non facies tibi sculptile'; spem respiciunt illa alia duo: 'Non assumes nomen Domini in vanum' et 'sabbatum santifices', et ad karitatem: 'Non loquaris contra proximum tuum falsum testimonium' et 'Non concupiscas rem proximi tui'. [62] Alia autem quattuor respiciunt singula quattuor cornua aliarum quattuor virtutum cardinalium olim et hodie per contrarium:

60. temo] C remo V.

61. sculptile] C scruptile V.

---

56. *Apoc.* XI 19, XII 1, 3.
57. *Apoc.* XXI 1–3.
61. Cf. *Ex.* XX 3–17.

prudentiam scilicet 'Honora patrem tuum et matrem tuam', iustitiam 'Non occides', temperantiam 'Non mecaberis', fortitudinem 'Non furtum facies'. [63] Hec vero meretrix eminens huic currui figurat dissolutam vitam modernorum pastorum predictorum Ecclesie, et quia propter habundantiam bonorum terrenorum elata est in non modicam superbiam, ideo auctor comparat eam arci existenti in alto monte hic, de qua prenunciavit Ysaias, lx° capitulo, ita dicens de tali prelatura futura: *Ponam te in superbiam seculorum gaudium in generatione et generatione, et sugges lac gentium et mammilla regum lactaberis*, [64] quod tangit in hoc regem Francie quem auctor summit hic pro isto gigante, amasio vere dicte talis mistice meretricis, qui si dicta prelatura alibi respicit quam ad eum flagellat ipsam, ut fingit hic auctor in sua persona, quod patuit in Bonifatio papa viii° qui, recusando sibi subesse, ita flagellatus est et turbatus ut inde mortuus sit, de quo scripsi supra in xx° capitulo, ex quo dictus rex inde citra nunquam quievit donec curiam dicte ecclesie non traxit de Roma, propria sede dicte Ecclesie, ultra montes ut melius haberet pastores sub manibus suis, a quo tempore citra multa nefaria commicti fecit a pastoribus, inter que fuit destructio ordinis templariorum et occupatio eius bonorum facta per ipsum regem Francie quod quidem ut valde detestabile fuerit, fingit hic nunc auctor solem suum lumen denegasse et sibi de se ipso fecisse scutum, ut dicitur hic textus. [65] Aliter in fine, in quo alludit auctor verbis Virgilii in i° et Ovidii in *Epistula Paridis* et Senece in viii° tragedia fingentium in scelere Tiestis et Atrei fratrum solem lucem denegasse et similiter etiam lunam in scelere nefario Mirre dum carnaliter cum Cinara eius patre iacuit, unde Ovidius idem in x° ait: *Ad facinus venit illa suum; fugit aurea celo, / luna, tegunt nigre latitantia sidera nubes*. [66] Quod totum superius dictum, secundario tangit auctor hic dum dicit se vidisse ita transformari hedificium sanctum, idest dictam Ecclesiam, de suo virtuoso esse ad eius oppositum, alludendo adhuc verbis Iohannis de tali transformatione in eius visione predictam, [67] dicentis *Apocalipsis* capitulo xvii°: *Veni et ostendam tibi*

63. lx°] ST xl° V.

67. fronte] frote V.

---

63. *Is.* LX 15–16.
65. Cf. VERG., *Aen.* I 742; OV., *Her.* XV; SEN., *Thyest.*; OV., *Met.* X 448–49.
67. *Apoc.* XVII 1–3, 5–8.

Super xxxii° capitulo Purgatorii

dampnationem meretricis magne que sedet super aquas multas, cum qua fornicati sunt reges terre, et abstulit me angelus in desertum spiritum, et vidi mulierem sedentem super bestiam coccineam plenam nominibus blasphemie, habentem capita septem et cornua decem, et fronte eius nomen scriptum, misterium Babilonis magne. Et vidi mulierem ebriam de sanguine sanctorum et martirum Iesu, et dixit sacramenta mulieris et bestie que portat eam que habet capita septem et cornua decem. Bestia quam vidisti fuit et non est et ascensura est de abisso et in interitum ibit, et mirabuntur habitantes terram quorum nomina non sunt scripta in libro vite. [68] De qua etiam mutata Ecclesia ut prelatura, in xiii° capitulo etiam dicit idem Iohannes: *Et vidi de mari bestiam ascendentem habentem capita septem et cornua decem, et super cornua eius decem diademata et super capita eius nomina blasfemie,* [69] et *Ezechielis* v° capitulo, dicitur etiam de dicta prelatura: *Et dabo te in desertum et in obprobrium gentibus, et eris blasphemia exemplum et stupor gentibus in circuitu tuo.* [70] Ex quibus verbis propheticis satis potest colligi dicta intentio auctoris in hac ultima parte huius capituli.

---

68. *Apoc.* XIII 1.
69. *Hiez.* V 14–15.

SUPER XXXIII° CAPITULO PURGATORII

[1] "**Deus, venerunt gentes**", **alternando**. [2] In hoc xxxiii° capitulo auctor, continuando se ad precedentia, volens ostendere quod nedum Iohannes prefatus Evangelista in dicta sua *Apocalipsi* previdit de futuro presenti malo statu Ecclesie Dei culpa eius prelatorum, [3] sed etiam Psalmista David, dicendo contra prelatos premissos sacerdotes et pastores futuros quasi dolendo sic in hoc eius *Psalmo*: *Deus, venerunt gentes in hereditatem tuam, polluerunt templum sanctum tuum, posuerunt Yerusalem in pomorum custodiam; / posuerunt morticinia servorum tuorum escam volatilibus celi, carnes sanctorum bestiis terre, / effunderunt sanguinem ipsorum tanquam aquam in circuitu Yerusalem, et non erat qui sepeliret. / Facti sumus obprobrium vicinis nostris, subsannatio et illusio hiis qui in circuitu nostro sunt. / Usquequo, Domine, irasceris in finem? accendetur velut ignis zelus tuus? / Effunde iram tuam in gentes que te non noverunt, et in regna que nomen tuum non invocaverunt, / quia comederunt Iacob et locum eius desolaverunt* etc., [4] fingit nunc hic has virtutes tres theologicas ita lacrimantes partem canere de hoc *Psalmo* et partem alias quattuor morales, ut faciunt alternative religiosi in coro, silentium imponendo inter se vicissim, qui modus canendi dicitur secundum Ysidorum 'psalmodia', ut hic in textu dicitur. [5] Inde volens auctor pronosticari quomodo in brevi dicta Ecclesia redibit ad eius veros terminos, ac quomodo dicti prelati dictis bonis temporalibus privabuntur, fingit ita hic Beatricem consolari dictas virtutes cum illis verbis quibus Christus, iuxta passionem eius, discipulos eius

---

1. *Purg.* XXXIII 1.
3. *Ps.* LXXVIII 1–7.
4. Cf. Isid., *Etym.* VI xix 7–8, 11–12.

Super XXXIII° capitulo Purgatorii

confortavit dicens, [6] *Iohannis* xvi° capitulo, scilicet: *Modicum, et iam non videbitis me; et iterum modicum, et videbitis me,* [7] quod exponens ipse idem Dominus subdit ibidem: *Amen dico vobis, quia plorabitis et flebitis vos, mundus autem gaudebit, vos autem contristabimini, sed tristitia vestra vertetur in gaudium.* [8] Inde adhuc sequendo dictam suam pronosticationem, inducit auctor dictam Beatricem cum tranquillo aspectu sibi dicere quomodo Vas, idest dicta Ecclesia, sumpta hic pro prelatura ecclesiastica, fuit et non est, in eo quod ponit eam ita ruptam ab hoc serpente et scissam, idest a cupiditate diabolica prelatorum circa bona temporalia, ut supra in precedenti proximo capitulo dictum est, [9] et ut ait etiam Yeronimus, in quodam *Decreto* recitatus, dicens: *Veteres scrutans ystorias invenire non possum scindisse Ecclesiam, et de domo Domini seduxisse populos, preter omnes eos, qui sacerdotes a Deo positi fuerant,* [10] nam et ipso Yeronimus, relicto cardinalatu, ex hoc fugit a prelatura Ecclesie iam tali effecta, ac forte etiam tali timore beatus Marcus sibi pollicem abscidit ne fieret sacerdos: [11] facit ad hoc quod ait Iohannes dicens in xvii° capitulo *Apocalipsis: Bestiam quam vidisti fuit et non est.* [12] Et ex hoc in quodam *Decreto* ita scribitur: *Ex quo in Ecclesia, sicut in imperio Romano, "Crevit avaritia, periit lex": de sacerdotibus unus electus est episcopus in remedium scismatis, ne ususquisque, trahens ad se, Ecclesiam Christi rumperet.* [13] Tamen, concludit Beatrix, quod quisque de hoc culpabilis sciat quod vindicta Dei non timet suppas, in hoc tangens auctor de quadam superstitiosa re que fit in non modicis locis, et precipue Florentie, videlicet ut actinentes et propinqui alicuius occisi custodiant novem diebus eius sepulcrum ne aliquis 'suppa' comedatur super eo per partem adversam infra illud tempus, aliter creditur nunquam vindictam de tali homicidio fieri debere, [14] et quod dicta aquila de qua dictum est in precedenti capitulo, idest monarchia mundi, non erit ita semper sine herede, idest sine principe, ymo pronosticando dicit quod quidam

---

6. xvi°] ST xv° C xiiii° V L B.

8. ab] ad V.

---

6. *Ioh.* XVI 16.
7. *Ioh.* XVI 20.
9. *Decr. Grat.* II C. XXIV q. iii c. 33.
11. *Ap.* XVII 8.
12. *Decr. Grat.* I D. XCIII c. 24.

Comentum Petri Alagherii

dux, quod vocabulum tres lictere important hee, scilicet monosillaba, D, que pro numero quingenteno ponitur, et V, que pro quinque, et X, que pro decem. [15] Et hoc est quod tangit hic auctor sub enigmate (quia enigma dicitur quelibet obscura locutio), qui talis dux interminetur, dicit hic textus, dictam 'fuiam', idest dicta meretricem, scilicet dictam prelaturam confundat, et dictum gigantem, idest dictum regem Francie, de quo hoc eodem duce sic venturo dicit etiam iste auctor supra in *Inferno* in capitulo primo, appellando ipsum ibi 'veltrum', unde ea que ibi plenius scripsi videantur hic; [16] de cuius eventu de proximo adhuc etiam volens dicere, ait hic auctor quod facte cito erunt ille Naiades, que dicta seu vaticinia Themis exponebat olim Thebanis. [17] Unde in hoc sciendum est quod olim quedam fatidica mulier in Parnaso monte responsa ambigua et carmina obscurissima dabat, nomine Themis, [18] de qua Ovidius in iiii° ait: *Memor ille vetuste / sortis erat, Themis hanc dederat Parnasia sortem*; [19] cuius dicta et obscura carmina, ut fuerunt ea que dedit Deucalioni et Pirre, eius uxori, ipsa Themis ipsis solis duobus hominibus post diluvium superstitibus, dicendo *Ossaque post tergum magne iactare parentis*, ut ait idem Ovidius in i°, intelligendo dicta ossa pro lapidibus et dictam parentem pro terra, [20] cuius interpres longo tempore fuit quedam alia vaticinatrix mulier, nomine Sphinges, quam demum ita reprobaverunt in sua tali interpretatione quedam virgines morantes in silvis quibusdam iuxta Thebas, dicte Naiades nimphe, quod thebani dictam Sphingem precipitio occiderunt, de quo irata dicta Themis quandam belvam misit contra ipsos Thebanos diu vastantem eis omnia eorum blada et pecora comedentem, [21] de qua Ovidius idem scribendo sic ait in vii°: *Carmina Naiades non intellecta priorum / solvunt ingeniis, et precipitata iacebat / immemor ambiguum vates obscura suorum, / scilicet alma Themis, nec talia linquit inulta / protinus Aoniis, immissa est bellua Thebis / cessit, et exitio multis pecorique suoque / rurigene pavere feram* etc. [22] Post hec auctor, volens adhuc instare circa tractatum huius supradicte arboris scientie boni et mali, ut ostendat quod nedum ad licteram intelligenda est, sed etiam ad moralitatem et allegoriam, inducit Beatricem hic ad dicendum, scilicet quomodo est altissima, ut dicit etiam in precedenti capitulo, [23] de qua eius proceritate et excelsitudine ita scribitur *Ezechielis* xxxi° capitulo:

---

18. Ov., *Met.* IV 642–43.
19. Ov., *Met.* I 383.
21. Ov., *Met.* VII 759–65.
23. *Hiez.* XXXI 5, 8–9.

Super XXXIII° capitulo Purgatorii

Elevata est altitudo eius super omnia ligna regionis; cedri non fuerunt altiores illo in Paradiso Dei, nec abietes adequaverunt summitati eius. Omne lignum paradisi Dei non est assimilatum illi et pulcritudini eius, et emulata sunt eum omnia ligna voluptatis que erant in Paradiso eius. [24] Item dicit eam ita in summitate transvolutam et obliquatam, ut dicit textus hic: circa quod premictendum est quod hec arbor corporalis fuit ut lictera prima facie sonat, [25] ut scribit Thomas in eius prima parte [26] quam dicit Magister in ii° *Sententiarum*, *Non habuisse hoc nomen scientie boni et mali a natura, sed ab occasione rei postea secute. Arbor illa*, subdendo inquit, *non erat mala, sed scientie boni et mali ideo dicta est, quia post prohibitionem erat in illa transgressio futura, qua homo experiendo disceret quid esset inter obedientie bonum et inobedientie malum. Non ergo a fructu eius positum est tale nomen, sed a re transgressionem secutam. A ligno enim homo prohibitus est quod malum non erat, sed ut ipsa precepti conservatio bonum illi esset et transgressio malum*, [27] et subdit ibidem: *Sicut primus homo, a re bona prohibitus, penam incurrit, ut non ex re mala, sed ex inobedientia pena esset monstraretur, sic ex obedientia palma*, [28] ad quod Augustinus super *Genesi* ait: *Oportebat enim ut homo sub Deo positus ab aliquo prohiberetur, ut virtus merendi ei esset obedientia.* [29] Nam, ut aliquis intendit facere voluntatem propriam non videtur mereri, nisi apud semet ipsum — quod voluit etiam auctor iste tangere infra in *Paradiso* in capitulo vii°, ibi dum dicit: **Per non sofrir a la virtù che vole / fren a suo prode, quel huom che non nacque, / dampnando sé, dampnò tutta sua prole**, [30] intelligendo talem virtutem predictam obedientiam — modo auctor volens ostendere hic, scilicet quod, licet non theologus, possit apprehendere hanc talem arborem in dicto sensu licterali, non tamen in sensu morali et spirituali, de facili inducit Beatricem adhuc ad dicendum quod, si ipse auctor studuisset ita in theologicis sicut in figmentis poetarum (puta de Pirramo et Tisbe et de moro gelse, de quo alibi scripsi supra in capitulo xxvii°), eius cogitamina non fuissent aqua Else, fluminis in comitatu florentino currentis, que talis est nature quod si in ea ponatur lignum lapis per

---

29. suo] C sua V. huom] C huon V.

---

25. THOM., *Theol.* I q. cii a. 1.
26–27. PETR. LOMB., *Sent.* II xvii 6.
28. AUG., *Gen. ad Litt.* VIII 6 and *Par.* VII 25–27.

cursum temporis efficitur, [31] ut contingit de quadam alia aqua et fluvio currente iuxta Poloniam, ut scribit Frater Albertus, [32] et in lacu illo insule Yberne ubi si figitur lignum fit ferrum quatenus latet sub terra, quatenus est sub aqua fit lapis, secundum Ysidorum; [33] et cognovisset per excelsitudinem et obliquitatem dicte arboris ut per duas circumstantias solum iustitiam Dei in interdicto facto primis parentibus nostris, illo videlicet de ligno scientie boni et mali ne comederitis etc., [34] ac etiam dictam arborem moraliter cognovisset primum quidem per theologica scripta et documenta precipue Ugonis de Sancto Victore, ita ad hoc scribentis: *Deus in primo homine duos appetitus posuit, scilicet appetitum iusti et appetitum comodi: apetitum iusti secundum voluntatem, ut in eo homo promereri posset sive bene retinendo cum posset deserere, sive male deserendo cum posset retinere, appetitum vero comodi secundum necessitatem: non enim non potest homo non appetere comodum suum, et ideo istum cum necessitate posuit Deus in homine ut in eo remuneraretur*, [35] unde hec erit maxima impiorum pena in Inferno quia semper appetent comodum et nunquam adsequi poterunt. [36] In quo appetitu comodi mensuram posuit Deus ut que appetenda essent et quando et quomodo homo appeteret, sed quia primus homo comodum appetiit ultra mensura, scilicet esse sicut Deus, iusti appetitum deseruit, et in hoc peccavit, quia iustitiam deseruit, non quia comodum appetit, sed quia appetivit comodum ultra mensura, cum iustitia sit mensura in appetitu comodi, [37] et sic fuit peccatum primi hominis desertio iustitie quam Apostolus vocat inobedientiam. [38] Ad hoc Augustinus in suo libro *De Civitate Dei* ait: *Maiore iniustitia violatum est, quanto faciliore potuit observantia custodiri. Nam nondum voluntati cupiditas resistebat, quod de pena transgressionis postea secutum est.* [39] Item etiam et secundario cognovisset ipse auctor moraliter hanc arborem per dicta theologica documenta alia; nam legendo quod scribit Thomas in prima parte sub morali sensu, accepisset eam pro nostra arbitrii libera voluntate ut ipse accipit [40] et Augustinus etiam accipere videtur dicendo in suo *Speculo*: *Liberum arbitrium vitiatum est per offensionem pre-*

---

32. Cf. Isid., *Etym*. XIV vi 6.
34. Hugo De S. Vict., *De Sacr.* I vii 11.
38. Aug., *Civ. Dei* XIV 12.
40. Cf. Aug., *Contra Julian.* VI 13, 14.

Super XXXIII° capitulo Purgatorii

varicationis Ade, et ideo infirmatum ut nequiret reparari nisi per Gratiam Christi, [41] et in alio suo libro, dicto *Hencheridion*, inquit: *Etiam homo male utens libero arbitrio et se perdidit et ipsum*; [42] et veniendo ad dictas circumstantias, quia dictum liberum arbitrium maius donum, et per consequens altius fuit quod dedit Deus rationabili creature, ut dicit iste auctor infra in *Paradiso* in capitulo v°, congruit merito altitudini dicte arboris ad dictam moralitatem respiciendo. [43] Ulterius circa propositum procedendo scribit etiam dictus Ugo de Sancto Victore sic: *Liberum arbitrium est habilitas rationalis voluntatis, qua bonum eligitur gratia cooperante, vel malum ea deserente: consistit enim in voluntate et ratione; nam quantum ad voluntatem dicitur 'liberum', 'arbitrium' quantum ad rationem, sic ergo in maleficiendo non proprie dicitur arbitrium, quia ratio discordat a voluntate, in bono concordat*. [44] Unde Augustinus in dicto libro suo *Henchiridion* ait: *Vera libertas est recte propter faciendi letitiam*, [45] et in libro *De Gratia et Libero Arbitrio* ait: *Semper in nobis voluntas est libera, sed non semper bona: aut enim a iustitia libera est quando servit peccato, et tunc est mala; aut a peccato libera est, quando servit iustitie, et tunc bona*. [46] Et hec ultra obliquitati dicte arboris in summitate etiam merito moraliter congruunt, licet quidam alii moraliter hanc dictam arborem pro virtute obedientie tollant prefiguratam, que tante excelsitudinis est ut etiam sacrifitia excedat, [47] unde scribitur in Sacra Pagina: *Melius est obedire quam sacrificare*, [48] et sic congruit dicte altitudini dicte arboris, qua virtute violata a primo homine per transgressionem divini precepti, [49] unde Apostolus: *Per unius inobedientiam multi peccatores constituti sunt*; [50] *Christus, qui pro nobis factus est obediens usque ad mortem*, ut ait idem Apostolus, *sua morte illam reparavit et Ecclesiam suam*, idest prelaturam colligavit ad illam, ut dicit iste auctor in precedenti proximo

---

41. male utens libero arbitrio et se perdidit ipsum] ST utens lib(er)o arbitrio et p(er)didit ipsu(m) V.

---

41. Aug., *Ench.* XXX.
42. *Par.* V 19–24.
43. Cf. Petr. Lomb., *Sent.* II iii 2.
44. Aug., *Ench.* XXX.
45. Aug., *Grat. lib. Arb.* XV 31.
47. Cf. *Hos.* VI 6 and *Matt.* IX 13, XII 7.
49. *Ep. Rom.* V 19.
50. Cf. *Ep. Phil.* II 8 et *Gl.* rel.

capitulo, cum actibus et preceptis per eum factis ipsi prelatis et clericis de non habendo et cupiendo temporalia sed spiritualia in persona sui et suorum discipulorum actibus: [51] dico in persona sui hoc mandavit cum intravit templum et eiecit omnes vendentes et ementes de ipso templo et mensas nummulariorum dicens: *Scriptum est: domus mea, domus orationis vocabitur, vos autem fecistis eam speluncam latronum*, ut habetur *Mathei* xxi° capitulo, [52] cum dicitur in *Decretis: Omnis Christi actio nobis est instructio* preceptis in persona discipulorum, [53] dum dixit eis *Mathei*, x° capitulo: *Gratis accepistis, gratis date: nolite possidere aurum neque argentum nec pecuniam in zonis vestris, non peram in via nec duas tunicas et nec duo calciamenta* etc., sed quomodo hoc servet clerus homine per se patet. [54] Et patet etiam in prophetia *Ezechielis*, capitulo vii°, contra presentem statum prelatorum, ubi ad licteram prenuntiatur quasi quicquid auctor predicit hic cito evenire, inter alia predicendo ibi sic Deus: *Argentum eorum foras eiciam et aurum eorum in sterquilinum erit; animam suam non saturabunt, et venter eorum non implebitur, quia scandalum iniquitatis eorum factum est et ornamenta monilium suorum in superbiam posuerunt, et lex peribit a sacerdote, et rex lugebit* etc. [55] Et in prophetia etiam Psalmiste dicentis ad hoc: *A fructu frumenti vini et olei sui multiplicati*. [56] Et ecce secundum hunc sensum obliquitas dicte arboris, ad quod facit quod subdit Yeronimus in preallegato *Decreto* superius, dicens contra sacerdotes: *Isti ergo vertuntur in laqueum tortuosum, in omnibus locis ponentes scandalum*. [57] Et ecce etiam bina derobatio dicte mistice prelature de qua hic in textu dicitur: prima scilicet per esum sui pomi facta per primos parentes, — propter quem in pena et desiderio fuit, ut dicit hic in textu, per quinque milia annos et plus, [58] nam dicit Orosius: *Quinque milia centum et nonaginta annos cucurrisse a dicto esu usque ad mortem Christi pati volentis pro dicto morsu*, ut dicit hic auctor, — [59] secunda per dissolutionem prelatorum modernorum facta de Ecclesia Christi per ipsum ligata ad dictam plantam, idest ad dictam virtutem obedientie; vel tertio

53. x°] ST xi° V.

---

51. *Matt.* XXI 13.
53. *Matt.* X 8–10.
54. *Hiez.* VII 19–20, 26–27.
55. *Ps.* IV 8.
56. *Decr. Grat.* II C. XXIV q. iii c. 33.

SUPER XXXIII° CAPITULO PURGATORII

modo potest hec arbor moralizari ut per institutionem legis divine sive iuris naturalis et Evangeli ponatur. [60] Nam, ut exorditur Gratianus in principio *Decreti* ex verbis Ysidori: *Ius nature in lege et in Evangelio continetur, et se habent ut adimplens et impletum*, [61] cum dicat Dominus: *Non veni tollere legem sed adimplere*, [62] et subdit Gratianus inferius: *Non tamen quecunque in lege et in Evangelio inveniuntur, naturali Iuri coherere probantur: sunt enim in Lege quedam moralia ut "Non occides", "Non mecaberis", quedam mistica, puta sacramentorum precepta, ut de agno etc. Moralia mandata ad naturale Ius pertinent, et ideo mutabilitatem non recipiunt. Mistica vero recipiunt quantum ad superficiem, non quantum ad moralem sensus*, [63] ubi *Glosa* ita ait: *Que continentur in lege alia sunt moralia, alia mistica: moralia intelligenda sunt ut lictera sonat ut "Diliges Deum", "Non occides" etc. Mistica sunt figuralia que alia significant quam lictera sonet: horum alia sunt sacramentaria, de quibus ratio reddi potest ut in preceptis de circumcisione et observatione sabbati, alia cerimonalia, de quibus ratio reddi non potest quamvis ad licteram sint mandata ut non arabis in bove et asino*. [64] Lex ergo quantum ad moralia non recipit mutationem, et ecce in proposito modo altitudo dicte arboris; sed quantum ad sacramentaria mutatur quantum ad superficiem lictere, mistico intellectu in suo inmutabili statu manente, et ecce obliquitaas dicte plante moraliter. [65] Ad hoc etiam facit quod ait Yeronimus super *Epistulam ad Galatas* dicens: *Non putemus in verbis scripturarum esse Evangelium, sed in sensu; non in superficie, sed in medulla, non in sermonum foliis, sed in radice rationis*. [66] Iterum inducit auctor Beatricem sibi dicere ut rudi quomodo postquam non potest capere medulliter iustitiam Dei in interdicto prelibato et dictam arborem ita moraliter, [67] iuxta illud Apostoli: *O quam incomprehensibilia sunt iuditia Dei et investigabiles vie eius*, et sic per consequens referre nequeat talia in scriptis ut picta illa intra se retineat per id quod reducitur bordonum per peregrinos reddeuntes de partibus ultramarinis cinctum palma, [68] in quo nichil aliud tangere vult nisi quod, sicut talis peregrinus non potest tantam arborem palme in signum sue terminate peregrinationis localis secum deferre de Oriente, sed tantum eius folia annexa eius bordono, ita ipse auctor, non valens dictam arborem scientie boni et mali totam secum ducere cum radice,

---

60. *Decr. Grat.* I D. I c. 1.
61. *Matt.* V 17.
62–63. *Decr. Grat.* I D. VI c. 3.
65. *Decr. Grat.* II C. I q. i c. 64.
67. *Ep. Rom.* XI 33.

trunco et summitate sua ita revoluta, hoc est non valens cum integumentis eius illam totam referre, ferat saltem eius ymaginem picta intra se, et sic per eius folia, idest per eius superficiales sensus ad corticem, non ad medullam illam referat. [69] Inde textualiter auctor fingit Beatricem dicere quomodo doctrina et scole sacre theologie superant omnes alias. [70] Item quomodo meridianus circulus secundum aspectus nostros inferiores diversificatur, [71] unde Macrobius in hoc sic ait: *Orizon et meridianus circulus non ascribitur in spera, quia certum locum habere non potest uterque ipsorum, sed pro diversitate circumspicientium habitantiumve variatur: nam globositas terre habitationes hominum equales sibi esse non patitur, et ideo unus meridianus omnibus esse non potest, sed singulis singulus.* [72] Item dicit se inde vidisse Eufratem et Tigrim flumina oriri ex unico fonte, que ad licteram dicit Sallustius ita oriri in Armenia et ambire Mesopotamiam; [73] Honorius vero Solitarius dicit quod oriuntur in monte Partoatra, et contra meridiem in Mediterraneum mare vadunt, [74] de quibus Boethius in v° etiam ait: *Tigris et Eufrates uno se fonte resolvunt, / et mox adiunctis dissociantur aquis.* [75] Et Lucanus in iii°: *Quaque caput rapido tollit cum Tigride magnus / Eufrates, quos non diversis fontibus edit / Persis, et incertum est tellus si misceat amnes, / quo potius sit nomen aquis* etc. [76] Inde ultimo auctor, ut ostendat quomodo homo qui vult in virtute esse perfectus in hoc mundo non solum per vitam activam debet ad Letheum flumen duci, ut per oblivionem careat quaque in sua mente reprehensione hactenus aliquorum suorum defectuum, ut superius iam in sua finxit persona, sed etiam debet trahi ad flumen Eunoe fontis Parnasi, inducens memoriam homini bonarum omnium eius actionum preteritarum, fingit nunc hic sic se duci per dictam Mateldam ad illud, ut dicit textus, tanquam in totum perfectum ut ille homo est qui, [77] ut scribitur in *Decretis, In totum pumpis mundanis renuntiavit,* adeo quod non restat nisi ad celum evolare; [78] de quo *Luce* xviii° dicitur: *Si vis perfectus esse vade et vende omnia que habes et da pauperibus,* et hoc

---

71. MACR., *Comm. Somn. Scip.* I xv 15–16.
72. Cf. SALLUST., *Hist. Fr.* IV 59.
73. HON. AUGUST., *De Imag. Mund.* I 10.
74. BOETH., *Cons. Phil.* V m. i 3–4.
75. LUCAN., *Phars.* III 256–59.
77. Cf. *Decr. Grat.* III D. IV c. 73.
78. *Luc.* XVIII 22.

Super XXXIII° capitulo Purgatorii

spiritualiter loquendo moraliter vero potest intelligi de illo loqui qui quasi sine ullo vitio virtutibus servit, ut Beatrix in hoc mundo, [79] de qua tali horatione Oratius in *Sermonibus* ait: *Nam vitiis nemo sine nascitur, optimus ille est, / qui minimis urgetur* etc. [80] Et alibi: *Sed quod magis ad nos / pertinet et nescire malum est agitamus: utrumne / divitiis homines an sint virtute beati.* [81] Et Macrobius: *Est enim politici virtuosi hominis prudentia ad rationis normam universa dirigere, ac nichil preter rectum velle vel facere,* [82] et de quo etiam Phylosophus in primo *Ethycorum* inquit: *Unumquodque autem bene secundum propriam virtutem perficitur si hoc humanum bonum sit anime operatio secundum virtutem. Si autem plures virtutes secundum perfectissimum et optimum, amplius autem in vita perfecta una eam irundo ver non facit, nec una dies ita nec beatum una dies nec paucum tempus.* [83] Pro quorum talium in hoc mundo sic virtutibus beatorum vita et statu nunc auctor ponit hic hunc fontem Eunoe allegorice et pro recta ratione et consumata, que felicitatem hominis implet secundum Seneca, [84] ad quam allegoriam etiam facit quod ait Augustinus super *Epistulam ad Corinthios* ii^a, xii° capitulo, dicens: *In regione illa intelligibilium beata vita in fonte suo bibitur, quod aliquid aspergitur huic humane vite, ut intentionibus huius seculi temperanter, fortiter, iuste prudenterque vivatur.* [85] Ad id vero quod tangit secundario quod reddit memoriam bonorum iam peractorum dictus, talis fons allegorice respicit perfectionem gaudii talium perfectorum et iocunditatem eorum boni operis, [86] ad quod ait Psalmista: *In custodiendis illis retributio multa,* [87] ubi Glosa sic ait: *Non tantum pro eis in futuro reddetur primum, sed etiam hic in eorum custodia est magnum gaudium, cuius gaudii ratio est et quia opus virtutis est in medietate et natura in mediis delectatur et in extremis tristatur ut visus quod delectatur in viridi colore quod medius est inter album et nigrum, et sic anima*

---

80. divitiis] o viciis V. *Rubr.* Explicit comentum domini Petri Alegherii super comoedia secunda Purgatorii V.

---

79. Hor., *Serm.* I iii 68–69.
80. Hor., *Serm.* II vi 72–74.
81. Macr., *Comm. Somn. Scip.* I viii 7.
82. Cf. Thom., *Gent.* III xliv 5 (Arist., *Eth.* I 6 1098a 15–20).
84. Cf. Aug., *Gen. ad litt.* XII 26.
86–87. *Ps.* XVIII 12 et *Gl.* rel.

Comentum Petri Alagherii

gaudet quando bonum opus facit tanquam de fructu sibi competenti, et tristatur de malo opere tanquam de fructu inconvenienti, sicut mulier gaudet naturaliter cum filium peperit non buffonem. [88] Hinc est quod auctor hic in fine subdit quomodo sic perfectus in activa vita dispositus est amodo ire ad astra, idest ad contemplative vite beatitudinem capescendam, de qua admodo ut de Paradiso celesti tractabit.

SUPER TERTIO LIBRO COMEDIE

[1] Super hac rubrica huius sequentis tertii libri *Comedie* huius auctoris, in qua premictit se dicturum de Paradiso, queramus, antequam veniamus ad textum, de quo Paradiso sentiat, et dico quod de duplici seu mistico Paradiso. [2] Nam, interdum scribendo sentiet de vero et essentiali Paradiso celesti dum scribet de numero et ordine celorum et planetarum et fixarum stellarum et de beatitudine angelorum et sanctarum animarum, interdum de anagogico seu spirituali Paradiso sentiet dum scribet et finget se mortalem ita elevari in celum corporaliter, ut statim in sequenti i° capitulo dicet. [3] Nam tunc in sua persona referret se ad statum illorum qui in hoc mundo ad visionem quasi et degustationem celestium rerum et divinarum ascendunt virtute vite contemplative, ut olim gentiles summi speculative phylosophi faciebant phylosophando, [4] Ovidio testante in xv° de Pictagora, dicendo de ipso taliter contemplante sic: *Sponte erat, isque licet celi regione remotus / visibus humanis, occulis ea pectorem hausit*, [5] et in primo *De Fastis* inquit, etiam ad hoc dicens: *Felices anime, quibus hec cognoscere primum / inque domos superas scandere cura fuit*, et inde contemplative sancti viri nostri theologizando. [6] Nam ait Ysidorus in libro *Differentiarum*: *Inter activam vitam*, de cuius statu ut de paradiso terrestri auctor iste superius proxime dixit, *et contemplativam*, de cuius statu ammodo ut de Paradiso celesti dicturus est, *fit hec differentia: quia activa in operibus iustitie et proximi utilitate*

> Rubr.: comentu(m) sapientis viri iurisperiti domini petri alegherii de florentia super comoedia tertia⟨m⟩ paradisi dantis alegherii ipsius domini petri genitoris gratissimi V.

---

4. Ov., *Met.* XV 62, 64.
5. Ov., *Fast.* I 297–98.
6. Isid., *Diff.* II xxxiv 130.

Comentum Petri Alagherii

versatur, contemplativa, vacans ab omni negotio in sola Dei dilectione defigitur; [7] et in libro *De Summo Bono* sic etiam inquit: *Activa vita mundanis rebus bene utitur, contemplativa vero, mundo renuntians, soli Deo vivere delectatur.* [8] Qui viri activi tales rari sunt, sed rariores taliter contemplativi; [9] nam dicit *Glosa Genesis* capitulo v°, super eo quod ibi dicitur *In cubito consumabis summitatem arce,* que prefiguratur Ecclesiam nostram, *et trecentorum cubitorum erit longitudo eius, et quinquaginta latitudo;* [10] *Videmus multos in Ecclesia superbire et lascivire et terrenis rebus inhiare, irasci et proximum ledere. Sed quia Ecclesia tollerat eos ut convertantur quasi in latitudine arce ut bestie fuisse dicuntur. Videmus alios aliena non rapere, iniuriam equo animo portare, rebus propriis contentos esse humiliter et graciosos proximo vivere ut activos. Sed quia iam pauci sunt, angustatur arca. Alios etiam videmus possessa relinquere, nullum terrenis bonis studium dare, inimicos diligere et omnes motus ratione premere et per celeste desiderium contemplationis penna sublevari, sed quia valde rari sunt iam archa iuxta cubitum summitur.* [11] De quibus etiam iste auctor loquitur infra in capitulo ii° dum dicit: **Voi altri pochi che drizaste il collo / per tempo al pan degli angeli** etc. [12] Et ex hoc Richardus de Sancto Victore in suo libro *De Contemplatione,* eam diffiniendo, dicit: *Contemplatio est libera mentis perspicacia in sapientie spectacula cum ammiratione suspensa, vel contemplatio est perspicax et liber animi contuitus in res perspiciendas usquequaque diffusus. Cuius species sunt sex: ymaginatio simplex, ymaginatio secundum rationem, ratio secundum ymaginationem, ratio secundum rationem, ymaginatio supra rationem sed non preter rationem, et ymaginatio supra rationem et preter rationem,* et subdit hiis sex: *Alis contemplationis a terrenis suspendimur et ad celestia levamur citra; perfectum te esse non dubites, si aliquibus illarum cares adhuc fit etiam contemplatio ante et retro ut "ibant illa animalia, et revertebantur ut fulgur coruscans",* [13] de quibus *Ezechielis* capitulo i° dicitur, et de quibus, ut de viris premissis contemplativis, ait Psalmista

---

11. pan] C pam V.

12. diffusus] ST diffuso V. Alis] ST ali{is > s} V.

---

7. Isid., *Sent.* III xv 2.
9. *Gen.* VI 15–16.
10. Cf. *Glossa Ord. Gen.* VI 16.
11. *Par.* II 10–11.
12. Cf. Rich. De S. Vict., *Gratia Contempl.* I iv, v, vi, x.
13. Cf. *Hiez.* I 26–28; *Ps.* CVI 26.

Super tertio libro Comedie

dicens: *Ascendunt usque ad celos et descendunt usque ad abissum*; [14] ad que premissa facit quod ait *Glosa* super *Exodo*, xxxiii° capitulo, dicens: *In hac carne viventibus, inextimabili virtute crescentibus, contemplationis acumine potest ecterna Dei claritas videri*. [15] Hiis ita premissis, veniamus ad divisionem huius tertii libri qui dividi potest in quinque principales partes: in prima quarum facit suum prohemium et exordium auctor ad totum tractatum dicti *Paradisi*, [16] et hec durat a principio huius libri usque ad illa verba posita infra in capitulo ii°: **La concreata e perpetua sete**; [17] ibi secunda in qua incipit tractare, et tractat de septem speris septem planetarum, scilicet Lune, Mercurii, Veneris, Solis, Martis, Iovis, Saturni, et de beatis spiritibus sub eorum impressionibus et ascendente, et hec durat usque ad xx° capitulum; ibi incipit tertia in qua tractat de octava spera et de beatificatis spiritibus sub eius celo et constellationibus eodem modo, et hec durat usque ad xxvii° capitulum; ibi quarta in qua de nono celo et Cristallino tractat, et hec usque ad xxx° capitulum; ibi quinta et ultima in qua de celo Impirio dicit, et hec usque in finem libri huius tertii prelibat.

16. sete] C sette V.
17. dicit] dic V.

---

14. Cf. *Glossa Ord. Ex.* XXXIII 20.
16. *Par.* II 19.

SUPER PRIMO CAPITULO PARADISI

[1] **La gloria di colui che tutto move**. [2] Auctor in hoc i° capitulo duo principaliter agit: primo namque, invocatione more poetico interposita, facit suum prohemium usque ibi: **Surge a' mortali per diverse foci**; ibi incohat exordium suum ad tractatum Paradisi universale usque dum in sequenti proximo capitulo dicit: **La concreata e perpetua sete**. [3] Prohemizat sic enim auctor hic dicens: gloria illius qui cuncta movet etc., scilicet Dei, idest glorificanda virtus et bonitas divina ab effectibus omnium rerum, per universum mundum magis in una parte quam in alia penetrat et resplendet: nam plus in celis quam in terra. [4] Ideo magis glorificatur Deus in eis, Psalmista dicente: *Celi enarrant gloriam Dei* etc., [5] et alibi: *Excelsus super omnes gentes Dominus et super celos gloria eius*, ex quibus celis celum Impirreum, ubi Paradisus est, quasi 'parans visum' beatorum ad videndum deitatem, adhuc magis de luce dicte talis glorie Dei capit, ut dicit hic auctor; usque ad quod lucidius celum dicit inde se elevatum fuisse mente, subaudi per gratiam et virtutem contemplativam, ut modo superius premisi et scripsi super rubrica huius libri. [6] Et ibi se dicit vidisse que nemo inde descendens, per gradus contemplationis subaudi, referre potest in hoc mundo; in quo auctor alludere vult verbis

---

    2.   sete] C sette V.

---

1.   *Par.* I 1.
2.   *Par.* I 37; *Par.* II 19.
3.   Cf. *Par.* I 1, 2–3.
4.   *Ps.* XVIII 1.
5.   *Ps.* CXII 4.
6–7. Cf. DANTE, *Ep.* XIII 77–79.
6.   *II Cor.* XII 4; IOH. CHRYS., *Hebr. Enarr.* II i 1 (PG LXIII 243–44); BOETH., *Cons.* IV pr. vi 56.

Super primo capitulo Paradisi

Apostoli inde revertentis iam et dicentis, ii° *Ad Corinthios*, capitulo xii°, quod vidit, scilicet ea *Que non licet homini loqui*; ac verbis Crisostomi ita scribentis super *Epistula* eiusdem Apostoli *Ad Hebreos*: *Ita multa de Deo intelligimus que loqui non valemus et multa loquimur que intelligere non valemus*; ad quod facit etiam quod ait Boetius in iiii° dicens: *Neque fas est homini cunctas divini operis machinas vel ingenio comprehendere vel explicare sermone*. [7] Ratione, dicit hic auctor, quod intellectus, vicinando se Deo contemplative, ita profundatur quod eum memoria sequi non potest, ut spiritualem cognitionem, cum ipsa memoria, tamquam organum, fundata sit in cerebro ut organo corporali, ut plene de hoc ait Thomas in suo *Contra Gentiles*, lxxiiii° capitulo. [8] Inde invocat auctor ad hoc ultimum eius presens opus exequendum Appollinem ut faciat eum vas tale, idest tante capacitatis, ut requirit ad dandum eius dilectam laurum in coronam poesie. [9] Scribit enim Ovidius in i°, sub fabulositate mistica quadam, quod Appollo, idest sol, vehementer iam exarsit in amorem cuiusdam nimphe nomine Daphnis, filie Penei fluminis, in tantum servantis virginitatem et colentis quod numquam assentire voluit ei vel alicui alteri se; ymo ultimo fugiendo supradictum Appollinem, conversa est in arborem lauream, ex quo ipse Appollo, non oblitus eius amore, contulit ei perpetuam viriditatem et ut inde duces triumphantes et poete in eorum approbato examine coronarentur. [10] Unde idem Ovidius, loquens in persona dicti Appollinis congratulantis dicte Daphni ut arbori inquit: *Tu ducibus letis adheris, cum leta triumphos / vox canet* etc., subdens: *Tu quoque perpetuos semper geris frondis honores*, et Statius in i°: *Graiaque, cui gemine florent vatumque ducumque / certatim laurus* etc., allegando auctor pro causa dicte eius talis invocationis, scilicet quod hucusque sibi suffecit unum iugum de duobus montis Parnasi, sed modo in presenti tractatu Paradisi celestis eget altero cum illo simul. [11] Est enim iste mons Parnasi in Asia altissimus et

---

7. fundata] fundata⟨m⟩ V. Ratione] raro V.

10. Daphni] C danni V.

11. summotus] ST L B semotus V.

---

7. Cf. THOM., *Gent.* II q. lxxiiii a. 4.
9. Cf. OV., *Met.* I 452-567.
10. OV., *Met.* I 560-61, 565; STAT., *Achill.* I 15-16.
11. Cf. ARIST., *Meteor.* I 13 (350a 18-22); PERS., *Sat. prol.* 2; LUCAN., *Phars.* V 71-72.

fertilis aquis, de quo Phylosophus testualiter sic ait in i° eius *Methaure*: *In Asia quidem plurimi a Parnaso monte videntur fluentes maximi fluvii*. Hic mons maximus dicitur esse omnium qui ad orientem yemalem sunt, qui bicollis est, ideo Persius vocat ipsum *bicipitem*, idest cum duobus capitibus, unde et Lucanus: *Experio tantum quantum summotus Eoo, / cardine Parnasis gemino petit ethera colle*; [12] de quo etiam Ysidorus, scribens in suis *Ethymologiis*, dicit quod iste mons Parnasi est in Thessaliam, iuxta Beotiam, partitus in duo iuga quorum unum vocatur Citeron, alterum Elicon a duobus fratribus olim sic nominatis, super uno quorum scribitur fuisse civitas dicta Cirra olim, scilicet super dicto Elicon in cuius templo Appollo predictus sua oracula et responsa dabat, super Citero civitas vocata Nisa dicitur tunc etiam fuisse ubi Baccus sua talia oracula etiam proferebat, de quibus antiqui poete multa sub mistico et allegorico sensu olim cecinerunt. [13] Modo ut clarius in hoc passu intelligatur premicto hoc quod Phylosophus in vi° *Ethycorum* sic scribendo ait: *Sunt utique, quibus verum dicit anima affirmando vel negando, quinque secundum verum, scilicet ars, sapientia, scientia, prudentia et intellectus: que ars dicitur habitus cum ratione vera factivus circa generationem et artificiari et speculari qualiter fiat aliquid contingentium et esse et non esse: sapientia est non solum scire que ex principiis sunt, sed etiam circa principia verum dicere. Quare utique erit*, dicit ibi Phylosophus, *sapientia, scientia et intellectus*, et tunc dicitur 'sofia' ipsa sapientia, sive sapida scientia, [14] de qua in *Ecclesiastico*, vi° capitulo, dicitur: *Sapientia doctrine secundum nomen eius*, cuius cognitio quasi ut gustus dicitur, sicut visus dicitur cognitio intellectus; ad hoc ait Psalmista: *Gustate et videte, quoniam suavis est Dominus*; [15] quam sapientiam, dicit Magister in iii° *Sententiarum*: ad solius ecterne veritatis contemplationem et delectationem spectare. [16] *Scientia est de universalibus extimatio et ex necessitate entibus cum non sit de parti-*

12. Beotiam] C boeciam V. nominatis] C nominata V. cecinerunt] scripserunt C ceciderunt V.

16. idem Phylosophus ideo ait] C idem ideo ait V.

---

12. Isid., *Etym.* XIV viii 11.
13. Cf. Arist., *Eth.* VI 2 (1139b 15–17).
14. *Eccli.* VI 23; *Ps.* XXXIII 9.
16. Cf. Arist., *Post. Anal.* I 27 (87a 30–32), 33 (88b 30–33).

Super primo capitulo Paradisi

cularibus, ut idem Phylosophus ideo ait in sua *Posteriora*; [17] item est *Ad rectam administrationem rerum temporalium et ad bonam inter malos conversationem* secundum Magistrum in iii° *Sententiarum* libro predicto. [18] *Prudentia non ut una de mortalibus virtutibus, sed ut scientia per se quedam particularis est*, ut dicit Tullius, *De Officiis*, scilicet *bonarum rerum et malarum ac etiam appetendarum et fugiendarum rerum particularium et universalium*. [19] Unde Augustinus dicit in libro *De Spiritu et Anima* quod *Prudentia est scire quid anima habeat facere. Intellectus dicitur interna lectio et dicitur lumen quo invisibilia cognoscuntur*, [20] unde idem Bernardus in libro *De Consideratione* dicit quod *Intellectus est rei cuiuscumque visibilis certa est et manifesta notitia*; [21] et dicitur secundum Ysidorum *Intellectus illa pars anime que superiora respicit, ratio autem que inferiora*. [22] Ad propositum igitur dicti prisci vates dictum montem in suo esse toto allegorice pro dicta prudentia ut scientia finxerunt, et dictum eius collem dexterum Eliconis pro dicta sapientia et alterum Citeron pro dicta scientia et dictum Appollinem pro dicto intellectu et dictum Baccum pro dicta arte. [23] Quos vates volens modo auctor hic imitari circa dictum misticum sensum, dicit quod satis fuit sibi hucusque dictus collis Citeron, idest dicta scientia et ars, poetice tractando de mistico Inferno et Purgatorio ut de rebus mundanis inferioribus ut fecit, at nunc, cum tractare debeat de rebus superioribus celestialibus non sufficiunt hec sibi tantum, sed opus est ut habeat etiam amminiculum dicti collis Eliconis, idest dicte sapientie et intellectus, [24] cum dicat Ysidorus in libro *Differentiarum*: *Sapientia tantummodo ecterna contemplatur*, et per ea non solum capimus superiora sed etiam incognitis delectamur et intellectu ecterna spiritualia universaliter, addendo inde

20. Bernardus] ST aug(ustinus) V. invisibilis] ST visibilis V. notitia] ST *om.* V.

21. ratio autem que] racio [autem] que V.

22. Baccum] C lacum V.

---

17. Petr. Lomb., *Sent.* III xxxv 2.
18. Cic., *Off.* I xliii 153.
19. Ps.-Aug., *De Spir. et An.* XX 1 (PL XL 794).
20. Bern., *Consid.* V 3, 6.
21. Cf. Isid., *Diff. rer.* II xxiii 86.
24. Isid., *Diff. rer.* II xxxviii 147; Cf. Ov., *Met.* VI 382–400.

auctor huic sue invocationi quod ipse Appollo ita acute intret eius pectus ut acute sonavit dum vicit, et victum scoriavit olim Martiam, satirum poetam de Frigia, de quo Ovidius in vi° scribit, cuius integumentum est quod Appollo, idest intellectualis et speculativa scientia, habet nos a ruditate et grossitia exuere et vestire subtilitatem, interponendo inde auctor quod divina gratia tantum sibi prestet dictum Appollinem, quod umbram, idest formam ymaginatam Paradisi in eius capite, idest in eius fantasia, possit, poetice cantando, manifestare. [25] Quo quidem obtento, dicit loquendo auctor adhuc dicto Appollini quomodo coronabit se de dicta lauro eius dilecta arbore, et, ut hiis annuat ipse Appollo adhuc auctor sic infert continuato sermone, si raro hodie in hac etate de foliis dicti lauri colligitur causa coronandi aliquem triumphantem in militari arte et probitate vel aliquem poetam in signum perpetue laudis glorie fame et scientie, — ad quam impressio et infusio solis habet hominem inclinare — totum redundat in culpam et dedecus voluntatum hominum modernorum; [26] nam parturire debetur, subdit auctor, super te Appolline delfica deitate, — hoc dicens quia olim ipse Appollo in Grecia in terra dicta Delphos precipue colebatur — letitiam super letam tuam essentiam, considerato tuo effectu letificante in tali coronatione populos et urbes, ut dixi supra per Ovidium. [27] Unde et Iuvenalis de tali coronatione olim Rome Statio poete facta ait: *Thebaidos letam cum fecit Statius urbem.* [28] Ipsa frons Penea, idest dicte lauri, vocata Penea a Peneo flumine Grecie eius patre secundum figmenta poetica, et forte obtento hoc etiam ultimo dicit ei auctor quod ab eius voce ut a modica favilla inflamabitur gens in maiorem flammam ad rogandam Cirram predictam civitatem ad respondendum, idest ad dandum precantibus noviter vertutem tallem tui Appollinis. [29] Hac sic prima parte presentis capitula expedita, veniamus ad secundam, in cuius principio auctor facit quoddam suum preambulum ad ea que statim hic infra sequuntur de sole oriente in puncto equinotiali, ita in illo alio Emisperio ubi se tunc fingit fuisse, dicendo scilicet quomodo lucerna mundis, idest Sol, nobis mortalibus 'surgit', idest oritur per diversas fauces, idest per diversa vada et plagas, seu zonas orientales. [30] Nam in alia oritur in solstitio Capricorni yemali, et in alia in solstitio Cancri estivo, et in alia in medio eorum, scilicet in equinotiali, et idem dici posset de duodecim signis Zodiaci ut de duodecim talibus faucibus. [31] Tamen dicit quod ab illa fauce de predicitis faucibus que quattuor

---

27. Iuv., *Sat.* VII 83.

circulos iungit, idest conglutinat (scilicet equinoctialem Zodiacum, Orizontem et Colurum) cum tribus crucibus, cum meliore cursu et stella, idest constellatione vel signo coniunctus, sol oritur et perfectius ceram, idest preiacentem materiam inferiorem imprimit, idest infundit suam virtutem in eius ascendente tali. [32] Sed, reassumendo quod dixit de dictis quattuor circulis et tribus crucibus, notandum est quod, prout apparere potest in spera materiali et in eius Tractatu, in orbe et spera celi non pauci et diversi circuli moventur et intersecantur ad invicem, ut sunt quinque circuli paralleli, [33] de quibus Macrobius, scribens super *Somnio Scipionis*, sic ait: *Quinque paraleli circuli (alii ut 'breves' vocantur), quorum unus septemtrionalis, alter australis: inter hos et medium duo sunt Tropici, duo sunt circuli maiores ultimis, medio minores, quorum medius et maximus est equinoctialis, qui Tropici eum ex utraque parte zone peruste terminum faciunt. Preter hos duo sunt circuli Coluri, quibus nomen dedit imperfecta concursio: ambientes septemtrionalem verticem, atque inde in diversa diffusi, et se in summo intersecant, et dictos quinque parallelos in quaternas partes equaliter dividunt*, quorum unus dicitur esse Galassia, que 'circulus lacteus' dicitur; item etiam alius circulus, dictus Zodiacus et Signifer, eo quod duodecim signa differt; item est Orizon qui dicitur 'designatus terminus celi', qui super terram videtur quasi quodam circulo; item est meridianus circulus quem sol, cum super hominum verticem venit, ipsum diem medium efficiendo designat. [34] Nunc igitur ad propositum: sole oriente et occidente in principio Arietis et Libre, dicti quattuor circuli, scilicet equinoctiales, Orizon, Zodiacus et Colurus tres cruces faciunt; nam in eo puncto dictus circulus Colurus intersecat dictum circulum equinoctialem et Zodiacum, ex quibus tribus circulis restant tres cruces; sed cum idem Colurus distinguens equinoctia cedit et idem cum Orizonte, ut est tamen temporis, tunc ex dictis quattuor circulis non proveniunt nisi tres cruces tantum, eo quod dictus circulus Colurus et dictus circulus Orizontis funguntur tunc vice unius circuli tamen. [35] Modo post hec auctor, continuando se ad finem precedentis ultimi capituli *Purgatorii*, ubi finxit se remansisse cum Beatrice ita in vita activa perfectum quod ad stellas et ad celum, idest ad vitam contemplativam, amodo ascendere poterat, fingit nunc, hic procedendo, quod ita stando in dicta summitate et cacumen dicti montis Purgatorii et Paradisi terrestri, orto ibi in alio illo emisperio iam sole in dicto orientali puncto equinoctiali, de quo modo hic supra dictum est, ipsa Beatris se volvit ad solem,

---

33. Macr., *Comm. Somn. Scip.* I xv 13–14.

illum intuendo fixe ut aquila in eius radios, ut dicitur hic in textu. [36] Et sequitur comparative quod, sicut secundus radius solis, idest illa eius reflexio de qua auctor tangit supra in *Purgatorio* capitulo xv° dum ibi dicit: **Come quando da l'acqua o da lo specchio / salta lo raggio in l'oposita parte, / salendo su per lo modo parecchio**, quasi velit redire naturaliter ad suum originem ut peregrinus ad patriam ut hic dicitur, ita a tali actu Beatricis actus secundarius effectus est ipsius auctoris in tali aspectu solis, unde subdit quod ultra solitum modum inspexit ibi tunc in solem ratione assignata hic in textu et quod virtute talis luminis elevatus est cum Beatrice de dicto loco Paradisi terrestris ad regiones aeris et ad etherem, ubi se fingit auctor tunc quasi vidisse diurnam lucem sibi duplicari ad occulos, ac si unus alius sol adiunctus fuisset soli illi. [37] Et ita 'transhumanasse' se dicit, idest terminos humanitatis excessisse, cum ita evolare sit avium non hominum, ut transhumanavit ille Glaucus piscator quem fingit Ovidius in xiii° deum marinum effectum, et sic consortem aliorum deorum maris, scilicet Neptuni, Thetis, Doridis, Nerei, Prothei, Occeani, Tritoni et Palemonis ut dicitur hic, gustando de quadam erba de qua gustando quidam eius pisces capti reversi sunt in mare; dirigendo inde sermonem ad Deum, ut ad amorem gubernantem celum, auctor dicendo si solum anima tenus, idest si solummodo cum anima quam tu ipse Deus creasti michi absque corpore ita ascendi Tu ipse scis; [38] in quo alludere vult verbis Pauli dicentis *Ad Corinthios*, xii° capitulo, de suo ascensu in celos, *Si spiritu vel corpore fuit non ipse sed Deus ipse scit*, ut scripsi de hoc plene in capitulo ii° *Inferni* supra; tangendo inde auctor subsequenter de sono dulci illo aeris per ipsum audito ibi qui dicitur armonia. [39] Que armonia dicit Servius quod in novem circulis aeris fit, preterquam in inferiori, et quod reperta primo est ab Orpheo. [40] Phylosophus vero dicit in libro *De Proprietatibus Elementorum* quod dicta armonia fit in supremo aere ex ordinato motu spere et contrario motu planetarum, [41] et idem sentit Macrobius

---

36. specchio] C specio V. l'oposita] l{a > o}posita V. parecchio] parechio V. ratione] C rationo V.

---

36. *Purg.* XV 16–18.
37. Cf. Ov., *Met.* XIII 898–968.
38. Cf. *II Cor.* XII 2–3.
41. Macr., *Comm. Somn. Scip.* II i 1–7.

Super primo capitulo Paradisi

dicendo, scribens super *Somnio Scipionis*, musicos sonos collectos esse de sperarum celestium concursione et procedere cum sono ex motu fieri necesse est. [42] Modo veniamus ad allegoriam inclusam hic in presenti premisso textu, quam quidem puto esse hanc, videlicet ut auctor, in sua persona tractus ita per Virgilium, idest per iuditium rationis, per Infernum et Purgatorium, idest per cognitionem rerum mundanarum, et ductus ad Paradisum terrestrem, idest ad perfectum statum et virtuosum huius mundi, et ibi a Matelda, idest a vita activa, felicitatus sic ut ad superiora ascendere possit, idest ut ad vitam contemplativam ut ad celum ascendere valeat, ut hucusque superius finxit, velit nunc ostendere quomodo homo in hoc mundo taliter habituatus, de activa ad contemplativam beatitudinem et felicitatem altiorem humanam transcendat et transcendere debeat ut ad celum, ponitur quod hoc fiat concurrente gratia Dei cum speculativa intelligentia theologice scientie et sapientie in nobis, ponendo hic allegorice pro dicta gratia dictum solem elevantem eum ad celum mediante visu Beatricis, pro quo ponit dictam speculativam excelsam et celestem partem ipsius theologie, quod notat hic auctor dum dicit Beatricem inspexisse in dictum talem solem fixam ut aquilam. [43] Nam super illo verbo *Iob* xxxviiii°: *Nunquid ad preceptum tuum levabitur aquila*; ait *Glosa* hoc loco: *Nomen aquile subtilis sanctorum intelligentia et sublimis eorum contemplatio figuratur*, [44] ad quod etiam facit quod dicitur *Ysaie* lviii° capitulo, idest: *Sustollam te super altitudinem nubium et cibabo te hereditate Iacob*. [45] Item ad dictum misticum solem, hic pro gratia illuminante nos, figuratum facit quod ait Thomas in summa *De Vitiis et Virtutibus* tangendo de virtute predicte contemplationis dicens: *Aves cum volare volunt alas suas expandunt. Sic debemus et nos cordis nostri alas per desiderium extendere et divine revelationis horam semper expectare, ut quacumque hora divine spirationis aura mentis nostre nubila deterserit, verique solis radios asperserit, excussis tandem contemplationis sue alis, mens nostra se ad alta elevet et advolet et fixis obtutibus in illud ecternitatis lumen quod desuper radiat omnia mundane volubilitatis nubila transcendat*, [46] et in prima parte eius *Summe* ad idem inquit: *Duplex est scientiarum genus; nam quoddam procedit*

---

44. sustollam] ST sub stola V.

---

43. Greg., *Moral. in Job* XXXI 47 (*Iob* XXXIX 27).
44. *Is.* LVIII 14.
46. Thom., *Theol.* I q. i a. 2.

ex lumine scientie inferioris et ex principiis notis, quoddam ex lumine scientie superioris que procedit ex lumine veritatis Dei. [47] Et in libro *De Proprietatibus Rerum* dicitur: *Non est nobis aliter lucere divinum radium nisi varietate sacrorum voluminum analogice circumvolantum. Ideo theologia provide sacris et poeticis informationibus usa est ut ex rerum visibilium similitudinibus allegorice locutiones et mistici intellectus transumptiones formantur, ut sic carnalibus et visibilibus spiritualia et invisibilia coaptantur.* [48] Item etiam iste idem auctor in fine libri eius *Monarchie*, dicto de beatitudine huius vite active consistente in virtute: *Et sic per terrestrem Paradisum figuratur, ad quam venitur per phylosophorum documenta secundum virtutes morales operando*, dicendo de beatitudine contemplative vite, dicit quomodo *ad eam ascendere non possumus, nisi lumine divino adiuti, non nostra propria virtute, que per Paradisum celestem figuratur, ad quam ascenditur per documenta spiritualia, que humanam rationem transcendunt, dummodo illa homo sequatur secundum virtutes teologicas operando,* [49] unde Augustinus: *Bonum Dei cognoscitur per theologiam que perficit intellectum*; [50] per que duo breviter in nobis concurrentia possumus vere dici 'transhumanari', idest de hominibus quasi dii fieri, cum amici Dei et adherentes ei possint dici quasi dii, unde Augustinus super *Epistula ad Corinthios*, vi°, dicente ibi Apostolo: *Qui adheret Deo unus spiritus est*, ait: *Talis est quisque qualis est eius dilectio si terram diligis terra eris, si Deum diligis, quid dicam? Deus eris.* [51] Nec Deum audeo hoc dicere ex me, scilicet Psalmistam audiamus dicentem: *Ego dixi: dii estis et filii excelsi omnes.* [52] Facit etiam ad contractum talis amicitie illud *Sapientie* vii° capitulo: *Sapientia infinitus thesaurus est hominibus, quod qui usi sunt participes facti sunt amicitie Dei*, et eodem libro: *Neminem diligit Deus, nisi eum qui cum sapientia inhabitat*; [53] de quibus talibus sensit Virgilius, deificatus fictione poetica, dicens:

    48. documenta] documenta‹m› V.

    52. usi] ST uisi V.

---

47. BARTHOL. ANGL., *Propr. Rer.* praef.
48. DANTE, *Mon.* III xv 7–8.
50. *I Cor.* VI 17 et *Gl.* rel.
51. *Ps.* LXXXI 6.
52. *Sap.* VII 14, 28.
53. VERG., *Aen.* VI 129–30.

Super primo capitulo Paradisi

Pauci, quos equus amavit / Iupiter aut ardens erexit ad etera virtus. [54] Et hoc accidere fingit Ovidius ita supradictum Glaucum deificatum per escam supradicte erbe, accipiendo mistice talem erbam pro gratia suorum deorum per illum acquisita sua virtute et sapientia; [55] ad quorum conclusionem veniat quod ait ipse Thomas in dicta summa *De Virtutibus* dicens: *Humanus animus ascendit quando supra semetipsum mortis alienatione transit, quando se in ymo deserens et usque ad celum pertransiens solis divinis se totum per contemplationem emergit: huius rei formam in animalibus possimus percipere solent*; namque in suis ludibus saltus quosdam dare ut pisces dum in aquis ludunt super aquas exiliunt, quod facit ad dictos pisces Glauci integumentaliter. [56] Et subdit Thomas ibi: *Solet dulcis armonia cor talium exilarare et ei gaudia sua ad memoriam revocare*; quid aliud de Eliseo, prophetico viro psalienti pro prophetico spiritu habendo, ut legitur iiii° *Regum* iii° capitulo et obtento, nisi quod exterior armonia spirituale armoniam ei ad memoriam reduxit, et audita melodia audientis animum ad assueta gaudia revocavit, atque levavit? que anagogice etiam faciunt ad id quod auctor de armonia tangit, per que satis patet. [57] Quos occulos fixit auctor hic in occulos Beatricis respicientis ita in solem talem; nam fuerunt illi de quibus sic ait Gregorius in primo *Moralium* dicens: *Scriptura Sacra mentis occulis quasi quoddam speculum opponitur, ut in interna nostra facies in ipsa videatur*, fingendo inde auctor Beatricem sibi dicere admiranti de dicto lumine tali et sono dicte armonie, quomodo non erat in terra, ymo ad celum ut ad eius proprium situm originalem velocius currebat quam fulmen fugiendo regionem ignis ut eius situm ruendo in terram, subaudi naturali in nobis infinito motu quem dicimus instinctum naturale; de cuius virtute volens auctor hic incidenter tangere, inducit Beatricem ad dicendum sibi secundario admiranti quomodo transcendat illa corpora levia, idest duo elementa illa, scilicet aerem et etherem, que levia sunt ad differentiam aliorum duorum que gravia sunt, scilicet aqua et terra, [58] quomodo omnia intra se quendam habent naturaliter instinctum, qui forma argumentativa subaudi est, faciens universum mundo similem Deo, idest similandum superiori eius ordini immediate

57. interna] ST L B terrena V.

---

54. Cf. Ov., *Met.* XIII 898–968.
55–56. Rich. de S. Vict., *De Grat. Contempl.* V 14, 17.
57. Greg., *Moral.* II i 1.

a mente ipsius Dei dependenti. [59] Ad quod facit illud Boetii: *Tu cuncta superno / ducis ab exemplo, pulcrum pulcerrimus ipse / mundum mente gerens similique ymagine formans / perfectasque iubens perfectum absolvere partes*, et sic vocat dictum instinctum hic auctor ordinem rerum. [60] Lex autem vocat eum Ius naturale quod natura docuit omnia animalia, ex quo descendit maris et femine coniugatio et liberorum procreatio et educatio, que verba Ysidorus, canonizando in principio *Decreti* ait: *Ius naturale est comune omnium nationum, eo quod usque instinctu nature, non constitutione aliqua habetur*. [61] Virgilium vocat eum 'spiritum' seu 'animam mundi' dicens in vi°: *Principio celum ac terras camposque liquentes / lucentemque globum lune Titanaque astra / spiritus intus alit, totamque infusa per artus / mens agitat molem et magno se corpore miscet. / Inde hominum pecudumque genus viteque volantum / et que marmoreo fert monstra per equora pontus. / Igneus est illis vigor et celestis origo*, scilicet nobis hominibus, [62] quem in hoc sequens idem Boetius ait: *Tu triplicis mediam nature cuncta moventem / connectens animam per consona membra resolvis*. [63] Homerus autem vocavit dictum instinctum nature 'catena aurea Dei', unde Macrobius, super *Somnio Scipionis*, ait: *A summo Deo usque ad ultimam rerum fecem una mutuis se vinculis religans et nusquam interrupta connexio. Et hec est Homeri catena auri quam pendere de celo in terras Dominum iusisse commemorat*, [64] de qua Boetius sensit dicendo: *Tu numeris elementa ligas ut frigora flammis, / arida conveniant* etc. [65] Inde sequitur Beatrix quomodo in hoc alte creature, idest phylosophantes, vident orma, idest vestigia Dei finis nostri, ad quem finem facta est talis norma pertacta, idest dictus instinctus, subdendo inde Beatrix quomodo in dicto instinctu, ut in quodam ordine rerum, sunt 'acclines', idest inclinabiles, cuncte nature, naturate subaudi. [66] Est enim natura naturans ipse Deus, et de hac nichil hic; est et natura naturata que dicitur quedam vis insita rebus similia de similibus procreans. [67] Item dicitur etiam natura dictus instinctus ex sensualitate proveniens ad appetendum vel pro-

65. orma] orma⟨m⟩ V.

---

59. BOETH., *Cons.* III m. ix 6–9.
60. *Decr. Grat.* I D. I c. 7.
61. VERG., *Aen.* VI 724–30.
62. BOETH., *Cons.* III m. ix 13–14.
63. MACR., *Comm. Somn. Scip.* I xiv 15.
64. BOETH., *Cons.* III m. ix 10–11.

creandum et educandum, qui etiam dum provenit ex ratione dicitur naturalis equitas seu fas. [68] Dico inclinabiles per diversas sortes, idest per diversas species plus et minus vicinas Deo, ut principio ipsarum, et per consequens moventur ad diversos portus, idest ad diversos exitus et effectus per mare magnum mundane essentie cum instinctu predicto ferente eas et qui fert ut dicit hic textus ignem versus lunam, idest ad eius regionem calidam super aerem et terram conglutinat in globum et pendulum substinet, [69] de quo Phylosophus in iiii° *De Celo et Mundo* ait: *Omnia gravia tendunt ad centrum, levia ad circumferentias*, item est promotore in cordibus nostris dictus instinctus, et hoc est quod tangit hic Beatrix dicendo quod nedum talis instinctus movet insensata et bruta, sed etiam nos homines habentes intellectum et amorem illum, [70] de quo Boetius in iiii° sic ait: *Hic est cunctis communis amor / repetuntque boni finem teneri, / quia non aliter durare queant / nisi converso rursus amore / refluant cause que dedit esse*, unde subdit hic Beatrix quomodo corda, idest talis naturalis dispositio et inspiratio insita nobis naturaliter mictit mentes nostras et animos ad summum celum quietum impireum, continuans: nonum celum velocius in motu omnibus aliis celis ut ad situm decretum nostrum orginalem. [71] Unde Macrobius, super *Somnio Scipionis*, hoc volens tangere inquit: *"Hinc profecti"*, scilicet de celo, *"huc revertuntur"; nam animarum originem manare de celo inter recte phylosophantes indubitate constat esse sententie, et hec est perfecta sapientia ut unde orta sit anima recognoscat. Nam et delfici vox hec fertur oraculi: consulenti ad beatitudinem quo itinere perveniret: "Si te", inquit, "agnoveris". Nam et ibi in fronte templi Appollinis ita scriptum erat. "Homini una est"*, secundum hec scripta, *"agnitio sui, si originis natalisque principii exordia prima respexerit"*. [72] Et subdit, eodem libro alibi: *Hiis ergo dictis, solum hominem constat ex terrenis omnibus, mentis, idest animi, societatem cum celo et sideribus habere communem*. [73] Inde Beatrix ex predictis infert quod, sicut forma rei archetipa non conformatur interdum intentioni fabricantis, ita anima nostra creata ab intentione divina ad hunc redditum celi, unde descendit suo libero arbitrio, obliquat se a dicto suo naturali recursu tali ut fulmen cadendo de sua regione et terram, ut dicit hic textus: quod totum Boetius in fine tertii libri exemplificat in

---

69. Cf. THOM., *Cael. Mund.* II xxvi 5.
70. BOETH., *Cons.* IV m. vi 44–48.
71. MACR., *Comm. Somn. Scip.* I ix 1–3.
72. MACR., *Comm. Somn. Scip.* I xiv 16.
73. BOETH. *Cons.* III m. xii 55–58.

persona Orphei et Euridicis eius uxor quam accipit ibi pro anima ita descensa a celo et ad inferos rediente, dicendo quod talis fabula respicit illos qui in superum diem mentem ducere querunt: *Nam qui Tartareum in specus / victus lumina flexerit, / quidquid precipuum trahit / perdet dum videt inferos.* [74] Ad quod ait Thomas in principio *Ethycorum* in eius comento super illis verbis Philosophi dicentis ibi quod *Omnis actus et electio bonum quoddam appetunt*: *Et ideo bene nuntiatum esse bonum quod omnia appetunt, nec est instantia de quibusdam qui appetunt malum, quia non appetunt malum nisi sub specie boni in quantum id extimant esse bonum, et sic intentio eorum fertur per se ad bonum, sed per accidens cadit in malum.* [75] Et quod dicitur quod *omnia appetunt bonum* non est intelligendum solum de habentibus cognitionem qua apprehendunt bonum, sed etiam de rebus carentibus cognitione, que naturali appetitu tendunt in bonum, non quia cognoscant bonum sed quia ab aliquo cognoscente moventur ad bonum ex ordinatione divini intellectus ad modum quo sagipta tendit ad signum ex discretione sagiptantis. [76] Ex quibus ultimo concludit Beatrix quod ipse auctor mirari non debuit de tali suo ascensu ad celum mente et animo tali naturali motu: sic non miraretur de rivo descendente de monte ad ima et de igne saliente de terra ad ethera, unde Phylosophia in hoc puncto ait Boetio: *Parvam michi restare operam puto ut felicitatis compos patriam sospes revisas*, et in principio iiii° sic etiam ad hoc idem inquit: *Decursis omnibus que premictere necessarium puto in mostrando veram beatitudinem, viam que te domum revehat ostendam*; [77] dicit etiam Phylosophia: *Pennas etiam tue menti quibus se in altum tollere possit affigam ut in patriam meo ductu revertaris*, subdendo hec carmina: *Sunt etenim penne volucres michi / que celsa conscendant poli; / quas sibi cum velox mens induit / terras perosa despicit, / aeris immensi superat globum / nubes post tergum videt / transcendit ignis verticem, / donec in astriferas surgat domos* etc.

---

74. Cf. THOM., *Eth. Exp.* I i 9–10.
76. BOETH., *Cons.* III pr. xii 9.
77. BOETH., *Cons.* IV pr. i 8–9, m. i 1–9.

SUPER II° CAPITULO PARADISI

[1] **O voi che siete in piccioletta barcha**. [2] In hoc ii° capitulo usque ibi: **La concreata e perpetua sete**, auctor prohemialiter monet vulgares homines et alios non magni et acuti intellectus secutos ipsum hucusque in hoc suo poemate, quatenus revertentur ad sua litora, idest ad principia duorum eius librorum suprascriptorum, *Inferni* scilicet et *Purgatorii*, et illa duo volumina legendo et studendo decurrant iterato ut convenientia sibi, [3] iuxta illud *Ecclesiastes*, iii° capitulo, *Altiora te ne quesieris;* [4] non autem ingrediantur hunc tertium librum ut profundius pelagus: nam possent in eo deviare ut cecuciati circa ardua puncta theologica et philosophica eius intelligenda. [5] Nam in ii° *Metaphysice* inquit Phylosophus: *Non subtilissimus intellectus ita se habet ad divina sicut visus noctue ad solem et ad ea que comprehendit speculativus intellectus*. [6] Et ut tales vulgares ita moniti desistant ab ulterius procedendo, hic arguit auctor quod nunquam talis aqua, idest talis materia decursa fuit poetando de Paradiso celesti nisi per ipsum nunc hic, ad quod ut ventus spirat sibi Minerva, dea artis et rationis, [7] et ita ethimologizat eam Ysidorus dicendo quod *Dicitur Minerva quasi munus artium et inventrix multorum ingeniorum, et ideo dicitur de capite Iovis manasse, eo quod sensus sapientis et ingeniosi, qui omnia invenit, in capite est*. [8] Item dicit quod Appollo eum ut nauta ducit, idest virtus intellectiva et

---

1. che] chi V. piccioletta] C picioletta V.

---

1. *Par.* II 1.
2. *Par.* II 19.
3. *Eccli.* III 22.
5. Cf. ARIST., *Metaph.* II 1 (993b 8–11).
7. ISID., *Etym.* VIII xi 71–72.

speculativa eum elevat. [9] Item quod etiam novem Muse, idest novem virtutes et scientie modulandi poetice, dirigunt eum ad polum et sibi eum demostrant, ut magnes, seu calamita cum acu, monstrat eum nautis; in quo polo est quedam stella fixa dicta Tramontana pro capite steli; et circa eum sunt, ut dicit Ptolomeus in suo Almagesto, due constellationes, quarum una vocatur Ursa Maior, altera Ursa Minor, eo quod poete finxerunt Callistonem mutatam per Iunonem in ursam propter adulterium comissum per eam cum Iove eius viro, et Archadem eius filium in aliam Ursam natum ex dicto adulterio, quam matrem et filium Iuppiter traslatavit in dictas duas constellationes. [10] Postea alloquendo auctor inde theologos qui tempestive gustaverunt panem angelorum, idest noverunt Sacram Scripturam in eo maxime quod ipsa tractat de filio Dei qui in trinitate divina ut sapientia numeratur, et qui, de se loquendo *Iohannis*, capitulo vi°, dicit: *Ego sum panis vivus qui de celo descendi* — [11] de quo vide quod plenius scripsi supra in *Purgatorio* in capitulo xi° ubi descripta est et esposita *Oratio Dominica* in qua dicitur *Panem nostrum quotidianum* etc. — [12] de quo pane, subdit hic auctor quod in hoc mundo vivitur sed non saturatur — ut tangit etiam iste auctor supra in *Purgatorio* in capitulo xxi°: **La sete natural che mai non satia**, [13] et ideo inde quod scripsi, dicendo quod intrare bene dicti theologi possunt intrare talle salum, idest tale mare altum, servando eius navis sulcum post aquam revertentem sub puppa equalem, accipiendo hic allegorice tale sulcum pro anagogico intellectu quem lictera textualis includit in hoc ultimo suo poemate. [14] Nam, sicut vomer aperit terram, et prora navis aquam, ita intelligentia nostra aperit licteram ad id quod includit; et sic de una allegoria habita clauditur ad aliam, nisi iterum aperiatur ut aqua in puppa navis, addendo quod illi gloriosi Greci qui associaverunt Iasonem ad terram Colchi ad vellum aureum acquirendum, scilicet Hercules, Thelamon, Castor, Pollux, Nestor et alii, non magis fuerunt mirati videndo dictum Iasonem arare et seminare dentes

9. aliam Ursam] C alia(m) musa(m) V. matrem] C mater V. Iuppiter] C *om.* V.

12. xxi°] *om.* V. satia] C sacia V.

---

9. Cf. PTOL., *Almagest*, tr. E. J. Toomer (London, 1984), 341–43.
10. *Iohan.* VI 51.
11. *Luc.* XI 3.
12. *Par.* II 12.

Super II° capitulo Paradisi

draconis custodientis dictum vellum: de qua ystoria vide quod scripsi supra in *Inferno* in capitulo xviii°, ut stupidi erunt dicti theologi; et hec pro dicta prima parte premissa huius capituli. [15] Inde, ad secundam veniendo, auctor premictit in eius principio hec verba: **La concreata e perpetua sete / del deiforme regno cen portava** etc., super quibus primo notandum est quod, dum nostra anima a Deo creatur, creatur et cum ea simul quedam aviditas remeandi ad eum, [16] ut tangit auctor iste etiam supra in *Purgatorio*, capitulo xvi°, ibi dum dicit: **L'anima simplicetta che sa nulla / salvo che, mossa da lieto fattore, / voluntier torna a ciò che la trastulla**. [17] Et ecce 'concreata', idest simul cum anima creata, dicta nostra talis sitis deiformis regni desiderati a nobis naturaliter, scilicet Impirei celi, in quo lux, stabilitas et visio Dei est, et ideo 'deiforme' dicitur quasi 'uniforme Deo', considerata stabilitate dicti celi et luce, et quia primum opus fuit ab ipso Deo formatum etiam creatione mundi secundum unam opinionem tenentem quod celum Impireum fuerit illa lux de qua dicitur *Genesis*: *In principio ibi prima dies facta est lux* etc. [18] De qua tali voluntate nostra ita naturaliter siciente et cupiente talem locum ait Ambrosius in libro *De Spiritu Sancto* dicens: *Civitas illa Yerusalem celestis non meatu alicuius fluvii terrestris abluitur, sed ex fonte vite procedens*, [19] et *Psalmo* prius dicto: *Sitivit anima mea ad Deum fontem vivum*; subdit alibi: *Satiabor cum apparuerit gloria tua*, que in dicto celo est. [20] Post hec auctor fingit se elevari cum Beatrice, ut dicit hic textus, ad celum et speram lunarem et ingredi corpus ipsius planete lune, unde ammirative arguit quod si corporaliter ita ingressus est illud corpus, contra naturam fuit, secundum Phylosophum in iiii° *Physicorum* dicentem quod duo corpora non possunt esse in eodem loco simul. [21] Nam gra-

---

15. sete] sette V.

16. simplicetta] C simpliceta V. fattore] C fatore V.

---

15. *Par.* II 19–20.
16. *Purg.* XVI 88–90.
17. Cf. *Gen.* I 3.
18. Petr. Lomb., *Sent.* III xxxiv 1.
19. *Ps.* XLI 3 and *Ps.* XVI 15.
20. Thom., *Theol.* I q. lxvii a. 2.

num frumenti non potest repere, idest subintrare, aliud granum illo solido remanente, et hoc tangit hic auctor dicendo quod una dimensio in tali suo ingressu passa fuit alteram. [22] Dicitur dimensio quelibet commensuratio corporis alicuius et determinatio per longitudinem, latitudinem et profunditatem; nam, ut ait ibidem idem Phylosophus: *Omne consistens ex linea et superficie et corpore dicitur dimensio; linea est longitudo sine latitudine et profunditate, superficies est longitudo et latitudo sine profunditate, corpus vero est tota trina dimensio*, ex quo concludit auctor quod si hic non concipitur humanitatis hoc, quod deberemus magis desiderare esse in dicto celo Impireo ubi videbimus quicquid credimus in fide, scilicet unitatem deitatis et humanitatis Christi et quomodo Verbum caro factum est, non circumscriptive, idest non per rationes et propositiones demonstrativas, sed per illas que sunt per se veras et patentes sine alia demonstratione, [23] ut est illa maxima *Omne totum maius est suis partibus*, ut distinguit Phylosophus in sua *Posteriora*. [24] Et hoc tangit hic auctor dum dicit quod talis visio ibi verificabitur per se ut verificatur illud verum inter homines quod prius credimus quam demonstretur lingua. [25] Post hec, ad id quod sequitur prenotandum est quod certa corpora dicuntur diafana, idest transparentia et sic rara, ut celi et aer; quedam opaca et sic densa ut terra; et alia solida corpora. [26] Modo fingit auctor se petisse a Beatrice de apprehensione nigredinis illius que apparet in luna, quam fabulose simplices dicunt esse animam Cayn in hoc mundo, fingens ante responsionem deridere eum dictam Beatricem dicendo, si opinio vulgarium in hoc mundo errat, ubi clavis sensus visui, que est ratio rei vise, non certificat eos propter distantiam et remotionem, ut est in casu nostru de ipsa luna, quomodo amodo non deberet de hoc mirari ipse auctor cum nunc sit in ipso corpore lune cum sensu visivo suo et ratione valente ipsum in eum certificare. [27] Et dubitando ita querit, unde dicit ei Beatrix quod dicat quid ipse auctor de hoc sentit; cui auctor respondet quod credit quod raritas et densitas sit causa illius nigredinis et aliarum diversitatum apparentium in aliis corporibus celestis; quam oppinionem ut eroneam improbando Beatrix, sic arguit contra ipsum auctorem,

22. linea] C line V.

---

22. Cf. ARIST., *Metaph.* V vi 19–20 (1016b 25–30).
23. Cf. ARIST., *Post. Analyt.* I 5 (74a 5–10).
27. Cf. PTOL., *Tetrabibl.* I 18.

Super ii° capitulo Paradisi

dicendo primo quomodo octava spera seu celum stelliferum, quod Scriptura Sacra vocat firmamentum demonstrat, ut scribitur in Alchibicio et per Ptolomeum in suo *Quadripartito*, nobis hic inferius in se habere stellas diversas et varias, tam in maioritate et minoritate quam in colore et luciditate, ut patet ad sensum. [28] Et idem est in septem planetis erraticis: nam videmus stellam Mercuri parvam, lunam et solem magnas stellas, Venerem lucidissimam, Martem rubeum, Iovem albentem; modo, si hanc talem varietatem et discrepantiam raritatis et densitas inducerent, sequeretur quod unica tamen, idest tantummodo operativa et effectiva virtus foret in dictis omnibus superioribus corporibus distributa plus et minus singulariter in eis, et sic per consequens virtutes et influentie dictarum stellarum, que esse debent fructus specifici principiorum formalium, non essent diverse, ut expediunt esse ad formam et ordinem universi, sed essent solum unice operationis et effectus, et sic omnia dicta principia formalia, preter unum, destructa remanerent, ut dicitur hic in textu. [29] Dicuntur enim principia formalia iste substantiales forme, ut sunt anime intellective seu rationales in nobis hominibus, sensitive in brutis, vegetative in plantis, lapidibus, metallis et aliis huiusmodi productis et formatis, ut patet in Genesi in opera Dei sex dierum, [30] et in viii° *Methaphysice* per Phylosophum dicentem ibi quod *Differentia rei a forma summitur*, et in ii° *Physicorum* etiam ait: *Forma est principium operandi*; [31] quod etiam tangit iste auctor supra in *Purgatorio* in capitulo xviii°, ibi dum ait: **Ogni forma substantial, che septa / è da materia et è cum lei unita, / specifica virtute a in sé collecta** etc. [32] Que dicuntur formalia principia eo quod cum materia integrant composita, ut sunt genera singulorum et singula generum ac individua specierum, arguendo idem Beatrix tali secunda ratione dicendo: si dicta raritas foret causa dicte nigredinis, aut dicta nigredo pertransisset totum globum lune aut in partem, interserendo quod dictus planeta

31. xviii°] ST xvi{iii > ii} V. substantial] C substancial V.

32. globum lune] globum lu{c > n}e V. maciem] matrem V materiem C.

---

29. *Gen.* I 30.
30. Cf. THOM., *Theol.* I q. lxxvi a. 1 and ARIST., *Metaph.* VIII 2 (1043a 2–12), *Phys.* II 1 (193b 3–7).
31. *Purg.* XVIII 49–51.

quasi ut quodlibet corpus carnale diversificatur per maciem et pinguedinem seu adipem diversificaretur in suo toto volumine, idest in tota sua revolutione circumcirca, quod falsum est, [33] ut iste idem auctor dicit infra in xxii° capitulo, dum dicit ibi: **Vidi la figla di Latona incensa / senza quel'umbra che mi fu cagione / per che già la credetti rara e densa**. [34] Et rediens ad propositum dicit si dicta raritas penetraret dictum globum lune totaliter, ut dictum et propositum est, in eclipsis solis radius eius a lumine per illam partem penetraret ingestum, idest intrusum, sicut in alio quolibet raro; sed, cum hoc minime pateat, concludit falsa talis inductio et propositio. [35] Adhuc etiam sic arguit ipsa Beatrix si non in totum sed in partem dicta raritas perforaret dictum corpus lunare, a termino et meta densitatis resplenderet et refundaretur lumen solis ut a plumbo celanti vitrum color in speculo; et si vis tu, auctor subdit Beatricem replicare, quod ibi radius tetrus, idest umbratus, se reddat propter distantiam loci, inducit in hoc solucionem ab experientia fonte artis trium speculorum, que per se patet hic in textu. [36] Ad quem recursum experientie commendandum, ait Phylosophus in i° *Methaphysicorum* dicens: *Artem magis experimento sciendam esse extimamus*, et in i° *Physicorum* ad idem ait: *Cognitio nostra a sensibilibus habet exordium*. [37] Unde, concludendo contra predictam talem opinionem auctoris et contra opinionem Marciani, tenentis quod talis nigredo lune causaretur ab umbra terre, et Michaelis Scotti, tenentis quod causaretur a supradicta constellatione que dicitur Ursa Maior, Beatrix dicit quomodo celum divine pacis, idest quietis, cum in eo non sit aliquis motus, continet in se nonum celum, primum mobile in quo esse totius eius contenti dependet virtute motiva. [38] Qui tali esse sequens celum stelliferum, scilicet octava spera, ut instrumentum divine mentis et sigillum partitur per diversas essentias, idest per diversa predicta principia formalia seu formas substantiales ab eo distinctas et contentas. [39] Ad quod ait sic Phylosophus in viii° *Physicorum*: *Diversitas specierum seu*

35. Beatricem] beatrix V.
39. specierum] ST C sperarum V.

---

33. *Par.* XXII 139–41.
36. Cf. ARIST., *Metaph.* I i 4–5 (981a 2–5) and *Phys.* I 1 (184a 20–25).
39. Cf. ARIST., *Metaph.* X 3–4 (1054b 14–1055a 10), 7–8 (1057b 33–38), V 9 (1018a 10–20).

Super II° capitulo Paradisi

formarum est in rebus per diversitatem agentis, idest Dei, mediante dicto celo. [40] Et hoc est quod tangere vult Boetius dicendo: *Mundum mente gerens simul quam ymagine formans* etc. [41] Inde alii giri, idest septem spere planetarum, per varias differentias disponunt ad finem et semen dictarum essentiarum seu dictorum formalium principiorum cum suis motoribus angelicis ut mallei artis divine; ad quod respiciens Psalmista inquit: *Verbo Domini celi firmati sunt et spiritu oris eius omnis virtus eorum*. [42] Et sic dicta organa celestia, dicit hic textus, adeo et ab eius dispositione et voluntate capiunt quod inferius hic operantur, unde ait Alpharabius: *Celum movetur ut deserviat voluntati altissimi*. [43] Et repilogando adhuc Beatris, subdit hic in effectu quomodo elementa continentur dispositive a dictis planetis, et ipsi planete a dicta octava spera et dicta octava spera a nono celo predicto, et ipsum nonum celum ab ipsa divina mente; que mens et intelligentia divina, concludendo iterum subdit hic Beatrix, sicut anima in nobis per differentia membra ad diversas potentias resolvitur et operatur quod vult, — [44] ut etiam ait Apostolus, *Ad Romanos*, xii° capitulo, dicens: *Sicut in uno corpore multa membra habemus, non tamen omnia eundem actum habent* etc., [45] et Boetius in iii°: *Connectens animam per consona membra resolvit*, [46] ita suam bonitatem multiplicatam per stellas aperit et exequitur ac explicat, et ita agendo, subaudi, dicit Beatrix, quomodo virtus diversa constitutiva ipsius intelligentie divine, [47] que est illa providentia de qua *Sapientie* xiiii° capitulo, ait Salamon sic loquens Deo: *Tu pater omnia gubernas*: providentia facit diversa ligam cum pretioso corpore stelle, que virtus, ut vita, idest ut anima corpori copulatur ipsi stelle; que verba congruentius posite fuissent hic in plurali numero quam in singulari, hoc modo: virtutes productive diverse dicte intelligentie et providentie Dei faciunt diversas ligas, idest commistiones cum corporibus stellarum, proportionando se eis in maiori et minori valore ad formalia principia effective supradicta, sicut metalla proportionata diversa in moneta cariori et viliori, que pro-

---

47. xiiii°] ST C xvii° V.

---

40. BOETH., *Cons.* III m. ix 8.
41. *Ps.* XXXII 6.
42. Cf. M. MAHDI, *Al-Farabi's Philosophy of Plato and Aristotle* (Glencoe, 1962), 128–29.
44. *Ep. Rom.* XII 4.
45. BOETH., *Cons.* III m. ix 14.
47. *Sap.* XIV 3.

Comentum Petri Alagherii

portionando metallica liga dicitur et vocatur. [48] Que talis predicta virtus ita mixta, ut subditur hic, cum dicto stelle pretioso corpore, per illud lucet, idest operatur, hic deorsum resplendendo letanter in suis effectibus ut letitia in occulo veniens a corde; et hoc quia dicta virtus venit a leta natura, naturante subaude, idest ab ipso Deo qui est ipsa summa leticia, et qui ut principium formale, productum subaudi, producit dictas varietates stellarum conformes sue bonitati, idest sue dicte prudentie. [49] Nam raritas et densitas, ut opinabatur auctor hic de premissa nigredine lune ac de diversitate ceterarum stellarum, ultimo notandum est hic quod prout scribit Thomas in principio suo *Contra Gentiles*, capitulo xxiii° et xxiiii°: *Deus non potest dici forma a qua resultat principium aliquid formale et ut sit pars alicuius compositi cum hoc imperfectionis esset, scilicet dependere ab aliquo composito, ut cadere in aliquam compositionem.* [50] Unde Magister Bernardus in prima *Decretali*, *De Summa Trinitate*, super verbo *Pater, Filius et Spiritus Sanctus tres sunt persone, sed una essentia simplex omnino*, sic glosavit: *Compositio multiplex est: nam est compositio partis ad partes ut in rebus corporalibus. Item est compositio proprietatis ad subiectum ut rationabilitas in anima; item est compositio forme ad substantiam et substantie ad formam; et nulla istarum compositionum cadit in Deum, et ideo dicitur simplex omni, idest in quolibet sensu compositionum*, [51] et super illo alio textu dicte *Decretalis* ibi subiecto dicente: *Christus verum homo factus ex anima rationali et humana carne compositus*, dicit Iohannes Andree: *Considera verba: non enim Christus compositus ex deitate et humanitate, nam simplicitas deitatis nullam recipit compositionem, sed compositus dicitur realiter sue humanitatis, que fuit composita ex rationali anima et humana carne*, unde auctor hic vocat Deum principium formale. [52] Et Augustinus in suo libro *De Libero Arbitrio* dicendo quod *Deus est forma omnium*; et Boetius, dicendo: *Forma boni livore carens* etc., intelligendi sunt sensisse Deum fore formam conservativam et ydealem omnium rerum. [53] Et sic non est nec potest dici principium formale informativum et refectum materie, sed principium formale ydeale et conservatum sicut forma sigilli conservat similitudinem sigilli; et hoc tangit etiam superius hic auctor dicendo quomodo octava spera a mente Dei volventis illud capit suam formam et fit eius sigillum.

49. xxiiii°] ST iiii° V.

---

49. THOM., *Gent.* I xxvi 6.
52. AUG., *Sermo* CXVII ii 3; BOETH., *Cons.* III m. ix 6.

SUPER III° CAPITULO PARADISI

[1] **Quel sol che pria d'amor mi scaldò el pecto.** [2] In hoc iii° capitulo, continuando se auctor ad premissa proxime dicta ac premisso suo exordio satis per se patente, fingit sibi apparuisse in corpore huius planete lune has umbras, ut dicit textus hic, mediante virtute influentie presentis planete, beatas in celo. [3] Nam virtuosa dicta eius influentia habet maximas mulieres sub eius ascendente natas reddere amatrices castitatis et virginitatis et, per consequens, vite religiose. [4] Quod totum poete senserunt fingendo Latonam peperisse Dianam et Appollinem, idest lunam et solem, accipiendo dictam Latonam pro religione, et dictam Dianam, idest lunam, pro castitate et dictum Appollinem pro sapientia, ut scribit Fulgentius, [5] de qua tali virtute lune sub nomine Proserpine et Echate, quarum quelibet pro luna poetice ponitur, tangit Virgilius dicens in vi°: *Casta licet patrui servet Proserpina limen* etc., et alibi in *Buccolicis*: *Casta fave Lucina: tuus iam regnat Appollo* etc. [6] Item habet reddere dicta impressio et influentia lune personam tepidam et mollem aliqualiter in animo, quod notat hic auctor inducendo hanc umbram Picarde inferius dicere quomodo eorum vota fuerunt neglecta et in parte vacua. [7] Et hoc est quare auctor in hoc celo solummodo fingit beatas umbras sibi sic apparere in aspectu et colore aqueo et nubeo. [8] Unde subdit quomodo prius coto puerili, idest pensamento vano, ut dicit hic Beatrix, cogitavit dictas umbras fore ydola sive ymagines speculatas aliquarum umbrarum seu reflexas, ut putavit Narcissus de suo

5. patrui] ST L B parui V.

---

1. *Par.* III 1.
4. Cf. FULGENT., *Mythol.* I 12, 17, III 3.
5. VERG., *Aen.* VI 402; *Ed.* IV 10.
8. OV. *Met.* III 407–510.

ydolo speculando se in quendam fontem, ut ait Ovidius in iii°, et sic errando philocaptus est de se ipso putando umbram suam pulcerrimam fore alterius persone; [9] et sic mortuus est procus sui ipsius et translatus in florem sui nominis, quod tangit hic auctor, ut patet in textu, dicendo etiam comparative quod eius debiles palpebre occulorum et aperturas, quas vocat hic postillas ut diminutivum postium — dicuntur enim hii 'postes', 'postium' hostia et introitus portarum, et sic aperture occulorum 'postille' possunt dici idest parvule porte — ita redibant a conspectu aque illarum umbrarum ut reddeunt in respicientibus fundos seu alveos alicuius aque seu rivi non ita profundos ut 'persi' sint, idest umbrati, vel dicit 'persi', idest perditi, et ut margerita seu perla in candida carne alicuius domine, [10] fingendo ibi se reperire umbram Piccarde, filie domini Simoni de Donatis de Florentia, quam inducit ad dicendum inter alia qualiter, suo spirituali motu, dedicavit se in monasterio Sancte Clare Florentie quod dicitur Monticellus, et quomodo inde extracta fuit per vim per donimum Cursum, eius fratrem, et nupta, ut scripsi de hoc, et ibi vide supra in *Purgatorio* in xxiiii° capitulo in principio. [11] Item fingit ibi se vidisse umbram Constantie imperatricis, que deducta etiam est de monasterio et tradita fuit nuctu. [12] Unde in hoc sciendum est quod olim Robertus Guiscardus, de quo scripsi supra in *Inferno* in capitulo xxviii°, sua probitate acquisivit regnum Sicilie et Apulie; [13] quo mortuo, Rogerius eius filius subcessit in dicto regno, inde dicto Rogerio subcessit in dicto regno Guillielmus, eius filius, rex probus et virtuosus, ut ostendit iste auctor infra in capitulo xx°. [14] Qui rex Guillielmus mortuus est unica filia relicta puella, scilicet supradicta Constantia, que temporis in processu, vellet seu nollet, a quodam magnate siculo nomine Tancredo intrusa fuit in quoddam monasterium in civitate Palermi, et dominator Sicilie effectus est dictus Tancredus, et tirannice se gerente, Archiepiscopus palermitanus sua industria ita fecit cum Papa Celestino tertio quod dicta Constantia tracta fuit de dicto monasterio et tradita est in uxorem Henrico imperatori v°, et filio Federici primi imperatoris de Svevia, cuius cognomen erat Barbarossa. [15] Qui Henricus, imperare incipiens anno domini m°clxxvii, intravit potenti exercitu insulam

---

11. Constantie] C constanci{a > e} V.

14. Barbarossa] C barberose V.

Super III° capitulo Paradisi

Sicilie et eam habuit et Apuliam, et dictum Tancredum occidit et Tancertum eius filium cum matre sua Margherita in Alamanniam secum duxit. [16] Ex qua Constantia dictus Henricus postea genuit Federicum secundum, qui tertius et ultimus imperator fuit de domo Svevie. [17] Et hoc est quod tangit hic auctor de secundo vento Svevie, idest de dicto Henrico quem vocat 'ventum' hic auctor, ratione transitorie glorie et dignitatis imperialis et aliarum istius mundi, etiam ut alludat verbis Yeronimi dicentis: *Brevis est huius vite felicitas, modica huius seculi gloria, ventus tenuis est potentia temporalis; dic ubi sunt imperatores et reges qui quasi ut umbra transierunt?* [18] Ad quod idem dicitur Osee xii° capitulo, ibi: *Efram pascit ventum*, idest dicta vanagloria potentatuum huius mundi; alia per se patent.

17. ventum] ‹s›ue{u > nt}u(m) V.

---

17. Isid., *Synon.* II 91.
18. *Os.* XII 1.

SUPER IIII° CAPITULO PARADISI

[1] **Intra due cibi distanti e moventi**. [2] Continuando se auctor adhuc ad proxime precedentia in presenti iiii° capitulo ita procedit; nam ex hiis que dixit se vidisse et audisse in proximo precedenti capitulo fingit nunc inde duo dubia sibi occurrisse. [3] Primum erat quia videndo in hac spera lune animas illorum qui in hac vita virtuose egerunt sub influentia eius, dubitabat ne opinio Platonis vera foret, tenentis animas nostras a stellis nobis infundi, et ad easdem stellas in morte redire, [4] unde in suo *Timeo* libro quodam, quem scripsit Timeo eius discipulo, ita inquit: *Coagmentataque mox universe rei machina delegit de animas stellarum numero pares singulasque singulis comparavit eademque vehiculis competentibus suppositas universe rei naturam spectare iussit*, et subdit: *Vincentibus quidem animabus in hac vita*, contra vitia subaudi, *in morte ad corporis stelle contubernium sedemque reditum pater acturis deinceps vitam veram et beatam*. [5] Secundum dubium erat audito quod dicta Constancia, perseverans in bono et religioso animo et proposito, propter violentiam alienam minus meruit, et dicta Piccarda. [6] Que duo dubia ita pari affectu, dicit hic auctor, movebant eum ad volendum querere a Beatrice rationem de utroque, quod necesse erat, ipsum ut perplexum silere, non valendo eligere de quo primo quereret, quod quidem probat tali inductione philosophica, ponendo hic in terminis ipse auctor sic dicendo: Si quis liber homo famelicus sit intra duos cibos pariter sibi distantes et moventes, idest attrahentes equaliter eius voluntatem, prius fame peribit quam de aliquo dictorum ciborum summat elective; et intellige in proposito

---

1. due] dui V du C.

---

1. *Par.* IV 1.
4. Cf. CHALCID., *Tim. Plat.* 41d–e, 42b.

Super IIII° capitulo Paradisi

casu illum hominem liberum qui a iuditio rationis penitus regulatur in sua voluntate in eligendo aliquid vel non, [7] non autem a concupiscentia vel ab aliqua alia passione appetitiva motus, cum dicat Phylosophus in iii° *Ethycorum* quod *Electio est quedam voluntas per rationem et intellectum determinata, contraria concupiscentie et ire, ideoque non est convertibilis cum voluntate absoluta. Nam electio nunquam esse potest de inpossibilibus, voluntas vero potest esse de impossibili*, puta de immortalitate; unde subdit ibidem idem Phylosophus quod *Voluntas non est electio sed propinqua electioni*. [8] Circa quem presentem passum scribendo Thomas in prima secunde, questio xiii^a, dicit quod homo liber dicitur ille qui secundum iuditium rationis potest eligere agere et non agere omnia que sunt ad finem, nam summum bonum et ultimum finem, scilicet Deum, non potest non eligere. [9] Unde respectu illius non dicitur liber quis eum iuditium rationis non potest iudicare id esse non bonum vel non eligibile; [10] et sic dicitur homo liber respectu electionis eorum que sunt ad finem, non respectu finis. [11] Nam homo non potest non velle esse beatus vel esse miser, ymo de necessitate vult beatitudinem et non miseriam; restat igitur quod si talis liber homo moveatur pariter a dictis duobus cibis, quod in eo iuditium rationis non poterit pereligere aliquem de dictis cibis. [12] Circa quod etiam idem Thomas in dicto suo libro et questione inter alia dicit quod talis homo eligit libere et non necessarie, cum electio sit de agendis vel non agendis ad finem, sed ratio potest iudicare quod sit ita bonum agere sicut non agere et istud sicut illud; [13] unde electio non est de necessitate absoluta sed condictionali, scilicet secundum quod iudicabit ratio; et supposito quod tali famelico obiciantur dicti duo cibi eque boni, potest tamen unum eligere et alium refutare quia sua ratio poterit apprehendere unum sub aliqua meliori condictione quam alium. [14] Et sic concluditur quod si apprehenderit eos pariter in bonitate et affectione, quod nunquam eliget ut in proposito nostro, addendo hic auctor quod nedum hoc contingit in nobis rationalibus, sed etiam in brutis in suo apprehensivo instinctu appetibili et electivo, exemplificando de agno quodam existente in medio duorum luporum equaliter timente quomodo immobilis efficietur, [15] item et de cane quodam existente inter duos damas equaliter cupiente aggredi utrumque quomodo de necessitate de-

---

7. Cf. Arist., *Eth.* III 4 (1111b 5–23).
8. Thom., *Theol.* II, I q. xiii a. 6.
12–14. Thom., *Theol.* II, I q. xiii a. 6.

Comentum Petri Alagherii

sistet ire ad aliquem eorum; [16] dicuntur enim 'dame' quedam animalia de genere cervorum, de quibus Virgilius in sua *Buccolica* inquit: *Cum canibus timidi veniunt ad pocula dame*. [17] Ymo quod plus est in rebus insensatis hoc accidere, videtur secundum Fratrem Albertum dicentem in suo *Lapidario* quod: *Si duo magnetes subtus et supra equatis virtutibus ordinentur et ferrum in medio disponatur, quod dictum ferrum necessario pendebit in aere*. [18] Inde, facta comparatione de Beatrice ad Danielem certificantem Nabucodonosorem regem in oblivionem eius somnii quod fecerat de statua humana, ut scribitur in Daniele, capitulo ii°, et de quo plene dixi supra in *Inferno*, capitulo xiiii, quo somnio revelato relevavit dictum regem ab ira qua morti volebat tradi omnes eius sapientes eo quod nesciebant divinari dictum somnium quale fuerat, auctor inducit Beatricem ad ipsum clarificandum de dictis duobus dubiis eius. [19] Et primo de illo quod viderat ibi ita illas animas quasi ut verificaretur opinio predicta Platonis, dicendo quod dicte anime ibi vise, et quas in aliis celis videbit, ita locate sunt in Impireo celo et loco Paradisi sicut angeli et sancti quicunque maiores, licet differenter. [20] Nam in beatitudine visionis Dei prestanciores sunt summi sancti quam alie anime, sicut in ordinibus angelorum; nam seraphini presunt cherubinis, cherubini tronis, et sic de singulis descensive. [21] Ad hoc Augustinus in suo *Speculo* ita ait: *Dico premia pro labore diversa, quia alii plus, alii minus Deum videbunt. Unusquisque enim Deum videbit quanto purius hic vixerit vel amplius certaverit, sed per karitatem, que ibi erit perfecta, omnes beati cuncta possidebunt simul*. [22] Unde subdit auctor hic in persona Beatricis quod si posuit se vidisse in hoc celo lune has animas, ac etiam ponet se videre in aliis celis alias

---

16. Buccolica] ST georgica V.

18. relevavit] C revelavit V.

19. verificaretur] verificare⟨n⟩tur V.

20. cherubini] cherubi{m > ni} V;

22. motoribus] C minoribus V.

---

16. Verg., *Ed.* VIII 28.
18. Cf. *Dan.* II 31–33.
21. Cf. Ps.-Aug., *Serm.* CCXXXVI 5 (PL XXXIX 2183).

Super IIII° capitulo Paradisi

spirituales umbras, hoc dicit sub sensu anagogico, idest sub spirituali et intellectu, tali videlicet quod sicut ierarchie angelorum per novem ordines partite sunt, ita quod beatitudo eorum sit per gradus maior et minor ita et in motoribus novem celorum ratione eiusdem angelice nature, et sic eodem ordine beatitudo animarum beatarum mediante influentia dictorum celorum gradatim in Paradiso maior et minor est. [23] Quod tangit hic auctor dicendo in persona Beatricis quomodo dicte umbre se ostenderunt ibi, non ut sortite sint et posite in tali celo circumscriptive, sed ut facerent signum de spirituali spera, idest de situatione animarum beatarum infimiore a conspectu divino et remotiore, addens quod ita loquendo ingenium legentis in hec ut sensibilia melius apprehendit intellectualiter, quod anagogice includunt. [24] Unde Phylosophus in i° *Physicorum* ait: *Cognitio nostra a sensibilibus habet exordium*, et in i° *Methaphysice* inquit: *Principia scientiarum speculativarum sunt per sensum accepta*. [25] Et Thomas in prima questione ii° ait: *Naturale est homini ut per sensibilia ad intelligibilia veniat*, et *omnis nostra cognitio a sensu initium habet*, et dicit hic auctor quomodo tali dicta Sacra Scriptura attribuit Deo pedes et manus, aures et occulos et alia nostra sensibilia organa quantum ad litteram, sed anagogice, idest spiritualiter, aliud intelligit. [26] Nam in eius brachio datur intelligi ipsa potentia divina spiritualiter, unde illud in *Psalmo*: *Virtutis fecit potentiam in brachio suo*, et in eius pedibus designatur illa pars iustitie Dei que conculcat superbos, unde sequitur in dicto versiculo, *Dispersit superbos mente cordis sui*; [27] et in alio *Psalmo* dicitur: *Donec ponam inimicos tuos scabellum pedum tuorum*, et sic de aliis dictis membris. [28] Item Ecclesia nostra Catholica pingit in forma humana Gabrielem, Michaelem et Raphaelem angelos, intelligendo tamen ipsos angelos spirituales substantias, qui Raphael, ut legitur Tobie capitulo xi°, sanavit de mandato Dei ipsum Tobiam cecatum a stercore yrundinis, ut dicitur hic in textu. [29] Et per hec dici-

---

26. virtutis] ST virginis V.

---

24. Cf. ARIST., *Phys.* I i (184a 20–25), *Metaph.* I 3 (983a–b).
25. THOM., *Theol.* I q. i a. 9.
26. *Luc.* I 51.
27. *Ps.* CIX 1.
28. Cf. *Tob.* III 25, VI 26.
29. *Decr. Grat.* III *De Cons.* d. iii c. 27.

Comentum Petri Alagherii

tur in quodam *Decreto*: *Quod legentibus prestat scriptura, hoc idiotis prestat pictura*. [30] Inde auctor in persona Beatricis reassumendo quod dixit, dicit quod simile est dictum Timei, idest Platonis, huic fictioni ipsius auctoris, dividendo ita has animas, ut supra tactum est, cum ipse Plato, scribendo animas ita ad stellas reddire sentiat ad licteram ut dicit, non sub aliquo extrinseco sensu, ut sentit hic auctor. [31] Nam si dictus Plato intellexisset in tali eius opinione quod laus vel reprehensio influentiarum dictorum planetarum rediret ad eos, forte non errasset, unde fuit, dicit hic textus, hoc dictum Platonis causa quare antiqui Gentiles nominaverunt planetas a nomine Iovis, Mercurii et Martis et aliorum ceterorum virorum ab ipsis impressis, quasi crederent animas talium ad dictas stellas reddisse. [32] Post hec auctor, continuando se, inducit Beatricem solvere volendo secundum eius dubium, scilicet cur demeruerunt dicte anime si violentia aliena non perseveraverunt in suis monasteriis, dicere et arguere quomodo violentia est et dicitur quando patiens nichil confert vi patiendi sibi; at iste anime contulerunt vi eis facte voluntarie saltem in non revertendo ad sua monasteria ergo etc. [33] Unde circa hec Philosophus in iii° *Ethycorum* ait: *Violentum est cuius principium extra tale existens, in quo nichil confert operans secundum proprium appetitum vel patiens quod violentum fit per violentiam et ignorantiam*. [34] Et Thomas in prima secunde ad idem sic etiam ait: *Cum aliquis vult pati ab alio, manente in eo qui patitur voluntate patiendi, non est simpliciter violentum; quia, licet ille qui patitur non conferat agendo, confert tamen volendo pati, unde non potest dici involuntarium*. [35] Ad hoc Gregorius recitatus in quodam *Decreto*: *Adversitas que bonis votis obiicitur, probatio virtutis est, non iuditium reprobationis; quis enim nesciat quam prosperum fuit quod Paulus Apostolus predicaturus ad Ytaliam veniebat, et naufragium veniens pertulit? Tamen navis cordis in maris fluctibus integra stetit*, ut etiam in beato

---

31. aliorum ceterorum] C aliorum certum V.

34. eo qui patitur] ST L B C quod patitur V.

---

33. Cf. Thom., *Eth. exp.* III i 1 and Arist., *Eth.* III i (1110a 1–2).
34. Cf. Thom., *Theol.* II i q. vi a. 6.
35. *Decr. Grat.* II C. VII q. i c. 48.

Super IIII° capitulo Paradisi

Laurentio in ignea grada martirii et in Scevola Mutio, ut dicit hic textus. [36] Scribit enim Titus Livius et Seneca in xxiiii[a] *Epistula ad Lucilium* quod, dum olim Porsenna Clausinus rex Etruscorum venisset in obsidionem circa Romam, et multum stringeret eam, iste Mutius civis romanus et iuvenis animosus solus et occulte exivit urbem et ad castra Porsenne predicti perrexit, et breviter factus propinquus dicto regi, evaginato gladio, quendam scribam dicti regis subito occidit, putando se occidisse regem. [37] Qui captus, in adductum ignem, quod loqui nolebat dicto regi petenti ab eo cur hoc egisset, propter tale eius errorem, dexteram misit, qua ardente cepit loqui dicto Porsenne ita dicens: "Romanus sum civis, hostis hostem occidere volui, nec ad mortem minus animi est quam fuit ad cedem; nam facere, inquit, et pati fortia Romanorum est", addendo fore Rome tunc quingentos alios iuvenes coniuratos ad idem faciendum contra ipsum Porsenam. [38] Quo audito, dictus rex statim composuit cum ipsis Romanis et de dicta eorum obsidione recessit, et ipsum Mutium liberavit. [39] Et ut tangat auctor de voluntate absoluta et mixta, inducit Beatricem adhuc ad repetendum verba Piccarde que dixit superius, scilicet quomodo dicta Constantia retinuit velum cordis in voluntate absoluta sed velum professionis amissit in mixta voluntate. [40] Nam, licet voluisset remansisse in monasterio absolute, noluit tamen interpretative, cedendo vi vel metu sibi facto, cum talia magis sint voluntaria quam involuntaria. [41] Unde Philosophus in preallegato libro iii° *Ethycorum* ait: *Quecumque propter timorem maiorum malorum operata sunt, vel propter bonum aliquod magis voluntariis similantur et mixte sunt tales operationes*, idest habentes aliquid de utroque. [42] Ideo in eis quis laudatur quando turpe aliquid vel triste substinet pro magnis bonis, exemplificando de iactu rerum facto de nave in mare in tempestate; [43] quando vero pro parvo bono, vituperatur, exemplificando de Almeona occidente propriam infrascriptam eius matrem rogamine patris eius, scilicet Amphiarai, de quo vide quod scripsi supra in *Inferno*, capitulo xx°, et in *Purgatorio*, capitulo xii°. [44] De quo etiam casu Ovidius in viiii° ait: *Natus erit pius et sceleratus eodem*: [45] quod tangit auctor hic dicendo quomodo ipse

---

36. exivit] ST ex{alt > ivit} V.

36–38. Cf. Liv., *Urb. Cond.* II xiii and Sen., *Ep. Lucil.* XXIV 5.
41. Cf. Arist., *Eth.* III i 1 (10a 4–13).
44. Ov., *Met.* IX 408.
45. Cf. Arist., *Eth.* III i 1 (10a 26–27).

Comentum Petri Alagherii

Almeona ut non proderet pietatem dicti sui patris coegit se ad occidendum Eurifilem predictam eius matrem, unde subdit idem Phylosophus in dicto eius libro: *Quedam autem fortassis non est cogi, sed magis moriendum patientem durissima*, [46] et enim Euripedis Almeona derisoria videtur cogentia matrem occidere, concludendo auctor in persona Beatricis circa hec, quomodo voluntas absoluta non consentit directe alicui dans sed obliqua, puta ut evitet aliqua periculosa. [47] Nam dicit dictus Phylosophus quod *Voluntabile est quod recte volumus*, et Thomas in prima secunda dicit etiam quod *Voluntas absoluta non consentit alicui non bono cum procedat ab intellectu rationali ut quedam inclinatio procedens ab interiori principio cognitivo*, [48] unde et Augustinus, scribens contra Petulianum ait: *Benefacere nemo potest nisi elegerit, et nisi amaverit, quod est in libera voluntate*, et sic per coactam voluntatem seu mixtam possumus male agere. [49] Sed non bene Canoniste vero circa premissa distinguunt: quando scilicet per coactionem aliquid fiat, aut coactio est absoluta aut conditionalis; [50] absoluta, scilicet cum quis violentis trahitur ad aliquid faciendum, quo casu quis excusatur allegantes Agustinum dicentem in primo *De Civitate Dei*: *Lucretiam ita coactam a Sexto non comisisse adulterium per coytum illius violentum*, quam ystoriam scribam infra in vi° capitulo; conditialis autem que metum vel cruciatum seu aliquid aliud grave minatur, et si excuset a tanto non tamen excuset a toto, ut in casu nostro potest dici; [51] et ex hoc dicitur in *Iure Civili* quod *Coacta voluntas, voluntas est*. [52] Ultimo congratulatur auctor Beatrici ut sacre theologie, ut per se satis patet.

---

47. Cf. Arist., *Eth.* III v 6 (13a 24) and Thom., *Theol.* II i q. vi.
48. *Decr. Grat.* II C. XXIII q. v c. 33.
50. Cf. Aug., *Civ. Dei* I xix 1–3.
51. *Digest.* IV xxi 21 5.

SUPER V° CAPITULO PARADISI

[1] **S'io ti fiammeggio nel caldo d'amore**. [2] In hoc presente v° capitulo, continuato cum fine proxime precedentis, adhuc premisso quomodo maius donum quod fecerit Deus creando angelos et hominem, fuit collatio liberi arbitrii, facta solum in eos ut in creaturas intellectuales et rationales — [3] nam dicitur 'liberum' quantum ad voluntatem, et 'arbitrium' quantum ad rationem, [4] unde dicitur 'liberum arbitrium' abilitas rationalis voluntatis, qua bonum eligitur gratia cooperante vel malum ea deserente; nam, licet voluntatis sit appetere, rationis est videre quid agendum vel eligendum sit vel non, unde ab eo nostra merita et demerita dependent, [5] unde Augustinus in *Enchiridion* ait: *Homo male utens libero arbitrio et se perdidit* ipsum, [6] ad quod etiam scribitur in *Ecclesiastico*, xv° capitulo: *Sic Deus ab initio constituit hominem et reliquit eum in manu consilii sui*, idest in libertate arbitrii, [7] exponit ibi *Glosa*: *Et ideo soli rationali creature datum est, que sola inter creaturas habet voluntatem et rationem*; bruta enim habent solum sensum et appetitum sensualitatis, non autem voluntatem et rationem, et sic carent libero arbitrio premisso — [8] auctor inducit Beatricem sibi respondere querenti an votum non impletum quis possit aliter redimere vel supplere, hoc modo dicendo: Si tu auctor argumentaberis si votum taliter et tale a dicta libera nostra voluntate manaverit, quod Deus sicut tu consentiat, idest consentire debeat dicto voto voluntario tam ratione honeste etc. et persone vote et voventis, quomodo potes a tali contractu et pacto votivo

---

1. fiammeggio] C fiamegio V.
5. male utens] ST utens V.

---

1. *Par.* V 1.
5. AUG., *Ench.* XXX.
6–7. *Eccli.* XV 14 et *Gl.* rel.

Comentum Petri Alagherii

postea resilire a te ipso solo, [9] cum Iure regula dicat quod *Unumquodque debet dissolvi eo genere cognoscere quo ligatur.* [10] Item et cum alia Lex dicat: *Sicut in initio unicuique libera potestas est contrahendi, ita renuntiare semel constitute obligationi non potest.* [11] Nam, sicut quis rem traditam Deo in victimam et sacrificium, dicit adhuc hic Beatrix, non potest illa amplius retrahere a victima nisi aliter efficeretur male ablatum, [12] unde in *Levitico*, capitulo finali, dicitur quod semel Deo sanctificatum est, non potest in alios usus commutari nisi aliter appareret de voluntate Dei, ut in victima incoacta per Habraam volente victimare Ysaac Deo, quam victimam angelus Domini impedivit, ita pari ratione in rem erit semel ore nota. [13] Unde in *Deuteronomio*, capitulo xxiii°, dicitur: *Quod semel egressum est de labiis tuis observabis et facies quod promisisti Domino tuo* etc. [14] Et ut magis explicite intelligantur que dicit hic auctor de voto et eius redemptione, premictendum est quod duplex est votum, scilicet votum necessitatis quod quis promictit in baptismo, ut est abrenuntiare Sathane et pompis eius, tenere Fidem et servare Decalogum, idest decem precepta Legis, et de hoc nichil dicit hic auctor; [15] aliud votum dicitur voluntatis, quando scilicet quis votum voluntarie emictit et ad quod quis ante non tenebatur, sed postea astringitur sicut est votum continentie, abstinentie et peregrinationis, [16] unde Psalmista: *Vovete et reddite Deo; Idest si vovetis reddite*, dicit ibi *Glosa*. [17] Item hoc votum voluntarium quandoque dicitur simplex, quando scilicet emictitur sine ulla solempnitate, de quo in hoc capitulo dicitur, quandoque vocatur solempne, ut votum monachorum et monacharum; [18] tamen quantum ad Deum simplex votum non minus obligat quam solempne predictum et utriusque violatio peccatum mortale inducit. [19] Item voluntarium votum aliud purum aliud conditionale: purum, ut dictum est, quando simpliciter emictitur, conditionale quando aliqua conditio expressa in eo infertur, puta cum voveo ieiunare vel limina Sancti Petri visitare, si Deus michi prestiterit sanitatem vel dederit mihi filium, vel tacita, puta si potero, si vixero vel Deus aliter revelaverit, [20] et tale

13. Deuteronomio] {s > d}euteronomio V.

---

10. Cf. *Corp. Iur. Civ., Cod. Iust.* IV x 5.
12. Cf. *Lev.* XXVII 9–24; *Gen.* XXII 1–19.
13. *Deut.* XXIII 23.
16. *Ps.* LXXV 12 et *Gl.* rel.

Super v° capitulo Paradisi

votum si conditio deficit non tenemur servare. [21] Unde Augustinus in libro *De Adulterinis Coniugiis* ait: *Nulla ratione vel conditione rumpenda sunt que sine ulla conditione aliqui voverunt.* [22] Ex quibus premissis, licet Magister in iiii° *Sententiarum* dicat quod votum sit quedam testificatio promissionis spontanee de hiis que Deo et sub Deo fieri debent et Thomas in secunda secunde lxxxviii[a] questione ubi de hac materia diffusius tractat, etiam ibi diffiniat, sunt Canoniste ad diffiniendum taliter illud votum eius dicunt: *Est alicuius rei licite faciende vel non faciende cum deliberatione animi Deo facta pollicitatio*; dicit autem fieri debere pretextu rei licite, quia si mala vel illicita esset promissio, non esset servanda sed rescindenda. [23] Unde Ysidorus in *Sinonimis*, libro ii°, ait: *In malis promissis rescinde fidem, in turpi voto muta decretum. Que incaute vovisti ne facias; impia enim promissio que scelere adimpletur,* [24] et *Ecclesiastes*, v°, dicitur: *Displicet Deo infidelis et stulta promissio,* [25] et Ambrosius: *Nichil promictat homo inhonestum, aut si promictat non servet.* [26] Ex quibus reprehendit hic auctor Ieptre filium Galadres naturalem de sacrificio quod fecit de unica filia sua; nam, ut legitur *Iudicum*, capitulo xi°, cum bellum ut dux Israel semel parasset contra filios Amonis, ita vovit si victor esset, *Quicumque fuerit egressus de foribus domus mee occurrens michi revertenti, illum domino sacrificabo*, unde occurrentem primo sibi victorioso dictam eius filiam, mactavit et victimavit Deo, quod stultum fuit et non acceptabile Deo. [27] Unde idem Ambrosius ita in suo libro *De Officiis* ait de hoc Iepte: *Miserabilis necessitas que solvitur parricidio; melius est non vovere id quod sibi is cui promictitur nolet exolvi. Nam non omnia promissa servanda sunt, cum et ipse Dominus* (sic dicitur *Mathei* xii°), *frequenter suam mutat sententiam.* [28] Item Yeronimus ad hoc

23. scelere] ‹facile› scelere V.
27. servanda] ST solvanda V.

---

21. *Decr. Grat.* II C. XXXII q. viii c. 1.
22. Cf. Petr. Lomb., *Sent.* IV xxxviii 1 and Thom., *Theol.* II ii q. lxxxviii.
23. *Decr. Grat.* II C. XXII q. iv c. 5.
24. *Eccl.* V 3.
25. *Decr. Grat.* II C. XXII q. v c. 28.
26. *Iud.* XI 30–40.
27. *Decr. Grat.* II C. XXII q. v c. 28.
28. Cf. Hier., *In Ier.* II.

Comentum Petri Alagherii

inquit: *In vovendo fuit stultus Iepte quia distinctionem non adhibuit in reddendo. Nam si occurrisset sibi agnus vel vitulus, bene debuisset illum victimasse, non autem filiam.* [29] Eodem modo reprehendit etiam auctor hic regem Agamenonem Grecorum, olim exercitus contra Troianos ducem, qui victimavit Ephigeniam eius filiam suis diis ut prospere navigaret cum dicto exercitu, ut plenius scripsi supra in *Inferno* in capitulo xx°, ubi vide de hoc. [30] Post hec auctor secundario inducit Beatricem dicere quomodo Ecclesia dispensat in votis, tangendo, licet non isdem verbis, in effectu quod scribit Alexander papa tertius cuidam episcopo querenti ab eo quod quesivit hic auctor a Beatrice, ita dicendo in quadam eius *Decretali*: *An vota peregrinationis elemosinis redimi possint, vel pro necessitate in aliud commutari: respondimus quod ab eius qui presidet pendet arbitrio ut consideret diligentius qualitatem persone et causam commutationis, an scilicet ex infirmitate seu affluentia divitiarum aut alia causa probabili, peregrinatio aut recompensatio melior fuerit et Deo magis accepta, et exinde secundum hoc debet dispensare*; et in hiis consistit clavis aurea, idest auctoritas, et clavis argentea, idest scientia, et discretio prelati. [31] De quibus duabus clavibus tangit hic auctor, et ego plene scripsi supra in *Purgatorio* in capitulo viiii°, ubi de eis vide. [32] Et ut hec procedant de iure divino ita arguit Innocentius papa in sua quadam alia *Decretali* dicens: *Cum igitur in lege veteri in qua non minus preceptum Domini obligabat quam votum hodie obliget in Ecclesia primogenita, que Domino mandabatur offerri quedam Domino redderentur ut primogenita levitarum, quedam redimerentur ut aliarum tribuum, quedam commutarentur in aliud sicut primogenitum asini qui ove commutabatur*, ut habetur *Exodi* capitulo xxxii°, et *Numeri* xxviii° capitulo. [33] Et hoc etiam tangit hic auctor dicendo quomodo necessitatum fuit Hebreis etc., unde *Numeri*, capitulo xxx°, dicitur: *Si quis votum Domino vovit, non faciat irritum verbum suum, sed omne quod promisit impleat*; [34] et in capitulo xxviii° dicitur: *Moyse precipe filiis Israel*, et

---

30. quadam] quodam V.

31. de] de⟨m⟩ V.

32. xxxii°] xxxii⟨i⟩° V.

30–32. Cf. INNOCENT. III, *Reg. Epist.* I 69 (PL CCXIV 60c–61a).
33. *Num.* XXX 3.
34. *Num.* XXVIII 2.

Super v° capitulo Paradisi

dic eis: "Dicit Dominus oblationes offerre meas" etc. [35] Sic ergo vovens votum commutare potest in aliud pium opus, et hoc auctoritate pape et aliorum episcoporum dispensatione, salvo quod solus papa dispensare in voto ultramarino in subsidium terre sancte facto potest et non alius. [36] Et ecce quod dicit hic auctor de non commutando votum arbitrio vestro sed cum auctoritate superioris, scilicet diocesani: hoc tamen fallit si vovens votum suum, quod in temporali obsequio consistit, in perpetuam religionis observantiam propria auctoritate commutat, item propter defectum conditionis alicuius voti, item propter defectum cause voti, item si non processit ad actum licet propositum habuit quis vovendi, quod tangit hic auctor dum dicit quod votum fit statim ipso actu promissivo, item si vovens non habet liberam facultatem vovendi, item si votum illicitum est, a quo non tamen potest, sed etiam debet sua auctoritate discedere. [37] Aliter a voto realiter nullattenus possimus discedere, sed a re vota sic cum auctore et discretione domini pape vel aliorum episcoporum, dummodo sit tales res que non preponderet omnibus aliis, ut dicit hic auctor in textu, puta continentia, in cuius voto etiam papa non potest dispensare nec debet, non fratruum a campanellis et ab aliis multis questoribus absolventibus homines a votis de facto mediante pecunia, quod etiam tangit hic auctor dum dicit: **Se mala cupidigia altro vi grida** etc., et hoc de voto dicta sufficiant. [38] Post que auctor fingit se cum Beatrice, idest cum theologica scientia, subito de celo lune ad celum et speram Mercurii ascendisse, ut patet hic in textu. [39] Qui planeta ita comitatur solem ut nunquam nobis pateat ut alii planete, et hoc tangit hic auctor dicendo quomodo se velat cum radiis alterius, scilicet solis, fingendo etiam ibi se reperisse beatas animas illorum qui virtute et influentia talis planete mediante, meruerunt in hoc mundo celestem beatitudinem, inter quas nominat solum duas, scilicet animam Iustiniani imperatoris, et Romei provincialis, de quibus statim dicam in sequenti capitulo.

    35. terre] ⟨in⟩ terre V.

    36. cause] C causa V.

---

37. *Par.* V 79.

SUPER VI° CAPITULO PARADISI

[1] **Poscia che Costantin l'acquila volse**. [2] In hoc vi° capitulo, ad precedentia se continuando, auctor digressive, ut materiam sui poematis ampliet, inducit umbram Iustiniani imperatoris, de se dicendo incohare a signo aquile imperialis ut summat causam recitandi memoranda facta sub tali vexillo olim exacta. [3] Circa cuius prima hec verba premissa notandum est quod, secundum quod scripsit Anacreon poeta grecus, expulso Saturno de regno insule Cretensis per Iovem eius filium — de quo plene scripsi supra in *Inferno*, capitulo xiiii° — quidam Titanides, idest quidam filii Titani fratris dicti Saturni, propter talem expulsionem paraverunt bellum contra dictum Iovem; qui Iuppiter, orans superos ut sibi prodigium darent ut signum haberet sub quo ipse cum eius gente dimicaret, statim de montibus dicte insule Yde prodiit quedam aquila circumvolando supra caput dicti Iovis, quam incontinenti pro eius signo accepit et habuit, et cum eo vicit contra dictos Titanides, et vocata est inde aquila 'ales Iovis' semper. [5] Quod signum acquile Dardanus Troianus, ut filius dicti Iovis et Electre, inde postea et successores eius detulerunt, et sic Eneas de dicta gente dardanea de Troia post eius excidium veniens in Ytaliam cum Ascanio filio suo et Anchise eius patre, dictum signum secum duxit, quod excidium Troie fuit anno ccccliiii° ante urbem conditam secundum Orosium, et sic de Oriente in Occidentem, sicut currit motus celi, cum ipso Enea profectum est dictum signum aquile. [6] Quem Eneam vocat hic 'antiquum' auctor ratione sui nobilis sanguinis, vel vocat ita eum ad differentiam aliorum sibi subcedentium imperatorum qui olim, ut dicit quidam Textus Legalis, omnes ab eo

---

1. Constatin] constatin V.

---

1. *Par.* VI 1.
6. *Par.* VI 3.

Super vi° capitulo Paradisi

Eneide vocati sunt; [7] et qui Eneas, ut sequitur hic in textu, Laviniam, filiam regis Latini, inde bello obtinuit contra Turnum regem Rutilorum. [8] Inde a dicto adventu Enee in Ytaliam aquila, idest monarchia mundi, fuit in Alba civitate fundata olim per Ascanium supradictum ante urbem conditam per ccc annos et plus, et in civitate Romana, que a Romulo inde instituta fuit, ante adventum Christi per vii^c annos. [9] Inde Constantinus, primus imperator Christianus, qui imperare cepit anno domini cccx°, liberatus a lepra per Beatum Silvestrum, et ab ipso baptizatus, quarta die dicti sui baptismi, facta donatione ipsi Silvestro de qua dixi in *Inferno*, capitulo xviiii°, et sibi urbe relicta cum dicta aquila, idest cum sede et curia imperiali, recessit de Roma et ivit in Greciam, et apud Bisantium, quod hodie dicitur civitas Constantinopolitana, dictam sedem imperialem constituit; et sic volvit dictam aquilam contra dictum cursum celi, idest de Occidente in Orientem. [10] In qua civitate Constantinopolitana, sita in confino Asie et Europe, ut dicit hic textus (unde Lucanus in ix°: *Non Asiam brevioris aque diterminat usquam / fluctus ab Europa, quanvis Bisantion arto / Pontus et ostriferam dirrimat Calcedona cursu*), ac vicina etiam dictis montibus cretensibus, unde dicta aquila, ut dicit hic dicta umbra, exivit, sederunt titulo et re xxxvii imperatores, scilicet Constantinus predictus, Constantinus secundus et Constantius, Iulianus, Iovinianus, Valentinianus, Valens, Gratianus, Theodosius, Archadius et Honorius, Theodosius secundus, Martianus, Leo primus, Zeno, Anastasius, Iustinus, Iustinianus, de quo hic dicitur, Iustinus secundus, Tiberius secundus, Mauritius, Phocas, Eraclius, Constantinus tertius, Constantinus quartus, Iustinianus secundus, Leo secundus, Tiberius tertius, Phylippus, Anastasius secundus, Teodosius tertius, Leo tertius, Constantinus quintus, Leo quartus, Constantinus sextus, Niceforus et Michael. [11] Et quod dixi quod nomine et re dictum imperium fuit sic apud Grecos, subaudi scilicet usque ad dictum Constantinum quintum et Leonem eius filium qui cepit imperare anno domini vii^{c}xlv°. [12] Nam eo tempore, dum Astulfus, rex Lungobardorum, inductu certorum malorum romanorum Tusciam occupasset et Romam adgressus esset ecclesias omnes et alia vastando, Stephanus papa secundus auxilium petiit a dicto Constantino et Leone eius filio, quibus recusantibus patrocinari Ecclesie contra dictum Astulfum, petiit subsidium a Pipino secundo rege Francorum, et habuit et obtinuit contra dictum Astulfum mediante pugna Francorum. [13] Ex quo dictus Stefanus papa, anno vii^{c}lvi°, dictum romanum imperium de Grecis transtulit in Germanos, et

---

10. Lucan., *Phars.* IX 957–59.

Comentum Petri Alagherii

factus est Karolus Magnus filius dicti Pipini imperator. [14] Inter quos dictos principales constantinopolitanos dicit dicta umbra Iustiniani quomodo imperator unus de eis fuit, et quomodo reformavit Corpus Iuris Civilis; nam tres codices ad unum reduxit et veterum prudentum Iura, que ad duorum milium librorum numerum attingebant, ad quinquaginta libros redegit. [15] Item dicit quomodo Agapitus papa ipsum retraxit Iustinianum ab errore Euticetis. [16] Nam tempore ipsius Iustiniani fuit quidam abbas Constantinopolitanus, nomine Eutices, hereticus, qui tenuit quod verbi Dei et carnis in Christo una tamen natura erat, scilicet divina, unde dicebat quod post resurrectionem Christus solum remansit in divina natura, qui dampnatus inde fuit in Calcedoniensi Concilio, et cum eo Dioscorus episcopus Alexandrinus in eadem heresi involutus; et diffinitum fuit predicari duas naturas in Christo fuisse et unam personam in dicto concilio. [17] Inde dicit dicta umbra, vel dicere vult, quomodo dedito se in totum dicto laborerio legum, quod quasi divina auxiliante manu Belisarius patritius vices gerendo circa arma dicti Iustiniani olim mirabiliter de Persis triumphavit, inde in Affricam transivit et Vandalos romano imperio subiugavit et Gelismerum eorum regem, et idem fecit de Gottis et de Odoacro et Attila eorum regibus hostibus romanorum. [18] Post hec auctor, volens ostendere in quantum venerari debet dictum signum aquile representans imperium romanum et monarchiam mundi in reprehensionem multorum ipsum hodie deprimentium, in persona dicte umbre Iustiniani digressive ad narrandum hic nunc procedit quamplurima memoranda facta et gesta sub dicto signo, et sub brevitate incipit sequendo Titum Livium, scribam Romanorum gestorum, incipiente primam partem sui voluminis a capta Troia, et sic, ut dicitur hic in textu, a morte Pallantis, filii regis Evandri, secuta propter regnum Ytalie Enee querendum sub dicto signo. [19] Unde prenotandum est quod dictum signum Eneas, capta Troia, diu fatigatus in mari fato in ordinatione divina in Ytaliam venit et applicuit cum suo navigio litoribus Lavinii, civitatis regis Latini prope fauces Tiberis, unde Virgilius, de ipso Enea loquendo, incipit: *Arma virumque cano, Troye*

---

14. duorum] C d{ict > u}orum V.

18. hic nunc procedit] hic [nunc] procedit V.

19. Troye qui] troye {que > qui} V.

---

18. Liv., *Urb. Cond.* I i.
19. Verg., *Aen.* I 1–3.

Super vi° capitulo Paradisi

qui primus ab oris / Ytaliam fato profugus Lavinaque venit / litora etc. [20] Et ibi prope se vallo fortificavit, et nitendo habere in uxorem Laviniam, unicam filiam dicti Latini, sponsam iam promissam Turno regi predicto, incohata guerra inter ipsum Eneam et eius Troianos et dictum Latinum et Laurentos eius subditos et Turnum predictum, dictus Eneas petiit auxilium a dicto rege Evandro, regente tunc in loco ubi est hodie Roma, qui breviter contulit ei dictum Pallantem eius filium eum magna comitiva. [21] Qui Pallas in prima pugna dictarum partium occisus est a dicto Turno, tamen in processu demum dictus Eneas superavit dictum Turnum et occidit et dictam Laviniam in uxorem habuit. [22] Inde, mortuo Enea, dictus Ascanius eius filius successit ei in regno et civitatem Albanam fundavit et ibi regnavit per xxviii annos; de quo Virgilius in i° ait: *At puer Ascanius cui nunc cognomine Iulo / imperio explebit, regnumque a sede Lavini / transferet, et Longam umbram vi muniet Albam / hic iam ter centum totos regnabitur annos / gente sub Hectoria, donec regina sacerdos / Marte gravis geminam partu dabit Ilia prolem*, scilicet Romulum et Remum, de quibus statim dicam. [23] In qua civitate Albana dictum signum aquile et monarchie mundi solum fuit et non alibi per dictos ccc annos, regnantibus infrascriptis regibus ibi successive tanquam descendentibus dicti Enee primo videlicet Ascanio, inde Silvio, — [24] eius fratre et filio Enee et dicte Lavinie, et a quo omnes reges Albani dicti sunt Silvii (de quo Virgilius in persona Anchises ad Eneam predictum suum filium iam mortuum loquendo in vi° sic ait: *Silvius, Albanum nomen, tua postuma proles, / quem tibi longevo serum Lavinia coniunx / educet silvis regem regumque parentem / unde genus Longa nostrum dominabitur Alba*, fuit enim in silvis nutritus a matre timore dicti sui fratris, et sequitur: *Proximus ille Procas, Troiane gloria gentis / et Capis et Numitor et qui te nomine reddet / Silvius Aneas* etc.), — [25] inde Enea Silvio filio dicti Silvi, inde Cape, inde Latino, inde Alba, inde

20. vallo] C valbo V.
22. i°] ST vi° L B V.
24. nomen] ST nom{ine > en} V. tibi] ST ‹sibi› tibi V.
25. Numitorem] C munitore(m) V.

---

22. Verg., *Aen.* I 267, 270–74.
24. Verg., *Aen.* VI 763–69.

Egypto, inde Carpento, inde Tiberio, inde Agrippa, inde Silvio Aremulo, inde Aventino, inde Procace eius filio, inde Amulio qui fratrem suum Numitorem de regno expulit et filiam eius Iliam predictam in templo Veste dedicavit, que ibi, licet Virgilius et Livius ex Marte dicant quod gravida facta est, ex sacerdote dicte Veste re vera fuit facta pregnans. [26] Et sic peperit duos gemellos, scilicet Romulum et Remum; quo Remo decapitato per dictum Romulum, iam per eos condita civitate romana et occiso dicto Amulio et restituto dicto Numitore in regno Albano eorum avo, dictus Romulus ut primum rex romanorum cepit solus regnare. [27] De quo Virgilius, in persona dicti Anchises, ad Eneam subdit: *Quin et avo comitem sese Mavortius addet / Romulus, Asaraci quem sanguinis Ilia mater / educet* etc. [28] Cuius Romuli tempore factus est raptus mulierum Sabinarum quem auctor vocat hic 'malum', idest maleficium; nam, cum populus romanus noviter institutus mulieribus careret, dictus Romulus quadam die certa quoddam festum statuit fieri in qua breviter dum quasi omnes mulieres civitatis Sabine illuc confluissent, rapte sunt a Romanis et detente in eorum uxores, ex quo longa et magna guerra postea orta est inter dictas duas civitates. [29] Tandem dicti Sabini ab ipso Romulo superati sunt; inde, mortuo isto Romulo, Numa Pompilius ut secundus rex sibi in regno romano successit et regnavit xliii annis, de quo Virgilio loquendo ait: *Regis Romani primam qui legibus urbem / fundabit, curribus parvis et paupere terra / missus in imperium magnum* etc.; nam de Sabina terra sua probitate tractus est ad dictum regnum romanum. [30] Inde tertius romanus rex fuit Tullius Hostilius qui, regnante in Alba civitate predicta Civilio rege, multa bella gessit cum Albanis occasione dicti signi aquile, quod signum populus romanus solus volebat habere, et idem volebat Albanus allegando uterque se successorem Enee; demum ad hanc concordiam venerunt. [31] Scribit Titus Livius in prima decada et Valerius in vi°, in titulo *De Severitate*, scilicet quod quelibet dictorum partium eligeret tres pugnatores et

26. Numitore] L B C munitore V.

31. occidit] C accidit V.

27. VERG., *Aen.* VI 777–79.
29. VERG., *Aen.* VI 810–12.
31. Cf. LIV., *Urb. Cond.* I xxiv–xxv and VAL. MAX., *Fact.* VI iii 6.

Super vi° capitulo Paradisi

victores illud signum haberent in solidum et sic deventum est ad singulare bellum ter geminorum: nam pro parte Romanorum in campo fuerunt tres fratres vocati Oratii, et pro parte Albanorum fuerunt alii tres fratres vocati Curiatii, quos omnes tres Curiatios, mortuis duobus prius de dictis Oratiis, tertius occidit solus, et sic ab inde citra dicti Albani privati sunt dicto signo et illud Romani in totum habuerunt. [32] Cum quo signo sic facto proprio Romanorum sepe bellando dictus Tullius subegit et subiugavit romano populo dictos Albanos et Veientes qui per xviii miliaria distabant a Roma, et Fedenatos distantes per xii^{cim}, et terras omnes Tiberinas vicit vicinas Rome, quod tangit hic auctor dicendo de vicinis gentibus per hos reges subiugatis et victis; [33] de cuius Tullii probitate Virgilius in persona Anchise ad Eneam etiam inquit: *Cui deinde subibit*, scilicet dicto Nume, *Otia qui rumpet patrie residesque movebit / Tullius in arma viros et desueta triumphis / agmina* etc. [34] Regnavitque xxxii anni iste Tullius, post quem successit quartus rex romanorum, scilicet Anchus, qui Hostiam civitatem condidit iuxta mare vicinam Rome per xvi^{cim} miliaria — de quo subdit Virgilius: *Quem iuxta sequitur iactantior Anchus / nunc quoque iam nimium gaudens popularibus auris* — regnavitque annis xiii. [35] Post hunc regnavit Priscus Tarquinius quintus rex Romanorum xxxvii annos; post hunc regnavit Servius Tullius, rex sextus Romanorum; post quem regnavit Tarquinius Superbus septimus Romanorum rex et ultimus xxxv annis, in quo xxxv° anno eius regni, ut scribit Titus Livius in prima decada, libro i° , capitulo xxxvi°, et Valerius, libro vi°, in titulo *De Pudicitia*, capitulo i°, existente dicto Tarquino in obsidione circa civitatem Ardeam, Sextus, filius dicti Tarquini, occulte de dicto exercitu discessit et venit de sero ad Collatium oppidum prope Romam et petiit hospitari a Lucretia nobilissima et pudicissima domina romana et uxore Collatini, nobilis civis romani et soci dicti Sexti in domo eius habitationis in dicto oppido posita, [36] dicto eius viro existente in dicto exercitu; que, cum puro animo illum suscepisset in domo eius, in nocte per violentiam carnaliter habuit eam et in mane discessit et

---

34. auris] ST arius V.

36. que] q(ui) V.

---

33. Verg., *Aen.* VI 812–15.
34. Verg., *Aen.* VI 815–16.
35–37. Cf. Liv., *Urb. Cond.* I lviii 1–12 and Val. Max., *Fact.* VI i 1.

ad dictum exercitum remeavit. [37] Lucretia vero misit statim pro dicto eius viro Collatino et pro Lucretio eius patre et pro Bruto eius patruo, qui secum covenientes in talamo suo sic ait: *"Quid salvum est mulieri amissa pudicitia? Vestigia viri alieni in lecto tuo Collatine sunt. Ceterum corpus tantum violatum est, animus insons; mors testis erit. Videbitis quid Sexto debeatur: ego me si a peccato absolvo a supplicio non libero, et ne ulla impudica amodo exemplo Lucretie vivat"*, cultrum quem sub veste habebat in corde defigit. [38] Propter quod scelus romanus populus abstulit regnum dicto Tarquinio superbo et ab inde usque ad Iulium Cesarem sub consulibus romanum regimen fuit. [39] Et hoc est quod tangit hic auctor in persona Iustiniani dicendo quod fecit signum predictum in vii dictis regibus, idest in tempore quo regnaverunt, quod fuit ccxxxx annorum usque ad dictum facinus Lucretie per quod finierunt; [40] de quo, si commendata fuit dicta Lucretia, vide in i° *De Civitate Dei* per Augustinum, xx° capitulo. [41] Inde dicit quod etiam egit dictum signum aquile cum egregiis aliis romanis: scilicet cum Quinto Fabio consule romano bellando cum Brenno duce Senonum et Gallorum apud Alliam fluvium vicinum Rome, ubi dum forent victi romani a dicto Brenno, capta est a dictis Gallis tota Roma preter Capitolium in nocte sequenti, et illud perditum etiam fuisse nisi pervigil anser Romanos ex lassitudine pugne dormientes clamore valido excitasset; quod tangens Virgilius in viii° ait: *In summo custos Tarpeie Mallius arcis / stabat pro templo et Capitolia celsa tenebat, / Romuleoque recens horrebat regia culmo. / Atque hic auratis volitans argenteus anser / porticibus Gallos in limine adesse canebat.* [42] Quos gallos spoliantes Romam pecunia et rebus per quinque dies, Camillus civis romanus, relegatus tunc aput Ardeam civitatem longe a Roma per xviii miliaria, amore patrie cum magna coadunata gente aggressus est dictos Gallos in urbe sub signo dicte aquile, et posuit eos in conflictu, et eos fugavit et restituta sunt omnia ablata romanis. [43] De qua probitate Camilli Virgilius in vi° tangendo ait: *Aspice Torquatum et referentem signa Camillum.* [44] Post hoc tangit quomodo per Lavinium Curium et Fabritium consules romanos cum dicto signo aquile victus fuit Pirrus rex Epirotarum qui de Grecia in Ytaliam venit cum infinita gente contra Romanos ad instantiam Tarentinorum qui tunc erant hostes populi romani. [45] Inde dicit quomodo cum dicto signo acquisierunt famam quam, ut dicit textus hic, ipse auc-

---

40. Cf. Aug., *Civ. Dei* I xx.
41. Verg., *Aen.* VIII 652–56.
43. Verg., *Aen.* VI 825.

Super vi° capitulo Paradisi

tor 'libenter mirrat' (idest conservare nititur, ut conservat mirra corpora mortua), Manlius Torquatus probus romanus, ita vocato a torque quam in singulari bello contra quendam Galum optinuit; item Quintius Cincinnatus, ita dictus a capillatura sua inculta (dicitur cincinnus et cyrrus capillorum), qui, ut ait Cicero contra Epicurum, a Romanis tractus est ab aratro et dictator factus est, et victis per eum Curulis et Volscis, adhuc ad agriculturam redivit. [46] Item Deci illi duo romani pater et filius, quorum unus in Gallico, alter in Samnitico bello pro re punica suas animas voverunt. [47] Unde Lucanus: *Devotum hostiles Decium pressere caterve*, et Virgilius: *Quin Decios Drusosque procul* etc. [48] Item Fabii, qui ccc fuerunt, de una domo romana et qui una die minus caute dimicando cum Veientibus hostibus romanorum, mortui sunt omnes preter unum qui remansit domi propter iuvenilem etatem. [49] Qui unus postea crescendo factus est consul romanus qui propter imparitatem potentie non valendo certare contra Anibalem cum multa cautela illum pluries decepit mostrando se velle bellare, et non bellando. [50] De quibus et de quo uno ait Virgilius sic in vi°: *Quo fessum rapitis Fabi? Tu Maximus ille es, / unus qui nobis cunctando constituis rem*. [51] Et Ovidius: *Quamvis cecidere trecenti, / non omnes Fabios abstulit una dies*; [52] Valerius in viiii°, de hoc scribens, videtur dicere quod mortui sunt isti trecenti Fabii a Gallis in bello apud Alliam facto. [53] Item dicit quomodo demum dictum signum in manu Scipionis domuit et superavit Anibalem et Arabes qui cum eo de Cartagine in Yspaniam et de Yspania in Ytaliam transeundo Alpes, unde Padus oritur, venerunt contra Romanos. [54] Nam, quamvis vicerit dictus Anibal Romanos, primo apud Trebiam flumen labens non longe a civitate Bobii et Placentie, et secundo apud Tragimenum lacum perusinum, et tercio aput Cannas in Campanea, dictus Scipio, etatis xxvi annorum, cum gente romanorum ivit in Yspaniam et ibi per vim habuit Cartaginem novam, et ibi Asdrubal, frater dicti Anibalis, se submisit Romanis. [55] Inde dictus Scipio transfretavit in Affricam et ducem Penorum vicit et Cartaginem obsedit, ad quam

48. Fabii] fabri V. dimicando cum Veientibus] dimican{ti > do} a uenie(n)tib(us) V dimicando cum auenientibus C.

---

47. Lucan., *Phars.* II 308; Verg., *Aen.* VI 824.
50. Verg., *Aen.* VI 845–46.
51. Ov., *Ex Ponto* I ii 3–4.
52. Val. Max., *Fact.* IX xi ext. 4.

Comentum Petri Alagherii

Anibal, dimissa obsidione et levata circa Romam, venit Cartaginem et ibi superatus est in bello a Scipione predicto. [56] Item dicit hic auctor quomodo etiam Pompeius in iuvenili etate cum dicto signo triumphavit contra piratas. [57] Item tangit hic auctor quomodo Florinus, consul romanus, devicit Fesulanos cum dicto signo. [58] Inde dicit auctor quomodo dum Deus voluit hunc inferiorem mundum regi per monarcham, idest per unicum principem, ut est imperator, ut celum regitur, [59] unde Boetius in ii°, comendans tale regimen, ait: *Felix hominum genus, / si vestros animos amor, / quo celum regitur, regat.* [60] Iulius Cesar, initiator imperii, de voluntate romanorum cum dicto signo aquile et septem legionibus equitum in Galliam vadit confinatam a Varro flumine provinciali dirrimente Ytaliam ab ipsa Gallia et a Reno flumine alio dirrimente ipsam Galliam a Germania sive ab Alemania (per quam Galliam fluunt hec alia flumina hic in textu nominata, scilicet Ysera, currens per Dalfinatum, et Erre, currens per Aquitaniam, et Secana, currens per Parisium, et Rodanus), et ipsam Galliam vicit et submisit populo romano, verum quia ultra quinquennium, terminum sibi prefixum sui consulatus, Pompeius et complices sui et senatus eum ut rebellem habuerunt et sibi triumphos debitos denegarunt. [61] Unde Cesar venit in Ytaliam et applicuit Ravenne, ut dicit hic auctor sequentem Claudianum dicentem de eo: *Dixit, et antique muris egressa Ravenne / signa movet; iamque ora Padi portusque relinquit,* et transiens Rubiconem fluvium Ariminum invadit. [62] Inde versus Romam procedit, tanquam hostis Pompei; cuius timore Pompeius et senatores illum non expectantes de Roma ad Brundisium tendunt. [63] Quo scito Cesar, dimissa urbe in Yspaniam vadit, et debellata Massilia et victa civitate Illerde et Petreio et Afranio ducibus pompeianis et tota Yspania rediit Romam et herarium aperit. [64] Inde, insequendo Pompeium, pergit versus Durachium, inde bellum habet in Farsalia cum ipso Pompeio, et ibi illum vicit cum immensa strage adeo quod, dicit hic auctor, eius dolor ivit usque ad 'Nilum calidum', idest usque ad Arabes et Seres, populos existentes in ultimo meridiei ubi sub axe calido primo emicat Nilus, licet eius caput ignotum sit (et hoc dicit quia interdum spargitur dictum flumen Nili ad occidentem quando currit

60. Parisium] C parisius V.

---

59. Boeth., *Cons.* II m. viii 28–30.
61. Claud., *Sext. Cons. Hon. Aug.* 494–95.

Super vi° capitulo Paradisi

versus Boream et septentrionem et Orientem, [65] unde Lucanus in persona Achorce ait ad Cesarem in x°: *Ut Nilo sit leta suo. Tua flumina prodam, / qua deus undarum celator, Nile, tuarum / te michi nosce dedit. Medio consurgis ab axe; / ausus in ardentem ripas attollere Cancrum / in Boreas is rectus aquis mediumque Booten; / rursus in occasis flexus torquetur et ortus / nunc Arabum populis, Libicis nunc equas arenis, / teque querunt primi, vident tamen hii quoque, Seres. / Archanum natura caput non prodidit ulli*), [66] et in iii° dicit quomodo ad dictum bellum fuerunt predicti et Mauritii et *Quicquid ab occiduis Libie patet arida Mauris / usque saratronias Eoa ad litora Sirtes.* [67] Item post hoc dictum signum revisit, dicit hic auctor, cum Cesare Iulio, ut scribit etiam Lucanus in viiii°, locum ubi iam fuit Troya et ubi Hector tumulatus est. [68] Item Antandrum civitatem Tracie, ubi Eneas primo paravit suum navigium ad veniendum in Ytaliam cum dicto signo aquile etiam revisit, item et flumen Simeontis iuxta Troyam fluens. [69] Inde dictus Cesar ivit in Egyptum et Ptolomeum eius regem occidit et Cleopatram eius sororem a carcere liberavit, cum qua fornicatus diu fuit. [70] Inde ivit in Affricam et regem Iubam et Mauritanum regnum subiugat, iterum inde tendit ad Yspaniam ubi apud Mundam civitatem Gneum et Sextum filios Pompei vicit. [71] Inde dicit quod fecit cum 'baiulo', idest cum eius delatore sequenti, scilicet cum Octaviano imperatore, primo filio Octavie sororis Cesaris secundum Ysidorum. [72] Svetonius dicit quod nominata fuit 'acia' dictum signum; nam, occiso Iulio Cesare, eius avunculo, per Brutum et Cassium, factus est, officio triumvirorum extincto, dictus Octavianus imperator a Romanis in iuvenili etate. [73] Inde, provectus in tempore, sua probitate valde aucta est res publica romanorum; nam, victo et superato ab eo Lucio Anthonio, nepote dicti Iulii apud civitatem Perusinam, et victo aput Mutinam civitatem et superato ab eo etiam Marco Anthonio alio nepote Cesaris primo, et secundario (cum quo imperaverat xii annis et inde xliiii annis imperavit solus), in Grecia navali bello in mari Actio, et occiso a se ipso ibi dicto Anthonio, et Cleopatra predicta eius uxore ob dolorem exincta, adpositis sibi ad mammas duobus colubris, qui dicuntur Cispani,

---

65. Lucan., *Phars.* X 285–92, 295.
66. Cf. Lucan., *Phars.* III 294–95.
67. Cf. Lucan., *Phars.* IX 212–420.

suggentibus sanguinem suaviter ut per eos homo in sopore moriatur — [74] de quibus tribus triumphis et mare rubro, de quibus hic in textu dicitur, ait Virgilius in viii loquendo de dicto Octaviano sic: *Victor ab Aurore populis et litore rubro, / Egyptum virique Orientis et ultima secum*, et subdit: *At Cesar, triplici invectus romana triumpho / menia* etc. [75] Ac victis et mortuis ab eo etiam predictis Bruto et Cassio, occisoribus Iulii Cesaris apud Phylippos et Lepido et Sexto Pompei predicto in bello siculo, rediit Romam, et totus mundus sibi parendo in universale pace positus est et suppositus populo romano in vii^c annis cum in v^c Ytaliam et in cc residuum mundi Roma sibi quesierit, ita quod ianue templi Iani, in quo omnia bellica paramenta romanorum recondebantur, clause sunt tunc. [76] Quo tempore, scilicet anno sui imperii xlii°, et vii^{c}lii° ab urbe condita natus est Iesus Christus filius Dei, et duravit ista universalis pax xii^{cim} annis. [77] Et tunc impletum est illud *Ysaie* ii°: *Conflabunt gladios suos in vomeres et lanceas suas in falces*, [78] et Psalmista, etiam in hoc prophetando, ait: *In pace factus est locus eius*. [79] Inde dicit auctor in persona dicte umbre quod quicquid dictum signum unquam egit vel acturus est in futurum modicum et obscurum, dico quam ad claritatem fame, fuit respectu eius quod egit in manu Tiberii, tertii Cesaris, successoris in imperio dicti Octaviani ac eius privigni et generi. [80] Nam, anno xviii et ultimo sui imperii, sub Pontio Pilato eius consule seu vicario in Iudea, Deus voluit facere et habere vindictam in humanitate Christi sui filii a dicto Pilato instantibus Iudeis crucifixi de humana natura eius inimica propter prevaricationem primi hominis, et satisfaciendo eius ire quam habebat contra eam. [81] Ex qua, ut dicit Apostolus, omnes *Eramus filii ire*, et *In condempnatione propter delictum unius*, ut ait *Ad Romanos*, v° capitulo. [82] Ac inde per lviiii annos, scilicet anno ii° imperii Vespasiani, cum dicto signum in manu Titi, filii dicti Vespasiani, Deus fecit fieri vindictam supradicte vindicte, in

---

74. Aurore] ST L B aurote V amote C.

79. Octaviani] C octavianus V.

---

74. VERG., *Aen.* VIII 686–87, 714–15.
77. *Is.* II 4.
78. *Ps.* LXXV 3.
81. *Ep. Eph.* II 3; *Ep. Rom.* V 18.

Super vi° capitulo Paradisi

quantum caro et natura humana Christi unita erat cum divinitate, contra Iudeos. [83] Nam, ut refert Iosephus, victa Ierusalem per dictum Titum, numerus Iudeorum captivorum fuit lxxxxvii^m, de quibus in carcere mortui sunt xii^{cim} sine infinitis occisis tempore obsidionis, quem passum auctor in sequenti capitulo latius explicabit et ego. [84] Item dicit quid fecit dictum signum in manu Karuli magni imperatoris primi Germanorum contra Longobardos olim opprimentes Ecclesiam. [85] Nam, requisitus a papa Adriano, primo eos obsedit in Papia et demum eos vicit et Desiderium eorum regem captum cum uxore et filiis duxit in Galliam. [86] Ultimo tangit de natura dicti planete Mercurii, stelle parvule, et influentie eius, qui est secundum Michaelem Scotum ut reddat hominem delectabilem in qualibet scientia ad finem acquirende fame et honorem, ut dicit etiam textus hic. [87] Item si ipsi Mercurio Iupiter similatur reddet hominem assiduum in lectionibus librorum et versificatorem et humilem et boni consilii et laudabilem in moribus secundum Ptolomeum in suo *Quadripartito*. [88] Unde merito hic auctor fingit esse animam dicti Iustiniani et infrascripti Romei, arguendo auctor quod dum homo ponit sua desideria ad hec, minus vacat circa amorem divinum et sic minorem gloriam meretur. [89] Et de hoc dicit contentas esse ibi dictas animas mercuriales, sicut contentus est fenerator recipere meritum feneratitium secundum qualitatem 'gaggi', idest pignoris, et quantitatem maiorem et minorem mutuate pecunie — [90] unde *Sapientie* xi° capitulo, dicitur: *Omnia pondere numero et mensura posuisti Domine* — dicendo ibi fore etiam umbram dicti Romei de Villanova, districtus civitatis Ventie de Provincia, olim ministratoris Ramundi Bellingerii comitis Provincie, qui sua activa virtute mercuriali maritavit quattuor filias dicti comitis quattuor regibus, scilicet regi Francie, regi Karulo de Apulia, regi Anglie et regi Maiolice; [91] et, invidia curialium dicti comitis provincialium accusatus, reddita ratione sue administrationis maiore et ultra debitum rationis, recessit et peregrinavit contemplativus ad Deum, ut dicitur hic in textu.

---

87. Ptol., *Tetrabibl.* III 13.
90. *Sap.* XI 21.

SUPER VII° CAPITULO PARADISI

[1] **Osanna, sanctus Deus sabaoth**. [2] In hoc vii° capitulo, continuato sermone, auctor exordiendo fingit sibi dictos beatos spiritus mercuriales disparuisse ibi, canente dicta umbra Iustiniani hec verba, scilicet 'Salvifica popolum tuum', nam hoc importat latine hoc verbum hebraycum 'Osanna' secundum Ysidorum, [3] 'O Deus exercicium virtutis', nam et hoc importat latine hoc nomen aliud hebraycum **Sabaoth**, et est unum de decem nominibus Dei, **Superillustrans [...] / felices ignes**, idest spiritus beatos et ignitos in karitate horum regnorum, idest horum celorum: [4] nam **Malacoth** latine sonat hunc genitivum pluralem, scilicet 'regnorum'. [5] Post hoc auctor inducit Beatricem hic ad exemplificandum sibi quod dictum est in precedenti capitulo sub brevitate de iusta vindicta ire Dei contra naturam humanam vindicata postea iuste, incipiendo sic: primus homo Adam qui non fuit natus ex semine virili et ex utero muliebri sed plasmatus a Deo, unde et protoplasma dicitur, non ferendo frenum quod virtus rationis et obedientie vult ad sui proficuum, scilicet merendi, [6] (in quantum virtus hic accipiatur, secundum quod diffinit eam Phylosophus in libro *De Spiritu et Anima* dicendo: *Virtus est habitus mentis bene institute ad similitudinem alicuius regni, quod bene institutum est si recte consulatur in eo et recte imperetur et recte obediatur; sic mens bene instituta est, et dicitur cum ratio recte consulit, voluntas recte imperat et vires subiecte vo-*

---

6.   Phylophus] aug(ustinus) V.

---

1.   *Par.* VII 1.
2.   Isid., *Etym.* VI xix 23.
3.   Isid., *Etym.* VII i 7; *Par.* VII 2–3.
4.   *Par.* VII 3.
6.   Ps.-Aug., *Spir. An.* IV (PL XL 782).

Super VII° capitulo Paradisi

luntati recte obediunt), dampnavit se et tota eius prolem venturam, et sic naturam humanam deduxit in iram Dei. [7] Unde Apostolus: *Per unius inobedientiam peccatores constituuntur multi,* quia per legem peccati ab eo descendunt, [8] et Gualfredus in sua *Poetria,* de hoc tangendo sic ait de ipso Adam et Eva, prevaricatione facta contra mandata Dei per eos: *De solio, Paradise, tuo dampnatur uterque; / sic genus humanum periit, nec profuit illi / vel ius nature, vel ius legale, vel ulla / virtus, quin animas glutiret Tartarus omnes; / tanta, tot excursis annorum milibus, ira / infremuit* etc. [9] Et hoc tangit etiam hic Beatrix dicendo quomodo humana species iacuit infirma per multa secula usque dum placuit filio Dei descendere, iam scilicet elapsis v^{m}clxxxxviiii annis a dicto peccato Ade secundum Orosium. [10] Ad quod intervallum arguunt theologi quod statim post peccatum non fuit conveniens filium Dei incarnari, cum enim ex superbia peccatum provenisset, sic liberandus erat homo ut humiliatus recognosceret se liberatore indigere. [11] Quod quidem magno consilio fuit dilatum in mente et predestinatione Dei patris, dum dixit ore prophete loquendo Filio: *Sede a dextris meis donec ponam inimicos tuos scabellum pedum tuorum,* [12] et licet in Symbolo dicatur: *Qui propter nos homines et propter nostram salutem descendit de celis et incarnatus est de Spiritu Sancto ex Maria Virgine et homo factus est:* quod tangit hic subsequenter dicendo Beatrix quomodo naturam humanam, rectam a Deo eius factore, ipse Deus univit sibi cum actu solum sui ecterni amoris, idest Spiriti Sancti, [14] dicente angelo capitulo i° *Luce* ad Mariam: *Spiritus Sanctus superveniet in te, et virtus Altissimi obumbrabit tibi* etc. [15] Et Gualfredus predictus etiam ad hoc inquit: *Filius hec: secum fuit ergo paraclitus auctor, / conceptus, propriaque manu contexuit illi / humanos habitus, qui clam descendit in aulam / virginis et foribus clausis agressis ab aula;* [16] tamen idem Gualfredus hanc aliam inducit rationem dicte incarnationis ita dicendo iterum: *Filius ergo Dei secum, "quia Lucifer in me / presumpsit ruit et periit. Fuit illa ruina / istius radix; sic sum quasi causa remota / huius pestis: ero vicine causa salutis".* [17] Nam Lucifer, diabolus factus, videndo creatum hominem possidere debere regnum quod perdiderat invidia, ipsum peccare fecit.

---

7. *Rom.* V 19.
8. Gfr. de Vin., *Poetr. nov.* 1483–88.
11. *Ps.* CIX 1.
14. *Luc.* I 34.
15. Gfr. de Vin., *Poetr. Nov.* 1508–11.
16. Gfr. de Vin., *Poetr. Nov.* 1489–92.

[18] Inde arguit Beatrix quod, quamvis hec natura humana ita coniuncta cum Deo ita sincera et bona fuerit in sua particularitate cum fuerit in Christo sine ulla aspersione et contagio originalis et actualis peccati, tamen in sua totalitate primordiali depulsa et relegata est de Paradiso in persona primorum dictorum nostrorum parentum, [19] ad quod ait Apostolus: *Misit Deus filium suum in similitudinem carnis peccati,* [20] et in iii° *Sententiarum* sic ait Magister: *Christus non carnem peccati sed similitudinem carnis peccati accepit*; [21] et Augustinus: *Omnes defectus nostros assumpsit filius Dei preter ignorantiam et peccatum, et quamvis in assumptione sui ipsius caro fuerit a Spiritu Sancto ab omnibus reliquis peccati mundata, tamen si in cruce mortuus non fuisset, ad ultimum in senio defecisset, frigus ergo, calorem, famem, sitim et alias humanas penalitates pati potuit, et sic habuit corpus passibile, et merito, cum nostros defectus assumeret propter iustitiam satisfactionis quam pro nobis assumpserat faciendam ut pro nobis perfecte satisfaceret per penalitatem nostre carnis,* et ideo subdit hic Beatrix quod per eam crucem iusta fuit quantum in humanitate Christi, in qua ipsa natura humana tota punita est et passionata. [22] Unde Gualfredus predictus de ipso Christo in cruce posito ait et de ipsa natura humana sic: *Cum morte pateretur, ait Natura: "Necesse / est patiar: Dominus patitur. Complangite mecum / omne genus rerum"*. [23] Et subdit: *Passus erat Dominus nature. Vim simul istam / passa fuit natura suo compulsa dolore; / sic homini pugnavit homo, sed homo Deus ipse / tunc certans modo sceptra tenens sic sola redemit / gratia propter quem cepit sic destitit ira,* scilicet Dei subaudi. [24] Et ecce quod fecit hic in textu de persona divina Christi et eius natura humana, et quomodo diversis respectibus Deo patri placuit mors filii sui et Iudeis. [25] Unde Magister in i° *Sententiarum* in hoc ait: *Dei voluntas bona per malam voluntatem hominis quandoque impletur, ut in crucifixione Christi: quem Deus bona voluntate mori voluit, Iudei vero impia.* [26] Unde tangens hoc Psalmista ait: *Tu cognovisti sessionem meam*

23. compulsa] ST compassa V.

---

19. *Ep. Rom.* VIII 3.
20. PETR. LOMB., *Sent.* III iii 4.
22. GFR. DE VIN., *Poetr. Nov.* 1411–13.
23. GFR. DE VIN., *Poetr. Nov.* 1421–22, 1432–33, 1526–27.
25. PETR. LOMB. *Sent.* I xlviii 2.
26. *Ps.* CXXXVIII 2.

Super VII° capitulo Paradisi

et resurrectionem meam, hoc est dicere 'voluisti et approbasti passionem meam'; tibi enim sic placuit rationabiliter et Iudeis prave. [27] Unde idem Gualfredus in hoc ait: *Sola Deum risit morientem natio prava, / cuius in obprobrium sunt posteriora: propago / perfida, gens dure cervicis* etc. [28] Per quam morte, dicit textus hic, quod tremuit terra et celum apertum est, animabus nostris subaudi, quod ante clausum erat, [29] concludendo ex premissis dicta Beatrix quomodo auctor amodo non debet mirari si iusta vindicta ulta fuit a iusta curia, scilicet per Pilatum primo locum tenentem dicti Tiberii imperatoris, et secundario per Titum predictum et Vespasianum imperatorem, tanquam per iudices competentes, [30] ut scribit iste auctor in sua *Monarchia* dicendo sic in fine secundi libri: *Et si de iure romanum Imperium non fuit, peccatum Ade in Christo punitum non fuit; hoc est falsum: ergo contradictorium eius ex quo sequitur est verum. Falsitas consequentis apparet sic: cum per peccatum Ade omnes peccatores essemus, dicente Apostolo "Sicut per unum hominem in mundum hunc peccatum intravit et per peccatum mors, ita in omnes homines", si de illo peccato non fuisset satisfactum per mortem Christi adhuc essemus filii ire natura depravata. Sed hoc non est, cum dicat idem Apostolus ad Ephesios loquens de Patre sic: "Qui predestinavit nos in adoptionem filiorum per Iesum Christum in ipsum, secundum propositum voluntatis sue in gloriam gratie sue, in qua gratificavit nos in Filio suo"*, sciendum est quod punitio non est simpliciter pena iniuriam inferenti, sed pena inflicta iniuriam inferenti ab habente iurisdictio puniendi, unde, nisi ab ordinario iudice pena inflicta sit, non est punitio sed potius iniuria, [31] unde dicebat ille Moysi: *Quis constituit te iudicem super nos?* [32] Si ergo sub ordinario iudice Christus passus non fuisset, illa pena punitio non fuisset, et iudex ordinarius esse non poterat nisi supra totum humanum genus iurisdictionem habens, cum totum humanum genus carne illa Christi portantis dolores nostros, ut ait propheta, puniretur; [33] et supra totum humanum genus Tiberius Cesar, cuius vicarius erat Pilatus, iurisdictionem non habuisset nisi romanum imperium de iure fuisset. [34] Hinc est quod Herodes, quamvis ignorans quid faceret, Christum ad Pilatum remissit iudicandum; nam non gerebat vices Tiberii predicti sicut ipse

---

27. Gfr. de Vin., *Poetr. Nov.* 1423–25.
30. Dante, *Mon.* II xii 1–3.
31. *Ex.* II 14.
32. *Isaia* LIII 4.
34. *Ioh.* XIX 11.

Pilatus, licet esset rex in suo singulari regno: propterea coram eo Christus nunquam loqui voluit quicquam, tanquam coram non suo iudice; secus fecit coram Pilato ut coram suo iudice, unde inter alia sibi: *Non haberes in me potestatem aliquam nisi datum esset tibi desuper*. [35] Istis sic decursis adhuc auctor inducit Beatricem ad dicendum sibi quare Deus pater tamen voluit per mortem filii sui nos relevare, valendo alio modo hoc facere; et incipiendo a remotis dicit quomodo ea que immediate procedunt a Deo carente omni livore in aperiendo suam bonitatem, [36] unde et Plato in *Timeo* inquit: *Deus est optimus et ab optimo longe invidia relegata est*; perpetua sunt et absque fine et libera, cum non subsint virtutibus novarum rerum, idest motibus et costellationibus novem celorum. [37] Et si hoc nomen 'nove' debet accipi hic in textu numeraliter ut sunt angeli et anime nostre, ut scripsit iste auctor etiam supra in *Purgatorio* in capitulo xvi° ibi: **A miglor forza e a miglor natura / liberi subiacete, e quella cria / la mente in voi, che 'l ciel non a in sua cura**, scilicet dictam nostram animam que solum regitur a Deo, non autem a celis. [38] Et ideo talia sunt sibi magis conformiora et similiora, ideo talia magis diligit ipse Deus, de quibus omnibus dotata est anima nostra; nam sempiterna est, item est similis Deo. [39] Unde Augustinus in xi° *De Civitate Dei*, ait: *Credatur homo factus ad ymaginem Dei, et in ea sui parte propinquior ei est*, [40] et in libro *De Trinitate* dicit quod *Ratio nostra ymago Dei est*, [41] et ipse Deus etiam hoc fatetur dicens in *Genesi*: *Faciamus hominem ad ymaginem et similitudinem nostram*, [42] unde Psalmista: *Signatum est super nos lumen vultus tui*. [43] Item dicit Beatrix quod dicta nostra anima libera est, unde *Ad Corinthios* iii° ait Apostolus: *Ubi spiritus Dei est ibi libertas*, et subdit Beatrix quomodo peccatum solum est illud quod reddit ipsam

---

37. subiacete] C subiaceti V.

---

35. Cf. BOETH., *Cons.* III m. ix 6.
36. CHALCID., *Tim. Plat.* 29e.
37. *Purg.* XVI 79–81.
39. AUG., *Civ.* XI 2.
40. Cf. AUG., *Trin.* XIV 4.
41. *Gen.* I 26.
42. *Ps.* IV 7.
43. *II Cor.* III 17.

Super VII° capitulo Paradisi

nostram animam dissimilem Deo; [44] unde Ambrosius in suo *Exameron* ait: *Illa anima bene picta est in qua splendor est glorie et paterne substantie ymago, secundum hanc ymaginem ante peccatum pictus fuit Adam, sed cum lapsus est eam deposuit*, item reddidit eam servam, [45] unde *Iohannis* viii° capitulo dicitur: *Omnis qui facit peccatum servus est peccati*, cum, [46] secundum dictum Augustinum: *Nichil aliud peccatum sit quam privatio boni*, [47] et scribens ad Petrum etiam ait: *Naturam servi in sua accepit Deus*. [48] Ad quas dotes sic perditas creatura humana nunquam revertitur nisi repleat quantum culpa vacuavit iustis penis. [49] Et sic natura humana tota in suo esse, primo subaudi in primis parentibus, peccavit, sicut amisit Paradisum ita etiam dictas dotes, nec ad eas reddire potuit nisi Deus per suam gratiam remississet talem excessum vel homo, scilicet Adam, satisfecisset. [50] At hoc facere nequibat non valendo se tantum infimare ipse Adam quantum ascendere voluit, scilicet esse ut Deus, ut dicit hic textus; ergo Deum hoc facere oportebat, vel cum eius gratia absoluta vel cum gratia et iustitia. [51] Et hoc magis sibi congruum fuit, unde Thomas in tertia parte questione xxxxvi^a, ait in hoc: *Tanto aliquis modus convenientior est ad exequendum finem, quanto per ipsum plura concurrunt que sunt expedienda fini*. [52] Et hoc est quod dicit hic Beatrix quomodo in hoc Deus voluit procedere omnibus congruentibus suis viis; aliter omnes alii modi, concludendo subdit hic, ad iustitiam insufficientes nisi filii Dei humiliatus fuisset ad se incarnandum et paciendum. [53] Nam, sicut dicit Apostolus *Ad Hebraeos*, capitulo ii°: *Omnis prevaricatio et inobedientia Ade accepit iustam retributionem mercedis*, [54] et hoc sic ostendit Magister in preal-

---

44. reddidit] C reddit V.

48. nunquam] C *om*. V.

51. xxxxvi^a] x° V.

---

44. *Decr. Grat.* II *De Poen*. q. ii c. 35.
45. *Ioh*. VIII 34.
46. Ps.-Aug., *De Fide ad Petr*. XXI 64 (PL XL 773).
47. Ps.-Aug., *De Fide ad Petr*. II 18 (PL XL 759).
51. Thom., *Theol*. III q. xlvi a. 3.
53. *Hebr*. II 2.
54–55. Petr. Lomb., *Sent*. III xviii 5; *Apoc*. V 5.

Comentum Petri Alagherii

legato iii° suo libro *Sententiarum* dicendo: *Decrevit Deus in misterio propter peccatum primum non intromitti hominem in Paradisum, nisi in uno homine tanta existeret humilitas que omnibus suis proficere posset, sicut in primo homine tanta fuit superbia que omnibus suis nocuit. Non est inventus inter homines aliquis quo id posset impleri nisi Leo de tribu Iuda,* [55] scilicet Christus, de quo *Apocalipsis* v° dicitur: *Implendo in se omnem iustitiam et inconsummatissimam humilitatem qua maior esse non potest.* [56] Nam omnes alii debitores erant et vix unicuique sua virtus sufficiebat et humilitas; nullus ergo poterat hostiam offerre sufficientem nostre reconciliationi; sed Christus homo sufficiens perfecta fuit hostia, qui multo plus humiliatus est, amaritudinem mortis gustando, quam Adam superbivit per esum ligni vetiti noxiam delectationem perfruendo; et quamvis Deus alio modo procedere potuisset, tamen iste modus magis congruus fuit eius iustitie divine. [57] Nam isto modo diabolus superatus est iustitia non potentia: diabolus enim sua perversitate amator est potentie et desertor iustitie. [58] Iustitia ergo humilitatis hominem liberavit quem sola potentia liberare potuit, unde Augustinus in libro *De Trinitate* sic etiam ait: *In hoc ita fieri debuit ut diabolus iustitia hominis et Dei Iesu Christi superaretur,* [59] et Gregorius sic dicit: *Ut rationalis esset hostia, homo fuerat offerendus ut a peccato mundaret hominem qui esset sine peccato; sed quis esset homo sine peccato, si ex peccati commistione descenderet? Unde venit propter nos in uterum Virginis Filius Dei ubi, factus pro nobis homo, sumpta est ab illo humana natura, non culpa; faciens inde pro nobis sacrificium, corpus suum exhibuit pro peccatoribus victimam sine peccato, que et humanitate mori, et iustitia mundare potui.* [60] Et dictus Gualfredus, in persona Christi loquendo, sic in hoc etiam ait: *Si certare velim propria vi, corruet hostis / ex facili; sed, sic si vicero, viribus utar, / et non iudicio. Quare, tunc si vicerit hostis / calliditas hominem, ductu rationis oportet / quod sit homo qui vincat eum, lapsusque resurgat / qui cecidit, seseque potens evellat ab eius / unguibus, et liber incedat vertice recto, / qui servile iugum subiit, vivatque beatus / qui misere periit. Sed oportet ut ille*

56. perfecta] C L B propheta V.

59. Gregorius] et in suo speculo V.

---

58. Cf. Aug., *Trin.* XIII xiii–xiv, xvii.
59. Greg., *Moral.* XVII 30.
60. Gfr. de Vin., *Poetr. Nov.* 1493–1506.

Super VII° capitulo Paradisi

Deus sit: / non aliter virtus hominis prosterneret hostem / nisi Deus indueret carnem. Quia sic erit una / cum virtute Dei virtus humana, necesse / est igitur, sicut hominem prostravit, ab ipso / sternatur etc. [61] Item addit iste idem poeta aliam rationem quare persona Filii, non Patris vel Spiritus Sanctus potius debuit incarnari et pati ad servandam divinam iustitiam, ita dicendo: *Quod Deus et nullus alius, quod Filius ipse, / non persona Patris vel Sacri Flaminis, esse / debuit ipsa salus hominis, sic collige paucis. / Civibus angelicis celo nascente creatis, / Lucifer, egregie lucis, de luce creantis, / plus aliis sumpsit, ideo presumpsit. Et inde / turgidus in lucem summam presumere cepit. / Vidit enim gigni lumen de lumine, verbum / de Patre; vidit item sacrum procedere flumen / ex utroque; trium naturam vidit eandem, / personas varias tres illas vidit. Et uni / invidit soli Verbo, voluitque creatus / Patris adequari genito: "Dispono sedere / ad partes aquilonis, ait, similisque videri / summo". Sic voluit fieri scelus incola celi.* [62] Et sic, ut supra dixi, filius Dei quasi remota causa fuit ruine hominis, unde vicina seu proxima causa debuit esse eius salutis; interserendo hic Beatrix quomodo ab ultima nocte, scilicet novissimi diei iuditii et finis seculi, ad primam diem in qua creavit Deus celum et terram nullus processus, idest nullum misterium ita magnificum fuit a Deo actum ut fuit incarnatio filii eius primo et passio et mors eius in cruce secundo. [63] Ultimo Beatrix referendo se ad ea que dicta sunt hic supra, scilicet quomodo que Deus creat immediate perpetua sunt, arguit sic in contrarium, videlicet quod elementa et alia ab eis procedentia corrumpuntur et deficiunt, et tamen creata sunt a Deo. [64] Et solvit quod talia non immediate a Deo processerunt, ut celum Impireum et angeli et anime nostre, sed predicta elementa et anime sensitive brutorum et vegetative arborum producte sunt et complexionate a creata virtute ab ipso Deo, scilicet planetarum, [65] unde Thomas in prima parte, questio lxxv[a], in hoc sic ait: *Anima brutorum producitur ex virtute aliqua corporea, anima vero hominis a Deo immediate,* [66] unde *Genesis* i° dicitur: *Producat terra animam viventem,* brutorum scilicet et planctarum subaudi, sed de anima nostra ibidem subdit quod Deus *Spiravit in faciem hominis spiraculum vite,* scilicet animam intellectivam imme-

61. sacrum procedere] procedere sacrum V.

---

61. Gfr. de Vin., *Poetr. Nov.* 1434–48.
65. Thom., *Theol.* I q. lxxv a. 6.
66. *Gen.* I 24, II 7.

Comentum Petri Alagherii

diate. [67] In hoc Frater Albertus ait: *Virtus ingenerabilis et incorruptibilis est in celis et in corporibus super celestibus, in quibus est virtus activa respectu inferiorem que est generabilis et corruptibilis, ut in elementis et elementatis in quibus est virtus activa et passiva. Nam Deus de nichilo creavit ylem, que dicitur primordialis materia, inde ex ipsa ille elementa et ex elementis omnia alia*; et argumentatur etiam Beatrix ex istis premissis quod nostra resurrectio corporalis vere erit cum vero primorum parentum nostrorum immediate plasmata fuerit a Deo. [68] Quod prophetando confirmat Iob dicens: *Scio quod redemptor mens vivit, et in novissimo die de terra surrecturus sum, et rursum circumdabor pelle mea et in carne videbo Deum, quem visurus sum ego ipse et occuli mei conspecturi sunt et non alius reposita est hec spes mea in sinu meo*, [69] et Psalmista: *Emicte spiritum tuum et creabuntur, et renovabis faciem terre*, [70] et Ecclesiaste, capitulo ultimo, etiam in hoc dicitur: *Revertatur pulvis in terram suam unde erat, et spiritus redeat ad eum qui dedit illum.*

70. Ecclesiaste] ST ecclesiastico V.

---

68. *Iob.* XIX 25–27.
71. *Ps.* CIII 30.
70. *Eccl.* XII 7.

SUPER VIII° CAPITULO PARADISI

[1] **Solea creder lo mondo in suo periclo**. [2] In hoc viii° capitulo auctor fingit se de celo Mercurii ad celum et planetam Veneris ascendisse, de quo nunc tractaturus in hoc capitulo et sequenti incipit, et exorditur sic primo dicens cur dictus planeta iste Venus nuncupetur. [3] Et dicit quod antiqui, et precipue platonici, in antiquo errore illo de quo plene scripsi supra in iiii° capitulo, putantes videlicet animas ad suas stellas, defunctis corporibus, reverti, percipientesque effectum et influentiam huius planete fore reddere personam sub eius ascendente natam pulcram et placibilem, [4] et per consequens inclinatam ad amandum illo carnali amore diffinito a Gualterio ita: *Amor est quedam passio innata procedens ex visione et immoderata cogitatione forme alterius sexus, ob quam aliquis super omnia cupit alterius potiri amplexibus*. [5] Nam vir vel mulier pulcra naturaliter est placibilis, et sic sua placibilitate philocapit animum venereum et ille illam de se ex natura talis amoris, [6] ut tangit iste auctor supra in *Inferno*, in capitulo v°, dicendo ibi: **Amor che nullo amato amar perdona**. [7] Ideo dixerunt hanc Ciprignam Venerem Dioneam, olim reginam insule Cipri, fore translatam in hunc tertium planetam tanquam ut verissime a dicta stella descendisset eius anima. [8] Nam pulcerrima et placibilis fuit ultra alias ac exarsit et exardescere fecit alios in dicto amore de se plus quam alia aliqua mulier suo tempore, et quia opinabantur dicti antiqui quod dicta Venus radiaret follem, idest vesanum, amorem, libidinosum et nepharium, moventem olim et incendentem Pasiphem ad habendum rem cum thauro et Mirram ad iacendum

3. percipientesque] {pre > per}cipientesque V.

---

1. *Par.* VIII 1.
4. ANDR. CAPP., *De Amore* I 1.
6. *Inf.* V 103.

carnaliter cum Cinera suo patre et Didonem ad occidendum se amore Enee; etiam ex hoc errore nedum dicte Veneri sacrificabant illi de Cipro in Idalio nemore et illi de insula Paphos et de insula Citheron timore talis periculosi amoris, ut dicitur hic, sed etiam honorabant cum sacrificio Dionem, matrem dicti Veneris, [9] unde Virgilius: *Sacra Dionee matri* ecc. [10] et Cupidinem ut eius filium, recordantes quomodo in persona Ascanii, filii Enee, dicta Venus misit dictum Cupidinem ad incendendum dictam Didonem in amorem ipsius Enee, [11] ut scribit Virgilius in fine i°, inter alia sic dicendo: *Ille ubi complexu Enee colloque pependit / et magnum falsi implevit genitoris amorem, / reginam petit. Hec occulis, hec pectore toto / heret et interdum gremio fovet inscia Dido.* [12] Et ecce quod tangit hic auctor de gremio dicte Didonis et de dicto Cupidine, et quia iste planeta coniunctus cum Iove habet infundere hunc dictum talem amorem carnalem modestum et rationabilem, ut patet in multis qui tali amore matrimonialiter copulantur, qui sine ipso hoc non fecissent aliter, et qui, lapsa iuventute sua, talem corporalem et carnalem amorem revolvunt et convertunt in amorem spiritualem Dei, ut fecerunt isti beati venerei, de quibus statim dicam in capitulo sequenti, at coniunctus cum Saturno et Marte infundit talem amorem immundum turpem et lascivum, ut fuit in supradictis Pasiphe et Mirra. [13] Ideo poete allegorizando, finxerunt hanc primam Venerem pulcram filiam Iovis, ponentes dictum Cupidinem in eius filium, quia dicta placibilitas, pro qua allegorice ponitur ipse Cupido, sapgitat corda amantium modo cum aurea sagipta, idest cum virtuoso motu, modo cum plumbea, idest cum vitioso. [14] Item dixerunt eam matrem Enee ratione placibilitatis eius que habet talem amorem suadere, unde et iste auctor, de hac dicta pulcra Venere sentiendo, sic ait in i° capitulo *Purgatorii*: **Lo bel pianeto che d'amar conforta** etc. [15] Et aliam secundam Venerem turpem predictam ex testiculis Saturni falce exectis et in mare proiectis

---

12. habet infundere hunc dictum talem amorem] C habet infundere rinfundit hunc amorem V. matrimonialiter] C matrimonii aliter V.

13. poete] poete et romigius eos V poete romigius C.

---

9. VERG., *Aen.* III 19.
11. VERG., *Aen.* I 715–18.
14. *Purg.* I 19.

Super VIII° capitulo Paradisi

natam dixerunt et ex spuma marina et uxor fuisse Vulcani. [16] Sub hac allegoria Saturnus hic pro tempore tollatur, et eius virilia pro fructibus quos tempus producit, spuma vero maris pro spermate quod ex cibo et potu ut fructibus temporis provenit, [17] unde Terrentius: *Sine Cerere et Libero*, idest Bacco, *Venus friget*, sed cum eis calet calore libidinoso, pro quo Vulcanus accipitur hic, [18] qui calor facit homines ut plurimum submictere ratione talento, idest appetitui, [19] ut dicit iste auctor in dicto capitulo v° *Inferni*, tanquam venenum cum dicatur sperma retentum, idest multiplicatum, unde ac sit interdum quasi venenum, subaudi corporis et anime, nisi limem cum coitu uxorio vacuetur. [20] Et de tali Venere accidentali et venenosa sensit iste auctor supra in *Purgatorio* in capitulo xxv° dum ibi dicit loquendo de Diana et de Elice nimpha ab ea repulsa de suo consortio: **Al bosco / si tenne Diana, et Elice caccionne, / che di Venere havea sentito il tosco**, idest tossicum spermatis Iovis cum quo fornicata erat. [21] Item dicit auctor hic quomodo iste planeta volvitur in tertio epiciclo: circha hoc notandum est quod, [22] secundum quod legitur in *Tractatu Spere*: *Epiciclus est quidam parvulus circulus per cuius circumferentiam defertur corpus plenus et eius epicicli centrum semper defertur in circumferentia deferentis*, qui est alius circulus in quo planete sunt et volvuntur in dictis epiciclis omnes planete predicti, preter solem et lunam qui non habent dictum epiciclum. [23] Et sic, cum iste planeta Veneris et in parte superiori dicti sui epicicli, est orientalis, et oritur ante solem per modicum nobis, at cum est in in-

---

16. allegoria] allegoria ut V.

19. ut] unde V.

20. caccionne] C cacionne V.

21. epiciclo] C T epicielo V.

22. Epiciclus] C epicielus V. epicicli] C epicieli V. epiciclis] C epicielis V. epiciclum] C epicielum V.

23. epicicli] C epicieli V.

---

17. Cf. Hier., *Ep.* LIV 9 and Isid., *Etym.* I xxxvii 9 (Ter., *Eunuch.* 732).
19. Cf. *Inf.* V 39.
20. *Purg.* XXV 130–32.
22. Ioh. Sacrob., *Spher.* IV (ed. Thorndike, 114).

feriori est occidentalis et oritur in sero. [24] Et hoc tangere vult hic auctor de aspectu solis ad hunc planetam modo ante modo retro. [25] Hiis ita exorditis, auctor fingit de celo Impireo, qui est illa spera et girus qui fuit prius inceptus a Deo cum angelico ordine primo Seraphinorum, ut tangitur hic in textu, descensisse hos beatos spiritus venereos ad hoc celum Veneris, velociores ventis, idest fulminibus descendentibus de frigida nube. [26] Inter quos fingit venisse umbram Karuli Marteli, filii olim regis Karuli Zotti de Apulia, et loqui sibi, primo dicendo scilicet quomodo ipse et alii beati venerei ita sunt in gradu tertio beatitudinis Paradisi sicut sunt Principatus in tertio ordine et beatitudine angelorum. [27] Et sic, ut intelligentias et motores istius tertii celi Veneris iam invocavit eos iste auctor in quadam eius cantilena que incipit: **Voi che 'ntendendo il terzo celo movete**, ut tangitur hic in textu. [28] Inde dicit dicta umbra quomodo ut primogenitus dicti sui patris, et ipso suo patre adhuc vivente, ex successione materna coronatus fuit in regem Ungarie, que Ungaria rigatur per flumen Danubii et confinatur cum Austria, ut tangitur hic in textu. [29] Item dicit quomodo post mortem dicti sui patris spectare et pertinere debebat ad ipsum illa pars comitatus Provincie que confinata est a sinistra ripa fluminis Rodani et a flumine Sorge, dividente dictam partem dicti comitatus a territorio Venesis, et a mari Mediterraneo et a Riparia Ianuensi tanquam patrimonium avitum, si vixisse post dictum suum patrem sicut non vixit; [30] et eodem modo expectabat et expectasset ipsum in dominium illa pars regni Ytalie que in forma cuiusdam cornu apparet in mappa, que confinatur per ista duo flumina hic in textu nominata, scilicet per Trontum flumen currens inter eam et marchiam Ancone et mictens in mare Adriaticum et Viride flumen currens per Campaniam et mictens in mare Leonis, et etiam per hec duo maria secundario confinatur, in qua et inter que confinia est Apulia, Calabria et Abrutium, et ecce cornu Ausonie, idest Ytalie, ita dicte ab Ausonio filio Ulixis de quo hic auctor tangit, in quo sunt iste civitates Bari, Caeta et Catona et alie plures. [31] Item dicit

    25. fulminibus] fluminibus V.

    26. beatitudine] C beatitudinem V.

    30. Ytalie] C Sicilie V. Calabria] L Calabriam C V.

---

27. *Par.* VIII 37 (DANTE, *Rime* LXXIX 1).

Super VIII° capitulo Paradisi

dicta umbra quomodo Trinacria, idest Sicilia, ita dicta a tribus eius promontoriis acribus, scilicet Peloro, Pachino et Lilibeo, inter quos Pelorum et Pachinum montes est mons Ethene sulfureus et fumicans ibi super gulfum quod dicitur Fare Messine; quod particulare mare longum fere est per xxxvi miliaria, dividensque modica latitudine Calabriam ab insula Sicilie predicte, et quod brachium maris maiorem 'brigam', ut dicit hic textus, recipit ab Euro, scilicet uno de tribus ventis orientalibus, subaudi 'quam ab Affrico', uno de tribus ventis meridionalibus. [32] Nam nusquam alicubi unde maris franguntur velut ibi, ut Seneca in xiv[a] *Epistula ad Lucilium* ait: *Cum peteres a dicto Euro et etiam a dicto Austro*, [33] unde describendo Ysidorus causam extuationis dicte Ethene sic ait: *Constat quod Ethena ab ea parte qua Eurus vel Affricus flat habere speluncas plenas sulfure usque ad mare deductas. Que spelunce recipientes in se fluctus ventum creant, qui, agitatus, ignem gignit ex sulfure, in tantum olim quod urbes et agros circumstantes vastabat*, licet hodie solummodo tali sulfure fumat, secundum Orosium. [34] Servius in iii° *Eneidos* etiam circa hoc inquit: *Constat Ethenam concavas terras habere ab ea parte qua Eurus et Affricus flant usque ad mare deductas.* [35] Quorum opinionem sequitur auctor hic in persona dicte umbre, non autem opinionem poetarum fingentium Tipheum gigantem iacentem stratum ibi in dicta ynsula pressum in manibus et pedibus a dictis tribus promontoriis et resupinum emictere per os talem ignem in dicta Ethna et eius colle, [36] unde Ovidius, hoc describens, ait in v°: *Trinacris et magnis subiectum molibus urget / ethereas ausum spectare Tiphea sedes. / Nititur ille quidem pugnatque resurgere sepe, / dextra sed Ausonio manus est subiecta Peloro, / leva, Pachine, tibi, Lilibeo crura premuntur; / degravat Ethna caput; sub qua resupinus arenas / eructat flammamque ferro movet ore Tipheus* etc., [37] attendidisset et hunisset in reges eius successive, mortuo dicto Karulo Zotto suo patre, filios dicti Karuli Martelli natos per ipsum, idest mediante ipso de Karulo eius avo paterno primo rege Sicilie de domo Francie et de Redulfo

---

33. extuationis] C extimationis V. habere] ST L B habet C V. fumat] C sumat V.

36. subiectum] ST L B subinctum V. ausum] C ausu V L. crura] ST L cura V.

---

32. Cf. SEN., *Ep. Lucil.* XIV 8.
33. ISID., *Etym.* XIV viii 14; cf. OR., *Hist. Pag.* II xiv 3.
34. SERV., *Aen. comm.* III 571.
36. OV., *Met.* V 347–53.

Comentum Petri Alagherii

imperatore, socero ipsius Karuli Martelli, ut dicit hic textus, nisi propter malum regimen dicti regis Karuli veteris et oppressionem eius gentis Francigene rebellata una die civitate Palermitana tota dicta ynsula sicula rebellasset contra dictum Karolum. [38] Ex quo summit materiam arguendi dicta umbra contra regem Robertum eius fratrem, nedum in se avarum, sed conducente sub stipendio suo catalanos communiter pauperes et avaros, et sic aptos ad faciendum eodem modo sibi Apuliam rebellari. [39] Et mirum, dicit dicta umbra, quomodo hoc, cum dictus rex Robertus predictus descenderit a dicto rege Karulo Zotto in largitate et liberalitate famosissimo et commendato, de cuius causa auctori querenti, [40] dicta umbra respondendo dicit hic quod virtus planetarum et aliarum stellarum et celorum et eorum motorum, quam vocat circularem naturam imprimentem ut sigillum ceram inferiorem, idest materiam corporalem, nichil aliud est quam ipsa providentia divina. [41] Unde Moises in *Deuteronomio* ait: *Deus corpora celestia in ministerium fecit cunctis gentibus*, unde quicquid a constellationibus procedit ad provisum finem tendit. [42] Aliter dicit dicta umbra quod effectus celi essent ruine et non artes, et hoc esse non potest ubi intelligentie angelice moventes celos essent defective et defectivus primus intellectus, scilicet ipse Deus, non habendo illas perfectas, quod est falsum. [43] Pro totum auctor respondendo dicte umbre, fatens dicit quomodo ex predictis cernit impossibile esse naturam deficere in oportunis, ut ait Phylosophus in iii° *De Anima* dicens quod *Natura generata nichil facit frustra neque deficit in necessariis*. [44] Iterum, ut concludat melius in suo proposito et premisso principio, querit dicta umbra utinam peius esset pro homine si non foret in hoc mundo et in policia etiam civis; [45] et respondet auctor quod, sic cum dicat Phylosophus in i° *Politicorum*: *Civitas facta est gratia bene vivendi*, [46] et Thomas etiam ita scribat in suo *Comento* super libro *Ethycorum*: *Homo indiget ad suam vitam multis que sibi ipse solus preparare non potest. Ideo consequens est quod ipse sit pars cuiusdam multitudinis per quam prestetur sibi auxilium ad bene vivendum. Quo quidem auxilio indiget ad duo, videlicet primo ad ea que sunt vite necessaria, sine quibus vita duci non potest, ad hoc*

---

46. scribat] C scribit V. cuiusdam] ST C cuidam V.

---

41. Cf. *Deut.* IV 19.
43. Cf. THOM., *An. exp.* III ix 14.
45. THOM., *Pol. exp.* I i 17 (ARIST., *Pol.* I 2, 1252b 29–30).
46. Cf. THOM., *Eth. exp.* I i 4.

Super VIII° capitulo Paradisi

auxiliatur 'domestica multitudo' homini cuius ipse pars; alio modo iuvatur homo a multitudine, cuius est pars, ad vite sufficientiam perfectam, scilicet ut non solum vivat, sed bene vivat, habens omnia que sibi sufficiant ad vitam. Sic homini auxiliatur multitudo civilis, cuius ipse est pars, non solum quantum ad corporalia, sed etiam ad moralia, ad que una domus non sufficit; [47] ergo concludendo circa hanc particulam, dicit dicta umbra quod oportet ad vitam civilem esse diversa officia et artes et ingenia collata ab influentiis celorum hic deorsum. [48] Unde Phylosophus in viii° *Ethycorum* ait: *Politicus enim homo et convenire actus natus debet regi ratione et arte,* [49] et Seneca etiam, *De Beneficiis,* ait: *Insita sunt nobis omnium etatum omniumque artium scientia, magisterque ex occulto Deus producit ingenia.* [50] Et sic diverse debent esse et expediunt radices nostre, idest inclinationes ad diversus actus, ex quo nascitur unus pulcer ut Absalon filius David, ut dicit hic textus, alter bellicosus ut Serses rex Persarum, de cuius tali conditione scripsi in *Purgatorio* in capitulo xxviii°, alius nascitur ad sacerdotium inclinatus ut Melchisedec rex Salem (de cuius tali complexione scribit Apostolus, *Ad Hebreos,* vii° capitulo), alter ingeniosus ut Dedalus, cuius filius Ycarus volando periit, ut dicitur hic in textu, de quo casu scripsi in *Inferno* in capitulo xvii°. [51] Item dicit quod propter talem productivam diversitatem nature, ad civile nostrum esse predictum necessariam, ex eodem semine et conceptu et partu Ysaac et Rebecce diversi gemelli nati sunt: Esau videlicet et Iacob. [52] Nam, ut scribit Yeronimus ad Ruffinum, dictus *Esau ispidus fuit tam corpore quam mente, Iacob vero totaliter virtuosus,* dicendo quod *Non in semine, sed in voluntate nascentis causa vitiorum atque virtutum est.* [53] Item Augustinus in v° *De Civitate Dei,* articulo iiii°, de hoc etiam scribit, scilicet quomodo non a constellationibus hoc

---

48. viii°] ST C viiii° L B V.
50. xxviii°] na xxvii° V L C.
51. diversi] divers{e > i} V.
52. ispidus] ST C L insipidus V.

---

48. Cf. THOM., *Eth. exp.* IX ix 10 (ARIST., *Nicom. Eth.* VIII 6, 60a 11–13).
49. SEN., *Benef.* IV vi 6.
50. Cf. *Ep. Hebr.* VII 1.
52. HIERON., *Contra Ioh. Hierosol.* XXII (PL XXIII 373b).
53. Cf. AUG., *Civ. Dei* V 4.

procedit sed a providentia. [54] Item Quirinus, idest Romulus, ita dictus a 'quiris' quod est asta, quam exercuit valde ut probum Mavortius seu martialis homo ex vili patre natus, scilicet ex quodam sacerdote Veste dee, ut dixi latius supra in vi° capitulo, in morte redditus est Marti, idest quod reputatus est in stella Martis et in eius celo deificatus. [55] Unde concludendo dicit dicta umbra quod natura circularis et generata bene facit eius artem in creatione nostra ut faciat de homine hominem, de asino asinum, sed non distinguit unum ab alio hostellum quasi ut magister qui, licet faciat domum, non tamen distinguit eius hostella, idest habitacula domus, sed Dominus domus qui eam formavit antequam fieret, similiter et providentia predicta divina ad bene esse universi creaturas dicte nature distinguit et disponit ad diversa mediante celo ut eius organo et instrumento. [56] Aliter natura, ut dicit textus hic, semper genita faceret similia generantibus, ad quod facit quod ait Thomas in prima secunde dicens: *Naturaliter pater habet generare filium sibi similem in specie*, hoc est quod homo habet generare hominem et non asinum, sed non habet generare eum sibi similem individuo et accidentalibus differentiis, cum pater gramaticus non habet naturaliter generare filium gramaticum et largus largum et avarus avarum, cum hoc sint accidentia et actus personales procedentes a constellationibus, [57] et ad hoc respexit Phylosophus dicens: *Homo generat hominem et sol*, accipiendo solem pro celo et eius constellationibus; [58] ex quibus auctor habet ante occulos solutionem, dicit dicta umbra, quam prius habebat post tergum et dorsum dicti sui dubii, et quamvis dicta umbra satisfecerit auctori in eo quod petiit ab ea dubitando adhuc ultra promissione, vult ex gratia sibi loqui circa assumptam materiam, qui modus loquendi et describendi dicitur corollarium, ut dicit hic textus in fine, [59] dicendo quomodo natura si formam invenit sibi in habitudine contraria male fructificat sicut semen extra regionem suam, et ideo gens deberet respicere ad hoc et

54. vili] C virili V.

58. corollarium] C canzelarium V.

59. xx°] ST xxv° V L.

---

56. Cf. THOM., *Theol.* I–II q. lxxxi a. 2.
57. ARIST., *Phys.* II 194b 13–14.
59. *Prov.* XX 11.

Super VIII° capitulo Paradisi

videre, ad quod magis puer inclinatur, iuxta Salamonem dicentem in *Parabolis*, capitulo xx°: *Ex studiis suis intelligitur puer, si munda si recta sunt opera eius,* [60] et Phylosophum dicentem in ii° *Ethycorum: Signum generati habitus est delectatio in opere,* ut delectatus fuit dictus rex Robertus in studendo et sermocinando, et sic magis religiosus fructificasse quam in regnum tenendo, ut dicitur hic in fine.

60. rex] C res V.

---

60. Cf. Arist., *Eth.* II ii 04b3–5.

SUPER VIIII° CAPITULO PARADISI

[1] **Da poi che Carlo tuo bella Clemenza**. [2] Continuato hoc viiii° capitulo cum precedenti, auctor apostrophando alloquitur istam Clementiam filiam dicti Karuli Martelli, dicendo quomodo dictus Karolus narravit sibi deceptiones quas ipsa et alii sui filii post eius mortem recepturi erant a dicto rege Roberto eius fratre secundogenito et ab aliis de domo sua, et quomodo dixit auctori quod hec in se retineret et nemini diceret, ex quo auctor excusat se si talia non dicit hic et propalat, non tacendo tamen quod iustus plantus sequetur talem eorum dampnum et vere. [3] Nam, usurpato dicto regno Apulie, et dicta parte comitatus provincie, que dicebant esse dictorum filiorum dicti Karuli primogeniti per dictum regem Robertum, dictus rex Robertus, iam senescens, vidit mori in bello Montis Catini dominum Petrum eius fratrem et Karlottum eius nepotem, et ultimo vidit mori Neapoli dominum Karolum ducem Calabrie, unicum eius filium, relicta ex se quadam Iohanna, eius filia, quam tradidit nuptui domino Andree, nepoti dicti Karuli Martelli ad hoc ut post eius mortem succederet in dicto regno ei usurpato remorsus a conscientia. [4] Et ita, mortuo dicto rege Roberto, et habita dicta eius nepte in uxorem, et apprehenso dicto regno dictus rex Andreas, occisus et precipitatus est in civitate Aversie a neptibus regis Roberti predicti proditorie. [5] Ex quo inde Loysius, rex presens Ungarie, frater dicti regis Andree, invasit Apuliam, et habita ea post multam stragem, ibidem fecit occidi dominum Karolum ducem Durachii nepotem dicti regis Roberti, et ecce dampnum et iustus plantus pronunciatus hic per auctorem quasi prohetice diu antequam hec forent. [6] Inde auctor fingit se ibi videre umbram domine Cunize de domo illorum de Romano castro in Trivisino territorio, et sic inter aquas fontanas horum duorum fluviorum, scilicet Brente et

---

1. *Par.* I 1.

Super VIIII° capitulo Paradisi

Plane, et Rialtum canalem per medium civitatem Venetiarum dividentem, de quibus dicitur hic in textu, et sibi loqui et dicere quomodo de dicta sua domo descendit Azolinus, facella vere marchie Trivisine in comburendo eam et tirampnice subiugando, [7] inducendo etiam dictam umbram dicere quare non est sortita in altiori gradu beatitudinis, scilicet quia victa fuit a lumine, idest a motu huius stelle Veneris, [8] subaudi illa pugna et victoria, de qua tangit iste auctor in *Purgatorio* in capitulo xvi°, ibi dum dicit: **Lo cielo i vostri movimenti initia; / non dico tutti, ma, posto ch'io 'l dica, / lume v'è dato a bene e a malitia, / e libero voler; che, se faticha / ne le prime battaglie col ciel dura / poi vince tutto, se ben si nutrica**, licet maturata etate resipuerit a tali motu, et amorem talem suum ferventem prius diu circa mundana, accensius revolvit in Deum exemplo Madalene, [9] que prius tam venerea fuit in pulcritudine, placibilitate et lascivia, ut testatus fuit Simon Christo de ipsa, et tandem talem suum amorem convertit in ipsum Christum, dicentem inde dicto Simoni: *Quia multum dilexit multa sibi remictuntur peccata*, ac etiam inde dicte Magdalene dicentem *Vade in pace*, ut scribit Lucas in *Evangelio* suo. [10] Inde dicta umbra loquendo in laudem Folcheti de Massilla, olim summi inventoris in rima provinciali ibi in anima existentis, et de eius longa fama, ut dicit textus, summit materiam infamandi illos de marchia Trevisana confinata per hec duo flumina, scilicet Atesim et Tagliamentum, hic in textu nominata, non curantes de fama acquirenda tali. [11] Ex quo dicta umbra prenunciando, dicit primo contra Paduanos dominatores olim civitatis Vincencie tempore quo iste auctor fingit se hoc vidisse et audisse, scilicet anno domini m°ccc, quomodo dominus Canis de la Scala auferret eis dictam civitatem Vincencie tractatu eius civium propter crudam et molestam eorum dominationem, ut dicit hic textus et ita factum est. [12] Unde temporis in processu dictus dominus Canis, obsidens civitatem Paduanam, aquam fluminis Bachilioni et Reronis currens predictam civitatem Vincencie separatam, et extra dictam civitatem coniunctum

---

7. inducendo] ‹cum› inducendo V.
8. initia] C inicia V. a bene e a malitia] C e a malicia V. battaglie] C bataglie V.

---

8. *Purg.* XVI 73–78.
9. *Luc.* VII 37–50.

que tunc ibat directo in dictam civitatem Padue apud terram Longarie et Bascianelum, abstulit dictis Paduanis et direxit eam ad paludes Valbone et locii. [13] Et hoc est quod dicit et tangit hic auctor, scilicet quomodo talis aqua mutabit Paduam in dictas paludes cito etc. [14] Inde prenuntiat etiam mortem domini Rezardi de Camino, occisi proditorie tractatu domini Altinerii de Calzonis de Trivisio, dum dictus dominus Rezardus esset dominator civitatis Tarvisi, in qua civitate currunt hec duo flumina hic in textu nominata, scilicet Sile et Cagnanus separatim et in exitu uniuntur et vocatur talis aqua coniuncta Sile tantum, et hoc est etiam quod dictur hic in textu de societate eorum. [15] Item prenuntiat quomodo presbiter Gorza de domo illorum de Lusia, Feltrini districtus, episcopus olim feltrinus, proditorie cepit Antoniolum et Lancialottum de la Fontana de Ferraria, et captos misit eos ad dominum Pinum tunc rectorem civitatis Ferrarie pro ecclesia tanquam rebelles eius, ubi decapitati fuerunt, et cum eis etiam prior Sancti Lazari dicte terre et certi alii, tangendo de mala carcere clericorum Rome propter papam dampnatorum ad perpetuum carcerem. [16] Et talia dicit dicta umbra quod ipsa et alii ibi beati prenoscunt in speculis celestibus que 'tronos' vocamus, scilicet illos angelos in quibus iudicia Dei preconcipiuntur ad quod et ad id quod auctor tangit in hoc capitulo et alibi in hoc *Paradiso*, dum fingit hos et alios beatos spiritus per reflexionem divini luminis prenoscere et intimare intima cordis eius in sua voluntate et desiderio lingua non expressata. [17] Dicunt theologi quod sancti orationes nostras cognoscunt et quod unusquisque beatus tantum in essentia Dei videt quantum perfectio beatitudinis requirit; hoc autem requiritur ad perfectionem beatitudinis ut homo habeat quicquid velit, nec velit aliquid inordinatum, sed recta voluntate quilibet cognoscere vult que ad eum pertinent, et sic dicti sancti et beati spiritus, cum nulla rectitudo desit eis, hoc volunt. [18] Oportet igitur quod vota hominum in verbo cognoscant, idest in sapientia divina; nam ad eorum gloriam pertinet quod auxilium egentibus prebeant ad salutem, et sic Dei cooperatores efficiuntur.

15. eius] C eis V.

17. orationes nostras] C omnes nostros V. videt] C audet V. que ad eum pertinet] C q(uid) ad eu(m) pertine(n)t V.

Super VIIII° capitulo Paradisi

[19] Et reddeundo ad dictam umbram Folcheti cum qua incipiendo loqui nunc auctor dicit quomodo eius vox iocundat celum cum cantum illo seraphinorum qui de sex aliis faciebant 'cuculla', idest 'operimentum' subaudi [20] (quando Ysaias vidit eos ita canendo, ut ipse propheta testatur in vi° capitulo sui voluminis dicendo: *Vidi Dominum sedentem super solium excelsum et seraphini stabant super illud, sex ale uni et sex ale alii; duabus velabant faciem eius, et duabus pedes, et clamabant Sanctus, Sanctus, Sanctus Domine Deus exercituum: plena est omnis terra gloria eius*), [21] dicuntur enim significare dicte sex ale fabricam mundi factam in sex diebus, cooperitura eorum in faciem et pedibus Dei preterita ante dictam fabricam, et futura que videre et scire non possumus, sed media tantum eorum cantus misterium trinitatis in divinitate ostendit in sic canendo: Sanctus, Sanctus, Sanctus, inducendo auctor dictam umbram Folcheti ad dicendum sibi quomodo fuit oriundus Massilie civitatis Provincie site in litore sinistro maris Leonis inter Ebrum flumen Yspanum et Macram flumen dirrimens Tusciam a territorio Ianuensi per breve cursum, nam fere per xxv miliaria currit, in cuius portum Massilie eius populus iam pro Brutum cum gente Cesaris bellando victus fuit et positus in magna strage, ut scribit Lucanus in fine iii[i]. [22] Et hoc est quod tangit hic auctor de eo calefacto iam cruore, item quomodo dicta civitas Massilie se respicit ad unum ortum et occasum solis cum Bugea civitate Africe lineariter, ut dicitur hic. [23] Inde, describendo dictum mare Leonis, dicit hic auctor in persona dicte umbre quomodo maius mare est quod sit in mundo foris, idest preter mare Occeanum, cingens circulariter totam terram detectam a mari, quod Greci vocant 'Ydeum', eo quod in modum circuli ambit mundum, ut scribit Ysidorus. [24] Et ecce cur dicat hic textus quod ingrilandat terram et quod procedit idem mare Leonis a dicto mari Occeano versus solem, idest de Occidente versus Orientem inter discordantia litora. [25] In hoc sic ait Papias hoc *Mare magnum, fluens ab Occeano in meridiem vergit deinde in septentrionem, et vocat eum 'magnum' comparative ad alia maria particularia omnia minora eo.*

24. discordantia] C discordantiam V.

20. *Is.* VI 1–3.
21. Cf. Lucan., *Phars.* III 571–72.
23. Isid., *Etym.* XIII xv 1.
25. Pap., *Sign.* s.v. 'mare'.

Comentum Petri Alagherii

Item vocant eum Mediterraneum, quia per mediam terram habitabilem vadit, disterminans Affricam ab Europa et Asiam mediam partem mundi a dictis duabus partibus alterius medietatis in parte. [26] Nam Europam ab Asia dirrimit etiam flumen Tanai et Meotides palus, et hoc est quod dicit dicta umbra quod in tantum procedit quod ibi in suo principio aput Sibiliam et Settam facit orizontem, in fine facit meridianum, hoc est quod extenditur usque ad medium terre. [27] De quo orizonte et meridiano videatur quod scripsi in capitulo ii° *Purgatorii*, et quod etiam de hoc mari in capitulo xxvi° *Inferni*. [28] Inde auctor inducit dictam umbram dicere quomodo in iuventute sua, in hoc mundo vivendo, extuavit in tali amore carnali in tantum quod neque Dido, filia Beli regis, plus non iam exarsit in Eneam dum iniuriata quasi est ab ea in hoc, Creusa uxor olim dicti Enee iam mortua et Sicheus vir ipsius Didonis etiam tunc iam mortuus, neque Rodopea Filis, filia Ligurgi regis Tracie, que delusa a Demofonte, filio Tesei ducis Athenarum, remeante ab exercitu Troie, hospitante cum ea et iacente, facta sibi prius promissione de ducendum ipsam in uxorem, et recusante id postea facere, laqueo se suspendit, neque Alcides, idest Hercules, ita cognominatus ab Alce eius avo, dum amavit Iolem, ut scribam in capitulo xii° inferius ubi vide; sed dum ipse Folchetus cepit canescere dicit quomodo desistit a tali amore et in Deum illum posuit, ut eius dicta umbra dicit hic sequendo Salamonem dicentem *Sapientie* iiii° capitulo: *Canities hominum prudentia est*, idest esse debet in dimittendo carnalia et sequendo spiritualia, [29] unde Gregorius ad Ianuarium episcopum, in vitio carnis involutum, scribens ait: *Canis tuis parcimus; ortamur: tamen aliquando resipiscere miser senex, atque a tanta levitate morum operum perversitatem compescere, et quanto morti vicinior efficiaris, tanto sollicitior et timidior esse debes.* [30] Nam, ut ait Ovidius: *Non bene conveniunt nec in una sede morantur /*

27. scripsi] scribam V.

28. promissione] et promictente L B provisione V.

29. resipiscere] resipisce ST respicere V. senex] L B senes V. a tanta] ST ta(m) V.

---

28. Cf. *Sap.* IV 8.
29. Greg., *Reg. Ep.* IX i 1.
30. Ov., *Met.* II 846–47.

Super VIIII° capitulo Paradisi

maiestas et amor; [31] nam de sene non corrigente se in talibus credo sentire Ysaiam, lxv° capitulo, dicentem: *Maledictus puer centum annorum*, et sic si canities, ut dictum est, facit hominem prudentem, facit etiam eum per consequens dominatorem huius stelle et aliarum influentie, [32] iuxta illud Ptolomei: *Sapiens dominabitur astris*. [33] Et ecce quod tangit hic auctor inducendo dictam umbram dicere quomodo dicti venerei beati non memores alicuius eorum culpe et peccati carnis in celo sunt letitiantes de valore ordinato et proviso a Deo, idest de virtute talis planete faciente in processu temporis et moventis hominem prudentem ad removendum suum amorem carnalem ab isto mundo inferiore et ad superiorem spiritualem mundum celestem porrigere, et ecce mutatio duplicis mundi de qua hic dicitur. [34] Item letitiant videndo ibi artem divinam ornatem tantum effectum, idest effectivam operationem dicti tertii celi ad bonum, idest ad meritum beatitudinis decretum, idest commensuratum secundum maiorem et minorem virtutem vite militaris in hoc mundo. [35] Ultimo dicit dicta umbra quomodo spiritus Raab sic ibi apparens coniunctus est ordini idest beatitudini eorum beatorum venereorum in summo gradu, idest in celo Impireo, et quomodo eius anima plus de triumpho Christi assumpta fuit in celum de Limbo virtute dicti tertii planete usque ad cuius celum et speram appuntatur, idest ascendit piramidaliter, umbra idest nox quam facit globus terre et aque huius nostri mundi, ut dicitur hic in textu. [36] Que Raab meretrix existens in dicto carnali amore etiam revolvit eum in processu temporis in Deum, ut supra dictum est, in tantum quod, dum Iosue vicarius Moysi et substitutus obsideret civitatem Ierico, unde erat ipsa Raab cum populo Dei, misit secreto duos exploratores suos in dictam civitatem ad domum huius Raab; [37] quo scito, rex Ierico misit precipiendo dicte Raab quod statim sibi illos presentaret, at illa eos abscondit, negans ipsos se habere, et in nocte cum quadam fune ex fenestra sue domus herentis muro dicte civitatis misit extra et liberavit dictos exploratores, per quorum exploratum Iosue predictus obtinuit dictam urbem, et sic una et altera palma manuali hoc egit, ut dicit hic textus, [38] et latius

---

31. lxv°] ST xlv° V.

---

31. *Is.* LXV 20.
32. Cf. THOM., *Theol.* I–II q. ix a. 5.
36–38. *Ios.* II 1–24.

de hoc scribit Iosue, capitulo ii°, tangendo incidenter hic infine dicta umbra quomodo Bonifatius papa octavus, qui sedebat in papatu in m°ccc anno Domini (quo anno ut iam dixi supra iste auctor se fingit hec vidisse), intentus erat magis ad faciendum componi *Sextum Librum Decretalium* quam ad recuperandum sanctam terram Ierosolimana, et hoc aviditate et desiderio floris lilii sculpti in moneta aurea civitatis Florentie, que ratione superbie et invidie eius civium potest quasi dici planta et germine Luciferi prime creature superbe et invide mundi, [39] subdendo quomodo Vaticanus, locus sepulcrorum olim sanctorum pastorum, et alia eorum cimiteria Rome de proximo libera erunt, idest Ecclesia Romana (accipiendo hic partem pro toto ut utatur figura sinedoce), ab adulterio, idest a papatu adulterino dicti Bonifatii et ita fuit. [40] Nam, inde ad paucum tempus, quasi violenta morte et quasi desperato dolore Rome migravit, ut scripsi supra in *Inferno* capitulo xviiii°, ubi iste auctor vocat simoniacos adulteros Ecclesie sponse Christi et alios usurpantes eam, ut fecit iste Bonifatius de papatu ecclesie per eum habito fraude et deceptione, de qua scripsi in *Inferno* in capitulo iii°, [41] de quo etiam Bonifatio inducet iste auctor infra in capitulo xxvii° sanctum Petrum dicere: **Quello che usurpa in terra il loco mio, / il loco mio, il loco mio che vacha / nella presenza del figliuol di Dio, / fatto ha del cimiterio mio cloaca** etc. [42] Nam, sicut in Iure diffinitur adulterium: *Adulterium est et dicitur ad alterius thorum accessus* ita accessus ad papatum Ecclesie, sponse Christi, dicti Bonifatii, vivente Celestino papa decepto ab eo, abusive potuit dici quasi 'adulterium': nam et pecuniam fallaciam in se habentem, seu monetam, Lex vocat etiam adulterinam, et ita puto sensisse hic auctorem metaphorice loqui volendo.

    41. figliuol di] C fiol de V. cimiteri] C cimitterio V.

    42. adulterium] adulterum V.

---

41. *Par.* XXVII 22–25.
42. *Decr. Grat.* II C. XXXVI q. i c. ii 3.

SUPER X° CAPITULO PARADISI

[1] **Guardando nel suo figlio coll'amore**. [2] In hoc x° capitulo usque ad xiiii^m infra proximum sequens et illum eius versiculum **Quindi represer gli occhi miei virtute**, auctor tractaturus de celo et spera solis et de animabus beatificatis sub eius impressione et influentia, [3] exordiendo facit presens tale preambulum, scilicet quod Deus Pater in Filium cum amore Spiritus Sancti procedente ab utroque ita ordinabiliter celum et alium mundum fecit: [4] quod non sine ipsius Dei degustatione transit animus talia intuendo ulterius, enim primo hic ostendere vult in priore dicto suo quomodo Trinitas divinarum personarum coeterna et sempiterna fuit semper in ipsa unica substantia divinitatis ac etiam creavit omnia, [5] iuxta Iohannem dicentem: *In principium erat Verbum et Verbum erat aput Deum et Deus erat verbum; hoc erat in principio aput Deum, omnia per ipsum facta sunt* etc. [6] Et sic potentia divina, que in dicta Trinitate attribuitur Patri, respiciens in sapientiam increatam, que filio ascribitur, hoc egit. [7] Ad quod respiciens Psalmista inquit: *Omnia in sapientia fecisti*, [8] et alibi: *Incerta et occulta sapientie tue manifestasti mihi*, [9] et Salamon, *Proverbiorum* capitulo iii°: *Dominus sapientia fundavit terram*, [10] et

1. figlio] C figlo V. coll'amore] C co lamore V.
2. occhi] C ochi V.
4. ostendere vult] ostendere V.

---

1. *Par.* X 1.
2. *Par.* XIV 82.
5. *Ioh.* I 1–3.
7. *Ps.* CIII 24.
8. *Ps.* L 8.
9. *Prov.* III 19.
10. THOM., *Theol.* I q. xlv a. 6.

Comentum Petri Alagherii

Thomas in prima parte ad idem ait: *Deus Pater operatus est creaturam per suum Verbum, quod est Filius, et per suum Amorem, qui est Spiritus Sanctus,* [11] necnon forte et Plato in suo *Timeo* dicens: *Quibus in istum modum digestis omnibus cui proposito rerum creator maneret intelligentes iussionem Patris Filii iuxta informationem immortali sumpto initio mortalis animantis ex mundi materiis igne terra aqua et spiritus sanctus genus elementarium quod rederent cum opus foret* etc. [12] Ad secundum premissum facit quod ait Salamon, *Sapientie* xi° capitulo, dicens: *Omnia pondere, numero et mensura posuisti Domine,* [13] et Augustinus in libro *De Utilitate Credendi* inquiens: *Non frustra intueri oportet pulcritudinem celi, ordinem siderum, in quorum consideratione Deus cognoscitur,* [14] et in xi° *De Civitate Dei*, etiam in hoc dicens: *Exceptis propheticis vocibus, mundus ipse sua mobilitate et mutabilitate et pulcritudine quoddammodo tacite et factum se esse, et non nisi a Deo ineffabiliter se fieri potuisse proclamat.* [15] Item idem Plato in dicto *Timeo* suo libro ita scribens: *Certe dubium non est ad cuius modi exemplum animadverterit operis mundani fundamentum constituens utrum admirabilem perpetuamque optinens proprietatem an ad factum et laboratum. Nam si est ut est incomparabili pulcritudine mundus, opifex et fabricator eius optimus. Si vero quod neque cogitari aut mente fas est concipi aut ad elaboratum, cum sit rationis alienum liquet opificem Deum venerabilis exempli normam in constituendo mundo secutum,* [16] subdens *Quare fit ut comprehendant se invicem et a se rursus comprehendantur hec stelle ceterosque siderum ortus et progressiones divine rationis ductus digessit in ordinem cuius exornationis causam exemplificare, si quis velit plus erit opere ipso quod operis gratia summit?* [17] Et hinc est quod auctor hic inferius movet lectorem ut remaneat super banco suo, idest super terminis suis humanis non capacibus talia penitus intueri, iterum monendo auctor lectorem ut contemplet et intueatur artem, idest ordinem celestem mirabiliter institutum a Deo precipue ubi motus noni celi cum motu planetarum percutitur, idest in oppositum, et sibi congreditur cum motis dicti celi de Oriente in Occidentem sit et motus

14. se esse] ST se V.

11. CHALCID., *Tim. Plat.* 42e.
12. *Sap.* XI 21.
13. AUG., *De Vera Rel.* XXIX 52.
14. AUG., *Civ. Dei* XI 4.
15–16. CHALCID., *Tim. Plat.* 28c–29a.

planetarum fiat e converso, [18] quod est proprie et directe cum sol est sub equinoctiali circulo in principio Arietis et Libre, ut ait Phylosophus in ii° *Methaphysice*, [19] et Macrobius secundum textum Ciceronis in persona avi Scipionis in So[m]pnio sic sibi in celo loquentis ait: *Novem tibi orbibus vel potius globis connexa sunt omnia, quorum summior est dictum celum nonum omnes reliquos complectens, in quo sunt infixi sempiterni cursus stellarum, cui celo subiecti sunt septem planete qui versantur retro contrario motu a dicto celo.* [20] Unde et Alfagranus ait: *Orbes planetarum sunt sub spera celi se mutuo intersecantes lustrantium Zodiacum circulum in summo celo existente.* [21] Item dicit adhuc auctor quod ipse lector respiciat quomodo a dicto circulo equinoctiali existente per medium nostri emisperii de Oriente in Occidentem, linealiter et equaliter distante a polis mundi, dictus circulus Zodiaci, qui et signifer dicitur ex eo quod sub duodecim signis celi defert septem planetas oblique, separatur per xxiiii gradus usque ad Tropicum Cancri ubi habetur solstitium estivum. [22] Et sic bene sequitur cum a dicto principio Arietis et equinoctii veris quilibet dies plus gradatim crescat usque ad Tropicum et solstitium Cancri, quod sol omni tali die citius appareat nobis, idest oriatur, et omni hora, quod tangit hic infra auctor dicendo quomodo tunc sol volvebatur per speras, idest per suas revolutiones anni, in quibus omni hora sol citius nobis oritur, quod in nulla alia parte anni contingit. [23] Item dicit quod nisi dictus Zodiacus oblique rotaret, vel si plus vel minus elongaret se a directo, idest a dicto circulo recto equinoctiali, generatio et corruptio hic deficietur in terra, et in celis ordo infusionis. [24] Inde auctor, tangendo de preexcellentia huius quarti planete solis, vocat eum hic primo maiorem ministrum nature imprimentem mundum de valore celi et virtute, cum per eius lucem omnes alie stelle illuminate operientur de suis celis et speris deorsum. [25] Unde Phylosophus in libro *De Natura Elementorum* ait: *Sol maior est et lumen habet tantum a se ipso, et alie stelle ab eo.* [26] Et Macrobius super *Somnio Scipionis* inquit in hoc:

23. elongaret] logaret V.

24. nature] naute V. operientur] C operentur V.

26. luminum] ST C hominum V.

---

18. Cf. ARIST., *Meteor.* II 5–6 (363a–364b).
19. MACR., *Comm. Somn. Scip.* I xvii 2.
20. ALFR., *Aggr. Stell.* V.
26. Cf. MACR., *Comm. Somn. Scip.* I xx 3–8.

Etiam subtus mediam fere regionem sol optime dux et princeps et moderator luminum reliquorum mens mundi et temperatio tanta magnitudine ut cuncta sue luce lustret et compleat. [27] Et ex hoc dicit Albumasar quod *Sol est in medio aliorum planetarum ut rex*; [28] item etiam auctor *Spere* inquit: *Omnes virtutes naturales operaciones suas agunt per calorem solis*, [29] ideo ipse debuit poni in medio planetarum tanquam fons et origo luminis omnibus, sicut cor positum est in medio animalis, ut omnibus partibus influat sensum et motum. [30] Ad id autem quod dicit quod tempus ipse sol mensurat ait Lucanus: *Mundi lege data. Sol tempora dividit evi, / mutat nocte diem radiisque potentibus astra / ire vetat* etc. [31] Hiis exordialiter expositis, ad hec que sequuntur hic prenotandum est quod, licet, prout scribit Yeronimus in suo *Prologo Bibie*, metaphorice loquendo, *Anime illorum qui in hoc mundo ad eruditionem et illuminationem aliorum in diversis scientiis propter eorum claritatem fame perhemnem libros ediderunt, alie stellis alie celo comparantur, quanquam secundum hebraicam veritatem, utrumque de eruditis possit intelligi, qui fulgebunt quasi splendor firmamenti*; et in Daniele, capitulo xii°, dicitur: *Qui ad iustitiam eruduint multos, fulgebunt sicut stelle in perpetuas ecternitates*, tamen agiografi, idest sancti scriptores in superna theologia, sacra scientia, in lumine intellectuali excedentes alios possunt dici quasi soles et vocari sicut vocat eos hic auctor tam ab influentia solis eorum quam etiam ratione maioritatis scientie. [32] Unde Thomas in prima parte in hoc ait: *Theologia procedit ex principiis notis lumine superioris scientie sicut alie scientie procedunt a lumine naturalis intellectus: nam Deus subiectum est Theologie*, ergo nobilius; [33] unde Phylosophus in primo *Methaphysice* ait: *Illa scientia nobilior est que a nobiliori subiecto procedit*. [34] Et ex hoc Macrobius, super *Somnio Scipionis*, dicendo quod forte in hoc celo vidit ipse Scipio, ponit Ciceronem ita scripsisse ibi: *Docti homines in cantibus ei apparuerunt qui pres-*

31. celo] ce V. comparantur] C ceperantur V.

32. notis] L ST noctis V.

---

28. IOH. SACROB., *Sphaer.* (ed. Thorndike, 94).
30. LUCAN., *Phars.* X 201–3.
31. HIER., *Ep.* LIII 3 and *Dan.* XII 3.
32. THOM., *Theol.* I q. i aa. 2, 7.
33. Cf. ARIST., *Metaph.* I 2 (983a 4–6).
34. Cf. MACR., *Comm. Somn. Scip.* I xx 12–13.

Super X° capitulo Paradisi

tantibus ingeniis in vita humana divina studia coluerunt, ut fecerunt infrascripti nominati quos auctor fingit etiam sibi apparuisse in hoc celo solis canentes in correis ita lucidos et luminosos, ut eorum splendor superaret lumen solis. [35] Et ex hoc dicit hic auctor quod cum toto eius ingenio et arte non posset referre quantum erat lucens id quod erat in ipso planeta solis a se ipso et suo proprio lumine apparenter et non colorate, scilicet cursus et consortium dictarum animarum beatarum sub influentia ipsius planete solis, ita quod ymaginari posset. [36] Ideo subdit quod credatur sine demonstratione simpliciter et cupiatur videri per legentes hic eum, adducendo etiam talem conclusivam rationem arguendo sic: *Nunquam fuit occulus qui iret supra solem*, [37] hoc est et dicere vult alludens in hoc *Anticlaudiano* dicenti: *Sol occulus mundi, fons vite cereus orbis: / quod sensualiter nullus oculus et visus humanus / in hoc mundo vidit et videre potuit unquam / maius lumen quam sit lumen solis primo in luce.* [38] Unde in principio *Genesis* dicitur, scilicet in capitulo i°: *Fecit Deus duo luminaria magna in firmamento celi: luminare maius,* scilicet solem, *et luminare minus,* scilicet lunam, item in corpore et quantitate, unde dicitur quod terra est septies maior luna, sol autem octies maior terra. [39] Item non est mirum, subdit auctor hic, si phantasie nostre sunt basse, idest non valent ascendere ymaginative ad tantam altitudinem luminis que transcendat lumen solis, cum nunquam fantasia procedat sine preambulo aliquo nostri sensus visivi, [40] unde Phylosophus in iii° *De Anima* ait: *Fantasia est motus a sensu factus secundum actum,* nam ita se habet intellectus ad fantasmata sicut visus ad colores, at visus non potest videre sine coloribus, ergo nec intellectus sine fantasmatibus intuere. [41] Ex quibus etiam transumptive et methaphysice auctor merito concludit quod dicti summi theologi non solum ab infusione huius planete illustrati, sed etiam a gratia Dei, qui subiectum est theologie ut supra tactum est, et qui est solis factor et sic maior in lumine etiam ipso mediante, lucidiores sint dicto planeta solis, fingendo ibi in forma crucis duodecim

---

39. Item] idest V.

41. crucis] corce V.

---

36. Cf. *Par.* X 48.
37. ALAN., *Anticl.* II iii 26.
38. *Gen.* I 14, 16.
39. Cf. *Par.* X 46–47.
40. Cf. ARIST., *An.* III 3 (428b 12–14).

Comentum Petri Alagherii

de dictis beatis illustribus theologis ita festantes sibi apparere et ipsum cingere sicut cingit lunam (que poetice dicitur filia Latone), illa vaporositas aeris — [42] quam Phylosophus in sua *Methaura* vocat 'alo' — scilicet umbram beati Thome de Aquino et fratris Alberti, olim fratrum Sancti Dominici, in quo bene inpinguatur quisquis eius frater scientia theologica et santitate, si non dederit se vanitati aliarum scientiarum ut dicit hic textus. [43] Item umbra Gratiani, olim monaci Classensis monasterii Ravennatis diocesis, olim episcopi Clusini, compositoris libri *Decreti* continentis inter suos canones quamplures civiles leges; [44] et hoc tangit hic textus dum dicit quod iuvavit utrumque forum, ecclesiasticum scilicet et civilem. [45] Item umbram Magistri Petri Lumbardi, compositoris libri *Sententiarum*, quem librum obtulit Ecclesie cum paupercula illa que in gazofilacio offerendo posuit solum duo minuta, de qua Christus loquendo ait, *Marci* xii° capitulo: *Hec plus misit; nam alii de eo quod habundabat miserunt, hec de penuria sua omnia que habebat misit*, ut tangit hic textus, que verba pro exordio dicti sui libri dictus Magister posuit in principio. [46] Item umbra Salamonis, de quo dicit textus hic, quod totus mundus cupit scire utrum sit salvatus vel dampnatus. [47] Nam legitur in iii° *Regum* sic: *Cum esset senex Salamon, depravatum est cor eius per mulieres* alienigenas, ita quod templum Homolos et Sciloc ydolis earum fecit, [48] unde in quodam *Decreto* ait Gregorius: *Salamon quippe immoderato usu mulierum et assiduitate perductus est ut templum ydolis fabricaret, et qui prius Deo templum construxerat libidine et perfidia stratus, ydola adorare non timuit;* [49] unde dicitur: *Si Loth Sansonem, si David si Salamonem / femina decepit, quis modo tutus erit?*; [50] tamen Yeronimus, scribens super *Ezechielem*, ait: *Quamvis Salamon ita peccaverit, penitentiam egit, ut patet in suis Proverbiis, ubi dicit ipse Salamon: "Novissime egi penitentiam"*, [51] de qua Augustinus in fine sui

---

45. illa] illa ‹illa› V.

51. tractum] tract{atum > um} V. a regno] a regno ‹a regno› V.

---

42. Cf. Arist., *Meteor.* III 2 (371b 23–27).
45. *Marc.* XII 43–44.
47. *I Reg.* XI 4.
48. *Decr. Grat.* II C. XXXII q. iv c. 13.
49. Anselm., *Cont. Mund.* 395–96 (PL CLVIII 697a).
50. Hier., *Hiez. comm.* XIII xliii 10.
51. Cf. Beda, *Prov. Alleg.* (PL XCI 1066a–b).

Super X° capitulo Paradisi

Speculi ita scribit: *Hebrei libri Salamonem quinquies tractum per plateam Yerusalem et cessum virgis publice et se ipsum causa penitentie a regno deposuisse tradunt*, [52] et ex hoc Ambrosius in Apologia David ipsum sanctum Salamonem vocat, quod pium est credere, [53] licet Innocentius papa quartus scribat super *Decretali: Ne imiteris extra de constitutionibus ita, si inter sanctos diverse opiniones sint, ut de corpore beate Marie assumpto vel de Salamone dampnato, licitum est cuique quod vult dicere secus, si nulla diversitas sit inter eos sanctos*. [54] Item umbra beati Dionisii Ariopagite qui discipulus fuit beati Pauli et martirizatus sub Domitiano et qui profundius de gerarchiis angelorum scripsit. [55] Item umbra beati Ambrosii qui post Ilarium Ymnos composuit, et qui, semel Mediolani predicans in die pascalis de corpore Christi glorificato, convertit ad fidem beatum Augustinum putantem ante corpus Christi fantasmata fuisse ut Maniceus hereticus, unde fertur quod tunc ambo fecerunt et cecinerunt alternatim illum Psalmum *Te Deum laudamus*; et hoc est quod tangitur hic dum dicitur quomodo ipse Augustinus providit sibi de latino, idest de predicatione ipsius Ambrosii; et item et quomodo fuit iam maximus advocatus in urbe, et quia inter quattuor doctores Ecclesie remissius et minus scripsit quam Augustinus, Gregorius et Yeronimus vocatur hic 'parva lux'. [56] Item umbram Boetii, que in catalogo sanctorum Sanctus Severinus vocatur, qui, ut dicitur hic, exul martirizatus est in civitate Papie; [57] nam, regnante Theodorico rege Gotorum in Ytalia, Ariane heresis maculato, Trigilla et Ciprianus, curiales dicti regis, accusaverunt ipsum Boetium et Albinum, romanos egregios ei, ita quod exules facti sunt et relegati in Papia ubi temporis in processu applicans ibi dictus rex eos ambos fecit decapitari, cuius corpus dicti Boetii iacet sepultum in abbatia Sancti Petri Celi Auri in Papia civitate predicta ut tangitur hic, et etiam quomodo bene intelligendo eius librum *Consolationis* demonstrat quomodo fallax est iste mundus in sua fortuna. [58] Item umbram Ysidori, olim episcopi yspalensis, Bede et Richardi de sancto Victore. [59] Item umbram Sigerii, olim legentis Parisiis in vico Straminum ubi sunt scole phylosophantium sillogizavit invidiosas veritates phylo-

---

59. sillogizavit] L B *om.* V.

---

52. AMBR., *David apol.* III 13.

sophicas. [60] Inde ultimo facit comparationem de oriolis in matutinis excitantibus monialem secrestanam sponsam Christi ad excitandum alias ad canendum sibi matutinum, [61] alludendo auctor Ovidio hic in eo quod scribit: *Nocte sonat Redope tinnitibus eris acuti.*

---

61. Ov., *Met.* VI 589.

SUPER XI° CAPITULO PARADISI

[1] **O insensata cura de' mortali**. [2] Coniuncta materia huius xi° capituli cum proxima precedente, auctor primo exordialiter invehit contra nos mortales et nostram curam insensatam, idest cecatam a defectivis sillogismis in forma et in materia, idest ab argumentis concludentibus nobis falsis demonstrationibus felicitatem esse in infimis bonis temporalibus, per quod superiora eterna bona non suspicimus contemplando ut contemplabatur auctor hic. [3] Et, ut Psalmista dum dixit: *A fructu frumenti et vini et olei sui multiplicati sunt*, subdens de se: *In pace et in id ipsum dormio et requiesco*, contemplative subaudi. [4] *Quasi dicat*, dicit *Glosa* ibi, *alii multitudinem temporalium querunt, sed mihi adherere Deo bonum est*, [5] unde Apostolus eadem reprehensione nos monet, *Ad Galathas* iii° capitulo, dicens: *O insensati Galate, quis vos fascinavit veritati non obedire?*, idest Deo, cui, [6] ut idem Apostolus ait *Timoteum*, capitulo ii°, volens *militare*, idest contemplative adherere, *non implicat se negotiis secularibus* eorum labores sequendo, [7] ut faciunt iudices sequendo sua iura, ut dicit hic auctor, et medici sequendo amphorismos, idest regulas phisicas Ypocratis, item et sequentes sacerdotium propter beneficia et bona temporalia, ac regentes per vim et sophismata, idest per fallacias et caliditates falsa pro veris concludentes et alie qualitates hominum hic nominate. [8] Inde inducit auctor iterum sibi loqui dictam umbram beati Thome dicendo quomodo in ecterna divina luce videbat unde cogitaminis ipsius auctoris causa erat, idest unde causabatur, scilicet

---

1. *Par.* XI 1.
3. *Ps.* IV 8–9.
4. *Glossa Ps.* IV 9.
5. *Ep. Gal.* III 1.
6. *II Ep. Tim.* II 4.

primo ut audiret ab ea explicari quid ipsa dicere voluit supra, [9] dum dixit: **U' ben s'impingua se non si vaneggia**, [10] et dum dixit de Salamone **Che [...] / a veder tanto non surse 'l secondo**. [11] Et ad primum eius talle dictum premissum veniendo, dicit quomodo Providentia divina gubernans mundum cum illo eius conscilio in quo omnis creatus intellectivus aspectus tam angelicus quam humanus vinctus est et deficit antequam vadat ad eius fundum, idest ad eius intimam cognitionem — [12] unde Apostolus, *Ad Romanos*, capitulo xi°, in hoc ait: *O altitudo divitiarum sapientie et scientie Dei, quam incomprensibilia sunt iuditia eius et investigabiles vie eius; quis enim cognoscit sensum Domini aut quis consiliarius eius fuit?*. [13] item et Thomas, in prima parte, questione xiia, ait: *Intellectus creatus videndo divinam essentiam non videt in ipsam omnia que Deus facit vel facere potest nec angeli* — [14] etiam ad hoc ut Ecclesia, scilicet universitas fidelium desponsata Christo, ad altos cridatus Iudeorum in passione sua clamantium: *Crucifige, crucifige!*, [15] iret rectius versus eis dilectum Christum, scilicet filium eius, obliquata tunc a multis hereticis, disposuit quasi uno tempore nasci in mundo duos pugiles dicte Ecclesie, videlicet beatum Francischum, totum seraphicum in ardore karitatis, et beatum Dominicum totum cherubicum, idest plenum scientia. [16] Qui duo, tempore Innocentii tertii, ceperunt facere duos ordines solempnes fratrum, scilicet predicatorum et minorum. [17] Nam dictus beatus Dominicus cepit facere dictum suum ordinem predicatorum in Tolosanis partibus, ubi contra hereticos verbo et exemplo predicabat anno domini m°cciiii°. [18] Alium ordinem minorum cepit facere dictus beatus Franciscus apud Assisium in Ecclesia Sancte Marie de Portiuncula anno domini m°ccxi°. [19] Et prosequendo circa vitam et facta dicti sancti Francisci, dicit dicta umbra quomodo ortus est in dicta civitate Assisii, quasi ut sol oritur

9. vaneggia] C uanegia V.
18. Portiuncola] C provuncola V.
19. Assisii] assii V.

9. *Par.* X 96.
10. *Par.* X 113–14.
12. *Ep. Rom.* XI 33–34.
13. THOM., *Theol.* I q. xii a. 8.
14. *Luc.* XXIII 21; *Ioh.* XIX 6.

Super XI° capitulo Paradisi

quandoque, idest in equinoctiali tempore, super Gange flumine orientali, posita in ducato Spoletano in dextera costa fertili illius montis qui protrahitur ab aqua cadente de colle Beati Ubaldi, et currente per medium cuiusdam torrentis per civitatem Eugubii positam etiam in dicta costa sub dicto colle, scilicet Ubaldi, olim eius Episcopi, usque ad flumen Tupini versus marchiam Anchone, in tantum etiam ambiendo ille mons quod civitas Perusina, distans a civitate Eugubii pro xx miliaria, se respicit a porta Sancti Angeli cum ea ad tramontanam, et sic ad partem frigidam septemtrionis, et ab illa parte sua ubi est quedam alia eius ianua que vocatur Porta Solis, eam aspicit versus dictam civitatem Assisii distantem ab ea per x miliaria ad orientem, et sic inde habet calidum, et sicut dicta costa dextera frugifera est, ita sinistra e contra est silvestris propter grave iugum dicti montis oppositum directe dicto septemtrioni. [20] In qua costa sunt ille due terre hic nominate, scilicet Noceria et Gualdum, 'plorantes', methaphorice loquendo, idest dolentes, quod ita sunt in sterili et frigido loco, et non in fertili ut est altera costa. [21] Item dicit quomodo dictus beatus Franciscus in sua iuvenili etate recessit a patre suo, Petro Bernardono Mulione quodam, et quodam eius diocesano se exuit, et vestes dedit illi suo patri ut deserviret paupertati spiritus amore Christi; pro qua paupertate ponitur ista domina que ita placet gentibus ut mors, ut dicit hic textus. [22] Et est hic advertendum quod quedam paupertas dicitur mediocris — idest media inter divitias et mendicitatem, in qua voluit esse Diogenes phylosophus, ut scripsi in capitulo iiii° *Inferni*, [23] et Salamon dum petiit a Deo: *Domine, ne dederis mihi divitias nec paupertatem*, idest mendicitatem, [24] cuius mediocris paupertatis est ut habeat homo *Primo quod necesse est sibi ad vivendum, secundo quod satis sit*, ut dicit in ii^a *Epistula* Seneca *Ad Lucilium*, [25] quam etiam comendat, *Ad Timoteum*, Apostolus ita scribendo: *Habentes alimenta et quibus tegamur contenti sumus*, [26] et Thomas in iii° *Contra Gentiles*, dicendo: *Divitie exteriores sunt necessarie ad bonum virtutis, paupertas laudabilis est in quantum hominem liberat ab illis vitiis quibus aliqui propter divitias implicantur*, [27] et Phylosophus in x° *Ethycorum* dicens: *Quare erit felicitas speculativa ad quam opus erit exteriori prosperitate homini non enim sufficiens natura speculari, sed*

---

23. *Prov.* XXX 8.
24. Sen., *Ep. Lucil.* II 6.
25. *I Ep. Tim.* VI 8.
26. Thom., *Gent.* III cxxxiii 1, 3.
27. Cf. Arist., *Eth.* X 10 (78b 31–35).

oportet corpus sanum esse et cibum, et reliqui famulatum adsistere — [28] quedam alia paupertas infima est dicta mendicitas, ita vocata quia facit suos mendicos, idest manu indicando queritare hostiatum, et hanc fugere non reprehensibile, sed laudabile si voluntarie tolleratur, [29] unde beatus Bernardus in *Sermonibus* suis inquit: *Diligenter attende, quod Dominus in Evangelio dicit: "Beati pauperes spiritu"; non enim dixit beati pauperes simpliciter, propter plebeos pauperes necessitate miserabili, non voluntate laudabili*, [30] et sic si evitatur non est reprehensibile, ut dictum est, [31] nam et Psalmista eam videtur voluisse evitare dicendo et ita rogando: *Deus de necessitatibus erue me*, [32] ubi *Glosa* ait: *Necessitates corporales hec habent periculum quod in eis sepe non dignoscitur* [33] quid contra eas vitii vel utilitatis studio agatur. [33] Has necessitates Psalmista cupit evadere, sciens plerumque voluptatis culpas exactione necessitatis prorumpere; [34] sed si voluntarie talis infima paupertas et spiritualiter appetatur, laudabilissimum est, et sic facit hominem pauperem spiritu, scilicet in humilitate, secundum vim rationalem et indifferentia propriarum virium quantum ad vim irascibilem, item in contemptu et parvo amore temporalium rerum secundum vim concupiscibilem. [35] Nam paupertas quantum in se non reputatur virtus, sed amor ipsius paupertatis, ut in isto beato Francisco, cui ut aliis pauperibus spiritu idem Bernardus dicit quod *Sicut martiribus facta est promissio*, cum talis paupertas voluntaria sit genus martirii; [36] de qua hac ultima specie paupertatis Seneca predictus in xvii[a] *Epistula ad Lucilium* inquit: *Si vis vacare animo, ut pauper sis oportet, aut pauperi similis: Non potest studium salutare fieri sine frugalitatis cura; frugalitas autem est voluntaria paupertas spiritu.* [37] Dicit dicta umbra quod a Christo primo eius marito usque ad hunc beatum Francischum a nullo fuit requisita, et miror, visa virtute sua faciente hominum securum, [38] iuxta illud Iuvenalis: *Cantabit vacuus coram latrone viator*, et ut fuit ille pauper iuvenis navita Amiclas contra Cesarem inferentem tunc timorem toti mundo, ut dicitur hic. [39] Nam, scribit Lucanus in v°, quod dum

---

28. mendicos] medicos V.

---

29. BERN., *Serm. de Sanctis* I 8.
31–32. *Ps.* XXIV 17 et *Gl.* rel.
35. BERN., *Serm. Sanct.* I 15.
36. SEN., *Ep. Lucil.* XVII 5.
38. IUV., *Sat.* X 22.
39–40. LUCAN., *Phars.* V 519–23, 526–31.

Super XI° capitulo Paradisi

dictus Cesar obsideret Pompeium in terra Durachii, expectando Anthonium eius nepotem tardantem venire de Brunducio ad eum, de nocte solus ivit ad litus maris Adriatici causa se transfretandi ad ipsum Anthonium, [40] et invenit in dicto litore textam cannis dumunculam huius Amiclatis tunc dormientis in ea: *Quam Cesar bis terque manu quassantia tectum / lumina commovit. Molli consurgit Amiclas, / quem dabat alga, thoro: "quisnam mea naufragus", inquit / "tecta petit? Aut quem nostre fortuna coegit / auxilium sperare case?". Sic fatus ab alto / securus belli; predam civilibus armis / scit non esse casas. O vite tuta facultas / pauperis angustique lares! o munera nondum / intellecta Deum! Quibus hec contingere templis / aut potuit muris nullo trepidante tumultu / Cesarea pulsante manu?* etc. [41] Item non valuit, dicit dicta umbra, gentibus ita abominantibus dictam paupertatem vidisse eam in Christo ita constantem, ut ubi mater eius Maria in terra iuxta crucem vivam remansit, ipsa paupertas simul cum Christo denudato in cruce elevata est et passa et morta cum ipso. [42] Unde beatus Bernardus, ad hoc respiciens inquit: *Quantum revolve vitam salvatoris ab utero virginis usque ad patibulum crucis non inveniens in eo nisi stigmata paupertatis.* [43] Item tangit de primitivis fratribus dicti beati Francisci et quomodo eius ordo primo approbatus est per dictum Innocentium papam quartum, [44] inde etiam per Honorium papam tertium, viso in somnio inspiratione divina dictum beatum Franciscum cum humero Ecclesiam sancti Iohannis Laterani cadentem substinere, et hoc est quod dicitur hic de Sancto Spirito vocandum eum archimandritam ab arcos quod est 'princeps' et mandros quod est 'grex' sive 'mandria', et sic quisque abbas principatum habens in monachos 'archimandritam' dicitur. [45] Ita tangit quomodo ipse beatus Francischus predicavit Christum coram soldano sitiens martirizari. [46] Item quomodo mortuus est in crudo saxo, idest in aspero monte qui dicitur Vernia, qui est prope Casentinum in Diocesi aretina inter flumen Arni et Tiberis et in gremio paupertatis, hoc est quia ibi non fuerunt alie exequie nec bara, idest feretrum ad defferendum eius corpus; in quo etiam monte dicit quomodo stigmata a quinque plagis Christi suscepit ut dicit hic textus. [47] Inde dicta umbra sancti Thome, commendato ita dicto beato Francischo, dicit quod correlative potest intelligi

    42. paupertatis] pauperta[ti]s V.

    44. monachos] moach{e > o}s V.

---

42. Cf. Petr. Comest., *Sermo IX in Purificatione* (PL CXCVIII 1746b–c).

qualis fuit eius collega et sotius ad sustinendum naviculam Petri, idest Ecclesiam, scilicet beatus Dominicus. [48] Item dicit quomodo eius fratres predicatores hodie ut plurimum delirant a dicto suo capite, scilicet ab ipso Dominico et a regula eius, inter alia in ipsa sua regula dictante quod dicti eius fratres predicando non ponat os in celum, idest quod non ita alta predicent ut auditores vacui abeant et scandalum generetur, et etiam dictante quod dicti sui fratres non legant scripta gentilium sed theologica tantum; quod ut plurimum male servant. [49] Contra quos posset dicere dictus Dominicus illa verba Ysaie: *Pastoris vocem oves que mee non erant audire noluerunt.* [50] Tamen dicit dicta umbra et fatetur esse in dicto ordine adhuc fratres sequentes beatum Dominicum et eius regulam et precepta, sed pauci; per que ultimo concludendo circa premissum primum dictum declarandum, dicit dicta umbra quomodo auctor potest videre planctam, idest ipsum beatum Dominicum, unde a quo se schegiat, idest se scindit, quisque eius frater non sequendo ipsum moribus et sanctitate, [51] item potest videre quomodo correctio dicte eius regule argumentatur, quod si dicti fratres eam sequantur, et in theologicis libris alentur et impinguantur, secus si diversis aliis scientiis ut appareant et vanagloriose se confundant, [52] ut ait Innocentius papa predictus exponens in principio sui libri illud verbum Ezechielis *"Venter tuus comedet et viscera tua complebuntur"; Venter,* inquit, *est mens quod coquit et digerit Scripturas, viscera sunt voluntas et desiderium que intimo sapore Scripture satiatur.* [53] Nam multi legunt et vacui recedunt, de quibus Yeremias ait: *Venerunt ad auriendum aquam sed vasa sua vacua reportaverunt.*

---

49. Cf. *Is.* XXVIII 12 and *Ioh.* X 16.
53. *Hier.* XIV 3.

SUPER XII° CAPITULO PARADISI

[1] **Sì tosto come l'ultima parola**. [2] In hoc xii° capitulo, volens auctor glorificare dictum beatum Dominicum et eius ordinem, et reprehendere fratres minores non sequentes vestigia beati Francisci in persona fratris Bonaventure infrascripti eo modo quo supra de ipso beato Francischo fecit et de fratribus predicatoribus in persona sancti Thome, fingit hic modo umbram fratris Bonaventure de Bagnoreto, predicti ordinis sancti Francisci olim cardinalis et licterati viri, cum undecim aliis beatis spiritibus supervenisse ibi et coreizando egisse, ut dicit textus, dicendo quomodo eorum cantus vincebat ita nostras musas et sirenas et nostras artes canendi sicut sol primus splendor a Deo factus vincit splendorem quem in alias stellas cum fuit ita creatus refudit et ingessit. [3] Inde comparative tangit quod ait Phylosophus ita dicens in sua *Methaura*: *Dicamus de iride et parallelis iris*, que poetice dicitur nuntia et ancilla Iunonis, *idest elementi aeris, nunquam fit circulus neque maior semicirculo, et fit ex refractione visus ad solem et in die tantum, licet iris lune in nocte fiat. Item fit duplex et non ultra paralleli; vero sunt duo arcus qui apparent in aere tempore quo iris predicta fit si nubes est tenera*, idest non grossa, *et dicuntur paralleli quia pariter distant, et sunt portiones dicte nubis tenere a latere solis existentis et prope eum ad septentrionem vel ad meridiem, in quibus reflexio solis apparet alba, et fiunt illa de causa qua iris, scilicet et refractione visus ad solem, et fiunt in die tamen non in nocte*, [4] et sic, ut dicit hic textus, sunt concolores, idest unius coloris; et causatur exterior ab interiore ut irides et ut nox et locutio que auditur in muris interdum et in rupibus ex voce hominis loquentis, quam vocem talem et locutionem secundam fingunt poete fore illius

3. comparative] comparativum V.

---

1. *Par.* XII 1.
3. Cf. ARIST., *Meteor.* III 2 (371b 23–372a 34).

nimphe que vocata fuit Ecco, cuius lingua Iuno alteravit eo quod dum Iuppiter iacebat cum certis aliis nimphis, dicta Eco tenebat in verbis tantum dictam Iunonem investigantem dictum Iovem eius virum, qui talle negotium finiebatur. [5] Unde Ovidius in persona dicte Iunonis ait: *"Huius", ait, "lingue, qua sum delusa, potestas / parva tibi dabitur vocisque brevissimus usus"*; [6] que inde ita exarsit in Narcissum pulcerrimum iuvenem illam recusantem et fugientem ut consumpta fit, et mortua et conversa in saxum taliter reloquens. [7] Unde subdit dictus poeta: *Vox manet, ossa ferunt lapidis traxisse figuram; / inde latet silvis nulloque in monte videtur, / omnibus auditur: sonus est qui vivit in illa*, [8] et in *Epistola* Adriane ad Teseum ait: *Interea toto clamanti litore "Teseu": / reddebant nomen concava saxa tuum.* [9] Inde incidenter tangit quod legitur *Genesis* viiii° capitulo, ubi dicitur quod, remoto diluvio, Deus dixit Noe: *Statuam pactum meum vobiscum, nec interficietur omnis caro aquis: arcum meum ponam in nubibus et erit signum federis inter me et terram*, et sic igne finietur mundus. [10] Unde Ovidius in i°: *Esse quoque in fatis reminiscitur affore tempus, / quo mare, quo tellus correpta regia celi / ardeat et mundi moles operosa laboret.* [11] Et Lucanus in vii°: *Hos, Cesar, populos si nunc non usserit ignis / uret cum terris, uret cum gurgite ponti.* [12] Inde fingit auctor intra illum corum et intra consortium dictorum aliorum duodecim beatorum spirituum novorum, idest supervenientium, ibi movere vocem dicti fratris Bonaventure ita ipsum ad se trahentem ut trahit magnes, sive calamita, acum ad stellam tramontanam in pisside navitarum, et incipientem dicere quomodo dictus beatus Dominicus oriundus fuit cuiusdam oppidi quod dicitur Calaroga in fine Yspanie et vicinum litoribus maris Occeani, post cuius undarum fogam, idest post cuius longum tractum, sol non videtur ab aliquibus hominibus huius nostre

---

7. silvis] ST L B filius V.

11. usserit] ST L B iuxerit V.

12. scuti] C sicuti V.

---

5. Ov., *Met.* III 366–67.
7. Ov., *Met.* III 399–401.
8. Ov., *Her.* X 21–22.
9. *Gen.* IX 11, 13.
10. Lact., *De Ira Dei* XXIII (Ov., *Met.* I 256–58).
11. Lucan., *Phars.* VII 812–13.

Super XII° capitulo Paradisi

habitabilis terre interdum, idest in equinotiali tempore; quod oppidum est in regno regis Castelli, cuius signum scuti est ad quarteria: in duobus sunt sunt duo castella, in aliis duobus duo leones, quorum unum subiugat unum de dictis castellis, scilicet superior, et alter inferior subiacet alteri castello superiori, ut dicit hic auctor. [13] In qua parte Europe spirat ventus Zephirus occidentalis inter Circium et Favonium alios occidentales ventos, unde versus sunt: *Subsolanus, Vulturnus et Eurus Eoy, / atque die medio Notus, heret et Affricus Austro; / Circius, Occasum, Zefirus, Favonius afflant, / et veniunt Aquilo, Boreas et Chorus ab Artoo.* [14] Inde tangit quod scribitur in legenda dicti beati Dominici, scilicet quod eius mater, pregnans de eo semel sompniavit se gestare in utero quendam catulum habentem in ore facellam urentem mundum, que Iohanna vocata fuit, quod nomen 'gratia Dei' interpretatur, et pater eius Felix, ut dicit hic textus. [15] Item dicit quomodo illa matrona obstitrix, que tenuit eum in ulnis in cathecismo baptismi respondendo baptizanti eum "abrenuntio", ut moris est, sompniavit dictum Dominicum stellam in fronte habuisse. [16] Item dicit quomodo primus eius amor fuit ad illud primum consilium Christi, quod dedit sic diviti adolescenti, [17] de quo legitur *Mathei* xviiii° capitulo: *Si vis perfectus esse, vade et vende omnia que habes et da pauperibus, et habebis thesaurum in celo, et veni et sequere me.* [18] Qui Dominicus, factus iam adultus, non in mundanas scentiis lucrativis proficiendo ut dominus Henricus olim Cardinalis Hostiensis in Iure fecit, nec ut Magister Tadeus in Fisica, sed in Divinis, in civitate Pallentie parvo tempore studendo, maximus theologus factus est et doctor adeo quod vineam, idest Ecclesiam in quantum pro collectione fidelium tollatur, circuire ausus est cum suis predicationibus quasi ut sepibus tuentibus fidem Christi contra hereticos, que nostra fides, ut dicitur hic, vallata est xxiiiior plantis, idest xxiiii°r libris *Bibie*, de quibus dixi in *Purgatorio* in capitulo xxviii°. [19] Inde, ab Innocentio tertio papa predicto confirmato, eius ordine egit, ut patet hic in textu. [20] Inde dicta umbra percutiendo reprehensive modernos suos fratres minores, ut percussit Thomas su-

---

17. vade et vende omnia] vade [et vende] omnia V.

18. Tadeus] L B C tandem V. Pallentie] L B C Placentie V.

20. plures tunicas nisi unam] plures ‹nisi› tunicas ubi una(m) V.

---

17. *Matt.* XIX 21.

perius suos fratres predicatores, dicit quomodo orbita, idest vestigium rote idest regule dicti beati Francisci a sua circunferentia, idest a rectitudine dicte sue regule, derelicta est, inter alia precipientis et mandantis quod fratres sui ordinis nichil sibi approprient nec domum nec locum, sed tanquam peregrini et advene Deo famulentur vivendo elemosinis cum vilibus vestibus, pedibus nudatis et corda cinti, et quod penitus paupertatem sequantur et a pecunia accipienda per se vel per alium protinus abstineant, sequentes Evangelium domini nostri Iesu Christi cum obedientia et castitate et humilitate, item, ut non habeant plures tunicas nisi unam cum capucio et aliam sine, item, ut non equitent extra causa necessitatis. [21] A cuius regule rectitudine eius Francisci familia, idest universitas suorum fratrum, ut a via recta incepta a primitivis eius fratribus ita se hodie obliquavit, quasi ut per iactum lapidis distet anterior a posteriore, dicit dicta umbra, quasi dicat quod sic alterata est ut esset quedam linea recta ultra semicirculum obliquata, volens includere solum per hec verba quod, licet modicum restet, nondum tamen dicta tota universitas dictorum fratrum ita retrocessit ab observatione dicte regule quin inter eos sint de bonis solitis fratribus ad hunc retro sequentibus, idest in totum servantibus dictam regulam; quod tangitur hic, [22] dum dicit dicta umbra: **Ben dicho chi cercasse a foglio a foglio** etc., [23] et potest reduci ad hec premissa quod ait Bernardus contra claustrales hedificantes magna hedificia ut faciunt etiam dicti fratres dicendo: *Video, quod non sine magno dolore videri debet, quosdam post aggressam Christi militiam rursus secularibus negotiis implicari, rursusque terrenis cupiditatibus immergi et cum magna cura erigere muros et negligere mores.* [24] Et ecce quod dicit hic textus de obliquatione, dicendo quod inter tales premissos fratres bonos et rectos non posset numerari frater Matheus de Aqua Sparta, olim cardinalis, qui scripsit super libro *Sententiarum* tamen elongando se ab intellectu eius, et frater Ubertinus de Casali, qui olim scripsit in suo *Pentiloquio* de potentia pape, tamen prenuntiant quod cito dictus ordo in melius reformabitur, ita quod lolium in eius cultura cessabit et cedet solito frumento et grumma sive grepius rediet in eorum vegete, idest in

21. distet anterior a posteriore] discet anterior a ‹super› posteriore V.

22. cercasse] C cerchase V.

22. *Par.* XII 121.
23. BERN., *Homil. super 'Missus est'* IV 10.

Super XII° capitulo Paradisi

dicto ordine eorum, ubi hodie muffa reperitur; [25] dicendo post hec dicta umbra quomodo ibi secum erant umbre istorum, scilicet Illuminati et Augustini, fratrum primitivorum dicti ordinis sancti Francisci, item Ugonis de sancto Victore parisiensis diocesis, item Petris Comestoris qui scripsit *Ystorias Scolasticas* Veteris et Novi Testamenti, item Petri Yspani qui composuit *Tractatus Loyce* partitos in xii^{cim} libellos, item Natan prophete — [26] de quo in *Ecclesiastico*, xlvii° capitulo sic dicitur: *Post hoc surrexit Natan propheta* etc., [27] item Iohannis Crisostomi qui 'os aureum' dictus est et qui fuit olim metropolitanus, item Anselmi de Anglia olim Canturiensis episcopi, item Donati, gramatici olim magistri et preceptoris beati Yeronimi, item Rabani olim abbatis Vuldensis poete magni et theologi, [28] item Ioachini olim Asternensis abbatis de Calabria prophetici viri: nam multa de Antichristo prenumptiavit inter alia dicendo hec carmina: *Cum decies seni fuerint et mille ducenti / anni qui nato summunt exordia Christo, / tunc Antichristus nequissimus est oriturus* etc. [29] Ultimo dicit dicta umbra dicti fratris Bonaventure quomodo umbra dicti Thome exaltantis ita vitam beati Francisci movit eam ad invegiare, idest ad valde excitare et vigilem reddere vitam beati Dominici in gloria et fama et dictam eius societatem animarum beatarum.

28. prenumptiavit] C pronunciavit V.

26. *Eccli.* XLVII 1.

SUPER XIII° CAPITULO PARADISI

[1] **Imagini chi bene intender cupe**. [2] In hoc xiii° capitulo, continuando adhuc se auctor ad supra proxime dicta, taliter primo exorditur, scilicet comparando predictos xxiiii°ʳ spiritus beatos partitos in dictas duas correas xxiiii°ʳ stellis lucidioribus et maioris apparentie totius firmamenti, primo scilicet xv illis stellis quas Ptolomeus dicit esse maioris magnitudinis sparsas per diversas plagas, idest per diversas partes octave spere, [3] item septem illis aliis stellis que reddunt figuram illius plaustri quod circa polum nostrum articum volvitur ut prima rota ut dicitur hic; [4] item illis duabus aliis stellis que representant os illius cornus quod incipit a stella tramontana in tali cornus forma si dicte stelle fecissent de se duo signa in dicto celo quale est illa constellatio que in dicto celo apparet nobis in forma corone in qua Adriana filia Minois, olim regis Crete, dicitur in morte poetice fore translata contemplatione Bacchi eius viri cui, repudiata a Theseo in Yschio insula, nupsit, ut scripsi in *Inferno* in capitulo xii° et dicam infra in xvii° capitulo, [5] et hoc quia coronam Bacchi sibi ab eo largitam mortua secum tulit, de qua tali stellifera composita corona forsan a xii stellis, ut congruat huic comparationi auctoris de xii^cim et xii^cim dictis spiritibus, [6] sic ait Ovidius in *Epistula* Isiphilis descendentis dicti Bacchi iactantis se de nobilitate contra Iasonem: *Bacchus avus: Bacchi coniunx / redimita corona / preradiat stellis signa minora suis*, [7] et in libro suo *De Fastis* ait: *Protinus aspicias venienti nocte coronam*. [8] Inde auctor dicit quomodo dicti beati

2. partitos] partitus V.

3. septem] L B C unus V.

---

1. *Par.* XIII 1.
6. Ov., *Her.* VI 115–16.
7. Ov., *Fast.* III 459.

Super XIII° capitulo Paradisi

spiritus cantabant de essentia divina unica in substantia et trina in personis, ut dicit textus. [9] Non autem canebant dictum Baccum erroneum Deum, idest eius carmina que in eius festo et sacrificiis, que Triaterica dicebantur, cantabantur, item nec Peam canebant alium Deum gentilium, qui in eius accusativo casu 'peana' dicitur, [10] unde Virgilius in vi°: *Vescentes letumque coro peana canentes*, tangendo inde per viam similitudinis per contrarium de illa aqua pigre ita fluente per Tusciam que Chiana dicitur quod fere potest apparere eius motus, et de celo novo velociori omnibus aliis, ut dicit textus. [11] Inde dicit quomodo predicta umbra secundario posuit silentium in illis numinibus, idest in illis spiritibus quasi deificatis ita canentibus, [12] et incipiendo clarificare auctorem putantem fuisse sapientiores Salamone Adam et Christum inquantum homo fuit, et ostendere in hoc ipsum bene sentire, licet dicta umbra superius dixerit dictum Salamonem non habuisse in sapientia parem, ita a remotis inquit: Quicquid non moritur et quicquid potest mori non est nisi quidam splendor idee divine mentis, que parturit Deo zelante in nobis. [12] Per hec verba et sequentia subtilissima perspicaciter intuendo auctor dicturus de productione dicti Salamonis in mundum et eius humanitate ac etiam de humanitate Christi et Ade, hic non vult se solum referre spiritualiter et singulariter ad creaturas humanas ab ecterno idealiter, idest formaliter in mente divina positas productas et producendas in mundum materialiter, licet cuncte alie species rerum eodem modo sint et fuerint ab ecterno in ea. [14] Unde Augustinus super *Iohannem* in hoc ait: *Sicut archa antequam fiat intellective est in mente artificis, ita omnia in Deo ab ecterno fuerunt ydealiter et formaliter*, [15] et Boetius in iiii° ad idem inquit: *Omnium generatio rerum, cunctusque mutabilium rerum progressus, et quicquid aliquo modo movetur, causas, ordinem et formas ex divine mentis stabilitate sortitur; hec in sue simplicitatis arce composita*. [16] Unde ad premissa verba veniendo, homo, compositus ex anima intellectiva et corpore, quantum ad ipsam animam non moritur, quantum vero ad ipsum corpus potest mori, ut moritur post peccatum primi hominis. [17] Nam ante dictum peccatum immortalis erat humanitas, et sic dictus primus homo

9. Triaterica] C tiraterica V.

---

10. VERG., *Aen.* VI 657.
14. HUGO DE S. VICT., *Summa Sent.* I 4.
15. BOETH., *Cons.* IV pr. vi 7–8.

et eius descendentes ante dictum peccatum mori poterant et non poterant sicut postea possumus mori et morimur. [18] Ad quod Ugo de Sancto Victore allegato Apostolo dicente: *Primus Adam factus est in animam viventem*, ait: *Idest corpus sensificantem, quod erat adhuc animale egebat enim alimonia ciborum mortale habebat corpus, inde poterat enim mori, poterat non mori, poterat peccare, poterat non peccare, sed impleto numero transferretur ad alium statum in quo nec mori posset nec peccare. Erat enim ante peccatum immortalis, scilicet poterat non mori, non immortalis pro non posset mori, sed si non peccasset, ut angelus in Paradiso fuisset torus immaculatus, conceptus sine libidine et partus sine dolore*. [19] Quid autem sit ydea predicta dicit Augustinus in libro *Questionum* quod *Sunt quedam principales forme rerum stabiles et incommutabiles in divina mente ab ecterno habite, non tamen repugnantes divine puritati et simplicitati*. [20] Nam, cum mundus non fuerit factus a casu, ut dixit Democritus phylosophus, sed ab ipso Deo per intellectum agentem, [21] necesse est quod in mente divina sit forma ad cuius similitudinem mundus sit factus, et in hoc consistit ratio ydee, ut scribit Thomas in prima parte, questio xv^a, [22] ad quod sic ait Plato in suo *Timeo*: *Simul ut ecternitatis exemplo similis esset uterque mundus, archetipus quidem omni evo existens semper est, hic sensibilis ymago eius qui per omne tempus fuerit quippe et futurus. Hoc igitur quod deerat addidit opifex Deus, atque ut mens cuius visus intellectus est idearum genera in intelligibili mundo. Que ydee sunt illic animalia et noctiones divine mentis, sic Deus in hoc opere suo sensibili diversa animalium genera statuit, figuram porro eius figure mundi intelligibilis accomodans totum id posuit in gremio prudentie celi*, [23] et ab hiis verbis tulit Boetius illa sua verba dum dixit: *Tu cuncta superno / ducis ab exemplo, pulcrum pulcerrimus ipse / mundum mente gerens, similique ymagine formans*, [24] et Seneca illa *Ad Lucilium* di-

    18.   partus] C patus V.

    19.   ydea predicta dicit Augustinus] idea p(re)dicta siue idee dicit aug(ustinus) V.

---

18. *I Ep. Cor.* XV 45 and Hugo de S. Vict., *Summa Sent.* III 4.
19. Aug., *Div. Quest.* XLVI 2.
20. Thom., *Theol.* I q. xxii a. 2.
21. Thom., *Theol.* I xv a. 1.
22. Chalcid., *Plat. Tim.* 39e–40a.
23. Boeth., *Cons.* III m. ix 6–8.
24. Sen., *Ep. Lucil.* LVIII 18.

Super XIII° capitulo Paradisi

cens: *Plato ydeas vocat, ex quibus omnia que sunt, et quecumque videmus fiunt, et a quibus cuncta formantur. Hee immutabiles et immortales sunt,* [25] et subdit Seneca: *Ydea est eorum que naturaliter fiunt et exemplar ecternum. Ecce volo ymaginem tuam facere: exemplar picture tue habeo, ex quo capit aliquem habitum mens mea, que operi suo imponat, ita illa que me docet facies et instruit, a qua petitur imitatio, ydea est. Talia ergo exemplaria infinita habet rerum natura, hominum, piscium, arborum. Nam cum quis voluisset Virgilium coloribus reddere, ipsum intuebatur. Ydea Virgilii erat facies futuri operis exemplar. Nam alterum exemplar est, altera forma ab exemplari sumpta et operi imposita, alteram artifex imitatur, alteram facit. Habet aliquam faciem statua: hec est ydea. Habet aliquam faciem ipsum exemplar, quod intuens opifex faciem figuravit: hec ydea est, et sic ydos in opere est, ydea extra, sed nec tantum extra opus sed etiam ante opus*; [26] et sic Deus erit causa efficiens omnium, ydea causa formalis, bonitas Dei causa finalis, yle causa materialis et sic splendor ydee, de quo dicitur hic in textu, nichil aliud erit quam representatio productiva in formam eius quod ab ecterno ymaginaliter erat in ipsa mente divina. [27] Inde auctor ut tangat quomodo hec omnia sapientia divina increata agit in Trinitate deifica, iuxta illud verbum Psalmiste loquentis Deo: *Omnia in sapientia fecisti*, dicit in persona predicte umbre quod illa viva lux vera que illuminat hominem omnem viventem in hunc mundum, ut *Iohannis* i° dicitur, que sic meat, idest que sic procedit a suo lucente, idest a Patre, a quo ipse Filius ut sapientia a potentia procedit, quod non disunit se ab eo nec ab amore, idest a Spiritu Sancto, tertia persona in Trinitate predicta, in substantiam et naturam unicam divina sua bonitate eius radiare, idest eius aggregare, idealiter in ipsa mente divina formas quasi 'speculatas'; alia lictera dicit 'conflatas' in novas subsistentias, que videtur verior, [28] attentis verbis Platonis in *Timeo* docentis circa creationem universi: *Propterea ut perfectum animal esset, scilicet mundus ex integris corporibus perfectisque conflatum* etc.; (dicitur conflatum id quidem quod de massa ad formas flatu hominis fit ex vitro vel ex flantibus alie forme metallorum, ipsa tamen divina essentia sive subsistentia remanente ecternaliter in sua unitate). [29] Ad quod inducit magister Girardus, glosando *Decretalem* quendam de summa Trinitate, exemplum de anima nostra, cuius substantia simplex est, et tamen tria reperiuntur in ea, scilicet intellectus qui concipit, ratio que discernit et memoria que conservat: intellectus

---

25. SEN., *Ep. Lucil.* LVII 19–21.
27. *Ps.* CIII 24.
28. CHALCID., *Plat. Tim.* 32d.

preconcipiens Patri comparatur primo operanti, qui potencia divina dicitur, ratio discernens Filio, qui sapientia increata disponens omnia in celo et terra dicitur, memoria conservans Spiritui Sancto qui omnia bona conservat, et sicut ista tria idem sunt in substantia cum anima. [30] Sic et dicte tres persone divine idem sunt in substantia, Pater a nullo procedens, Filius a Patre solo, Spiritus Sanctus ab utroque; Pater generans, Filius nascens, Spiritus Sanctus procedens. [31] *Subsistentia*, dicit Boetius in libro *De Duabus Naturis*, *est que in nullo subiecto est, sive subest accidentibus sicut homo, sive non ut Deus*, modo ad id quod hic subsequenter prenotandum est quod, prout dictum est supra in capitulo vii° huius *Paradisi*, Deus quedam per se immediate operatur sine aliquo celi misterio et aminiculo, puta creationem et inspirationem anime nostre intellectualis. [32] Et ideo dicit iste auctor supra in *Purgatorio*, capitulo xvi°, quod celum ipsam nostram animam non habet in sua cura sed Deus quedam operatur mediantibus organis celi et elementis, puta corporalia et cetera entia formalia et materialia, ut in ipsa mente divina ydealiter prius erant, [33] unde Boetius in suo libro *De Trinitate* ad hoc ait: *Forme omnes que sunt in materia venerunt a formis que sunt materia*, [34] unde et Thomas in iii° *Contra Gentiles*, capitulo xxii°, improbando Platonem dicentem formas separatas fore principia formarum que sunt in materia per se subsistentes et causantes immediate formas sensibilium inquit: *Nos autem ponimus eas formas immateriales et separatas in intellectu divino causantes formas inferiores per motum celi quod est organum divine artis quam naturam vocamus*. [35] Inde subdit dicta umbra dicendo quomodo dicta irradiacio ydealis a mente divina descendit ad ultimas potentias de actu in actum huc deorsum, idest descendit ad terrenas et corporales generationes potentiatas ad actus productivos et formas rerum novas et diversas, materiales et concretas consimiles dictis formis abstractis et ydealibus ut breves contingentias, idest ut subitas productiones motu celi cum semine et fine, [36] ut tetigit iste auctor supra in *Purgatorio* in capitulo

    31. subest] ST subsistentibus C substet L B V.

    36. secondo] C sicondo V. diverse] C diuersa V.

---

31. Cf. BOETH., *Pers. duab. Nat.* III 1.
32. *Purg.* XVI 67–81.
33–34. THOM., *Gent.* III xxiv 2.
36. *Purg.* XXVIII 112–14.

xxviii°, dum dicit ibi: **E l'alta terra, secondo ch'è degna / per sé e per suo ciel, conciepe e figlia / de diverse virtù diverse legna**. [37] Item et de productione et generatione spirituali nostra humana corporali ait Phylosophus in ii° *Physicorum*: *Homo generat hominem ex materia et sol*, idest ipsum celum et eius constellatio, et subdit referendo se etiam ad nos homines dicta umbra, quod cera, idest materia conceptiva humana, non stat uno modo per continuum motum celi, et ipsum celum, adducens illam ad formam, etiam non stat uno modo, ideo plus et minus perfecta in nobis nostra representatur forma, aliter appareret totaliter perfecta ut lucet in mente divina sigillante eam; et sic natura reddit semper eam cum aliqua ademptione et non ita perfectam, ut fuit in mente Dei, exemplificando de citarista qui nunquam ita perfectam cum manu reddit suam stampitam ut est in eius mente. [38] Unde Oratius in eius *Poetria* ait: *Nam neque corda sonum reddit quem vult manus et mens, / poscentique gravem persepe remictit acutum*. [39] Et concludendo circa hec adduco quod scribit iste auctor in sua *Monarchia* ita dicens: *Sic ars triplici gradu invenitur, scilicet in mente artificis, in organo et in materia formata per artem, sic naturam in triplici gradu possumus intueri. Est enim natura in mente primi motoris, scilicet Dei, deinde in celo, tanquam in organo quo mediante similitudo bonitatis ecterne in fluitantem materiam explicatur. Et quemadmodum, perfecto existente artifice et optime organo se habente, si contingat peccatum in forma artis, materie imputandum est. Sic, cum Deus ultimum perfectionis attingat, et celum ut organum eius defectum non patiatur, restat quod ex parte materie est, scilicet quod peccatum erit in rebus inferioribus.* [40] Igitur cum humanitas Salamonis producta fuerit a Deo cooperante celo, et humanitas Christi et Ade, immediate ab ipso Deo, sequitur quod ipse filius Dei in quantum homo fuit, et ipse Adam perfectiores fuerunt homines in sapientia et in omnibus aliis quam ipse Salamon, et quod dictum est quod non habuit parem in

37. ademptione] C redemptione V. ut est] u{nde > ut} V.

39. ut organum eius defectum] organu(m) ut defectu(m) ei(us) V. forma artis, materie] ST L B forma materie C V.

40. parem] partem V.

---

37. THOM., *Theol.* I q. lxxvi a. 1.
38. HOR., *Ars* 348–49.
39. DANTE, *Mon.* II ii 1–3.

scientia intelligi debet, scilicet inter reges seculares, quod patet, [41] dicit dicta umbra per eius responsum quod fecit Deo dicenti sibi in somnio: *"Postula quod vis ut dem tibi"*, et ait Salomon: *"Tu me in regem creasti, dabis mihi cor docile ut valeam iudicare populum tuum"*, [42] secutus verba Psalmiste, eius predecessoris, dicentis: *Et nunc reges intelligite et erudimini qui iudicatis terram*, [43] cui Deus: *"Quia postulasti verbum hoc, et non dies multos, nec divitias nec mortem inimicorum tuorum, do tibi cor sapiens, in tantum ut nullus ante te similis tui fuerit, nec post te surrecturus tibi sit in regibus cunctis"*, ut scribitur in iii° *Regum* in capitulo iii°, [44] non enim dicit dicta umbra illum petisse quot essent numero motores celi in quo summi sapientes discordant: [45] nam Plato posuit fore eos tot quot sunt species rerum, Aristoteles vero dicit eos esse quot sunt celi, Rabi Moises quot sunt motus celestes, theologi nostri dicunt quasi eos infinitos esse, [46] sequentes Dionisium ita scribente: *Multi sunt beati exercitus supernarum mentium*, [47] et Danielem: *Milia milium ministrabant ei, et decies milies centena milia assistebant ei*. [48] Item non petiit dictus Salamon si contingens cum necesse etc., hoc est utrum omnia eveniant de necessitate, ut tenuit dictus Plato, [49] reprobatus per Phylosophum in i° *Peri Erminias*: *Nam esse quod est, et non esse quod non est necesse est esse; quod non est quando est necesse est esse, et non esse quod est necesse est esse*. [50] Item non petiit si de medio circulo etc.; dicitur in Geometria quod omnis triangulus qui comprendit medium circulum impedit ut habeat unum de angulis rectum propter appositos angulos, [51] et Phylosophus in i° *De Anima* ait: *Matematicus considerat quid sit rectum et quid obliquum et quid linea et quid planum, ad cognoscendum quot recti trianguli sint equales*, [52] et confirmat dicta umbra hanc suam solutionem per ethimologiam premissi participi 'surrecturus'

41. dem] ST C deum V.

43. nec divitias] L B C non divicias V.

51. Phylosophus] philosophos V.

---

41. *I Reg.* III 5, 9.
42. *Ps.* II 10.
43. *I Reg.* III 11–13.
46. THOM., *Theol.* I q. 50 a. 3.
47. *Dan.* VII 10.
49. THOM., *Herm. comm.* I ix 15.
51. THOM., *In Arist. An.* I i 15.

Super XIII° capitulo Paradisi

venientis ab hoc verbo 'rego' cumposito cum 'sub', a quo verbo dicitur 'rex'. [53] Inde commendat distinguentes, ut dicit textus, quod male servaverunt isti tres phylosophi hic nominati et reprobati per Aristotelem in i° *Physicorum* et in i° *Posterioris*, sillogizantes falsa forma sillogistica, ponendo falsum simpliciter quod per interiectionem solvendum erat vel secundum quid, et sic solvendum erat per distinctionem; [54] dicebant enim primi duo ens esse infinitum, cuius ratio quantitati congruit non substantie et qualitati. [55] Uterque enim, scilicet predicti Melisius et Parmenides, dicit dictus Phylosophus, sophistice sillogizabant falsa summentes, nec distinguentes et non recte concludentes, et dictus Briso tenens non esse circulo demonstrare; et idem fecerunt, dicit dicta umbra, Sabellius et Arrius heretici, [56] quos Augustinus improbat in suo libro *De Heresibus*, [57] et Thomas in iiii° *Contra Gentiles*, capitulo v°, qui sua erronea doctrina fuerunt ut spate reddentes speculantes in eas cum vultu torto, idest obliquo. [58] Nam dictus Sabellius tenuit Patrem et Filium et Spiritum Sanctum unam personam fuisse, et sic Trinitatem in officiorum nominibus non personis accepit, unde et Patripassianus dictus est quia patrem passum dicebat. [59] Arrius vero Alexandrinus presbiter hereticus Patri coeternum Filium, non agnoscens diversas in Trinitate substantias, posuit, [60] contra illud quod Dominus ait: *Ego et Pater unum sumus*. [61] Ultimo reddendo adhuc ad Salamonem salvatum dicta umbra monet nos homines ne ad iudicandum de aliis nimis curramus, ut hic in fine per se patet in textu.

53. interiectionem] C interemptionem V.
57. Contra Gentiles, capitulo v°, qui sua erronea doctrina] contra gentiles capitulo quinto et vicena sinodus qui sua eronea doctrina V contra gentiles capitulo 5° qui sua errones doctrina C.

---

56. Cf. Aug., *Haer.* XLI, XLIX.
57. Cf. Thom., *Gent.* c. V.
60. *Ioh.* X 30.

SUPER XIIII° CAPITULO PARADISI

[1] **Dal centro al cerchio e sì dal cerchio al centro**. [2] In hoc xiiii° capitulo — premisso quod prohemialiter auctor tangit hic de vase rotundo pleno aqua, quod si tangatur in eius centro, idest in medio sui, aqua cum digito currit circumferenter ad extrema, et e contra si percutiatur extremam eius spondam, ut per experientiam patet ad occulum; [3] item, premisso quomodo umbra Salamonis cum aliis ibi fulgens quasi ut sol, iuxta illud *Mathei*, xiii° capitulo: *Fulgebunt iusti sicut sol in regno patris eorum*, satisfecit auctori de hoc dubitanti ut patet hic, scilicet dicendo quod eorum amor, idest eorum accensa karitas, facit quod ipsi beati semper et post resurrectionem habebunt talem fulgorem circa se et maiorem cum erunt cum carne, [4] iuxta Magistrum Sententiarum dicentem: *Sic peracto iuditio, ampliorem gloriam sue claritatis Deus monstrabit electis*, cum illa proportionalitate quam dicit hic textus, [5] et vide de hoc quod dicitur de circumscripto quod scripsi supra in *Purgatorio*, xi° capitulo; [6] item, premisso quomodo vidit in dicto celo solis supervenire illis duabus correis iam supradictis tertiam in formam enim xii^{cim} stellarum, tangens hoc in eo quod comparative dicit quod apparuerunt dicti xiicim ultimi beati, ut apparent nove apparitiones incipiente sero in celo, scilicet stellarum nondum rutilantium nobis in vera sua luce et aspectu, ut apparent postea procedente sero et serenitate crescente — [7] fingit se ascendisse nunc hic auctor ad celum

---

3. xiii°] ST L B C xiiii° V.
7. Deo] L B duo V. que] L B C qui V.

---

1. *Par.* XIV 1.
3. *Matt.* XIII 43.
4. PETR. LOMB., *Sent.* IV xlix 5.

Super XIIII° capitulo Paradisi

Martis, ubi primo dicit se fecisse holocaustum Deo cum locutione illa que est unica omnibus, [8] idest cum mentali locutione que procedit ex intellectibus que sunt similitudines rerum que omnibus sunt eedem, ut scribit Phylosophus in i° *Peri Erminias*, ex quo Porfirius ponit tres fore orationes: unam que licteris, aliam que nominibus et verbis personat, tertia que mentis volvit intellectum, [9] unde ait etiam Boetius: *Ibi triplex est oratio: una in licteris, alia in voce, alia in intellectibus consistens*, [10] et magister Ocham etiam in hoc ait: *Oratio alia scripta alia prolata alia concepta*. [11] Dicebatur olim in Veteri Testamento, holocaustum illud sacrificium in quo res tota que litabatur comburebatur, arguendo auctor quod eius tale sacrificium mortale acceptum fuit et faustum, idest gratum fuit. [12] Nam statim apparuerunt ei illi beati spiritus martiales, ita lucidi et rutilantes quod admiranter dixit auctor 'O Elyon', idest 'o Deus quod ita eos adobbis et decoras' in forma et signo crucis, quod signum crucis si fiat in aliquo rotundo, puta in incisorio, reddit iiii^{or} iuncturas, idest figuras quadrantis, ut dicit textus hic, [13] et ita in profundo illius planete in eius rotundo corpore per duas lineas cruciatas, ut stella in linea galassie apparuerunt sibi constellati, idest fulgentes [14] (dicitur 'galassia' illa lineata albedo que apparet nobis in octava spera extensa inter duos polos mundi, de qua et unde causetur varie inter antiquos phylosophos fuerunt opiniones, ut tangit auctor hic: [15] nam Pictagoras et eius sequaces, ut ait Macrobius, voluerunt dicere quod sit illa pars celi, seu etheris, per quam errando Pheton currum solis conburentem omnia inferiora duxit, de quo plene scripsi in *Inferno*, capitulo xvii°; Theofrastus dixit quod erat quedam compago duorum emisperiorum celi et spera solidata; Anaxagoram et Democritus dixerunt quod erat luminositas multarum parvarum stellarum. [16] Aristoteles vero in i° eius *Methaure* dicit quod est *Quidam vapor elevatus a calore solis, sive exalatio, et apparet ibi et non alibi*, quia locus dicti talis circuli plenus est stellis magnis et spissis ita adunatur ibi talis exalatio quia efficacior est ibi virtus

16. adunatur] C adiuvatur V.

---

8. Cf. THOM., *Herm. comm.* II ii 12.
9. BOETH., *In Arist. Interpr.* I 1.
10. OCKH., *Log.* XLVI.
15. MACR., *Scip. comm.* I xv 3–7.
16. THOM., *Meteor.* I viii 13.

stellarum ad trahendum ipsam). [17] Item reducit ad comparationem diversorum motuum illarum animarum ad motum illarum minutiarum et corpusculorum seu attomorum que moventur per radium solis listantem umbram alicuius domus per aliquam fenestram, quam domum gens cum arte et ingenio sibi facit ad defensionem caloris et frigoris, [18] dicit auctor hic secutus Phylosophum ita dicentem in i° *De Anima: Domus est cooperimentum prohibens ventos et imbres.* [19] Que corpuscola dictus Democritus, in hoc improbatus ab ipso Phylosopho in dicto i° suo libro *De Anima*, tenuit fore animata, ita dicens: *Infinitis existentibus figuris et atomis que sunt species rotunde ignem et animam habentes ut in aere, que decisiones vocantur,* [20] de qua comparatione maiorum et minorum stellarum dicte galassie et motu velociori et tardiori horum corpuscolorum non sine tali allegorico respectu auctor hic dicit. [21] Nam martiales, idest bellatores in hoc mundo pro Christo et eius fide, aliqui, ut dicit quedam *Glosa* in *Decretis*, sunt habentes voluntatem substinendi omnia pro Christo, tamen si imineret ei periculum revera non susbtinerent; hii enim karitatem habent sed modicam; alii qui, non obstante aliquo periculo tali hoc facerent et substinerent, sunt in karitate perfecta, [22] et isti sunt qui abnegant semetipsos et tollunt crucem suam et sequuntur Christum, et digni sunt eo, ut precepit sive suadit ipse Christus Mathei capitulo v° et capitulo xv°. [23] Et hoc est quod tangit hic auctor de tali cruce et de Christo ita corruscante in ea mirabiliter quod exemplo caret. [24] Item isti talles ultimi dicunt, ut dicit Augustinus in persona cuiusque existentis in dicta perfecta karitate: *"Michi vivere Christus est"*, idest causa est quare velim vivere ut magnifico ipsum, *"et mori lucrum"*, quia liberor *a miseria huius vite et transeo ad felicitatem et depono mortale corpus et res vero immortale,* [25] et quia talis perfecta karitas valde debet in nobis accendi per illa verba Iohannis, *Apocalipsis* v°, prenunciantis mortem suam, scilicet Christi, pro nobis et eius

24. liberor] ST C liberos V.

25. redimisti] redimistis V.

---

18. Cf. THOM., *In IV Sent.* III i 1.
19. THOM. *In Arist. An.* I iii 6.
22. *Matt.* XVI 24; X 38.
24. Cf. AUG. *Enarr. Ps.* CXXI 13.
25. *Apoc.* V 1–9.

Super XIIII° capitulo Paradisi

resurrectionem et victoriam contra diabolum dicentis: *Et vidi in dextera sedentis in trono librum scriptum intus et extra, signatum septem sigillis, et angelum dicentem: "Quis est dignus aperire eum?", et nemo poterat. Et ego flebam. Et unus de senioribus dixit mihi: "Ne fleveris, ecce vicit leo de tribu Iuda, radix David, aperire librum." Et vidi in medio seniorum agnum stantem tanquam occisum, et cantabant seniores canticum novum dicentes: "Dignus es, Dominus Deus, aperire librum, quoniam occisus es et redimisti nos in sanguine tuo"*, [26] fingit auctor nunc hic dictos spiritus cecinisse hec premissa verba, et quia difficillima sunt, ut etiam alia verba *Apocalipsis*, fingit ea se non potuisse concipere nisi hec verba resurge et vince, scilicet tu Christe. [27] Unde Psalmista, tangens de hac victoria, inquit loquendo Deo: *Tibi soli peccavi et malum coram te feci ut iustificeris in sermonibus tuis et vincas cum iudicaris*, subaudi per Iudeos et Pilatum ad mortem. [29] Et quia sacra teologia quanto magis ascendit, idest quanto magis in suo intellectu elevatur, pulcrior apparet, ideo ultimo hic de Beatrice et de vivis sigillis, idest de celis imprimentibus ut sigilla, auctor loquitur complendo capitulum suum, ut dicit textus.

---

27. *Ps.* L 6.

SUPER XV° CAPITULO PARADISI

[1] **Benigna voluntate in che si liqua**. [2] In hoc exordiali principio huius xv[i] capituli, auctor vult tangere de duabus voluntatibus illis, [3] de quibus sic ait Augustinus in quadam eius *Omelia* dicens: *Sicut omnium malorum radix est cupiditas, ita omnium bonorum karitas*, [4] et Prosper in suo libro *De Contemplativa Vita* dicens: *Karitas est recta voluntas iuncta Deo et ignita igne Spiritus Sancti a quo spirat*, ut dicit textus hic, [5] ubi *Glosa* ait: *Dicitur ergo karitas voluntas vel motus, idest causa bonorum meritorum, sicut iniquitas, cum sit habitudo mentis iniuste dicitur peccatum*. [6] Inde auctor fingit umbra domini Cacciaguide eius abavi discurrisse et venisse, ut dicit textus, ad eum ut astrum quoddam, idest ut stella, non tamen discedens a nastro, idest ab extremitate dicte crucis (dicitur nastrum illa corda frisea que in fimbriis vestium suitur), comparando eius motum illi exalationi ignee que transcurrit per aerem infra celum lune secundum Michaelem Scottum, que videtur stella mutans locum et non est, sed ignis. [7] Quam exalationem Phylosophus in sua *Methaura* dicit causari a terra calefacta a sole et igniri; [8] *Item causatur interdum*, ut dicit ibi Comentator, *in spissato aere propter frigus, et quod est ibi calidum, separando se a frigido, et ignitur illud spissatum et videtur stella cadens cum non sit, et vocatur a grecis 'asub'*. [9] Inde dicit auctor quod dicta umbra non minus pia obtulit se sibi ut filio ibi quam umbram Anchise Enee filio suo dum vidit eum ire cum Sibilla per Elisium campum, ubi Virgilium fingit morari animas virtuosorum, dicente ipso Virgilio, nostra

---

3. karitas] ST L B C *om.* V.

---

1. *Par.* XV 1.
3. *Decr. Grat.* II *De Poen.* q. ii c. 13.
4. *Decr. Grat.* II *De Poen.* q. ii c. 5.
5. *Decr. Grat.* II *De Poen.* q. ii c. 5.
7–8. THOM., *Meteor. comm.* I iv 6.

Super XV° capitulo Paradisi

scilicet maiore musa, idest nostro maiore latino poeta, ut maior apud Grecos Omerus dicitur, [10] ut tangit textus hic in vi° *Eneidos*: *Isque ubi tendentem adversum per gramina vidit / Eneam, alacris palmas utrasque tetendit, / efuseque genis lacrime et vox excidit ore: / "Venisti tandem, tuaque spectata parenti / vicit iter durum pietas? datur ora tueri, / nate, tua et notas audire et reddere voces?"* [11] dicendo inde ammirative dicta umbra auctori: **O sanguis meus o superinfusa / gratia Dei, sicut tibi cui / bis unquam celi ianua reclusa?** [12] quasi dicat nunquam alicui alteri quam tibi hec gratia fuit, ut bis tibi ianua celi reclusa, idest aperta foret, in hoc includens quod ipse auctor, vivens, primo ascendit in celum, intellectualiter subaudi, sua speculativa scientia et ingenio, hoc est ad cognitionem celestium, secundario etiam cum morietur eius anima ad ipsum celum itura est. [13] Loquendo postea dicta umbra verba excedentia intellectum humanum, non tamen ellectione, ut dicit textus, idest non eligit ita loqui alte dicta umbra ne auctor illa comprehenderet, sed necessitate, volendo exprimere eius conceptum superans intelligentiam auctoris. [14] Inde arguit dicta umbra pro auctore non querente cuius ipsa umbra sit: nam scit quod eius cogitamen secundum vel tertium meat, idest transcurrit de se ad illam statim, sicut radiat, idest insurgit, in mente auctoris ab eo quod est eius primum cogitamen circa aliquam rem, ut ab uno dependent naturaliter duo et tria si volumus venire ad quinque et sex cognoscendum, idest numerandum. [15] Inde reddit auctor ratione quia solum cum corde regratiatur dicte umbre, scilicet cum nostra voluntas nunquam equaliter sic concurrat cum argumento, idest cum modo et actu promendi eam, quoniam se habeat ut excedentia et excessa secus in anima beata, ratione hic in textu assignata. [16] Ultimo auctor inducit dictam umbram antequam dicat sibi nomen suum, ad dicendum quomodo in m°cvi, quo anno ut colligitur in proximo sequenti capitulo fuit eius nativitas, civitas originalis eius florentina, non cincta ut est hodie, sed vallata suis primis muris, infra quos sita fuit et

12. speculativa] speculatura V.
13. comprehenderet] C reprehenderet V.
15. habeat] C habeant V.

10. Verg., *Aen.* VI 684–89.
11. *Par.* XV 28–30.

est quedam abbatia ubi solum pulsatur tertia hora toti dicte civitati, item et ecclesia maior episcopalis, ubi eodem modo pulsatur ad horam nonam, in pace, sobria et pudica in eius dominabus erat, ut hodie est ibi discordia et dissidentia et dissolutio et lascivia, ut dicit hic textus. [17] Item non erant domus tunc vacue habitantibus, idest superflue, ut sunt hodie ibi et palatia ad pompam et superbiam, [18] contra quam superbiam, ut Isaias, v° capitulo: *Ve qui coniungitis domum ad domum*, [19] et Yeremias, xxii° capitulo: *Ve qui dicit "Hedificabo mihi domum latam et cenacula spatiosa"*. [20] Item dicit quomodo nondum ibi erant mores Sardanapali, olim regis Sirie, qui propter vilitatem eius mollis et luxuriose eius vite per Arbacem regem Medorum occisus est, et eius regnum ad Medos venit. [21] De cuius voluptuosa vita ita ait Iuvenalis: *Et Venere et cenis et pluma Sardanapali*, [22] et idem tangit de eo Phylosophus in i° *Ethycorum*; nam dicitur fuisse ille primus qui cepit dormire in plumis et ornasse cameras rebus pomposis et mirandis. [23] Contra que talia et similia Seneca in v^a *Epistula* ait: *Qui domum intraverit nos potius miretur quam supellectilem nostram*, [24] et Amos propheta dicens: *Ve vobis qui dormitis in lectis eburneis et lascivitis in stratis vestris*; de cuius Sardanapali lascivia volens tangere Augustinus dicit in ii° *De Civitate Dei* quod dictus Sardanapalus scribi in sepulcro suo fecit ea sola se habere mortuum que libido eius cum viveret hauriendo consumpserat. [25] Item dicit quomodo tunc Mons Malus imminens Rome non erat victus, in mirabili apparentia subaudi, a quodam colle dicto Ucelatorio eodem modo imminente Florentie, [26] unde Sallustius in *Catelinario*, volens tangere de magnificentia Rome et de suburbiis eius olim inquit: *Opere pretium est, cum domos atque villas cognoveris in urbium modum hedificatas, visere templa deorum que nostri maiores fecere* etc.

19. xxii°] ST C xii° V.

22. mirandis] C mi V.

---

18. *Is.* V 8.
19. Hier. XXII 14.
21. Iuv., *Sat.* X 362.
22. Arist., *Eth.* I ii 95b 20–24.
23. Sen., *Ep. Lucil.* V 6.
24. *Amos* VI 4 and cf. Aug., *Civ. Dei* II 20.
26. Sall., *Coniur. Cat.* XII 3.

Super XV° capitulo Paradisi

[27] Et ut comendet antiquos florentinos in virtute frugalitatis, que consistit in modestis vestibus et zonis — [28] unde Seneca in preallegata *Epistula* de ea loquens dicit quod requirit ut *Non splendeat toga nec sordescat* — auctor in persona dicte umbre loquitur hic de domino Bellincione Berti de Ravignanis, milite nobilissimo florentino, et de illis de Nerlis et de Vecchietis ut dicit textus. [29] Item etiam, ut comendet in pudicitia antiquas dominas florentinas, dicit quomodo tunc temporis non veniebant a speculo cum vultu picto, idest fucato, ut faciunt hodie moderne domine florentine, et sic tacite includit honestum esse viris et pudicum mulieribus se speculari, non autem se fucare. [30] Ad primum facit quod ait Seneca in suo libro *De Naturalibus Questionibus* dicens: *Specula inventa sunt ut homo se noscat; multi ex hoc habent sui notitiam et consilium: ut formosus vitaret infamiam, informis ut sciat quod virtutibus in eo scit redimendum quicquid corpori deesset, et ut senes de morte cogitent,* [31] non autem ad vanitatem debet speculum videri ut faciebat ille Octo, quem Iuvenalis reprehendens ait: *Speculum gestamen Octonis;* [32] ad secundum ait Augustinus, *Ad Possidium* scribens: *Fucare pigmentis quo vel rubicundior vel candidior appareat adulterina fallacia est.* [33] Item nec tunc habebant catenellas argenteas ad clamides nec zonas maioris valoris seu visionis quam prima, ut habent dicte moderne florentine, ut dicit textus hic; non tamen intelligas hoc ita stricte ut non serventur circa hec que scribit Valerius in ii° in titulo i° dicens de antiquis dominabus romanis: *Ceterum ne tristis et orrida pudicitia eas esset, indulgentibus maritis et auro et purpura use sunt; quo formam suam concinniorem facerent, et summa diligentia capillos cinere rutilabant. Nulli enim tunc successores alienorum matrimoniorum occuli metuebantur, sed pariter et videre sancte et aspici mutuo pudore custodiebantur.* [34] Item dicit quomodo dicte antique domine florentine ut pudice filabant in nocte vigilando et

---

28. Nerlis] L B verbis V.

33. capillos cinere rutilabant] capillos [cinere] rutillabant V.

---

28. SEN., *Ep. Lucil.* V 3.
30. SEN., *Nat. Quest.* I xvii 4.
31. IUV., *Sat.* II 99.
32. *Decr. Grat.* III *De Cons.* q. v c. 38.
33. VAL. MAX., *Fact. Dict. mem.* II i 5.

Comentum Petri Alagherii

lactando et consolando suos infantes per se, non per extraneas nutrices, ut faciunt hodie. [35] Primum comendat Salamon in fine *Proverbiorum* volendo ostendere quod hoc virtuosum est in mulieribus et morale dicendo: *Mulierem fortem, idest virtuosam, quis inveniet? illa scilicet que quesivit lanam et linum et operata est consilio manuum suarum. Et de nocte surrexit, nec extinguetur de nocte lucerna eius; manum suam misit ad fortia et digiti eius apprehenderunt fusum, et panem otiosum non comedit et strangulatam vestem sibi fecit,* idest artam circa gulam; [36] ad secundum etiam laudandum Gregorius in quodam *Decreto*, distinctione v^a ait: *Vir suus ad concubitum accedere non debet donec qui gignitur ablactetur; si autem filios suos ex prava consuetudine aliis ad nutriendum trahunt non prius* etc., [37] tangendo de domina Cianghella de Tusinghis de Florentia, olim dissolutissima valde, et de domino Lapo iudice de Saltarellis, qui, ut Cincinantius Quintus, de quo dixi supra in capitulo vi°, contemptor fuit sue capillature, ita iste nutriebat comam. [38] Inde tangit de Cornelia, filia Affricani prioris, et Emilie, adeo virtuose domine, ut scribit Valerius in vi° in titulo *De Fide Uxoris erga viros*, et uxore Tiberii Gracci, et de qua nate fuerunt G. et T. Gracci, [39] et de qua idem Valerius in iiii° etiam ait, et de eius modestia: *Sic Cornelia, mater Graccorum, cum Campana matrona aput eam hospita ornamenta sua pulcerrima illius temporis sibi ostenderet, traxit eam sermone quousque ex scola venirent liberi eius; et tunc inquit: "Et hii sunt ornamenta mea"*. [40] Inde dicit dictus spiritus quomodo in baptismo vocatus est Cacciaguida, et quomodo eius fratres fuerunt Morontus Eliseus, a quibus ille due domus florentine Moronti et Elisei dicte sunt. [41] Item dicit quomodo habuit uxorem Lumbardam ex qua habuit filium vocatum Alagherium, a quo domus auctoris dicta est Alagheriorum. [42] Item et quomodo inde secutus fuit Corradum imperatorem secundum, qui creatus fuit imperator anno domini m°c°xxv° imperavitque annis xv, versus terram sanctam contra Sarracenos, et miles ab eo factus in bello a Sarracenis occisus est.

39. scola] L B C cola V.

---

35. *Prov.* XXXI 10, 13, 15, 18, 19, 22, 27.
36. *Decr. Grat.* I D. V c. 4.
39. Val. Max., *Fact. Dict. mem.* IV iv praef.

SUPER XVI° CAPITULO PARADISI

[1] **O poca nostra nobiltà di sangue**. [2] Quasi dicat: sed magna illa debet dici que ab animo virtuoso descendit, que vera nobillitas est maxima si cum divitiis associata sit, [3] unde Phylosophus in iv° *Politicorum* inquit nobiles esse videntur quibus existunt progenitorum virtus et divitie, [4] ad quod hoc ultimum Seneca ait: *Nobilitas nichil aliud est quam cum antiquitate divitie*, [5] at Boetius in iii° ait: *Quam sit inane et futille nomen nobilitatis, quis non videat? que si ad claritudinem reffertur aliena est; videtur enim nobilitas esse quedam de meritis veniens laus parentum. Quod si quid est in nobilitate bonum, id esse arbitror solum, ut imposita nobilibus necessitudo videatur, ne a maiorum virtute degeneret*, [6] ut degenerabat Sallustius Crispus, si in sua invectiva contra eum Cicero verum dixit, [7] et Aiax etiam, si Ulixes verum locutus fuit de eo, iactante se de memorandis factis suorum maiorum, [8] in cuius Ulixis persona ait Ovidius in xiii°: *Bona nec sua quisque recuset, / nam genus et proavos et, que non fecimus ipsi, / vix ea nostra voco*. [9] Et sic parva nobilitas nostra est in sanguine, idest in genere nobilitato ita a maioribus, nisi successores apponant ex se de novo, ut dicit hic auctor, virtuosa opera: aliter tempus cum suis forcibus, idest cum suis etatibus, amputat nomen nobilitatis. [10] Unde Ambrosius: *Non generis nobilitate, sed virtute unusquisque gratiam sibi comparat*, [11] et Iuvenalis: *Nobilitas animi*

3. iv°] ST v° V.
4. cum antiquitate] antiquitate V.
11. illa] illud V.

1. *Par.* XVI 1.
3. ARIST., *Pol.* IV viii 1294a 21–22.
5. BOETH., *Cons. Phil.* III pr. vi 7–9.
8. OV., *Met.* XIII 139–41.
10. *Decr. Grat.* I D. XL c. 9.
11. Cf. IUV., *Sat.* VIII 20.

sola est ac unica virtus, et illa nobilitas animum sola est que moribus ornat, [12] et idem Seneca: *Nemo altero nobilior nisi cui rectum est ingenium et bonis artibus aptius*. [13] Hiis prohemialiter premissis, in hoc xvi° capitulo auctor, continuando se, audito quomodo dictus spiritus fuerat milles, incepit vocare eum 'vos' et non 'tu', ut moris est loquentium militibus, quem modum loquendi prius, dicit auctor hic, tolleravit Roma in persona Iulii dum omnia officia et dignitates romanas in se suscepit, de quo Lucanus in v° ait: *Summum dictator honorem / contingit, et lethos fecit se consule fastos. / Namque omnes voces, per quas iam tempore tanto / mentimur dominis, hec primo reperit etas.* [14] Et quia romani indistincte omnibus dicunt 'tu', ideo de eis ita dicitur hic in textu, comparando auctor hic Beatricem Dame De Malohaut dum nutu tuxivit videndo reginam Gienevram osculari a Lancialoto inductu Galeoti, ut scripsi in *Inferno*, capitulo v°. [15] Post hec auctor querit quattuor a dicta umbra: primum qui fuerunt eius antiqui, secundum in quo millesimo nativitas eius fuit, tertium quantus suo tempore erat populus florentinum, quartum qui erant eius digniores homines. [16] Ad primum reticendo quomodo fuerunt romani sui maiores, ut affirmare videtur auctor in persona ser Burnetti Latini supra in *Inferno* capitulo xv°, dicit quod eorum mansio fuit Florentie in illo angulo mercati veteris ubi ille qui currit ad bravium die festi Iohannis Baptiste invenit ultimum sesterium, scilicet Sancti Petri maioris dicte civitatis. [17] Ad secundum dicit dictus spiritus quomodo natus est anno m°c°vi° incarnationis domini nostri per hec verba quod a die annunciationis Virginis usque ad eius nativitatem ille planeta Martis, qui complet cursum suum in duobus annis, quingentis et quinquaginta tribus vicibus venerat ad suum stelliferum signum Leonis. [18] Et dicit 'suum' ratione eiusdem complexionis: nam, sicut dictus planeta Martis est complexionis calide et sicce, ita dictum signum Leonis. [19] Ad tertium dicit quod omnes illi qui tunc erant ibi valentes arma portare a tempore Martis, ydolatrici Dei florentinorum ante fidem Christi usque ad tempus eius, cum loco dicti Martis Iohannes Baptista successit ibi et patronum, erant quinta pars eorum qui hodie sunt ibi, et hoc est

---

12. Sen., *Benef.* III xxviii 1.
13. Lucan., *Phars.* V 383-86.

Super XVI° capitulo Paradisi

propter villicos factos florentinos cives, venientes de Campi, de Certaldo et de Figino, villis districtus Florentie, et hoc est quod dicit dicta umbra hic quod suo tempore populus et universitas Florentie de puris civibus erat usque ad ultimos artistas, qui sunt fabriles. [20] Nam ponit Ysidorus in suos *Ethymologiis* tria genera artium: primum cantantium et saltantium, secundum est liberalium artium, tertium et ultimum fabrilium artium et aliarum mechanicarum, [21] unde ait Papias: *Mechanica est quedam doctrina ad quam subtiliter fabricam omnium rerum concurrere dicunt*. [22] Yppodamus vero phylosophus, ut dicitur in ii° *Politicorum*, dixit civitatem distingui in pugnatores, in agricolas et artifices. [23] Trespianus et Gallutius, de quibus hic tangitur, duo loca sunt vicina Florentie. [24] Item dicit de domino Baldo iudice de villa Aguglone et de domino Facio iudice de villa Signe, comitatis Florentie, ut dicit textus. [25] Item dicit quod, si clericalis gens plus aliqua alia tralignans, idest degenerans, non fuisset contraria Cesari, idest imperio, ex quo inde guerre pullularunt adeo quod olim homines de castro Simifontis, districtus Florentie, rebellarunt se comuni Florentie, nec a tali rebellione destiterunt donec florentini illos non fecerunt cives Florentie, [26] et sic, ubi avi eorum olim in cerca armatorum volvebant se ad Simifontem, idest ad nomen illius castris ut alii villici ad nomen aliorum suorum castrorum et villarum hodie cernuntur cum civibus Florentie, ut dicitur hic in textu. [27] Et de castro Montemurli olim comitum Albertorum et Cerchi essent in eorum villa de Acone ut eius originarii, et forte etiam Bondelmontes in valle Greve, dicendo de confusione personarum, quomodo scilicet ita obest civitati sicut superappositus cibi stomaco nostro. [28] Unde Thomas, *De Regimine Principum*, adhuc ait: *Extraneorum conversatio corrupit civium mores*, [29] et Seneca: *Compositio dissimilium bene composita disturbat*, subdendo dicta

---

20. mechanicarum] mechanicarum ⟨artium⟩ V.

26. cerca] cerna C V.

29. dicta umbra] dicta V. xvi°] x {x > v}i V.

---

20. Cf. Isid., *Etym.* I ii.
22. Arist., *Pol.* II iv 1267b 23–35.
28. Thom., *Reg. Princ.* II iii 7.
29. Sen., *Tranq.* XVII 3.

umbra quod parvus populus melius procedit quam immensus, [30] unde Phyloso-phus in iii° *Ethycorum* inquit: *Quanto maior est populus remotior est intellectus*. [31] Ad quartum et ultimum dicta umbra nominat infrascriptos florentinos qui suo tempore magnates erant in civitate Florentie et nobiles, vel fieri incohabant, scilicet Ugones Catelini, Philippi, Greci, Ormani, Alberici, illi de la Sanela et de L'Archa, Solda-nerii, Ardinghi et Bustichi. [32] Item Ravignani, tunc morantes Florentie iuxta portam dicti sancti Petri, ubi in m°ccc° morabantur supradicti Cerchi, et inde expulsi sunt anno sequenti, ut prenuntiant hec verba hic, a quibus Ravignanis mediante persona dicti domini Bellincioni, de quo dixi in precedenti capitulo, descenderunt comes Guido de Casentino ex Guadrada, illa filia dicti Bellinzoni de qua dicitur in *Inferno* per hunc auctorem in capitulo xvi°, et illi qui nominati sunt ab eius nomine, ut dicit hic textus, subaudi in domo de Donatis et de Adimaribus et de Alagheriis, in quibus tribus domibus nupte fuerunt tres alie filie dicti domini Bellincioni. [33] Item illi de la Pressa et Galligarii, item Pilli, cuius signum est una columpna vari, item Sacheti, Thiochi, Fifantes et Barucci et Galli et Claramontenses, quorum iam unus deufradavit starium dogane salis comunis Florentie existens ibi superstes, et hoc est quod dicit hic textus, scilicet quod adhuc erubescunt hodie illi de illa domo dum eis hoc improperatur. [34] Item Donati, Calfucci et Uccelini, omnes de uno cippo et stirpe; item Sitii et Arrighucci iam erant tracti ad curules, idest ad magna officia Florentie et sedes pretorias, [35] unde in *Grecismo* dicitur: *Rex solium, doctor catedram iudexque tribunal possidet atque sedet, presul pretorque curules*. [36] Item Uberti, item Liberti, quorum signum sunt palle auree, item Tusinghi, Bisdomini et Alioti, patroni Ecclesie episcopalis Florentie, item Adimares oltracotati, idest ultra quam debeant se elevantes, item Caponsachi, Iudi et Infangati, item Peruzzi, item Pulci, Nerli comites de Gangallado et illi de la Bella, que quattuor domus habuerunt militiam a quodam comite Ugone, sepulto in abbatia predicta florentina, et ibi semper in festo sancti Thomasii fit eius anniversale, cuius insigna sunt liste albe et rubee per longum, in cuius tali signo predicti De La Bella habent unum frisium aureum seu bandam, ut dicit textus hic; [37] item Gualterotti et Importuni morantes olim in illa contrata que dicitur Burgus Florentie, ubi

32. prenuntiat] prenuntiat V.

Super XVI° capitulo Paradisi

Bondelmontes ut novi vicini ad standum supervenerunt, ut tangitur hic in textu; [38] item Amidei et Gherardini eorum consortes, quorum Amideorum desponsata olim quodam iuvene per dictum dominum Bondelmontem per verba de futuro, dum dictus sponsus deberet annullare eam per verba de presenti et ducere quadam die destinata ad illud, et iam congregata gente, desponsavit quadam de Donatis eadem die suasione matris sponse. [39] Ex quo dictus dominus Bondelmontis occisus fuit a dictis Amideis cum amicis Ghibellinis eorum de consilio domini Musce de dictis Lambertis, ut dicit hic auctor in *Inferno* in capitulo xxviii° apud Pontem Veterem, ubi tunc erat quedam statua lapidea Martis sine capite. [40] Et hoc tangit hic textus de petra scema, idest diminuta, et de victima et de Ema, fluvio currente in contrata illorum de Bondelmontibus predictis; et hinc inceperunt civilia bella Florentie et divisiones et expulsiones civium eius, et lilium album, primitivum signum civitatis Florentie, pars guelfa florentina mutavit in rubeum, et si victoriam habebat contra Ghibellinos lilium album ponebat ad astam retreorsum, ut fit in banderiis defunctorum, et e contrario faciebant Ghibellini. [41] Et ecce quod dicitur hic in textu in fine et quod auctor tangere vult.

SUPER XVII° CAPITULO PARADISI

[1] **Qual venne a Climenè per aciertarsi**. [2] In hoc xvii° capitulo, continuando se, auctor dicit comparative quod — sicut Pheton adivit cum filiali audacia et fiducia iam dictam Climenem eius matrem ad certificandum se utrum sol esset eius pater, improperato sibi per Epaphum quod non erat, ut plene scripsi in *Inferno*, capitulo xvii°, qui Feton adhuc facit, ut dicitur hic in textu, patres parcos filijs in voluntatibus iuvenilibus suis exemplo casus dicti Phetontis mortui propter assensum paternum, [3] unde Lex monet patres in hoc dicens: *Melius est coartare iuveniles calores filiorum quam, cupidini dediti, tristem exitum sentiant*, — [4] ita ipse auctor filiali fiducia venit ad dictam umbram ad se certificandum de sua fortuna et, per similitudinem contrariam arguendo, dicit quomodo dicta umbra ita videt omnia contingentia in cospectu divino sicut homo non potest videre duos obtusos angulos cadere in triangulo; in quo notandum est quod tres sunt anguli: scilicet rectus, quando scilicet una linea recta cadit perpendiculariter super unam aliam rectam; item alius acutus dicitur, scilicet quando una linea recta cadit super aliam rectam non perpendiculariter, sed declinat ad partem linee superius cadentis; alius dicitur obtusus quando una linea recta non perpendiculariter nec declinat ad partem linee superius cadentis, sed declinat ad oppositam partem; [5] amodo, quia omnis triangulus consistit ex tribus lineis, si faciamus quod una se habeat ad angulum rectum, statim sequitur quod duo anguli sunt acuti, et sic triangulus habens solum tres angulos non potest in se capere nisi unum angulum obtusum, sine quo

---

1. venne] C uene V.

---

1. *Par.* XVII 1.
3. *Corp. Iur. Civ., Cod. Iust.* VI LXI viii 5a.

potest etiam esse, sed duos habere non potest, [6] tangendo quod ait Phylosophus in i° *Ethycorum* dicens: *Virtuosus fortunas prosperas et adversas fert ubique prudenter tanquam bonus tetragonus*: dicitur 'tetragonus' id quod, proiectum, semper erectum remanet ut remanet taxillus. [7] Ultimum enim auctor in hoc quod dicit se tetragonum fore ad ictus fortune, sentire videtur quod ut virtuosus id patietur, secundum Senecam dicentem in libro quomodo in sapientem non cadit iniuria, vel contumelia, nichil erripit fortuna, nisi quod dedit virtutem, aut non dat, et ut fecit Stilbon phylosophus, ut subdit ibi ipse Seneca, quod, capta sua proprietate et amisso toto suo patrimonio, interrogatus a Demetrio rege, qui ceperat dicta eius patrimonia, num aliquid perdidisset *"Nichil", inquit, "omnia enim mea mecum sunt"*. [8] Post hec dicta, umbra, satisfaciendo auctor de eo quod petit scire ab ea de statu suo futuro sic ait: contingentia, idest rerum eventus futurus, quod non extenditur extra quaternum nostre materie, idest terminum humane nostre scientie et cognitionis, que, licet presens videre possit, futura autem non quidem, sed conspectu divino tota patet, non tamen cum necessitudine taliter contingendi, sicut navis dicta exemplificando per flumen non capit necessitatem a visu alicuius videntis eam ita ire, nec etiam in quadrigis moderandis et flectendis ea que facere spectantur aurige necessitatem inferunt, ut exemplificat Boetius in v° sic subdendo ibi: *Divinam te prescientiam non posse evitare, sicuti presentis occuli effugere non possis intuitum, quamvis te in varias actiones libera voluntate converteris,* et sic nostro libero arbitrio cum divina prescientia concurrente talia contingunt. [9] Unde idem Boetius ibidem subdit: *Que cum ita sint, manet intemerata mortalibus arbitrii libertas nec inique leges solutis omni necessitate voluntatibus premia penasque proponunt. Manet etiam spectator desuper cunctorum prescius Deus visionisque eius presens semper eternitas cum nostrorum actuum futura qualitate concurrit bonis premia malis supplicia dispensans. Nec frustra sunt in Deo posite species et preces, que, cum recte sunt, inefficaces esse non possunt. Adversamini igitur vitia,*

7. sentire videtur] sentire V.

---

6. ARIST., *Eth.* I v 00b 19–22.
7. SEN., *Const. Sap.* V 6.
8. BOETH., *Cons.* V pr. vi 38.
9. BOETH., *Cons.* V pr. vi 44–47.

colite virtutes etc.; [10] circa hunc passum non levem Thomas in sua prima parte, questione xxii[a], ait: *Divina providentia quibusdam rebus necessitatem imponit, non omnibus. Nam, quibusdam effectibus preparavit causas necessarias, ut necessario evenirent, ut solem oriri, quibusdam ut contigenter secundum quod ratio divine providentie habet ut contingenter eveniant;* [11] Gratianus in *Decretis* ad hoc sic ait: *Quamvis convenienter dicatur, si hec prescita sunt a Deo, necessario evenient, non tamen absolute hoc verum est, quia hic necessitas refertur ad rerum eventum, ibi ad intuitum divine prescientie. Unde Augustinus ait: "Due sunt necessitates, una simplex, veluti necesse est omnes homines esse mortales, altera conditionalis, ut si ambulare aliquem quis scit, eum ambulare necesse est. Quod enim quisque novit, id esse aliter quam notum sit nequit. Hanc necessitatem non propria facit natura, sed conditionis adiectio. Nulla enim necessitas cogit incedere voluntate gradientem, quamvis eum tum, cum graditur, necesse est eum incedere. Eodem igitur modo, si quid providencia divina presens vidit, id esse necesse est; at ea futura, que ex arbitrij libertate proveniunt, prescientia contuetur. Hec igitur, ad intuitum divinum relata, necessaria fiunt per dispositionem divine notionis; per se considerata, absolutam nature sue libertatem non amictunt. Fient igitur cuncta que futura Deus prenoscit omnino, sed quedam eorum libero proficiscuntur arbitrio, que, quamvis eveniant, existendo tamen naturam propriam non deserunt, que priusquam fieret etiam non evenire potuissent".* [12] Tales enim locutiones, dicit ibi Glosa, sunt duplices hoc modo, scilicet Deus providit aliquid necessario illud evenire, quia si hec dictio necessario determinat totalem consequentiam, locutio est vera, et tunc talis est sensus. Hec consequentia si Deus prescivit aliquid illud evenire est necessarium, si vero determinat, tantum consequens est falsum. Et sic, si Deus prescivit Petrum cenaturum necessario Petrus cenabit, hec verum si hec dictio necessario determinat totam illam propositionem condictionalem, et non tantum alteram partem. [13] Unde Magister Sententiarum in hoc etiam sic ait: *Hec debent intelligi cum conditione implicita seu disiunctiva, ut sic*

---

10. xxii[a]] ST L B xii° V.

11. eum tum cum] ST L B eum cum V.

13. utrumque simul esse] L B utrumque simul V.

---

10. THOM., *Theol.* I q. xxii a. 4.
11–12. *Decr. Grat.* II C. XXIII q. iv c. 23 et *Gl.* rel.
13. PETR. LOMB., *Sent.* I xxxviii 5.

Super XVII° capitulo Paradisi

dicatur "non potest aliter fieri quam Deus prescivit", hoc est ut non esse possit utrumque simul esse, scilicet quod Deus prescivit ita fieri et aliter fiat, verum erit. Si vero disiunctive dicendo "hoc aliter non posse evenire quam evenerit, quoniam futurum hoc Deus prescivit", falsum est: hoc enim aliter potest evenire quam evenit, et tamen hoc modo prescivit, et si dicatur Deum non potuisse non prescire omne quod fit, falsum est; potuit enim facere ut non fieret et ita non est prescitum. [14] Inde prenuntiat dicta umbra auctori quomodo de proximo exulabit ita de sua civitate Florentie insons: sic Yppolitus, filius Thesei, olim ducis Athenarum, de dicta eius civitate exulavit, expulsus a dicto suo patre propter accusam contra eum factam per Phedram, uxor dicti Thesei et novercam ipsius Yppoliti, de attentatione carnali contra veritatem. [15] De quo Ovidius in xv°, scribendo inter alia, inquit: *Fando aliquem Ippolitum vestras si contingit aures / crudelitate patris, scelerate et fraude noverce.* [16] Item prenuntiat quomodo ipse auctor cum parte Blancorum de Florentia, tractatu Bonifatii pape octavi in Curia Romana, ubi Christus sepe simoniace mercatur intollerabiliter, expulsus fieret, [17] tangendo quod ait Boetius dum dicit: *Cum miseris aliquod crimen affigitur que perferunt meruisse creduntur.* [18] Item tangit quod ait Seneca, *De Consolatione ad Matrem*, dicens: *Primo illud intueri volo, quid acerbi afferat ipsa loci commutatio: per exilium etiam carere patria intollerabile est.* [19] Item prenunciat quomodo auctor in dicto suo exilio primo applicabit Verone ad dominum Bartolomeum De La Scala, tunc ibi dominatorem, et quomodo ibi videbit dominum Canem eius fratrem in etatem novem annorum, acturus in armis, ut patet in textu. [20] Inde auctor, ut sit de illis viventibus in fama de quibus Virgilius in vi° sic ait: *Hiisque sui memores alios fecere merendo*, ut mereat detestando vitia et vitiosa opera manifeste et vere perpetrata iam per diversas personas, fingit hic de consilio dicte umbre se debere notitiam in hoc suo sacro poemate propalare tales, nec debere de hoc timere, dummodo verum dicat multis sepe odiosum, [21] iuxta illud Terrentii: *Obsequium amicos, veritas odium*

    18. ad Matrem] ST L B ad mateum V.

    20. sacro] satiro V.

---

15. Ov., *Met.* XV 497–98.
17. Boeth., *Cons.* I pr. iv 44.
18. Sen., *Helv.* VI 1–2.
20. Verg., *Aen.* VI 664.
21. Ter., *Andr.* 68.

parit. [22] Quod consilium dicte umbre respicit Salamonem dicentem *Proverbiorum* viii° capitulo: *Veritatem meditabitur guttur meum, et labia mea detestabuntur impios.* [23] Item et Crisostomum, ita scribente: *"Nolite timere eos quod corpus occidunt"* ne forte propter timorem mortis non libere dicatis quod audistis, nam proditor est qui non libere pronuntiat veritatem. [24] Item Yeronimum dicentem: *Peccantem coram hominibus argue, ut ceteri metum habeant,* [25] et Augustinum: *Peccata manifesta manifestare ad utilitatem universi debemus.* [26] Unde Lex: *Peccata nocentium nota esse et oportere et expedire.* [27] Item Iuvenalem dicentem: *Summum crede nefas animam preferre pudori, / et propter vitam vivendi perdere causas.* [28] Item movetur dicta umbra ad tale consilium hac etiam ratione, quia auris auditoris non sedatur nec fidem firmat super aliqua dicta seu scripta per exemplum habens eius radicem et fundamentum suum occultum et incognitum, sicut esset si iste auctor et alii poete non expressarent nominatim illos, per quorum exempla bona vel mala homines adversentur vitia, ut supra per Boetium, alantur et colant virtutes, [29] et secundum hoc ait Seneca, *Ad Lucilium* dicens: *Longum iter est per precepta, breve et efficax per exempla.* [30] Item etiam Cassiodorus in hoc inquit: *Non potest auctoritatem habere sermo qui non iuvatur exemplo.*

    22.   viii°] ST xxi° C V.

---

22. *Prov.* VIII 7.
23. *Decr. Grat.* II C. XI q. iii c. 86.
24. *Decr. Grat.* I D. XLV c. 17.
26. Cf. *Digest.* XXXVI i ix 2.
27. Iuv., *Sat.* VIII 83–84.
29. Sen., *Ep. Lucil.* VI 5.
30. Cass., *Var.* XI 8.

SUPER XVIII° CAPITULO PARADISI

[1] **Già si godea solo del suo verbo**. [2] In hoc xviii° capitulo auctor complet tractatum huius planete Martis usque ibi: **Io mi rivolsi dal mio dextro lato**. [3] Ibi incohat tractare de celo Iovis usque ad xxi^m capitulum inferius sequens in qua prima parte nominat, inter alios, beatos martiales quos ibi per illam crucem fingit se vidisse: Iosue successorem Moysis, qui multa bella pro populo Dei peregit, item Iudam Machabeum qui ab Antiocho rege liberavit bellando israeliticum populum amore Dei, comparando eius motum per dictam crucem paleo (vocatur 'paleus' Florentie ille trochus qui agitatur cum ferza, idest cum ferula per pueros); [4] unde Virgilius, hoc tangens in vii°, in forma etiam comparationis, ait: *Ceu quondam torto volitans sub verbere turbo, / quem pueri in giro magno vacua atria circum / intenti ludo exercent ille actus habena / curvatis spatiis fertur, stupet inscia turba / impubesque manus, mirata volubile bussum*. [5] Item nominat ibi Karolum Magnum et Rolandum, item Guillelmum de Oringa, Rinoardum eius cognatum, ducem Gottifredum de Buliono et Robertum Guiscardum, omnes olim egregios bellatores pro fide Christi. [6] Post hec auctor fingit se ascendere celum Iovis, quem planetam vocat auctor temperatum: hoc dicit quia, medium inter Martem eius filium et Saturnum eius patrem poetice loquendo, temperat caliditatem Martis predicti et frigiditatem ipsius Saturni — [7] unde ait Alanus: *Progreditur fronesis flammata palatia Martis / tunc Iovis innocuos ignes, lucisque serene / leticiam, risusque poli pertentat eundo, / haec regio stelle*

Rubr: Super xviii° capitulo paradisi expositio incipit V.

---

1. *Par.* XVIII 1.
2. *Par.* XVIII 52.
4. VERG., *Aen.* VII 378–82.
7. ALAN., *Anticl.* IV vii 1, 28–34.

Comentum Petri Alagherii

Iovialis lampade tota / splendet, et ecterno letatur vere beato, / hic sidus ioviale micat, mundoque salutem / nuntiat, et Martis iram Martisque furorem / sistit, et occurrit tranquilla pace furenti, [8] et Lucanus in ultimo: *Frigida Saturno glacies et zona nivalis / sub Iove temperies, et nunquam turbidus aer* — modo ut auctor tangat, sub quodam allegorico colore, de influentia et impressione huius planete Iovis — [9] quem Albumasar in suo *Introductorio* dicit: significatorem esse regum iustorum, [10] unde Virgilius in i°, in persona Didonis ait, invocando Iuppiter hospitibus: *Nam te dare iura loquuntur,* scilicet homines, [11] et Valerius Soranus de eo loquens ait: *Iuppiter omnipotens rerum regumque reperto* — dicit quomodo dicti spiritus ioviales de se faciebant, volitando in dicto planeta, licteras vocales [12] (ita dictas secundum Ysidorum, *Quia per se vocem implent et sillaba faciunt, nulla adherente consonante et directo yatu faucium sine ulla collisione varie emittuntur,* scilicet A, E, I, O, U), item et consonantes (ita dictas *Que diverso motu lingue aut impressione labiorum efficiuntur et quia per se non sonant, sed iunctis vocalibus consonant,* ut D, L, M et alie cetere), in numero scilicet xxxv, [13] in quo numero comprehenduntur hec verba Salamonis, *Sapientie* capitulo i°, scilicet *Diligite Iustitiam qui iudicatis terram*; ad que describenda auctor invocat hic virtutem fontis Pegasei, quem fontem auctor accipere videtur hic pro illa secunda parte moralis phylosophie quam vocamus politicam, que respicit regimen civitatum et regnorum, ut tangitur hic in textu, [14] de qua Tullius in suis *Tusculanis Questionibus* sic ait: *O vite philosophia dux, o virtutis indagatrix expultrix vitiorum! quid non modo nos, sed etiam omnino vita hominum sine te esse potuisset? Tu urbes peperisti, tu dissipatos homines in societatem vite collocasti, tu inter se primo domiciliis, inde coniugiis, tum licterarum et vocum communione iunxisti, tu inventrix legum magistra morum, a te opem petimus etc.* [15] Item et Salamon, *Proverbiorum* viii°, in persona talis partis

---

8. nivalis] ST L B rivalis V.

12. Que diverso] ST qui diverso V.

15. viii°] ST xxi° L B C V.

---

8. Lucan., *Phars.* X 205, 207.
10. Verg., *Aen.* I 731.
11. Cf. Aug., *Civ. Dei* VII 9.
12. Isid., *Etym.* I iv 3.
13. *Sap.* I 1.
14. Cic., *Tusc.* V ii 5.
15. *Prov.* VIII 15–16.

Super XVIII° capitulo Paradisi

phylosophie inquit: *Per me reges regnant et legum conditores iusta decernunt, per me princepes imperant et potentes decernunt iustitiam.* [16] Et Thomas in hoc etiam ait: *Politice virtutes sunt hominis cum animal sociale est: his boni viri rei publice consuluunt, urbes tuentur, parentes venerantur, liberos amant et proximos diligunt, salutem civium gubernant.* [17] Inde dicit quomodo dicti tales spiritus in dicta hac ultima lictera M conglutinarunt se in forma cuiusdam aquile, addito collo et capite, ut dicit textus, [18] in quo auctor vult tangere allegorice quod elicitur de *Politica* Phylosophi dicentis ibi quod *Quando aliqua plura ordinantur ad unum oportet illud unum regulare seu regere, alia vero regulari et regi, et sic omnia particularia regimina et regna ordinari in iustitia debent et respicere ad unum principem seu principatum, qui est ipse monarcha seu imperator,* [19] et ideo dicit quedam *Lex* quod *Totum Ius est in scrineis pectoris imperatoris,* quod exponitur *idest in curia sua,* que debet egregiis habundare legum doctoribus, per quorum ora loquetur ut publica et totalis iustitia ex universis regnis particularibus resultans, pro qua hec talis aquila figuratur signum romane monarchie et imperii, cuius iustitie humane dicta stella Iovis seu planeta effector est, ut dicit hic auctor. [20] Ideo rogat divinam mentem auctor hic, in qua dicta iustitia initiatur, ut respiciat fumum unde vitiatur, scilicet cupiditatem prelatorum et ut irascatur iterum, [21] ut fecit cum reppulit de templo vendentes et ementes, ut dicitur *Mathei xxi°,* qui hac dictam iustitiam imperialem suffocarunt, [22] ad quod ita ait Origenes: *Nunc arbitror templum Dei ex lapidibus vivis constructum Ecclesiam Christi. Sunt autem multi in ea, non, sicut decet, spiritualiter viventes, sed secundum carnem militantes, qui domum orationis faciunt speluncam latronum; qui, cum deberent de Evangelio vivere, hoc non faciunt, sed divitias et possessiones acquirunt ut possit dicere Christus: Que utilitas in sanguine meo, dum descendo in corruptionem? Nam convenit verbum de vendentibus columbas*

---

19. scrineis] ST C scaneis V.

22. domum orationis] ST domum et orationis V. columbas] ST L B *om.* V.

---

16. Cf. THOM., *Theol.* I–II q. lxi a 5, q. xcv a. 4.
18. THOM., *In libros Metaph.* proem, and cf. ARIST., *Polit.* III 14 (1284b 35–1258a 2, 1285b 30–35).
19. Cf. *Cod. Theod.* VII IV xxiv 8.
21. *Matt.* XXI 12–13.
22. *Decr. Grat.*, II C. XVI q. vii c. 9.

Comentum Petri Alagherii

eis qui tradunt Ecclesias avaris et tyrampnis et indisciplinatis, [23] unde et Cassiodorus: *Negotiatores abominabiles sunt qui iustitiam Dei non considerantes per inordinatum ambitum pecuniarum polluuntur,* [24] et Yeronimus: *Veteres scrutans ystorias invenire non possum scindisse Ecclesiam Dei, et de domo Domini seduxisse populos,* propter eos qui sacerdotes positi fuerunt a Deo, isti ergo vertuntur in laqueum tortuosum, in omnibus locis ponentes scandalum, per quorum exempla laici deviant, ut dicit textus hic. [25] Unde Gregorius: *Scire prelati debent, quia si perversa perpetrant, tot mortibus digni sunt quot ad subditos suos perdictionis exempla transmictunt.* [26] Ultimo auctor, loquendo romano Pastori, dicit quomodo scribi facit in curia sua processus interdictorum et excomunicationum ad finem ut cancellentur pecunia, auferendo missas et per consequens corpus Christi modo hic modo ibi, habendo solum animum ad florenos sculptos ymagine Baptiste qui vixit solus in deserto, et qui per saltus, idest per tripudium filie Herodis, mortuus est et sic devastat vineam, idest Ecclesiam, [27] unde Ysaia, iii° capitulo: *Vos enim depastis estis vineam meam et rapinas pauperis in domo vestra.*

24. Veteres] ST L B uteres V. deviant] deviat V.

---

23. *Decr. Grat.* I D. LXXXVIII c. 13.
24. *Decr. Grat.* II C. XXIV q. iii c. 33.
25. Greg., *Reg. Past.* III 4.
27. *Is.* III 14.

SUPER XVIIII° CAPITULO PARADISI

[1] **Parea denanzi a me cum l'ali aperte**. [2] Continuato hoc xix° capitulo cum proximo precedente, auctor tangit hic primo de significatu huius verbi 'fruor', proprie sumpto [3] (dicit enim Augustinus in libro *De Doctrina Christiana* quod *'Uti' et 'frui' differunt; nam res quibus frui debemus nos beant, sed ille quibus utimur coadiuvant; res igitur quibus fruendum est sunt Pater, Filius et Spiritus Sanctus, et sic frui est cum gaudio non adhuc spei, sed iam rei*, [4] unde magistraliter dicitur *Utimur utilibus, fruimur celestibus escis, / vescimur optatis potior sed fungor honore*, et ecce quod dicit hic de dulci frui textus), [5] secundario, in eo quod fingit dictum glutinum dictorum Iovialium in forma aquile loqui ut singularis persona cum voce universali tot animarum, vult tangere auctor virtutis iustitie naturam [6] secundum diffinitionem Senece dicentis in libro *De Quattuor Virtutibus*: *Iustitia est divina lex et vinculum societatis humane*, [7] et in *Epistulis ad Lucilium* idem sic ait: *Hec societas diligenter et sancte nobis observanda est que nos omnes omnibus miscet et iudicat aliquid esse commune ius humani generis*, [8] adeo quod de ipsa Tullius, *De Officiis*, ita ait: *Tanta est vis iustitie, ut ne illi qui maleficio et scelere pascuntur, sine ulla particula iustitie vivere possint*; [9] inde in eo quod fingit dictum signum talis aquile dixisse se gloriosum esse ita in celo eo

---

7. iudicat] ST indicat V C.
8. quod de ipsa] quod ipsa V. vis iustitie] ST L B ius iusticie V.

---

1. *Par.* XIX 1.
3. AUG., *Doctr. Christ.* I iii 3, 5.
6. DANTE, *Mon.* II v 4.
7. SEN., *Ep. Lucil.* XLVIII 3.
8. CIC., *Off.* II xi 40.

quod fuit hic iustum et pium, tangit auctor aliam qualitatem iustitie, que est si adheret misericordie et pietati et non rigori, [10] de quo ille Salamon, *Ecclesiastes*, vii° ait: *Noli esse nimis iustus,* [11] unde Gregorius in *Moralibus* inquit: *Omnis qui iuste iudicat stateram gestat in manu, et in utroque penso iustitiam et misericordiam portat, sed per iustitiam reddet peccati sententiam, per misericordiam peccati temperat penam,* [12] ut fecit Moyses qui in regimine suo utrumque miscuit ut nec discipline deesset misericordia, nec misericordie disciplina, [13] et ex hoc ait Lex quedam *Codici*: *Ita placuit in omnibus principium esse iustitie equitatisque stricti iuris rationem.* [14] Inde dum dicit auctor hic, iuxta illud *Mathei* xiii°: *Fulgebunt iusti sicut sol in regno Patris eorum,* [15] quod dicti Ioviales ut luces et radii solis faciendo et componendo de se dictam aquilam, aliqui plus aliqui minus ascendebant, vult denotare id quod ait Augustinus in suo dicto libro *De Doctrina Christiana* dicens sic: *Ratio rotunditatis eadem est in magno disco et in nummulo exiguo, ut a puncto medio omnes linee equales ad extrema ducantur; ita ubi quis parva iuste gerit non minoratur iustitie magnitudo.* [16] Post hec autem facit se clarificari a dicto signo in hoc suo tali dubio: Ecce quidam in extremo Orientis iuxta Indum fluminem (a quo Yndia dicitur, nascentem in Caucaso monte et fluentem ad meridiem et ingredientem Mare Rubrum) nascitur, ubi vivendo nemo sibi quicquam loquitur de Christo, perfectissimus tamen existens in virtutibus et moribus et sine ullo peccato moritur, tandem non baptizatus, et sic perdita est eius anima, [17] sed qua iustitia hoc fiat certe dicit hic auctor non videre se, incipiendo sic dictum signum, ille scilicet Deus qui volvit sextum, idest compassum in extremo mundi, scilicet cum circumferentia maris Occeani ambientis totam hanc nostram terram detectam habitabilem, non potuit, idest non voluit, seu non decuit eum ita suum valorem inprimere per totum universum quin eius verbum, idest eius increata sapientia non remaneret in infinito excessu, idest quin

11. manu, et in utroque] ST manu in utroque.

16. loquitur] loquit(ur) u(el) loquit V.

---

10. *Eccl.* VII 17.
11. *Decr. Grat.* I D. XLV c. 10.
13. *Corp. Iur. Civ., Cod. Iust.* III i 8.
14. *Matt.* XIII 43.
15. AUG., *Doctr. Christ.* IV xviii 35.

Super XVIIII° capitulo Paradisi

non excederet in infinitum nedum nostros humanos intellectus, sed etiam angelicos, quod patet, dicit hic textus, in Lucifero excedente in sapientia omnes alias creaturas — [18] unde *Ezechielis* xxviii° capitulo dicitur: *Tu Lucifer signaculum similitudinis, plenus scientia, tu cherub in monte sancto Dei*, (cherub idem est quam plenitudo scientie) — quantum cecidit, non discernens quomodo equiparari non potuit Deo, cum ratio divinitatis hoc non patiatur, cum sic plures Dei fuissent et sic non esset dare primam causam. [19] Inde dicit dictum signum quod, licet vestra mens et intellectus ut radius quidam divine mentis superficialiter intueatur in levibus passionibus ratione divine iustitie, non tamen ita in profundis passibus, ut in presenti nostro casu. [20] Et tamen ita est hic ibi sicut est in mari fundus quem iuxta litus videmus, non autem in pelago, et tamen ita est ibi in uno loco sicut in alio ut dicitur hic in textu, contingendo hoc ex defectu nostri visivi sensus non rei. [21] Ad hoc Augustinus in quodam *Decreto* recitatus ita ait: *De Tiriis et Sidoniis quid aliud dicere possumus, quam non esse datum eis ut crederent, quos credituros esse ipsa veritas docet, Mathei capitulo xi°, si talia qualia apud non credentes facta sunt virtutum signa vidissent, quare eis hoc negatum fuerit dicant si possunt calumpnitates et ostendant cur aput eos Deus mirabilia, quibus profutura non erant, fecerat, et apud eos, quibus profutura erant, non fecerit. Nos etenim, si ratione facti profunditatem iuditii eius penetrare non possimus, manifestissime tamen scimus et verum esse quod dixit et iustum esse quod fecit, et non solum Tirios et Sidonios, sed etiam Corozaim et Bethsaida potuisse converti, et fideles ex infidelibus fieri, si hoc in eis Dominus voluisset operari. Neque enim ulli falsum videri potest quod Dominus ait Iohannis vi° capitulo, scilicet "Nemo potest venire ad me, nisi fuerit ei datum a patre meo"*; [22] facit etiam in proposito quod ita scribitur *Ecclesiastes*, viii°

---

21. crederent] ST C cederent V. cur apud eos Deus mirabilia, quibus profutura non erant, fecerat, et aput eos, quibus profutura erant, non fecerit] ST L B C cur aput eos deus mirabilia quibus profutura non erant fecerat et aput eos quibus profutura [non] erant fecerat et aput eos quibus profutura erant non fecerit V. non credentes] ST L B nos credentes V vos credentes C.

---

18. *Ezech.* XXVIII 12–14.
21. *Decr. Grat.* II C. XXIII q. iii c. 23.
22. *Eccl.* VIII 17.

capitulo: *Omnium operum Dei homo rationem reperire non potest,* [23] et Apostolus, *Ad Romanos*: *O altitudo divitiarum sapientie et scientie Dei, quam incomprensibilia sunt iuditia eius et investigabiles vie eius*; [24] et Baruch propheta: *Quis ascendit in celum et accipit sapientiam? Non est qui sciat viam eius, sed qui scit universa novit illa et invenit eam prudentia sua,* et ecce quod tangit hic in textu, dum dicit quod si scripture et auctoritates premisse non essent, si dubitaremus hunc passum non esset ita mirandum. [25] Ex quibus subdit quod, nisi illuminetur a Deo intellectus humanus ad iustificandum opera Dei, iudicium nostrum per se ambulat in tenebra et umbra carnis idest in noctem sensuum corporalium, que venenum est in suis argumentis nobis. [26] Ad quod respiciens Iacobum in sua *Epistula*, iii° capitulo, sic ait: *Nolite gloriari et mendaces esse adversus veritatem, non est enim sapientia,* humana subaudi, *desursum descendens, sed terrena, animalis, diabolica,* et concludendo breviter dicit talem dampnatum esse per illa verba quod nemo ad celum vadi qui non crediderit in Christum ante eius passionem et post, et per consequens fuerit baptizatus, [27] iuxta illud *Iohannis* iii° capitulo: *Nisi quis renatus fuerit ex aqua et Spiritu Sancto non potest introire regnum Dei.* [28] Tamen dicit dictum signum quod multi dicunt 'Christe, Christe' qui in die iuditii erunt non ita prope eum sicut dictus Indus. [29] Et hoc intelligendo, ut ait Yeronimus super illis verbis *Mathei* xi° et xii° capitulo que Christus protulit contra Iudeos ita dicendo: *Dico vobis quod Tyro et Sidoni remissius erit in die iudicii quam vobis, et viri Ninivite surgent in iudicio contra generationem istam et condempnabunt eam et etiam regina Austri eam condempnabit dicens: Hoc fiet non potestate sententie sed comparationis exemplo, hoc est quod in comparatione Ninivitarum Iudei magis dampnabiles videbuntur,* quod totum tangere vult hec in persona dicte acquile dum dicit quomodo malos Christianos dampnabit Ethiopus etc. [30] Et eodem modo reges Persarum pagani et gentiles redarguent in tali iuditio infra-

---

24. si dubitaremus hunc passum] C si dubitaremus archa hunc passum V.

---

23. *Ep. Rom.* XI 33–34.
24. *Bar.* III 29, 31–32.
26. *Ep. Iac.* III 14–15.
27. *Ioh.* III 5.
29. *Matt.* XI 22, XII 41–42; HIERON., *Comm. Evang. Matt.* II xii 41–42.

Super XVIIII° capitulo Paradisi

scriptos reges Christianos vitiosos, [31] aperto illo libro de quo dicitur ita, *Apocalipsis* capitulo xx°: *Apertus est alius liber qui est vite, et iudicati sunt mortui ex hiis que scripta erant ibi, secundum opera eorum*; quem librum Augustinus, *De Civitate Dei*, dicit esse *Quendam vim divinam qua fiet ut cuique opera sua bona vel mala in memoriam reducantur*, [32] de quo etiam Psalmista inquit: *Imperfectum meum viderunt occuli mei et in libro tuo omnes scribentur*. [33] Ad idem Iob, xxxi° capitulo, ait: *Quid faciam cum surrexerit ad iudicandum Deus? et cum quesierit quid respondebo ei?* [34] et Apostolus, *Ad Corinthios* ii° capitulo v°: *Omnes enim nos manifestari oportet ante tribunal Christi ut referat unusquisque propria prout gessit sive bonum sive malum*; [35] in quo libro dicit hic dictum signum quomodo patebit tunc ibi perditio Alberti, olim regis Alamanie, in occidendo Vincislaum, regem Boemie et eius regnum occupando, cuius regni principalior civitas dicitur Praga nominata hic; [36] item fabricatio false monete olim facta per Filippum Bellum regem Francie Parisii ubi Secana fluvius currit (qui vulgariter dicitur Senna), qui mortuus est in venatione tandem a quodam apro percussus ut dicitur in textu hic de ictu cutis; [37] item superbia regis Scotti et Anglie, item mollities venerea regis Yspanie et Boemie; [38] item patebit illa largitas Karoli Ciotti, olim regis Ierusalem et Apulie, ut unica virtus, sed mille eius vitia in contrarium sibi aderunt, in quo patet quod in uno et eodem homine virtutes et vitia se compatiantur, [39] iuxta illud verbum Titii Livi loquentis de vitiis et virtutibus Annibalis ita dicentis: *Has enim viri virtutes ingentia vitia coequabatur*. [40] Item avaritia ibi patebit Federici regis Sicilie, in qua ynsula in civitate Trapani Anchises pater Enee mortuus est et sepultus in Senio, ut tangitur hic in textu, addendo quod eius bonitas et virtus erat ita modica quod in licteris truncis a suis dictionibus modicum occupabunt in predicto libro, [41] exemplo Boetii in de-

---

31. xx°] ST xxi° V.

40. ita modica quod in licteris] C ita modica vel ipse in eis quod in licteris V.

---

31. *Apoc.* XX 12; Aug., *Civ. Dei* XX 14.
32. *Ps.* CXXXVIII 16.
33. *Iob* XXXI 14.
34. *II Cor.* V 10.
39. Tit. Liv., *Urb. cond.* XXI iv 9.
41. Boeth., *Cons.* I pr. i 4.

scribendo phylosophiam et ponendo pro hac dictione theorica solum hanc licteram T et pro pratica P, [42] inde dicit de rege Iacobo Aragone eius fratre et de eius patruo Iacobo etiam rege olim Maiolice ut patet in textu; [43] inde dicit de rege Portugalli et Norvesie et rege Rascie, qui olim sub signo et conio Venetorum fabricavit adulterinam monetam ut dicit textus; [44] item dicit de Ungaria et Navarra a monte Pirraneo divisa a Gallia ut hic dicitur. [45] Ultimo dicit quomodo iam Nicosia et Famagosta civitates principales insule Cipri conqueruntur quod leo rubeus, armatura seu signum regni ipsius Cipri ynsule, non discedit in clipeo pictus a latere alterius leonis rubei super bandis, signi modernorum regum Cipri existentium de domo Lucimburge, quorum comitum est tale signum leonis.

SUPER XX° CAPITULO PARADISI

[1] **Quando colui che tucto 'l mondo aluma**. [2] In hoc xx° capitulo auctor se continuando exorditur de celo octave spere quomodo adveniente sero fit stellis splendidum, vocando illos beatos ioviales 'flaillos', idest 'ardentes et ignitos splendores', ita dictos a 'flagro, flagras', quod idem est quod 'ardeo' est. [3] Item vocat eos 'lapillos pretiosos', parum differentes a gemmis qui in litoribus maris reperiuntur. [4] Item vocat cantus eorum 'squillos', idest acutas sonoritates; (nam quelibet campana stridula et cum sono subtili et acuto dicitur in Tuscia 'squilla'), tangendo comparative de murmure rivi per saxa cadentis, [5] alludens hiis versibus Virgilii: *Ecce supercilio clivosi tramitis undam / elicit illa cadens raucum per levia murmur / saxa ciet, scatebrisque arentia temperat arva.* [6] Inde inducit auctor dictum signum talis aquile ad dicendum sibi ut respiciat eius occulos, qui sunt illa pars in aquilis mortalibus que valet directo inspicere in solem — [7] unde Lucanus in viiii° ad hoc inquit: *Atque Iovis volucer, calido dum protulit ovo / implumes natos, solis convertit ad ortus, / qui potuere pati radios et lumine recto / substinuere diem, celi servantur in usus* — [8] dicendo quod loco pupille occuli dicti signi fulgebat David, 'cantor' Spiritus Sancti: hoc dicit quod nullus alius propheta scripsit versibus nisi ipse, incipiendo:

1. colui] C coluy V.

5. undam] unda V. levia] ST devia V.

7. servantur] ST L B servatur V.

---

1. *Par.* XX 1.
5. VERG., *Georg.* I 108–10.
7. LUCAN., *Phars.* IX 902–5.
8. *Ps.* I 1–2, 5–6.

Comentum Petri Alagherii

Beatus vir qui non abiit in consilio impiorum et in via peccatorum non stetit et in catedra pestilentie non sedit sed in lege Domini voluntas eius / et in lege eius meditabitur die ac nocte. Ideo non resurgunt impii in iudicio nec peccatores in consilio iustorum, quoniam novit Dominus viam iustorum etc., et ecce consilium quod cecinit regentibus hunc mundum et de quo hic dicitur. [9] Secundo fingit auctor sibi ostendi ibi umbram Traiani imperatoris qui, ut scribit Elinandus, et hic dicitur, dum semel filius eius currens eques in urbe, casu suppeditasset et occidisset quendam puerum cuiusdam muliercule vidue, ita pietate et iustitia consolatus fuit eam, ut dictum eius filium tradiderit adoptivum dicte vidue, que ut mater eius inde semper venerata est, de cuius altera pia iustitia dicti Traiani scripsi in *Purgatorio* in capitulo x°, et quia anima huius Traiani experta est modo, propter eius credere in Christum, vitam beatam, et ante experta fuerat infernalem; ideo subditur hic in textu quomodo nunc cognoscit etc. [10] Tertio ostensa est ibi umbra Ezechie, olim regis Yerusalem, de quo ita scribit *Ysaie* xxxviii° capitulo: *In diebus illis egrotavit Ezechias ad mortem, et intravit ad eum Ysaias et dixit ei: "Hec dicit Dominus: 'Dispone domui tue, quia morieris'". Tunc Ezechias faciem convertit ad parietem et orando dixit: "Obsecro, Domine, memento, queso quomodo ambulaverim coram te in veritate et corde perfecto et quod bonum est in occulis tuis fecerim." Et flevit, et factum est verbum Domini ad Ysaiam dicens: "Vade, et dic Ezechie: 'Dominus audivit orationem tuam et fletum, ecce adicientur diebus tuis xv anni'"*, [11] quod dicitur hic, quod mortem distulit propter veram penitentiam, subaudi peragendam, quasi dicat non tantum causa vivendi, adhuc addendo quomodo propter hoc iudicium Dei non transmutatur, ut dicit textus hic. [12] Unde in quodam *Decreto* ita scribitur: *Incommutabilis Dei natura sua sepe legitur mutasse promissa* (ut *Ione* iii° capitulo), *et pro misericordia temperasse sententiam* (ut *Mathei* xii° capitulo et *Yeremie* xviii°), *unde, licet sit incommutabilis, crebro tamen leguntur eius iuramenta adoperta penitentia. Iurare Dei est a se ipso nullatenus ordinata convellere; penitere vero est eadem ordinata, cum voluerit, immutare,* [13] ubi *Glosa* ait super verbo

---

12. immutare] ST mutare V.

13. exponendo in finalem comminationem] finalem exponendo in comminationem V.

---

10. *Is.* XXXVIII 1–5.
12–13. *Decr. Grat.* II C. XXII q. iv c. 9 et *Gl.* rel.

Super XX° capitulo Paradisi

exponendo in finalem comminationem: *Nam ea que Deus dicit commonendo vel comminando bene revocat, sed ea que asserendo dicit non revocat.* [14] Et ex hoc Macrobius dicit quod tripliciter Deos loqui contingit, et secundum hanc distinctionem intelligatur hic auctor. [15] Tertio vidit ibi umbram Constantini imperatoris qui cum ipso signo aquile et cum legibus transtulit suam curiam in Greciam apud Constantinopolim, et sic cessit beato Silvestro, tunc pastori Ecclesie, sub bona intentione etc. [16] Quarto vidit ibi Guillelmum olim regem Sicilie et Apulie, que Sicilia, ut hic dicitur, Federicum eius regem vivum plorat et Apulia Karolum. [17] Item vidit ibi Ripheum, olim regem Troie iustissimum, de quo Virgilius loquendo quomodo mortuus est a Grecis in excidio Troie, sic ait in secundo: *Procumbit, cadit et Ripheus, iustissimus unus / qui fuit in Teucris et servantissimus equi*, addendo quomodo nunc ibi cognoscit de divina gratia etc., tangendo quomodo ad desiderium illius signi universalis iustitie quelibet res qualis est et qualis esse debet efficitur, et apparet ratione dominii et possessionis. [18] Unde Ysidorus dicit quod *Iusticia est ordo et equitas qua homo cum unaquaque re bene ordinatur, cum dicatur ordo conveniens rei collatio*. [19] Post hec dictum signum, volens satisfacere auctori esitanti quomodo anime predictorum Traiani et Riphei sint ibi, incipit sic ab illis evangelicis verbis *Mathei* xi° capitulo dicentis: *Regnum celorum vim patitur et violenti rapiunt illud*, idest 'virtuosi', [20] nam 'virtus' a 'vi' dicitur; 'virtuosi' enim vim faciunt: sibi primo ardua aggrediendo que sunt supra hominem, secundo adversa patiendo, [21] unde *Actuum Apostolorum* capitulo xiiii° dicitur: *Per multas tribulationes oportet nos intrare in regnum celorum*, [22] tertio a placidis abstinendo iuxta illud Ovidii: *Est virtus placidis abstinuisse bonis*,

---

15. Tertio] C quarto V.

16. Quarto] C quinto V.

17. servantissimus] ST servatissimum V.

22. iuxta illud Ovidii] L B iuxta illud V.

---

14. Cf. MACR., *Somn. Comm.* I ii 14, xiv 15.
17. VERG., *Aen.* II 426–27.
18. Cf. AUG., *De Gen. c. Manich.* II x 14.
19. *Matt.* XI 12.
20. Cf. ISID., *Etym.* XI ii 17.
21. *Act. Ap.* XIV 21.
22. OV., *Her.* XVII 98.

[23] unde dicit ibi *Glosa*: *Grandis violentia est de terra nasci et celum rapere et habere per virtutem quod per naturam habere non possumus*. [24] Et Ambrosius etiam ibi ait: *Vim patitur regnum celorum, idest Christus, cui vim facimus non compellendo sed flendo, non provocando iniuriis sed lacrimis exorando, non aggrediendo cum fuste, non saxo, sed mansuetudine et operibus virtuosis*. O beata violentia que vim patienti bonitatem elicit et utilitatem tribuit: [25] ex quo vult auctor in persona dicte acquile ostendere hic ut possibile fuerit propter eorum virtutes dictos Traianum et Ripheum ita esse salvatos, ut dicitur hic Traianum, scilicet baptismo aque et credulitate Christi iam venti. [26] Nam, ut scribit Damascenus beatus Gregorius: *Ita ardenter precatus est Deum pro ipso quod anima dampnata in Inferno dicti Traiani redivit ad corpus per illam suam gratiam*, [27] de qua Psalmista sic ait: *Dominus mortificat et vivificat, deducit ad Inferos et reducit*, in quo corpore habito baptismo per modicum iterum separata est et salvata, et quia, [28] ut scribit Thomas in iiii° *Contra Gentiles*: *Sicut beata anima immutabiliter perdurat in sua bona voluntate et dispositione, ita anima in Inferno dampnata in sua mala; nam aliter si posset mutare suam voluntatem de malo in bonum, iam non esset eius pena ecternalis*; [29] et hoc tangit hic auctor dum dicit quod nunquam in Inferno redditur ad bonum velle (Ripheum iam dictum baptismo flammis idest Spiritus Sancti), cum aspiratione et gratia Dei invisibiliter contingat et eveniat ut in latrone crucifixo cum Christo, de quo baptismo et aliis duobus, scilicet aque et sanguinis plene dicam in capitulo penultimo ubi vide, et sic per gratiam divina credidit in Christum filium Dei venturum; [30] quod tangit hic auctor dicendo quomodo dicti Traianus et Ripheus decesserunt de hoc mundo non ut gentiles, qui 'gentiles' dicuntur illi qui nec baptizati sunt nec circumcisi, ut Saraceni et alii pagani, [31] sed in firma fide credendo dictus Traianus in Christum iam ventum et sic in eius pedibus passis, idest perforatis in cruce, et Ripheus in venturum, et sic in eius pedibus passuris ut dicit textus hic sub illa figura que dicitur 'sinedoce', que fit scilicet quando pars accipitur pro toto, et intellige auctorem de dicto Ripheo hoc sentire, non assentire, sed ut ostendat quod possibile fuerit quod dictus Ripheus, olim gentilis, salvatus fuerit si dicta gratia divina aspiravit ei adventum Christi, ut hic

---

23. Cf. HIERON., *Comm. Matth.* II xi 12.
24. Ps.-AMBR., *Serm.* II 3 (PL XVII 606cd–607a).
27. *I Sam.* II 6.
28. Cf. THOM., *Gent.* IV xcii 9.

Super XX° capitulo Paradisi

dicitur. [32] Nam et Dionisius in suo libro de Ierarchiis dicit quod multi gentiles reducti sunt ad Deum per angelos; [33] item Ugo de Sancto Victore ad hoc etiam inquit: *Semper et ante legem et tempore legis fuerunt aliqui quibus fides incarnationis revelata fuit*, [34] facit quod ait Dominus, *Mathei* viii°, dicens: *Multi ab Oriente et Occidente venient et recumbent cum Abraam, Isaac et Iacob in regno celorum*, [35] dicendo quod ille tres domine fuerunt pro dicto baptismo flaminis dicti Riphei, quas auctor ipse vidit ad dexteram rotam illius currus de quo scripsit in Purgatorio in capitulo xxviiii°, scilicet Fides, Spes et Karitas, tres virtutes theologice, [36] sequendo in hoc Augustinum dicentem in suo libro *De Doctrina Christiana*: *Multi per haec tria virtutes et in solitudine sine codicibus vivunt*; [37] ad salvationem autem dicti Traiani veraciter ita assertam hic per auctorem precibus Gregorii, ut supra tetigi, facit quod idem Gregorius ita in suo *Dialogo* inquit ita dicendo: *Optineri nequaquam possunt que predestinata non fuerunt, sed ea que sancti viri orando efficiunt, ita predestinata sunt, ut precibus optineantur. Nam ipsa quoque perempnis regni predestinatio ita est a Deo disposita, ut ad hoc electi ex labore perveniant, quatenus postulando mereantur accipere quod eis Deus ante secula disposuit donare*. [38] Ex quibus verbis et aliis premissis tangit de gratia divina et de predestinatione et per consequens de prescientia auctor in hoc capitulo, et quomodo nulla creatura hec attingere potest. [39] Ymo nec ipse anime beate videntes Deum cognoscere possunt ut subditur hic in textu; omnes electos ideo monet nos auctor hic ut refrenemur in iudicando de aliquo salvando vel non salvando vel salvato vel non salvato. [40] Nam ad primum Augustinus in quodam *Decreto* de dicta gratia ignota nobis ait: *Nabucodonosor penitentiam meruit fructuosam*

35. tres] L B res V. flaminis] L B flanis V.
36. vivunt] ST L B C yavunt V.
37. optineantur] optineatur V.
40. ipsis flagellis] ST impius est flagellis V.

---

32. Ps.-Dion., *Hier. Coelest.* IX 3 (PG III 261a,d).
33. Hugo De S. Vict., *Summa Sent.* I 3.
34. *Matt.* VIII 11.
36. Aug., *Doctr. Christ.* I xxxix 43.
37. *Decr. Grat.* II C. XXIII q. iv c. 21.
40. *Decr. Grat.* II C. XXIII q. iv c. 21.

(ut Daniel iii° capitulo dicitur et Numeri xxv°) *nonne post innumeras impietates flagellatus penituit, et regnum, quod perdiderat, rursus accepit? Pharao autem ipsis flagellis durior effectus et periit* (ut dicitur *Exodi* capitulo vii°) cum pluribus sequentibus hic miror non reddat qui dignum auxilium nimium alto et sapienti cordis diiudicat. [41] Nam, quantum ad naturam, ambo homines erant ambo reges, ambo captivi populum Dei possederant, ambo flagellis admoniti. [42] Quid enim fines eorum fecit diversos nisi quod unus Dei manum sentiens, in recordatione proprie iniquitatis ingemuit, ut *Danielis* ii° et iiii° capitulo dicitur? [43] *Alter libero contra misericordiam pugnavit arbitrio et periit*, ut dicitur *Exodus* xiiii° capitulo, [44] *Vasis ire*, idest malis hominibus, ut ait Apostolus, *Ad Romanos* viiii° capitulo; [45] *Nunquam Deus reddet interitum nisi spontaneum habere inveniretur homo peccatum quia nec Deus peccatori iuste inferret iram si ex predestinatione Dei cecidisset in culpam ad secundum, scilicet ad id quod de predestinatione sequitur,* [46] ut ait Thomas in prima, questio xxii°: *Est quedam ratio ordinis aliquorum in salutem ecternam in mente divina existens,* [47] iuxta illud Apostoli, *Ad Romanos*, viii° capitulo, *Quos predestinavit Deus hos vocavit, et quos vocavit hos et magnificavit.* [48] Augustinus verum, libro *De Predestinatione*, ait: *Quid est predestinatio nisi destinatio alicuius que semper est in bono et que peccatum sola voluntate hominis comissum aut remictendum novit misericorditer aut plectendum cum iustitia quia sicut prescivit et predestinavit que ipse fecit et ut faceremus dedit, ita quod in malis operationibus numerus sola prescientia Dei intelligenda est.* [49] Et sic prescivit tantum mala et non predestinavit que nec ipse fecit nec ut faceremus exegit, unde Iohannes, ii° capitulo, dicit de discipulis Christi recedentibus ab eo: "*Ex nobis exierunt, sed non fuerunt ex nobis; nam si fuissent ex nobis mansissent nobiscum*" voluntate exierunt et voluntate ceciderunt, quia insipientes sunt, casuri fuissent ei predestinati si reddissent. [50] Et sic predestinatio multis est causa standi, nemini cadendi, unde predestinati non possunt non salvari, presciti licet ab ecterno ubi sint dampnandi et reprobi, tamen

---

44. *Ep. Rom.* IX 22.
46. THOM., *Theol.* I q. xxii a. 1.
47. *Ep. Rom.* VIII 30.
48. AUG. IN PROSP., *Resp.* VI.
49. AUG. IN PROSP., *Resp.* VI.
50. PETR. LOMB., *Sent.* I xl 2.

Super XX° capitulo Paradisi

possunt salvari, ut scribit Magister in i° *Sententiarum*. [51] Et Thomas predictus in prima questio xxiii° ad hoc ait: *Reprobatio Dei non subtrahit de potestate reprobati: nam cum dicitur quod reprobatus non potest gratiam adipisci, non est hoc intelligendum secundum impossibilitatem absolutam, sed secundum conditionatam sicut necesse est quod predestinatus salventur necessitate conditionata que non tollit libertatem arbitrii.* [52] Unde dicitur *Osee* capitulo xiii°: *Ex te perditio tua, ex me auxilium tuum;* [53] unde et Gratianus in suo *Decreto* concludit ex dictis premissis Augustini sic dicendo: *Non ergo necessitatem facit correctionis vel obdurationis divina predestinatio seu prescientia, cum boni per gratiam corrigantur, et libero arbitrio mali pereant,* cum vitia nostra humane ascribuntur mentis arbitrio quod divina clementia in electis misericorditer vertitur ad bonum, in dampnandis iuste relinquit ad malum. [54] Ad tertium et ultimum quod hic tangitur, scilicet de incertitudine humana nostra, ait Thomas in *Summa De Vitiis et Virtutibus*, allegando *Ecclesiastes*, capitulo viiii°: *Ibi sunt iusti et sapientes, quorum opera sunt in manu Dei, et tamen nescit homo utrum amore vel odio dignus sit, et licet homo presentialiter certus esset de bonitate sua vel malitia aliena, finaliter tamen incertus est. Nam, licet proximus tuus in presenti fit homicida vel Iudeus vel Sarracenus, forte in Dei providentia est de ordine cherubinorum vel seraphinorum, licet etiam tu modo sis bonus, forte in presentia Dei eris Inferno afixus.* [55] Unde in dicto *Ecclesiastes*, capitulo viii° dicitur: *Vidi impios sepultos, qui cum viverent in loco sancto erant et laudabantur in civitate quasi iustorum operum,* vidit Salamon spiritu prophetico in Inferno sepultos qui in mundo sancti credebantur. [56] Ad id adde quod tangit hic textus quomodo etiam sancti et anime beate videntes Dominum non agnoscunt omnes electos. [57] Ait Thomas in prima, questio xii^a: *Intellectus creatus videndo divinam essentiam non videt in ipsa omnia que Deus facit vel facere potest, cum nullus intellectus totaliter Deum comprehendat, que est*

51. reprobatus] reprobatio V. sed secundum] secundum V.

54. tuus] tuus tuus V. Iudeus] iudes V.

---

51. Thom., *Theol.* I q. xxiii a. 3.
52. Cf. *Os.* XIII 9.
53. *Decr. Grat.* II C. XXIII q. iv c. 23.
55. *Eccl.* VIII 10.
57. Cf. Thom., *Theol.* I q. xii a. 1.

ipsa prima causa, [58] et ecce quod ait auctor hic dum dixit: **Che la prima cagion non veggon tota**, scilicet aspectus intellectualis creati predicti. [59] Nam et angeli cum vident per essentiam et non tamen omnia sciunt, facit quod dicitur Marci xiii° capitulo de nescientia diei iudicii qui quando erit *Nemo scit neque angeli neque Filius nisi Pater*, Filius dico in quantum homo non in quantum Deus est, nam, ut ipse dicit, qui videt Eum videt et Patrem eius.

58. veggon] C vegion V.
59. diei] ⟨s⟩diei V.

---

58. *Par.* XX 132.
59. *Marc.* XIII 32.

SUPER XXI° CAPITULO PARADISI

[1] **Già eran gli occhi miei refissi al volto**. [2] In hoc xxi° capitulo et in sequenti auctor, tractando de planeta et celo Saturni et de beatificatis sub eius influentia, fingit primo se cum Beatrice ascendisse dictum celum, nec ibi cantum et sonum se audisse, nec ipsam Beatricem etiam ridere vidisse, ratione assignata hic in textu, [3] tangens etiam quod scribit Ovidius in iii° de Semele combusta propter se videre velle Iovem in essentia divina cum visu mortali, de qua ystoria fabulosa plene scripsi in *Inferno* in capitulo xxx°; dicendo inde auctor quomodo tunc dictus planeta radiabat sub signo Leonis deorsum hic mestus (alibi mistus) de suo valore, idest de sua virtute infusiva. [4] In quibus verbis sic premissis vult ipse auctor tangere de natura et complexione et influentia dicti Saturni; nam, in quantum textus et lictera dicant, mistus tangit de misto idest de duplici effectu ipsius stelle, [5] de quo sic dicitur in Alchibitio: *Sub infusione Saturni due species hominum cadunt, una quarum grossa est et inculta, puta illorum qui grosse, nigre et inculte capillature sunt, decentes vestes spernentes; alia est illorum qui in heremis et in solitudine religiose ad contemplativam vitam in totum se dant, monastice et heremitice abominantes omnia secularia ac in silentio et castitate vigentes.* [6] Ad quam hanc secundam speciem respiciens, Iuvenalis ait: *Credo pudicitiam Saturno rege moratam / in terris visamque diu etc.*; in quantum vero textus dicat hic 'mestus', [7] vult tangere auctor quod ait Albericus in suo *Poetario* dicens: *Saturnum mestum fore puta bello victum, et de regno expulsum vel quia*

1.   eran] C eram V. occhi] C ochi V. miei] C mei V.

---

1.   *Par.* XXI 1.
3.   Ov., *Met.* III 253–315.
6.   Iuv., *Sat.* VI 1–2.

eius stella mestitiam in suo ortu semper denuntiat; [8] nam et in signo Capricorni graves pluvies inducit, in signo Scorpionis grandines et fulmina et ventos: [9] ex quo dicitur stella frigida et nociva et per consequens inconformis dicto signo Leonis calidissimo, unde ni mirum si ibi tristatur, [10] unde Lucanus in primo: *Summo si frigida celo / stella nocens nigros Saturni accenderet ignis,* [11] et *Anticlaudianus*: *Morbida Saturno quid mundo stella minetur,* [12] et subdit, describendo ita hunc celum et dictam naturam huius planeti, *Saturnique domos tractu maiore iacentes / intrat et algores yemis brumeque pruinas / horret et ignavum frigus miratur in extu. / Illic fervet yems, estas algescit et extus / friget, delirat splendor, dum flamma tepescit. / Hic tenebre lucent, hic lux tenebrescit et illic / nox cum luce viget et lux cum nocte diescit. / Nec tamen a cantu sonus eius degener errat, / et comitum voces vox provenit huius adulto / concentu quem non cantus obtusio reddit / insipidum, cui dat vocis dulcedo saporem.* [13] Que verba proprie concludunt ad dictas duas species Saturninorum contrariorum sibi, et ad id quod allegorice auctor vult tangere hic dum fingit se non audire ibi sonum vel cantum et splendorem Beatricis et risum, attenta obscuritate unius dictarum specierum et claritate intrinseca alterius et iocunditate, licet exterius tristes tales Saturnini appareant et sine alacritate et cantu. [14] Et ecce quod tangit hic auctor sub tropologico, idest morali sensu, ut doceat claustrales et solitarios contemplativos heremitas quomodo vivant in silentio et mestitia in hoc mundo contemplando supernam vitam, [15] unde Eugenius papa in quodam *Decreto*, hoc docendo, etiam sic ait: *Sedeat monacus et religiosus solitarius et taceat: mundo enim mortuus est, Deo autem vivit: agnoscat nomen suum (nam dicitur 'monacus' a 'monos', quod est unus, et 'acos' tristis).* [16] Et quia talis dulcedo contemplativa non potest percipi per doctrinam, sed solum per experientiam, fingit auctor ita Beatricem, idest Sacram Theologiam, non sibi ridere hic, ut dictum est, idest non sibi promere talia ut excedentia humanos

    9.   calidissimo] calidissimo ‹leonis› V. ni] C ne V.

   10.   nocens] ST L B C noces V. ignis] ST L B ignes V.

---

10. LUCAN., *Phars.* I 651–52.
11. ALAN., *Anticl.* II iii 20.
12. ALAN., *Anticl.* IV 465–71, 478–81.
15. *Decr. Grat.* II C. XVI q. i c. 8.

Super XXI° capitulo Paradisi

intellectus. [17] Unde etiam Phylosophus ait: *Solitarius aut bestia aut plus homine*, et cum a gratia divina hoc habeat, non a natura humana vel loco talis virtuosus saturninus. [18] Unde Gregorius in quodam *Decreto* ait: *Quelibet occulta loca sine gratia animam salvare non possunt; nam Loth* (ut legitur *Genesis* xviiii°) *in perversa civitate iustus fuit: in monte peccavit, et angelus in celo, ac primus homo in terrestri Paradiso*. [19] Ideo loquitur auctor ita hic de karitate ardente inter hos tales saturninos virtuosos, ut dicit hic textus et in sequenti capitulo, per quam karitatem et gratiam supradictam predicti solitarii contemplantes saturnini constantes manent contra versutiam diaboli temptantis magis eos tales quam alios. [20] Unde in quodam *Decreto* dicitur: *Conatur nanque diabolus a principio sue ruine karitatem vulnerare, sanctorum operum, dulcedinem invidie felle inficere: dolet enim karitatem, quam in celo nequit habere, homines constantes ex lutea materia in terra tenere*, [21] unde Yeronimus, scribens ad Rusticum monacum, monet eum: *Vel vacet contemplationi vel aliquid operis faciat ut diabolus spem inveniat occupatam*. [22] De allegoria vero huius scalini, de quo hic dicitur, dicam in sequenti capitulo. [23] Post hec auctor fingit se ibi reperire umbram Petri Damiani, viri venerabilis olim in scriptura et sancta et contemplativa vita, et sibi dicere de karitate ardente dispariter inter dictis spiritis secundum diversitatem eorum splendoris, ita quod non maior amor movit enim solam ad sibi ibi congratulandum. [24] Ex quo vertit se auctor ad querendum cur predestinata ipsa umbra fuit, que respondet in effectu sibi, [25] ut Augustinus super Iohannem ita dicens: *Non est dare per nos rationem cur hoc magis quam illud fiat, nisi quia ita Deus voluit et quia hoc sit; noli velle iudicare si non vis errare, sicut ex simplici voluntate artificis dependet, ut iste lapis sit in ista parte muri et ille in illa*, [26] et, ut auctor retrahat homines a querendo de talibus, inducit dictam umbram ita arguere circa hoc per locum a maiori, dicendo quod mens, idest anima nostra que in celo lucet separata in visione deitatis, hic in terra coniuncta corpori fumat, idest tenebrescit et cecutiat

---

25. sit] C scit V.

---

17. Cf. Arist., *Eth.* IX 9 (1170a 4–5).
18. *Decr. Grat.* I D. XL c. 9.
20. *Decr. Grat.* II C. XVI q. ii c. 1.
21. Hieron., *Ep.* CCXXV 11.
25. Aug., *In Ioh. Tract.* XXVI 2.

illius respectu, [27] unde concludendo dicit quomodo ergo videre et apprehendere potest hic in terra id quod videre non potest esto quod celum assummat, idest assumpserit eam, quasi dicat multo longe minus. [28] Ultimo dicit dicta umbra quomodo fuit professa in heremo et monasterio Sante Crucis de la Vilana, posito in monte Catrie in comitatu Eugubii in ducatu Spoletano, qui mons Catrie ut gibbus tumuit in illis saxis, idest in illis montibus altis, adeo quod interdum tronitua inferius personant in aere. [29] Qui montes sunt intra duo litora Ytalie, scilicet maris Leonis ibi in dicto ducatu, et maris Adriatici, ita ut aque cadentes a dextera costa dictorum montium currant ad dictum mare Leonis, et cadentes a sinistra currant ad dictum mare Adrianum, tangendo de latria, ut patet in textu [30] (dicitur enim 'latria' cultus debitus soli creatori Deo, sicut 'dulia' dicitur cultus factus alicui creature, puta soli vel lune, et 'superstitio' cultus factus ydolis, ulterius dicendo dictus spiritus quomodo fuit ibi contamplativus, et Petrus Peccator eius contemporaneus eodem modo tunc erat in monasterio Sancte Marie in portu prope Ravennam; [31] item quomodo etiam in eius senectute factus est cardinalis, reprehendendo cardinales modernos auctor in eius persona, ut patet in textu, delirantes a Cephas, idest a beato Petro, [32] suo nomine ita vocato secundum Ysidorum et sonat 'caput Apostolorum', et a magno vase Spiritus Sancti, idest a Paulo, illos scilicet lascivos in suo gestu et equitatura, [33] contra quos sic ait Bernardus: *Quomodo in itinere procedunt nitidi et ornati circumamicti varietatibus tanquam sponsa procedens de talamo.* [34] Item et Amos propheta, de talibus lascivis prelatis, vi° capitulo, ait: *Ve qui opulenti estis in Syon et confidentes in monte Samarie; optimates, capita populorum, ingredientes pompatice domum Israel. Et qui comeditis agnum de grege.* [35] Ad idem Thomas: *Christus non legitur equitasse, sed tantum semel asinasse,* [36] unde *Zacharie* viiii°: *Ecce rex tuus venit tibi, iustus et salvator ipse, pauper et ascendens*

28. Catrie ut] Catire ut V.
36. Zacharie] ST Ezechielis V.

---

32. Isid., *Etym.* VII ix 3.
33. Bern., *Serm. in Cant.* LXXVII 1.
34. *Amos.* VI 1, 4.
36. *Zach.* IX 9.

super asinam et pullum eius, [37] unde Bernardus: *Intollerabilis impudentia est, ubi se exinanivit maiestas, infletur vermiculus et tumescat.* [38] Nam cardinales custodes sunt Ecclesie, ita dicti quia sicut a cardine regitur hostium, ita per eos Ecclesia, ideo nec in eis debet esse lascivia, de qua hic tangit et propter quam beatus Yeronimus recessit a cardinalatu et peregrinando aput Bethlem vitam suam finivit. [39] Et ut excusem auctorem ita reprehendentem hic et alibi dictos cardinales et alios prelatos adduco Leonem papam in quodam *Decreto* sic dicentem: *Si nos qui aliena debemus peccata corrigere peiora commictimus, certe non veritatis discipuli, sed, quod dolentes dicimus, erimus pre ceteris erroris magistri; nam cum Balaam ariolus iret ad maledicendum populum Dei* (ut legitur *Numeri* xxii° capitulo), *angelus Domini asine, cui insidebat, in via se opposuit, et, evaginato gladio, eam ab itinere conpescuit, et dum Balaam illam confligeret verberibus, in vocem ipsam asina prorupit et vesaniam ipsius prophete redarguit. Si ergo,* subdit dictus Leo papa, *animal mutum insipientiam prophete reprehendit, multo magis subditi prelatos suos delinquentes reprehendere possunt et accusare licite* etc.

39. xxii°] ST xxi° L B V.

---

37. BERN., *Serm. in Nativ.* 1.
39. *Decr. Grat.* II C. II q. vii c. 41.

SUPER XXII° CAPITULO PARADISI

[1] **Oppresso di stupore a la mia guida**. [2] In hoc xxiii° capitulo auctor continuat se ad precedentem materiam usque ibi: **La bella donna dietro a lor mi pinse**. [3] Ibi incipit tractare de octava spera et eius celo; tangit enim primo hic prohemialiter de spata, idest de vindicta divina, quomodo non percutit cito ad voluntatem cupientis vicere et ferire, nec tarde ad iudicium percussi. [4] Ad idem Valerius ita inquit in i° in titulo *De Neglecta Religione*: *Lento enim gradu ad vindictam sui divina ira procedit tarditatemque supplicii gravitate compensat*, [5] et Seneca in libro *De Providentia* ad hoc etiam ait: *Eos quibus Deus indulgere videtur, et quibus parcere, molles apparet, venturis malis eos servat*. [6] Deinde fingit auctor ibi etiam se reperire umbram Sancti Benedicti dicentis sibi de Cassino monte, ut patet in textu hic; unde sciendum est quod in Apulia, in contrata Sancti Iermani, est quidam mons altissimus vocatus mons Calvus cum quo unitur quidam alius mons vocatus Cassinus minor eo, in cuius Cassini culmine est monasterium ipsius Sancti Benedicti [7] Et ecce quod vult hic tangere auctor dicendo ille mons, scilicet dictus mons Calvus cui Cassinus predictus mons est in eius costa etc. [8] Gregorius vero de hoc

---

1. Oppresso] C opresso V. precedentem] precedente V.

2. donna] C dona V.

6. est quidam mons altissimus vocatus mons Calvus cum quo unitur quidam alius mons vocatus Cassinus minor eo] C est quidam mons altissimus vocatus cassinus minor eo V.

---

1. *Par.* XXII 1.
2. *Par.* XXII 100.
4. Val. Max., *Fact.* I i ext. 3.
5. Sen., *De Prov.* I iv 7.
8. Greg., *Dial.* II 8.

Super XXII° capitulo Paradisi

in suo dialogo ita dicit: *Castrum quoque quod Cassinum dicitur in excelsi montis latere situm est, qui mons Calvus predictus, distenso sinu hoc idem castrum recipit et per tria miliaria in altum se subrigens, et velud ad aera tendens cacumen ubi vetustissimum fanum fuit, in quo ex antiquorum more gentilium a stulto rusticorum popolo Appollo colebatur, circumquaque etiam in culto demonum luci subcreverant in eodem tempore infidelium insana multitudo sacrificiis sacrilegis insudabat; ibi itaque vir Dei, scilicet ipse beatus Benedictus, perveniens contrivit ydolum, subvertit aram, succidit lucos, atque in ipso templo Appollinis, in quo dicta ara erat, ecclesiam sancti Iohannis Baptiste construxit et circumstantes gentes ad fidem Christi reduxit,* [9] qui Christus evangelicam veritatem in terram idest in hunc mundum adduxit, ut dicitur hic in textu, unde *Iohannis* i° capitulo dicitur: *Lux per Moysem data est, gratia et veritas per Christum;* [10] et subdit in viii° capitulo: *Ita etiam veritatem locutus sum quam audivi a domino;* [11] in medio cuius montis Beatus predictus Benedictus instituit monasterium sub titulo Beati Martini quod dicitur Casinense, et ibi mortuus est et sepultus, licet postea Floracenses monaci inde eius corpus furati sunt; dicendo inde dicta umbra quomodo ibi cum ea sunt Macharius et Romoaldus et alii sui fratres, [12] qui contemplando contenti fuerunt suis claustris in quibus habent vitam ut pisces in aquis, ut dicitur in *Decreto* quodam. [13] Inde inducit auctor eam sibi dicere volenti eam videre apte quomodo hoc videbit in celo Impireo, ubi omne desiderium est impletum et ubi omnis eius pars est ut semper fuit, subdendo quomodo non est in loco spera dicti celi Impirei, [14] in quo tangere vult quod ait commentator in iiii° *Physicorum* dicendo: *Omne corpus determinatur per longitudinem, latitudinem et profunditatem. Locus igitur est terminus continentis immobile primum, et ideo medium celi, hoc est centrum terre et ultimum ad nos circularis loci mutationis; celum enim non est alicubi totum, nec in aliquo loco est et propter hoc terra est in aqua, aqua in aere, aer in ethere, ether in celo, celum vero amplius in alio.* [15] Item dicit quod non impolat se, idest non habet polos super quibus volvatur ut alii celi, tanquam quoddam immobile, usque ad quod celum Impireum ascendit

13. Impirei] C Imperii V.

---

9. *Ioh.* I 17.
10. *Ioh.* VIII 40.
12. Cf. *Decr. Gr.* II C XVI q. i c. 8.
14. Cf. Thom., *In libros Phys.* IV ii 5.

scala de qua hic in textu dicitur, [16] et quam Iacob vidit in somnio, ut legitur *Genesis* capitulo xxviii°, plena angelis, que allegorice figurat altitudinem religiose contemplative vite que facit hominem attingere contemplative Deum. [17] *Nam dormire in itinere*, ut fecit Iacob dum talia vidit, dicit Augustinus, *quod est in via huius seculi ab impedimento secularium actionum quiescere*, [18] unde *Canticorum* v°: *Ego dormio et cor meum vigilat*, [19] et *Genesi* xxxii° capitulo ad hoc etiam dicitur: *Amor presentis seculi deficere debet in viris contemplativis*; [20] et Tullius in hoc etiam sic inquit: *Religio est, que superioris cuiusdam nature quam divinam vocant, cerimoniam affert,* [21] conquerens dicta umbra de suis monacis modernis minime ascendentibus tale scala ut hic patet in textu, tangendo etiam incidenter contra dictos monacos, quod sic ait beatus Bernardus dicens: *Facultates ecclesiarum patrocinia sunt pauperum, et sacrilega mente subripitur quicquid ministerii et dispensatores, non autem domini vel possessores, ultra victum et vestitum accipiant,* [22] arguendo contra pravos religiosos per hanc talem conclusionem: si Deus iam fecit Iordanum flumen regredi ad eius ortum et fontem, et mare rubrum divisit — [23] ut libro *Exodi* capitulo viii° et viiii° et in *Psalmo* ubi dicitur: *Quid est tibi, mare quia fugisti, / et tu Iordanus quia conversus es retrorsum?* quanto magis miraculose poterit adhibere succursum in predictis. [24] Et hoc pro dicta prima parte: ad secundam fingit se auctor fore elevatum ad celum stellatum octave spere et ad signum Geminorum quod sequitur signum Thauri secundum cursum planetarum, congratulando stellis eius ut dicit textus, ac dicendo quomodo ipse auctor natus fuit sub ascendente Solis tunc existentis in eis, quod signum Geminorum dicitur domus Mercurii, qui significator est scientie et scripturarum et ingeniositatis, ideo auctor ita hic loquitur. [25] Inde, vilipendendo hunc globum terre qui *Respectu celi*, ut ait Ptolomeus in suo *Alma-*

---

16. *Gen.* XXVIII 10–17.
17. Cf. AUG., *Enarr. Ps.* LXXXIV 10.
18. *Cant.* V 2.
20. CIC., *Inv.* II liii 161.
21. Cf. BERN., *Ep.* CCXXII 5.
23. *Ps.* CXIII 5.
25. Cf. PTOLOM., *Almag.* I 3, 5.

Super XXII° capitulo Paradisi

gesto, est sicut punctus in circulo, loquitur despiciens eum, ut dicit textus, [26] sequendo Senecam dicentem in suo i° libro *De Naturalibus Questionibus*: *Non potest quis ante contempnere ista mundana quam totum circumit mundum et terrarum orbem superne despiciens; ipse quilibet sapiens,* dicet: *Hoc est illud punctum quod inter tot gentes ferro et igne dirimitur? Quantum enim est quod ab ultimis litoribus Yspanie usque ad Yndiam iacet? Paucorum dierum spatium si navem suus ventus implevit.* [27] Item et Boetium in ii° dicentem: *Omne terre ambitum ad celi spatium puncti constat tenere rationem, ut, si ad celestis globi magnitudinem conferatur, nichil spatii habere prorsus iudicetur.* [28] Nam si quantum maria et paludes premunt subtraveris, vix angustissima area relinquetur, unde Macrobius: *Omnis terra que colitur parva ynsula est circumfusa occeani mari*; et ecce quod subicit hic auctor de areola in diminutivo nomine dicendo quomodo ita despiciendo vidit filiam Latone, idest luna, sine umbra illa de qua dixi supra in capitulo ii°, [29] item quomodo substinuit aspectum solis, quem poete dicunt filium Yperionis, unde Ovidius in iiii°: *Dissipat hunc radiis Yperione natus uterque,* [30] item vidit Mercurium filium Maie, et Venerem filiam Dionis vicinantes solo, ut dicit hic textus; item vidit Iovem temperantem frigiditatem Saturni sui patris et caliditatem Martis eius filii, ut hic in fine dicitur.

26. i°] ST v° V.

---

26. Sen., *Nat. Quaest.* I praef. 8, 13.
27. Boeth., *Cons.* II pr. vii 3.
28. Macr., *Somn. Comm.* II ix 6.
29. Ov., *Met.* IV 241.

SUPER XXIII° CAPITULO PARADISI

[1] **Come l'augiello tra l'amate fronde**. [2] In hoc xxiii° capitulo auctor, continuando se cum secunda et ultima parte precedentis capituli, exordialiter inter alia tangit hoc quod ait *Glosa* super quadam lege ita dicente: *Cuiusque diei maior pars est horarum septem primarum ratio, quia difficilius ascendit sol in mane quam descendat post meridiem*, [3] allegando Ovidium dicentem in personam solis Phetonti eius filio volenti regere currum eius: *Ardua prima via est etc.* [4] Que ratio est falsa considerata natura solis, sed vera considerata exercitatione hominis: [5] et ecce quod dicit hic auctor de plaga orientali in qua sol monstrat minorem festinationem etc.; [6] post hec, premictit quod hoc celum stellatum octave spere universale esse totius mundi contentum a nono celo primo mobili partitur per diversas essentias sicut diversas habet in se et infinitas stellas et constellationes sicut particulariter partiuntur celi septem planetarum, ut dicit iste auctor supra in ii° capitulo circa finem huius *Paradisi* subdendo ibi: **El ciel cui tanti lumi fanno bello, / dalla mente divina che llo volve / prende l'ymage e fassene suggiello**. [7] Et ecce quod anagogice tangit hic auctor dum fingit Christum et sapientiam divinam hic desuper accendere ut solem de sua karitate ita hos beatos spiritus, quasi ostendat quod dictum celum non fructificavit et breviter aliquos nisi ipsum Christum et eius fidem, [8] qui, de se loquendo, ait *Iohannis* x° capitulo: *Ego sum hostium ovium*; et ecce quod

6. tanti] C tati V. mente] C mete V.

8. fulminis] C fluminis V.

1. *Par.* XXIII 1.
3. Ov., *Met.* II 63.
6. *Par.* II 130–32.
8. *Ioh.* X 7.

Super XXIII° capitulo Paradisi

ait hic auctor, quomodo scilicet apparuit, stratus inter celum et terram, ipse Christus, accipiendo hic comparative Triviam pro luna, ita vocata a poetis eo quod in triviis lucet, et Nimphas pro aliis stellis, tangendo post hec comparative hic de natura fulminis, [9] sicut ait Lucanus in i° sic dicens: *Qualiter expressum ventis per nubila fulmen / etheris impulsi sonitu mundique fragore / emicuit rupitque diem populosque paventes / terruit obliqua perstringens lumina flamma / in sua templa furit nullaque exire vetante, / materiam magnamque cadens magnamque revertens / dat stragem late sparsosque recoligit ignes.* [10] Nam dicit Phylosophus in sua *Metaura* quod *Fulmen generatur in nube spissa de spissitudine ipsius nubis, qui per impetum motum a vaporibus siccis et calidis non valentibus exalari propter dictam spissitudinem nubis frigide descendit in terram et coruscat in aere propter siccitatem,* [11] fingendo in turba dictorum beatorum auctor sibi hic apparuisse Dominam Nostram ac Apostolos ut dapes, idest comestiones, eum ita spiritualiter letitia reficientes, quod excessit se ipsum, ut dicitur hic in textu. [12] Inde fingit dictam Dominam Nostram elevari postea a dicto choro angelorum aput eius sementiam, idest aput Christum eius filium ita descendentem et ascendentem ibi, ut visus auctoris, idest intellectus, posset pertangere talia quasi comparative ad solem, qui interdum solo calore frangit nubem radiando per partem fractam alia umbram facientem, ut dicit hic auctor se iam vidisse in prato florido cooperto umbra nubis in parte et in parte inradiato a sole, ut etiam patet nobis sepe per experientiam, dicendo inde quod reale mantum, idest celum nonum omnium voluminum, idest omnium aliorum celorum continens distabat ita sibi ibi, ut dicit textus. [13] Item dicendo subsequenter quomodo dicti apostoli remanserunt ibi canendo id quod cantat Ecclesia dicendo: *Regina celi, letare, alleluia! / Quia quem meruisti Christum portare, alleluia.* [14] Qui apostoli, subdit hic auctor, fuerunt in hoc mundo arce ubertatis et boni satores sanctorum verborum et operum, unde de eis dicitur: *In omnem terram exivit sonus eorum et in fines orbis terre verba*

10. Fulmen] flumen V.

13. ibi] {ui}bi V.

---

9. Lucan., *Phars.* I 151–57.
10. Thom., *Meteor.* II ix 16.
13. "Regina Coeli", 1–2.
14. *Ps.* XVIII 5.

eorum. [15] Item dicit inde auctor quomodo ibi vivitur de illo thesauro, idest de gratia Dei illa de qua legitur *Numeri* xx° capitulo, ubi scribit quod Moyses et Aron eius frater rogaverunt Deum pro populo Israel sitiente in deserto, dicentes "Aperi ei thesaurum tuum", qui tunc ait: "Percutite virga silicem ut fons oriatur", et, ita facto, satiatus est populus. [16] In quo deserto dimisit, dicitur hic, dictum populum, idest non obfuit ei aurum quod Balac, rex Moabitarum, promicti fecit Balaam prophete si malediceret dictum populum in dicto deserto. Qui Balaam respondit nuntiis dicti regis sic: *"Si dederat michi Balac plenam domum suam argenti et auri non potero mutare verbum Dei mei ut plus vel minus loquar"*, ut hec, eodem libro *Numeri* xxii° scribitur, [17] et facit ad id quod de fletu hic tangit quod ait Psalmista ad hoc dicens: *Super flumina Babilonis illic sedimus et flevimus dum recordaremur etc.*

    15. silicem] ST L B C salicem V.

    16. Balac] C Ba[l]ac V.

---

15. Cf. *Num.* XX 1–11.
16. *Num.* XXII 18.
17. *Ps.* CXXXVI 1.

SUPER XXIIII° CAPITULO PARADISI

[1] **O sodalitio electo alla gran cena**. [2] In hoc xxiiii° capitulo auctor exordialiter inducit continuando se Beatricem alloqui dictum collegium et consortium Apostolorum, vocando illud 'sodalitium', quod dicitur societas commensalis, [3] iuxta illud: *In bello socii, comites in calle feruntur / officium collega facit discusve sodales*, similando dictas animas Apostolorum cometis illis que faciunt de se quoddam rotundum, non autem caudam. [4] Dicit enim Phylosophus in i° *Methaurorum: Cometa est exalatio calida et sicca in superiore parte aeris, ab igne condensata, non ita valde ut longo tempore duret, neque ita debiliter ut cito extinguatur, apparens interdum caudata, interdum ut corona*, ut in casu nostro hic. [5] Item similat eas carolis (dicitur 'carola' tripudium quoddam quod fit saliendo ut Neapolitani faciunt et vocant). [6] Post hec auctor, ut quisquam fidelis christianus videat quicquid habeat credere et quomodo in fide nostra et sperare et amare, inducit tres de dictis Apostolis ipsum examinare super tribus virtutibus teologicis, scilicet super fide beatum Petrum, in quo Fides magis invaluit — [7] adeo quod, ut dicitur hic in textu et scribitur *Mathei* xiv° capitulo: *Semel vocatus a Christo exivit de navi et ambulavit super aquas maris* — [8] super spe beatum Iacobum et super karitate beatum Iohannem eius fratrem.

---

1.   sodalitio] C soldalicio V. electo] C ellecto V. cena] C cenna V.

4.   interdum caudata, interdum ut corona] ST C interdum caudata interdum ut ‹caudata› corona V.

7.   xiv°] ST xv° V C L B.

---

1.   *Par.* XXIV 1.
4.   THOM., *Meteor.* I vii 11.
7.   Cf. *Matt.* XIV 28–29.

Comentum Petri Alagherii

[9] Querit igitur hic Petrus primo ab ipso auctore quid est Fides, cui auctor respondet quod eius quidditas, idest diffinitio, videtur sibi illa quam facit Apostolus, *Ad Hebreos*, xi° capitulo, dicens: *Fides est substantia sperandarum rerum et argumentum non apparentium*. [10] Iterum querit Petrus ut auctor explicite dicat qualiter intelligit dicta verba Apostoli, cui auctor sic ait, quod ea que ibi cernit in hoc mundo sunt solum in credulitate, super qua fundatur et substantiatur alta, idest celestis spes nostra. [11] Ideo dicta Fides de substantia capit intenzam, idest 'intellectum', et quia oportet hominem in hoc mundo silogizare a dicta credulitate solummodo sine alia aliqua visione et scientia, ideo dicta Fides intenzam, idest intellectum argumenti, idest probationis, sequitur ita dicendo exponens dictam diffinitionem Fidei, [12] et primo hec verba: *Fides est substantia sperandarum rerum*, idest quia per Fidem in nobis speranda subsistunt, scilicet illa bona ecterna que desideramus, scilicet immortalitas et cetera que in nobis iam per fidem subsistunt et in ultimo per experientiam, et quia sperare debemus quod dictum est a prophetis esse futurum; [13] item dicitur *Argumentum non apparentium*, idest probatio, quia si quis dubitat, inde non potest ei probari humana ratione, puta de partu virginis, in quo non habemus aliud argumentum nisi quam Prophete et alii qui per Spiritum Sanctum locuti sunt, quos Deus nullo modo falleret, cum in hiis loqueretur et miracula faceret et cum ex maxima parte eorum que iam dixerunt patent completa, unde alia non sunt dubitanda compleri, reprehendendo incidenter sophistas ut dicit hic lictera. [14] Dicitur enim 'sophista' ille qui callidis verbis et sillogismis celeriter quicquid vult approbat falsa concludens, unde de talibus dicitur in *Ecclesiastico* in capitulo xxxvii°: *Qui Sophistice loquitur odibilis est et omni re defraudabitur, non enim data est illi gratia a domino* etc. [15] Inde iterum respondet auctor quomodo habet

---

9. hic Petrus] hic ‹Beatus› Petrus V.

12. sperandarum] L B separandarum V.

13. item] C ita V.

14. approbat] C approbatur V.

---

9. *Ep. Hebr.* XI 1.
12. *Ep. Hebr.* XI 1.
13. *Ep. Hebr.* XI 1.
14. *Eccli.* XXXVII 23–24.

Super XXIIII° capitulo Paradisi

certam fidem sine ullo forsan, et quomodo illam habet et percipit a Scripturis Veteris et Novi Testamenti et a sillogismo concludente sibi eam hoc modo: si Deus communicat sua bona ut communicat et iustus remunator est ut est, dabit ergo bonis bona et malis mala. [16] Instat Petrus adhuc dicendo: unde auctor habet quod pagina Veteris et Novi Testamenti, ut ipse hic dicit, fuerit locutio Spiritus Sancti? Et respondet auctor: propter miracula que non a natura sed a Deo solum procedunt, scripta in utraque dicta pagina, de quibus sic ait Thomas in iii° *Contra Gentiles*: *Miraculum est quod preter ordinem in rebus comuniter institutum divinitus fit*, unde ipse probat ibi solum Deo competeret miracula operari. [17] Adhuc Petrus replicando sic infert ibi quod dicta miracula ita fuerint ut dictum est vel scriptum et dicitur; cui auctor sillogistice sic respondet concludendo: aut dicta miracula fuerunt, ut scribitur, et habetur intentum meum, aut non fuerunt, et mundus revolvit se ad fidem Christi solum per ipsum Petrum et alios discipulos abiectos, et hoc est miraculum vincens omnia alia miracula, subdendo hic quomodo prelatura Ecclesie, que olim erat vitis, hodie est prunus, idest rubus, [18] de qua previdendo Ysaias ait: *Expectavi ut faceret uvas, fecit autem lambruscas.* [19] Ultimo querit Petrus quid ipse auctor credit, et unde eius credulitas processit, cui respondendo dicit primo auctor quomodo fervore fidei ipse Petrus vicitur currendo versus sepulcrum Domini, audito a Magdalena quod corpus Domini ablatum foret, pedes iuniores, scilicet Iohannis Evangeliste: [20] nam, licet ambo currerint illic et Iohannes preierit, tamen solus Petrus intravit sepulcrum, ut scriptum est Iohannis ultimo capitulo. [21] Inde dicit auctor quomodo credit in unum Deum solum et ecternum, moventem omnia non motus, et hoc credit non tantum probationibus Phylosophi dicentis viii° *Physicorum* et in xii° *Methaphysice Deum esse primam causam et quoddam movetur penitus immobile*, [22] quam etiam Moysis et prophetarum et Psalmiste dicentis: *Audi, Israel, Deus tuus unus est,* et ipsorum apostolorum. [23] Item dicit quomodo credit in tribus personis comprehensis in Trinitate divina, quam ita credit unicam essentiam et substantiam esse quod coniunctim tollerat exprimi in numero plurali, hoc scilicet sunt et in singulari, hoc scilicet est. [24] Circa quem

---

16. THOM., *Gent.* III ci 1.
18. *Is.* V 2.
20. Cf. *Ioh.* XXI 1–8.
21. ARIST., *Phys.* VIII 6 (259a 21–23), *Metaph.* XII viii 4 (1073a 23–35).
22. *Deut.* VI 4.

passim ita scribit Magister Bernardus glosator *Decretalium* in titulo *De Summa Trinitate*: *Ad intelligentiam personarum in Trinitate notandum est quod nominum quedam sunt essentialia, quedam personalia, quedam notionalia. Essentialia sunt que in singulari numero dicuntur de tribus personis sigillatim, ut Deus bonus iustus ecternus omnipotens et similia; in plurali vero incongrue dicuntur, iuxta illud Anastasii:* "*Non tres Dei sed unus Deus*". *Personalia sunt que supponunt personam tantum et in singulari numero solum ut Pater, Filius et Spiritus Sanctus. Notionalia sunt que notant distinctionem in personis, ut generans generata et procendens; ista notionalia conveniunt adiective et dicuntur tantum de personis et non de essentia, sed quando tenentur substantive, tunc dicuntur tam de essentia quam de personis, unde hec propositio est simpliciter vera.* "*Pater es generans*", *sive hec dictio 'generans' teneatur adiective, sive substantive. Si autem dicatur* "*substantia divina est generans*", *cum hoc dictio 'generans' teneatur adiective, falsa est, quia vellet notare distinctionem in divina essentia; si teneatur substantive vera est quia tunc is est sensus, substantia divina et generans, id est persona que generatur, unde nomina ista, generans, genita et procedens, adiuncta nominibus personarum, distinctionem notant personarum, iuncta vero cum nominibus istis, substantia, natura et essentia divina, tenentur substantive et notant essentiam tantum.* Alia per se patent.

SUPER XXV° CAPITULO PARADISI

[1] **Se mai continga che 'l poema sacro**. [2] In hoc xxv° capitulo, premisso exordio quod per se satis patet, accipiendo cappellum, de quo hic auctor dicit, pro serto laureo quo poete coronantur, ipse auctor inducit beatum Iacobum examinare eum in spe subsequenter, sicut modo Petrus fecit in fide, et Iohannes inferius in caritate, [3] tangendo pro hoc quomodo Christus hos tres apostolos predilexit, et quomodo figurari voluit dictas tres virtutes theologicas in eis et in tribus actibus suis, in quibus ipse Christus solum voluit habere eos secum, et non aliquem alium de discipulis suis, [4] scilicet primo in resurrectione filie mortue archisinagogi, de quo *Luce* viii° capitulo dicitur, [5] secundo in transfiguratione eius quam fecit in montem ut *Mathei* xvii° capitulo dicitur, [6] tertio in orto orando iuxta passionem ut *Mathei* xxvi° capitulo scribitur, [7] tangendo quomodo ipse Iacobus scripsit largitatem nostre basilice, idest ecclesie triumphantis celestis dicendo in eius *Epistula*: *Omne datum optimum et omne donum perfectum desursum est, procedens a patre luminum*, et subdit: *Nam si quis indiget sapientia, postulet ab eo qui dat omnibus affluenter et non improperat* [8] (dicitur 'basilica' proprie regalis domus a Basilone rege qui primo hedificavit ecclesiam, vel dicitur a 'base', quod est 'fundamentum', et ideo dicitur 'basilica' ecclesia fundata, nondum consecrata), vocando apostolos auctor hic 'montes', [9] sub figura qua etiam Psalmista dixit: *Fundamenta eius in montibus sanctis*

---

3. Christus] C Iohannes V.

---

1. *Par.* XXV 1.
4. Cf. *Luc.* VIII 40–56.
5. Cf. *Matt.* XVII.
6. *Matt.* XXVI 36–50.
7. *Ep. Iac.* I 17, 5.
9. *Ps.* LXXXVI 1–2.

diligit Dominus portas Syon, et specialiter hos tres premissos, ratione dictarum trium virtutum felicitantium ecclesiam, idest collectionem Christianorum. [10] Ideoque ait Dominus: *Tu es Petrus et super hanc petram hedificabo ecclesiam meam.* [11] Inducit inde Beatricem dicere beato Iacobo quomodo ipse auctor spem immensam habebat, ne se iactaret, et id subdit quod sibi conceditur ut veniat de Egypto, idest de servitute huius mundi, in Yerusalem, idest ad civitatem celestem, que est visio pacis, idest finis nostrorum bonorum, ut Augustinus interpretatur in xviiii° *De Civitate Dei*, antequam militare ipsius auctoris, idest eius vivere corporale, sit prescriptum idest completum. [12] Inde auctor respondendo ad alia duo puncta, scilicet quod sit Spes et unde sibi advenerit, [13] dicit primo quod *Spes est certa expectatio future beatitudinis veniens ex Dei gratia et ex meritis precedentibus*, secundum Magistrum iii° *Sententiarum*; [14] Ugo vero de Sancto Victore ait: *Spes est fiducia futurorum bonorum ex gratia Dei et ex bona conscientia, que oritur de fide*, unde subdit: *Spes et karitas de fide oriuntur*, tanquam *de fundamento omnium bonorum*, ut dicit auctor in precedenti capitulo, quia nichil potest sperari vel, speratum, amari, nisi prius credatur per Fidem. [15] Inde secundario dicit auctor quod dicta Spes venit in eum a multis stellis, idest a multis scripturis, et primo, idest principaliter, a Theodia, idest a psalmistica scriptura David. [16] Dicitur enim 'Theodia' diligens scrutatio verborum sive divina Scriptura, presentim dum dicit ipse Psalmista in viiii° *Psalmo*: *Et sperent in te qui noverunt nomen tuum, quoniam non derelinquisti querentes te Domine*; [17] et in iiii° ait: *Domine, in spe constituisti me*, [18] et in v° ait: *Et letentur omnes qui sperant in te: in ecternum exultabunt, et habitabis in eis.* [19] Secundo dicit quomodo ipse Iacobus etiam instillavit in eum dictam spem per verba premissa sua in eius *Epistula*, et dum ibi etiam dicit: *Beatus vir qui suffert temptationem, quia cum*

---

10. ait Dominus: Tu es Petrus] C dominus petrus Tu es petrus V.

---

10. *Matt.* XVI 18.
11. Cf. Aug., *Civ. Dei* XIX 11.
13. Petr. Lomb., *Sent.* III xxvi 1.
14. Hugo de S. Vict., *Summa Sent.* I 2.
16. *Ps.* IX 11.
17. *Ps.* IV 10.
18. *Ps.* V 12.
19. *Ep. Iac.* I 12.

Super XXV° capitulo Paradisi

probatus fuerit, accipiet coronam. [20] Inde dicit tertio quomodo Scripture Veteris Testamenti et Novi ponunt sibi signum, idest demonstrant sibi effectum beatitudinis nostrarum animarum, ante et post resurrectionem quam credimus fieri per Fidem, unde dicit *Glosa* super illo verbo *Spera in Domino et fac bonitatem: Per spem intratur ad videndum quod creditur.* [21] Ad quod etiam, ut dicit hic auctor, Ysaia, lxi° capitulo, inquit: *Beati in terra sua duplicia possidebunt,* idest in patria celesti, glorificatis eorum corporibus, [22] et Iob ad idem: *Scio quod in novissimo die de terra surrecturus sum, et rursus circundabor pelle mea, et in carne mea videbo Deum.* [23] Et Salamon, *Proverbiorum*, in fine ait: *Omnes domestici eius duplicia possidebunt*; [24] item Iohannes, frater dicti Iacobi, ad idem ait in sua *Apocalipsi*, capitulo vi°: *Date sunt illis singule stole albe, et dictum est illis ut requiescant adhuc modicum tempus donec compleantur conservi eorum.* [25] Post hoc, premissum talem examen Spei, fingit auctor ibi apparuisse umbram dicti Iohannis Evangeliste claram ut solem, quod volens transumptive ostendere dicit quod si in signo Cancri foret unum tale cristallum, idest lumen, eo quod oppositum est signo Capricorni a medio decembris, ubi incipit sol ingredi dictum Capricornum, in quo manet usque ad medium Ianuarii, esset solum unus dies in uno mense in yeme, cum occidente sole in dicto Cancro oriretur in dicto Capricorno vicissim, vocando auctor hic in persona Beatrici Christum pellicanum. [26] 'Pellicanus' est avis que rostro pullos suos occidit et per tres dies plorat eos, inde seipsum percutit rostro, et sanguine suo ipsos pullos aspergit et eos vivificat. [27] Ex quo dicitur ut pellicanus matris sit sanguine sanus, sic nos sanati sumus omnes sanguine nati, scilicet Dei filii Iesu Christi. [28] Item dicit quomodo fuit ipse Iohannes ad officium grande electus, cum Christus in cruce dedit sibi matrem eius Mariam in matrem; iterum, ut simile ipsum Iohannem soli, comparat se auctor illi qui vult videre solem eclipsari, unde visum

21. lxi°] ST vi° L B C V.

---

20. *Ps.* XXXVI 3 et *Gl.* rel.
21. *Is.* LXI 7.
22. *Iob.* XIX 25–26.
23. *Prov.* XXXI 21.
24. *Apoc.* VI 11.

amictit, [29] iuxta verbum Phylosophi: *Excellentia sensibilium corrumpit sensum*. [30] Dicit auctor quod corpus sancti Iohannis est terra in terra et non elevatum in celum ut multi credunt, ex eo quod scribitur quod, dum foret in senio, facta fovea quadrata, ibi se posuit et inde disparuit in quadam luce; qua remota, in dicta fovea repertum est solummodo manna. [31] Et facit ad oppositionem auctor quod ipse Iohannes dixit in suo *Evangelio*, ad finem dicens quod Christus post eius resurrectionem, apparens discipulis, ait Petro: *"Sequere me"*, cui Petrus: *"Hic autem quid?"*, loquendo de dicto Iohanne, cui Christus ait: *"Sic eum volo manere donec veniam, quid ad te? Tu me sequere"*. *Exivit igitur hic sermo inter fratres quod discipulus ille non moritur, et non dixit ei Iesus "Non moritur", sed: "Hic volo eum manere donec veniam"*. [32] In eo quod hic dicitur, videlicet quomodo per aspectum beati Iohannis ipse auctor cecutiatus erat quod non videbat Beatricem contra aliquid aliud, nichil aliud vult allegorice tangere nisi quod volendo profunditatem scripture ipsius Iohannis intimare, homo deficit in intellectuali visu et theologico, et maxime in eius *Apocalipsi*.

29–32. corrumpit . . .] *All this part, missing in ms. V, is taken from ms. C.*

31. ille non moritur, et non dixit ei Iesus "Non moritur", sed] ST ille non morit(ur) sed C.

29. Cf. ARIST., *An.* III 13 (435b 15–16).
31. *Ioh.* XXI 19–23.

SUPER XXVI° CAPITULO PARADISI

[1] **Mentr'io dubbiava per lo viso spento**. [2] Auctor se continuando exordialiter tangit quod scribitur in *Actibus Apostolorum* capitulo viiii° de beato Paulo, scilicet quomodo ipso eunte versus Damascum persecuturo Christianos, et in itinere lux quedam ipsum circumfulsisset, pro qua cecidit in terram; amisso visu ipse Paulus audivit vocem dicentem: *"Saule, cur me persequeris? Ego sum Iesus"*, at ille: *"Domine, quid vis me facere?"*, et dixit ei Iesus: *"Vade in civitatem, et dicetur tibi"*. Et ita fecit, et dum stetisset per tres dies sine visu et comestione, venit ad eum Anania, discipulus Christi, dicens: *"Saule, Dominus me misit ad te"*, et restituit sibi visum, et baptizatus est et factus est vas electionis. [3] Inde examinat sanctus Iohannes auctorem in karitate, dicendo ut eius anima se appuntat, idest ubi acuitur eius finalis amor et respondit ut sequitur. [4] Inde respondet auctor quomodo Deus est sibi Alpha et Omega, idest principium et finis, ut exponitur *Apocalipsi* capitulo i° et ultimo, de quanto amore reperit scriptum leviter et fortiter. [5] Ita sillogizando id bonum quod superat omne aliud bonum ac movens ut bonum aliquid animum alicuius debet esse ad sui dilectionem ultra alia bona, [6] unde Phylosophus in libro *De Eligendis* ait: *Maius bonum eligendum est, et sic magis amandum et cupiendum, at Deus est illud, ergo* etc., [7] et Thomas in prima probat Deum esse

---

1–30. ... ante constitutionem] *All this part, missing in ms. V, is taken from ms. C.*

2. capitulo viiii°] ST L B viii° C.

---

1. *Par.* XXVI 1.
2. *Act. Ap.* IX 4–5, 6–7, 17.
4. Cf. *Apoc.* I 8, XXII 13.
7. THOM., *Theol.* I–II q. lxii a. 2.

obiectum karitatis, [8] et ex hoc Phylosophus in xii° *Metaphysicorum* ait quod *Deus movet omnia, scilicet Deus est illa essentia et illud bonum, ergo* etc. [9] Adhuc respondet auctor dicendo quomodo hoc ut sit in se verum sternit Phylosophus etc., idest aperit, scilicet Phylosophus dicendo in xii° *Metaphysicorum*: *Dicimus enim Deum sempiternum et optimum quare vita et duratio continua et ecterna existit ei*, [10] et in libro *De Causis* ait: *Prima causa regit omnes res creatas.* [11] [**Sustanze sempiterne**], idest angelorum et animarum nostrarum, cum id dicatur 'sempiternum' quod iam habuit principium nec habere debet finem. [12] [**L'alto preconio che grida l'arcano**], idest altissima scribit arcana que vidit in cena domini dormiens super pectus eius, incipit enim: *Sic ego sum Alpha et O, principium et finis, dicit Dominus, qui est qui erat et qui venturus est.* [13] Inde respondet auctor quod sentit alias certas causas singulares quare movetur ad Deum amandum super alia, et prima est dicit esse mundi productum ab ipso Deo nostri amore, [14] unde Magister Sententiarum: *Deus creavit mundum propter hominem.* [15] Ad hoc dicit Bernardus: *Si naturaliter diligit filius patrem a quo habet corporis partem, quanto magis Deum, a quo habet corpus et animam.* [16] [**E quel che spera**], idest illa pars *Evangelii Iohannis* i° dicentis: *Quotquot autem receperunt eum dedit eis potestatem filios Dei fieri, his qui credunt in nomine eius* etc. [17] Dicto de prima parte karitatis, qua diligitur Deus propter se, incipit auctor dicere de alia qua diligitur proximus propter Deum. [18] [**Am'io cotanto**], idest amo plus istum quam illum, secundum dotationem eius sibi factam a Deo maiorem et minorem, unde Augustinus: *Sancte vivit qui ordinatam habet dilectionem ut eque diligat quod minus vel amplius est diligendum.* [19] Ad id quod dicitur de gonna, idest tunica, dicit Galienus quod *Nostrum videre est in humore cristallino, inter quem et tunicam corneam interponitur alia quedam tunica post quam est alius humor dictus albugineus, inter quem et dictum cristallinum est tela aranea, cuius foramen est pupilla per*

8–9. Cf. THOM., *Metaph.* XII vii 8.
10. THOM., *Caus.* XXIV 24.
11. [*Par.* XXVI 39].
12. [*Par.* XXVI 44]. *Apoc.* I 8.
14. PETR. LOMB., *Sent.* II i 8.
15. BERN., *Sent.* LXXIII 1.
16. [*Par.* XXVI 60]. *Ioh.* I 12.
18. [*Par.* XXVI 65]. AUG., *Doctr. Christ.* I xxvii 28.

Super XXVI° capitulo Paradisi

quam spiritus visivus procedit. [20] Inde vult auctor allegorice concludere ut, completo tractatu dicti Iohannis scribentis ita excelse quod eius visus intellectualis cum teologica scientia sua scripta attingere non potuit, cepit per Beatricem, idest per teologicam scientiam circa alia celestia prosequendo videre. [21] [**Ogne quisquilla**]: dicitur 'quisquilia' id quod de domo scopis purgatur. [22] Augustinus in *Genesi: Adam continuo factus sine ullo membrorum progressu in etate perfecta virili,* [23] et Thomas in prima, lxxxxiiii° questione: *Adam institutus est in statu perfectu quantum ad corpus, ut statim generare posset, et quantum ad animam ut alios posset instruere.* [24] [**Nel beato speglio**], idest in conspectu Dei, qui parificat et comprehendit omnia et a nichil comprehenditur. [25] [**Pareglio**], idest parificationem omnibus rebus virtualiter, et nulla facit eum sibi parem, [26] vel loquitur de illo rete dicto pareglio quod tenditur in montibus ad capiendum aves. [27] Ad ista signa Arietis Tauri et Geminorum et aliorum, que signa sunt in dicta via solis et per ista duo supradicta patet solutio prime questionis, [28] unde Papia ait: *Ante constitutionem turris Babel omnium nationum una erat lingua,* scilicet Hebrea, inde fuit Greca, clarior inter alias, inde Latina sub Saturno, [29] et idem scribit Ysidorus in x° *Ethymologiarum*, et subdit dicta umbra quomodo inter effectus, scilicet inferiores manantes a celo, idest a corporibus super celestibus, effectus nostre locutionis est et secundum motum celi variatur, et sic non est semper durabilis sed potius variabilis. [30] Unde Oratius in *Odis*: *Que nunc sunt in honore vocabula, si volet usus / quem penes arbitrium est et ius et forma loquendi,* [31] et alibi: *Ut silve foliis pronos mutantur in annos, / prima cadunt, ita verborum vetus interit etas / et iuvenum ritu florent modo nata vigentque.* [32] Et ecce quod subdit dicta umbra hic de usu mortalium ut de fronde veniente

31. ritu] ST L B ritum V.

---

21. [*Par.* XXVI 76].
22. Aug., *Gen. litt.* VI xiv 25.
23. Thom., *Theol.* I xciv 3.
24. [*Par.* XXVI 106].
25. [*Par.* XXVI 108].
28. Papias, *Sign.*, s.v. *Babel.*
29. Cf. Isid., *Etym.* V xxxix 6.
30. Hor., *Ars* 71–72.
31. Hor., *Ars* 60–63.

et abeunte in ramo, ac etiam dicendo quomodo naturale est hominem loqui, [33] unde Phylosophus in suo libro *De Anima* ait: *Locutio inest homini propter bene esse*, et ecce quod tangitur etiam hic de effectu rationali; sed quomodo hoc fiat natura dimictit ad beneplacitum cuiusque, [34] unde idem Phylosophus in suo libro *Peri Hermeneias* inquit: *Vox est significativa ad beneplacitum*. [35] Item et Magister Ystoriarum, in x° et xi° capitulo *Genesis*, ubi scribitur Deum dixisse contra dictum Nembrot et dictam eius gentem hedificantem dictam turrim: *Confundamus linguas eorum ut non intelligant quisque vocem proximi sui*, ait: *Nichil novi in hoc fecit Deus, cum eadem voces sunt apud omnes gentes sed proferendi modos et formas diversis generibus divisit*. [36] Et ad confirmandum que dixit dicta umbra dicit quomodo tempore quo vixit in hoc mundo primo Deus vocatus est ab hominibus 'I', idest 'Ei', inde 'L' idest 'El'. [37] Nam Ysidorus in viii° *Ethymologiarum*, describendo decem nomina Dei, dicit quod *Primum dictum est 'El', secundum 'Eloy', tertium 'Eloe', quartum 'Sabaoth', quintum 'Elion', sextum 'Ey', septimum 'Adonay', octavum 'Ia', nonum 'Tetragramaton', decimum 'Sadai'*. [38] Ultimo dicit quomodo ipse Adam prevaricatus est in hora sexta sexti primi diei; [39] dicit enim Ugo de Sancto Victore: *Ita circa hoc non autem cecidit Adam statim, sed per aliquam moram in Paradiso fuit, cum Scriptura dicat soporatum eum fuisse et animalia ante eum ducta sunt, quibus nomina imposuit et cum dicit etiam quod dum ipse Adam et Eva peccassent, audierunt vocem Domini ad auram post meridiem, et asconderunt se*, et hoc dicit per illa verba quando sol mutat quadram hora sexta. [40] Nam tunc dies erat duodecim horarum, scilicet in medio Martii quando sol procedit per duos quadratos aspectus in die solari, quorum quilibet est nonaginta graduum, sive sex horarum, et sic cum tunc ibi in sexta die predicta sol processit per tantum spatium temporis sequitur quod mutaverit dictum aspectum quadratum ulterius procedendo, et sic eius horam sextam in alium aspectum quadratum.

    34. Peri Hermeneias] per ieremiam V.

---

33. THOM., *In Arist. Anim.* II viii 18.
34. THOM., *Herm. Ar. exp.* I i 2.
35. *Gen.* XI 7 and PETR. COM., *Hist. Schol. Gen.* XXXVIII.
37. ISID., *Etym.* VII i 2–17.
39. HUGO DE S. VICT., *Summa Sent.* III 7.

SUPER XXVII° CAPITULO PARADISI

[1] **Al Padre, al Figlio, a lo Spirito Sancto**. [2] In hoc xxvii° capitulo auctor continuat se ad precedentia usque ibi: **E la virtù che lo sguardo m'indulse**: ibi incipit tractare de nono celo ut infra patebit. [3] Et ad evidentiam huius prime partis presentis capituli notandum est quod tempore quo auctor hec scripsit Bonifatius octavus papa tunc vigebat in papatu, quem papatum usurpavit fraudolose de manibus Celestini pape, ut plene dixi in *Inferno* in capitulo iii°. [4] Et hoc tangit hic dictus Petrus dicendo: **Colui che usurpa in terra il luogo mio**, quia quasi ut mundanus dominus se gerebat in faciendo fieri guerras et sparsiones sanguinis et alia turpia. [5] Ideo subdit hic ipse Petrus quomodo Vaticanum cimiterium ipsius Petri et aliorum sanctorum pontificum, quod est in urbe, dictus Bonifatius fecerat cloacam sanguinis et putredinis vitiorum, per quem Satan placatur, accipiendo hic dictum cimiterium ut partem pro tota Roma ut loco Ecclesie Dei, [6] ut velit ostendere completam esse prophetiam illam quam Psalmista tangit et quam

---

1. Figlio] C figlo V. alo] C al V.
2. auctor] C *om.* V. m'indulse] mindulse C mindu{s > l}se V.
3. ut plene dixi] ut plene dixi aliter scripsi V.
4. il] {e > i}l V. quia] et quia V.
6. hereditatem tuam, polluerunt] ‹pollueru› hereditatem tuam poluerunt V. morticina] C morticinia V. volatilibus] ST volatibus V.

---

1. *Par.* XXVII 1.
2. *Par.* XXVII 97.
4. *Par.* XXVII 22.
6. *Ps.* LXXVIII 1–3, 7.

alibi scripsi supra in *Purgatorio* in capitulo ultimo contra pastores Ecclesie dicendo: *Deus venerunt gentes in hereditatem tuam, polluerunt templum sanctum tuum, posuerunt morticina servorum tuorum escam volatilibus celi, carnes sanctorum bestiis terre, effuderunt sanguinem ipsorum tanquam aquam in circuitu Ierusalem et non erat qui sepeliret qui comederunt Iacob et locum eius desolaverunt.* [7] Per que fingit hic auctor erubuisse, recitando hec ita dictum beatum Petrum, et transcoloratum fuisse, sicut si Iuppiter, planeta albus, efficeretur Mars, planeta rubeus, ut dicit textus hic, obiciendo contra modernos pastores ipse Petrus hic quomodo Ecclesia militans Christi non fuit instituta de sanguine ipsius Petri martirizati per Neronem, nec de sanguine Lini pape martirizati per Saturninum consulem romanum, nec de sanguine Cleti pape martirizati per Titum Vespasianum, nec de sanguine Sisti pape martizati per Adrianum imperatorem, nec de sanguinem Pii pape martirizati per Anthoninum Pium imperatorem, nec de sanguine Calisti pape martirizati per Anthoninum Caracallam, nec de sanguine Urbani martirizati per Anthoninum sequentem imperatorem, ut esset questus auri, idest pecunie, sed aquisitio celestis glorie. [8] Item obicit quomodo dicti pastores favent Guelfis non sic Ghibellinis, item obicit de clavibus pictis in vexillis eorum et de sigillis sculptis sub figura ipsius Petri, ut dicit hic textus. [9] Item obicit quomodo ipsi moderni pastores apparent ibi illi lupi rapaces de quibus Lucas in *Actibus Apostolorum* sic ait in persona Pauli, in capitulo xx° dicens: *Attendite vobis et universo gregi, in quo vos posuit Spiritus Sanctus episcopos regere Ecclesiam Dei quam acquisivit sanguine suo. Ego scio quoniam intrabunt post discessum meum lupi rapaces in vos non parcentes gregi,* [10] precando inde dictus Petrus ut providentia divina, que defensavit gloriam, idest monarchiam mundi secularem in persona Scipionis contra Annibalem in urbe romana, ut provideat monarchie spirituali ita labenti. [11] Inde fingit dictos Apostolos et alios beatos qui sibi apparuerunt ibi auctor elevari ad celum Impireum sursum glomeratim ut nix deorsum hic facit; inde dicendo auctor quomodo eos ita ascendentes secutus est cum visu donec

---

7. instituta de] instituta {s > d}e V. Caracallam] Caratellam L B C V.

9. apparent] apparet V. parcentes] ST L B C parentes V.

---

9. *Act. Ap.* XX 28–29.

Super XXVII° capitulo Paradisi

medium tolleravit, [12] tangendo in hoc quod ait Phylosophus in ii° *De Anima* dicens quod *Medium debet esse proportionatum inter rem visam et visum,* [13] dicit quomodo vidit se revolutum a medio primi climatis usque ad eius finem, qui est in extremo nostri Occidentis, ita quod videbat ultra Gades iter Ulixis, de quo scripsi in *Inferno,* capitulo xxvi°, versus aliud emisperium et versus Orientem usque ad litora Tyrie, ubi Europa, filia regis Agenoris fecit se dulce pondus. [14] Scribit enim Ovidius in fine ii[i] quod Iuppiter venit semel de Creta navigando ad dicta litora, ludente ibi dicta Europa cum aliis virginibus, unde ait: *Litora iussa petit, ubi magni filia regis / ludere virginibus Tyriis comitata solebat,* in forma cuiusdam pulcherrimi vituli, quem dicta Europa ibi statim ascendit, et ipsum equitando ducta est per ipsum Iovem ad eius navigium, et cum ipsa aufugit ad insulam Crete, [15] licet Varro dicat, ut scribit Augustinus in xviii° *De Civitate Dei,* quod eam rapuit rex quidam nomine Xanctus. [16] Et ulterius dicit auctor quod magis sibi patefactus fuisset situs huius areole, idest huius nostre quarte partis terre habitabilis, nisi quod sol procedebat sub eius pedibus per unum signum, scilicet Thauri, et plus existente auctore tunc secundum eius fictionem in signo geminorum, et sic directo ultra medium huius emisperii versus orientem videre non poterat propter orbitantem et spericam formam globi terre. [17] Est enim circa premissa advertendum quod ab equinoctiali circulo citra versus septemptrionem terra habitabilis partitur per septem lineas per longitudinem de Oriente in Occidentem procedentes, que climata dicuntur, idest portiones, et vocantur secundum auctorem *Spere* longitudo climatis linea deducta ab Oriente in Occidentem eque distans ab equinoctiali; nam longitudo dicti primi climatis maior est longitudine secundi et longitudo secundi maior est longitudine tertii, et sic de singulis gradatim, et hoc propter angustias spere, [18] unde Phylosophus in ii° *Methaurorum* dicit quod *Longitudo terre habitabilis ita se*

---

16. orbitantem] orbitatem C V.

---

12. Arist., *An.* II vii 419a 13–22.
14. Ov., *Met.* II 844–45.
15. Cf. Aug., *Civ. Dei* XVIII 12.
17. Ioh. Sacrob., *Spher.* II (ed. Thorndike, 91).
18. Arist., *Meteor.* II 5 (362b 18–25).

habet ad latitudinem sicut quinque ad tria, [19] hoc est quod in triplo superat longitudo latitudinem; extenditur enim quodlibet dictorum climatum per quadringenta miliaria in latere, sub quorum primo et secundo est Affrica, sub tertio Yerusalem, sub quarto Roma, sub quinto Lumbardia, sub sexto Alamania. [20]. Hiis ita decursis, fingit auctor se elevari ad nonum celum de octava spera et de signo Geminorum, quod signum vocat hic auctor transumptive nidum Lede — nam sicut pulli in nido collocantur, ita Castor et Polux, fratres gemelli filii dicte Lede et Iovis in dicto signo fictione poetica collocati, et etiam quia ex ovo quoddam nati sunt sicut pullus in nido, cuius ystoriam fabulosam scripsi supra in *Purgatorio* in capitulo iiii° — vocando dictum nonum celum auctor hic velocissimum, [21] unde Phylosophus, *De Celo et Mundo*, de ipso ait celum hoc velocissimum esse omnium aliorum celorum, et in eo consistere principium motus. [22] Et in xii° *Methaphysice* de eo inquit etiam: *Ratione et numero primum movens immobile ens, unum ergo solum celum*, [23] dicendo auctor quomodo partes illius celi vicissime, idest sibi consimiles, et excelse, ita uniformes sunt, quod nescit referre in quo loco et parte eius specialiter fuerit; nam cum in eo non sint poli nec constellationes ut in octava spera, in qua dixit se positum in dicto signo Geminorum, nec aliquid sidus et stella singularis ut in septem aliis celis planetarum, in quibus planetis singulariter dixit se fuisse, non potest ita dici de isto nono celo, et hoc est quod nostra naturalis cognitio tantum usque ad dictum nonum celum se extendit. [23] Nam supra eum non potest esse naturale corpus tendens ad centrum ut terra et aqua vel tendens supra ut aer et ignis, vel circulare, ut est in superficie externa sub isto nono celo: nam si ibi esset, foret violentum corpus quod natura non patitur; et ideo dicitur hoc in textu quod solum lux et amor uno circulo comprehendit eum, scilicet celum Impireum incorporeum, sicut comprehendit dictum nonum celum alios celos; nam elementa elementata comprehenduntur et continentur a celis et a speris planetarum, et ipsi celi planetarum ab octava spera, et ipsa octava spera ab hoc nono celo, et ipsum nonum celum ab Impireo. [24] Et quia *Natura*, ut ait Phylosophus

---

19. triplo] C triplum V. quarto] C quinto V. quinto] C sexto V. sexto] C septimo V.

---

21. ARIST. *Cael.* II 4 (287a 22–31).
22. ARIST. *Metaph.* XII viii 17–18 (1074a 32, 37–38).
24. ARIST., *Phys.* II I (192b 13–15).

Super XXVII° capitulo Paradisi

in i° *Physicorum, est principium motus et quietis,* ideo dicit textus hic quod natura mundi initiatur in hoc celo nono tanquam a primo movente, natura subaudi universalis naturata. [25] Unde distinguit Frater Albertus in hoc sic dicens: *Est enim natura naturans et ipse Deus et ista a nullo dependet nisi a se ipsa; est alia natura naturata predicta, et hec est duplex, scilicet universalis et particularis: universalis est virtus diffusa in substantia celorum, particularis est in rebus singularibus sive in individuis, ut illa que est in illa planeta et illa que est in hoc grano, et hec dicitur vis insita rebus et similibus ad similia,* et hec ambe ab hoc nono celo dependent, principaliter prima immediate, altera mediante dicta universali natura naturata, que universalis, ut dicitur hic in textu, quietat idest firmum tenet in pendulum globum terre ut medium et contentum quoddam, et totum ad universum movet circum quam. [26] Quod celum nonum solum lux et amor comprehendit, habendo eius intelligentiam immediate ad Deum, non mediante aliquo motore angelico, ut est in aliis celis inferioribus, dicendo adhuc quomodo eius motus non distinguitur ab alio, sed motus alii ab ipso distinguntur ut decem a medio et quinto: in quo ostendere vult quomodo tempus originatur in dicto celo nono ut in primo mobili, [27] cum dicat Phylosophus in iiii° *Physicorum*: *Tempus est mensura seu numerus motus secundum prius et posterius,* [28] et in libro *De Quattuor Substantiis* ait: *Tempus est numerus in omni eo quod numeratur; nam ex quo creatura fuit tempus fuit, cum non potuit esse creatura sine mutabilitate, et ubicumque motus est ibi prius et posterius est dare,* quod tangit in eo quod dicit hic de decem et de medio et quinto; [29] ad quod ait Phylosophus in ii° *Ethycorum* dicens: *Si decem multa, duo autem pauca, sex media accipiuntur, secundum rem equaliter enim excedunt et exceduntur, hoc autem medium secundum arismetricam proportionem,* et sic merito concludendo dicit hic auctor quod tempus tenet radices in isto nono celo ut in testo, idest in vase quodam retinente erbas, et in aliis celis tenet frondes. [30] Et ex hoc invehit hic auctor ultimo contra cupiditatem, idest contra concupiscentiam nostram humanam

---

25. Est enim] C et enim V.

26. tempus] C tempo V.

30. vocando] vocando‹r(um)› V.

---

27. Arist., *Phys.* IV 12 (219b 26–28).
29. Thom., *Sent. Eth.* II vi 7.

que in tempore primo, idest in nostra pueritia, pura viget, inde in processu in deterius procedit ut susina illa que propter nimiam pluviam efficitur buzachionum, idest quedam susina vacua et vana, vocando hic dictam naturam naturatam ita delirantem filiam solis. [31] Ad quod etiam Seneca, *De Ira*, ait: *Maior cotidie peccandi cupiditas et minor verecundia*, [32] et in xxii[a] *Epistula ad Lucilium* ad id quod hic tangit auctor optime dicens ait: *"Nemo aliter quam quomodo natus est exit vitam". Falsum est: peiores morimur quam nascimur. Nostrum est istud, non naturae vitium; illa nobis conqueri debet et dicere: "quid hoc est? sine cupiditatibus vos genui, sine perfidia et aliis pestibus: quales intrastis exite"*. [33] Et ecce quod tangit hic textus de cupiditate suffocante nos, et de natura variata facit quod dicitur *Genesis* etiam viii° capitulo: *Ibi sensus et cogitatio humana in malum prona sunt ab adolescentia sua*, [34] per que patent hic tacta per auctorem prenuntiando de meliori etate ventura antequam mensis ianuarius totaliter exeat vernum, idest yemem propter centesimam diem neglectam circha computationem temporis et provisionem, ut provisum est circha bisextum. [35] Unde advertendum est circa id quod auctor vult tangere hic de dicta centesima quod tempore Romuli primi regis Rome et per ipsum Romulum fuit annus institutus decem mensium secundum Ovidium ita dicentem in suo libro *De Fastis*: *Tempora dirigeret cum conditor Urbis, in anno / constituit menses quinque bis esse suo*; [36] erat enim tunc aliquis mensis xxxvii[em] dierum, aliquis xxxvi, et sic de singulis, et dicebatur primus Imber scilicet Martius, secundus Aprilis, tertius Maius, quartus Iunius, quintus Quintilis, sextus Sextilis, septimus September quasi 'septimus ab Imbre', idest a Martio predictus, octavus October quasi 'octavus ab Imbre', nonus November, quasi 'nonus ab imbre', decimus December quasi 'decimus ab Imbre'. [37] Inde Numa Pompilius, secundus res Romanus, dies anni partitus est in xiicim menses, addendo mensibus predictis decem menses ianuarium ita vocatum a Iano, et Februarium ita vocatum a Februa dea, [38] unde idem Ovidius:

32. aliter] ST alter V.

---

31. Sen., *De Ira* II ix 1.
32. Sen., *Ep. Lucil.* XXII 15.
33. *Gen.* VIII 21.
35. Ov., *Fast.* I 27–28.
38. Ov., *Fast.* II 19, I 43–44.

Super XXVII° capitulo Paradisi

Februa Romani dixere piacula manes, et subdit: *At Numa nec Ianum nec avitas preterit umbras, / mensibus antiquis preposuitque duos*; [39] qui mensis Ianuarius institutus est primus mensis anni et institutus est sole ingrediente primum gradum Capricorni, in quo dies minor est totius anni, [40] unde ipse Ovidius, eodem libro, ait: *Bruma novi prima est veterisque novissima solis: / principium capiunt Phebus et annus idem*; [41] et contributis dictis diebus singulis mensibus predictis certis xxxi° certis xxx° et Februario xxviii° adhuc non suffecit, ita quod omni quarto anno non superesset unus dies qui attributus est dicto Februario, et dicitur bisextus, cum illa una dicta dies stet duobus diebus in eadem lictera Kalendarii, et ideo dicitur a bis quod est duo et sexto Kalendas. [42] Adhuc etiam cum tota dicta provisione non potuit fieri quin omni centesimo anno non supersit una dies et est notandum adhuc quod illa dies qua dictus Numa adiunxit dictum mensem Ianuarii ut primum mensem totius anni minor dies fuit anni ut supra dixi. [43] Igitur cum a dicto tempore Nume usque ad adventum Christi fluxerunt septingenti anni, sequitur quod Natale ipsius Domini, quod fuit die xxv° mensis Decembris fuerit in minori die totius anni. [44] Et sic xiia dies Decembris hodie si bene advertatur debet esse minor dies totius anni, cum mille trecenti anni cucurrerint a nativitate Domini citra, et sic consequens est quod, nisi circa dictam centesimam aliter provideatur, continget quod adhuc dictus mensis Ianuarius et alii menses yemales et festivitates eorum adhuc erunt autumpnales et extive et verne. [45] Quidam tamen e contra dicunt, scilicet quod omni centesimo anno deficit unus dies.

---

40. Ov., *Fast.* I 163–64.

SUPER XXVIII° CAPITULO PARADISI

[1] **Poscia che 'ncontro ala vita presente**. [2] In hoc xxviii° capitulo, tractaturus auctor de Ierarchiis et novem ordinibus angelorum, exordialiter alludit, in eo quod dicit quomodo in occulos Beatricis cognovit que sibi retro erant, [3] illis verbis Gregorii dicentis in primo *Moralium: Scriptura sacra mentis oculis quasi quoddam speculum opponitur, ut interna nostra facies in ipsa videatur*. [4] Et primo scribit et fingit auctor hic quomodo, existens in dicto nono celo, vidit ibi desursum, scilicet in celo Impireo, substantiam divinam ut punctum quoddam radians suum lumen acute taliter quod eius visus illud actingere nequivit et pati non potuit. [5] Et tamen in eius quantitate simulat eum lune in apparendo nostram hic excedenti visionem parvule stelle etc. [6] Circa cuius luminis extremitatem ponit hic auctor, describendo dictos ordines angelorum, circuiri propinquius in forma circuli ordinem Seraphinorum ut ignem in quo denotatur summus amor quem habent in Deum dicti Seraphini, *quasi aliis perardentes in karitate; nam 'Seraphim', idem est quod 'ardens'*, quem primum ordinem ut circulum ponit circumcintum ab ordine Cherubinorum, *qui pre aliis in scientia preeminent; nam interpretatur Cherubin 'plenitudo scientie'*, et hunc secundum circulum ponit circumcinctum ab ordine Tronorum, *qui interpretatur 'sedes'*: [7] nam, *ut ait Gregorius, Troni vocantur qui tanta divinitatis gratia replentur ut in eis sedeat Deus, et per eos sua iuditia discernat*, et quia primum

Rubr.: Super xxviii capitulo Paradisi expositio incipit V.

4. desursum] C suprorsum V.

6. perardentes] C perardentis V.

---

1. *Par.* XXVIII 1.
3. GREG., *Moral. in Job* II 1.
6–13. HUGO DE S. VICT., *Summa Sent.* II v (*De ordinum distinctione*).

etiam ternarium terminarunt, eodem modo istos Tronos circumcinctos ponit esse in forma circuli ab ordine Dominationum; [8] *Dominationes vocantur qui Potestates et Principatus trascendunt*, et istos a Virtutibus circumcintos ponit: dicuntur isti angeli Virtutes *quia per ipsos signa et miracula frequentius fiunt*, et ab istis Virtutibus Potestates cinguntur; [9] *Potestates dicuntur illi angeli qui potentius ceteris hoc in suo ordine acceperunt*, et ab istis Potestatibus Principatus; *dicuntur illi angeli Principatus qui sibi subiectis que sunt agenda disponunt*, [10] et ab istis Archangelos, *qui sunt illi angeli qui maiora nuntiant*, et ab istis Angelos, *qui minora*, [11] dicendo quomodo nuntius Iunonis, idest Iris, si integer esset, non esset equalis magnitudinis circumferentialis cum circulo septimo, scilicet dictorum Principatuum, tangendo deinde hic auctor quomodo gradatim plus et minus dicti ordines angelorum in celo beantur, secundum quod plus et minus distantes sint a dicto puncto et essentia deitatis. [12] Et dicit Ugo de Sancto Victore, scribendo circa hanc materiam, quod *Maius donum est karitas quam scientia*, et *ideo superior ordo a dignori nomen accepit*, ideoque secundum excellentiam donorum assignatur excellentia domorum dictis ordinibus. [13] Et Gregorius in hoc etiam ait: *Illa dona omnibus sunt communia, omnes enim ardent karitate et scientia pleni sunt; sed quanto superiores tanto excellentius pre aliis ea possident. In illa summa civitate quisque ordo eius rei nomine censetur, quam in munere plenius accepit*. [14] Ex istis dubitando opponit sic auctor: nos videmus quod in sensibili mundo elementa que magis remota sunt a centro terre magis divina et nobilitata sunt, et idem est in novem celis a celo Lune usque ad nonum celum modo accipiendo auctor hic punctum et lumen deitatis supradictum quasi ut centrum dictis ordinibus novem angelorum, et subsequenter dictis novem celis, arguebat quod dictus superior mundus ut exemplar non conformabatur cum inferiori, ut cum eius exemplo. [15] Et sic Boetius in iii° male scripsit dicendo: *Tu cuncta superno / ducis ab exemplo* etc. [16] Nam dicti Seraphini propinquiores dicto puncto deitatis quasi ut centro beatiores sunt Cherubinis, et Cherubini Tronis, et sic de singulis descensive, et idem de celis novem potest dici si bene advertimus. [17] Ad que respondendo dicit Beatrix quod circuli corporales dictorum ordinum et celorum sunt ampli et arti secundum maiorem et minorem virtutem in eis singulis exis-

---

9. dicuntur illi angeli Principatus] dicu(n)t(ur) illi angeli principat(us) V.

---

15. BOETH., *Cons.* III m. ix 6–7.

tentem, et subdit ergo dictum celum nonum beatius aliis, et quod totum aliud universum rapit correspondet circulo Seraphinorum predictorum qui magis amat et qui magis sapit in scientia. [18] Nam dicit dictus Ugo de Sancto Victore qui dicti Seraphini non solum in karitate sed etiam in scientia preeminent aliis, et sic successive de aliis circulis angelorum gradatim descendendo et correspondendo novem celis a dicto nono celo usque ad lunare, dicendo de innumerositate dictorum angelorum de qua dicam in sequenti capitulo. [19] Item tangit hic auctor quomodo beatitudo principaliter dictorum Angelorum consistit in visione, secundario in amore dependente ab ipsa eorum visione. [20] Item dicit quomodo beatus Dionisius Areopagita in suo libro Ierarchiarum hos ordines angelorum eodem modo distinxit ut ipse auctor hic distinguit, licet Gregorius aliter distinxit; cui Dionisio magis credendum est eo quod a Paulo habuit, cuius fuit discipulus qui vidit talia dum raptus fuit in celum ut scripsi in *Inferno* in capitulo ii°.

Expl.: Explicit expositio super xxviii capitulo paradisi V.

---

18. HUGO DE S. VICT., *Summa Sent.* II v (*De ordinum distinctione*).

SUPER XXVIIII° CAPITULO PARADISI

[1] **Quando amendue i figli di Latona**. [2] In hoc xxviiii° capitulo, continuando se adhuc ad materiam angelorum, auctor fingit Beatricem, idest Sacram Theologiam, respiciendo in deitatem ita subito et confestim sibi satisfecisse ad ea que scire cupiebat circa tractatum ordinum angelorum sicut subito sol in signo Arietis existens et luna in signo Libre — qui sol et luna filii Latone per poetas vocantur, et qua re scripsit supra in *Purgatorio* in capitulo xx° — de orizonte universali circulo dirimente hoc emisperium ab altero huic opposito sub zenitico puncto, quod est quando sol est alicui directe respiciens desuper, instantissime propter motum celi a directa oppositione divertuntur. [3] Cupiebant enim primo scire auctor quare Deus angelos creavit, et dicit Beatrix hoc egit non quod acquireret in se magis de bonitate, quod esse non potest — [4] cum sit ipse Deus *Forma boni livore carens* et *Quem non externe pepulerunt fingere cause*, ut ait Boetius — sed ut eius splendor, idest eius beatitudo et gratia, posset dicere "subsisto" et in aliis subsistentiis sum in aliis rebus. [5] Ad hoc sic ait Ugo de Victore: *Cum Deus summe bonus esset voluit alios participes esse etiam sue beatitudinis. Et quia non potest eius beatitudo participari nisi per intellectum, et quanto magis intelligitur tanto magis habetur,*

Rubr.: Incipit expositio super xxviiii capitulo paradisi V.

1. amendue] C ambedui V.

4. Quem] S T que L B qui V.

5. intelligitur] S T L B intelligi V.

---

1. *Par.* XXIX 1.
4. BOETH., *Cons.* III m. ix 6, 4.
5. HUGO DE S. VICT., *Summa Sent.* II i.

Comentum Petri Alagherii

fecit rationabilem creaturam ut intelligeret et intelligendo amaret, et amando possideret, et possidendo frueretur, et distinxit ut in sui puritate pars maneret, scilicet angelica creatura, pars corpori iungeretur ut anima nostra; [6] ad idem Magister in ii° *Sententiarum* inquit: *Etiam sic rationalis creatura facta est ad laudandum Deum et ad fruendum eo, non quod Deus, summe beatus, indigeret alterutriusque offitio, qui bonis nostris non eget;* [7] item et Plato in suo *Timeo* in hoc ait: *Cur rerum conditor fabricatorque geniture esse hoc instituendum putaverit? Optimus erat ob optimo, porro invidia longe relegata est. Cuncta eius sui similia, prout cuiusque natura capax beatitudinis esse poterat, effici voluit; generatorem et opificem universitatis tam invenire difficile est quam inventum profari:* [8] ecce quod subdit auctor in persona Beatricis hic in textu, quomodo scilicet hec sunt extra anime nostrum comprendere. [9] Item dicit quomodo ipse Deus hoc egit in sua ecternitate que est preter tempus et secundum tempore, idest sine mensuratione prioris et posterioris, et sic non potest dici ut prius torpuerit, ut dicit hic textus, cum tempus nichil aliud fit quam numerus prioris et posterioris, [10] unde Augustinus in xii° *Confessionum* ait: *Duo reperio que tu Deus fecisti carentia temporibus, scilicet materiam corporalem et naturam angelicam.* [11] Item et idem Plato in dicto suo *Timeo* preallegato libro ait: *Dies, noctes, menses et annos qui ante exornationem celestem non erant, nascente mundo iussit existere; que omnia partes sunt temporis. Dicimus enim 'fuit', 'est', 'erit', et Deum solum esse contingit, itaque mundum semper fuit citra exordium temporis,* et subdit: *Hac igitur Dei ratione consilioque hoc more genituram temporis volentis creare sol et luna et alie stelle que vocantur erratice facte sunt quo tam partes temporis notarentur certa dimensione.* [12] Secundo cupiebat auctor scire qualiter predicti angeli creati sunt et quando, ad quod respondendo ipsa Beatrix a creatione mundi ita incipit: **Forma et materia coniuncte et purette** exierunt a Deo e manaverunt ad triplex esse mundi sensibilis, quod esse non habebat fallum, idest non poterat falli, quod ita non eveniret ut exemplar ab exemplo, idest ab archetipo

---

    7.   Plato in suo Timeo] plato in suo etiam timeo V.

---

6.   Petr. Lomb., *Sent.* II i 6–7.
7.   Chalcid., *Plat. Tim.* 29d–e, 28c.
10. Aug., *Conf.* XII xii 15.
11. Chalcid., *Plat. Tim.* 37e–38a, 28b.
12. *Par.* XXIX 21.

mundo, qui ab ecterno in mente et predestinatione divina fuit, [13] ad quod idem Plato in dicto *Timeo* inquit: *Ut exemplo simul esse uterque mundus; archetypus quippe omni evo existens semper est, hic sensibilis ymagoque eius is est qui per omne tempus fuerit certe etiam futurus, et secundum hoc debet accidi*, quod in dicto libro subdit, ipse Plato inquiens: *Omnia que in mente divina sunt non ceperunt nec in ea aliquid extraneum est, nam est in semet locata secundum ortu secundum occasum que neque in se recipit quicumque aliunde*. [14] Ad hoc idem Honorius Solitarius ait: *Ante tempora secularia universitas mundi in mente divina concipitur, que conceptio archetypus mundus dicitur; inde ad exemplar archetypi hic sensibilis in materia creatur, modo quia tria similes prius creavit Deus, ut dicitur hic in textu, de nichilo, scilicet angelicam creaturam in pura forma sine materia*. [15] Unde Ugo de Sancto Victore: *Angelis attributa est essentia indivisibilis et immaterialis*, [16] et Thomas etiam ait: *Angelus est incorporeus et non compositus ex materia et ylem, idest compositionem quattuor elementorum, in pura materia sine forma, unde dicta est chaos, idest confusio, et celos cum angelicis suis intelligentiis et motoribus in materia et forma coniunctim*. [17] Unde Augustinus in libro *De Diffinitione Recte Fidei*, accipiens principium *Genesis*: *In principio creavit Deus celum, idest angelos, et terram, idest materiam quattuor elementorum, de nichilo, et omnes celestes virtutes ut non esset otiosa Dei bonitas, sed haberet in quibus per multa spatia bonitatem suam ostenderet*, ut supra tactum est. [18] Ideo quod dixit de pura, idest de simplici forma, referri debet ad dictam angelica creaturam, et quod dixit de purecta materia, idest de simplici, referri debet ad dictam ylem, et quod dixit de coniunctis, forma scilicet cum materia, referendum est ad materiam dictorum celorum et ad formam eorum angelicorum motorum, et hoc est quod dicitur hic in textu de triformi tali effectu procedente simul et semel a Deo subito ut a tricordi arcu tres sagipte et sine distinctione in eorum exordium, [19] in quo hic auctor sequitur Salamonem dicentem, *Ecclesiasticus*,

13. simul] C similis V.

19. Ecclesiasticus] ST L B ecclesiastes C V. xviii°] C xvii{ii > i} V.

---

13. CHALCID., *Plat. Tim.* 38b–c.
14. HONOR. AUGUSTODUN., *Imag. Mund.* I 2.
15. HUGO DE S. VICT., *Summa Sent.* II ii.
16. THOM., *Theol.* I q. 1 a. 2.
17. Cf. PS.-GENNAD. MARSEIL., *Eccl. Dogm.* 10 (PL XLII 1215).
19. *Eccli.* XVIII 1.

capitulo xviii°: *Qui vivit in ecternum creavit omnia simul*, [20] et Psalmista: *Quoniam ipse dixit, et facta sunt; ipse mandavit, et creata sunt.* [21] Quidam tamen, adherentes lictere *Genesis*, dicunt quod predicta creata sunt per distincta intervalla sex dierum; [22] unde Ysidorus in v° *Ethymologiarum* ait: *Primo enim die Deus in lucis nomine condidit angelos, secundo die appellatione firmamenti, celos; tertio in discretionis vocabulo speciem aquarum et terre; quarto luminaria celi; quinto animantia ex aquis; sexto animantia et terra et hominem Adam.* [23] Ad hoc Papia ita distinguendo, circa idem ait: *Mundus distantiam habet inter creationem et formationem, quia originaliter secundum materiam subiectam simul creata sunt cuncta; sed secundum distinctionem rerum per sex dies formata sunt: nam ex prima materia, que Chaos dicta est, celum et terra facta est et species et forme varie, sed materia facta est ex nichilo* — et alibi: *Omnia condidit Deus angelos et informem materiam predictam* — et sic non omnia condidit ex nichilo, sed quedam fecit ex nihilo, quedam ex aliquo; de nichilo mundum et angelos et celos; ex aliquo hominem et ceteram aliam mundi creaturam, [24] et hoc est quod subditur hic in textu, quomodo scilicet concreatus fuit ordo substantiis angelicis que tenuerunt cimam, idest superiorem partem mundi, scilicet Impireum celum, quod puro actu a Deo productum est, hoc est non potentiatum ad alias species formales producendas; pars numero yma, idest elementorum glutinum et Chaos puram potentiam tenuit, hoc est quod ad diversas species formales producendas potentiata fuit; in medio autem, scilicet in celis Deus miscuit potentiam cum actu, potentiam videlicet in dictis celis potentiatis ad alia producenda, puta luminaria predicta, actum quantum ad angelicos motores eorum. [25] Nam dicit frater Albertus quod in angelo et anima eadem est forma, que est actus materie et que est actus compositionis. [26] Modo revertendo adhuc anteriora superius hic premissa dicit Thomas in prima quod *Angeli tenent medium inter Deum et corporeas creaturas*, [27] et dictus Ugo de Sancto Victore ait:

22. v°] ST vii° V.

23. aliam] ‹anim›aliam V.

---

20. *Ps.* XXXII 9.
22. Isid., *Etym.* V xxxix 1.
23. Papias, *Sign Verb.* s.v. 'chaos'.
26. Thom., *Theol.* I q. 1 a. 1.
27. Hugo De S. Vict., *Summa Sent.* II i.

Super xxviiii° capitulo Paradisi

Angeli facti sunt non in celo firmamenti sed in celo splendido Impireo supradicto, [28] quod Beda dicit: *A volubilitate mundi secretum quod statim factum repletum est angelis simul;* [29] igitur *Creati sunt angeli cum corporea materia predicta et celi sed cum Moyses loqueretur rudi populo et carnali,* ut scribit dictus Ugo, *oportebat eum loqui de Deo sicut de aliquo homine qui opera sua per moras temporum format et perficit,* [30] unde Augustinus ait: *Quia a Deo potuerunt predicta tria fieri,* ut tenet hic auctor secundum dictam auctoritatem Salamonis, *hominibus tamen non potuit simul dici,* tamen non nego quin Dominus aliud potuisset fecisse si ei placuisset, nec Augustinus alius asserit sed dicit *potuit simul fieri.* [31] Sic igitur viso qualiter, ubi et quando dicti angeli creati sunt, dicit auctor in persona Beatricis de mora Luciferi et suorum complicum qualiter brevissima fuit in celo, ut hic patet in textu, [32] de quo sic ait dictus Ugo de Sancto Victore: *Inter creationem et casum Luciferi et angelorum suorum non fuit mora, et tamen illud prius, istud posterius, sed sine intervallo; non enim semper fuerunt mali, ut quidam dicunt per illam auctoritatem, 'Ab initio homicida fuit et in veritate non stetit',* sed non dicitur in initio ibi sed ab initio, idest statim post initium. [33] Ad id quod de bonis angelis dicit hic textus, quomodo scilicet cum gratia cooperante et merito remanserunt, sic ait Thomas in prima: *Angeli creati sunt in gratia gratum faciente et post primum actum karitatis, quo beatitudinem meruerunt, statim beati fuerunt; nam tales creati sunt ut, si vellent, in beatitudine persisterent, si autem nollent, etiam labi potuissent. At virtutes angelice, que in divino amore persisterunt fixe, lapsis superbientibus angelis, hoc in munere retributionis receperunt, ut aliud omnino nec velint nec velle possint, habentes a Deo virtutem incommunicabilitatis,* [34] unde et Ysidorus ait: *Angelus natura mutabilis immutabilis factus est gratia.* [35] Item et Ugo predictus inquit: *Tria videntur attributa primordialiter angelis, scilicet essentia individualis et immaterialis, intelligentia spiritualis et liberum arbitrium, per quod poterant sine violentia ad utriuslibet propria voluntate deflecti*

---

30. hominibus] C omnibus V.

---

28. Cf. Beda, *In princ. Gen.* I i 8.
29. Hugo De S. Vict., *Summa Sent.* II i.
30. Cf. Aug., *Gen. ad litt.* I ix 15–17.
32. Hugo De S. Vict., *Summa Sent.* II iii (*Ioh.* VIII 44).
33. Thom., *Theol.* I q. lxii a. 3, 5 and q. lxiii a. 9.
34. Cf. Isid., *Sent.* I x 2.
35. Hugo De S. Vict., *Summa Sent.* II ii–iii.

Comentum Petri Alagherii

statim. Quidam post creationem conversi sunt ad creatorem suum, quidam adversi: converti ad Deum fuit diligere, abverti odio habere. In conversis quasi in speculo cepit relucere Dei sapientia, qua ipsi boni angeli illuminati sunt et mali excecati. Illis stantibus et istis ruentibus, discrevit Deus lucem a tenebris, et data est gratia cooperans, sine qua non potest proficere rationalis creatura, non ex merito, quia adhuc nullum meritum erat, sed quod aliis non est data, culpa eorum fuit, non que precesserit tempore, sed in causa, quia sicut in illis est gratia causa meriti, tempore tamen non precessit meritum ipsum. Ita in istis culpa fuit causa, quare ex iudicio Dei iusto gratia non daretur, et tamen tempore hoc non precessit illud. Nam, licet dicti mali angeli sine dicta gratia cooperante (quam nondum acceperant) non possent proficere, tamen per id quod eis collatum erat ex gratia creatrice poterant non cadere. Nam nichil eos ad hoc compellebat, et si non declinassent propria voluntate quod datum est aliis daretur et istis, ideoque ceciderunt et turbaverunt subiectum elementorum, idest globum terre, ut dicitur hic in textu, *cadendo in eius abissum*; [36] et improbata opinione Ieronimi hic in textu scribentis olim ita *Ad Titum*: "Sex milia necdum nostri temporis implentur anni, et quantas seculorum origines fuisse arbitrandum est, in quibus Angeli, Troni et Dominationes servierunt Deo, et absque temporum vicibus et absque mensuris, Deo iubente substiterint", [37] quod ex dictis Origenis, qui dubitando dixit non asserendo, [38] cum dicit Augustinus super principio Genesis, scilicet: "In principio creavit Deus celum, idest angelos, et terram, idest materiam elementatam", ut superius dixi. [39] Unde reprehendit auctor hic subsequenter illos qui dicunt angelos velle et recordari, ratione in textu hic assignata, ad quam facit quod ait Dionisius: *Sic angeli nunquam ab intimis Dei recedunt, quoniam ea que preeminent usum exterioris officii nunquam habent.* [40] Ad idem sic etiam Thomas in prima ait: *Angelus non intelligit componendo et dividendo, nam in eo non est intellectus agens nec possibilis ut in nobis, sed propter species innatas intelligit,* [41] unde illud Evangelicum: *Angeli semper vident faciem Patris nostri*; [42] Gregorius in ii° *Moralium* ad hoc idem ait: *Omnes loco circumscripti angeli sunt, sed tamen eorum scientia a nostra longe dilatatur cum fontem scientie*

    35. culpa fuit causa] ST c(aus)a fuit culpa(m) V.

    39. velle] C vele V. nunquam habent] ST L B C habent V.

36–38. Hugo De S. Vict., *Summa Sent.* II i.
40. Cf. Thom., *Theol.* I q. lviii a. 5.
41. *Matt.* XVIII 10.
42. Greg., *Mor.* II iii 3.

Super xxviiii° capitulo Paradisi

contemplentur et nunquam recedunt a facie Dei, [43] ex quibus incidenter auctor hic in persona Beatricis reprehendit phylosophantes ita legentes in scolis non veritatem sed apparentiam sequentes, cum in hoc sint phylosophi nomine sed non re, [44] cum dicat Seneca *Ad Lucilium*: *Phylosophia est studium virtutum et veritatis*; [45] contra quos etiam ait sicut Magister in proemio *Sententiarum* dicens: *O utinam veritas tot haberet inventores quot habet contradictores*, [46] et Apostolus in ii° *Ad Colossenses* etiam sic ait contra tales: *Videte ne quis vos decipiat per phylosophiam et inanem fallaciam secundum traditionem hominum*, ita in scolis equivoce confundentium veritatem, ut dicit textus hic. [47] Item reprehendit etiam Magister: *Quam istos predictos postponentes scripturam sacram et eam obliquantes*, [48] contra quos ita ait idem Apostolus, *Ad Timoteum*, capitulo i°, dicens: *Quidam sunt aberrantes conversi in vaniloquium volentes esse legis doctores, non intelligentes neque que loquntur, neque de quibus affirmant et sanam doctrinam non ferunt, sed ad sua desideria coacervant sibi magros ponentes auribus et a veritate audiutum obvertunt et a fabulis convertuntur.* [49] Item etiam Ieronimus in quodam *Decreto*: *Ad idem non afferamus stateras dolosas, ubi appendamus quod volumus pro arbitrio nostro, dicentes: "Hoc grave, hoc leve est", sed afferamus divinam stateram de Scripturis Sanctis et in illa quid sit gravius appendamus*, ubi *Glosa* inquit: *Nam sunt quidam qui subtilitate sua volunt aliter interpetrari divinas Scripturas quam debeant, et ita errant et in scisma incidunt*; contra quos tales scientes falsa propter apparere arguentes, ut dicit textus hic, [50] idem Seneca in xxiiii^a *Epistula*

43. apparentiam] C apparencia V.

46. phylosophiam] filosophia V.

49. ubi appendamus] ST L B nisi apprehendamus V.

---

44. Sen., *Ep. Lucil.* LXXXIX 8.
45. Petr. Lomb., *Sent.* prol.
46. *Ep. Col.* II 8.
47. Cf. Cassian., *Con.* XXIV 12 (PL XLIX 1300b).
48. *Ep. Tim.* I 6–7.
49. *Decr. Grat.* II C. XXIV q. i c. 21 et *Gl.* rel.
50. Sen., *Ep. Lucil.* XXIV 19.

ad Lucilium ait: *Turpe est aliud loqui et aliud sentire quam turpius aliud scribere et aliud sentire.* [51] Ulterius reprehenduntur hic in textu illi predicatores qui, dimisso Evangelio per novas inventiones, muliercula et vulgo applaudentur ut appareant, contra quos Ieronimus in *Prohemio Bibie* sic ait: *Alii, supercilio adducto, grandia verba trutinantes inter mulierculas de sacris licteris phylosophantur. Taceo de meis similibus, qui si forte ad Scripturam Sanctam post seculares licteras veniunt et sermone composito aures populi mulserint, quicquid dixerint legem Dei putant: nec scire dignantur quid Prophete, quid Apostoli senserunt, sed ad sensum suum incongrua aptant testimonia.* [52] Item et *Glosa* super *Salmo* "*Beati immaculati*" ad idem ait: *Vitium animi predicantis est indignis secreta vulgare, quod fit vel loquacitate incauta, dum sine deliberatione evolat verbum, vel adulatione ut eis placeat quibus loquitur, vel iactatione ut plura scire videatur vulgo,* [53] reducens hoc auctor hic in exemplum cuiusdam predicatoris qui suo tempore in die passionis Domini predicavit sic veniens ad illud verbum *Et tenebre facte sunt super universa terra*, quod si id fuit eo quod luna interposuit se inter solem et terram, ex quo sol eclipsatus est, non solum Iudeis in Yerusalem in medio terre habitabilis, sed etiam Yspanis in Occidente et Yndiis in Oriente, et sic quod miraculosum fuit, unde dictum fuit tunc Athenis per eius philosophos: "*Aut Deus nature patitur aut machina mundi dissolvetur*", voluit reducere ad quasi naturalem eclipsim [54] ignorans quod scriptum est in *Tabulis Tollentanis* in titulo *De Diversitate Aspectus Eclipsis*, [55] ac etiam quod scribit auctor *Spere* dicens quod *Semper Eclipsis solis debet fieri in novilunio*, et quod, licet *Eclipsis lune fiat universaliter per totam terram. eclipsis vero solis non; nam in uno climate fit in alio non, propter diversitatem aspectus.* [56] Unde, cum in passione Domini luna fuerit decimaquinta, et sic in plenilunio, sic naturaliter non potuit tunc fieri talis eclipsis, sed miraculose tamen, ut fuit et subdit hic ammirative auctor in persona Beatricis, per quod tanta stultitia in hoc mundo cernit ut omnibus pastoribus illis qui vocantur fratres a campanellis creditur sine alia probatione, et sic per hoc vulgus impinguat porcum Sancti Anthonii et dictos pastores,

51. trutinantes] ST L B tintinantes V.

---

51. HIERON., *Ep.* LIII 7.
52. *Ps.* CXVIII 1 et *Gl.* rel.
53. *Matt.* XXVII 45.
55. IOH. SACROB., *Spher.* IV (ed. Thorndike, 116, 142).

Super XXVIIII° capitulo Paradisi

solvendo de pecunia sive cibo, [57] idest de blado, vino, oleo et aliis frugibus (que large dicit Lex quod appellatione pecunie seu monete continentur, sed stricte dicitur pecunia sive moneta que habet conium idest scultura et forma publica). [58] Ultimo dicendo de innumerositate angelorum remictit Beatrix auctorem ad *Danielem* dicentem in vii° capitulo: *Milia milium ministrabant ei et decies milies centena milia assistebant ei*. [59] Ad hoc etiam facit quod dixit Dominus noster ad Pilatum de duodecim legionibus et plus angelorum succurrentium eum si voluisse rogare Patrem, subdendo quomodo prima lux, idest lumen deitatis, irradiat eos et facit se recipi ab utroque angulo singulariter sicut in multis speculis unicus visus, [60] unde Dionisius in libro *De Divinis Nominibus* in hoc sic ait: *Angelus est speculum purum et clarissimum totum, si fas est dicere, pulcritudinem Dei suscipiens*, [61] et Macrobius: *Cuncta unus fulgor illuminat*, scilicet Deus, *et in universis apparet*, scilicet angelis, *ut in multis speculis per ordinem positis unum vultus*; [62] et ecce quod hic in fine dicitur de speculis: tamen dicit Beatrix hic quod quisque angelus secundum actum quo concipit, idest secundum actum quo intelligitur contemplando Deum, sequitur aspectum, idest amat, at quia unus magis altero intelligit actus amandi diversimode in eis fervet et tepet ut dicit textus hic. [63] Nam dicit dictus Dionisius in suo libro *Ierarchiarum* quod superiores angeli habent scientiam magis universalem, et ideo de intelligere diversorum angelorum non est eiusdem speciei, et ex hoc ierarchia interpretatur episcopatus, quia in ea de prelatione angelorum agitur.

61. vultus] L B multus V.

---

58. *Dan.* VII 10.
59. *Matt.* XXVI 53.
60. Thom., *Theol.* I q. xii a. 4.
61. Cf. Macr., *Somn. Comm.* I xix 13.
63. Ps. Dion., *Cael. Hierarch.* VII (PG III 212b–c).

SUPER XXX° CAPITULO PARADISI

[1] **Forse semilia miglia di lontano** [2] Continuato etiam hoc capitulo xxx° usque ibi: **Se quanto infino a qui di lei si dice**, ubi, finito tractatu angelorum, aggreditur tractatum Impirei celi, et incipiendo fingit auctor sibi ita subito et paulatim disparuisse ibi in dicto celo illam universitatem angelorum ut disparere videmus nobis occidentalibus stellas dum sol in equinoctiali tempore processit ab oriente nostro in hoc emisperio per sex horas, et sic super medio huius nostre habitabilis terre quod dicitur esse in Yerusalem; [3] et sic sequitur quod sero tunc vicinetur in Oriente et quod umbra, idest quod nox, hic declinet ad lectum, idest ad solum planum, idest ad occidentale occeanum mare, [4] (nam ex hoc dicitur mare 'equor', scilicet propter equalem eius planitiem), ut tangit hic auctor dicendo quomodo etiam tunc medium celum nobis occidentalibus profundum, scilicet a dicta Yerusalem citra profundum, dico in eius prima parte ratione remotionis, incipit velare aliquas eius stellas vicinante ancilla, idest aurora solis; sed cum ulterius venit velat omnes — [5] quam horam eodem modo describit Lucanus in fine ii^i, cuius verba scripsi supra in *Purgatorio* in capitulo primo, — [6] sequendo hic auctor Phylosophum dicentem in libro *De Proprietatibus Elementorum* quod totum spericum corpus terre mensuratur circumferenter per xxiiii^{or} milia miliaria, quod corpus sol circuit in xxiiii^{or} horis, et sic qualibet hora currit per spatium mille miliarium, et sic in equinoctiali tempore, ad quod auctor hic se refert, in quo dies solaris est

---

1. miglia] C migla V.

---

1. *Par.* XXX 1.
2. *Par.* XXX 16.
5. Cf. LUCAN., *Phars.* II 719–25.
6. THOM., *In Cael. Mund.* II vi 8.

Super xxx° capitulo Paradisi

xii^{cim} horarum, et sic sequitur quod sol currat per xii^{cim} milia miliaria; tunc in die vii^a cum est in medio, scilicet super Yerusalem, distat a nobis occidentalibus dicta sexta hora fervens a sole per sex milia miliaria, [7] licet Alfagranus dicat quod mensuretur dicta terra per xx^{m}iiii^c. [8] Post hec ad secundam partem veniendo auctor, volens ostendere quomodo sacra theologia perficit suam pulcritudinem, idest suam intellectualem doctrinam, dum de nono celo transcendit ad Impyreum continens totam beatitudinem celestem et Paradisum, fingit nunc in tali passu et puncto Beatricem, in qua dicta theologia figuratur, se ita vidisse pulcerrimam, quod si esset Plautus, olim poeta grecus magnus, tam comicus quam tragedus, non posset refferre poetando eius presentem pulcritudinem talem, ut dicit hic textus, allegando causam quia, sicut sol magis tremulus, idest vibrans ut est in mane, ut dicit iste auctor supra in *Purgatorio* in capitulo incipiente: **Quanto tra l'ultimar de l'ora terza**, adimit visum respicientis versus eum, ita rememoratio risus ipsius Beatricis eius mentem, idest eius reminiscentiam minuebat. [9] Inde subdit hic auctor sicut talis, scilicet ipsa Beatrix, qualem ego dimicto — idest dimisi, et sic presens tempus hic accipias pro preterito — maiori bando, idest maiori preconio laudis alicuius alterius excellentioris poete eo, [10] cum actu expediti ducis incepit dicere ipsi auctori quomodo exierant maius corpus, scilicet nonum celum, et venerant ad illud quod est vera lux intellectualis plena amore summi boni, idest Dei, et letitia, idest Impyreum celum predictum, subdendo inde hic auctor quod non auderet tentare referre aliquid minimum eius beatitudinis que homo sub allegoria velit dicere, quod per scripturam aliquam non bene possit haberi eius Impirei celi quidditas et essentia, [11] unde Thomas in prima questio lxvi° scribit quod dictum Impyreum celum non invenitur positum nisi per auctoritatem Strabi, Bede et Basilii, [12] quod subtiliter etiam iste auctor vult tangere in ii° capitulo *Inferni* dum

8. tragedus] C tragedius V.
9. bando] T bampno V.
12. donna] C dona V. sui] C soi V.

---

7. Thom., *In Cael. Mund.* II xxviii 4.
8. *Purg.* XV 1.
11. Thom., *Theol.* I q. lxvi a. 3.
12. *Inf.* II 76–78.

Comentum Petri Alagherii

ibi loquendo Beatrici ut theologie inquit: **O donna di virtù sola per cui / l'umana specie excede ogni contento / da quel cielo c'ha minori i cierchi sui**, scilicet a celo lune minori usque ad nonum maius, quasi dicat quod non superius ultra excedit, cum dictum celum Impireum et lux non sit contentum ab aliquo alio celo sed solum a mente divina dependeat; [13] et sequitur Beatrix dicendo auctori quomodo videbat ibi in celo Impireo utramque militiam celestialem, scilicet animas beatas ad presens et separatas a corporibus, et in futurum cum corporibus, ut videbit die iudicii quando dicetur bonis: *"Venite benedicti patris mei"* et malis *"Ite, maledicti, in ignem ecternum"*, [14] et ecce ultima iustitia de qua hic dicitur, licet posset hoc referri ad angelicam beatitudinem que in aspectu representat ultimam iustitiam, idest Trinitatem divinam, in alis aureis patrem, in alio dorso albo filium, in facie rubea Spiritum Sanctum, ut hic inferius in hoc capitulo figuratur per ipsum auctorem. [15] Inde auctor procedens ad tractatum aquarum supercelestium, que celum cristallinum constituere dicuntur — de quibus *Genesis* i° capitulo, ita dicitur: *Divisit Deus aquas que erant sub firmamento ab hiis que erant super firmamentum*, [16] et Psalmista: *Aque que super celos sunt / laudent nomen Domini* — [17] dicit quomodo circumfulsus fuit a quadam luce ita quod nichil videbat, idest ignorabat circa talia speculari, ut ignorabat Ugo de Sancto Victore dum scripsit quod quales forent dicte aque nobiscum non erant, [18] et Alanus dum in suo Anticlaudiano poetando finxit Fronesim, idest prudentiam, in forma virginis trascendisse celos et ad has aquas devenisse dicens: *Iam Fronesis dictante dea superaverat arces / sidereas*, et subdit: *Dum transit miratur aquas quas federat igni / indivisa loci series, nec flamma liquorem / impedit, aut flamme certat liquor ille repugnans. / Altius*

    14. alis] aliis V.

    17. circumfulsus] C circumfulxusu V.

    18. Anticlaudiano] C [anti]claudiano V. virginis] C virgis V. Altius inquirit] ST L B alterius inquiris V. An nebule] ST i(n) nebule V. formamque] ST formaque V. an glaciem] ST anglatiue V. deficit] ST fefficit V. hebet] ST L B habet V.

---

13. *Matt.* XXV 34, 41.
15. *Gen.* I 7.
16. *Ps.* CXLVIII 4–5.
18. Alan., *Anticl.* V vi 1–2, 6–8, 20–21, 23, 25–27, 58–67.

Super XXX° capitulo Paradisi

inquirit Frenesis ferventius instans, / an liquor ille fluat, subdens: *An nebule faciem gestans formamque vaporis / pendeat, et donet sitienti pocula flamme / glaciem gerat in speciem, reddatque figuram / cristalli, perdatque simul liquor ipse liquorem. / Deficit inquirens, querendo deficit illa / quesitu superata suo, sed victa querelis / deffectus proprios queritur: sic ista querela / questio sit, Fronesi suspiria sola relinquens. / Nec mirum si cedit ad hec prudentia, que sic / excedunt matris nature iura, quod eius / exsuperant cursus, ad que mens deficit heret / intellectus, hebet ratio, sapientia mutat, / Tullius ipse silet, mutescit lingua Maronis, / languet Aristotiles Tolomei sensus aberrat.* [19] De quo vanant et nostri theologi: dicit enim Beda quod dicte aque consolidate sunt ad modum cristalli quidam; [20] alii dicunt quod ignee nature sint, [21] alii expositores super *Genesi* dicunt quod glaciarum soliditate sunt vaporaliter suspense ad similitudinem vaporis sive fumi; [22] Thomas in prima questio lxviii° dicit quod sunt aque corporales, [23] Origenes vero dicit quod dicte aque sunt spirituales substantie; cuius opinionem videtur velle hic sequi auctor, si bene inspiciatur, dicendo quomodo restitutus in acutiori visu vidit quoddam lumen in forma rivere, idest fluminis, [24] quasi velit anagogice includere quod ad hoc speculative venit per id quod ait Iohannes, *Apocalipsis* xxii°, loquens de visione Paradisi dicendo: *Ostendit michi angelus flumen aque vite splendidum tanquam cristallum procedentem de sede Dei,* [25] dicendo auctor inde quomodo tale flumen videbatur fulgidum splendoribus et quomodo inde exibant faville vive et refundebant se, ut dicit textus. [26] Tamen auctor adhuc fingit Beatricem sibi dicere quomodo dicte faville et flores et erbe ostense ei erant sibi ibi in umbra et prefatione, nondum veritate apprensa, [27] iuxta illud Ambrosii in libro *De Spiritu Sancto* dicentis: *Civitas illa Yerusalem celestis non meatu alicuius fluvii terrestris abluitur sed ex vite fonte procedens*; [28] de quo Apostolus, *Ad Corinthios*, in xii° capitulo ait: *Beata vita in fonte vivo bibit, inde aliquod*

---

19. cristalli] ST C cristastali V.

---

19. Beda, *In princ. Gen.* I 1.
22. Thom., *Theol.* I q. lxviii a. 2.
23. Orig., *Hom. in Gen.* I 2.
24. *Apoc.* XXII 1.
27. Ambr., *Spir. Sanct.* I xvi 158.
28. Aug., *Gen. Litt.* XII 26, 54.

aspergitur huic humane vite. [29] Ad quod Psalmista: *Gloriosa sunt de te dicta civitas Dei*, et alibi: *Magnus Dominus et laudabilis nimis in civitate Dei nostri*, et subdit: *Sicut audivimus ita vidimus in civitate Domini virtutum, in civitate Domini nostri Deus fundavit eam in ecternum*. [30] Item et alio *Psalmo* ait: *Fluminis impetus letificat civitatem Dei* etc. [31] Tamen dicit auctor quod statim sicut de mistica aqua grunda, idest extremitas palpebrarum suarum (dicitur palpebra *Sinus occulorum a palpitatione dicta quia semper movetur*) bibit, idest perspicaciter eius intellectus talia gustavit, [32] apparuit sibi dicta fluvialis longitudo, beatitudo animarum situata, in forma rotunda in similitudine rose ut infra apparebit, accipiendo hic flores pro dictis animabus et favillas pro angelis; et ecce quod ait hic de mutatione dictorum florum et favillarum per quam vidit ambas curias celestes, scilicet beatarum animarum et angelorum. [33] Inde dicit auctor quomodo ibi in dicto celo Impireo imminet quoddam lumen faciens visibilem creatorem illi creature que videndo eum habet suam beatitudinem, scilicet creature rationali que comprehendit angelos et animas predictas, dicendo dictum talle lumen extendi in circulari figura in tantum quod cingeret corpus solis et ultra (qui sol octies maior corpore terre dicitur esse), quod lumen dicit hic auctor fieri ex radio in sua apparencia reflexo a summo primi mobilis, idest dicti noni celi, et accipit hic summum pro principio celi Impirei, terminante ipsum Impireum dicto nono celo capiente suam vitam et potentiam ab ipso Impireo celo, [34] illam videlicet de qua sic ait Thomas in prima parte questio lxvi[a]: *Dici enim potest quod celum Impireum influit in celum nonum, aliquod non transiens et adveniens per motum, sed aliquid fixum et stabile: puta virtutem continendi aliud universum et virtutem causandi, vel aliquid aliud ad dignitatem pertinens*, reducendo ad comparationem dicte illuminationis aliquem cumulum seu colliculum habentem in suo ymo, idest in sua inferiore parte, aquam qui proprie dicitur clivus — [35] unde Virgilius in *Buccolicis*: *Certe equidem audieram qua se subducere colles / incipiunt mollique iugum demictere clivo*, et alibi ait: *Ecce supercilio clivosi tramitis unda* etc. — [36] metaforice dicendo quod sicut speculatur in dictam eius aquam, ita illud lumen divinum in illam aquam spiritualem celestem representantem dictam situatam beatitudinem animarum ibi

---

29. Cf. *Ps.* LXXXVI 3; XLVII 2, 9.
30. *Ps.* XLV 5.
31. Isid., *Etym.* XI i 39.
34. Thom., *Theol.* I q. lxvi a. 3.
35. Verg., *Ed.* IX 7–8, *Georg.* I 108.

in forma rose, dicendo inde ammirative: si infimus gradus dicte mistice rose colligit in se tantum de lumine, quantus ergo erit ambitus et circumferentia dicte talis rose, quasi dicat cogitetur. [37] Item dicit auctor quomodo eius visus non deficiebat respicendo dictam rosam in amplitudine et in altitudine, ymo eam totam videbat: nam non ostabat ei aliquid medium cum ibi Deus gubernet secundum illo medio, [38] de quo Phylosophus in ii° *De Anima* inquit: *Medium debet esse proportionatum inter visum et rem visam*, et ecce lex naturalis, idest philosophica ratio, de qua hic dicitur et quod ex hoc non est ibi dare propinquitatem et longinquitatem. [39] Inde dicit quomodo ipse auctor tractus fuit per Beatricem, idest per scientiam theologicam, in punctum medium croceum, idest in centrum dicte rose, ad videndum multitudinem albarum stolarum, [40] idest animarum beatarum quam ibi vidit et apprehendit per illam auctoritatem Iohannis, *Apocalipsis*, vii° capitulo, dicentis: *Et vidi turbam magnam quam dinumerare nemo poterat stantem ante tronum, amicti stolis albis*, [41] de cuius magnitudine tali in forma rotunda ut rosa inquit etiam Baruc propheta dicens: *O Israel, quam magna est domus Dei et ingens locus eius*. [42] Inde fingit auctor Beatricem sibi dicere quomodo numerum animorum beatarum quomodo vicinatur ad complementum, auctoritate Iohannis predicti dicentis *Apocalipsis* capitulo vi°: *Et date sunt illis singule stole albe, et dictum est illis ut requiescant adhuc modicum tempus donec compleatur numerus conservorum eorum*, [43] circa quem passum inter nostros theologos varie sunt opiniones: nam quidam dicunt quod numerus animarum beatarum debet restaurare numerus angelorum qui ceciderunt, [44] allegantes Apostolum dicentem: *Instaurata sunt omnia in Christo que in celo sunt et in terra*; [45] Gregorius e contra videtur velle dicere quod dicte anime debent attingere numerum angelorum, qui permanserunt, iuxta illam auctoritatem dicentem:

42. auctoritate Iohannis] auctoritate contra iohannis V.

---

38. ARIST., *An.* II 7 (419a 13–22).
40. *Apoc.* VII 9.
41. *Bar.* III 24.
42. *Apoc.* VI 11.
44. *Ep. Eph.* I 10.
45. GREG., *Homil. Evang.* II xxxiv 11.

Statuit terminos gentium iuxta numerum angelorum. [46] Augustinus autem hunc numerum electorum ad divinam predestinationem reducit, dicendo super illo evangelico verbo Iohannis, xiiii° capitulo: *In domo Patris mei mansiones multe sunt*: [47] *Domus Dei templum Dei, regnum celorum sunt homines iusti, in quibus sunt multe differentie; et hee sunt mansiones multe ipsius domus, que iam parate sunt in predestinatione,* [48] iuxta Apostolum dicentem *Ad Ephesios*, capitulo i°: *Qui elegit nos ante mundi constitutionem predestinatione,* [49] quem Augustinum in hoc sequendo ait Thomas, prima questio xxiii[a]: *Numerorum electorum soli Deo cognitus est.* [50] Ultimo tangitur hic in textu quomodo Clemens papa quintus fuit fallax Henrico imperatori septimo de Lucimburgho, et quomodo ut symoniacus ibit in Infernum in illum locum ubi Simon Magus est cum aliis simoniacis et Bonifatius papa de Alania, quem locum descripsit iste auctor supra in *Inferno*, capitulo xviiii°.

46. ad] a V.

50. septimo] quinto V.

46. *Ioh.* XIV 2.
47. Aug., *In Ioh.* LXVIII xiv 1–2.
48. *Eph.* I 4.
49. Thom., *Theol.* I q. xxiii a. 7.

SUPER XXXI° CAPITULO PARADISI

[1] **In forma dunque di candida rosa**. [2] In hoc xxxi° capitulo, descripta beatitudine animarum in forma rose, quas Christus in sanguine suo sibi desponsavit, idest coniunxit, describit auctor beatitudinem angelorum ita volitantium ibi, ut dicit textus, a facie Dei in dictam rosam, idest in dicta collationem animarum rotundam, et inde ad conspectum ipsius Dei ut apes faciunt volando de floribus ad sua alvearia et e contra, [3] de quarum tali natura apium ait Virgilius in i° dicendo: *Quales apes estate nova per florea rura / exercet sub sole labor, cum gentis adultos / educunt fetus, aut cum liquentia mella / stipant et dulci distendunt nectare cellas*: et ecce quod tangit hic auctor comparative de apibus. [4] Et omissis aliis ut levibus, subdit hic auctor sic: si barbari extremi sub meridie, puta Arabes et Carmani qui cooperiuntur omni die, idest per totum annum, ab intervallo celi et terre a nostro polo artico, idest a tramontana stella, circa quem polum fingunt poete fore in certas stellas translatam quandam nimpham nomine Elice cum eius filio Archade, [5] (de qua scripsi supra in *Purgatorio* in capitulo xxv°, et Ovidius in ii°, et Lucanus in ii°), etiam videndo Romam et arduum eius opus (quod erat videri eam habere xviii portas principales et xxiii palatia insignia, item xxxvi miranda templa et mire pulcritudinis, item ccclx turres notabiles, et eam circuire cum suis muris per xxxx miliaria), quando (idest tempore quo) lateranense palatium Neronis visum est adeo mirabile quod excedebat alias res mortalium in apparentia (et in quo dictus Nero imperator, ut dicitur, peperit quandam ranam unde nomen illud hedificium cepit) stupebant, quanto magis ipse auctor etc.; [6] vel alio modo intellige hunc textum:

---

1. *Par.* XXXI 1.
3. VERG., *Aen.* I 430–33.
5. Cf. OV., *Met.* II 401–530, LUCAN., *Phars.* II 237.
6. *Par.* XXXI 35–36.

Comentum Petri Alagherii

Quando Laterano / ale cose mortali andò di sopra, sicut exponendo quando in illo tempore quo Roma in maiori culmo fuit, scilicet inter Octavianum et Neronem et post, usque dum Ecclesia sancti Iohannis Lateranensis, que principalior et prior Ecclesia Christianorum dicitur fuisse in urbe, instituta est ubi erat dictum palatium Neronis, et sic dicta Ecclesia Lateranensis cum aliis pullulantibus superavit, idest superare incepit, res mortales, idest alia templa profana cum suis idolis et diis mortalibus tunc Rome vigentibus; vel tertio dicit auctorem hic accipere partem pro toto ut cum dicit quando, idest tempore quo, Lateranum, idest ipsa Roma cuius pars et contrata est dictum Lateranum, ivit supra res mortales, idest superavit totum universum, quod fuit tempore Octaviani, Ytaliam totam subiungando in v^e annis et alium mundum in cc; vel quarto dicit quod superavit res mortales, idest alios urbes mundi, [7] alludendo auctor in hoc Virgilio describendo Romam ipsam ita in *Buccolicis* dicenti: *Urbem quam dicunt Romam, Melibee, putavi / stultus ego huic similem*, et subdit: *Verum hec tantum alias inter caput extulit urbes / quantum lenta solent inter viburna cupressi*. [8] Inde dicit auctor quomodo videbat actus illarum animarum beatarum illustratos a lumine alterius, idest Dei, et suasivos karitatis. [9] Ultimo, volens auctor ostendere quomodo, viso toto Paradiso et eius forma ut candida rosa per eum tam circa dictas animas beatas quam circa angelos, inductu Beatricis, idest inductu doctrine intellectualis ipsius sacre theologie volens ulterius procedere ad visionem Dei, hoc non posse fieri nec haberi sive attingi per Scripturam sacram theologicam ipsam, sed solum per virtutem contemplativam, fingit Beatricem ipsam sine se relinquisse sancto Bernardo, representantem ipsam virtutem contemplativam, eo quod dotatus fuit valde in hoc mundo vivendo in tali contemplativa vita ultra alios. [10] Nam legitur de eo quod, dum esset xii^{cim} annorum, ingressus est monasterium Cistercium et ibi professus, ita se dedit in Deum contemplando continue magis, ut nullo sensu corporali uteretur; inde, factus Abbas Clarevallis, multa scripsit circa vitam contemplativam in Deum,

---

8. suasivos] sua sinus V.

9. sed solum per virtutem] C sed solum qui virtutem V.

10. uteretur] C uteremur V.

---

7. Verg., *Ed.* I 19–20, 24–25.

Super XXXI° capitulo Paradisi

[11] inter alia scribendo in suo libro *De Interiore Homine*: *Sic cognoscere Deum est vita ecterna, beatitudo perfecta; nam in cor hominis non ascendit quanta klaritas, quanta suavitas manet in nobis in illa visione. Ad quam recolendam ut recorder eius, eam contemplor. Intueor quid sit Deus in se ipso, quid in angelis, quid in sanctis, quid in creaturis, in se ipso incomprehensibilis, quia principium et finis et principium sine principio et finis sine fine. Ex me intelligo quod incomprehensibilis est quoniam me ipsum intelligere non possum quem ipse fecit.* [12] Et quia ad intimandum Deum non sufficit solus ipse Bernardus, idest sola ipsa virtus contemplativa sine gratia divina, et talis gratia a Virgine matre Domini citius impetrari potest et haberi quam ab aliquo alio sancto, facta congratulatione ad Beatricem ut patet hic in textu, fingit hic auctor subsequenter dictum beatum Bernardum ipsum inducere ad acuendum visum circa visionem Paradisi, [13] interponendo comparationem de romipeta veniente de Croatia, contrata Grecie, visente sudarium Domini Rome, quod vocat auctor hic Veronicam eo quia ab ipsa beata Veronica inventum est, et forte illud quod habuit Abagarus, Sirus regulus quidam, ab ipso Christo. [14] Nam, ut scribit Eusebius ac Magister in *Ystoriis Scolasticis*, cum dictus Abagarus egrotaret, audiendo miracula Christi, scripsit sibi ut iret ad eum, et cum Christus se excusasset, misit iterum dictus Abagarus quendam pictorem ad Christum, relaturum sibi designatam eius figuram, quod quidem cognoscens Christus, extersa sua facie cum linteo, ab ipso linteo habuit eius ymaginem. [15] Inde inducit auctor dictum beatum Bernardum ad ostendendum sibi excelsiorem locum et sedile Domine nostre in dicta figurata rosa, idest in dicta beatitudine animarum, et ita vincere in maiore luce et lumine ibi alia loca, ut pars illa orientalis in qua currus solis oritur et venit — cuius temon, ut dicit hic textus, male conduxit Feton, filius ipsius solis, ut plene scripsi in *Inferno* capitulo xvii° — alias partes orizontis nostri emisperii. [16] Alia testualia per se in hoc capitulo satis clare patent.

    11. sine principio] ST sine fine L B V.

    13. contrata Grecie] L B contra gretie V. quod vocat] provocat V.

    15. sedile] sedimen V.

---

11. Ps.-Bern., *Medit. piiss.* I 1, 3 (PL CLXXXIV 485b, 487a–b).
14. Cf. Euseb., *Hist. Eccl.* I 12.

SUPER XXXII° CAPITULO PARADISI

[1] **Effecto al suo piacer quel contemplante**. [2] Continuato hoc xxxii° capitulo ad superiora — inde hic in *Apocalipsim*: *Ex tribu Iude duodecim milia signati* etc. — auctor hoc modo procedit exordiendo, sic dicens ille, scilicet beatus Bernardus, contemplans, idest contemplando videns effectum habere eius placimentum, quod erat ut ipse auctor contemplative abstractus esset ad intimandum beatitudinem Paradisi animarum nostrarum a solio Domine nostre ibi preeminenti usque ad ultimum, ita incepit: [3] genus humanum vulneratum ad mortem per Evam in esu pomi vetiti, Maria Virgo cum partu filii Dei sanavit, unde dicitur *Mulier dampnavit que salvavit*, si Eva dampnavit et Maria salvavit, et sic merito collocata dicitur esse dicta Domina nostra in primo gradu, et dicta Eva sub pedibus eius, ut ipse beatus Bernardus incipit modo hic ostendere auctori, ut patet in textum secundum fictionem ipsius auctoris. [4] In tertio gradu fingit esse Rachelem, uxor Iacob, et Beatricem, intelligendo anagogice ibi esse sub nomine dicte Rachelis animas beatas illorum qui in hoc mundo in contemplativa vita fuerunt, et sub nomine Beatricis animas theologorum. [5] In quarto gradu dicit quod est Sarra, uxor Abrae, subaudi cum suis descendentibus, et eodem modo Rebecca, uxor Ysaac, in quinto. [6] Et

---

1. suo] C so V.
3. et dicta Eva sub pedibus eius] C sub pedibus eius V.
6. textu: penitens] C textu pana ipsius davit q(ui) et ut dicit(ur) h(ic) in textu penite(n)s V.

---

1. *Par.* XXXII 1.
2. *Apoc.* VII 5.
6. *Ps.* L 3.

Super XXXII° capitulo Paradisi

vidit uxor Manase in sexto, et in septimo Ruth, uxor Booz et mater Abed, patris Iesse patris David, et sic fuit, ut dicitur hic in textu: penitens de adulterio per eum commisso cum Bersabe et de homicidio et proditione Urie, viri dicte Bersabe, dixit *Miserere mei Deus* etc.; [7] nam, ut legitur in ii° *Regum* in capitulo xi°, semel, dum dictus Uria esset absens a dicta eius uxore in exercitu cum aliis Ebreis, dictus David, rex tunc Ysrael, iacuit cum dictam Bersabe, de quo gravida facta; ut videretur gravida de dicto eius viro, misit David pro eo ut iaceret cum illa, qui, dum recusasset hoc facere, allegando quomodo alii Ysraelitici dormiebant in terra in dicto exercitu, et sic non decebat eum iacere in lecto cum dicta eius uxore, David dedit sibi licteras deferendas Ioab, capitaneo dicti exercitus, continentes ut poneret dictus Ioab hunc Uriam in aliqua pugna ita quod penitus moriretur, et ita factum est; unde fecit postea ipse David, penitens de tanto facinore, salmum penitentialem: *Miserere mei Deus secundum magnam misericordiam tuam*, ut dicit textus hic, distinguendo auctor in dictam situationem animarum beatarum ita in forma rose per septenos gradus tanquam rem in se perfectam; [8] nam ait in *Moralibus* Gregorius, super illis verbis Iob: *Nati sunt illi septem filii: Quid in septenario numero nisi summa perfectionis accipitur? Nam septenarius numerus dicitur perfectus quia ex primo pari constat et ex primo impari et ex primo qui dividi potest et ex primo qui non potest dividi.* [9] Item ponit divisam esse dictam misticam rosam in duas equales medias partes, quarum unam ponit iam totam plenam animabus sanctorum patrum et aliorum ebreorum quos Christus extraxit de Limbo et qui crediderunt in ipsum Christum filium Dei venturum, aliqui a gratia Dei per revelationem, aliqui per dictam proprietatem — [10] ut ecce Ysaia, prenuntiando de ipso filio Dei venturo in carnem humanam ex ventre Virginis, dicens: *Ecce virgo concipiet et pariet filium, et vocabitur nomen eius Emanuel, quod interpretatur 'nobiscum Deus'*, et subdit: *Parvulus natus est nobis et filius datus est nobis et factus est principatus super humero eius et vocabitur admirabilis*, [11] et alibi: *Egredietur virga de radice Iesse et flos ex ea ascendet*, [12] et iterum subdit: *Iuravit*

---

7.   cum illa] C cul ‹eo› illa V. Ysraellitici] C israellici V. tanquam] tanquam tanquam V.

---

7. Cf. *II Reg.* XI 2–26.
8. *Iob.* I 2, GREG., *Mor.* I xiv 18.
10. *Is.* VII 14, IX 6; *Matt.* I 23.
11. *Is.* XI 1.
12. *Ps.* CXXXI 11.

Comentum Petri Alagherii

dominus David veritatem et non frustrabitur eam: de fructu ventris tui ponam super sedem meam; [13] et Yeremia: *Novum faciet Deus super terram post partum*, [14] et Salamon in persona Dei: *In ventre figuratus sum caro*, [15] et Baruc: *Deus super terram visus est cum hominibus conversari*, [16] et Psalmista: *Paravi lucernam Christo meo*, et alibi: *Ex utero ante Luciferum genui te*, et multe alie auctoritates possent adduci — [17] ponens hic auctor usque ad septimum gradum animas illorum beatorum Ebreorum qui elective meruerunt et peccare potuerunt ex suo libero arbitrio, et infra eas ponit animas infantium ebreorum qui nec peccaverunt nec elective meruerunt, sed ex sola fide parentum salvati sunt, et eodem modo fingit esse animas Christianorum in alia medietate dicte talis rose cum suis etiam infantibus deorsum, qui in Christo iam vento crediderunt, licet tamen dicta medietas secunda nondum sit tota repleta ut alia, dicendo quomodo scalee et gradus huius secunde medietatis dicte talis mistice et figurate rose derivati sunt a gradibus alterius medietatis prime, [18] ad quod sic ait Alanus in suo *Anticlaudiano*, loquens etiam de eodem loco dicens: *His renovat veteres iuvenis pictura magistros, / per quos nostra fides totum diffusa per orbem / claruit et laudum titulus preclara refulxit: / hic Abraam nostre fidei pater exit in actus / e contra nostra nova fides* etc. [19] Inde ostendit Bernardus auctori seu dicit quomodo scampnum domine nostre iminet ibi super omnia alia, unde idem Alanus, loquens de dicta curia celesti, adhuc ita subdit: *Hic superos cives proprio propellit honore / virgo* etc. [20] Et sub eo scampno distincta sunt et decreta alia scampna ebreorum, et sub scampno Iohannis Baptiste scampna Christianorum, quasi ostendere velit in hoc quomodo dictus beatus Iohannes precursor Christi primus fuit baptizans, et sic infra concludendo dicit quomodo equaliter anime eorum qui crediderunt in Christum venturum et eorum qui crediderunt in iam ventum implebunt ut duo aspectus fidei illam rosam totam. [21] Item dicit quomodo anime infantium salvatorum et beatorum ibi et per fidem eorum parentum et per baptismum a medio dicte

---

13. partum] ST L B pratum V.

---

13. *Hier.* XXXI 22.
14. *Sap.* VII 1.
15. *Bar.* III 38.
16. *Ps.* CXXXI 17, CIX 3.
18. ALAN., *Anticlaud.* VI i 35–38, 44.
19. ALAN., *Anticlaud.* IX i 1–2.

Super XXXII° capitulo Paradisi

rose infra collocate sunt per gradus differentes, differendo a primo acumine solum, idest a lumine deitatis, hoc est distando ab eo plus et minus. [22] Ex quo auctor monet hec dum in eius mentem dicendo et argumentando ita: si isti infantes non habuerunt meritum elective, ut non habuerunt in bene agere, et sic non meruerunt, quare unus plus quam alius in hoc Paradiso plus habet de beatitudine in visione divini luminis, ratione propinquioris loci ad ipsum Deum? [23] De quo dubio propellendo, beatus Bernardus ita ei illud solvendo inquit: sicut fames et sitis non habet locum in Paradiso — ut dicitur Ysaie xlviiii° ibi: *Non exurient nec sicient amplius*, existentes in ipso Paradiso — ita causalis punctus, idest ut causaliter quis sit ibi sortitus, sed solum gratia incomprensibili divina, [24] (unde Thomas in prima: *Videntium Deum per essentiam unus alio profectius videbit eum; nam facultas videndi Deum non competit intellectui creato secundum eius naturam, sed per lumen gratie, de quo lumine magis participat quis plus habet de karitate*; [25] nam ubi est maior karitas est maius desiderium, et desiderium facit desiderantem actum ad susceptionem rei desiderate; [26] ad hoc etiam Augustinus, *De Civitate Dei*, dicit sic: *Pax celestis civitatis ordinatissima est et concordissima societas fruendi Deo et tranquillitas ordinis parium disparitumque*; [27] de qua Salamon, *Proverbiorum* xvi°, ait: *Spirituum ponderator est dominus*), [28] et adducit de dicta gratia divina collata diversimode in exemplum Exau et Iacob, gemellos genitos per eundem patrem, Ysaac scilicet, et Rebecca eorum matrem; tamen unum, scilicet dictum Esau, ipse Deus cum odio habuit, Iacob autem dilexit, [29] subdendo quod ait de eis etiam Apostolus, *Ad Romanos* viiii° capitulo dicens: *Cum nondum nati fuissent aut aliquid boni vel mali egissent predicti gemelli, ut secundum electionem propositum Dei maneret, non ex operibus sed ex*

---

26. concordissima societas] ST L B concordissima V. et tranquillitas] ST B cum tranquilitas V.

27. xvi°] ST xxiiii° L B V.

29. vocante] ST L B gratia V.

---

23. *Is.* XLIX 10.
24. THOM., *Theol.* I q. xii a. 6.
26. AUG., *Civ. Dei* XIX 13.
27. *Prov.* XVI 2.
29. *Ep. Rom.* IX 11–12.

Comentum Petri Alagherii

vocante dictum est, [30] per Malachiam prophetam subaudi, *Iacob dilexi, Esau odio habui,* [31] et cur hoc, subdit sic ibi statim dicens Apostolus: *O homo, tu qui es qui respondeas Deo? Nunquid dicis figmentum ei: Quid me fecisti sic? An non habet potestatem figulus luti ex eadem massa facere aliud vas in honorem, aliud in contumeliam?,* [32] reducendo in comparationem inde auctor quod sicut pueri diversas capillaturas habent in colore, flavo scilicet et non flavo, ita ibi a dicto lumine divine gratie incappellantur, idest coronantur, [33] de quibus Ysaia, xxxv° capitulo, ait: *Letitia sempiterna super capita eorum; gaudium et letitiam obtinebunt.* [34] Inde notandum est quod etates mundi septem videntur fuisse: prima ab Adam usque ad diluvium, et duravit per mmccxlii annos; secunda a dicto diluvio usque ad Abraam, et duravit per viiii^{c}xlii annos; tertia ab Abraam usque ad Moysen, idest duravit per v^{c}v; quarta a Moysen usque ad hedificationem templi, et duravit cccclxxx annos; quinta a dicta edificatione usque ad Christum, et duravit per mxxx annos; et sic ab origine mundi usque ad Christum fluxerunt v^{m}cc anni minus uno. [35] Modo dicit hic auctor quomodo pueri sanctorum patrum in primis duabus dictis etatibus salvabuntur solum propter fidem parentum, quibus duabus primis etatibus completis, cepit circumcisio, scilicet tempore dicti Abre, et duravit usque ad exitum de Egypto; inde cessavit per illos xl annos quibus populus fuit in deserto, inde iterata est, [36] dicente Deo Iosue: *Hodie abstuli obbrobrium Egypti a te,* [37] unde *Genesis* capitulo xvii°, dicitur: *Anima cuius preputii caro circumcisa non fuerit peribit de populo suo;* [38] ad hoc etiam sic ait Gregorius in *Moralibus*: *Quod apud nos valet aqua Baptismi, hoc egit apud veteres vel pro parvulis sola fides parentum, vel pro maioribus virtus sacrificii, vel pro hiis qui de Abraam prodierunt circumcisio in masculis, femine vero per fidem et operationem bonam salvabantur si adulte erant vel parentum si parvule,* [39] unde Beda ad hoc ait: *Circumcisio tempore legis contra vulnus originalis peccati agebat, sicut nunc Baptismus,*

33. xxxv°] ST ii° L B li° V.

---

30. *Malach.* I 2–3.
31. *Ep. Rom.* IX 20–21.
33. *Is.* XXXV 10.
36. *Ios.* V 9.
37. *Gen.* XVII 14.
38. Greg., *Mor.* IV iii 75.
39. Beda, *Homil.* I x.

Super XXXII° capitulo Paradisi

hoc excepto quod ianuam celi nullum intrare poterat ante Baptismum, sed in sinu Abrae requiescebant, de quo plene scripsi supra in *Inferno* capitulo iiii°; [40] item etiam Augustinus, de hoc scribens ad Valerium, sic ait: *Ex quo instituta est circumcisio, quod erat signaculum fidei iustitie Dei, et que ad significationem purgationis valebat parvulis veteris originalis peccati, sicut Baptismus ex illo valere cepit ad innovationem hominis, ex quo institutus est.* [41] Et Magister Sententiarum: *Illi qui de Abraam prodierunt, per circumcisionem salvati sunt, at cum tempus gratie Domini nostri venit, opus fuit Baptismo perfecto Christi, ut dicit hic textus, et hoc dicit propter Baptismum Iohannis imperfectus*; [42] nam baptizabat Iohannes ante solum in aqua dicendo *Ego baptizo in nomine venturi* ad predicationem, ad passionem, ad mortem et iudicium, et ita baptizavit Christum qui voluit baptizari in exemplum aliorum et ut aquas sanctificaret, non quod egerit Baptismo, cum sine peccato originali natus sit; et in eo tunc institutum est sacramentum perfecti Baptismi cum tota Trinitas ibi divina concursum habuerit, scilicet Pater in voce, Filius in homine, Spiritus Sanctus in columba, [43] et licet evangelista Iohannes dicat: *Nisi quis renatus fuerit ex aqua et Spiritu Sancto non intrabit regnum Dei*, hoc intelligendum: vel nisi baptizatus fuerit in sanguine vel flamine. [44] Nam triplex dicitur Baptismus perfectus Christi, scilicet fluminis, sanguinis et flaminis: de primo per se constat, de secundo in hiis qui pro fide Christi in sanguinem martirii mortui sunt, ut fuerunt innocentes Bethelem, de tertio constat in persona illius latronis cui Christus in cruce dixit: *"Hodie eris mecum in Paradiso"*, et sic propter fidem quam gessit in Christum baptizatus decessit Baptismo flaminis. [45] Nam dicit Ciprianus: *Sicut puero sufficit solus Baptismus aque, quia etatis necessitas fidem excludit, sic adulto sola fides sufficit cum necessitas excludit aque Baptismum*; [46] et item, ut constat in persona Valentiniani imperatoris, qui, ut scribit Augustinus in viii° libro *De Civitate Dei* in titulo *Baptismo, scilicet flaminis: Baptizatus salvatus decessit in ittinere dum iret ad beatum Ambrosium ut ipsum baptizaret, et sic in sola fide quam habebat de Baptismo salvus est.* [47] Inde inducit auctor dictum beatum Bernardum sibi ostendere mansiones sanctorum maiorum christianorum, scilicet Ade et beati

---

40. Aug., *Nupt. et Conc.* II xi 24.
41. Petr. Lomb., *Sent.* IV i 7.
42. Cf. *Ioh.* I 26–27.
43. *Ioh.* III 5.
44. *Luc.* XXIII 43.
46. Aug., *Civ. Dei* VIII 4.

Petri propinquioris Virgini; [48] ad idem dictus Alanus etiam inquit, loquendo de dicto *Paradiso*: *In robur fidei virtutis luce corruscat / Petrus et ipsius virtus splendescit in umbra*. [49] Item dicit quod ibi vidit iuxta Petrum sedere illum qui vidit et previdit omnia tempora adversa Ecclesie dei militantis, scilicet Iohannem Evangelistam, in prosecutionum, ut scribit etiam eius *Apocalipsis*; [50] item vidit Moisem iuxta dictum Adam sedere, sub cuius ducatu gens Israelita, ingrata, ut dicit hic textus, et pertinax, vixit de manna in deserto semper cum murmure et querela, ut in *Exodo*, capitulo xvii° scribitur, ubi etiam dicitur quod dictum manna saporosum erat secundum appetitum uniuscuiusque; item in oppostitu dicti Petri vidit sedere Annam matrem Virginis; [51] item vidit ibi Luciam in oppositum Adde, ut dicit textus hic, et ex hiis concludendo tangit quod ait Iohannes, xiiii° capitulo, dicens: *In domo Patris mei mansiones multe sunt*. [52] Ultimo auctor in hoc capitulo per eius verba, si bene intueantur, in persona dicti beati Bernardi loquendo, vult ostendere quomodo, coniuncta virtute contemplativa cum gratia Dei, possibile est in hac vita Deum videre, [53] unde idem Thomas ait in prima: *Facultas videndi Deum non competit intellectui creato secundum suam naturam sed per lumen gratie*, [54] et dictus etiam beatus Bernardus, scribens ad fratres de Monte Domini de verbo illo, Iob xxxvi° capitulo, *Abscondit lumen in manibus*, videtur dicere quod *Deus in contemplatione videatur sicut ipse est, electo, inquit, et dilecto Dei vicissim vultus Dei se ostendere sicut lumen clausum in manibus patet et latet ad arbitrium tenentis, ut per hoc quod in transcursu vel in puncto videre premictitur inardescit autem ad plenam possantiam luminis nunquam pertransiens gratia perstringit sensum amantis, ut si aliquando admittatur ad talem visionem, rursum sit purior ad videndum et stabilior ad fruendum, nunquam se melius deprehendit modus humane imperfectionis quam in lumine vultus Dei, in speculo divine visionis. Qui tamen vult eum videre cor mundet, nam nemo potest videre faciem Dei et vivere mundo*. [55] Et ecce quod dicit hic idem Bernardus representans dictam virtutem contemplativam autori, quomodo scilicet cum eo dirigit auctor rursum ad primum amorem, idest ad lumen deitatis, et ut penetret in eum quantum possibile est, contemplando sub-

---

48. ALAN., *Anticlaud.* VI i 50–51.
50. Cf. *Ex.* XVII 1–5.
51. *Ioh.* XIV 2.
53. THOM., *Theol.* I q. xii a. 6.
54. *Iob.* XXXVI 32 et *Gl.* rel.

Super XXXII° capitulo Paradisi

audi, et quia sine gratia contemplans hoc putat interdum in tali visione ultimum ire et retro abit, inducit auctor dictum beatum Bernardum ad dictam gratiam impetrandam a Domina nostra, [56] quam Gabriel vocavit *Gratia plena*, ita orare ut in sequenti capitulo in principio continetur.

---

56. *Luc.* I 28.

SUPER XXXIII° CAPITULO PARADISI

[1] **Vergine madre figlia del tuo figlio**. [2] Hoc xxxiii^m et ultimum capitulum huius premissi libri *Paradisi* ut clarius intelligatur dividendum est in quinque principales partes, in quarum prima auctor inducit beatum Bernardum supradictum captare benivolentiam beate Marie Virginis exorando eam, et hec durat a principio capituli usque illuc: **Or questi che da l'infima lacuna**; [3] ibi secunda in qua petitionem suam facit, et hec usque ibi: **Li occhi da Dio dilecti et venerati**; [4] ibi incipit tertia in qua auctor fingit se, cum visu intellectuali subaudi, attigisse deitatem in sua unica substantia divina, et hec durat usque ibi: **Ne la profunda e chiara subsistenza**; [5] ibi incipit quarta ubi tractat de trinitate personarum trium divinarum usque ibi: **A l'alta fantasia qui mancò possa**; [6] ibi incipit quinta et ultima ubi conclusivum finem facit huic suo poemati, et hec durat usque in finem. [7] Modo veniamus ad dictam prima partem in qua, sequendo rethoricam et practicam Augustini dicentis in libro *De Sermone Domini*: *In omni oratione captanda est benivolentia eius quem precamur; inde exponendum est id de quo precari volumus*, auctor inducit dictum beatum Bernardum, continuando se cum fine precedentis capituli, ut captet benivolentiam dicte Domine Nostre ita ut gratiam per eam auctor habeat

---

1. Vergine] C uergene V. madre] C matre V. figlia] C figla V. tuo] C to V. figlio] V figlo C.

3. dilecti] C dillecti V.

---

1. *Par.* XXXIII 1.
2. *Par.* XXXIII 22.
3. *Par.* XXXIII 40.
4. *Par.* XXXIII 115.
5. *Par.* XXXIII 142.
7. Cf. AUG., *Serm. Dom.* II iv 15.

Super XXXIII° capitulo Paradisi

videndi lumen divinitatis, ut infra in secunda parte requirit ab ipsa, dicere dotes datas ipsi Virgini a Deo ultra alias creaturas, prima scilicet quia virgo et mater fuit et filia filii sui. [8] Primo quod fuit eximia virgo pura et perpetua mente et corpore super omnes alias virgines, audi quid prenuntiavit de ea Ezechiel propheta ita dicendo: *Vidi portam in domo Domini clausa, et dixit angelus ad me: "Portam hanc quam vides non aperietur, et homo non transiet per eam, et clausa erit in ecternum"*, [9] super quibus verbis ait Augustinus: *Mirabilis prophetatio, sed mirabilior adimpletio.* [10] Non obstat quod consensit in matrimonium Iosep, quod eam duxerat in uxorem, quia *Dicit Ambrosius*, ut scribit Gratianus in *Decretis*, *Iosep, licet duxerit Maria in coniugem, tamen nunquam cognovit eam, ut Mathei capitulo i°, dicitur; nam si ipse vir iustus eam cognovisset, nunquam a se discedere passus esset, nec Dominus qui perceperat uxorem a viro non discedere nisi causa fornicationis, comendans eam discipulo cum quo morata est, ut mater auctor divortii fuisset.* Ad quod etiam Augustinus sic inquit: *Beata Maria proposuit se conservaturam votum virginitatis in corde, sed non expressit ore; subiecit enim se divine dispositioni dum proposuit se perseveraturam virginem, nisi Deus aliter revelaret ei, commisit itaque virginitatem suam divine dispositioni, et sic consensit in carnalem copulam, non illa appetendo sed divine aspirationi in utroque obediendo; postea filium genuit, et quod corde concepit simul cum viro labiis expressit, et uterque in virginitate permansit;* [11] *Sic ergo patet*, dicit ibi *Glosa*, *quod Maria non moverat continentiam, sed proposuerat vovere et virginitatem conservare, nisi Deus aliter vovere revelasset, vel lex prohiberet vel parentes cogerent.* [12] Sic inde Maria perfectissima virgo mente et corpore facta est mater filii Dei eum concipiendo de Spiritu Sancto; item inde Augustinus loquens de parentibus Domini ait: *"Coniuges fuerunt mente non carne sicut et parentes"*, ex quo datur intelligi quod sic Iosep dictus est pater Domini non effectu geniture, sed officio et cura providendi sic et coniux matris eius appellatur non coniugii effectu, sed subministratione necessarie, et individue mentis affectu, [13] unde Origenes super illo verbo Mathei i°: *"Inventa est habens in utero"* a Iosep, ita inquit: *"Si tibi uxor nominatur in desponsatione esse dicitur, non tamen tibi uxor est, sed Dei unigeniti mater ecterna"*. [14] Qui Iosep, licet eam non

---

8. *Hiez.* XLIV 2.
9. Cf. Ps.-Aug., *Serm.* III cxcv 1 (PL XXXIX 2107).
10–11. *Decr. Grat.* II C. XXVII q. ii c. 2–3 et *Gl.* rel.
12. *Decr. Grat.* II C. XXVII q. ii c. 39.
13. *Decr. Grat.* II C. XXVII q. ii c. 44 (*Matt.* I 18).

Comentum Petri Alagherii

contingeret future, tamen ut putabatur uxoris omnia noverat; [15] ad idem Gregorius, super Iohannem xx° capitulo: *"Ibi cum esset sero die"*, illa exponendo ait: *Sic quippe discipulum, post resurrectionem suam dubitare permisit Dominus, tamen nec eum in dubitatione deseruit, sicut ante nativitatem habere Mariam sponsum voluit, qui tamen ad nuptias suas non pervenit; nam ita factus est discipulus dubitans et palpans testis vere resurrectionis, sicut sponsus fuit matris custos integerrime virginitatis*, et sic filia de attenta divinitate Christi facta est mater eius, attenta humanitate videlicet, ut tangit hic in textu in secunda particula primi versiculi huius capituli. [16] Ad quod quidem Augustinus in *Sermone* de Virgine hec in persona Christi ait: *Tibi Deus creator hominis: quid est quod te permovet in mea nativitate? Non sum libidinis conceptus cupiditate. Ego matrem, de qua natus sum, feci. Hanc quam aspicitis, mater mea est, sed manu fabricata est mea;* et sic fecit, subdit Augustinus, gravidam virginem ipse qui ex virgine erat nasciturus. [17] Item et Alanus in *Anticlaudiano* suo de hoc etiam canendo poetice ait: *Virgo que proprium pariendi legem pudorem / non perdens matris meruit cum virgine nomen / hec est que mire divina muneris usu / nata patrem natumque parens concepit honorem / virgineum retinens nec perdens vita parentis, / in cuius ventris talamo sibi summa paravit / hospitium deitas etc*. [18] Inde tangit Bernardus, secundam dotem ipsius Virginis de altitudine et humilitate eius, quod ostendit ipsa Virgo in suo salmistico cantico dicendo: *Quia respexit humilitatem ancille sue: ecce enim ex hoc beata me dicent omnes generationes*; [19] nam dicunt theologi quod sicut morbus eo superbissima muliere Eva natus, etiam fuit nostra medicina per humilissimam Mariam, unde converso nomine Eve, dictum est Marie per angelum *'Ave'*. [20] Tertio vocat iam Bernardus hoc terminum fixum ecterni consilii, cum in ea terminavit iram suam Deus per incarnationem sui filii; nam, cum prenuntiatur hoc in *Ecclesiastico* xxiiii° capitulo, dicitur ibi in persona dicte Virginis: *Ego ex ore Altissimi prodii, primogenita ante omnem creaturam; ego feci in celis ut oriretur lumen indeficiens;* [21] et dicunt theologi circa hanc prefixionem temporalis consilii divini quod *Ante peccatum non fuit conveniens Deum incarnari*, cum opus incarnationis fuit ad abolitionem peccati princi-

---

15. *Decr. Grat.* II C. XXVII q. ii c. 45.
16. Ps.-Aug., Quodvultdeus, *Sermo X adversus quinque haereses* V 7 (PL XLII 1107).
17. Alan., *Anticlaud*. V ix 2-3, 10-14.
18. *Luc*. I 48.
20. *Eccli*. XXIV 5-6.
21. Thom., *Theol*. III q. i a. 5.

SUPER XXXIII° CAPITULO PARADISI

paliter ordinatum, nec etiam conveniens fuit statim post peccatum Deum incarnari: cum enim ex superbia peccatum primorum parentum provenisset, sic liberandus erat homo ut humiliatus recognosceret se liberatore indigere, quod magno consilio fuit dilatum ut, cognita sua infirmitate, homo clamaret ad medicum et gratie posceret auxilium; item nec in fine seculi debuit incarnari ut de perfectione nature humane per incarnationem perveniretur gradatim ad perfectionem glorie in fine seculi, item ut manifestaretur divina virtus salvans per fidem preteritos, presentes et futuros. [22] Inde in laudem Virginis predicte idem Bernardus etiam dicit quomodo nobilitavit ipsa Beata virgo ita naturam humanam quod eius factor, idest creator Deus, non dedignavit eius factura fieri, scilicet homo in utero ipsius Virginis, [23] in cuius persona Salamon in *Ecclesiastico* in preallegato xxiiii° capitulo, prenunciando hoc, ait: *Creator omnium et qui creavit me requievit in tabernaculo meo.* [24] Item dicit eam facellam karitatis in celo, et merito, cum ipsa sit virga de radice Iesse egressa, idest de incendio divini amoris interpetratur; enim Iesse idest incendium. [25] Item dicit quomodo ipsa virgo in terra est fons spei, unde in dicto capitulo *Ecclesiastici* ita prenunciata ipsa virgo ait: *Sicut aqueductus exivi de Paradiso. Dixi: rigabo ortum plantationum, et inebriabo fructum pratus mei.* [26] Quod enim vere dici possit fons nobis hominibus in spe, audi Augustinum in oratione ad Mariam dicentem: *O Maria, multum audeo, multum gaudeo, cum sicut est, nos enim tibi, teque nobis mira vicissitudo confederat, ut scilicet pro nobis habeas id esse quod es, nos vero pro te id esse quod sumus; si enim nulla nostra precessisset transgressio, non esset secuta nostra redemptio, et si non fuisset necessarium redimi, non fuisset necessarium te parere redemptorem, ut quid enim necessarium quod pro peccatoribus pareres si deesset qui peccasset?* [27] Unde per hoc etiam beatus iste Bernardus de dicta domina nostra scribit: *Sic securum habes accessum ad Deum, o homo, ubi habes Filium ante Patrem et ante Filium Matrem. Filius ostendit Patri cicatrices et vulnera, Mater filio pectus et ubera, nec ulla post esse repulsa, ubi tot karitatis occurrunt insignia*, subdendo hic quomodo adeo gratiosa est quod sepe prevenit petitionem nostram in optata re. [28] Veniamus post hoc ad dictam secundam partem, in qua Bernardus, post captatam benivolentiam dicte Beate Virginis, procedit iuxta stilum Augustini supradictum ad petendum illud in

---

23. *Eccli.* XXIV 12.
25. *Eccli.* XXIV 41–42.
27. ERNALD., *De laud. beat. virg. Mar.* (PL CLXXXIX 1726c–d).
28. "Salve Regina", 1–2.

eodem modo quo petiit auctor et orator ab ipsa beata Virgine illius orationis: *Salve regina*, in qua, primo captata eius benivolentia dicendo *Salve Regina misericordie, vita, dulcedo, spes nostra*; secundario facit eius petitionem dicendo a*dvocata nostra illos tuos misericordie oculos ad nos converte et Yhesum, benedictum fructum ventris tui, nobis ostende* etc. [29] Nam petit Bernardus eodem modo secundario ut ipsa Virgo faciat auctorem attingere et videre sua gratia intellectualiter divinam essentiam sicut ab infima lacuna, idest a Cocito lacu et stagno in fundo Inferni et centro terre existente, vidit usque ad hoc celum Impireum, et conservet sanos eius auctoris affectum post talem visionem, [30] iuxta illud documentum Iuvenalis docentis nos orare debere taliter videlicet: *Orandum est ut sit mens sana in corpore sano* etc., quod quidem nichil aliud est petere quandoque beatam vitam humanam, [31] unde Seneca in suo libro *De Beata Vita* sic ait: *Beata est vita que convenit nature sue, mente sana existente*. [32] Post hoc procedamus ad dictam tertiam partem, in qua primo fingit auctor, completa petitione beati Bernardi, Dominam Nostram elevasse occulos ad lumen deitatis implorantes gratiam; qua obtenta fingit auctor se vidisse substantiam divinam, et in tali visione finisse eius desiderium: circa que duo videamus quid auctor includere velit, et quantum ad primum dico intentionem auctoris fore in sua persona velle ostendere possibile esse hominem in hac vita per virtutem contemplativam et divinam gratiam revelativam intellectualiter intueri essentiam divinam — auctoritatibus quas scripsi supra in fine precedentis capituli, addendo has alias: [33] dicit Ugo de Sancto Victore respondendo ad illud verbum Iohannis *Deum nemo vidit unquam* per illa verba Apostoli: *Quod est Dei manifestum est illis, subaudi gratia et revelatione divina, et sic Deus illis revelavit, ostendens quod ratio humana per se insufficiens esset nisi revelatio divina illis adesset, que duobus modis fit, scilicet interna aspiratione et discipline eruditione.* [34] Unde *Glosa Exodi*, xxxiii° capitulo, ut iam dixi supra, ait: *In hac carne viventibus et inextimabili virtute crescentibus contemplationis acumine potest ecterni Dei claritas videri*, [35] unde Augustinus in libro suo *De Trinitate* ait ad hoc etiam: *Sic ymago nostra mens est Dei, quo capax est eius, eiusque particeps esse potest*; [36] item eadem *Glosa Exodi* eodem capitulo superius hic allegato super illis

---

29. Iuv., *Sat.* X 356.
31. Sen., *De vit. beat.* VII iii 3.
33. Hildeb. Lavard., *Tract. Theol.* II (PL CLXXI 1701b–c).
34. Greg., *Moral.* XVIII 54.
35. Aug., *Trin.* XIV 8–11.
36. *Ex.* XXXIII 20, 23.

Super XXXIII° capitulo Paradisi

verbis *Non videbit me homo et vivet*, dicit Dominus: *Tollamque manum meam et posteriora mea videbis*, tu Moises subaudi, *faciem autem meam videre non poteris* quandiu hic mortaliter vivitur, videlicet per quasdam ymagines Deus potest sed per ipsam sue nature speciem non potest, [37] unde Thomas in prima, questio xii°, sic ait: *Omne quod elevatur ad aliquid quod excedit eius naturam oportet quod disponatur aliquas disponere ad talem formam que sit supra suam naturam et sic oportet quod ex divina gratia supercrescat ei virtus intelligendi, et tale augmentum virtutis intellective illuminationem vocamus intellectus et ipsum intellectum et ipsum intelligibile lux vocatur*; [38] et quod sub predicto tertio et intellectu dicebat *Psalmus: Faciem tuam requiram Domine*, non tamen intelligas quod homo possit comprehendere Deum in suo universo; [39] nam dicit Crisostomus quod *Ipsum quod est Deus nec angeli nec prophete viderunt*, [40] unde ait Dionisius: *Deum neque sensus neque phantasia nec opinio nec ratio nec scientia comprehendit* — [41] ad secundum quod dicit auctor hic quod videndum dictum lumen deitatis eius desiderium finivit, ostendit quod solum in eo lumine est perfecta beatitudo, unde Phylosophus in iii° *De Anima* inquit: *Homo non est nec dicitur perfecte beatus quandiu sibi restat aliquid desiderandum*; [42] item et Thomas in secunda secunde ait: *Perfecta beatitudo solum est in visione Dei et cognitione, cum non possit homo dici perfecte beatus si desiderat ulterius scire vel considerare; nam*, dicit, *res recipit perfectionem secundum rationem sui obiecti*, scilicet [43] *Scire quod sit res secundum suam essentiam*, ut ait idem Phylosophus in dicto libro *De Anima*, at in visione dicti luminis deitatis hoc solum habetur etc., et subdit: *Ad perfectam beatitudinem requiritur quod intellectus pertingat ad primam causam sive ad eius essentiam, et sic perfectionem suam habebit per unionem ad Deum sicut ad obiectum in quo solum beatitudo hominis consistit, et sic postquam cognovit primam causam non potest desiderium nostrum ulterius appetere*, ut idem Thomas in iii° *Contra Gentiles* probat. [44] Item Augustinus in suo libro *De Soliloquio* ad hoc ait: *Cum suis? talis ut nichil prorsus te terrenorum delectet, michi crede,*

---

37. Thom., *Theol.* I q. xii a. 5.
38. *Ps.* XXVI 28.
39. Thom., *Theol.* I q. xii a. 1.
40. Ps.-Dion., *Div. Nom.* I 1, trans. Eriugena (PL CXXII 1116b).
41. Thom., *Theol.* I–II q. iii a. 8.
42. Thom., *Theol.* I–II q. iii a. 8.
43. Thom., *Gent.* III xxv 12–14, 37–40, 47, 51–54, 63.
44. Aug., *Soliloq.* I xiv 24.

Comentum Petri Alagherii

eodem puncto videbis quod cupis; [45] ad hoc etiam Seneca in suo libro *De Beata Vita* inquit: *Consummatum est summum bonum nec quicquam amplius desiderat nichil enim extra totum est, non magis quam ultra finem.* [46] Inde dicit auctor quod licet viderit dictum lumen deificum intellectualiter per gratiam contemplando, ut dictum est, non tamen referre potest lingua illud, deficiente memoria et reminiscentia sua, ut contingit interdum in homine somniante aliquid letum vel triste et non recordante de re, sed in passione remanente ut remansit Nabucodonosor, exemplificando de foliis Sibille Cumane que olim sua vaticinia scribebat in foliis palmarum et si aliqua de dictis foliis movebantur a ventis nunquam carmina et iudicia scripta in illis ponebat in ordine aliorum, [47] unde rogabat eam Eneas, Virgilio dicente in vi° sic: *Alma viros; foliis tantum nec carmina manda, / ne turbata volent rapidis ludibria ventis, / ipsa canas oro* etc. [48] Fuerunt enim Sibille decem: hoc premissa Cumana, item Samia de ynsula Samo, item Persea, item Libica, item Delfica, item Cimeria, Ytalica, item Elithyria, Babilonica que excidium Troie predixit, item Ellespontia, item Frigia, item Albunea, Tiburtina que Christum prenumptiavit, [49] dicendo: *Iudicii signum, tellus sudore madescit, / et celo rex adveniet per secla futurus, / scilicet ut carne presens ut vindicet orbem.* [50] Et nota hec nomen Sibilla appellativum esse; nam Sibilla grece latine profetissa dicitur. [51] Post hec auctor procedit ad dicendum quomodo respiciens in ipsam deitatem et eius profunditatem, idest in mente divina, universum mundum in se habentem — de qua Boetius loquens de ipso Deo ait: *Mundum mente gerens* — dicit quod intimavit in ea esse omnia substantialia universi, idest omnes formas substantiales, que, scilicet adiunctione sui ad materiam faciunt quoddam esse essentiale ut ignitas, et omnia accidentia, idest omnes accidentales formas que adiunctione sua non faciunt quid sed quale, ut albedinem,

---

46. exemplificando] exemplicando V.

48. Samo] C samis V. Tiburtina] tibertina C tributina V.

49. Iudicii] ST iudiciis V iudicii ST. rex] ST res V. adveniens] ST advenit V.

---

45. Sen., *De beat. vit.* VII ix 3.
47. Verg., *Aen.* VI 74–76.
48. Isid., *Etym.* VIII viii 3–7.
49. Aug., *Civ. Dei* XVIII 23.
51. Boeth., *Cons.* III m. ix 8.

Super xxxiii° capitulo Paradisi

item earum morem, idest earum operationem et actus et effectus diversos, [52] unde Ovidius: *Pectoribus mores tot sunt quot in ore figure*, [53] quod tangit etiam iste auctor supra in viii° capitulo huius *Paradisi* dicendo ibi: **E non pur le nature provedute / son ne la mente ch'è da sé perfecta, / ma esse insieme colla lor salute**, dicendo quod hec in dicta mente sunt 'quasi conflata': dicuntur 'conflata vasa' que ex massa ad formam reducuntur ita uniformiter ut eorum pluralitas sit quoddam simplex lumen, idest apparentia, ut dicit textus hic, [54] subdendo auctor hic quod unum punctum circa predicta est sibi maius letargum (quod dicitur oppressio cerebri cum oblivione et somnolentia) quam fuerit spatium xxv seculorum (que capiunt mmvii͡cl annos, faciendo quodlibet seculum cx annorum secundum Uguccionem) antiquitus hominibus ad inveniendum modum navigandi primitus, quod fuit tempore Iasonis greci qui primam navem construxit, que vocata est Argo, dum transfretavit ad Colcon, quam ystoriam scripsi supra in *Inferno* in capitulo xviii°, [55] de qua Argo prima nave ait Ovidius in persona Medee conquerentis de ipso Iasone in eius *Epistula* sic: *At semel in nostras quoniam nova puppis arenas*, et *Ultimus ex sociis sacram conscendit in Argo*, [56] et in libro *De Ponto* inquit: *Equor Iasonio pulsatum remige primum*, umbra cuius talis prime navis ammirari fecit Neptunum Deum marinum, cum antequam nunquam viderat in mari aliquem navigantem, ut dicitur hic in textu. [57] Et redeundo adhuc ad id quod dicitur hic de substantiis et accidentiis ydealibus in dicta mente divina apparentibus, ad idem loquens Alanus in suo *Anticlaudiano* sic ait: *Visus in hoc speculo respirat lumen amicum / invenit et gaudet, fulget in lumine lumen. / Cernit in hoc speculo visu speculata*

---

52. Ovidius] ST oracius V. ore] ST urbe V.

55. arenas] arena⟨s⟩ V.

56. umbra cuius talis] C umbratus tallis V.

57. ad id quod dicitur hic de] ad ⟨h⟩ id quod dicitur hic ⟨in textu et reddeundo⟩ de V.

---

52. Ov., *Ars Am.* I 759.
53. - *Par.* VIII 100–2.
55. Ov., *Her.* XII 13, VI 65.
56. Ov., *Pont.* III i 1.
57. Alan., *Anticlaud.* VI ii 57–60, VI iv 30–32.

Comentum Petri Alagherii

Sophia / Quidquid divinus in se complectitur orbis / hic videt ingenitas species speculatur ydeas / Celestis hominum formas premordia rerum / causarum causas rationum semina leges. [58] Inde probat auctor quomodo a dicto lumine deitatis non poterat discedere propter aliud aspectum, cum in eo sit totalitas bonitatis et bonum sit obiectum voluntatis nostre humane. [59] Unde Thomas in ii° *Contra Gentiles* dicit quod *Impossibile est quod intellectus attingens divina possit a tali actu discedere,* [60] et Dionisius ait: *Deus convertit omnia ad se ipsum tanquam ad ultimum finem, et ipse est ultimus finis noster, cum solum ipso fruendum est, cum sit obiectum voluntatis nostre maius,* ut maius bonum quod bonum intellectus est ultima beatitudo secundum Phylosophum in iii° *De Anima.* [61] Veniamus inde ad quartam partem in qua auctor, dicto de unica substantia divina, venit ad tangendum de Trinitate personarum trium divinarum dicendo quomodo vidit intellectualiter, subaudi in ipsa subsistentia divina, Trinitatem personalem, et sic congruenter reducit eos ad comparationem yridis (cuius semicircularis arcus est unicus in esse et in apparentia tricolor), [62] unde Ysidorus: *A sole resplendet dum cave nubes ex adverso radium solis accipiunt et arcus speciem fingunt,* et quia aqua tenuis, aer lucidus nubes caligantes irradiant, tres varios colores faciunt, viridem scilicet, album et rubeum, ut dicit Phylosophus in iii° sue *Metaure,* [63] alludendo in hoc auctor Iohanne dicenti in iiii° capitulo *Apocalipsis*: *Ecce posita erat sedes in celo, et supra sedem sedens, et qui sedebat similis erat iaspidi, et iris erat in circuitu sedis,* et sic dicit hic, scilicet quomodo Filius a Patre reflexus erat et videbatur in numero personarum, et tertius circulus ut ignis equaliter eos spirabat, scilicet Spiritus Sanctus, [64] unde Ugo de Sancto Victore ad hoc sic ait: *De mente, idest a Patre, procedit sapientia, idest Filius, et amor, idest Spiritus Sanctus, ab utroque. Et Augustinus in suo libro De Trinitate: 'Coeternus est Filius Patri, sicut splendor coequus est igni, et esset ecternus si ignis foret ecternus'.* [65] Ita sancta Trinitas una substantia simpliciter est et individua, trina in personis et ipse Spirits Sanctus coequaliter a Patre et a Filio procedens, [66] et Thomas in prima: *Tres personas divinas dicimus coequales. Nam si esset in dictis personis inequalitas, que dicitur per negationem maioris et minoris*

---

59. Cf. Thom., *Gent.* II 99 (cf. 77), and *Theol.* I q. 64 a. 5.
60. Cf. Ps.-Dion., *Div. Nom.* 4, trans. Eriugena (PL CXXII 1131b, 1146c) and Arist., *An.* III 10 (433a 30–433b 12).
62. Cf. Isid., *Etym.* XIII x 1 and Thom., *Meteor.*, III ii 3, iv 5.
63. *Apoc.* IV 2–3.
64. Hugo De S. Vict., *Summa Sent.* I vi 1.

Super XXXIII° capitulo Paradisi

secundum Phylosophum in viiii° Methaphysice, iam esset ponere non esse unam essentiam divina, quod falsum est. [67] Et breviter, ut ait Augustinus in libro suo *De Trinitate: Tenendum est quod sancta Trinitas sit unus et solus Deus, scilicet Pater, Filius et Spiritus Sanctus* — [68] *Que Trinitas unius eiusdem substantie esse dicitur, creditur et intelligitur,* ut scribit Magister in primo *Sententiarum*, et subdit: *de qua Trinitate cum modestia et timore agendum est et attentissimis auribus, atque dicitur votis audiendum, ubi queritur unitas Trinitatis, quia nec periculosius alicubi erratur, nec laboriosius aliquid queritur, nec fructuosius aliquid invenitur* — [69] unde Augustinum in dicto libro *De Trinitate* ait: *Non pigebit me sicubi hesito querere nec pudebit sicubi erro discere, unde qui legit hoc et certus est pergat mecum, si hesitat querat mecum* etc.; et ex hoc auctor subdit hic quomodo eius dictum circha conceptum suum de dicta Trinitate est remissum et raucum in tantum quod non sufficit quod non sit modicum, quasi dicat quod melius esset tacere de hoc quam curiose ingredere et loqui de ea. [70] Unde in *Ecclesiaste* dicitur: *Cogitatio de ecternis magnum vult silentium,* [71] et Seneca scribit Aristotilem dicisse: *Nunquam nos verecundiores esse debere quam cum de Deo agitur, ne quid temere impudenter aut ignorantes affirmemus aut scientes mentamur.* [72] Inde dicit auctor hic iterum quotiens dicta unica circulatio deitas unica in suo esse, idest in ipsa substantia divina predicta, videbatur, scilicet triplex reflexione luminis et resultatione trium personarum trinitatis predicte; [73] item dicit etiam quomodo in ipsa circulatione vidit pictum de nostra effigie humana, referendo se auctor in hoc ad humanitatem Christi filii Dei, et volens intueri quomodo ymago Dei in ipsa humanitate Christi convenit, etiam in ipsa circulatione deitatis deficit mens ipsius auctoris, et merito: [74] nam circa hoc dictus Magister Sententiarum in i° ait: *Non Pater et Filius simul ymago ambo, sed Filius solus est ymago Patris,* unde in hoc vult tangere hic auctor difficultatem humanam in tali visione et in tali contemplatione Trinitatis

---

70. Ecclesiaste] C ecclesiastico V.

---

66. THOM., *Theol.* I q. xlii a. 1.
67–68. PETR. LOMB., *Sent.* I ii 1.
69. AUG., *Trin.* I ii 4–iii 5.
70. AUG., *Enarr. in Ps.* LXXVI vi § 8.
71. SEN., *Nat. Quaest.* VII xxx 1.
74. PETR. LOMB., *Sent.* I xxvii 5.

et unitatis divine, unde per phylosophiam generationem eius quis narravit? [75] Et Ugo de Sancto Victore scribens circa hoc difficillimum ait, Augustinum allegando dicentem *Spiritus Sanctus a Patre est etiam, sed non quomodo natus, sed quomodo datus Filius etiam a Patre*, [76] ut ipse ostendit in Iohanne dicens: *Ego ex Deo processi et veni*, et ita Filius a Patre est procedendo, et nascendo Spiritus a Patre, non nascendo sed procedendo: uterque enim procedit a Patre sed ineffabili et dissimili modo; non est itaque Spiritus Sanctus genitus, quia cum sit a Patre et Filio, si genitus esset iam haberet duos Patres, et sic in trinitate esset confusio, in qua sic et duo patres et duo filii essent. [77] Quid autem sit gigni, quid sit procedere in hac vita sciri non potest, unde Augustinus in ii° *De Trinitate* de hac genitura dicit: *Non aliud est illi esse de patre, idest nasci de patre, quam videre patrem; aut aliud videre patrem operantem quam pariter operari, sed quis intelligit quasi dicat: nemo.* [78] Nam *Quomodo filius a patre sit genitus impossibile est scire: mens deficit, vox silet, non hominum tantum sed angelorum. Super angelos et super omnem sensum est; credere iubemur, discutere non permictimur: nam licet scire quod natus est filius, non autem disceptare quomodo.* [79] Ad id autem quod fingit auctor se hic videre deitatem in circulari figura sequitur Termigistum qui, volens Deum describere, sic ait: *Deus est intellectualis spera tanquam quod perfectum deducens res et finiens ut centrum quod habet finire lineas et ab ipso linee deducuntur*, [80] unde Phylosophus in i° *De Celo et Mundo* dicit quod *Circulus est quod perfectum cum in eo finis reddeat ad principium*, comparando hic ipse auctor talem eius implicitam visionem circa dictam convenentiam et conformitatem dicti talis circulis et ymaginis simul impliciti geometre mensuranti aliquem circulum reducendo principium ad finem per eum ignotum, [81] de quo Phylosophus in i° *Methaphysice* inquit: *Nichil enim ita mirabitur vir geometricus quam si diameter commensurabilis fiat*, unde dicit auctor quod illud non valens ex se discutere, per quendam fulgorem, id vidit quod videre cupiebat, accipiendo hic dictum fulgurem pro

---

75. Hugo De S. Vict., *Summa Sent.* I vi 7.
76. *Ioh.* VIII 42.
77. Aug., *Trin.* II i 3.
78. Ambr., *Fide* I x 64–65.
79. Cf. *Liber XXIV Philosophorum*, ed. F. Hudry (Paris, 1989), 147–148 (§ 18).
80. Arist. *De Cael.* II 4 (286b 17–24).
81. Arist., *Metaphys.* I ii 16 (983a 19–21).

Super XXXIII° capitulo Paradisi

revelatione divina, [82] unde Thomas in prima ait: *Licet illa que sunt altiora cogitatione hominis non sint inquirenda ab ipso homine, sunt tamen a Deo revelata suscipienda per fidem*, [83] unde *Ecclesiasticus* super hoc puncto ait, iii° capitulo: *Plurima super sensum hominis ostensa sunt tibi*. [84] Unde Tullius in libro *De Natura Deorum* dicit quod *Olim quidam rex petiit a quodam phylosopho quid esset Deus; qui petiit terminum et rex dedit primo tres dies, quibus finitis dedit tantundem, et ter, et quater; cui rex ultimo dixit: "Tu deludis me", cui phylosophus ait: "Non facio domine, sed Deus est ita immensus quod quanto de eo plus cogito tanto plus in eo deficio et quid dicam non invenio"*. [85] Et per hoc dicit ultimo hic auctor, scilicet in hac quinta et ultima parte, finisse eius phantasiam circa hoc suum poema, ulterius non valendo nec volendo, nec desiderando plus speculari et contemplari (dicitur phantasia secundum Phylosophum in iii° *De Anima: Motus a sensu factus secundum actum sine qua intellectus ita intelligere non potest sicut visus non potest videre sine coloribus*), et sic, impleto eius desiderio et eius velle, idest eius desiderabili voluntate et rationaliter, egit ut dicitur: nam rationabiliter ulterius videre velle non poterat nec desiderare, [86] habita illa gratia de qua Ambrosius sic ait: *Ut Deus, qui natura invisibilis et etiam a visibilibus posset sciri opus fecit quod opificem visibilitatem sui manifestavit ut per certum incertum posset sciri*, et ille Deus omnium esse crederetur qui hoc fecit quod ab homine impossibile est fieri, qui est ille amor, ut dicitur hic in fine, qui movet solem et alias stellas, scilicet ipse Deus benedictus in secula seculorum. [87] Modo, si tantus vir Petrus Lombardus, Magister Sententiarum, in suo opere ita in principio eius premisit: *In hoc autem tractatu non solum pium lectorem, sec etiam liberum correctorem desidero, ac etiam Augustinus, scribens ad Fortunatum inquiens: "Talis sum in scriptis aliorum, qualis volo esse intellectores meorum"*, quanto magis ego Petrus premissus, dissuadente michi ingenii parvitate et materie difficultate, [88] cum *Materias grandes ingenia parva non sufferant*, ut ait Yeronimus, id facere debeo in hoc comentulo meo.

---

83. Ecclesiasticus] ST isaia. iii°] ST lxx° V.

---

82. Cf. THOM., *Theol.* I q. 57 a. 5.
83. *Eccli.* III 25.
87. *Decr. Grat.* I D. IX c. 10.
88. HIERON., *Ep.* LX 1.

[89] Quapropter merito correptorem imploro et coadiutorem, qui suppleat defectus eius et corrigat errores, ut sic adipiscar illud laudis premium, quod confert *Lex* quedam ita dicendo: *Qui insubtiliter factum emendat, laudabilior est eo qui prius invenit.*

Colophon of ms. V: Laus Deo summo. Super comoedia tertia Paradisi comentum domini Petri Alegherii explicit. Commentum super tribus Comediis Dantis Alegherii florentini poetae Mei Karoli Reguardati Nursini Militis: VIII° Nonas Maias 1467°.

---

89. *Cod. Just.* I XVII i 6.